Rudolph Sohm

Institutionen

Ein Lehrbuch der Geschichte und des Systems des römischen Privatrechts

Salzwasser

Rudolph Sohm

Institutionen
Ein Lehrbuch der Geschichte und des Systems des römischen Privatrechts

1. Auflage | ISBN: 978-3-84606-266-1

Erscheinungsort: Paderborn, Deutschland

Erscheinungsjahr: 2015

Salzwasser Verlag GmbH, Paderborn.

Nachdruck des Originals von 1899.

Rudolph Sohm

Institutionen
Ein Lehrbuch der Geschichte und des Systems des römischen Privatrechts

Salzwasser

INSTITUTIONEN.

INSTITUTIONEN.

EIN LEHRBUCH
DER
GESCHICHTE UND DES SYSTEMS
DES
RÖMISCHEN PRIVATRECHTS

VON

RUDOLPH SOHM,
PROFESSOR IN LEIPZIG.

ACHTE UND NEUNTE AUFLAGE
DER „INSTITUTIONEN DES RÖMISCHEN RECHTS“.

GEORG KAUFMANN

IN FREUNDSCHAFT ZUGEEIGNET.

Vorrede zur ersten Auflage.

Ein Institutionenlehrbuch — so wie ich es mir gedacht habe — zu schreiben, ist eine bescheidene, aber doch schwierige und, wie mir scheint, bedeutsame Aufgabe.

Es kommt nach meiner Ansicht darauf an, ein Buch zu haben, welches für den Anfänger geeignet sei, welches namentlich dazu dienen könne, sein Interesse an dem Gegenstand zu erwecken, der ihm dargelegt wird.

Unter diesem Gesichtspunkt schien mir das Hauptgewicht auf die Form der Darstellung fallen zu müssen. Es sollte versucht werden, den juristischen Gegenständen eine Gestalt zu geben, welche leichte Faſslichkeit mit Nachdruck des Inhalts verbindet und welche dadurch den Anfänger von vornherein in den Stand setzt, seine Wissenschaft nicht als eine Summe von Trockenheiten, sondern als die königliche Trägerin reichen geistigen Lebens zu erblicken. Das Scepter, welches die Wissenschaft führt, um die Welt des Stoffes in ein Reich triebkräftiger, Nahrung gebender, der Sonne des Ideals zugewandter Gedanken zu verwandeln, muſs sichtbar werden, um die Liebe zur Wissenschaft zu erwecken, welche die einzige wahre Mutter aller Studien ist. Ich bekenne offen, daſs mir in dieser Hinsicht die Institutionen Puchtas als, wenngleich nicht erreichbares, Vorbild vorgeschwebt haben.

Aber mit solcher Form muſs sich eine gewisse Beschränkung des Stoffes verbinden, — und in dieser Hinsicht schien mir das Meisterwerk Puchtas nicht das Richtige getroffen zu haben. Es bietet zu viel für den Anfänger. Die Aufgabe kann nicht sein, die Zielpunkte einer rechtsgeschichtlichen Darstellung zu erreichen. Die Institutionen vermögen nicht zugleich die Rolle einer römischen Rechtsgeschichte zu übernehmen, schon deshalb, weil in den Institutionen die leitenden Gesichtspunkte dogmatischer Natur sind. In dieser Hinsicht teile ich völlig den Standpunkt, von welchem Hölder bei Abfassung seines trefflichen Institutionenlehrbuches ausgegangen ist. Ebensowenig können andrerseits die Institutionen in dogmatischer Hinsicht erschöpfend sein. Sie können nicht die Aufgabe haben, die Pandekten zu ersetzen und etwa ein kurzes und darum ungenügendes Pandektenlehrbuch darzustellen. Immer kann es nur darauf ankommen, die Kraft zu wecken, die Fähigkeit vorbereitend zu üben, welche dann in den Pandekten einerseits, in der römischen Rechtsgeschichte andrerseits einer vollen wissenschaftlichen Aufgabe entgegengeführt werden soll.

Die eigentümliche Aufgabe der Institutionen ist nicht wissenschaftlicher, sondern pädagogischer Natur. Sie sollen weder Rechtsgeschichte noch Pandekten sein, aber sie sollen den angehenden Juristen erziehen, dafs er im stande sei, den Anforderungen, welche jene Disciplinen an ihn stellen, gerecht zu werden. Vorbereitung, das ist alles, was Institutionen zu gewähren im stande sind. Daher bedarf es der dogmatischen Darstellung, aber nur so, dafs eine Auswahl getroffen wird, welche die Hauptthatsachen und die Hauptbegriffe hervortreten läfst, um denselben Schilderung und Definition, vielleicht unter Umständen nur eine grobe Definition zu teil werden zu lassen, deren Ausfeilung dann den Pandekten überlassen bleiben mag. Deshalb bedarf es ferner der rechtsgeschichtlichen Darstellung, aber nur, um von vornherein die unentbehrlichen geschichtlichen Kenntnisse zu vermitteln und zugleich dem Stoff die Perspective und das Leben mitzuteilen, welches das Recht als das Kunstwerk der Jahrhunderte in sich trägt. Überall mufs als der oberste Zweck erscheinen: Eindrücke hervorzubringen, den Geist des angehenden Juristen in Thätigkeit zu setzen, ihn womöglich zu zwingen, dafs er an die Gegenstände seiner Wissenschaft herantrete, um die Welt der Wunder zu sehen, welche sich ihm dort ankündigt. Nicht die Erledigung einer bestimmten stofflichen Aufgabe, sondern Anregung ist es, was an erster, ja vielleicht einziger Stelle notwendig ist.

Deshalb bin ich auch nicht der Meinung gewesen, etwa allen dogmatischen Schwierigkeiten ängstlich aus dem Wege zu gehen. Nein, es schien mir richtiger, dann und wann auch einmal einen Griff in schwierigere Fragen zu thun (z. B. S. 486 bei der Ausführung über die hereditas jacens), damit die Art juristischer Probleme und die Weise des Nachdenkens über dieselben an einem Beispiel sichtbar werde. Ebensowenig habe ich gemeint, auf dem Gebiete rechtsgeschichtlicher Fragen mich lediglich an das Überlieferte halten zu müssen. Auch hier ist unter Umständen (so S. 488 ff. in Bezug auf die Entstehung der bonorum possessio) der Anfänger vor eine offene und schwierige rechtsgeschichtliche Frage geführt worden, wiederum in der Absicht, die Weise historischen Nachdenkens und zugleich den Reichtum der Wissenschaft an noch zu lösenden Fragen vermittelst eines Einzelfalls klar zu machen.

In dieser Weise dachte ich mir Stoff und Aufgabe. Formell ist das Justinianische Privatrecht als Ziel der Darstellung bezeichnet worden (§ 5). In dem Justinianischen Recht berührt sich die gesamte Vergangenheit des römischen Rechts mit den privatrechtlichen Ideen, welche noch heute unter uns leben. Darum konnte, wie mir schien, von diesem Standpunkt aus am besten eine Einleitung in die römische Rechtsgeschichte einerseits, in die Dogmatik unseres Privatrechtes andrerseits gegeben und damit die Aufgabe eines Institutionenlehrbuchs gelöst werden, — eine Aufgabe, welche zugleich (wie schon gesagt worden ist) die im ganzen leicht geschürzte, aber doch unter Umständen tiefer eindringende Art der Behandlung notwendig machte.

Von dem Vorrecht eines Institutionenlehrbuches, keine Litteratur zu citieren, habe ich reichlich Gebrauch gemacht. Aber doch habe ich nicht gemeint, lediglich um des Princips willen keine Ausnahme machen zu dürfen. Ich habe vielmehr dann und wann Bücher citiert, denen ich mich zu besonderem Danke verpflichtet fühle und von denen gehört zu haben schon dem Institutionisten nützlich ist. Dafs dabei mancherlei Ungleichheit und, um es so zu nennen, Ungerechtigkeit vorkommt, da eine

Reihe von hervorragenden Werken, denen ich unendlich vieles schuldig bin, natürlich ungenannt geblieben ist, sehe ich selber ein.

Überhaupt wird es bei einem Stoff, welcher, wie der Gegenstand unserer Institutionen, in so mannigfacher Hinsicht dem subjectiven Ermessen und Belieben des Darstellers unterliegt, schwer sein, allen Anforderungen zu genügen. Am meisten Sorge macht mir, ob die Art, wie ich den römischen Civilprocefs behandelt habe (§§ 47—57), den Beifall der Sachverständigen finden wird. Dem einen werde ich zu viel, dem andern zu wenig gegeben haben. Meine Idee war diese, hier gewissermafsen Institutionen des römischen Civilprocesses zu schreiben: eine Darstellung, welche das Wichtigste aus der Geschichte des römischen Civilprocesses in (soweit möglich) anschaulicher Weise dem Anfänger überliefert. Darüber, dafs es durchaus notwendig ist, schon dem angehenden Juristen eine Anschauung von Wesen und Art des römischen Civilprocesses zu geben, wird keine Meinungsverschiedenheit bestehen.

Aber die Einwirkung des subjectiven Moments stellt selbstverständlich nicht die einzige Klippe dar, an welcher solche Arbeit scheitern kann. Ich brauche wohl nicht zu versichern, dafs ich die Schwierigkeiten der Aufgabe oft genug empfunden habe, namentlich so weit es sich um die geschichtlichen Teile der Darstellung handelt. Welch einen reichen Stoff galt es hier zu bewältigen, und wie ungenügend ist oft das, was man zu bieten genötigt ist! Und doch zog der Reiz der Aufgabe, die Grofsartigkeit des Blicks auf die Welt der römischen Rechtsgeschichte, der Trieb, an diesem edlen Stoff mich formgebend zu versuchen und neben andern, besser Gerüsteten dennoch in den Wettkampf um ein bedeutsames Ziel mit einzutreten, mich immer aufs neue zu dieser Arbeit hin. Wie viel fehlt, dafs sie vollendet wäre! Aber das ist die Art der Wissenschaft, dafs sie schon das Streben nach dem Ziel mit Frucht segnet, ja dafs sie ihre schönsten und reinsten Freuden austeilt nicht nach der Arbeit, wenn das Werk formell fertig ist (ach, mit wieviel Mängeln!), sondern während und in der Arbeit: dann, wenn wir mit heifser Stirn dem Licht entgegenringen, welches sie auf steiler Höhe weithin leuchtend zeigt.

Strafsburg i. E., am 25. September 1883.

Vorrede zur siebenten Auflage.

Das deutsche bürgerliche Gesetzbuch ist gekommen, um an Stelle des römischen Pandektenrechts neuzeitlich-deutsches Recht zu setzen. Die „Pandekten“ verlieren ihre langgeübte Herrscherstellung. Die Beschäftigung mit dem römischen Recht wird nicht untergehen, aber für den Rechtsunterricht an erster Stelle nur noch von einleitender, vorbereitender Bedeutung sein. Auf die „Institutionen“ fällt damit ein stärkeres Gewicht. Ihre Aufgabe erfährt eine gewisse Steigerung. „Römische Rechtsgeschichte“ und „Institutionen“ schliefsen sich in Zukunft zu einer Darstellung von „Geschichte und System des römischen Privatrechts“ zusammen, der es obliegen mufs, eine stofflich etwas über das bisherige Institutionenmafs hinausgehende Einleitung in das römische Recht zu geben.

In dieser siebenten Auflage ist der Versuch gemacht worden, das vorliegende Buch der so veränderten Sachlage anzupassen. Ein doppeltes war notwendig. Einerseits eine Erweiterung des geschichtlichen, andererseits eine Vertiefung des systematischen Teiles.

Der geschichtliche Teil der Darstellung mufste wenigstens in gewissen Grenzen einem Abrifs der „Römischen Rechtsgeschichte“ angenähert werden. Zu diesem Zweck sind zwei neue Stücke hinzugefügt worden: eine Einleitung (§§ 9. 10), die den Grundlagen der römischen Rechtsgeschichte und dem grofsen Gang ihrer Entwickelung gewidmet ist, und ein Schlufscapitel (§§ 23 bis 28), in welchem die „späteren Schicksale des römischen Rechts“ von Justinian bis zur Gegenwart erzählt werden. In dem von früher beibehaltenen Hauptabschnitt der Darstellung (§§ 11—22) habe ich mich bestrebt, mehr als bisher mit der „äufseren“ Quellengeschichte einen Umrifs der inneren Fortgestaltung des römischen Privatrechts zu verbinden.

Der systematische Teil ist durch ein neues Capitel von den „juristischen Personen" (§§ 37. 38) erweitert worden. Sonst beschränken die Änderungen sich hier auf Einzelheiten, indem ich mich bemühte, teils (wo es angemessen schien) den Weg vom römischen zum deutschen bürgerlichen Recht zu zeigen (z. B. S. 196 ff. 213. 305), teils etwas tiefer in die Sache einzuführen (so §§ 7. 30. 43. 60. 67 Anm. 2). Wie weit man hier gehen soll, läfst sich nicht durch allgemeines Gesetz bestimmen.

Immer, für den geschichtlichen wie für den systematischen Teil, wird es dabei bleiben, dafs eine für das erste Semester bestimmte Darstellung an die Grenzen der Auffassungsfähigkeit eines Anfängers gebunden ist, dafs deshalb der Gesamtcharakter der Behandlung nach wie vor einleitender, d. h. institutionenmäfsiger Art bleiben mufs. Auch als „Lehrbuch der Geschichte und des Systems des römischen Privatrechts" wird die vorliegende Arbeit darum in der Hauptsache die Art eines Institutionenlehrbuchs bewahren.

Leipzig, am 14. März 1898.

Zur achten und neunten Auflage.

Die neue Auflage ist nur in Einzelheiten geändert worden.

Leipzig, am 30. Mai 1899.

Rudolph Sohm.

Inhalt.

Seite

Einleitung.

Erstes Capitel. Die Aufgabe.

§ 1. Die Aufnahme des römischen Rechts in Deutschland . . . 1
§ 2. Pandektenrecht und deutsches Privatrecht 2
§ 3. Pandektenrecht und codificiertes Recht 5
§ 4. Das deutsche bürgerliche Gesetzbuch 7
§ 5. Die Aufgabe der folgenden Darstellung 8

Zweites Capitel. Quellen und Grundbegriffe.

§ 6. Die Quellen 14
Anhang. Die Handschriften des Corpus juris 17
§ 7. Grundbegriffe 21
§ 8. Die Rechtswissenschaft 27

Erster Teil.

Geschichte des römischen Rechts.

Einleitung.

§ 9. Das quiritische Recht 35
§ 10. Stufen der Entwickelung des römischen Civilrechts 43

Erstes Capitel. Die Zeit des Stadtrechts.

§ 11. Die zwölf Tafeln 47
§ 12. Die interpretatio 51
§ 13. Die Anfänge des jus gentium 62

Zweites Capitel. Die Zeit des Weltrechts. (Die Kaiserzeit.)

§ 14. Jus civile und jus gentium 67
§ 15. Das prätorische Edict 71
§ 16. Das doppelte Recht 78
§ 17. Das Hadrianische Edict 82
§ 18. Die römische Rechtswissenschaft 86
§ 19. Das republikanische Kaisertum und die kaiserliche Rechtsprechung 103
§ 20. Das monarchische Kaisertum und die kaiserliche Gesetzgebung 109

Seite
§ 21. Die Codification 113
§ 22. Das Ergebnis 123
Drittes Capitel. Spätere Schicksale des römischen Rechts.
§ 23. Byzanz 129
§ 24. Italien 130
§ 25. Die Glossatoren 132
§ 26. Das Corpus juris canonici 135
§ 27. Die Commentatoren 137
§ 28. Das Pandektenrecht in Deutschland 146

Zweiter Teil.

System des römischen Privatrechts.

§ 29. Das System des Privatrechts 155
Erstes Buch. Personenrecht.
§ 30. Begriff und Arten der Person 158
Erstes Capitel. Natürliche Personen.
§ 31. Einleitung 160
§ 32. Der Sklav 161
§ 33. Cives und peregrini 168
§ 34. Paterfamilias und filiusfamilias 173
§ 35. Capitis deminutio 175
§ 36. Ehrenminderung 178
Zweites Capitel. Juristische Personen.
§ 37. Wesen der juristischen Person 182
§ 38. Vereine und Stiftungen 192
Zweites Buch. Vermögensrecht.
Erstes Capitel. Allgemeiner Teil.
§ 39. Einleitung 200
I. Die Rechtsgeschäfte.
§ 40. Begriff und Arten des Rechtsgeschäfts 200
§ 41. Der Thatbestand des Rechtsgeschäfts 202
§ 42. Die Motive des Rechtsgeschäfts 205
§ 43. Die Clauseln des Rechtsgeschäfts 208
§ 44. Die Handlungsfähigkeit 211
§ 45. Die Stellvertretung 214
II. Der Rechtsschutz.
§ 46. Einleitung 217
§ 47. Der römische Civilprocefs 219
§ 48. Die legis actio 224
§ 49. Der Formularprocefs 235
§ 50. Die formula 247
§ 51. Intentio und actio 251
§ 52. Das Actionensystem 256
§ 53. Condemnatio und exceptio 260

Seite

§ 54. Perpetua und temporalis actio. — Tempus utile 276
§ 55. Die Wirkung des Processes 278
§ 56. Verfahren extra ordinem. — Interdicta. — In integrum restitutio 283
§ 57. Der spätkaiserliche Procefs 289

Zweites Capitel. Sachenrecht.

§ 58. Begriff der Sache 294
§ 59. Arten der Sachen 295
§ 60. Die Rechte an Sachen 300

I. Das Eigentum.

§ 61. Der Begriff des Eigentums 301
§ 62. Der Erwerb des Eigentums. Geschichtliche Einleitung . . 302
§ 63. Der Erwerb des Eigentums. Derivative Erwerbsgründe . 304
§ 64. Der Erwerb des Eigentums. Originäre Erwerbsgründe . . 309
Anmerkung. Die Sachverbindung 318
§ 65. Der Schutz des Eigentums 319
§ 66. Der Schutz des Ersitzungsbesitzes 320
§ 67. Der Schutz des juristischen Besitzes. — Besitz und Eigentum 322

II. Die Rechte an fremder Sache.

§ 68. Im allgemeinen 330
§ 69. Die Servituten 331
§ 70. Die Emphyteuse 340
§ 71. Die superficies 343
§ 72. Das Pfandrecht 344

Drittes Capitel. Obligationenrecht.

I. Begriff und Inhalt des Forderungsrechts.

§ 73. Begriff des Forderungsrechts 350
§ 74. Mehrheit von Gläubigern und Schuldnern 351
§ 75. Inhalt der Obligation 357
§ 76. Stricti juris negotia und bonae fidei negotia 358

II. Entstehung der Forderungsrechte.

§ 77. Contracte und Delicte 360

A. Contractsobligationen.

§ 78. Einleitung 360
§ 79. Realcontracte 363
§ 80. Der Verbalcontract 369
§ 81. Der Litteralcontract 378
§ 82. Die Consensualcontracte 383
§ 83. Die Quasicontracte 390
§ 84. Die pacta 395

B. Delictsobligationen.

§ 85. Die Privatdelicte des römischen Rechts 397
§ 86. Quasidelicte 404

III. Übertragung und Aufhebung der Forderungsrechte.

§ 87. Übertragung der Forderungsrechte 405

Seite
§ 88. Haftung für fremde Schulden 408
§ 89. Aufhebung der Forderungsrechte 413

Drittes Buch. Familien- und Erbrecht.

Erstes Capitel. Das Familienrecht.
§ 90. Einleitung 427
§ 91. Die Familie 428

I. Das Eherecht.
§ 92. Ehe und Eheschliefsung 431
§ 93. Die eheherrliche Gewalt 437
§ 94. Das eheliche Güterrecht 440
§ 95. Die dos 443
§ 96. Die donatio propter nuptias 450
§ 97. Die Auflösung der Ehe 452
§ 98. Die zweite Ehe 454
§ 99. Ehelosigkeit und Kinderlosigkeit 455

II. Die patria potestas.
§ 100. Die Begründung der patria potestas 456
§ 101. Die Wirkung der patria potestas 459
§ 102. Die Aufhebung der patria potestas 463

III. Die Vormundschaft.
§ 103. Die Arten der Vormundschaft 465
§ 104. Berufung zur Vormundschaft 469
§ 105. Die Wirkung der Vormundschaft 472
§ 106. Die Aufhebung der Vormundschaft 475
§ 107. Die Obervormundschaft 476

Zweites Capitel. Das Erbrecht.
§ 108. Grund und Begriff der Erbfolge 476
§ 109. Delation und Acquisition des Erbrechts 481
§ 110. Hereditas und bonorum possessio 490
§ 111. Die Intestaterbfolge 504
§ 112. Die testamentarische Erbfolge 514
§ 113. Die Noterbfolge 525
§ 114. Die Wirkung des Erbschaftserwerbes 534
§ 115. Das Vermächtnis 538
§ 116. Beschränkung der Vermächtnisse 544
§ 117. Das Universalfideicommifs 546
§ 118. Mortis causa capio 550

Register 551

E i n l e i t u n g.

Erstes Capitel.

Die Aufgabe.

§ 1.

Die Aufnahme des römischen Rechts in Deutschland.

Im 16. Jahrhundert vollzog sich in Deutschland jene grofse Culturbewegung, welche die mittelalterlichen Anschauungsformen und Gedanken durch den wiedergeborenen Geist des Altertums verdrängte. Von Italien war die Bewegung ausgegangen. Im 16. Jahrhundert eroberte sie die abendländische Welt. An die Stelle der Gotik trat der Stil der Renaissance, an die Stelle der Scholastik der Humanismus. Auch das deutsche Rechtsleben ward in den mächtigen Strom der Bewegung hineingerissen. Das vaterländische Recht, nicht verteidigt noch fortgebildet durch eine starke Reichsgewalt, vermochte dem Andrang der neuen Ideen nur unvollkommenen Widerstand entgegenzusetzen. Was am Ende des Mittelalters sich bereits vorbereitet hatte, vollendete sich im 16. Jahrhundert: *die Aufnahme des römischen Rechts in Deutschland.*

Seitdem ist das römische Recht ein Bestandteil *unseres* Rechts geworden, und die ganze mit dem 16. Jahrhundert anhebende Rechtsentwickelung Deutschlands bewegt sich in der Wechselwirkung zwischen dem aufgenommenen römischen und dem einheimischen deutschen Recht.

Fast noch bedeutender aber als der sachliche Erfolg des römischen Rechts war der Einflufs, welchen es auf unsere wissenschaftlichen Vorstellungen geübt hat. Das mittelalterliche Recht, nicht in Büchern, sondern in dem Gedächtnis der Männer sein Leben führend, hatte eine Rechtswissenschaft in Deutschland nicht hervorgebracht. So geschah es, dafs die römische Jurisprudenz, welche mit dem Corpus juris civilis herüberkam, bei uns ein leeres, unbesetztes Gebiet fand, welches sie ohne Schwertstreich in Besitz zu nehmen vermochte. Erst seit dem 16. Jahrhundert, d. h. erst seit und infolge der Aufnahme des römischen Rechts, gab es bei uns eine deutsche Rechtswissenschaft, und diese deutsche Rechtswissenschaft hat von vornherein die Züge der Mutter an sich getragen, welcher sie entstammte: der römischen Jurisprudenz. Derselbe geniale Formensinn, welcher die antike Kunst auszeichnet, hatte auch der antiken Rechtswissenschaft jenes Ebenmafs, jene Durchsichtigkeit, jene einleuchtende Kraft ihrer Begriffe gegeben, welche nun in Deutschland, sobald nur das römische Recht in den Gesichtskreis der Zeit eintrat, die Geister gefangen nahm. Die römische Jurisprudenz kam, sah und siegte. Seit dem 16. Jahrhundert bis heute ist sie die Lehrmeisterin unseres juristischen Denkens gewesen, und darum fangen wir noch heute unseren juristischen Unterricht mit dem *römischen* Recht an.

Der Teil des Rechts, für welchen es dem Altertum gelang, die gröfsten Erfolge davonzutragen, ist das *Privatrecht* gewesen, welches an erster Stelle das Recht der Vermögensverhältnisse (Eigentum, Schuldverhältnisse) bedeutet. Die Wissenschaft des *römischen Privatrechts* bildet daher noch heute eine Grundlage unserer Jurisprudenz. Hier setzen auch die „Institutionen“ ein, um dem Anfänger die erste Anschauung von seiner Wissenschaft zu gewähren.

§ 2.

Pandektenrecht und deutsches Privatrecht.

Das römische Privatrecht ist durch die „Reception“ im 16. Jahrhundert *gemeines deutsches Privatrecht* geworden. Es galt für das ganze deutsche Reich. Von dem vornehmsten Teil des Corpus juris civilis, den „Digesta seu Pandectae" (vgl. unten § 6), empfing es bei uns den Namen Pandektenrecht. Aber das „Pandektenrecht" Deutschlands fiel nicht schlechtweg mit dem Recht des Corpus juris civilis (dem „reinen" römischen Privatrecht) zusammen. Wäre es doch auch unmöglich gewesen, das römische Recht Justinians (des 6. Jahrhunderts) unverändert tausend Jahre später auf ganz neue Verhältnisse in Anwendung zu bringen!

Wir empfingen das Recht des Corpus juris aus den Händen der italienischen Juristen (vgl. unten § 28) in bereits fortgebildeter Gestalt, fortgebildet durch die mittelalterliche Gesetzgebung der Kirche (das im Corpus juris canonici enthaltene kanonische Recht) und durch die italienische Rechtslehre und Rechtsübung. In Deutschland selber ist eine weitere Fortbildung des aufgenommenen römischen Rechts durch die Reichsgesetzgebung, sowie durch die deutsche Rechtslehre und Rechtsübung eingetreten. Das gemeine deutsche Pandektenrecht war ein den deutschen Verhältnissen angepafstes römisches Privatrecht, und unsere Wissenschaft vom Pandektenrecht bedeutete eine Wissenschaft von dem römischen Privatrecht in der veränderten Gestalt, die es als „heutiges" gemeines deutsches Privatrecht gewonnen hatte.

Das Pandektenrecht hatte jedoch nicht vermocht, das während des Mittelalters in zahlreichen Ortsrechten, Stadtrechten, Landrechten zur Ausbildung gebrachte einheimische deutsche Privatrecht vollständig zu zerstören. Eine ganze Reihe einheimisch deutscher Rechtssätze blieb auch nach der Aufnahme des römischen Rechts in particularrechtlicher, d. h. in ortsrechtlicher, stadtrechtlicher, landrechtlicher Geltung. Das Pandektenrecht ward nur sog. subsidiäres (ergänzendes) gemeines Recht. Es kam zur Anwendung nur, soweit das örtliche Recht eine Lücke liefs; abweichende Bestimmungen des Particularrechts gingen vor („Stadtrecht bricht Landrecht, Landrecht bricht gemeines Recht"). Ja, das gemeine Pandektenrecht selber mufste unter der Hand der deutschen Juristen nicht blos einzelne deutsche Rechtssätze, sondern ganze Rechtseinrichtungen in sich aufnehmen (so die Familienfideicommisse, die Reallasten, die Erbverträge), welche, dem römischen Recht fremd, aus dem einheimischen deutschen Recht emporgewachsen waren. So behauptete sich, trotz der Aufnahme des fremden Rechts, dennoch ein erhebliches Stück des einheimisch deutschen Privatrechts: zum gröfsten Teil nur in particularrechtlicher Form, zu einem kleineren Teile in gemeinrechtlicher Form.

Es war selbstverständlich, dafs auch dies dem deutschen Boden selbst entsprungene, im vollsten Sinne des Wortes „deutsche“ Privatrecht seine wissenschaftliche Pflege forderte. So ist denn seit dem 18. Jahrhundert neben der Wissenschaft vom Pandektenrecht, die bis dahin in Deutschland auf privatrechtlichem Gebiet allein das Scepter geführt hatte, endlich auch eine Wissenschaft des „deutschen Privatrechts“ aufgekommen, d. h. eine Wissenschaft von dem deutsch-einheimischen Privatrecht (im Gegensatz zu der Pandektenwissenschaft, der Wissenschaft von dem fremden, „recipierten“ Privatrecht). Diese neue Wissenschaft behandelte die deutschrechtlichen Stücke des gemeinen Privatrechts (aufser der Lehre von Familienfideicommissen, Reallasten, Erbverträgen auch die Lehre von dem recipierten lombardischen Lehnrecht) in Verbindung mit dem particularrechtlich am Leben gebliebenen deutsch-einheimischen Recht. Da die deutschen Particularrechte die hauptsächlichste Zufluchtsstätte des einheimisch deutschen Rechts gebildet hatten, so war die Wissenschaft vom deutschen Privatrecht vornehmlich die gemeinsame Wissenschaft der deutschen Particularrechte (im Gegensatz zu der Wissenschaft vom gemeinrechtlich geltenden Pandektenrecht).

So hatte Deutschland, gemäfs dem doppelten Ursprung seines Privatrechts, eine doppelte Privatrechtswissenschaft: eine Wissenschaft des Pandektenrechts (die Lehre vom gemeinen römischen Privatrecht) und eine Wissenschaft des deutschen Privatrechts (die Lehre von dem, in der Hauptsache nur particularrechtlich geltenden, einheimisch deutschen Privatrecht). Die Pandektenwissenschaft war die ältere, gröfsere, mächtigere Schwester. Aber in stetig steigendem Mafs errang sich ihr gegenüber die nachgeborene Wissenschaft des deutschen Privatrechts innere Selbständigkeit und folgeweise äufsere Macht, deutsche Rechtsgedanken gegenüber dem aus der Ferne gekommenen römischen Recht verteidigend.

§ 3.

Pandektenrecht und codificiertes Recht.

Das Pandektenrecht war als das gemeine Privatrecht des „heiligen römischen Reichs deutscher Nation“ aufgekommen. Mit dem Niedergang des alten Reiches war notwendig ein Niedergang der Geltung des Pandektenrechts verbunden.

Seit dem 18. Jahrhundert ging die Führung auf dem Gebiete der Gesetzgebung an die Landes-Staatsgewalt über. Die Landesgesetzgebung begnügte sich zum Teil (insbesondere in den kleineren Ländern) mit der Gesetzgebung über einzelne Gegenstände, also mit der weiteren Ausgestaltung ihres Particularrechts: die „subsidiäre“ Geltung des gemeinen Pandektenrechts blieb für diese Gebiete unberührt. In den gröfseren Staaten aber regte sich der Gedanke einer „Codification“, d. h. einer Gesetzgebung, die das Recht (das Privatrecht, das Strafrecht, das Procefsrecht) als Ganzes neu gestaltet. Die Codification bricht formell für ihr Gebiet mit dem gesamten bestehenden Recht, um an Stelle all der überkommenen Gesetze der Vergangenheit ein einziges neues Gesetzbuch (einen „code“) zu setzen. Die Zwiespältigkeit des in Deutschland geltenden Privatrechts, der Gegensatz des gemeinen römischen und des vielfältig zersplitterten particulären deutschen Rechts drängte zu seiner Aufhebung durch ein neues, römisches und deutsches Recht zu einem Ganzen verschmelzendes Gesetzeswerk. So lange es kein lebenskräftiges deutsches Reich gab, konnte diese Aufgabe nur von der Landesgesetzgebung der (gröfseren) deutschen Einzelstaaten in die Hand genommen werden. Und so ist es geschehen. Für erhebliche Teile Deutschlands ward, wie Strafrecht und Procefs, so auch das Privatrecht „codificiert“ und damit die rechtliche Geltung des gemeinen Pandektenrechts für diese Länder beseitigt.

So zerfiel Deutschland (bis zum 1. Januar 1900) in Bezug auf die Gestaltung seines Privatrechts in zwei grofse Rechtsgebiete.

Das eine Rechtsgebiet war das Gebiet des sogenannten Pandektenrechts (oder, wie es auch heifst, das Gebiet des gemeinen Rechts), d. h. das Gebiet, in welchem das römische

Privatrecht (in seiner gemeinrechtlichen Gestalt) noch formelle Gesetzeskraft besafs, wo es also noch galt, soweit es nicht particularrechtlich geändert worden war. Zu diesem Gebiet gehörten Holstein, einzelne Teile von Schleswig[1], die Hansestädte, Lauenburg, Mecklenburg, Neuvorpommern und Rügen, Hannover (gröfstenteils), Oldenburg (mit Ausnahme des Fürstentums Birkenfeld), Braunschweig, die thüringischen Herzogtümer, Lippe-Detmold, Schaumburg-Lippe, Waldeck, der Bezirk des ehemaligen Appellationsgerichtes Ehrenbreitstein, Hessen-Nassau, Hessen-Darmstadt (mit Ausnahme von Rheinhessen), Hohenzollern, Württemberg und Bayern (mit Ausnahme der Pfalz und der fränkischen Fürstentümer). Es war ein grofses, geschlossenes, von Schleswig-Holstein im Norden bis nach Bayern im Süden hinabreichendes Rechtsgebiet. In all diesen Ländern waren viele Gesetze erlassen, welche das römische Privatrecht in einzelnen Teilen, bisweilen auch in vielen Teilen abgeändert hatten. Aber überall hatte hier das römische Privatrecht gemeinrechtliche ergänzende Geltung: es galt, soweit die Landesrechte keine entgegenstehenden Bestimmungen enthielten.

Das andere Rechtsgebiet war das Gebiet des codificierten Privatrechts, d. h. das Gebiet, wo die formelle Geltung des römischen Privatrechts ausgeschlossen und das ganze Privatrecht durch eine erschöpfende einheimische Gesetzgebung (Codification) beherrscht ward. Inhaltlich sind jedoch auch in diese Codificationen viele Sätze des römischen Rechts aufgenommen worden. Diese Rechtsgebiete waren die Gebiete des preufsischen Landrechts von 1794, des französischen bürgerlichen Gesetzbuchs (des code civil) von 1804 (galt am linken Rheinufer und in Baden in

[1] In dem gröfsten Teil von Schleswig galt das Jütisch Low (von König Waldemar II. von Dänemark 1240, in der Form einer plattdeutschen Übersetzung vom Ende des 16. Jahrhunderts). Das römische Recht war im Gebiete des Jütisch Low nicht recipiert. Es galt dort nur für einzelne Institute und im übrigen als ratio scripta, d. h. insofern es die Anforderungen der „Natur der Sache" und der „Billigkeit" zum Ausdruck brachte. Eine gleiche Stellung hat das römische Recht noch jetzt in den Kantonen der Schweiz, soweit dort kein codificiertes Recht gilt. Die Aufnahme des römischen Rechts mit formaler subsidiärer Gesetzeskraft beschränkte sich auf die Gebiete, in denen die Rechtsprechung des (1495 von Kaiser Maximilian I. eingesetzten) Reichskammergerichts Einflufs übte.

der Form des badischen Landrechts von 1809) und das Gebiet des königlich sächsischen bürgerlichen Gesetzbuchs von 1863. Auch im cisleithanischen Österreich gilt eine solche Codification, welche das bis dahin geltende Pandektenrecht beseitigte, das österreichische bürgerliche Gesetzbuch von 1811. Fast die ganze östliche Hälfte Deutschlands (rechts der Elbe) und der äufserste Westen (links des Rheines) hatte bereits codificiertes Privatrecht empfangen.

Die Stunde kam heran, wo der gesetzlichen Herrschaft des Pandektenrechts vollends ein Ende bereitet werden sollte.

§ 4.

Das deutsche bürgerliche Gesetzbuch.

Am 18. August 1896 ist das deutsche bürgerliche Gesetzbuch nebst einem Einführungsgesetz für das deutsche Reich verkündet worden. Vom 1. Januar 1900 an steht es in Geltung. Die Entwickelung, welche um 1500 mit der Aufnahme des römischen Rechts in Deutschland ihren Anfang genommen hatte, ist nunmehr nach annähernd einem halben Jahrtausend zum Abschlufs gebracht worden.

Das deutsche bürgerliche Gesetzbuch (B.G.B.) ist eine Codification. Alles bisher in deutschen Ländern giltig gewesene Privatrecht, das „gemeine" Privatrecht wie das particuläre (nur das in der Gesetzgebung des neuen Reiches wurzelnde Reichsprivatrecht ausgenommen), wird vor dem deutschen bürgerlichen Gesetzbuch verschwinden, soweit nicht ausdrücklich (im Einführungsgesetz Art. 56 ff.) Vorbehalte zu gunsten des Landesprivatrechts gemacht sind. Inhaltlich finden sich auch im deutschen bürgerlichen Gesetzbuch Rechtssätze, die dem römischen Recht entstammen. Aber die formelle rechtliche Geltung des gemeinen Pandektenrechts wird in Zukunft für ganz Deutschland beseitigt sein.

Das neue deutsche Reich mufste die Aufgabe der Codification auf seine stärkeren Schultern nehmen. Der bunte Privatrechtszustand Deutschlands, die Menge kleiner lebensunfähiger Particularrechte, die gesetzliche Geltung eines in lateinischer Sprache redenden fremden vielfach veralteten Rechtsbuchs forderten dringend eine Änderung. Die Codificationen der Einzelstaaten hatten die Schwierigkeiten der particularrechtlichen Zersplitterung nur vermehren, nicht überwinden können. Die Rechtsgebiete der Codificationen mufsten der unmittelbaren Fühlung mit der deutschen, bei dem „gemeinen" Recht verharrenden Wissenschaft entbehren. Erst die Gesetzgebungsgewalt des endlich wieder aufgerichteten deutschen Reichs konnte durch ein deutsches bürgerliches Gesetzbuch zugleich die formale Einheit des in Deutschland geltenden Privatrechts und ein den Geist deutscher Wissenschaft mit Naturgewalt an sich heranziehendes, wahrhaft lebensfähiges Codificationswerk schaffen.

„Alles fliefst". Der Aufnahme des römischen Rechts in Deutschland ist heute, 400 Jahre später, die Abschaffung des römischen Rechts gefolgt. Die alte Herrlichkeit des Pandektenrechtes geht dahin. Aber nicht als ob sie niemals dagewesen wäre. Das römische Recht war uns der **Zuchtmeister** auf das neue deutsche Recht. Vom römischen bürgerlichen Recht sind wir zu einem deutschen bürgerlichen Recht, von der Aufnahme zur Überwindung des römischen Rechts durch eine aufsteigende innere Entwickelung gelangt. Es ist nicht das mittelalterliche deutsche Recht, das wir durch unser deutsches bürgerliches Gesetzbuch bei uns wiederum einführen. Es ist neuzeitliches Privatrecht, welches mit altererbten einheimischen Rechtsgedanken die Errungenschaften des Pandektenrechts und die Ideen des modernen Verkehrsrechts verbindet. Die Ohnmacht des „heiligen römischen Reichs" war der Grund, dafs wir einst zu einem römischen bürgerlichen Recht unsere Zuflucht nehmen mufsten. Die Wiedergeburt des deutschen Reichs hat uns ein durch die gesammelte Kraft der voraufgegangenen römischen, deutschen, modernen Entwickelung bereichertes, zu neuem, höherem Dasein wiedergeborenes deutsches bürgerliches Recht gebracht.

§ 5.

Die Aufgabe der folgenden Darstellung.

Werden wir nach Abschaffung des Pandektenrechts auch das Studium des römischen Privatrechts beiseite legen?

Bisher sind dem römischen Privatrecht drei verschiedene Lehrzweige gewidmet gewesen: die römische Rechtsgeschichte, die Institutionen und die Pandekten.

Die römische Rechtsgeschichte und die Institutionen gehören innerlich zusammen. Diese beiden Lehrzweige hatten es mit der Geschichte unseres Privatrechts, soweit es auf römischer Wurzel beruht, zu thun.

Die römische Rechtsgeschichte brachte nach der bisherigen Übung die Geschichte des römischen Rechts, insbesondere des römischen Privatrechts, von den ältesten Zeiten bis auf Justinian, den Urheber des Corpus juris (im 6. Jahrhundert n. Chr.), zur Darstellung. Sie zeigte, wie das römische Recht, von geringen Anfängen ausgehend, nicht blofs äufserlich die Welt eroberte, sondern zugleich innerlich zu einem Weltrecht sich umgestaltete. Sie zeigte die Ursachen der Gröfse des römischen Rechts und seiner Wissenschaft, zugleich damit einen Teil der Gründe, weshalb wir das römische Recht aufgenommen haben.

Die Institutionen schlossen sich an die römische Rechtsgeschichte an: sie gaben den Abschlufs der Geschichte des römischen Privatrechts, sofern sie innerhalb des römischen Reiches sich vollzog. Sie handelten von dem römischen Privatrecht zur Zeit Justinians. Justinian war es beschieden gewesen, die Summe der römischen Rechtsentwickelung zu ziehen. Das Gesetzbuch, in welchem er dies Werk vollbrachte, ist das Corpus juris civilis. Es steht am Ende der römischen, am Beginne der mittelalterlichen Rechtsgeschichte. Es bildet den Schlufsstein der antiken, den Anfang unserer Rechtsentwickelung. Unter diesem Gesichtspunkt legten die Institutionen das Recht des Corpus juris civilis dar, und zwar das Recht des Corpus juris civilis in seiner damaligen Gestalt (zur Zeit Justinians). Ihr Gegenstand war das unveränderte Recht des Corpus juris, oder, wie man zu sagen pflegt, das reine römische Privatrecht. Die Institutionen fügten der Geschichte des römischen Rechts als ihr letztes und gröfstes Erzeugnis das System des im Corpus juris zur Vollendung gebrachten reinen römischen Privatrechts hinzu.

Der Lehrzweig der Pandekten war dagegen dem heute geltenden Rechte unmittelbar zugekehrt. Die Pandektenwissenschaft, so wie sie bisher in Deutschland getrieben wurde, hatte es gleichfalls mit dem Recht des Corpus juris civilis zu thun, aber mit dem Recht des Corpus juris civilis in seiner gegenwärtigen Gestalt, also in der veränderten Form, welche ihm das kanonische Recht, italienische und deutsche Gewohnheiten, sowie deutsche Reichsgesetze gegeben hatten. Die Institutionen stellten das römische Recht des 6. Jahrhunderts, die Pandekten aber das römische Recht des 19. Jahrhunderts dar. Die Pandektenwissenschaft lehrte das Pandektenrecht in der Gestalt, wie es in den „Ländern des Pandektenrechts" (oben S. 5. 6) gegenwärtig gesetzliche Geltung hatte. Die Pandektenwissenschaft lebte also einem praktischen Zweck: sie war die Wissenschaft von dem für einen grofsen Teil Deutschlands immer noch in Kraft stehenden gemeinen deutschen Privatrecht römischen Ursprungs.

Es versteht sich von selber, dafs diese praktische Aufgabe der Pandektenwissenschaft durch das deutsche bürgerliche Gesetzbuch hinwegfällt. Das Pandektenrecht wird als geltendes Recht verschwinden.

Schon lange aber hatte die deutsche Pandektenwissenschaft neben ihrer praktischen eine ganz andere, rein wissenschaftliche Bedeutung gewonnen.

Die Arbeit, welche eine Reihe von Geistern ersten Ranges nicht blofs in Deutschland, sondern im ganzen Abendlande von den Tagen der Glossatoren an (vgl. unten § 25 ff.) bis zur Gegenwart dem römischen Recht gewidmet hatte, galt nicht lediglich der Herausstellung des positiven, im römischen Recht gegebenen Stoffes, sondern an erster Stelle der Entwickelung der juristischen Begriffe, mit deren Hülfe wir nicht blofs das römische Recht, sondern ebenso jedes andere Recht zu meistern im stande sind. Das Pandektenrecht war der Boden, aus dem durch das juristische Denken der Jahrhunderte tausendfältige Frucht rein wissenschaftlicher Art gewonnen wurde: Ergebnisse, deren Wert von der Gestaltung des praktisch geltenden Rechts in weitgehendem Mafse unabhängig ist. Die Pandektenwissenschaft ward das Zeughaus, in welchem die für jede rechtswissenschaftliche Arbeit unentbehrlichen Waffen der Wissenschaft bereitet, bewahrt und immer vollkommener ausgestaltet wurden. Die Pandektenwissenschaft ward die hohe Schule aller Jurisprudenz, und seit der Zeit, wo die Schule von Bologna blühte, bis heute ist die Vormachtstellung auf dem Gebiete der Rechtswissenschaft derjenigen Nation zugefallen, die das Feld des Pandektenrechts beherrschte.

Heute steht, durch und seit v. Savigny (nach ihm insbesondere durch Jhering), die deutsche Jurisprudenz der Rechtswissenschaft aller anderen Völker voran. In den Pandekten ruht die starke Wurzel ihrer Kraft. Wird nicht mit dem Fall der Pandektenwissenschaft auch die Blüte deutscher Rechtswissenschaft dahingehen?

Trotz alledem ist gewifs, dafs die Pandektenwissenschaft von ihrem Platze weichen mufs. Die Pandektenwissenschaft bedeutet, dafs die Lehre vom römischen Privatrecht im Mittelpunkt unserer Privatrechtswissenschaft steht, dafs die Kraft unserer Wissenschaft und unseres Studiums einem toten Recht sich zuwendet. Das können wir nicht mehr ertragen. Die Wissenschaft ist um des Lebens willen da. Die deutsche Wissenschaft hat dem deutschen Recht zu dienen. Was wir an erster Stelle nötig haben, ist eine dem geltenden deutschen Rechte mit allen Kräften und von ganzem Gemüte hingegebene Wissenschaft.

So lange das geltende Privatrecht der Gegenwart dem überkommenen römischen Recht nur in der Gestalt des Particularrechts gegenübertrat, vermochte die deutsche Wissenschaft der Entwickelung des modernen Rechts nur von ferne her zu folgen. Der Gesetzgeber konnte ein sächsisches bürgerliches Gesetzbuch machen, aber keine sächsische Wissenschaft. Selbst in dem verhältnismäfsig grofsen Rechtsgebiet des preufsischen Landrechts konnte keine in sich selber wurzelnde preufsische Rechtswissenschaft entstehen. Es giebt nur eine deutsche Rechtswissenschaft, keine sächsische, keine preufsische, und die deutsche Rechtswissenschaft konnte keins von jenen Particularrechten zu ihrem eigentlichen Gegenstand erwählen. Sie blieb bei dem Pandektenrecht (und dem „deutschen Privatrecht"). Auch für die Länder mit codificiertem Recht mufste die Schule der Pandektenwissenschaft die eigentliche Schule der Privatrechtswissenschaft bedeuten: nur für die Anwendung eines nicht mehr geltenden Rechts (auch für die Länder des gemeinen Rechts war die praktische Geltung des Pandektenrechts durch die Particulargesetzgebung, in neuester Zeit auch durch die Reichsgesetzgebung sehr stark eingeschränkt worden) ward der Praktiker in wirklich wissenschaftlicher Weise vorbereitet.

Das ist es, was jetzt anders wird und anders werden mufs. Die deutsche Codification bezeichnet hier den entscheidenden Wendepunkt. Sie übertrifft die particularrechtlichen Codificationen vor allem dadurch an Kraft des Daseins, dafs sie im Stande ist, den Gang der deutschen Wissenschaft zu bestimmen. Das lebendige Recht der Gegenwart ist endlich in der Form eines deutschen bürgerlichen Rechts zur Welt gebracht. Dies deutsche bürgerliche Recht wird und mufs von nun an den vornehmsten Gegenstand der deutschen Privatrechtswissenschaft bedeuten. Auf diesem Boden wird die deutsche Wissenschaft den Bund fürs Leben mit der deutschen Praxis schliefsen.

Sollten wir umsonst so lange in die Schule des römischen Rechts gegangen sein? Sollten wir nicht unseres eigenen Rechtes eigener Meister werden können? Sollten wir nicht an dem Stoff des deutschen bürgerlichen Gesetzbuchs dieselbe Kunst juristischen Denkens üben und lehren können, die bis dahin am „Phantom“ des Pandektenrechts erlernt und gehandhabt werden mufste?

Mit dem Pandektenrecht wird auch die Pandektenwissenschaft bisheriger Art verschwinden. In den Mittelpunkt unserer Privatrechtswissenschaft und unseres Privatrechtsstudiums werden an Stelle der Pandekten des römischen Rechts die Pandekten des deutschen Corpus juris civilis, des deutschen bürgerlichen Gesetzbuchs treten. Wir zerbrechen das Haus der Pandektenwissenschaft, aber nicht um diese Wissenschaft zu zerstören, sondern damit sie frei werde zum Einzug in das neue Haus, das Haus des deutschen bürgerlichen Rechts. Die kommende Wissenschaft vom deutschen bürgerlichen Recht soll das Erbe zugleich der Schätze und der Aufgabe der bisherigen Pandektenwissenschaft antreten: in ihren neuen Räumen soll von nun an die Hochschule juristischen Denkens eingerichtet sein, eine Hochschule aber, welche, im Gegensatz zu den alten Pandekten, die Geheimnisse der Wissenschaft lehrt, um die Tiefen des lebendigen Rechts zu ergründen.

Die Wissenschaft vom römischen Privatrecht als solchem steht in Zukunft nur noch im Eingang des juristischen Studiums. Die „Pandekten“ alter Art werden nicht mehr sein, wenngleich noch abgekürzte Pandekten, „Grundlehren der Pandekten“, der Erhaltung des Zusammenhanges mit unserer noch kräftig blühenden romanistischen Rechtswissenschaft und zugleich als Vorschule für die Exegese des Corpus juris dienen werden, die auch künftig unentbehrlich ist. Nur die römische Rechtsgeschichte und die Institutionen behaupten sich ungeschmälert an ihrem Platze. Sie werden in der Form einer Lehre von „Geschichte und System des römischen Privatrechts“ fortgeführt werden. Die Pandektenwissenschaft hinterläfst auch ihnen ein Erbe, das sie in Besitz zu nehmen haben.

Die Pandektenwissenschaft hat uns bisher mit der juristischen Dogmatik zugleich das Verständnis des Corpus juris vermittelt. Die erste (auf die Entfaltung des Dogmas bezügliche) Aufgabe hinterläfst sie den künftigen Pandekten des deutschen bürgerlichen Rechts, die andere Aufgabe aber zu einem erheblichen Teile der künftigen Darstellung von „Geschichte und System des römischen Privatrechts“.

Den Zugang zum Corpus juris dürfen wir nicht verlieren. Er ist zugleich der Zugang zur Herrschaft über unser eigenes Recht. Dort sind die unvergleichlichen Denkmäler der von den römischen Juristen geübten Kunst gesammelt: ein juristisches Museum von unvergänglichem Werte. Nur durch das Studium der Alten führt der Weg zur Meisterschaft. Als Bildungsmittel ist das Corpus juris unersetzlich. Dies Bildungsmittel mufs uns erhalten bleiben.

Die römische Rechtsgeschichte pflegte bisher mit der grofsen Codification Justinians, dem Corpus juris civilis, abzuschliefsen. Die „Geschichte“ des römischen Rechts wird fortan darüber hinauszugehen haben. Sie wird (was bisher den „Pandekten“ überlassen zu werden pflegte) auch die Schicksale des Corpus juris von seiner Abfassung bis zur Gegenwart in den Bereich ihrer Darstellung ziehen. Sie wird die Rolle klar zu machen haben, welche das Corpus juris für die ganze nachfolgende Entwickelung gespielt hat. Aus der „Geschichte“ des römischen Rechts mufs der Wert des Corpus juris auch für die Gegenwart hervorgehen.

Dem „System“ des römischen Privatrechts fällt die Aufgabe zu, nach Art der bisherigen „Institutionen“ eine übersichtliche (zugleich auf die Geschichte zurückgehende) Darstellung des im

Corpus juris enthaltenen Privatrechts zu geben. Die Behandlung des Stoffes wird hie und da eingehender sein müssen, als bisher in den „Institutionen“ üblich war. Auch wird es an einzelnen wichtigen Punkten angezeigt sein, über das römische Recht Justinians hinaus die Verbindungslinien aufzuweisen, welche vom Privatrecht des Corpus juris zu unserem heutigen bürgerlichen Rechte führen. In der Hauptsache aber wird das „System des römischen Privatrechts“ dem Institutionenprivatrecht, d. h. dem reinen römischen Privatrecht, wie es von Justinian auf dem Boden der römischen Rechtsentwickelung zum Abschlufs gebracht worden ist, gewidmet bleiben. Es soll dadurch helfen, den Zusammenhang unserer Wissenschaft vom gegenwärtigen Recht mit dem Inhalt des Corpus juris zu bewahren. Denn dieser Zusammenhang darf uns nicht verloren gehen.

Zum Zweck der Lösung dieser Aufgabe wird es im Ganzen bei einer einleitenden, d. h. bei einer auf den Anfänger berechneten, in der Hauptsache also auch in dieser Hinsicht bei einer dem Wesen der bisherigen Institutionen entsprechenden Art der Darstellung bleiben müssen. Das Corpus juris begrüfst künftig den Jünger der Rechtswissenschaft nur noch an der Pforte des Heiligtums. Der Altar des Tempels wird nicht mehr dem römischen, sondern dem deutschen Recht gewidmet sein.

In diesem Sinn ist die folgende Darstellung gehalten. Es wird zunächst ein kurzes Wort über die Quellen des römischen Rechts, sowie über die juristischen Grundbegriffe vorausgeschickt werden. Dann folgt die Darstellung selbst in einem geschichtlichen und einem dogmatischen Teil.

Zweites Capitel.

Quellen und Grundbegriffe.

§ 6.

Die Quellen.

I. Das Corpus juris civilis von Justinian hat in seiner heutigen Gestalt vier Teile:

1. Die Institutionen (publiciert am 21. Nov. 533) sind

ein kurzes Lehrbuch, bestimmt, den gesamten übrigen Inhalt des Corpus juris kurz zusammenfassend darzustellen und damit zugleich in das Studium des Corpus juris einzuleiten, — aber ein Lehrbuch mit Gesetzeskraft. Die Institutionen haben gleiche Gesetzeskraft wie die Digesten und der Codex.

Die Institutionen zerfallen in vier Bücher, die Bücher in Titel, die Titel in Paragraphen. Der erste Satz des Titels (vor § 1) wird als principium (pr.) bezeichnet. Also citiert man:

pr. I. (= Institutionum) de donat. (2, 7).

Soll unmittelbar darauf eine andere Stelle desselben Titels citiert werden, so wiederholt man Überschrift und Zahl des Titels nicht, sondern schreibt:

§ 4 I. eod.

Handelt die Darstellung, zu welcher eine Stelle des Institutionentitels de donationibus als Belegstelle citiert werden soll, ex professo von Schenkungen, so kann das erste Citat auch lauten:

pr. I. h. t. (= hoc titulo).

Mit dem Citat „h. t.“ ist also der einschlagende Titel (der unsere gerade vorliegende Materie behandelnde Titel), mit dem Citat „eod.“ der zuletzt vorher citierte Titel angezogen.

2. Die Digesten oder Pandekten (publiciert am 16. Dec. 533) enthalten Auszüge (Fragmente) aus den Schriften der römischen Juristen, welche von Justinian zusammengestellt und mit Gesetzeskraft versehen sind. Die Digesten haben 50 Bücher, die Bücher zerfallen in Titel, die Titel in Fragmente (sogenannte leges), die Fragmente in Paragraphen; der erste Absatz der lex heifst principium. Also Citat:

L. (= lex) 2 pr. D. (= Digestorum) mandati (17, 1).

L. 10 § 1 eod.

L. 18 h. t. (Mit diesem Citat ist der Titel mandati citiert, wenn die Ausführung, zu welcher citiert wird, ex professo vom Mandat, d. h. vom Auftrag, handelt.)

Die Bücher 30. 31. 32 der Digesten handeln alle drei von dem nämlichen Gegenstand — de legatis — und haben keine Titeleinteilung. Darum citiert man hier:

L. 1 D. de legat. I (30).

Manche neuere Schriftsteller bezeichnen die einzelnen Fragmente der Juristenschriften, aus welchen die Digestentitel zusammengesetzt sind, nicht als leges, sondern als fragmenta (fr.), und kann dann das D., also die Verweisung auf den Digestenteil des Corpus juris, fortbleiben. Also:

fr. 2 pr. mandati (17, 1).

3. Der Codex (publiciert am 16. Nov. 534) enthält kaiserliche Erlasse und Gesetze von Justinian und den älteren Kaisern (meistens auszugsweise), welche von Justinian zusammengestellt und als einheitliches Gesetz publiciert sind. Der Codex hat 12 Bücher. Die Bücher zerfallen in Titel, die Titel in die einzelnen kaiserlichen Erlasse (leges), die leges in Paragraphen, wie vorher. Also Citat:

L. 11 § 1 C. (= Codicis) depositi (4, 34).

Die einzelnen leges des Codex können auch als c. (= constitutio) bezeichnet werden, und kann dann das C., d. h. die Verweisung auf den Codexteil des Corpus juris, fortbleiben:

c. 11 § 1 depositi (4, 34).

Diese drei Teile des Corpus juris — die Institutionen, die Digesten und der Codex — sind von Justinian zwar an verschiedenen Daten, aber doch als zusammen ein einziges Gesetzbuch bildend publiciert worden und haben daher alle gleiche Gesetzeskraft. Sie stellen das Corpus juris in der Gestalt dar, in welcher es von Justinian erlassen wurde. Unser heutiges Corpus juris unterscheidet sich von dem Corpus juris Justinians dadurch, dafs wir noch einen vierten Teil dem Corpus juris hinzugefügt haben:

4. Die Novellen sind Nachtragsgesetze, von Justinian und späteren Kaisern nach Vollendung des Corpus juris gegeben (weitaus die meisten von Justinian in den Jahren 535—565). Weil sie jünger sind als das Corpus juris, so gehen sie, soweit die Novellen von uns recipiert sind (was bei den meisten der Fall ist), dem übrigen Inhalt des Corpus juris vor. Die Novellen citiert man nach Zahl, Capitel und Paragraphen:

Nov. 118 cap. 3 § 1.

Ausgabe:

Corpus juris civilis. Editio stereotypa. Institutiones, recens. P. Krüger. Digesta, rec. Th. Mommsen. Berolini 1872. Codex Justinianus, rec. P. Krüger. Berol. 1877. Novellae, rec. R. Schöll, G. Kroll. Berol. 1895.

II. Die vorjustinianischen Rechtsquellen sind:

1. Die Schriften der römischen Juristen in ihrer ursprünglichen Gestalt.

2. Die Erlasse und Gesetze der römischen Kaiser in ihrer ursprünglichen Gestalt.

3. Die altrömischen Volksgesetze und andere Rechtsquellen in ihrer ursprünglichen Gestalt. Urkunden und Nachrichten nichtjuristischer Schriftsteller.

Ausgaben:

Corpus juris Romani antejustiniani consilio professorum Bonnensium. Bonnae 1835 ff.

Jurisprudentiae antejustinianae quae supersunt, ed. Huschke, ed. 5. Lipsiae 1886.

Jurisprudentiae antehadrianae quae supersunt, ed. F. P. Bremer. Pars prior. Liberae reipublicae jurisconsulti. Lipsiae 1896. Pars altera, sectio prior 1898.

Collectio librorum juris antejustiniani. In usum scholarum ediderunt P. Krüger, Th. Mommsen, Guil. Studemund. Tom. I. Gai Institutiones, ed. 3., Berolini 1891. Tom. II. Ulpiani liber singularis regularum. Pauli libri quinque sententiarum. Fragmenta minora. Berol. 1878. Tom. III. Fragmenta Vaticana etc. Berol. 1890.

Corpus legum ab imperatoribus Romanis ante Justinianum latarum, quae extra constitutionum codices supersunt, ed. Hänel. Lips. 1857.

Fontes juris Romani antiqui, ed. Bruns, ed. 7 cura Th. Mommseni et O. Gradenwitz. Pars I: Leges et negotia. Pars II: Scriptores. Friburgi in Brisgavia 1893.

Textes de droit romain, publiés et annotés par P. Girard, 2. éd. Paris 1895.

Anhang. Die Handschriften des Corpus juris.

Wir sind heute gewöhnt, uns das Corpus juris als ein einheitliches Buch zu denken. Das entspricht aber dem ursprünglichen Thatbestande nicht. Justinian veröffentlichte Institutionen, Digesten, Codex, wie schon bemerkt, als drei selbständige Bücher, wenngleich sie eine einheitliche Gesetzgebung darzustellen bestimmt waren. Die Novellen sind selbstverständlich nachträglich einzeln publiciert worden. Dementsprechend hat sich die handschriftliche Überlieferung gestaltet. Die Handschriften des Corpus juris enthalten nur je einen Teil des Corpus juris.

Weltberühmt ist die ausgezeichnete Handschrift der Digesten, welche im Mittelalter einen Schatz der Stadt Pisa bildete, dann (1406) nach Unterwerfung der Pisaner von den Florentinern nach Florenz entführt wurde, die Florentina (früher Pisana). Sie ist im Anfang des 7. Jahrhunderts von griechischen Schreibern geschrieben und einer sehr sorgfältigen Correctur unterworfen worden, bei welcher noch ein zweites Original zur Verbesserung des Textes benutzt worden ist. Auf der Florentina (Pisana) beruht in der Hauptsache die Geschichte der Digesten im Abendlande, und da in den Digesten die Kraft des Corpus juris lag, zugleich mittelbar die Geschichte des römischen Rechts überhaupt. Die Florentina ist die Grundlage der zahlreichen Vulgathandschriften, d. h. der Handschriften, welche den von den römischen Rechtslehrern in Bologna, den sogenannten Glossatoren (im 12. und 13. Jahrhundert), zu Grunde gelegten Digestentext überliefern. Während die Florentina das ganze Digestenwerk enthält, geben jedoch die Vulgathandschriften ganz regelmäfsig nur einen Teil desselben.

Nach der Studienordnung Justinians sollten von den Digesten nur die ersten 23 Bücher und das 26., 28. und 30. Buch im Rechtsunterricht von den Professoren erklärt werden. Infolgedessen ist zunächst in Italien eine nur bis zum 23. Buch reichende Abschrift der Florentina verbreitet worden, indem man jedoch dem 23. Buch noch die eng mit demselben zusammenhängenden beiden ersten Titel des 24. Buches hinzufügte. Das hiefs Digestum schlechtweg. Da jedoch Justinian den Studierenden aufgegeben hatte, im vierten Jahr ihres Studiums die Bücher 24. 25. 27. 29. 31—36 der Digesten privatim zu studieren (die 14 letzten Bücher brauchten während der Studienzeit überhaupt nicht gelesen zu werden, sondern waren späterer Kenntnisnahme vorbehalten), so gab es auch, jedoch sehr selten, Handschriften in Italien, welche den Teil der Florentina von Buch 24 Titel 3 bis Buch 36 enthielten. Eine unvollständige Handschrift dieses zweiten Digestenteils ist für die bolognesische Textgestaltung mafsgebend geworden. Sie brach mitten in der l. 82 D. ad leg. Falcidiam (35, 2) vor den Worten tres partes ab. Erst später, als die vollständige Pisana (die Florentina) wieder bekannt geworden war, konnte man diesen zweiten Teil wieder ergänzen und „verstärkte“ ihn um des Ebenmafses willen, so dafs er bis zum Ende des 38. Buches reichte. Daher die Bezeichnung dieses zweiten Teils als Digestum infortiatum (=fortiatum, verstärkt) und die Scheidung dieses zweiten Teils in das infortiatum im engeren Sinne (bis zu tres partes) und die „tres partes“ (von tres partes bis zum Ende des 38. Buchs). Der dritte Teil, der jetzt gleichfalls auf Grund der wieder bekannt gewordenen Pisana gebildet wurde (von Buch 39 bis zu Ende), empfing den Namen Digestum novum, und im Gegensatz zu demselben ward jetzt das altbekannte Digestenwerk (bis Buch 24 Titel 2) als Digestum vetus bezeichnet. Vgl. v. Scheurl in der Zeitschrift für Rechtsgeschichte Bd. 12 S. 143 ff.; Karlowa, Römische Rechtsgeschichte Bd. 1 (1885) S. 1027 in der Anm. So zerfielen also die Digesten handschriftlich in drei volumina (das vetus von Buch 1 bis Buch 24 Titel 2, das infortiatum mit den tres partes von Buch 24 Titel 3 bis Buch 38, das novum von Buch 39 bis Buch 50). Der Wert dieser Vulgathandschriften ist gering, weil sie in allen drei Teilen Abschriften der Florentina sind und die Fehler der Florentina (z. B. auch die verkehrte Reihenfolge zweier Blätter gegen Ende der Digesten) regelmäfsig wiederholen. Sie besitzen einen kritischen Wert nur dadurch, dafs sie (jedoch nur bis zu Buch 33) an manchen Stellen Ergänzungen, Verbesserungen, Veränderungen der Florentina bieten, welche aus einem zweiten Original geflossen sein müssen, und zwar zu einer Zeit, da die Digesten nur erst bis zu den tres partes abschriftlich verbreitet waren. Um die Aufhellung all dieser Thatsachen hat die gröfsten Verdienste Mommsen sich erworben, dessen kritische Untersuchungen, sowie eine auf Grund derselben gegebene Textgestaltung in seiner grofsen Digestenausgabe (Digesta Justiniani Augusti, 2 Bde., 1870) vorliegen.

Die Institutionen sind sehr häufig abgeschrieben worden und haben schon im frühen Mittelalter eine bedeutend gröfsere Verbreitung als die umfangreichen Digesten erlangt. Für uns sind heute von besonderem Wert einerseits eine Bamberger Handschrift, andererseits eine (leider unvollständige) Turiner Handschrift, beide aus dem 9. und 10. Jahrhundert. Die letztere enthält die sogenannte Turiner Institutionenglosse, welche noch unter Justinian geschrieben worden ist.

Der Codex ist verhältnismäfsig unvollkommen überliefert, wohl in Zusammenhang damit, dafs nach der justinianischen Studienordnung über den Codex überhaupt keine Vorlesungen gehalten wurden, die Lectüre des Codex vielmehr dem Privatfleifs (im 5. Studienjahre) überlassen war. Ein Veroneser Palimpsest, welcher der Florentina gleichalterig ist, enthielt den ganzen Codex, ist aber nur lückenhaft erhalten. Die übrigen Codexhandschriften gehen auf die Auszüge zurück, welche nur die ersten 9 Bücher des Codex abgekürzt wiedergaben (die drei letzten Bücher liefs man weg, weil nur das öffentliche Recht des byzantinischen Reichs enthaltend). Diese Auszüge (welche noch, nur mit wenigen Ergänzungen, in einer Handschrift von Pistoja aus dem 10. oder 11., von Paris aus dem 11., von Darmstadt aus dem 12. Jahrhundert vorliegen) sind dann seit dem Ausgang des 11. Jahrhunderts mehr und mehr wieder vervollständigt und sodann seit dem Ende des 12. Jahrhunderts auch Handschriften der drei letzten Bücher geschrieben worden, jedoch so, dafs die ersten neun Bücher fortfuhren, den „Codex“ zu bilden, und die drei letzten Bücher (die „tres libri“) für sich überliefert wurden. Die griechischen Constitutionen, welche von den abendländischen Handschriften stets ausgelassen wurden („Graeca non leguntur“), sind erst in den Drucken des 16. Jahrhunderts aus kirchenrechtlichen und weltlichen Quellen des byzantinischen Reichs nachgetragen worden. Auch haben erst diese Drucke der humanistischen Epoche nach Möglichkeit die von den Vulgathandschriften der Bologneser Rechtsschule sehr vernachlässigten Inscriptionen und Subscriptionen der Kaisererlasse aus besseren Handschriften, bezw. aus dem Codex Theodosianus wiederhergestellt.

Die Novellen waren im Abendlande zunächst in einem Auszug verbreitet, welchen der Professor Julian in Konstantinopel um 556 aus 125 Novellen Justinians hergestellt hatte (sogenannte epitome Juliani). Dann ist den Glossatoren eine Sammlung bekannt geworden, welche 134 Novellen Justinians teils im lateinischen Originaltext, teils (die griechischen Novellen, welche die Mehrzahl bilden) in lateinischer Übersetzung (daher ihre Bezeichnung als versio vulgata) vollständig enthielt und welche höchst wahrscheinlich mit der amtlichen Novellensammlung identisch ist, die Justinian 554 für Italien anzufertigen befohlen hat (Zachariae v. Lingenthal in den Sitzungsberichten der Berliner Akademie 1882). Diese Sammlung nannten die Glossatoren, im Gegensatz zu der epitome Juliani, die „echte Sammlung“, das Authenticum (liber authenticorum), und teilten die 97 von ihnen für brauchbar erachteten Novellen in neun „Collationen“ mit 98 Titeln; Auszüge aus denselben schoben sie als „Authenticae“ an den betreffenden Stellen des Codex ein. Neben diesen abendländischen Sammlungen besitzen wir eine griechische Sammlung von 168 Novellen (jedoch nicht alle von Justinian), welche sämtliche Novellen in griechischer Sprache bringt.

Aus der geschilderten Gestaltung der Handschriften erklärt sich die Einrichtung der ältesten Ausgaben. Dieselben bringen das Corpus juris in seiner glossatorischen Gestalt — mit der Glosse und mit der Sonderung in fünf verschiedene Bücher, volumina —: vol. 1 = Digestum vetus; vol. 2 = Digestum infortiatum; vol. 3 = Digestum novum; vol. 4 = Codex Buch 1—9; vol. 5 (auch volumen schlechtweg oder volumen parvum genannt) = tres libri (Buch 10—12 des Codex) mit Authenticum und Institutionen. Die heute uns geläufige Einteilung und Ordnung nach vier Teilen (Institutionen, Digesten, Codex, Novellen) hat zuerst Gothofred in seiner unglossierten Gesamtausgabe (von 1583) befolgt, und zugleich hat er als der erste dem gesamten Werk den jetzt üblichen Gesamttitel Corpus juris civilis gegeben. Erst seit Gothofred erscheint das Corpus juris als das eine Buch, als welches wir es heute zu sehen gewohnt sind.

§ 7.

Grundbegriffe.

I. Begriff und System des Rechts[1]. Das Recht ist das machtverteilende ethische Gesetz des menschlichen (zunächst des volklichen) Gemeinlebens. Durch das Recht bestimmen, begrenzen, verteilen sich die Machtverhältnisse innerhalb der menschlichen Gesellschaft nach Maſsgabe des in der menschlichen Gemeinschaft (zunächst in der Volksgemeinschaft) lebendigen Ideals der Gerechtigkeit, dessen letzte Quelle der Glaube an die göttliche Gerechtigkeit ist[2].

---

[1] Vgl. A. Merkel, Juristische Encyklopädie (1885) S. 5 ff.

[2] Daher die ursprüngliche Ununterschiedenheit von Rechtsgesetz und

Gerechtigkeit ist ein güterverteilendes (Güter zusagendes, Güter versagendes) und zugleich ein die Person wertendes Princip: sie giebt Jedem „das Seine", d. h. das ihm nach seinem Wert Gebührende. Die göttliche Gerechtigkeit mifst den Menschen nach seinem sittlichen Werte (dem Wert vor Gott). Die menschliche Gerechtigkeit mifst den Menschen nach seinem rechtlichen Wert (dem Wert für das Volk). Wie die Gemeinschaft des Einzelnen mit Gott die Grundlage der sittlichen Ordnung, so ist die Gemeinschaft des Einzelnen mit seinem Volk die Grundlage der Rechtsordnung. Das Wesen der Sittlichkeit (Moral) ist auf das Überirdische, das Wesen des Rechts auf das Irdische gerichtet. Das Volk ist die Quelle und der Zielpunkt der Rechtsordnung.

Recht und Sittlichkeit haben starke Zusammenhänge mit einander. Weil die Gesundheit auch des Volkslebens an letzter Stelle auf der Sittlichkeit beruht, mufs das Recht bestimmten Forderungen der Sittlichkeit entweder entsprechen oder doch nicht widersprechen. Vor allem: die Hingabe an das Volk, welche das Recht verlangt, ist zugleich eine sittliche Forderung (Hingabe an den Nächsten). Die Rechtsgesetze sind deshalb grundsätzlich zugleich von sittlicher Verpflichtungskraft. Dennoch sind Recht und Sittlichkeit ihrem Wesen nach von einander verschieden. Das Recht ist nicht etwa dazu da, um ein Mindestmafs von Sittlichkeit zu erzwingen. Sittlichkeit kann nicht er-

Sittengesetz. Erst allmählich wird von den Völkern die besondere Art des Rechtsgesetzes begriffen, als eines Gesetzes nämlich, welches nur eine unvollkommene, an bestimmte äufsere Formen gebundene menschliche Gerechtigkeit und nur im Dienst einer bestimmten äufseren Ordnung der gegenseitigen Machtverhältnisse, verwirklicht, welches um der Kraft und Gesundheit des Volkslebens willen da ist, die sittliche Freiheit des Einzelnen aber nicht hervorzubringen (wie das Sittengesetz), sondern nur zu ermöglichen bestimmt ist. Das Urrecht der arischen Völker (bei den Indern dharma, bei den Griechen θέμις, bei den Römern fas genannt) „fällt noch nicht unter den Gesichtspunkt eines jus quod populus sibi ipse constituit; es ist noch ganz mit der Religion und dem Sittengesetz verwachsen; es beruht auf dem Götterglauben der arischen gentes, auf dem Glauben, dafs die Götter das Recht schützen und das Unrecht strafen". Dem von den Göttern gesetzten fas tritt dann das jus (griechisch δίκαιον) in der Form des von dem Staat (civitas) erzeugten Rechts (jus civile) gegenüber. Leist, Altarisches jus gentium (1889) S. 3. 4. Leist, Altarisches jus civile, 1. Abt. (1892), S. 337 ff., 2. Abt. (1896), S. 3 ff. 256. 389 ff.

zwungen, kann überhaupt nicht in ein formales gemeingiltiges Gesetz gefafst werden. Das Recht ist noch viel weniger da, um „praktisches Christentum“ zu treiben: gesetzliches Christentum ist ein Widerspruch in sich selbst. Das Recht ist ein Erzieher auf die christliche Sittlichkeit, aber kein Diener des Sittengesetzes: es trägt seine eignen Gesetze in sich. Das Recht dient dem Volke, und dem Volk allein. Es fordert, was „des Kaisers“ (des Volkes) ist, niemals, was Gottes ist.

Das Grundgesetz des Rechtes ist die Erhaltung des Volkes, d. h. der Macht des Volkes: was der machtvollen Erhaltung des Volkes dient, das ist (menschlich) gerecht. Das Recht ist die Organisation des Volkes für den Kampf ums Dasein. Der Zeuger des Rechtes ist darum der Krieg. „Der Krieg ist der Vater aller Dinge“. Unter dem Druck der Kriegsgefahr schliefst sich das Volk zum Heer, zum Staat zusammen. Der Krieg ist nicht die gesellschaftzerstörende, sondern die gesellschaftbauende Gewalt. Die Heeresordnung bedeutet den Ursprung der Rechtsordnung: der Soldat ist der Vater des Vaterlandes. Die Heeresverfassung erzeugt die Staatsverfassung, und die Verteilung der Kriegsbeute das Eigentum. Unter dem Zeichen des Speeres (sub hasta) sind Recht und Staat geboren worden. Alles Recht besteht, damit das Volk da sei, stark sei, und die Macht des Rechts über den Einzelnen beruht in der sittlich geforderten Unterordnung des Einzellebens unter das Volksleben. Gieb dein Leben dem Volke wieder, von dem du es empfingst! Populum vivere necesse est, te vivere non necesse est! Das Recht teilt dem Einzelnen zu, was ihm als Glied des Volkes, und zwar um des Volkes willen, zukommt. Das ist der Sinn des rechtlichen „suum cuique“.

Nur scheinbar steht es mit dem Gesagten in Widerspruch, wenn wir innerhalb des Rechts zwei Arten von Recht unterscheiden — Privatrecht und öffentliches Recht. Die privatrechtlichen Machtbefugnisse sind ihrem Inhalt nach eigennütziger, die öffentlichrechtlichen aber gemeinnütziger Natur. Das Privatrecht hat der Berechtigte (zunächst) um seiner selbst willen, damit er Macht, Können, Vermögen (im weiteren Sinn des Wortes) habe. Die öffentlichrechtliche Befugnis hat er dagegen (z. B. der Monarch sein Regierungsrecht, der Bürger sein Wahlrecht) um Aller willen. Die privatrechtliche Befugnis ist daher an erster Stelle von berechtigender, die öffentlichrechtliche an erster Stelle von verpflichtender Wirkung. Doch ist der Gegensatz kein vollkommener, und ist deshalb die Grenze von Privatrecht und öffentlichem Recht wie begrifflich so geschichtlich eine schwankende (um die Grenzbestimmung kämpfen die socialen Klassen). Auch das Privatrecht ist, trotz seines zunächst dem Eigennutzen dienenden Inhalts, um des gemeinen Nutzens, um des Volkes willen da, und bleibt deshalb das Privatrecht dem öffentlichen Recht untergeordnet, ja in gewissem Sinne eingeordnet. Aber das Privatrecht ruht in der geschichtlich durchgedrungenen Wahrheit, dafs die Macht des Volkes nicht blos aus der Unterordnung, sondern in noch höherem Mafse aus der Entfaltung seiner Angehörigen zu selbständig leistungsfähigen Persönlichkeiten ihre Nahrung zieht, dafs die Rechtsordnung (Heeresordnung) deshalb dazu bestimmt ist, nicht blos militärische Subordination, sondern Freiheit hervorzubringen. Um der Gesamtheit willen schafft die Rechtsordnung ihren Angehörigen eine eigennützige, die Triebkräfte des Individuums zugleich befriedigende und zu höchster Anspannung entfesselnde Machtsphäre: die Leistungen des Einzelnen werden Allen zu Gute kommen. Das Privatrecht ist dazu da, dafs aus dem Massenleben (Herdenleben) der Urzeit das Leben freier Einzelpersönlichkeiten werde. In diesem Sinne bildet das Privatrecht zugleich den Gegensatz und die unentbehrliche Grundlage unseres gesamten öffentlichen Rechts.

Das Privatrecht ist Vermögensrecht in dem angegebenen weiteren Sinn des Worts. Gegenstand des Vermögens (eigennütziger Befugnisse) sind an erster Stelle Sachen und Sachwerte. Das Privatrecht handelt von der eigennützigen Herrschaft der Person über Sachgüter (Vermögensrecht im engeren Sinn des Worts). Mit diesem Vermögensrecht verbindet sich das Familienrecht. Auch die Hausgenossen (Familienangehörige) unterliegen einer eigennützigen (privatrechtlichen) Gewalt. Sie sind Personen, aber von rechtlich minderwertiger, dem Hausherrn unebenbürtiger Persönlichkeit[3]. Die Urzeit hat Frau und Kinder

[3] Das ist es, wogegen die „Frauenrechtsbewegung“ Widerspruch erhebt. Sie möchte aus der Hausfrau einen zweiten Hausvater machen.

geradezu nach Art der Sachgüter behandelt: es ist nicht unmöglich, dafs das Alleineigentum des Mannes an seiner Frau (monogamische Gewalt), und folgeweise an seinen Kindern, urgeschichtlich den ältesten Anwendungsfall des Alleineigentums und damit den Ursprung des Privatrechts darstellt. Die entwickeltere Rechtsordnung behandelt die Familiengenossen als Personen, und fafst daher die Familiengewalt in stetig steigendem Mafs nicht als lediglich eigennützige, sondern als den Gliedern des Hauses dienende Gewalt, aber immer bleibt das Haus ein in bestimmten Grenzen willkürlicher Gewalt des Hausherrn unterworfenes und darum die Persönlichkeit der Hausgenossen minderndes Machtgebiet (my house is my castle), und noch heute spricht die ganze Geschichte des Familienrechts sich darin aus, dafs wir Familienrecht und Vermögensrecht (im engeren Sinn) zu dem einen Rechtsgebiet des Privatrechts (Vermögensrecht im weiteren Sinn) zusammenfassen.

Dem Privatrecht (Vermögensrecht und Familienrecht) steht als öffentliches Recht das Staatsrecht mit Völkerrecht, Kirchenrecht, Strafrecht, Procefsrecht gegenüber: öffentliche (gemeinnützige) Gewalt, Herrschaftsrechte der einen Person über andere ebenbürtige Personen im Interesse Aller begründend.

L. 1 § 2 D. de just. et jure (1, 1) (Ulpian.): Hujus studii duae sunt positiones, publicum et privatum. Publicum jus est, quod ad statum rei Romanae spectat, privatum, quod ad singulorum utilitatem: sunt enim quaedam publice utilia, quaedam privatim.

II. Entstehung des Rechts. Das Recht entsteht teils unbewufst aus den Überzeugungen und dem Leben der Nation heraus (Gewohnheitsrecht), teils durch einen bewufsten, formell willkürlichen Akt der Staatsgewalt (Gesetzesrecht). Gesetzesrecht ist das Recht von Gewalt wegen (es gilt formell kraft eines Befehls der Staatsgewalt), Gewohnheitsrecht ist das Recht von Überzeugung wegen (es gilt, weil es, von der Überzeugung der Nation ausgegangen, durch freiwillige Übung kraft innerer Notwendigkeit sich durchgesetzt hat).

Sie lehnt die Wirkung der Heeresordnung auf die Rechtsordnung der Familie ab.

L. 32 § 1 D. de leg. (1, 3) (JULIAN.): Inveterata consuetudo pro lege non immerito custoditur, et hoc est jus, quod dicitur moribus constitutum. Nam cum ipsae leges nulla alia ex causa nos teneant, quam quod judicio populi receptae sunt, merito et ea, quae sine ullo scripto populus probavit, tenebunt omnes: nam quid interest, suffragio populus voluntatem suam declaret an rebus ipsis et factis? Quare rectissimum etiam illud receptum est, ut leges non solum suffragio legislatoris, sed etiam tacito consensu omnium per desuetudinem abrogentur.

III. Die Geltung des Rechts. Seiner räumlichen Geltung nach ist das in Deutschland ausgebildete Recht entweder Particularrecht, d. h. nur für einen Teil Deutschlands geltendes örtliches Recht, oder gemeines deutsches Recht, d. h. für ganz Deutschland geltendes Recht[4]. Das gemeine Recht ist entweder ergänzendes (subsidiäres) gemeines Recht, d. h. es gilt nur in Ermangelung einer particularrechtlichen Bestimmung, oder es ist zwingendes (absolutes) gemeines Recht (uniformes Recht), d. h. es duldet keine particularrechtlichen Abweichungen. Das ältere gemeine deutsche Recht (so das Pandektenrecht) hatte nur ergänzende Geltung. Das neue gemeine Recht, wie es durch unsere heutige Reichsgesetzgebung erzeugt wird, nimmt dagegen zwingende Geltung für sich in Anspruch.

Dem Einzelnen gegenüber hat das Recht gleichfalls entweder ergänzende oder zwingende Geltung. Ergänzendes (sog. dispositives) Recht ist solches Recht, dessen Anwendung durch den Privatwillen für den Einzelfall ausgeschlossen werden kann (z. B. der Rechtssatz, dafs der Verkäufer für heimliche Mängel der Sache haftet); zwingendes (sog. absolutes) Recht ist solches Recht, welches durch Privatwillen nicht ausgeschlossen werden kann (z. B. die Rechtssätze über die Wechselform, Testamentsform u. s. w.). Die Mehrzahl der Rechtssätze hat zwingende Geltung. Für zwingende Rechtssätze (auch für die zwingenden Privatrechtssätze) kommt der Kunstausdruck jus publicum, jus commune vor.

L. 38 D. de pactis (2, 14) (PAPINIAN.): Jus publicum privatorum pactis mutari non potest.

---

[4] Das Pandektenrecht heifst noch heute gemeines deutsches Recht, weil es früher für ganz Deutschland gegolten hat.

L. 7 § 16 eod. (ULPIAN.): Quoties pactum a jure communi remotum est, servari hoc non oportet.

IV. Recht im objectiven Sinn nennen wir die Rechtsnorm (den Rechtssatz), Recht im subjectiven Sinn die einzelne Rechtsbefugnis (z. B. das Forderungsrecht des Darlehnsgläubigers).

V. Strenges Recht (jus strictum) heifst das Recht, insofern es die Berücksichtigung der besonderen Umstände des Einzelfalls (z. B. dafs der Schuldner durch Betrug zu dem Geschäft veranlafst war) nicht gestattet. Billiges Recht (jus aequum) heifst das Recht, insofern es die Berücksichtigung solcher Umstände gestattet. Das billige Recht erscheint häufig in der Form des Ausnahmsrechts (jus singulare), also in der Form, dafs es für gewisse Fälle die Berücksichtigung der besonderen Umstände ausnahmsweise gestattet[5]. Sofern das Ausnahmsrecht gewissen Personenklassen zu gute kommt, heifst es ein Privilegium (im objectiven Sinn). Privileg im subjectiven Sinn ist das einer bestimmten Person durch lex specialis gewährte Sonderrecht.

L. 14 D. de leg. (1, 3) (PAULUS): Quod vero contra rationem juris receptum est, non est producendum ad consequentias.

§ 8.

Die Rechtswissenschaft.

Die Rechtswissenschaft hat eine praktische und eine ideale Aufgabe.

I. Die praktische Aufgabe der Rechtswissenschaft ist, das durch die Rechtsquellen (Gesetze, Gewohnheitsrecht) dargebotene Recht (den Rohstoff des Rechts) zur Anwendung geschickt zu machen. Die Rechtsquellen bieten immer nur ein unvollständiges, lückenhaftes Recht. Auch der weiseste Gesetzgeber vermag nicht alle Fälle vorherzusehen. Die Rechtswissenschaft verwandelt dies unvollständige, lückenhafte Recht der Rechtsquellen in ein vollständiges, lückenloses Recht: den Rohstoff in ein Kunstwerk. Zu

[5] Über den Begriff des jus singulare vgl. Eisele in Jherings Jahrbüchern für Dogmatik Bd. 23 S. 119 ff.

diesem Zweck hat sie eine doppelte Thätigkeit zu entwickeln: einmal die Gewinnung, sodann die Entfaltung der Rechtssätze.

Die Rechtswissenschaft gewinnt die Rechtssätze, welche unmittelbar durch die Rechtsquellen dargeboten werden, durch das Mittel der Auslegung (Interpretation). Die Auslegung ist einerseits grammatische Auslegung, d. h. Auslegung des Wortlautes (des Buchstabens), andererseits sog. logische Auslegung, d. h. Auslegung des Sinnes nach Zusammenhang, Ursprung, Absicht des Rechtssatzes.

Für die logische Auslegung wird vor allem das „Zweckmoment“, d. h. die praktische Wirkung des Rechtssatzes von Bedeutung[1]. Die Idee der Gerechtigkeit, von welcher das Recht lebt, fordert die Berücksichtigung der praktischen Zweckgedanken, welche die Lebensverhältnisse in sich tragen, und wenn, wie es oft der Fall ist, in den Lebensverhältnissen entgegengesetzte Zwecke verschiedener Parteien auf einander treffen, ist es nur zu häufig die thatsächliche Macht der um ihr Dasein kämpfenden praktischen Bestrebungen, welche über das Mafs der Durchsetzung des Gerechtigkeitsideals entscheidet. Wie ein Spiegelbild des Göttlichen, so ist deshalb das Recht zugleich ein Spiegelbild der Welt. Jurisprudentia est divinarum atque humanarum rerum notitia, justi atque injusti scientia[2]. Nur der ist in Wahrheit zum Schauen des Rechts, der Gerechtigkeit und der Ungerechtigkeit, durchgedrungen, dem die Fülle des Lebens sich offenbart hat. Auch für die Rechtswissenschaft gilt selbstverständlich, dafs ihr Wissen Stückwerk ist und bleiben wird. Aber sie hat dem hohen Ziel in nie nachlassender Arbeit sich anzu-

---

[1] In seiner Schrift: Der Zweck im Recht, Bd. 1 (2. Aufl.) 1884, Bd. 2, 1883, hat v. Jhering in geistreicher Ausführung darzuthun gesucht, dafs der „Zweck“, d. h. die praktische Erwägung, der „Schöpfer des Rechts“ sei. Vgl. die, den Gedanken Jherings anders wendende Ausführung von A. Merkel in v. Holtzendorff, Encyklopädie der Rechtswissenschaft, Bd. 1 (5. Aufl. 1890), S. 13. 14. Die Gerechtigkeit steht zu dem praktisch Nützlichen nicht in Gegensatz. Vielmehr: was dem Volke nützt (was Allen nützt), das ist (menschlich) gerecht, und umgekehrt (vgl. S. 22. 23): „Gerechtigkeit erhöhet ein Volk.“ Nur das Einzelinteresse und das blofse Klasseninteresse steht zur Gerechtigkeit in Gegensatz und ist zweifellos nie auf die Dauer der Quell des Rechts.

[2] Vgl. § 1 I. de just. et jure (1, 1); L. 10 § 2 D. de just. et jure (1, 1).

nähern. Der „logischen" Auslegung ist vor allem diese Aufgabe gesetzt, den wahren Inhalt des Rechtssatzes durch die Erkenntnis seiner thatsächlichen Bedingungen und Wirkungen klarzustellen. Die praktische, den Rechtssatz durch Darlegung seiner sachlichen Bedeutung auf das „Göttliche und Menschliche", auf Herz und Nieren prüfende Auslegung stellt das vornehmste Stück der sog. logischen Auslegung dar.

Solche „logische Auslegung" mufs sich stets mit der grammatischen verbinden. Sie wird das Ergebnis einer blofsen Buchstabeninterpretation vielfach berichtigen: bald über dasselbe hinausgehen (sogenannte ausdehnende Auslegung), bald hinter demselben zurückbleiben (sogenannte einschränkende Auslegung). Ein Handeln, welches den Buchstaben des Gesetzes (grammatische Interpretation) in Widerspruch mit dem Sinne des Gesetzes (der logischen Interpretation) absichtlich ausnutzt, stellt ein Verfahren in fraudem legis dar[3].

L. 17 D. de leg. (1, 3) (Celsus): Scire leges non hoc est, verba earum tenere, sed vim ac potestatem.

L. 29 eod. (Paulus): Contra legem facit, qui id facit, quod lex prohibet, in fraudem vero, qui salvis verbis legis sententiam ejus circumvenit.

Auf die Gewinnung des Rechtssatzes hat die Entfaltung seines Inhalts zu folgen. Die Entfaltung eines Rechtssatzes geschieht einmal durch Entwickelung seiner Folgesätze (der Rechtssatz schliefst eine Reihe speciellerer Rechtssätze, eine Reihe von Untersätzen in sich), andererseits durch Entwickelung seiner Obersätze (der gegebene Rechtssatz folgt aus allgemeineren Rechtssätzen, hat bestimmte Obersätze zur Voraussetzung). Am wichtigsten ist dies letztere Verfahren: die Gewinnung von Obersätzen aus den gegebenen Rechtssätzen. Solche (gefundene) Obersätze schliefsen dann in ihren Folgesätzen eine Reihe von anderen Rechtssätzen in sich, welche in den Rechtsquellen unmittelbar nicht enthalten waren. Also eine Bereicherung des Rechts, welche auf rein wissenschaftlichem Wege gewonnen wird. Die Herausstellung neuer Rechtssätze mit Hilfe eines solchen auf inductivem Wege gefundenen Obersatzes nennt man analoge Anwendung des

[3] Vgl. J. Pfaff, Zur Lehre vom sog. in fraudem legis agere. Wien 1892.

erstgegebenen Rechtssatzes, aus welchem jener Obersatz gefunden wurde. Schlufsfolgernde Rechtsanwendung ist also die Anwendung eines gegebenen, analoge Rechtsanwendung aber die Anwendung eines gefundenen Obersatzes (Princips).

Das wissenschaftliche Verfahren, durch welches man Obersätze findet, die in den Rechtsquellen nicht unmittelbar enthalten sind, kann mit dem Verfahren der Chemie verglichen werden. Jhering hat daher von einer juristischen „Scheidekunst" gesprochen[4]. Die Rechtswissenschaft zerlegt ein Rechtsverhältnis, welches durch Rechtssatz geregelt ist, in seine Elemente. Sie entdeckt, dafs in der ganzen, anscheinend unübersehbaren und unzählbaren Masse von Rechtsverhältnissen, welche das tägliche Leben stets neu hervorbringt, eine verhältnismäfsig kleine Zahl von Elementen enthalten ist, welche, nur in verschiedener Zusammensetzung, immer wiederkehren. Diese Elemente bilden gewissermafsen das „Rechtsalphabet" (Jhering)[5]. So ist z. B. in allen Verträgen, im Kaufvertrag, Mietvertrag, Erbvertrag, Traditionsvertrag u. s. w., das eine Element: Vertrag, d. h. Consenserklärung enthalten. Habe ich für den Kaufvertrag eine erschöpfende Reihe von Rechtssätzen, so habe ich notwendig auch Rechtssätze, welche sich auf dies Element des Kaufvertrags — die Erklärung eines übereinstimmenden Willens — beziehen. Diese Rechtssätze über das Element „Vertrag" (die also entscheiden, unter welchen Voraussetzungen ein Vertrag zu stande kommt, welche Wirkung der Irrtum, welche Wirkung eine beigefügte Bedingung oder sonstige Clausel hat u. s. w.) sind Obersätze, welche ich aus den Rechtssätzen über Kauf gewonnen habe und welche eine zahllose Menge von weiteren Rechtssätzen in sich schliefsen, welche mir auch über das Zustandekommen des Mietvertrags, des Erbvertrags, des Pfandbestellungsvertrags u. s. w. Aufschlufs zu geben im stande sind (sofern nicht andere Obersätze ändernd eingreifen). Die analoge Anwendung eines Rechtssatzes fällt also mit der Entdeckung der Elemente des Rechtsverhältnisses zusammen, und es bedeutet solche analoge Anwendung nicht (wie der Laie es sich vorzustellen

---

[4] v. Jhering, Geist des römischen Rechts auf den verschiedenen Stufen seiner Entwickelung, 3. Teil 1. Abt. (2. Aufl. 1871), S. 11.

[5] Geist des römischen Rechts, 1. Teil (3. Aufl. 1873) S. 42.

pflegt) die Anwendung eines gegebenen Rechtssatzes auf ein ungefähr ähnliches Verhältnis (solche Analogie wäre vielmehr das Gegenteil von Jurisprudenz), sondern die Anwendung eines gegebenen Rechtssatzes auf genau das gleiche Verhältnis, sofern in einem anscheinend anderen Verhältnis das gleiche Element gefunden wird, welches durch den gegebenen Rechtssatz bereits seine Ordnung gefunden hatte.

Durch diese Mittel erreicht die Rechtswissenschaft wie die Erkenntnis so die Vollständigkeit und Lückenlosigkeit des Rechts. Mit der Entdeckung der Elemente, welche in allen Rechtsverhältnissen wiederkehren, sind zugleich die Rechtssätze gefunden, welche allen Rechtsverhältnissen gerecht werden. Die Analogie arbeitet mit der Entdeckung jener Elemente, mit der Auflösung der Rechtsverhältnisse, die Schlufsfolgerung mit dem praktischen Gebrauch jener Elemente, mit der Zusammensetzung der Rechtsverhältnisse. Die Fülle des Lebens empfängt nicht vom Gesetzgeber, sondern erst von der Wissenschaft ihr Gesetz.

II. Ihre praktische Aufgabe erfüllt die Rechtswissenschaft also durch den materiellen Gewinn an Rechtssätzen und durch die Herausarbeitung des sachlichen Rechtsinhalts; ihre ideale, rein wissenschaftliche und zugleich, wie man sagen darf, künstlerische Aufgabe dagegen durch die Form der Darstellung, welche sie den Rechtssätzen giebt. In der Fülle des Stoffes wollen wir den einheitlichen Gedanken: so wollen wir in der Fülle der Rechtssätze die alles beherrschende Idee. Dieses Bedürfnis des menschlichen Geistes nach Einheit zu befriedigen, ist die ideale Aufgabe der Jurisprudenz. Zu diesem Zweck vermeidet sie bei Darstellung der Rechtssätze die imperative Form, d. h. sie vermeidet es, die Rechtssätze einfach aufzuzählen. Sie handelt vielmehr von den Thatbeständen, an welche sich juristische Wirkungen anknüpfen, einerseits, von den Rechtswirkungen andererseits, um sowohl jene Thatbestände wie diese Wirkungen unter bestimmte Kategorieen (d. h. Begriffe) zu bringen, welche sie definiert. So heifst es also z. B. in wissenschaftlicher Darstellung nicht: wenn Dir eine Sache auf Grund eines Kaufes übergeben worden ist, so hast Du das Recht, die Sache zu behalten, jeder Dritte soll sie Dir wieder herausgeben u. s. w. Es heifst vielmehr: 1. Das Eigentum ist das seinem Inhalt nach unbeschränkte Recht der Herrschaft über eine

Sache (Eigentumsbegriff). 2. Das Eigentum wird erworben durch Tradition (Definition der Tradition) oder durch Occupation (Definition) oder durch Usucapion u. s. w. An die Stelle einer Menge von Rechtssätzen tritt formell eine Menge von Begriffen: Begriffe von Befugnissen, Begriffe von Thatbeständen. Diese Begriffe treten dann scheinbar die Herrschaft über die Rechtssätze an, während sie in Wirklichkeit aus diesen Rechtssätzen gewonnen und von denselben abhängig sind. Die Wissenschaft leitet aus dem Begriff des Eigentums, aus dem Begriff der Tradition u. s. w. die einzelnen positiven Rechtssätze ab, dieselben Rechtssätze nämlich, welche sie vorher in jene Begriffe hineingethan hat. Der Form nach verschwindet durch die Vorherrschaft des Begriffs die Positivität des Rechts. Die Wissenschaft verfährt, als ob sie jene Rechtssätze aus gewissen allgemeinen Principien frei hervorbrächte. Gerade dadurch wird jenes Bedürfnis des menschlichen Geistes befriedigt, jenes Verlangen, welches die Herrschaft des Stoffes verabscheut.

Von den gewonnenen Begriffen begehren wir zu immer höheren Begriffen aufzusteigen. Daher ergiebt sich aus dem idealen Instincte der Rechtswissenschaft das Suchen nach dem Rechtssystem, d. h. nach einer Form der Darstellung, welche die ganze Masse des Rechts als die freie Entfaltung eines einzigen Begriffes, des Begriffes des Rechts, zur Anschauung bringt. Dann wird der Stoff verschwunden sein, und der Gedanke hat als Sieger das Feld behauptet.

Erster Teil.

Geschichte des römischen Rechts.

Einleitung.

§ 9.

Das quiritische Recht.

Zu der Zeit, da die Sonne der Geschichte über der Hügelstadt am Tiber aufgeht, hat das römische Recht bereits eine lange Entwickelung hinter sich. Es mufs wenigstens der Versuch gemacht werden, aus den Resten der Überlieferung ein wenn auch nur ungefähres Bild von der Art dieser vorgeschichtlichen Entwickelung, zugleich damit eine Anschauung von dem Boden zu gewinnen, aus dem die beglaubigte römische Rechtsgeschichte hervorgewachsen ist[1].

Die Vorzeit der römischen Staats- und Rechtgeschichte ist die Zeit der Könige. Der Staat der Könige war ein Geschlechterstaat. Das Geschlecht, die Sippe, ist die Keimzelle auch des römischen Staats gewesen. Dem König stand ein Rat von Ältesten aus den Geschlechtern (senatus)[2] und die Gesamtheit aller Genossen der Geschlechter (populus) gegenüber.

[1] Um die römische Verfassungs- und Rechtsgeschichte haben hervorragende Verdienste sich erworben Mommsen, Römisches Staatsrecht, 3. Aufl., 3 Bde. 1887. Abrifs des römischen Staatsrechts (in Bindings Handbuch) 1893. v. Jhering, Geist des römischen Rechts auf den verschiedenen Stufen seiner Entwickelung, 5. Aufl., 3 Bde. 1891. Eine eingehende Darstellung hat begonnen Karlowa, Römische Rechtsgeschichte, Bd. 1, Bd. 2 Abt. 1. 2, 1885 ff. M. Voigt, Römische Rechtsgeschichte, Bd. 1, 1892. Ein kurzes Lehrbuch: Schulin, Lehrbuch der Geschichte des römischen Rechtes, 1889.

[2] Jedes Mitglied des alten patricischen Senates ist „dem Begriffe nach König“ und kann (als interrex) „thatsächlich als solcher fungieren“ (Mommsen, Abrifs S. 306). Das Königtum selbst ist offenbar aus der Stellung eines Geschlechtsältesten hervorgewachsen.

Es gab keine unmittelbare Zugehörigkeit des Einzelnen zum Staat. Wer dem Staate angehören wollte, mufste zunächst einem der Geschlechter (gentes) angehören, aus denen der Staat sich zusammensetzte. Eine Gruppe von Geschlechtern bildete eine Curie (curia), zehn Curien bildeten ein Drittel (tribus), die drei Drittel (Ramnes, Titienses, Luceres) bildeten den Staat. In der Verfassung des Staates war die Curie das unterste Glied: nach Curien war die Wehrpflicht geordnet (jede Curie stellte grundsätzlich eine centuria zum Fufsdienst, eine decuria zum Rofsdienst), und nach Curien ward gestimmt (Curiatcomitien). Innerhalb der Curie war das Geschlecht als politische Einheit nicht vorhanden. Aber Curiengenosse (quiris) und damit Bürger war nur der Geschlechtsgenosse (gentilis). Bürgerrechte (quiritische Rechte) konnten nur durch das Mittel der gentilicischen Rechte besessen werden. Erweiterung der Bürgerschaft war, aufser durch Aufnahme einzelner in ein schon bestehendes Geschlecht, nur durch Aufnahme neuer Geschlechter (gentes minores, „jüngere“ Sippen genannt) in die Curien möglich. Der Einzelne als solcher war der politischen Rechte und Pflichten unfähig. Politische Rechtsfähigkeit konnte ihm nur durch seine Sippe vermittelt werden.

Eine politische Körperschaft war die gens im Staate nicht mehr. Die politische Geschlossenheit der gens ward durch den Staat zerstört: darin bestand das Wesen der Staatsbildung. Auf wirtschaftlichem (wie auf sacralem) Gebiet aber blieb das Geschlecht von vorstaatlichen Zeiten her auch unter dem Königtum als Einheit noch lebendig. Die Äcker in der Feldflur (ager privatus) waren nicht dem Einzelnen, sondern den Geschlechtern zugewiesen. Es gab kein Einzeleigentum an Grund und Boden. Selbst Haus und Garten (horctus) des Gentilen war, obgleich ihm dauernd „zugeteilt“, dennoch nicht ihm eignendes Besitztum, sondern Gemeineigen des Geschlechts und darum unveräufserliches „Erbe“ (heredium)[3]. Wie einst bei den Germanen,

[3] In demselben Sinn erscheint die „terra salica“ der späteren Texte der Lex Salica, d. h. das dem Einzelnen zu dauernder Nutzung zugewiesene „Volkland“ (vgl. Berichte der kgl. sächs. Gesellsch. d. Wissensch. phil.-hist. Klasse 1896 S. 164 ff.), gleichzeitig in der Lex Ribuaria tit. 56, 4 unter dem Namen „hereditas aviatica“, „Erbland“.

so war auch bei den alten Römern die Wirtschaft des Einzelnen ein Bestandteil der Gemeinwirtschaft des Geschlechts. Freies Sonderrecht des Einzelnen gab es nur an dem, was der Mann „in der Hand“ (in manu) hatte, d. h. aufser an Frau (uxor in manu)[4] und Kindern, an Sachen, die des „Handgriffs“ (mancipium) fähig sind: Sklaven (mancipia) und Vieh (pecunia). Nur bewegliche Sachen sind handgreifbar. Nur bewegliche Sachen sind ursprünglich im Stande, Gegenstand des vollen Eigentums (res mancipii, vgl. unten § 59), nämlich des Sondereigentums des Einzelnen, zu sein. Aber auch dies Sondereigen ist aus einstigem Gemeineigen hervorgegangen. Das Gemeineigentum der Gentilen an aller, auch an der beweglichen Habe, ist die urgeschichtliche Grundlage des ergänzend (wenn keine Agnaten da waren) eintretenden Erbrechts der Gentilen (unten § 111), das noch bis in den Anfang der Kaiserzeit gegolten hat[5]. Das Geschlecht erscheint in jenen ältesten Zeiten als Träger der Wirtschaft, des Eigentums: alles Eigentum ist grundsätzlich Gesamteigentum der Geschlechtsgenossen. Das Geschlecht vermittelt in der Urzeit die Eigentumsrechte wie die Bürgerrechte seines Genossen. Der Einzelne ist durch sich selber nichts. Was er ist, das ist er (politisch und wirtschaftlich) durch seine Familie, und zwar durch seine Gesamtfamilie, die gens. Auch die Einzelfamilie ist nur im Schutz und Schirm der Sippe, nur als Zweig am Baum der Sippe (gens) daseinsfähig. Es lebt die Sippe, nicht der Einzelne.

Es leidet keinen Zweifel, dafs die wirtschaftliche Bedeutung des Geschlechtsverbandes auch für seine politischen Wirkungen entscheidend gewesen ist. Weil der Geschlechtsverband den Genossen die Eigentumsrechte, darum vermittelte er ihnen auch die Bürgerrechte. Das Privatrecht bildet die Grundlage des öffentlichen Rechts.

---

[4] Vgl. unten § 92 und oben S. 25. Dem lateinischen manus entspricht das deutsche munt (Vormundschaft) sowohl sprachlich wie sachlich. Munt bedeutet die Hand und ist der älteste deutsche Ausdruck für das Eigentum des Einzelnen. Vgl. A. Heusler, Institutionen des deutschen Privatrechts, Bd. 1, S. 95 ff. M. Voigt, Römische Rechtsgesch., Bd. 1, S. 348 ff. C. Tunzelmann v. Adlerflug, Zum Wesen der langobardischen Munt, Inauguraldiss., Freiburg i. Br. 1897, S. 31 ff.

[5] Vgl. zu dem obigen Mommsen, Röm. Staatstecht, Bd. 3, S. 23 ff.

Die wirtschaftliche Bedeutung des Geschlechtsverbandes aber ist in Rom noch während der Königszeit durch das aufsteigende Privateigentum des Einzelnen zerstört worden. Die Folge ist die Zerstörung auch des Geschlechterstaates gewesen.

Der ausschlaggebende Vorgang war die Erstreckung des Sondereigentums von beweglichen Sachen auf den Grundbesitz. Der Grund und Boden ist die wirtschaftliche Grofsmacht der alten Zeit. Zuerst ist der städtische Grundbesitz (Haus und Garten in der Stadt) als Sondereigen des Einzelnen betrachtet worden. Der Acker in der Feldflur folgte nach. Der Geschlechtsbesitz in der Feldmark ward an die Einzelnen aufgeteilt. Nur die Nachwirkungen des ehemaligen Gesamteigentums blieben im Erbrecht und dem (mit dem Erbrecht zusammenhängenden) Vormundschaftsrecht aufrecht. Der Grund und Boden ward zu einer „handgreifbaren" Sache (res mancipii). Er ward privatrechtlich mobilisiert, um in das freie Sonderrecht des Einzelnen einzutreten.

Die Überlieferung setzt die entscheidende Wendung in die Zeit des Servius Tullius[6]. Aber durch die „servianische" Verfassung ist augenscheinlich nur das letzte Endergebnis schon von langher thatsächlich durchgesetzter Verhältnisse verwirklicht worden. Wir sehen dies am deutlichsten daraus, dafs die Entstehung des Sondereigentums am Grund und Boden mit einer anderen gewohnheitsmäfsig allmählich vollzogenen Entwickelung aufs innigste verbunden gewesen ist: mit der Entstehung des freien Plebejertums.

Den Geschlechtern der Freien standen von alters her die Unfreien (servi) gegenüber. Die Unfreien sind als solche nicht Person, sondern Sache, von allem Privatrecht wie von allem Bürgerrecht ausgeschlossen. Die Bestimmung der Unfreiheit aber ist ihr Aufsteigen zur Freiheit. Im alten Rom ist die Rechtsform für dies Aufsteigen die Clientel gewesen. Clienten (Hörige)

---

[6] Auf Servius Tullius wird die Einteilung der Stadt Rom in vier örtliche Tribus zurückgeführt. Den städtischen Tribus folgte die Schaffung von sechszehn ländlichen Tribus nach (vgl. Anm. 11). Die örtliche Tribus bedeutet das Gebiet des Sondereigentums. Die Aufteilung des Geschlechtsbesitzes in der Stadt wird durch die städtischen, die des Bodens in der Feldmark durch die ländlichen Tribus ausgedrückt. Vgl. Mommsen, Röm. Staatsrecht, Bd. 3, S. 162 ff.

waren diejenigen Unfreien, die thatsächlich nicht als Sachen (servi), sondern als „Kinder“ (liberi) im Hause behandelt wurden. Rechtlich waren sie (als Unfreie) nicht Vaterssöhne (patricii), noch konnten sie Väter (patres) im Rechtssinne sein. Aber thatsächlich standen sie freien Hausangehörigen gleich. Sie waren Einem aus den Geschlechtern „hörig“ (clientes) und zählten zu seiner gens und curia, nicht als Genossen, sondern nur als Schützlinge. Aber die, wenn auch nur passive, Zugehörigkeit zur Ordnung der Geschlechter gab ihnen die (wenngleich ebenfalls nur passive) Zugehörigkeit an die römische Gemeinde. Werdende Freiheit lag darin. Für die Fortentwickelung der Clientel ist namentlich die Aufnahme von ganzen Bürgerschaften unterworfener Städte in die römische Gemeinde von mafsgebender Bedeutung geworden: die nicht als Genossen, aber auch nicht als Knechte aufgenommenen (stammverwandten) Besiegten konnten in kein anderes Verhältnis als das der Hörigkeit eintreten. Sie waren dem Namen nach einem Patricier „angehörig“. Thatsächlich waren sie frei. Sie behielten (und sollten behalten) ihre Habe. Sie behielten ihre Ehe, ihre (Sonder-)Familie. Nur eine Sippe (gens) vermochten sie nicht zu bilden[7]. Sie gehörten ja einer patricischen gens, wenngleich nur als Schutzgenossen, an[8]. Infolgedessen besafsen sie denn auch zunächst von Rechts wegen ihre Habe sowie Frau und Kinder nicht kraft eigener Persönlichkeit, sondern (nach Art der Clienten) nur durch das Mittel des Sippegenossen, des Patriciers, dem sie als ihrem Patron „angehörten“. Aber ihre Zugehörigkeit zum Patron und folgeweise zur gens bestand bei diesen in Masse und mit thatsächlicher Belassung ihrer Freiheit aufgenommenen Schützlingen nur in der Vorstellung. In Wahrheit traten diese Schutzgenossen als sippelose Leute, als Einzelne in die römische Rechtsordnung ein. Eine Thatsache von unermefslicher Tragweite. Der Bruch mit dem überlieferten Recht war da. Aber er ist, ganz nach römischer Art, nicht mit einem Male vollzogen worden. Der Kampf

[7] Die plebejischen „gentes“ hiefsen in der genauen Rechtssprache stirpes, nicht gentes. Sie waren keine gentes im Rechtssinn. Mommsen, Röm. Staatsrecht, Bd. 3, S. 74.

[8] Das Stimmrecht der Plebejer in den Curien ist jüngeren Ursprungs. Mommsen a. a. O. S. 92. 93.

um die Durchführung des neuen Rechtsgedankens erfüllt die ganze erste (in der Hauptsache vorgeschichtliche) Epoche der römischen Rechtsentwickelung. Es war der Kampf, bei dessen glorreichem Ausgang dem römischen Recht und Staat die Pforten der Weltgeschichte sich öffneten.

Die als Hörige in den römischen Gemeindeverband aufgenommenen besiegten Bürgerschaften waren es, welche die Zahl der Clienten zur Masse der römischen Bevölkerung machten. Als „Menge" (plebes) traten sie den Geschlechtern (dem patricischen populus) gegenüber. In ihrer Menge lag ihre Macht. Nur ein Teil der Clienten ist auch rechtlich im Clientelverhältnis verblieben. Für die grofse Mehrzahl ward die Hörigkeit der Durchgangspunkt zur rechtlichen Freiheit, nämlich zur Freiheit der „Plebejer"[9].

Zuerst ist den Plebejern Rechtsfähigkeit auf dem Gebiete des Privatrechts zugestanden worden. Ihre (bewegliche) Habe ward als Eigentum im Rechtssinne, ihre Ehe als rechte Ehe anerkannt. Dieser wichtigste Vorgang der ältesten Zeit ist von keinem urkundlichen Denkmal überliefert. Er hat sich wahrscheinlich durch unbewufste Änderung der Rechtsüberzeugung im Wege gewohnheitsmäfsiger Übung durchgesetzt. Die gröfsten und folgenreichsten Umwälzungen in der Geschichte vollziehen sich, ohne dafs sie wahrgenommen werden.

Die Rechtsfähigkeit des Privatrechts ist nach altem Recht ein Bestandteil des Bürgerrechts. Nur der Bürger ist Person. Die private Rechtsfähigkeit des Plebejers bedeutete bereits seine Anerkennung als Bürger. Er war des quiritischen Eigentums (des Eigentums eines römischen Bürgers), er war der rechten Ehe (der Ehe nach Art einer römischen Bürgerehe) teilhaftig geworden. Auf dem Gebiete des Privatrechts war die grofse Änderung durchgesetzt. Der Plebejer war zum Rechtsgenossen des Patriciers geworden. Der Plebejer nahm darum auch an der Entwickelung Anteil, welche in Rom zur Ausbildung quiritischen Sondereigens am Grund und Boden führte. Ja, der Sieg des Sondereigens hing mit dem Aufkommen des Plebejer-

[9] Vgl. zu dem obigen die grundlegenden Ausführungen von Mommsen a. a. O. S. 55 ff.

tums zusammen. Das Eigentum der Plebejer war von vornherein thatsächlich Eigentum aufserhalb des Geschlechtsverbandes. Es war von vornherein thatsächlich Eigentum des sippelosen Mannes, des Einzelnen. Aus den plebejischen Kreisen stieg die Idee des freien Sondereigentums hervor, die den Geschlechtsverband der alten Familien zerstörte. Die Aufteilung der Äcker (auf denen die Plebejer zunächst vielleicht formell als blofse Bittbesitzer gesessen hatten) ist den Plebejern ebenso wie den Patriciern zu gute gekommen, ja, wie es scheint, an erster Stelle gerade den Plebejern[10]. Diese Thatsache spricht sich in der „servianischen" Verfassung aus.

Für das wirtschaftliche Gebiet war die alte Geschlechterverfassung gesprengt. So mufste sie auch für die öffentliche Verfassung aufgegeben werden. Servius Tullius vollzog nach der Überlieferung die formale Anerkennung des privaten Sonderrechts am Boden[11] auch dadurch, dafs er die Wehr- und Steuerverfassung auf diese neue Grundlage stellte. Die Plebejer waren Anteilhaber des Nationalvermögens geworden. Sie sollten nunmehr mit zur bürgerlichen Wehr- und Steuerpflicht herangezogen werden. Die Wehr- und Steuerpflicht ward dem Grundbesitz auferlegt. Die Bürgerschaft ward nach der Gröfse ihres Landlooses für den Fufsdienst in fünf Stufen eingeteilt: jede Stufe war in einer bestimmten Zahl von Abteilungen (centuriae) dienstpflichtig[12]. Der Dienst in den Reitercenturien ward besonders geregelt. Die Reitercenturien waren ständig unter Waffen. Die Centurien des Fufsvolks bestanden als solche aus Aushebungspflichtigen, nicht aus Ausgehobenen. Der Steuerordnung andererseits diente die Einteilung des ager privatus in die örtlichen Tribus (oben S. 38 Anm. 6).

Der Reform der Wehr- und Steuerpflicht folgte naturnot-

---

[10] Vgl. M. Weber, Römische Agrargeschichte, 1891, S. 117. 118.

[11] Der städtische Boden ward jedenfalls damals schon aufgeteilt, und die Aufteilung auch des Ackers (Einrichtung der ländlichen Orts-Tribus) bereitet sich vor, vgl. Mommsen S. 244 und oben Anm. 6.

[12] Die erste Stufe des Fufsvolks war die classis: sie stellte die eigentliche „Linie" der Phalanx. Später ist der Ausdruck classis auch auf die unteren vier Stufen übertragen worden, so dafs man fünf classes zählte. Mommsen S. 263.

wendig die Reform des Stimmrechts. Spätestens zu Anfang der Republik ist das Bürgerheer neuer Ordnung zum regierenden populus Romanus geworden. Nach Centurien ward gestimmt. Die 18 Reitercenturien stimmten zuerst. Dann das Fufsvolk nach seinen Stufen (die erste Stufe der classici in 80, die anderen vier Stufen zusammen in 90 Centurien). Reiterei und erste Klasse (Vollhufner) zusammen bildeten bereits die Mehrheit[13]. Die wirtschaftliche Vormachtstellung des Grund und Bodens übertrug sich auf den Staat.

Die Curiatcomitien wurden, ausgenommen die Regelung gewisser Fragen des Geschlechterrechts[14], für die Ausübung der Souveränetätsrechte der römischen Gemeinde durch die Centuriatcomitien neuer Art ersetzt. Die grofse Wendung war damit eingetreten[15]. Eine neue Gemeinde war da: der patricisch-plebejische populus Romanus. Die Plebejer hatten die Rechtsfähigkeit auch des öffentlichen Rechts erstritten. Aus Nichtbürgern waren sie Bürger wie des Privatrechts so des öffentlichen Rechts geworden. Die Patricier standen ihnen nur noch als Adel mit bestimmten Vorrechten gegenüber, deren Grundlage hinweggefallen war. Die Beseitigung der letzten Reste des alten Standesunterschiedes, die Erlangung der Ebenbürtigkeit (des connubium mit den Patriciern), sowie die Eroberung des gleichen Rechts auf Ämter und Priestertümer (diese beiden letzten Entwickelungsstufen fallen erst nach den zwölf Tafeln)[16], war nur noch eine Frage der Zeit. Die Menge stieg

[13] Ueber die spätere Entwickelung, welche die Ordnung der Centuriatcomitien, der Wehrpflicht, der Steuerpflicht genommen hat, vgl. Mommsen Bd. 3, S. 247 ff.

[14] Z. B. wenn ein selbständiger männlicher Bürger durch adrogatio (vgl. unten § 100) in ein anderes Geschlecht übertreten wollte, vgl. Mommsen Bd. 3, S. 318 ff.

[15] Die Tributcomitien, die zunächst als Comitien minderen Rechts (comitia leviora) den Centuriatcomitien zur Seite traten, schlossen keinen schöpferischen neuen Grundgedanken in sich. Mommsen a. a. O. S. 322 ff.

[16] Die Lex Canuleja v. J. 309 d. St. (455 v. Chr.) gab den Plebejern das connubium mit den Patriciern. Lex Licinia (387 d. St., 367 v. Chr.): einer der Consuln mufs ein Plebejer sein. — Die tribuni plebis, deren Amt vielleicht uralt ist, wenngleich ihnen erst infolge der ersten secessio das Intercessionsrecht beigelegt wurde, i. J. 260 d. St., 494 v. Chr., waren als solche nicht magistratus populi Romani.

von Hörigkeit zur vollen Freiheit auf. Damit beginnt die Kraft des römischen Staatswesens und der grofse Gang der römischen Rechtsgeschichte.

Die Königszeit endigt mit dem Untergang des Geschlechterstaates, zugleich mit der Wiedergeburt des populus Romanus auf breiterer Grundlage. Der Bürger der neuen Bürgergemeinde hiefs civis. Vor ihm verschwand der quiris (der Curiengenosse), der Bürger alten Stils. An die Stelle des quiritischen Rechts trat das Civilrecht, das Recht für den einzelnen Bürger als solchen, dessen Freiheit nur noch in der Angehörigkeit an die Gemeinde (civitas), nicht mehr in der Angehörigkeit an das Geschlecht beruht, — und die Geschichte des römischen Civilrechts wird der unsterbliche Inhalt der römischen Rechtsgeschichte sein.

§ 10.

Stufen der Entwickelung des römischen Civilrechts.

Ein Zweifaches charakterisiert die im obigen geschilderte Vorgeschichte des römischen Rechts.

Einmal das Überwiegen der Macht des Grundbesitzes. In dem alten Gemeineigen der Geschlechter am Grund und Boden wurzelte die Geschlechterverfassung. Mit der Aufteilung des Grund und Bodens ging sie dahin, um einer neuen wiederum auf dem Grundbesitz ruhenden Verfassung Platz zu machen.

Zum andern fällt die Kraft auf, mit welcher die Durchführung des Sonderrechts am Grund und Boden verhältnismäfsig so früh sich durchsetzte und so schnell ihre Folgerungen aus sich hervorbrachte. Die ganze Entstehungsgeschichte des freien Sondereigens auch am Land ist schon in der Vorzeit (der Königszeit) zu ihrem Abschlufs gebracht worden. Während die deutsche Rechtsentwickelung sich noch während des ganzen Mittelalters vorwiegend in gebundenen Grundbesitzformen: Gesamteigen, Lehnrecht, Leiherecht bewegt, setzt die römische Rechtsgeschichte in dem Augenblick, wo die klare Überlieferung beginnt, sofort mit dem freien Privateigentum auch am Grund und Boden ein, um den Grundsatz der Freiheit des Eigentums zum Leitstern der ganzen römischen Privatrechtsentwickelung zu machen.

Wir erkennen sofort, dafs die städtische Wirtschaft den Gedanken des freien Eigentums in Rom so früh zum Siege geführt hat. Von vornherein steht im Mittelpunkt der römischen Geschichte, auch der römischen Rechtsgeschichte die urbs, die Stadt. In der Stadt wird der Handel geboren[1]. Der Handel verlangt die Freiheit des Eigentums. In der Stadt entsteht die geschlossen bei einander wohnende Menge, und die Menge zerreibt den Zusammenhang der Sippe, um die Einzelpersönlichkeit hervorzubringen: an die Stelle der Geschlechtergemeinde tritt die Gemeinde der Ortsangehörigen. Das deutsche Recht ist noch durch das ganze Mittelalter an erster Stelle Landrecht gewesen. Das römische Recht unterscheidet sich dadurch, dafs es als Stadtrecht in die Geschichte tritt. Das deutsche Recht hat noch fast durch das ganze Mittelalter seine entscheidenden Antriebe vom Bauern und vom Adligen empfangen. Das römische Recht war von vornherein darauf angelegt, städtisches, bürgerliches Recht zu sein.

Die Geschichte des römischen bürgerlichen Rechts hat in zwei Entwickelungsstufen sich vollzogen.

Die erste Stufe ist die Zeit des Ackerbürgertums[2]. Der Bürger der patricisch-plebejischen Gemeinde trägt noch die Scholle von draufsen an seinen Füfsen; erdgeborene Kraft ist in ihm lebendig. Die Pflichten und der Wert des römischen Bürgers bemessen sich nach seinem Acker. Die Hufe macht den Mann. Der Vollhufner (classicus) giebt den Ausschlag in den Centuriatcomitien (oben S. 42). Nachdem der römische Plebejer das freie Sondereigen an Haus und Ackerfeld sich erstritten hat, tritt das Recht am ager publicus, dem Gemeindeland (ursprünglich Weideland) in den Mittelpunkt seines wirtschaftlichen und politischen Interesses. Der Kampf zugleich um die Erweiterung und um die Verteilung des ager publicus erfüllt fast die ganze Zeit der römischen Republik.

Der römische Ackerbürger ist der eigentliche Vertreter des

[1] Auch in Rom hat das Handelsinteresse sich früh geltend gemacht, Mommsen, Röm. Geschichte, 8. Aufl., Bd. 1, S. 46 ff. Die Patricier der alten Zeit erscheinen als „Grofshandel treibende Grofsgrundbesitzer“ M. Weber, Röm. Agrargeschichte, S. 116.

[2] Vgl. M. Weber, Röm. Agrargeschichte, S. 117.

echt-römischen Bürgertums. Das Civilrecht dieser Zeit ist national-römischer (lateinischer) Art. Es ist streng, schwerfällig, genau in der Form und noch arm an Rechtsgeschäften. Es ist bereits bürgerliches Recht, auf der Freiheit des Eigentums und der Freiheit des Verkehrs beruhend, aber der Hauch altbäuerlicher Beschränktheit und Enge liegt noch darüber. Das römische Recht dieser Zeit ist Stadtrecht, einer national bestimmten und begrenzten Gemeinde dienend, und zwar ackerbürgerliches Stadtrecht: sein Wesen ist das jus strictum, das strenge Recht eines noch langsamen Verkehrs.

Mit den politischen Erfolgen Roms dehnte sich der Kreis der römischen Gemeinde. Gegen das Ende der Republik war das römische Bürgerrecht über Italien ausgebreitet und der Boden Italiens römischer ager privatus geworden. Gleichzeitig ward Rom der Mittelpunkt der Weltherrschaft und des Weltverkehrs.

Die Entscheidung in dem Kampf um die Weltherrschaft war durch die punischen Kriege herbeigeführt worden. Seitdem begann die zweite Epoche der römischen Geschichte, des römischen Rechts.

Der Hannibalische Krieg verwüstete die Kraft des italischen Bauernstandes, zugleich des römischen Ackerbürgertums. Im Unterliegen gab der grofse Punier dem national-römischen Wesen die tötliche Wunde, dem werdenden römischen Reich den Keim des Untergangs. Die Zahl der kleinen Grundbesitzer schwand dahin. Das Grofsbürgertum der Latifundienbesitzer und Grofshändler blieb übrig, mit seinen Sklavenschaaren die freien Arbeit und damit die Freiheit der Masse niederdrückend. Von Italien aus ging das Latifundienwesen über die römische Welt, Unfreiheit um sich zu verbreiten. Da die Hörigen zu Freien wurden, stieg Rom empor; als die Gemeinfreien in Hörige sich verwandelten, mufste es untergehen. Das Christentum kam, um der Masse das Evangelium zu verkündigen, aber es kam zu spät, um einen entscheidenden Einflufs auf die Neugestaltung der wirtschaftlichen Verhältnisse auszuüben. Das Reich fiel in die Hände der Barbaren.

Dem römischen Staat brachte die Begründung der Weltherrschaft zugleich den Anfang seines Verderbens. Das römische

Recht aber, an erster Stelle das römische Privatrecht, ist in derselben Zeit auf den Höhepunkt seiner Entwickelung geführt worden. Der Grofscapitalisten- und Grofsgrundbesitzerstand ward der Träger eines Weltverkehres, dessen Kraft und geldwirtschaftliche Entwickelung an die Gegenwart erinnert[3]. Rom war nicht mehr die Landstadt von ehedem. Die Völker und die Schätze der Welt begegneten sich auf seinem Markte. Mit den ausgleichenden Wirkungen des Verkehrs verband sich die überall hin vordringende hellenistische Bildung. An die Stelle des Ackerbürgers trat der Weltbürger; aus dem ackerbürgerlichen mufste weltbürgerliches Recht hervorgehen. Und so geschah es. Das überkommene jus civile (Bürgerrecht) ward im Sinne des neben ihm zur Ausbildung gelangten Fremdenverkehrsrechts (jus gentium) umgebildet, im Sinne eines Rechts, welches Leichtigkeit der Verkehrsformen mit wunderbarem Reichtum des Inhalts vereinigte, welches den Anforderungen der Billigkeit, den Gedanken von Treu und Glauben, ohne die ein entwickelter Verkehr nicht sein kann, zugleich Raum und bestimmte Gesetze zu geben vermocht hat. Im Anfang des dritten Jahrhunderts (Caracalla) ward das römische Bürgerrecht auf die grofse Masse der Reichsangehörigen übertragen (unten § 33). Formell galt das römische Civilrecht immer noch lediglich für den römischen Bürger. Aber der „römische Bürger" war jetzt der Bürger des Weltreichs. Aus Privatrecht national bestimmter und national begrenzter Art verwandelte sich das römische Civilrecht in ein Privatrecht für den Bürger des orbis terrarum, in ein Recht für die abstracte Privatperson, für die Privatperson als solche, für die unsterbliche Privatperson, und zugleich das römische Verkehrsrecht in ein abstractes Verkehrsrecht für den Verkehr als solchen, für den Verkehr dieser wie jeder anderen Zeit. Dadurch empfing das römische Privatrecht seine Unvergänglichkeit. Das national-römische Bügertum mufste untergehen, um in seinem Untergange sein lebenskräftigstes Erzeugnis hervorzubringen: das römische Weltprivatrecht. Das römische Recht hiefs noch immer Civilrecht. In Wahrheit war aus Stadtrecht Weltrecht hervorgegangen.

---

[3] Vgl. die zusammenfassende Schilderung bei Goldschmidt, Handbuch des Handelsrechts, 3. Aufl., Bd. 1, 1891, S. 65 ff.

So ergeben sich zwei grofse Perioden der römischen Rechtsgeschichte: die Zeit des Stadtrechts (bis in das letzte Jahrhundert der Republik) und die Zeit des Weltrechts (die Kaiserzeit). Dort (zur Zeit des Stadtrechts) überwiegt das strenge, formale, national-römische (lateinische) Recht (jus civile alter Art), hier (zur Zeit des Weltrechts) ein billiges, formfreies, aus dem Weltverkehr (jus gentium) und der Wechselwirkung römischen und hellenischen Wesens hervorgegangenes Recht (das jus civile der Zukunft).

Erstes Capitel.

Die Zeit des Stadtrechts.

§ 11.

Die zwölf Tafeln.

Das römische Stadtrecht heifst und ist jus civile, Bürgerrecht: es gilt nur für die Bürger der Stadtgemeinde Rom. Die erste gröfsere Darstellung empfing das Stadtrecht Roms durch die Zwölftafelgesetzgebung (vom Jahr **303. 304** d. St., **451. 450** v. Chr.), mit welcher zugleich die geschichtlich beglaubigte Entwickelung des römischen Rechts anhebt, die, ununterbrochen voranschreitend, später im Corpus juris civilis endigte.

Das altrömische Recht, wie es in den zwölf Tafeln teils erscheint teils vorausgesetzt wird, ist förmlich und streng.

Den Privatverkehr beherrschen zwei Rechtsgeschäfte: die mancipatio (in der alten Sprache: mancipium) und das nexum.

Die mancipatio ist der feierliche Kauf (per aes et libram)[1]. Vor fünf Zeugen (cives Romani puberes) wird den Kaufpreis darstellendes ungemünztes Kupfermetall (aes, raudus, raudusculum) durch einen gelernten Wägemeister (libripens) dem Verkäufer zugewogen und von dem Käufer mit feierlichen Worten an der gekauften Sache als an seinem Eigentum mit der Hand Besitz ergriffen (daher die Bezeichnung der Handlung als „Handgriff“).

[1] Bechmann, Der Kauf nach gemeinem Recht, Bd. 1 (1876). Dazu Degenkolb in der Krit. Vierteljahrsschrift, Bd. 20, S. 481 ff.

GAJUS, Inst. I § 119: Est autem mancipatio . . . imaginaria quaedam venditio, quod et ipsum jus proprium civium Romanorum est. Eaque res ita agitur: adhibitis non minus quam quinque testibus civibus Romanis puberibus et praeterea alio ejusdem condicionis, qui libram aeneam teneat, qui appellatur libripens, is qui mancipio accipit, aes tenens ita dicit: HUNC EGO HOMINEM EX JURE QUIRITIUM MEUM ESSE AJO ISQUE MIHI EMPTUS ESTO HOC AERE AENEAQUE LIBRA; deinde aere percutit libram idque aes dat ei, a quo mancipio accipit, quasi pretii loco.

Das Zuwägen des aes durch den libripens war vor den zwölf Tafeln die ernsthafte Zahlung des Kaufpreises oder konnte es wenigstens sein (es gab noch kein gemünztes Geld). Die mancipatio war keine imaginaria venditio, sondern eine wirkliche venditio. Die Decemvirn aber führten das gemünzte Geld in Rom ein (Kupfergeld, das As; später, 269 v. Chr., folgte dem Kupfergeld das Silbergeld, der Denar). Der Formalismus der Mancipation blieb trotzdem unverändert. Es blieb der libripens, es blieb das Zuwägen, obgleich das Zuwägen von ungemünztem aes jetzt keine Zahlung mehr war. Das Ritual der mancipatio schloſs nunmehr eine bloſse Scheinzahlung in sich. Die wirkliche Zahlung lag auſserhalb der Mancipation. Daher der Rechtssatz der zwölf Tafeln, daſs die Rechtskraft der Mancipation von wirklicher Zahlung (oder doch Sicherstellung) des Kaufpreises abhängig sei[2]. Die Mancipation blieb ein wirklicher Kauf und zwar grundsätzlich ein Barkauf, ein engherziges, nur einem einzigen wirtschaftlichen Zweck dienstbares Rechtsgeschäft, mit unbeweglichen Feierlichkeiten umkleidet. Der Mancipationskauf war die einzige gültige Form des Kaufgeschäfts, zugleich die einzige vom Civil-

---

[2] Vgl. § 41 I. de rer. div. (2, 1): Venditae vero et traditae (res) non aliter emptori adquiruntur, quam si is venditori pretium solverit vel alio modo ei satisfecerit, veluti expromissore vel pignore dato. Quod cavetur quidem etiam lege duodecim tabularum. — In der Vorlage, welche bei Abfassung dieser Institutionenstelle benutzt ist, stand sicher: venditae vero et mancipatae res. Erst durch die spätere Entwickelung ist dieser Rechtssatz dann auch auf die venditae et traditae res übertragen worden, unten § 13. Ob wirklich schon die zwölf Tafeln der Zahlung des Preises die Sicherstellung desselben (durch vadimonium oder sponsio, unten § 90 Anm. 2) gleichsetzten, muſs dahingestellt bleiben.

recht ausgebildete Form für die Veräufserung des Eigentums durch Privatrechtsgeschäft. Nur das entgeltliche Veräufserungsgeschäft war also rechtlich gültig, und nur vor fünf Zeugen und mit dem libripens, und nur die Veräufserung der gegenwärtigen Sache, und nur die Veräufserung so vieler Sachen, als der Käufer auf einmal mit der Hand ergreifen (manucapieren) konnte. Sollte eine gröfsere Anzahl von Sachen mancipiert werden, so mufste der ganze Ritus der Mancipation immer aufs neue wiederholt werden[3]. Ein noch ungelenkes, seiner Entwickelung harrendes Verkehrsrecht!

Neben der Mancipation stand das nexum, das feierliche Darlehn (gleichfalls per aes et libram). Vor fünf Zeugen wägt der libripens dem Darlehnsempfänger die entsprechende Menge Barrenmetall zu, und der Darlehnsgeber erklärt gleichzeitig mit solennen Worten, dafs der andere nach bestimmter Frist (Jahresfrist) diese bestimmte Summe schuldig sei (dare damnas esto). Dann ist der Empfänger zur Zahlung verpflichtet. Er hat sich durch Selbstverpfändung dem Gläubiger mit seinem Leibe haftbar (nexus) gemacht, so dafs er dem bereits durch gerichtliches Urteil Verurteilten (dem damnas, welcher bei Nichterfüllung durch Handanlegung, manus injectio, in Schuldknechtschaft gebracht werden kann) gleichsteht. Die Einführung des gemünzten Geldes bewirkt auch hier, dafs nur die Form des Darlehns in dem nexum selber vollzogen wird. Das wirkliche Darlehn liegt jetzt aufserhalb des nexum. Dennoch bleibt, wie bei der mancipatio, der materielle, nur einem bestimmten Zweck dienende Charakter des Geschäfts bewahrt. Durch das Mittel des nexum kann nicht jegliche Schuld, sondern nur eine Darlehnsschuld begründet werden[4].

---

[3] Noch im ersten Jahrhundert n. Chr. mufste, wie eine neu entdeckte pompejanische Urkunde zeigt, bei Mancipation mehrerer Sklaven die Mancipationshandlung für jeden einzelnen Sklaven besonders vorgenommen werden, vgl. Eck in der Zeitschr. d. Savigny-Stiftung, Bd. 9, Romanist. Abt. S. 87.

[4] Dies folgt aus den Rechtssätzen über die nexiliberatio, unten § 89. Auch beim nexum mufs es daher, wie bei der mancipatio, ein Mittel gegeben haben, das materielle Geschäft im Ritual hervortreten zu lassen, so dafs der Schuldner nicht blofs durch die Form des nexum verpflichtet wurde, gerade wie der Käufer nicht blofs durch die Form der mancipatio Eigentum erwarb.

Auch das Contractsrecht ist eng, arm wie das ganze Leben der alten Zeit.

Die mancipatio ist Bargeschäft. Sie verpflichtet als solche den Käufer nicht zur Preiszahlung, sondern macht nur von der Preiszahlung den Übergang des Eigentums abhängig. Das nexum ist Creditgeschäft: seine Wirkung ist Verpflichtung des Darlehnsempfängers zur Rückzahlung. Hier folgt der Schuld die Schuldvollstreckung.

Die Schuldvollstreckung geht direct gegen die Person des Schuldners, mit unerbittlicher Strenge. Der Schuldner fällt in die Gewalt seines Gläubigers. Der mag ihn binden und in Ketten legen. Will niemand, trotz dreimaligen öffentlichen Aufgebots, ihn auslösen, so wird er (nach 60 Tagen) des Gläubigers Schuldknecht, auf dafs der Gläubiger ihn entweder verkaufe (aber trans Tiberim, ins Ausland, Etrurien) oder töte. Nehmen mehrere Gläubiger denselben Schuldner in Anspruch, so mögen sie von Rechts wegen seinen Leib teilen, und ein Versehen bei der Teilung soll ihren Rechten unschädlich sein.

XII tab. III 1—4: Aeris, confessi, rebusque jure judicatis, XXX dies justi sunto. Post deinde manus injectio esto. In jus ducito. Ni judicatum facit aut quis endo eo in jure vindicit, secum ducito, vincito aut nervo aut compedibus XV pondo, ne minore, aut si volet majore vincito. Si volet, suo vivito. Ni suo vivit, qui eum vinctum habebit, libras farris endo dies dato, si volet plus dato. 6: Tertiis nundinis partis secanto. Sin plus minusve secuerint, se fraude esto.

Der Strenge des Privatrechts entspricht die Strenge der Familiengewalt. In seinem Hause ist der paterfamilias souverän. Er übt die Gewalt über Leben und Freiheit seiner Hausgenossen. Nicht das Recht sondern nur die Sitte und die Religion setzen ihm eine äufsere Schranke.

Dennoch erscheint bereits in den zwölf Tafeln das römische Recht auf einer verhältnismäfsig hohen Stufe der Entwickelung.

Schon die Thatsache ist kennzeichnend, dafs das Stadtrecht durch die zwölf Tafeln in so umfassender Weise Gesetzesform annimmt. Die deutsche Rechtsgeschichte vollzieht sich noch fast während des ganzen Mittelalters an erster Stelle in der Form des Gewohnheitsrechts, unbewufst, naiv. Die beglaubigte römische Rechtsgeschichte beginnt dagegen sogleich mit einer umfassenden Gesetzgebung. Auf städtischem Boden drängt die Entwickelung schneller zu dem schneidigen, „schnell fertigen" Gesetz. In dem Kampf der Plebejer mit den Patriciern ist es zur Zwölftafelgesetzgebung gekommen. Die Aufzeichnung des Stadtrechts sollte eine Schranke für die Amtsgewalt des patricischen Magistrats sein (vgl. unten § 12). Es handelte sich nicht so sehr um Rechtsänderung, als vielmehr um urkundliche Feststellung eines für beide Stände gleichen Rechts. Und schon war, wie die zwölf Tafeln zeigen, das römische Stadtrecht reif genug, in kraftvoller Darstellung seinen Inhalt auszusprechen.

Dem entspricht es, dafs im Mittelpunkt des Zwölftafelprivatrechts bereits Darlehn und Kauf erscheinen: negotia per aes et libram. Die Zeit des Tauschverkehrs ist längst vorüber. Der Kupferbarren (aes) ist zur Zeit der zwölf Tafeln schon von alters die Grofsmacht des Verkehrs: er behauptet sich, trotz der Änderung des Geldwesens, im Ritual von nexum und mancipatio, weil sein Gebrauch bereits unvordenklich ist. Gleichzeitig mit den zwölf Tafeln hält das gemünzte Geld seinen Einzug. Die städtische Wirtschaft Roms will Geldwirtschaft werden. Kaufeigen ist die rechte Form des Eigentums, und Kaufsachen (res mancipii) sind die des echten Eigentums fähigen Sachen. Auch das Grundstück ist „handgriffsfähiger" Kaufschatz (res mancipii), in den freien Verkehr hineingeworfen. Aber die Zahl der Kaufsachen im Rechtssinn ist noch eng begrenzt. Res mancipii (mancipi) sind nur die notwendigen Zubehörungen des Bauernguts und das Bauerngut (fundus) selbst (unten § 59). Zugleich drückt die ungeheure Macht des Kapitals, die durch das nexum zur Verknechtung des zahlungsunfähigen Schuldners führt, unzweideutig aus, dafs wir in einer noch kapitalarmen Zeit uns befinden.

Das Zwölftafelrecht ist bereits bürgerliches Recht, aber es ist noch das schwerfällige, strenge, steife Recht des Ackerbürgers.

§ 12.

Die interpretatio.

In den zwölf Tafeln hatte das altrömische Recht die ihm entsprechende Form der Darstellung gefunden: die Form des Volksgesetzes.

Auch in Rom war das Recht ursprünglich von gewohnheitsrechtlicher Entwickelung ausgegangen. Aber das Gewohnheitsrecht galt den Römern als eine mindere Art des Rechts. Die verhältnismäfsige Unfafsbarkeit, Formlosigkeit, Unbeweisbarkeit desselben stand mit dem römischen Formensinn in Widerspruch. Allerdings gab es gewohnheitsrechtliche Rechtssätze, welche, altererbt und durch das Rechtsleben klar ausgearbeitet, volle Rechtskraft als lex, ja als lex im vornehmsten Sinne des Worts, als „unverrückbares Urrecht" der römischen Gemeinde besafsen [1]. Im allgemeinen aber hielt man dafür, dafs der rechtsprechende Magistrat an das Gewohnheitsrecht als solches (soweit es der urrechtlichen Kraft entbehrte) nicht gebunden, dafs er berechtigt sei, dem Gewohnheitsrecht gegenüber sein Ermessen walten zu lassen. Anders mit der lex (publica), mit dem Rechtssatz, welcher durch feierliche Consenserklärung zwischen Magistrat und Bürgerschaft vereinbart war [2]. Die lex war wie für die Bürgerschaft so für den Magistrat unverbrüchliche Autorität.

Mit den zwölf Tafeln hatte das römische Recht zu einem erheblichen Teile die Form der lex angenommen [3]. Darin lag

---

[1] Mommsen in der Zeitschrift der Savigny-Stiftung Bd. 12, S. 275 ff.

[2] Lex (isländ. lag, lög; fries. laga, lag, log; angelsächs. lagu, lah; sächs. lach; engl. law) ist wörtlich das „Festgelegte", die Satzung. Im römischen Sprachgebrauch ist lex die Satzung, welche von der einen Seite in Form gebracht, beantragt, von der andern Seite angenommen worden ist (z. B. die lex commissoria, unten § 72). Die lex publica ist die vom Magistrat beantragte, vom Volk angenommene und durch solche zweiseitige Erklärung für das Gemeinwesen bindend gewordene Satzung, vgl. Mommsen, Röm. Staatsrecht, Bd. 3, S. 303. 309; A. Pernice, Formelle Gesetze im Römischen Recht (Festgabe für Gneist) 1888. Wlassak, Röm. Procefsgesetze, Bd. 2, S. 94 ff.

[3] Schon in der Königszeit waren Einzelgesetze gegeben worden; so werden z. B. dem Servius Tullius Gesetze über Contracte und Delicte zugeschrieben. Die leges regiae aber, welche in dem sogenannten jus Papirianum (wahrscheinlich eine Privatarbeit vom Ende der Republik) eine Zusammenstellung erfuhren, — Bestimmungen wesentlich sacraler (religiös-sittlicher) Natur enthaltend, an denen noch die ursprüngliche enge Beziehung zwischen Recht und Religion deutlich sichtbar ist, sachlich meistens wohl wirklich in die Königszeit zurückgehend — führen ihren Namen entweder davon, dafs der König kraft seiner priesterlichen Stellung das fas, das von den Göttern gewollte Recht (oben S. 22 Anm.) wies, oder lediglich

der Erfolg und das Volkstümliche der decemviralen Gesetzgebung: das Recht war, soweit es jetzt codificiert vorlag, der Willkür des rechtsprechenden Magistrats entrückt worden.

L. 2 § 1 D. de orig. juris (1, 2) (POMPONIUS): Et quidem initio civitatis nostrae populus sine lege certa, sine jure certo primum agere instituit omniaque manu a rege gubernabantur.

TACITUS, Annal. III 27: compositae duodecim tabulae, finis aequi juris.

Nach Vollendung der zwölf Tafeln war die Kraft der nächsten drei Jahrhunderte auf die volle Entfaltung ihres Inhalts gerichtet. Auf dem Gebiete des Privatrechts griff die Volksgesetzgebung der Republik nur ausnahmsweise ein. In der Hauptsache ward die Klarstellung und zugleich die Fortbildung des Zwölftafelrechts dem Rechtsleben selbst überlassen. Auf die Zeit der Gesetzgebung folgte die Zeit der interpretatio.

Es galt, das neue Recht, welches der Verkehr forderte, als schon in den zwölf Tafeln enthalten und durch die Gesetzeskraft derselben gedeckt darzustellen. Eine formale Beseitigung des Zwölftafelrechts (als lex) durch abweichendes Gewohnheitsrecht wäre dem Römer damals undenkbar erschienen. Bis zum Ausgang der römischen Rechtsentwickelung, bis zum Corpus juris civilis von Justinian, also ein ganzes Jahrtausend lang, als zuletzt schon längst von dem ganzen Zwölftafelrecht kein Stein mehr auf dem andern stand, galt in der Theorie noch immer die Rechtskraft der zwölf Tafeln als der Quelle des gesamten römischen Rechts. So entsprach es dem conservativen, in allen rechtlichen Dingen höchst vorsichtigen Sinne der Römer. Kein Buchstabe der zwölf Tafeln sollte geändert werden, und doch galt es, in den alten Buchstaben den neuen Geist hineinzulegen. Es handelte sich nach Vollendung

---

daher, dafs diese Ordnungen dem unmittelbaren Schutz der Könige unterstellt waren. Altattische Cultusordnungen führten den Namen „königliche Gesetze" nur deshalb, weil ihre Handhabung dem Archon-König oblag, vgl. R. Schöll in den Sitzungsber. d. Bayer. Akad. d. Wiss. 1886, S. 88. 89. — Bruns, Fontes, S. 1 ff.; Mommsen, Römisches Staatsrecht, Bd. 2 (3. Aufl.), S. 41 ff.; Karlowa, Römische Rechtsgeschichte, Bd. 1 (1885), S. 106; Voigt, Die leges regiae (1876); P. Krüger, Gesch. der Quellen und Litteratur des Römischen Rechts (1888), S. 4—8; Jörs, Röm. Rechtswissenschaft (1888), S. 59 ff.

der Zwölftafelgesetzgebung um eine „interpretatio", welche das Recht fortentwickelte, ja änderte, indem sie den Buchstaben des Gesetzes unberührt liefs.

Die Träger dieser interpretatio, welche die letzten Jahrhunderte der Republik ausfüllte, zugleich damit die Träger dieser ersten Entfaltung des jus civile, waren anfänglich die pontifices. Mit ihren sonstigen wissenschaftlichen Kenntnissen, insbesondere mit ihrer Kenntnis der Königssatzungen, deren Kunde zu bewahren für ihre besondere Berufspflicht galt, hing ihr Amt zusammen, dem richtenden Magistrat bei seiner Rechtsprechung, der vertragschliefsenden oder procefsführenden Partei bei ihren Handlungen mit juristischem Beirat zur Seite zu stehen (vgl. unten § 18). So gelangten sie in die Herrschaft über die „Auslegung" des geltenden Rechts, zugleich über die Fortbildung des Civilrechts.

Auf dem Wege solcher interpretatio entfaltete sich jetzt die in jure cessio: d. h. eine neue Form der Rechtszuwendung durch Scheinprocefs vor dem Magistrat, deren Anfänge wahrscheinlich in die Zeit vor den zwölf Tafeln zurückreichen, deren volle Entwickelung aber erst der Zeit nach den zwölf Tafeln angehört. Nach Zwölftafelrecht bedurfte es über den, welcher auf Klage des andern sofort vor dem Magistrat, „in jure", ein Bekenntnis des gegnerischen Rechts ablegte, keines Urteils mehr: er war bereits verurteilt (confessus pro judicato est)[4]. Das Ge-

[4] Dafs der Satz: confessus pro judicato est (l. 1 D. 42, 2) in irgend welcher Form (mittelbar oder unmittelbar) in den zwölf Tafeln vorkam, wird durch die Äufserung des Juristen Paulus (Vat. fr. 50) wahrscheinlich: et mancipationem et in iure cessionem lex XII tab. confirmat. — Den Ausgangspunkt bildete höchst wahrscheinlich nicht der Schein-Eigentumsprocefs, sondern der Schein-Statusprocefs (zum Zweck der Freilassung), welcher nach Livius II 6 im Beginn der Republik, also nicht lange vor den zwölf Tafeln, aufgekommen wäre (die älteste Zeit hatte kein Rechtsgeschäft der Freilassung gekannt; so ward die in jure cessio erfunden, um die Freilassung zu ermöglichen, und zwar, wie die von Livius berichtete Sage meldet, zu Gunsten des Sklaven, welcher die Verschwörung der Söhne des Brutus entdeckte). Vgl. Karlowa, Röm. Rechtsgeschichte, Bd. 2, S. 130. — In der in jure cessio spricht der Scheinbeklagte sich selber das Recht ab. Die Selbstverurteilung (vgl. das nexum S. 49) hat rechtsbegründende Wirkung, hat den Wert einer Verfügung (cessio), während das Urteil des judex nur das

ständnis vor dem Magistrat hatte die Kraft des Urteils, so dafs daher im Fall einer Eigentumsklage der Magistrat sofort zur addictio, zum Zuspruch der Sache an den Kläger schreiten konnte. Hatte jemand also vor dem Magistrat zugestanden, dafs sein Procefsgegner Eigentümer sei, so ging er seines Eigentums, falls er es bis dahin hatte, verlustig. Was folgte daraus? Sollte das Eigentum an einer Sache aus irgend einem Rechtsgrunde veräufsert werden, so war das Mittel gegeben, dafs beide Teile vor den Magistrat gingen: der Erwerber behauptete (als Scheinkläger) Eigentum, der Veräufserer (als Scheinbeklagter) gestand es ihm zu, worauf dann der Zuspruch des Magistrats (addictio) zu Gunsten des Erwerbers erfolgte. Damit hatte der Veräufserer sein Eigentum verloren, der Erwerber es erworben. Aus einem processualischen Rechtssatz (confessus pro judicato est) war ein neues Privatrechtsgeschäft entwickelt worden, dessen Geltung auf die zwölf Tafeln gestützt werden konnte: das Rechtsgeschäft der Eigentumsübertragung durch Scheinvindication (in jure cessio). Mit demselben Mittel konnte auch z. B. die Begründung der väterlichen Gewalt (Scheinvindication in patriam potestatem), die Freilassung eines Sklaven (Scheinvindication in libertatem) bewirkt werden. Eine ganze Menge von neuen Rechtsgeschäften trat durch das Mittel der in jure cessio in das römische Rechtsleben ein[5].

bereits vorhandene Rechtsverhältnis klarstellt. Darum wirkt das Urteil des judex grundsätzlich nur unter diesen Parteien (inter partes); die Selbstverurteilung aber erzeugt ein neues Rechtsverhältnis. Der confessus in jure verliert sein Recht (auch wenn es ihm nicht gelingt, sein Recht auf den andern zu übertragen, vgl. z. B. § 109 Anm. 3 a. E.). Darauf beruht die Rechtskraft der in jure cessio auch gegen Dritte: die Verfügung, welche in der confessio in jure liegt, macht den andern zum Berechtigten gegenüber jedermann, falls nur der Verfügende wirklich Eigentümer war. Vgl. über diese Frage Demelius, Die confessio im römischen Civilprocefs (1880), S. 98 ff.; Pernice in der Zeitschr. der Savigny-Stiftung f. Rechtsgeschichte, Bd. 9, Romanist. Abt. S. 203.

[5] Die in jure cessio ward angewandt: 1. zum Zweck der Freilassung (manumissio vindicta, unten § 32); 2. zum Zweck der Emancipation (§ 102); 3. zum Zweck der Adoption (§ 100); 4. zum Zweck der Übertragung der tutela legitima mulierum (§ 103 Anm. 2); 5. zum Zweck der Übertragung des Erbrechts (aber nur der hereditas legitima, § 109 Anm. 3); 6. zum Zweck der Eigentumsübertragung, und zwar sowohl an res nec mancipi wie an res

In ähnlicher Weise ward mit Hülfe eines Strafrechtssatzes der zwölf Tafeln ein anderes Rechtsgeschäft ausgebildet, die Emancipation des Haussohnes. Es hiefs in den zwölf Tafeln, dafs der Vater, welcher seinen Sohn dreimal in die Knechtschaft verkauft habe, zur Strafe seine väterliche Gewalt verlieren solle.

XII tab. IV 2: Si pater filium ter venumduuit, filius a patre liber esto.

Diesen Rechtssatz machte man sich zu nutze. Scheines halber verkaufte der Vater dreimal seinen Sohn einem andern in die Knechtschaft, der ihn dann jedesmal wieder freiliefs (durch das Mittel der in jure cessio). Damit hatte man die Emancipation, die Entlassung des Haussohnes aus der väterlichen Gewalt, erreicht, denn die Voraussetzung des Zwölftafelgesetzes war erfüllt: der Sohn war vom Vater dreimal in die Knechtschaft verkauft worden; so war der Sohn jetzt frei von der väterlichen Gewalt. Mit Hülfe des gleichen Rechtssatzes ist die datio in adoptionem ausgebildet worden (vgl. § 100. 102).

Am wichtigsten aber war die Umgestaltung, welche die mancipatio durch die jetzt beginnende Entwickelung erfuhr.

mancipi (§ 62); 7. zum Zweck der Servitutenbestellung, und zwar für alle Servituten, während durch mancipatio nur Rusticalservituten bestellt werden konnten (§ 69 IV). In allen Fällen ward das Mittel der Scheinvindication (der Freiheit, der väterlichen Gewalt, der Tutel, des Erbrechts, des Sacheigentums, der Servitut) zu Gunsten des Erwerbers, mit nachfolgender confessio in jure seitens des Veräufserers und demgemäfsem Zuspruch (dictio, addictio) seitens des Magistrats, gebraucht. Die Fälle 2. 3. 7 können mit Sicherheit der Zeit nach den zwölf Tafeln zugewiesen werden, ebenso die Fälle 4. 5, da ihr Anwendungsgebiet (nur die tutela legitima mulierum, nur die hereditas legitima kann durch in jure cessio übertragen werden) nach Mafsgabe der zwölf Tafeln bestimmt ist. Nur der Fall Nr. 1 gehört wahrscheinlich schon der Zeit vor den zwölf Tafeln an (oben Anm. 4), dürfte aber gleichfalls zweifellose Gemeingültigkeit erst durch die auf die zwölf Tafeln gestützte interpretatio gewonnen haben. Auch ist zu beachten, dafs nur die tutela legitima mulierum durch in jure cessio übertragbar ist, dafs also zur Zeit des Aufkommens der in jure cessio die tutela impuberum bereits als officium und deshalb als unübertragbar galt, während die tutela mulierum ihren Charakter als Gewalt im Interesse des (agnatischen) Vormundes bewahrte und daher als übertragbar erscheinen konnte. Sowohl die Anwendungsfälle wie die Beschränkungen der in jure cessio deuten auf ihre nicht allzu frühe Ausbildung. Vgl. jetzt auch Karlowa, Röm. Rechtsgeschichte, Bd. 2, S. 383. 384.

Es hiefs in den zwölf Tafeln:

XII tab. VI, 1: Cum nexum faciet mancipiumque[6], uti lingua nuncupassit, ita jus esto.

Das gesprochene feierliche Wort (die nuncupatio) bestimmte die Wirkung des förmlichen Rechtsgeschäfts. Mit Hülfe dieses Rechtssatzes ward die Natur der mancipatio verändert. Nach den zwölf Tafeln sollte die mancipatio ein wirkliches Kaufgeschäft sein. Der in der Mancipation benannte Kaufpreis mufste thatsächlich ausgezahlt werden, wenn die Mancipation gültig sein sollte. Es stand aber bei den Parteien, in der Mancipationshandlung nicht den wirklichen Kaufpreis, sondern einen blofsen Scheinpreis zu benennen, dessen Zahlung dann genügte, um die Veräufserungswirkung der Mancipation herbeizuführen, und demnach so den Rechtssatz von der Notwendigkeit der Preiszahlung zu umgehen. Das ist späterhin geschehen. Es ging daraus die mancipatio sestertio nummo uno hervor. In der Mancipation ward erklärt, dafs die Sache für „einen Sesterz" verkauft werde. War der Sesterz gezahlt[7], so ging laut den zwölf Tafeln das Eigentum an der Sache auf den Erwerber über. Als mancipatio sestertio nummo uno war die Mancipation zu einem Scheinkauf (imaginaria venditio) geworden[8].

---

[6] Mancipium heifst hier die Mancipation.

[7] Es genügte also nicht, dafs das aes (raudusculum), welches zum Ritual der mancipatio gehörte, gegeben wurde. Es mufste aufserdem der Bestimmung der zwölf Tafeln von der Notwendigkeit der Kaufpreiszahlung durch Leistung des nummus unus entsprochen werden. Dem Wortlaut der zwölf Tafeln war genügt, dem Willen derselben zweifellos nicht. Aber das war gerade die Art dieser interpretatio: gestützt auf die Buchstabeninterpretation ein neues Recht zu schaffen.

[8] Das geschah z. B., um durch Mancipation zu schenken oder zu verpfänden u. s. w. (vgl. S. 58). Aber auch im Fall des Ernstkaufes konnte die mancipatio nummo uno gebraucht werden. Das hatte zwei Vorteile. Einmal zu Gunsten des Käufers: um den Eigentumsübergang zu bewirken, genügte es, dafs der eine Sesterz gezahlt war; der Rechtssatz der zwölf Tafeln, dafs der Kaufpreis gezahlt sein müsse, war umgangen. Zum andern zu Gunsten des Verkäufers: falls nämlich die mancipierte Sache dem Erwerber von einem besser berechtigten Dritten abgestritten wurde (der Mancipant war also z. B. nicht der wahre Eigentümer der Sache gewesen), so hatte der Mancipationserwerber nach Zwölftafelrecht gegen den Mancipanten die Gewährschaftsklage (actio auctoritatis) auf das doppelte des in der mancipatio

Die Mancipation ward damit das Mittel für die Eigentumsübertragung als solche, gleichgut aus welchem Rechtsgrunde sie erfolgte. Jetzt konnte durch mancipatio auch geschenkt werden. Jetzt ward, was noch wichtiger war, die mancipatio fiduciae causa möglich, die sogenannte fiducia, d. h. die Mancipation mit Vorbehalt (und demgemäfs mit Verpflichtungswirkung für den Empfänger), welche den verschiedensten wirtschaftlichen Zwecken zu dienen im stande war. An Stelle der engherzigen, gebundenen war eine innerlich befreite, in ihren Zwecken ungebundene Mancipation getreten.

Fiducia ist der Treuhänder-Vorbehalt, durch welchen der Mancipationserwerber zum Wiederaufgeben des empfangenen Eigentums, insbesondere unter gewissen Umständen zur Rückmancipation der Sache sich verpflichtet.

Es sollte also z. B. dem Gläubiger ein Pfand gegeben werden. Ein Verpfändungsgeschäft (Hypothek) in unserem Sinne kannte das altrömische Civilrecht nicht. Aber die Mancipation neueren Stils konnte zu diesem Zwecke gebraucht werden. Der Schuldner mancipierte dem Gläubiger eine Sache „um einen Sesterz“, übertrug sie ihm also zu Eigentum durch blofsen Scheinkauf, aber nur „zu treuen Handen“ (fidei, fiduciae causa); es wird nämlich ausgemacht, dafs nach geschehener Bezahlung der Schuld die Sache vom Gläubiger zurückzugeben (zurückzumancipieren) sei. Dann hatte der Gläubiger seine Sicherheit; er hatte inzwischen das Eigentum an der Pfandsache. Der Schuldner aber hatte, sobald die Schuld von ihm getilgt war, sein Rückforderungsrecht (aus dem Vorbehalt, fiducia). Auf dieselbe Weise konnten noch andere Verträge abgeschlossen werden: wie die eben geschilderte Verpfändung (fiducia cum creditore contracta), gerade so konnte z. B. ein Depositum (Hingabe zur Aufbewahrung) oder ein Mandat (der Auftrag z. B., dafs die Sache verkauft oder einem

---

feierlich genannten („nuncupierten“) Kaufpreises, bei der mancipatio nummo uno also nur auf zwei Sesterzen, d. h. auf nichts. Die mancipatio nummo uno war also auch das Mittel, um trotz des Zwölftafelsatzes die actio auctoritatis dennoch auszuschliefsen. — Karlowa, Röm. Rechtsgeschichte Bd. 2, S. 371 ff. 377 ff.

Dritten gegeben, oder daſs der Sklave freigelassen werde) durch das Mittel der fiducia (sogenannte fiducia cum amico contracta) in civilrechtlicher Form zu stande gebracht werden, indem also der Deponent den Depositar (der Mandant den Mandatar) formell zum Eigentümer machte, aber nur fiduciae causa, nur als Treuhänder, d. h. nur formell, mit Gebundenheit an die der mancipatio zu Grunde liegende Abrede.

Es stand nichts im Wege, den Vorbehalt, daſs lediglich Treuhänder-Eigentum übertragen werde, in der Mancipationsformel (nuncupatio) auszudrücken[9]. Dann war das Dasein einer Treuverpflichtung durch die feierliche Handlung selber klargestellt. Aber es war unmöglich, die ganze Abrede der Nuncupationsformel einzuverleiben. Über den Inhalt der Treuverpflichtung gab die Mancipation also keine Auskunft, sondern lediglich das nebenher geschlossene formlose pactum conventum. Aus einem formlosen pactum ist aber nach altrömischem Recht keine Klage möglich. Kann nun aus dem pactum fiduciae geklagt werden oder nicht? Die Antwort, welche die alte Jurisprudenz hier gegeben hat, war diese: das pactum conventum ist als solches nicht klagbar, darum kann auf das im pactum Versprochene als solches nicht geklagt werden. Aber — die Verbindlichkeit, in „guten Treuen" mit der Sache zu verfahren, ist klagbar, steht sie doch, als durch die feierliche Mancipation verlautbart, unter dem Schutz des Zwölftafelsatzes: uti lingua nuncupassit, ita jus esto. Es ward eine actio fiduciae gegeben, aber nicht genau auf das, was im pactum zugesagt worden war (denn dies pactum war

[9] Daſs dies geschah, zeigt die Inschrift Corp. inscr. lat. Bd. 2, Nr. 5402: D... fundum B... nummo I fidi fiduciae causa mancipio accepit. Vgl. dazu Degenkolb in der Zeitschr. f. Rechtsgesch., Bd. 9, S. 172. 174; Voigt, Die zwölf Tafeln (1883), Bd. 2, S. 166 ff. Die Clausel fidi fiduciae causa bildete einen Bestandteil des Mancipationsactes. Das Abkommen aber, welches die Treuverpflichtung präcisierte, folgt in der Inschrift als selbständiges „pactum conventum" der Mancipationsbekundung nach, stand also auſserhalb der Mancipation. Die jüngst entdeckte pompejanische Fiducia-Urkunde ist nur lückenhaft erhalten, und kann daher nicht gesagt werden, ob die Fiducia-Clausel der Mancipation eingefügt war; das pactum aber, welches von der Stellung des Fiducia-Empfängers handelt, folgt auch hier der Mancipationsbekundung selbständig nach; vgl. Eck in der Zeitschr. der Savigny-Stiftung, Bd. 9, S. 89. 96. 97.

nicht „nuncupiert" worden), wohl aber auf das, was nach Maſsgabe der vorliegenden Umstände (zu denen aber natürlich auch, und zwar an erster Stelle, das pactum conventum gehörte) von dem Mancipationserwerber als einem getreuen und anständigen Manne gefordert werden konnte. Der Richter hatte zu untersuchen, nicht, ob der Verklagte genau das gethan habe, was das pactum bestimmt hatte (denn das pactum war und blieb, weil formlos, seinem Wortlaut nach unverbindlich), wohl aber, ob der Verklagte sich so verhalten habe, „ut inter bonos bene agier oportet et sine fraudatione" [10]. Weil das pactum conventum auſserhalb der feierlichen mancipatio stand, ging aus der fiducia [11] keine actio stricti juris (mit genau begrenztem Inhalt), sondern eine sogenannte actio bonae fidei hervor, d. h. eine Klage, bei welcher über den Inhalt der Verbindlichkeit in ziemlich weiten Grenzen freies richterliches Ermessen zu entscheiden hatte [12]. In der fiducia ward zum erstenmal ein Vertrag

[10] Sprach der Richter den Verklagten schuldig, so war erkannt nicht so sehr, daſs Verklagter eine Schuldverbindlichkeit nicht erfüllt, als vielmehr, daſs er nicht wie ein Ehrenmann gehandelt habe. Die Verurteilung aus der fiducia machte daher infam (vgl. § 36). Vgl. dazu v. Jhering, Das Schuldmoment im römischen Privatrecht (1867), S. 29 ff., und unten Anm. 12.

[11] Im Gegensatz zu anderen Nebenberedungen der Mancipation, welche durch die nuncupatio voll gedeckt waren, wie z. B. die dem familiae emtor gemachten Auflagen beim Mancipationstestament, unten § 112.

[12] Die actio fiduciae war vermutlich eine actio in factum concepta, vgl. Lenel in der Zeitschr. d. Savigny-Stiftung, Bd. 3, roman. Abt. S. 112. Daſs daraus jedoch nichts in Bezug auf späteren Ursprung der Klage folgt, hat Lenel (Das Edictum perpetuum, 1883, S. 234) bereits selbst bemerkt. Vielmehr deutet der hervorgehobene Umstand darauf, daſs die Klage in alter Zeit im Wege der legis actio per judicis postulationem (unten § 48 II) verhandelt wurde, vgl. Voigt a. a. O. S. 475 ff. — Auch die anderen actiones bonae fidei scheinen später zuerst als actiones in factum conceptae aufgekommen zu sein. Weil das (unfeierliche) Versprechen ursprünglich nur moralische Wirkung hatte, ward nicht aus einem Forderungsrecht, welches nicht erfüllt worden wäre, sondern aus einem Thatbestand, welcher das Verhalten des Beklagten als unrechtmäſsig erscheinen lieſs, geklagt. Daher die Verwandtschaft der actio bonae fidei in ihrer ältesten Form mit der Delictsklage, vgl. oben Anm. 10 und die daselbst angezogene Ausführung von Jhering. — A. M. jetzt Pernice, Labeo, Bd. 3, Abt. I S. 124,

anerkannt, welcher nicht gleich den überlieferten alten Rechtsgeschäften buchstäblich, streng und wörtlich, sondern nach Mafsgabe der Umstände und nach Mafsgabe des Ermessens eines bonus vir verpflichtete, ein Vertrag, welcher das Dasein einer Verbindlichkeit aufser Zweifel stellte, aber nicht bestimmt noch fähig war, den Inhalt derselben in die Fesseln des Worts zu schlagen.

Aus der Mancipation, dem alten feierlichen, strengen Kaufgeschäft (Bargeschäft), war mit Hülfe der Interpretation des Zwölftafelrechts ein Doppeltes hervorgegangen:

1. ein solennes Mittel der Eigentumsübertragung zu irgend welchem Zweck, d. h. ein „abstractes“, farbloses, den Zweck nicht ausdrückendes und deshalb für jeden Zweck verwertbares Eigentumsübertragungsgeschäft;

2. eine ganze Reihe von Creditgeschäften, nämlich von negotia bonae fidei (die Fälle der fiducia), welche re, d. h. durch Leistung, nämlich durch Mancipation (sestertio nummo uno), abgeschlossen wurden[13].

Karlowa, Röm. Rechtsgesch., Bd. 2, S. 561 ff., welche die actio fiduciae für eine actio in jus concepta erklären.

[13] Nach Vorbild der mancipatio fiduciae causa ist dann auch eine in jure cessio und coëmtio (§ 92) fiduciae causa aufgekommen. Wie bei der mancipatio (Anm. 9) erklärte auch bei der in jure cessio der Scheinvindicant, dafs er nur fiduciae causa Eigentümer sei (die Vindication ward also, wie in anderen Fällen, adjecta causa angestellt), vgl. Voigt a. a. O. S. 172. Immer ward feierlich festgestellt, dafs nur formell Eigentum oder (bei der coëmtio) die eheherrliche Gewalt übergehe. Der extraneus, mit welchem eine Frau nur fiduciae causa (um z. B. von ihrem Vormund sich zu befreien, § 103, Anm. 2) die coëmtio, also formell die Ehe geschlossen hatte, war und hiefs nicht ihr maritus, sondern ihr „coëmtionator“, noch hatte er Gewalt oder Rechte eines Ehemanns (Gajus I § 115). Der fiduciarische Vorbehalt hatte nicht blofs verpflichtende, sondern dingliche Wirkung. Es war ein anderes Eigentum, das Treuhänder-Eigentum, als das normale Eigentum. Daher die Möglichkeit der usureceptio ex fiducia, d. h. der Rückgewinnung des Eigentums seitens des Veräufserers durch Ersitzung ohne bona fides (Gajus II § 59. 60), und eben daher die Möglichkeit, den Anspruch des Erwerbers bei mancipatio und in jure cessio auf blofs fiduciarisches Eigentum zu stellen. — Durch formlose traditio konnte dagegen keine fiducia geschlossen werden, vgl. Lenel in der Zeitschr. d. Savigny-Stiftung, Bd. 3, S. 114. 115, und unten § 69 die Anmerkung über deductio servitutis.

Mit dem nexum hat eine ähnliche Fortentwickelung nicht stattgefunden. Es ist ein Darlehnsgeschäft geblieben und machte in dieser Eigenschaft später dem formlosen Darlehn, dem mutuum, Platz (vgl. § 13), welches nur noch durch seine Eigenschaft als negotium stricti juris (unten § 76. 79) an die einstige strenge Natur des solennen Darlehnsgeschäfts erinnerte. Die Rolle, ein streng einseitiges Schuldverhältnis aus irgend welchem Rechtsgrunde durch formales Versprechen des Schuldners zu begründen, fiel der stipulatio (unten § 70) zu, welche aus der uralten sponsio hervorging und darin mit dem nexum übereinkam, dafs sie ursprünglich gleichfalls eine (wenngleich nur durch die Götter zu vollziehende) Art der Selbstverpfändung darstellte[14].

Wie mit der mancipatio fiduciae causa die Grundlage für die späteren negotia bonae fidei, so war mit dem nexum Grundlage und Vorbild für die negotia stricti juris (die streng einseitig obligierenden, das Ermessen des Richters ausschliefsenden Rechtsgeschäfte) gegeben.

§ 13.

Die Anfänge des jus gentium.

Selbstverständlich gab es in Rom von jeher neben den feierlichen mit der Rechtskraft des jus civile ausgestatteten Rechtsgeschäften auch zahllose Verkehrsgeschäfte, welche ohne jegliche

---

[14] Sponsio hiefs ursprünglich der durch Weinspende, d. h. durch Selbstverwünschung geschlossene Vertrag: wie dieser Wein, so soll das Blut dessen durch göttliche Strafe vergossen werden, welcher zuerst den Vertrag bricht. Vgl. Leist, Gräco-italische Rechtsgeschichte (1884), S. 457 ff. Aus der ursprünglich lediglich moralischen (sacralen) Verbindlichkeit eines solchen (dem Eidschwur nahe verwandten) Versprechens ist dann später die rechtliche Verbindlichkeit hervorgegangen, vgl. § 70. Die Idee der Verpfändung der eignen moralischen Persönlichkeit ist noch erkennbar, wenn Cicero das spondere, promittere als obligare fidem bezeichnet, vgl. A. Pernice, Labeo, Bd. 1 (1873), S. 408. Das deutsche Recht bestätigt, dafs die ältesten Vertragsformen durchweg aus Pfandsetzung (obligatio), sei es der eignen Persönlichkeit, sei es nur von Vermögensstücken, hervorgegangen sind, vgl. z. B. J. Kohler, Shakespeare vor dem Forum der Jurisprudenz, Bd. 1 (1883), S. 52 ff.; Heusler, Institutionen des deutschen Privatrechts, Bd. 1 (1885), S. 104; Puntschart, Schuldvertrag und Treugelöbnis (1896), S. 406 ff.

Form abgewickelt wurden. Es verstand sich von selbst, dafs unzählige Käufe einfach durch Hin- und Hergabe von Ware und Preis, auch gewifs häufig Darlehen durch einfache Hingabe der Geldsumme geschlossen wurden u. s. w. Es gab einen formlosen Kauf, eine formlose Tradition (Übergabe der Ware zum Zweck des Eigentumsübergangs), ein formloses Darlehn und dergleichen mehr. Aber alle diese formlosen Vorgänge entbehrten nach altrömischem Recht der Rechtskraft. Es war ein Geschäft, aber kein Rechtsgeschäft, welches durch formlosen Kauf zu stande kam. Hatte der Verkäufer eine fremde Sache verkauft und tradiert, welche dem Käufer dann von ihrem wahren Eigentümer abgenommen wurde, so stand dem Käufer keine Klage gegen seinen Verkäufer zu. Das ganze Verhältnis war rein thatsächlicher Natur, etwa wie noch heute der Handelsverkehr mit wilden Völkern: da wird getauscht und verkauft, aber Rechtsverhältnisse, klagbare Befugnisse kommen nicht zu stande. Die bona fides, Treu und Glauben im Verkehr war das natürliche Grundgesetz all dieser formlosen Geschäfte[1], aber die bona fides war noch nicht zu einer Quelle des römischen Rechts geworden.

Es lag jedoch ein Umstand vor, welcher den formlosen Geschäften zu rechtlicher Gültigkeit verhelfen mufste. Dieser Umstand war der Verkehr der Ausländer, sofern er sich in Rom bewegte. Der Fremde, der Nichtbürger, war als solcher von der Teilnahme am jus civile (dem Recht der römischen Bürger) und deshalb von der Vornahme der solennen Rechtsgeschäfte des römischen Civilrechts geradezu ausgeschlossen. Grundsätzlich galt im alten Recht die Rechtlosigkeit des Fremden. Die mancipatio und ebenso das nexum waren ungültig, wenn einer der Beteiligten, sei es auch nur einer der Zeugen, des römischen Bürgerrechts entbehrte. Hätte der fremde (nicht durch Erteilung römischer Bürgerrechte bevorzugte) Kaufmann also auch in Rom die Formen der mancipatio beobachten wollen, es hätte ihm nichts genützt, denn die mancipatio wäre trotzdem nichtig gewesen. Der Verkehr der Fremden in Rom, also auch der Verkehr der Fremden mit römischen Bürgern, war zu allen Zeiten auf jene formlosen Geschäfte angewiesen. Es gab keine anderen Ge-

[1] Das Darlehn ausgenommen, vgl. oben S. 62.

schäfte für sie. Und wäre es möglich gewesen, diesen Geschäften der fremden Handelsleute auf die Dauer die Rechtsgültigkeit zu versagen? Es war nötig, nicht blofs dafs diese formlosen Geschäfte gültig waren, wenn Fremde untereinander abgeschlossen hatten, sondern dafs sie auch gültig waren, wenn der Fremde mit einem römischen Bürger ein solches Geschäft einging. Ja, da auch unter den römischen Bürgern selbst tagtäglich Geschäfte dieser Art ohne Form eingegangen wurden, so ergab sich von selbst, dafs die Entwickelung zur rechtlichen Anerkennung derselben sowohl für Bürger wie für Nichtbürger drängte.

Dem Vorgang, welcher uns hier beschäftigt, ward sein voller Nachdruck durch die spätere Gestaltung des Fremdenrechts in Rom gegeben. In den ersten Jahrhunderten der Stadt (bis etwa 250 v. Chr.) hat noch die römische Gemeinde nicht selten mit anderen Staaten, deren Angehörige als Handeltreibende auf dem Markt zu Rom zugelassen waren, Staats- und Handelsverträge abgeschlossen (z. B. mit Karthago), kraft welcher gegenseitig Rechtsschutz (in Rom durch Recuperatorengerichte) und Rechtsfähigkeit zugesagt wurde. So hatte nach dem zweiten Handelsvertrag mit Karthago der Römer in Karthago die privatrechtliche Verkehrsfähigkeit eines karthagischen Bürgers, der Karthager in Rom die privatrechtliche Verkehrsfähigkeit eines römischen Bürgers (commercium). Damit war den so durch internationalen Freundschaftsvertrag privilegierten Nichtbürgern (Peregrinen) ein Teil des römischen Bürgerrechts (das jus commercii) verliehen und dadurch der Zugang zu den Rechtsgeschäften des jus civile erschlossen. Auch in diesen ersten Jahrhunderten gab es in Rom unprivilegierte Fremde, deren Verkehr auf jene formlosen, zunächst lediglich thatsächlich wirkenden Geschäfte beschränkt war. Aber in all den Fällen, in denen ein privilegierter Nichtbürger das Geschäft mit dem Römer abschlofs, konnte der Fremdenverkehr jene feierlichen Geschäfte des römischen Stadtrechts in die Hand nehmen: die Pforten des jus civile hatten sich dem vertragsmäfsig befreundeten Fremdling aufgethan. Das ist seit etwa dem 3. Jahrhundert v. Chr. anders geworden. Rom wird die Grofsmacht, welche nur noch ausnahmsweise mit anderen Mächten durch Freundschaftsvertrag auf gleichem Fufs verhandelt. Zahlreiche Gemeinwesen werden vom römischen Staat vernichtet, ihre Angehörigen ohne Vertrag, ohne Gleichstellung mit den römischen Bürgern dem römischen Gemeinwesen einverleibt (dediticii). Das römische Bürgerrecht wird kostbar. Auch das blofse jus commercii wird an Nichtbürger nur noch ausnahmsweise gewährt. Das jus civile schliefst sich nach aufsen ab. Die Masse der Peregrinen, welche jetzt handeltreibend die römische Stadt aufsuchen, ist des jus civile unfähig. Jetzt erst hat sich vollends jene thatsächliche Lage entwickelt, welche den Peregrinenverkehr in Rom, als vom jus civile ausgeschlossen, zum Range einer selbständigen Macht erhebt, die in Rom selber mit eignen Rechtsgebräuchen, mit eignen (formlosen) Rechtsgeschäften dem jus civile gegenübertritt. Es wird nunmehr unmöglich, den Grundsatz der rechtlichen Unverbindlichkeit für diese Geschäfte der nicht privilegierten Peregrinen aufrechtzuerhalten. Sie verlangten nach einem Recht, welches auch diesen Geschäften die Richtschnur und die Bekräftigung gewähre. Und es lag in der Hand des römischen Magistrats, ein solches Recht in Wirklichkeit zu setzen. Denn dem Fremden gegenüber war der römische Stadtrichter (Praetor) an kein jus civile, auch an kein Volksgesetz gebunden; das Volksgesetz galt nur für die Bürgerschaft[2]. In Fremdensachen waltete das freie imperium des Magistrats. So konnte durch die Fremdenrechtsprechung des römischen Praetors ein Recht des formlosen Fremdenverkehrs, welches die Schranken der bürgerrechtlichen Geschäfte nicht kannte, zur Gestalt und praktischen Durchsetzung gebracht werden. In Rom ward um 242 v. Chr. ein eigener praetor peregrinus (Fremdenrichter) eingesetzt. Damit war die Bewegung zu ihrem Siege gelangt. In dem Edict des Fremdenprätors (vgl. § 15) verkörperte sich das Fremdenrecht gewissermafsen in Gesetzesform. Neben dem Recht für den römischen Bürger (jus civile) gab es nunmehr auch ein Recht für den Peregrinen als solchen (das jus gentium). Gerade infolge des Ausschlusses der grofsen Mehrzahl der Peregrinen vom jus civile konnte nunmehr aus dem Verkehr der Peregrinen das jus gentium (Fremdenrecht) als zweite Grofsmacht des römischen Rechtslebens geboren werden. Auf seinen Inhalt hat sicher das Vorbild anderer Fremdenrechte,

[2] Wlassak, Röm. Prozefsgesetze, Bd. 2, S. 93 ff. 188 ff.

wie sie in sonstigen Mittelpunkten des damaligen Welthandels sich ausgebildet hatten, mit eingewirkt. Noch sicherer ist, dafs das römische jus civile selber das wichtigste Vorbild für das Fremdenrecht des Fremdenprätors war. Das jus civile mufste, um zu Fremdenrecht (jus gentium) sich umzubilden, seiner Förmlichkeiten entkleidet werden, aber nur, um dadurch die sachlichen Rechtsgedanken des Bürgerrechts im Fremdenrecht zu um so vollkommnerem, dem Gerechtigkeitsgefühl einer neuen Zeit entsprechenderem Ausdruck zu bringen. Das jus gentium war verjüngtes civile. Gerade in Folge dieser Thatsache gewann es die Kraft, auf das jus civile selber umgestaltend, fortbildend einzuwirken. Nehmen wir hinzu, dafs seit derselben Zeit das Fremdentum, voran das griechische Wesen, die gesammelte Macht hellenischen Culturlebens auf seinen Schultern tragend, immer übermächtiger auf das altnationale Römertum eindrang. Die Welt kam, um Rom zu ihrer Hauptstadt zu machen. Zugleich kam das jus gentium, ein Weltrecht, ein Recht nicht blofs für den Bürger, sondern für die Privatperson als solche, um die Führung nicht blofs des Fremdenrechts in Rom, sondern des römischen Civilrechts selber zu übernehmen und auch das unter römischen Bürgern geltende Verkehrsrecht durch die Anerkennung formfreier Rechtsgeschäfte, welche nicht durch die Form (das Sichtbare, Äufserliche, Sinnliche), sondern durch den Willen wirken, einer neuen Zukunft entgegenzuführen[3].

So setzte sich durch, dafs auch die formlose Tradition ein rechtsgültiger Eigentumserwerbsgrund (an res nec mancipi) sei, wenigstens sofern sie auf Grund eines Kaufgeschäftes erfolgte, und sofern der Kaufpreis vom Käufer wirklich gezahlt war. Der Rechtssatz der zwölf Tafeln von der Notwendigkeit der Preiszahlung für den Eigentumserwerb des Käufers (der Preiszahlung ward die Creditierung des Preises gleichgestellt) wurde auch

---

[3] Vgl. zu dem obigen M. Voigt, Jus naturale, Bd. 2, § 16. 21 ff.; Mommsen, Römisches Staatsrecht, Bd. 3 (1887), S. 590 ff. 600 ff.; Jörs Röm. Rechtswissenschaft zur Zeit der Republik (1888), S. 114 ff. 126 ff.; Ad. Schmidt in der Zeitschr. d. Savigny-Stift., Bd. 9, S. 137 ff.; Eisele, Abh. zum röm. Civilprozefs (1889), S. 69 ff. 100; Mitteis, Reichsrecht und Volksrecht (1891), S. 72 ff.; Wlassak, Röm. Prozefsgesetze, Bd. 2, S. 129 ff 239 ff.; Degenkolb, Rectoratsrede, unten § 49 Anm. 7.

auf den Erwerb durch Tradition bezogen[4]. Die Eigentum übertragende Kraft der Kauftradition ist dann auf die Tradition überhaupt erstreckt worden, sofern ein Rechtsgeschäft geschlossen war, welches die Absicht der Eigentumsübertragung aufser Zweifel stellte. Die Rechtsnotwendigkeit der feierlichen Mancipation beschränkte sich auf bestimmte Klassen von Sachen, die sogenannten res mancipi (unten § 62). Es waren die Sachen, welche den eigentlichen Grundstock des bäuerlichen Vermögens bildeten: das Grundstück (fundus Italicus) und sein lebendiges Inventar (Sklaven und Zug- und Lasttiere). Für alle übrigen Sachen (Geld, Kleidungsstücke, Gerätschaften u. s. w., die sogenannten res nec mancipi, nicht zum dauernden Besitz, sondern zum Verkehr bestimmt) genügte es zum Eigentumserwerb, wenn sie auf Grund eines den Veräufserungswillen klarstellenden Rechtsgeschäfts einfach übergeben (tradiert) wurden.

Wie die formlose Tradition, so hat der formlose Kauf, das formlose Darlehen u. s. w. Rechtsgültigkeit empfangen.

Der Weltverkehr trat mit seinen Anforderungen den altväterischen Formen des römischen jus civile gegenüber. Schon hatte er gegen das Ende der Republik in der Anerkennung einer Reihe von formlosen Rechtsgeschäften einen ersten Erfolg davongetragen, einen Erfolg, welcher bereits die ganze Folgezeit in sich schlofs. Mit dem Ausgang der republikanischen Epoche beginnt die Umwandlung des römischen Stadtrechts in das Weltrecht der Zukunft.

Zweites Capitel.

Die Zeit des Weltrechts.

(Die Kaiserzeit.)

§ 14.

Jus civile und jus gentium.

Jus civile ist Stadtrecht, Bürgerrecht, nur für die Bürger der römischen Gemeinde bestimmt. An seine Stelle sollte ein zu jus gentium (Weltrecht) umgebildetes „Civilrecht“ treten.

[4] Vgl. § 41 I. de rer. div. (2, 1), oben S. 48 Anm. 2.

Schon hatte das römische Stadtrecht eine Reihe von Rechtsgeschäften aufgenommen, deren gemeinsamer Charakterzug die Formlosigkeit, die leichte Handhabung, die freie Beweglichkeit war (§ 13).

Die Römer selber machten die Wahrnehmung, dafs ihr Recht bereits ein doppeltes Element enthielt: das eine durch die Form wirkende, welches ihrem alten jus civile, dem eigentlichen Bürgerrecht, entstammte, das andere formfreie, welches durch die Berührung des römischen Verkehrs mit dem Weltverkehr zur Rechtskraft erstarkt war; jenes nur für den Verkehr der römischen Bürger untereinander, dieses auch für die Fremden (peregrini) gültig und bestimmt. Das Recht der ersten Art, das eigentümlich römische Recht, das Bürgerrecht alter Art, hiefs ihnen jetzt jus civile im engeren, besonderen Sinne (jus proprium civium Romanorum) [1], das andere aber erschien ihnen als ein gemeines Menschenrecht, durch die Natur der Dinge und gemeinmenschliches Billigkeitsgefühl allen Völkern gemeinsam (jus gentium, quod apud omnes gentes peraeque custoditur), gewissermafsen ein kraft seiner Selbstverständlichkeit überall geltendes Naturrecht. Nicht als ob man die Geltung eines von den Philosophen erdachten Naturrechts hätte einführen wollen, vielmehr war und blieb auch das jus gentium ein Teil des positiven, durch die Verkehrsgewohnheiten und andere Rechtsquellen (insbesondere das prätorische Edict, § 15) concret gestalteten römischen Rechts. Auch nicht als ob man einfach fertiges fremdes Recht (hellenisches Recht) aufgenommen hätte; das geschah nur ganz ausnahmsweise, und auch hier unter Wahrung der römischen Selbständigkeit (z. B. bei der Hypothek). Nein, es war lediglich das erwachende Bewufstsein, dafs durch Aufnahme des freieren Elementes das römische Recht beginne, seine nationalen Besonderheiten abzulegen und aus örtlichem Sonderrecht und Stadtrecht in ein gemeines Weltrecht sich zu verwandeln, welches in der Entgegensetzung von jus civile und jus gentium zum Ausdruck gelangte. Jus gentium war der Teil des römischen Privatrechts, welcher mit dem Privatrecht anderer Völker (ins-

[1] Heute nennen wir „bürgerliches Recht“ (Civilrecht) das Privatrecht schlechtweg; den Römern ist Civilrecht das unter Bürgern geltende Recht.

besondere dem griechischen Recht, das an den Gestaden des Mittelmeeres eine natürliche Vorherrschaft ausübte) in seinen Grundgedanken übereinstimmte. Mit anderen Worten: jus gentium war derjenige Teil des römischen Rechts, welcher schon den Römern als eine Art von ratio scripta, als gemeingültiges und gemeinmenschliches Recht erschien.

Die Unterscheidung des römischen Rechts in jus civile und jus gentium war nicht blofs von theoretischem, sondern von hervorragend praktischem Werte. Der Verkehr der Fremden, der Griechen, Phöniker, Juden stand nunmehr in Rom unter römischem Recht, aber unter römischem jus gentium; nach römischem Sonderrecht (jus civile im engeren Sinne) konnte grundsätzlich nur der römische Bürger mit dem römischen Bürger verkehren (vgl. § 33). Das jus gentium war also zugleich das römische Fremdenrecht (das Verkehrsrecht der Peregrinen), wie es ja auch unter dem Einflufs des Fremdenverkehrs seine Gestalt und in dem Edict des Fremdenprätors seine erste feste Form gewonnen hatte.

Bei jedem Volke tritt ein Augenblick ein, in welchem die Anforderungen natürlichen Billigkeitsgefühls gegen die überlieferten Formen einer strengeren Urzeit sich erheben. Bei den Römern war dieser Augenblick jetzt herangekommen. Das jus gentium war das jus aequum, welches im Gegensatz zu dem altüberlieferten jus strictum sich immer bedeutender entfaltete. Die Geschichte des römischen Rechts ging darauf hinaus, dies neuaufkommende jus aequum an die Stelle des jus strictum zu setzen, das alte jus civile zu vernichten durch jus gentium. Aber der römische Rechtsinstinct liefs diese Entwickelung nicht mit einem Schlage vor sich gehen. Nicht wie ein Hagelwetter kam das jus gentium über das jus civile. Es war vielmehr die stetige unausgesetzte Arbeit von mehr als einem halben Jahrtausend, welche ganz allmählich das Billigkeitsrecht neben dem älteren strengeren Recht zur Ausbildung brachte und dann erst, als die Formen des jus civile altersgrau, leer, von selber lebensunfähig geworden waren, dasselbe völlig beseitigte. Langsam, mit Vorsicht, gewissermafsen Stück für Stück, ward ein Teil des freieren billigeren Rechts nach dem anderen entfaltet, probiert und dem römischen Rechtsorganismus einverleibt. Eine ungeheure Kleinarbeit reformierte das römische Recht. Und allein durch diese Sorgfalt, welche nicht auf stolzen Rossen allgemeiner unklarer Billigkeitsprincipien einherzog, sondern mit dem ererbten römischen Sinn für Mafs, Form und Gesetzlichkeit das Billigkeitsrecht auf klare, ins feinste durchgearbeitete, in allem einzelnen erwogene Grundsätze brachte, konnte das römische Recht trotz der weiten, freien Entfaltung seines Inhalts doch die künstlerische, den Stoff bändigende und in feste architektonische Form zwingende Gestaltungskraft bewahren, welche aus dem römischen Recht, insbesondere dem römischen Privatrecht, ein nie wieder erreichtes Vorbild für alle Zeiten gemacht hat.

In der Ausarbeitung des jus gentium, des natürlich billigen Verkehrsrechts, zu einem krystallklaren, wunderbar durchsichtigen, durch Form und Inhalt den beschauenden Geist bezwingenden System hat die weltgeschichtliche Aufgabe des römischen Rechts bestanden. Durch diese Leistung, welche es für alle Zeiten vollbracht hat, ward es fähig, nicht blofs ein Weltrecht des römischen Reiches zu sein, sondern, sobald es aus der Vergessenheit der Jahrhunderte wieder auftauchte, auch die Welt der Gegenwart zu erobern.

Drei Mächte sind es gewesen, welche nach- und nebeneinander an dieser selben einen Aufgabe, der Ausarbeitung und Einführung des jus gentium, entscheidend thätig gewesen sind: das prätorische Edict, die römische Rechtswissenschaft und die kaiserliche Gesetzgebung.

Cicero de off. III 17: Societas enim est, latissime quae pateat hominum inter homines, interior eorum, qui ejusdem gentis sunt, propior eorum, qui ejusdem civitatis. Itaque majores aliud jus gentium, aliud jus civile esse voluerunt: quod civile, non idem continuo gentium, quod autem gentium, idem civile esse debet[2].

---

[2] Der letzte Satz drückt keine Anforderung an das jus civile (etwa dafs es mit dem jus gentium sich in Einklang setzen müsse), sondern vielmehr die Thatsache aus, dafs jus gentium nur das sein kann, was wirklich überall in den einzelnen positiven Stadtrechten (vor allem im römischen Stadtrecht, jus civile in diesem Sinne) gilt. Das jus civile ist nicht notwendig jus gentium (gilt nicht notwendig überall), aber das jus gentium ist notwendig jus civile, das überall geltende Recht mufs notwendig auch bei uns gelten, weil es sonst kein überall geltendes Recht (jus gentium) wäre.

Gaj. Inst. I § 1: Omnes populi, qui legibus et moribus reguntur, partim suo proprio, partim communi omnium hominum jure utuntur: nam quod quisque populus ipse sibi jus constituit, id ipsius proprium est vocaturque jus civile, quasi jus proprium civitatis; quod vero naturalis ratio inter omnes homines constituit, id apud omnes populos peraeque custoditur, vocaturque jus gentium, quasi quo jure omnes gentes utuntur. Populus itaque Romanus partim suo proprio, partim communi omnium hominum jure utitur.

§ 15.

Das prätorische Edict.

Im Jahre 367 v. Chr. ward die Gerichtsbarkeit von der consularischen Gewalt abgezweigt und ein besonderer Stadtrichter (praetor urbanus) eingesetzt. Später (um das Jahr 242 v. Chr.) ward es infolge des anwachsenden Verkehrs nötig, noch einen zweiten Prätor, den praetor peregrinus, einzusetzen, dem alle Processe zwischen römischen Bürgern und Nichtbürgern (Peregrinen) oder der Nichtbürger untereinander zugewiesen wurden. Der praetor urbanus blieb nur für die Processe der römischen Bürger untereinander zuständig.

Der Prätor besafs, ebenso wie vor ihm der Consul, für die Dauer eines Amtsjahres die alte königliche Gerichtsgewalt[1], d. h. eine Gerichtsgewalt mit souveränem richterlichen Ermessen (imperium), formell (und auch nur der römischen Bürgerschaft gegen-

---

Jus civile ist hier im Sinne von Stadtrecht, also für römisches Recht schlechtweg genommen, nicht in dem engeren Sinne des eigentümlich römischen Rechts. Was bei den Römern nicht gilt, das kann selbstverständlich nicht als apud omnes gentes geltend angesehen werden. Das jus gentium bewegt sich in den Schranken des jus civile (im weiteren Sinn), ist nicht der Gegensatz, sondern ein Teil des römischen Rechts. — Bei Cicero in Verr. I 13 heifst das jus gentium „communia jura“, das „gemeine“ Recht.

[1] Der Name praetor bedeutet wörtlich den Feldherrn und ist in den ersten Jahrhunderten der Republik der Ehrentitel der Consuln: Mommsen, Röm. Staatsrecht, Bd. 2 (3. Aufl.), S. 74 ff. Der Prätor war sachlich ein dritter Consul, jedoch mit der sonderlichen Aufgabe, nicht das militärische Commando, sondern die Gerichtsbarkeit zu handhaben. Daher er an Rang (und Zahl der Lictoren) dem Consul nachstand, wenngleich grundsätzlich seine Gewalt consularische Gewalt war: Mommsen S. 193 ff.

über) lediglich gebunden durch den Buchstaben der Volksgesetze, der leges, und durch die kraft uralten Herkommens mit Gesetzeskraft ausgestattete Gewohnheit (oben S. 52). Der Richter von heute ist ein Gerichts**beamter**: seine Rechtsprechung dient lediglich der **Anwendung** des Rechts. Der Prätor aber war der Gerichts**herr**, die Gerichts**obrigkeit**. Als Magistrat vertrat er innerhalb seiner Amtsgewalt den souveränen populus Romanus. Seine Rechtsprechung war daher im Stande, als Mittel auch der Rechts**erzeugung** aufzutreten. Damit hängt die besondere Bedeutung des prätorischen „Edicts" zusammen.

Edicte sind öffentlich bekannt gemachte Verfügungen der magistratus populi Romani. Prätorische Edicte sind öffentlich bekannt gemachte Verfügungen des Prätors. Sie beziehen sich auf die Grundsätze, welche der Prätor bei Handhabung seiner Jurisdiction, also bei Handhabung seines freien richterlichen Ermessens zu befolgen beabsichtigt. Der Prätor wird, trotz der ihm von vorneherein zuständigen Befehlsgewalt (imperium), schwerlich sogleich mit Verkündigung solcher Edicte begonnen haben. Denn es verstand sich von selbst, dafs er für seine Rechtsprechung unter römischen Bürgern zunächst einfach die Ausführung des bestehenden Rechts als seine Aufgabe betrachtete, und dafs seine Fremdenrechtsprechung (vgl. S. 65) in den ersten Zeiten, soweit sie nicht durch völkerrechtliche Verträge geregelt war, mit Entscheidungen von Fall zu Fall vorging. So lag es in der Natur der Sache, dafs erst allmählich sich feste und zugleich besondere Grundsätze prätorischer Rechtsprechung herausarbeiteten, welche dann einer Gegenwirkung der prätorischen Gewalt gegen die Grundsätze des Civilrechts den Weg bahnten, dafs also erst allmählich ein Anlafs zu öffentlich bekannt zu machenden Verfügungen des Prätors über die Gewährung der Rechtshülfe gegeben war. Nur dafs schon früh, wie es scheint, beim Tribunal des Prätors ein Verzeichnis von Formeln aufgestellt ward zur Belehrung für die Parteien, z. B. von Formeln für die vom Prätor zu erbittenden Interdicte (Befehle, durch welche der Prätor im Verwaltungswege aufserordentliche Hülfe gewährte, unten § 56) und für die Procefssponsionen (Procefsverträge), zu deren Eingehung der Prätor unter Umständen die Parteien nötigte[2]. Neben dieser Formeltafel kamen dann andere Tafeln auf, welche die Verordnungen des Prätors auf dem Gebiet des Rechtslebens (die Edicte) und, nach dem Aufkommen des Formularprocesses (s. unten), auch die Klageformeln (actiones) aufnahmen: eine Art neuer Gesetzestafeln neben den unfern auf dem forum Romanum zu erblickenden zwölf Kupfertafeln, in

[2] Das Hadrianische Edict schliefst mit einem Anhang, welcher wesentlich nur Formeln enthält, nämlich Formeln für die Interdicte, die Exceptionen und die Stipulationen (Procefssponsionen). Ein innerer Grund, welcher die Zusammenfassung namentlich der Exceptions- und der Stipulationsformulare am Schlufs des Edictes rechtfertigte, ist nicht vorhanden. Um so weniger, weil dadurch die prätorischen Stipulationen von den an ganz anderer Stelle zu findenden bezüglichen Edicten (welche den Abschlufs derselben anordnen) weit getrennt sind, und weil ebenso die Exceptionen auf diese Weise völlig von den betreffenden Materien, zu denen sie gehören, abgelöst auftreten. Es liegt am nächsten, diese auffallende Erscheinung auf einen geschichtlichen Grund zurückzuführen, auf die Thatsache nämlich, dafs in diesem Anhang die Anfänge des prätorischen Albums vor uns liegen, die Formeltafel (natürlich mit einer Reihe von späteren Nachträgen), welche man, wie sie einmal sich gebildet hatte, beisammen liefs. Auf dieser Formeltafel fehlen die Actionen (die Klagformulare), weil der Prätor zur Zeit des Legisactionenprocesses auf die Bildung der Klagformel keinen Einflufs hatte; die legis actiones, welche durch die (pontificale) Rechtswissenschaft ausgebildet und fortgebildet wurden, erfuhren ihre Veröffentlichung nicht durch den Prätor, sondern wurden durch Privatarbeiten (jus Flavianum, Aelianum, unten § 18 i. A.) bekannt gemacht. Als der Prätor später, infolge der Ausbildung des Formularprocesses, auch die Klagformulare aufstellte, reihte er sie an entsprechender Stelle unter die Edicte ein. Die älteren Formeln aber blieben an ihrem Platze als besonderer Teil (Anhang) des Albums. Diese Annahme hat zur Voraussetzung, dafs die in jenem Formelteil zusammengestellten Rechtsmittel sämtlich schon der Zeit des Legisactionenprocesses angehören. Von den Interdicten und den prätorischen Stipulationen kann dies mit hinreichender Sicherheit behauptet werden. Was die Exceptionen angeht, so möchte vielleicht in der uns hier beschäftigenden Thatsache ein Beweisgrund zu Gunsten der Ansicht zu finden sein, dafs zwar nicht bei dem lege agere, aber doch bei dem — in die Legisactionenzeit zurückreichenden — per sponsionem agere die Einfügung einer exceptio (in die Procefssponsion) möglich war: Karlowa, Der römische Civilprocefs zur Zeit der Legisactionen (1872), S. 101. So würden also die Exceptionsformulare nicht zufällig vor die Sponsionsformulare gestellt worden sein. — Vgl. zu dem vorigen Wlassak, Edict und Klageform (1882), S. 22 ff.; Karlowa, Römische Rechtsgeschichte, Bd. 1, S. 462 ff.

welche das altrömische Civilrecht eingegraben war. Die prätorischen Tafeln, nur für die Dauer eines Jahres bestimmt, waren einfach von Holz, mit weifser Farbe angestrichen (daher das Ganze album genannt). Aber diese Holztafeln sollten jene ehernen aus dem Felde schlagen. Sie waren die Träger des Rechts, durch welches das alte Recht der zwölf Tafeln reformiert, dann zu Grabe getragen wurde. Das Ganze hiefs wegen seiner äufseren Form das Album oder auch das Edict des Prätors, indem man also auch die vom Prätor aufgestellten Formeln (deren Publication kein Edict im Rechtssinne war) mit den eigentlichen Edicten unter dem Gesamtnamen „das Edict" mit begriff[3].

Von alters her wird jeder neue Prätor beim Amtsantritt für Neuprüfung und Neuaufstellung der Formeltafeln (deren Material schon bedingte, dafs sie höchstens für die Dauer eines Amtsjahres ausreichten) zu sorgen gehabt haben. Was für die Formeltafeln Herkommen war, das war für die Edicte von vornherein Notwendigkeit. Die Edicte verloren ihre Gültigkeit mit der Amtsdauer des edicierenden Magistrats. Der neue Prätor hatte also beim Amtsantritt das Edict (als Ganzes) neu aufzustellen, ut scirent cives, quod jus de quaque re quisque dicturus esset: l. 2 § 10 D. de O. J. (1, 2).

Dies Edict des Prätors beim Amtsantritt heifst edictum perpetuum. Es soll für die ganze Dauer seines Amtsjahres gelten. Den Gegensatz bildet die aufserordentliche Verfügung im Laufe des Amtsjahres für die unvorhergesehenen Verhältnisse (prout res incidit). Das Edict (wir werden im folgenden das

[3] Die Anordnung des Hadrianischen Edicts (vgl. § 17) ruht auf dem Gegensatz der ordentlichen und der aufserordentlichen Form der magistratischen Rechtshülfe: der erste Hauptteil des Edicts handelt von der Handhabung der Jurisdictio, d. h. von der ordentlichen Form der Rechtshülfe, der zweite Hauptteil von der Handhabung des imperium (im engeren Sinn), d. h. von der aufserordentlichen Rechtshülfe kraft der befehlenden Amtsgewalt des Magistrats (vgl. unten § 56). Vorausgeschickt ist ein einleitender Teil (von der Ordnung und Sicherung des Rechtsganges bis zur Erteilung des Judiciums); angehängt ist ein Schlufsteil (Execution und Nichtigkeitsbeschwerde). Dann folgt der in der vorigen Anmerkung besprochene Anhang (Interdicte, Exceptionen, Stipulationen) und endlich das ädilicische Edict. Lenel, Das Edictum perpetuum (1883), S. 12 ff.

edictum perpetuum unter dem „Edict" schlechtweg verstehen) ist kein Gesetz, überhaupt ursprünglich keine Rechtsquelle. Sogar der edicierende Magistrat selber konnte von seinem Edict willkürlich abgehen[4], bis eine lex Cornelia (67 v. Chr.) ihn verpflichtete, sich an sein edictum perpetuum zu halten. Aber auch dann erlosch die Geltung des Edicts mit dem Amtsjahr des Edicierenden. Der Nachfolger war an das Edict des Vorgängers nicht gebunden. Er konnte es wiederholen oder auch ändern, wie er wollte. In der Natur der Dinge aber lag es, dafs ein grofser Teil des Edicts bald herkömmlich stehend wiederholt wurde (edictum tralaticium) und dafs der Nachfolger sich auf Zusätze (nova edicta, novae clausulae) beschränkte[5]. So entwickelte sich eine feste prätorische Gerichtspraxis, welche neben dem geltenden Gesetzes- und Gewohnheitsrecht zu einer thatsächlich erheblichen Macht des Rechtslebens wurde.

Der praetor peregrinus hatte unter Bürgern und Nichtbürgern und über Nichtbürger untereinander zu richten, d. h. er richtete mit unbeschränkter Amtsgewalt, welche hier das Organ für die Ausgestaltung des Fremdenrechts, des jus gentium, wurde (S. 65). Das Edict des praetor peregrinus ward daher eine Form, in welcher das jus gentium schriftliche, greifbare,

---

[4] Doch konnte der College in solchem Fall intercedieren. Cic. in Verrem act. II lib. I 46 § 119: Tum vero in magistratu contra illud edictum suum sine ulla religione decernebat. Itaque L. Piso multos codices implevit earum rerum, in quibus ita intercessit, quod iste aliter, atque ut edixerat, decrevisset. Vgl. ferner § 120: Alias revocabat eos, inter quos jam decreverat, decretumque mutabat, alias inter alios contrarium sine ulla religione decernebat, ac proximis paullo ante decreverat. Wenn ein solches Vorgehen also auch als ungehörig (sine ulla religione) empfunden wurde, so äufserte sich doch darin die formell freie (soweit nicht bestimmte leges vorlagen), königliche Gerichtsbarkeit des Magistrats.

[5] Schon zu Ciceros Zeit war der gröfste Teil des prätorischen Edicts tralaticischer Natur, so dafs Cicero das prätorische Recht (welches ja auf keiner lex beruhte) als eine Art des Gewohnheitsrechts bezeichnet, Cic. de invent. II 22 § 67: Consuetudinis autem jus esse putatur id, quod voluntate omnium sine lege vetustas comprobavit; in ea autem jura sunt quaedam ipsa jam certa propter vetustatem; quo in genere et alia sunt multa, et eorum multo maxima pars, quae praetores edicere consuerunt. Vgl. ferner Cic. Verr. II. lib. I 44 § 114: et hoc vetus edictum translaticiumque esse; 45 § 115: in re vetere edictum novum; 48 § 117: hoc (edictum) translaticium est. Mommsen, Röm. Staatsrecht, Bd. 1 (3. Aufl.), S. 208 Anm. 5.

feste Erscheinung gewann. Das letztere ward damit zugleich in den Stand gesetzt, eine kräftigere Wirkung auf das Rechtsleben auch der römischen Bürgerschaft auszuüben. Der praetor urbanus richtete nur über Streitsachen römischer Bürger untereinander. Sein Edict betraf das gesamte römische Recht, also mit dem jus gentium, das ja auch für römische Bürger sich durchsetzte, zugleich das jus civile im engeren Sinne. Hier ward die Form ersichtlich, in welcher das jus civile im Gericht des Prätors wirklich praktisch lebendig wurde.

Gesetze konnte der Prätor nicht geben, aber Klagen konnte er geben und verweigern. Die civilrechtliche Klage alten Stils (legis actio) war in unbewegliche, von der Praxis im Anschlufs an die Gesetzesworte ausgebildete Formeln eingezwängt. Hier war nur Gestattung der Klage (legis actio) oder Versagung derselben von seiten des Magistrats möglich. Darum war es von grofser Bedeutung, dafs mit der lex Aebutia (etwa um die Mitte des 2. Jahrhunderts v. Chr.) auch für den Procefs unter Bürgern (den Procefs nach jus civile) der Formularprocefs durchdrang, d. h. ein Verfahren, in welchem die Klagstellung zu einer schriftlichen Anweisung (formula) seitens des Magistrats an den judex führte, um den letzteren über den Gegenstand des Streits und zugleich über die Grundsätze, nach denen er zu entscheiden habe, mafsgebend zu unterrichten (unten § 49). Der erkennende judex (d. h. der Privatmann, welchem der Prätor die Untersuchung und Entscheidung des Rechtsstreites herkömmlicherweise übertrug) war jetzt weit mehr als früher von den Verfügungen des Magistrats abhängig: ihm konnte aufgegeben werden, eine Klage, welche nach Civilrecht zuständig war, unter gewissen Umständen dennoch abzuweisen oder auch eine Klage zuzulassen, welche dem Civilrecht überhaupt unbekannt war. Auch der Partei gegenüber stand der Prätor jetzt weit freier als zuvor: er konnte die Klage nicht blofs abweisen, sondern auch gestatten, aber unter Bedingungen gestatten, welche für bestimmte Fälle der Abweisung gleichkamen. Der ganze Procefs war unter die Herrschaft des Prätors gebracht worden.

Daher der mächtige Aufschwung, welchen das prätorische Recht in kurzem nahm. Schon zur Zeit Ciceros war das prätorische Edict der Führer der römischen Rechtsentwickelung geworden[6]. Der wesentliche Inhalt der prätorischen Reform aber bestand in der Ausbildung jenes Billigkeitsrechts (des jus gentium), welches mehr und mehr die Rücksichtslosigkeit des alten jus civile beseitigte. Das prätorische Edict war das beste Mittel, um diese ebenso wichtige wie schwierige Neugestaltung zu bewerkstelligen. Immer nur für ein Jahr gültig, gewährte es die Möglichkeit, versuchsweise mit neuen Grundsätzen vorzugehen, welche man sofort wieder fallen lassen konnte, wenn sie sich nicht bewährten. Im allgemeinen war die Neigung der Prätoren nicht, stracks mit allgemeinen Principien durchzugreifen. Man beschränkte sich vielmehr zunächst darauf, einen ganz bestimmten Fall zu regeln, dessen Bedingungen man deutlich übersah. Dann konnte der Nachfolger dem Edict des Vorgängers noch einen weiteren Zusatz beifügen, der dritte noch einen Schritt weiter vorgehen u. s. f. Man strich nicht gern, was im Edict gestanden hatte, gerade weil man ins Weite gehende Verallgemeinerungen scheute. Man fügte lieber einen zweiten concreten Fall dem ersten hinzu, zugleich weil man so des genauen Wortausdrucks sicher war, denn das Wort war es, wonach man wie das Gesetz, so das prätorische Edict auslegte. So entstand in dem Edict eine Art Gesetzbuch des Privatrechts in der Gestalt von Bestimmungen über Gewährung von Klagen, Einreden u. s. w., nicht gerade angenehm zu lesen und nicht gerade in Ciceros Stil, aber ein Gesetzbuch, welches in seiner altväterischen Sprache und seinen ungelenken Wendungen die Erfahrungen, die Weisheit, die Vorsicht der Voreltern von Geschlecht zu Geschlecht überlieferte. Es war ein Gesetzbuch, welches zugleich conservativ und leicht veränderlich war, welches darum zugleich in den Erfahrungen der Vergangenheit und in der lebendigen Bewegung der Gegenwart wurzelte.

Das prätorische Recht, wie es durch das Edict sich gestaltete, war kein Recht im eigentlichen Sinn, aber doch kraft der Macht, welche es über die Gewährung der Rechtshilfe be-

[6] Cic. de legib. I 5 § 17: Non ergo a praetoris edicto, ut plerique nunc, neque a XII tabulis, ut superiores, sed penitus ex intima philosophia hauriendam juris disciplinam putas.

safs, thatsächlich dem Recht gleich. Schon zu Ciceros Zeit ward es als eine Art Gesetz empfunden[7]. Als jus honorarium (Amtsrecht) trat das prätorische Recht dem eigentlichen Recht, dem jus civile (Volksrecht, dem Recht von Rechts wegen), gegenüber. Jus gentium war auf beiden Seiten zu finden, sowohl in dem jus civile[8] wie in dem jus honorarium[9], aber in dem jus honorarium überwog der Einflufs des jus gentium. Das prätorische Edict war in der Hauptsache das Mittel, dem freien Billigkeitsrecht zum Siege über das ältere strenge Recht zu helfen. Mochte das prätorische Recht in seinen Anfängen nur zur volleren Durchführung des jus civile (juris civilis adjuvandi gratia), dann auch zur Ergänzung des jus civile (juris civilis supplendi gratia) dienen, endlich ging es, von der Strömung der Zeit getragen, zur vollen Reform des Civilrechts (juris civilis corrigendi gratia) über.

§ 16.

Das doppelte Recht.

Die Folge der Entfaltung des jus honorarium war die Entstehung eines doppelten Rechts in Rom. Dem Recht von Rechts wegen (jus civile) trat überall, insbesondere auf dem Gebiet des Privatrechts und des Civilprocesses, ein anderes Recht, das Recht von Gerichts wegen (jus honorarium) gegenüber.

---

[7] Cic. in Verrem II 1 § 42: Qui plurimum tribuunt edicto, praetoris edictum legem annuam dicunt esse.

[8] Hier das Wort in dem weiteren Sinn genommen, in welchem es das römische, für die Bürgerschaft geltende Recht schlechtweg (das „Stadtrecht") bezeichnet, mag es jus civile im engeren Sinn (eigentümlich römisch) oder jus gentium (gewohnheitsrechtlich von der Bürgerschaft aufgenommenes Fremdenrecht) sein. Im Gegensatz zum jus honorarium ist jus civile alles römische, für die Bürgerschaft geltende Recht, welches von Rechts wegen Recht ist (kraft römischen Volksgesetzes oder römischen Gewohnheitsrechts). Der Gegensatz von jus civile (im engeren Sinn) und jus gentium nimmt den Inhalt der Rechtssätze (ob eigentümlich römisch oder fremdenrechtlich, gemeinmenschlich), der Gegensatz von jus civile (im weiteren Sinn) und jus honorarium nimmt die Quelle der Rechtssätze (ob von Rechtswegen oder nur von Amtsgewalt wegen geltend) zum Unterscheidungspunkt.

[9] Dem nur von Edicts wegen geltenden Recht.

Das Civilrecht verlangte z. B. für die rechtsgeschäftliche Veräufserung von res mancipii (res mancipi) die Form der mancipatio. Zum Ritual der mancipatio gehörte das „Ergreifen“ (manu capere) der Sache durch den Käufer (oben S. 47). Ursprünglich hatte der „Handgriff“ zweifellos den Sinn, dafs er den thatsächlichen Besitzerwerb des Käufers zu vermitteln bestimmt war. Aber der Handgriff war in der Fortentwickelung des Civilrechts (interpretatio) eine blofse Form geworden. Die mancipatio als solche gab keinen Besitz mehr, sondern nur das Eigentum. Übertragung des Besitzes (Tradition) war nach Civilrecht für den Eigentumsübergang gleichgiltig geworden. Der Prätor war es, der umgekehrt die Tradition (die Besitzübergabe) und zwar auch für res mancipi, zu dem entscheidenden Vorgang machte. War eine res mancipi (z. B. ein Sklav, ein fundus Italicus) verkauft und formlos zu Besitz übergeben worden, so war der Käufer nach Civilrecht nicht Eigentümer geworden. Im Gericht aber wurde er trotzdem vom Prätor als Eigentümer behandelt. Das echte Eigentum des Civilrechts (ex jure Quiritium) vermochte der Prätor dem Traditionserwerber einer res mancipi nicht zu geben: er hatte keine Gewalt über die Geltung des Civilrechts. Aber Klagen und Verteidigungsmittel konnte der Prätor seinem Schützling gewähren, denn er hatte Gewalt über die Handhabung des Civilrechts. Der blofse Traditionserwerber besafs die Sache nicht zu formalem Eigentum, aber er hatte sie kraft prätorischer actio und exceptio (Klage und Einrede) doch „in bonis“, so dafs niemand sie ihm zu entreifsen im Stande war. Der civilrechtlichen Eigentumsordnung stellte der Prätor eine andere Eigentumsordnung, dem quiritischen Eigentum ein anderes Eigentum, das „in bonis esse“ (sog. bonitarisches Eigentum) gegenüber (vgl. unten § 62).

Nach Civilrecht bedurfte es bestimmter Rechtsformen zur Begründung einer Servitut (d. h. eines Nutzungsrechts an fremder Sache, z. B. eines Niefsbrauchs, einer Wegegerechtigkeit); nach prätorischem Recht genügte die formlose Einräumung der Ausübung des Nutzungsrechts, die sog. quasi traditio servitutis (unten § 69 IV). Nach Civilrecht gab es überall keine Verpfändung in unserem Sinn: sollte der Gläubiger Realsicherheit haben, so mufste ihm das Eigentum an der Sache übertragen werden. Der Prätor aber schuf ein Pfandrecht neben dem Eigentum: auf Grund der blofsen Vereinbarung, dafs dem andern die Sache zu Pfand gesetzt sein sollte, gab er eine dingliche Klage (unten § 72). Wie die Eigentumsordnung, so ward auch die Ordnung der Rechte an fremder Sache durch das jus honorarium von Grund aus umgestaltet.

Hatte Jemand den Anderen durch Drohung (metus) oder durch Betrug (dolus) zu einem Rechtsgeschäft bestimmt, so war das Rechtsgeschäft nach Civilrecht dennoch in der Regel giltig. Der Prätor aber berücksichtigte den metus und den dolus in allen Fällen durch Gewährung von Klage und Einrede. War daher ein Schuldversprechen zwar in rechtsverbindlicher Form, aber metus causa oder in Folge Betrugs gegeben worden, so war dies Schuldversprechen nach Civilrecht (regelmäfsig) vollgiltig, nach prätorischem Recht aber stets ungiltig. Wie metus und dolus, so wurden auch andere Thatbestände (z. B. das pactum de non petendo, d. h. der formlose Erlafsvertrag), die nach Civilrecht für die Befreiung des Schuldners als solche (grundsätzlich) unerheblich waren, vom Prätor als solche für erheblich erklärt. Den prätorischen Schuldbefreiungsgründen traten andererseits prätorische Schulderzeugungsgründe zur Seite: Geschäfte (z. B. das constitutum debiti, d. h. das formlose Versprechen, eine bestehende Schuld zahlen zu wollen), die nach Civilrecht unklagbar waren, empfingen vom Prätor eine Klage und damit rechtliche Verbindlichkeit[1].

Konnte der Prätor Jemanden zum Erben (heres) machen, der civilrechtlich nicht Erbe war? Keineswegs! Aber der Prätor übte in seinem Gericht Macht über die Einweisung in den Besitz der Erbschaftsgüter (bonorum possessio), und indem er den Besitz der Erbschaft gewährte oder verweigerte, erzeugte er eine neue, bonitarische, Erbrechtsordnung: die Ordnung der prätorischen bonorum possessio (unten § 110).

Im vorigen sind nur einige Hauptpunkte hervorgehoben worden[2]. Aber sie genügen, um eine Vorstellung von der alles

---

[1] Vgl. unten § 71 II.

[2] Über die Ausbildung von honorarischem Civilprocefsrecht vgl. unten § 49.

umgestaltenden Kraft des jus honorarium zu geben. Zu einem Rechtssystem ward das jus honorarium fortgebildet. Als ein geschlossenes Ganzes trat das neue Privatrecht honorarischen Stils, den Rechtsgedanken des jus gentium huldigend, zu dem System des jus civile in Gegensatz.

Aber das jus civile ward in keinem seiner Teile aufgehoben. Von Rechtswegen blieb es völlig unberührt. Das jus honorarium vermochte nur durch die Mittel des Procefsrechts (actio, exceptio [3]) sich geltend zu machen. Jus civile und jus honorarium standen neben einander. Eine kunstvolle Ausgestaltung der juristischen Technik war die Folge. Mit dem von Rechtswegen geltenden Recht, auf welches immer wieder, wenn es die Billigkeit gerade dieses einzelnen Falles forderte, zurückgegriffen werden konnte, verschlang sich das von Gerichtswegen geltende Amtsrecht zu einer reich gegliederten Einheit, die ganze Kraft des Geistes für die Beherrschung dieses verwickelten und doch nicht verworrenen, mit den feinsten Mitteln wirkenden Baus herauszufordern. An der Macht und Kunst des prätorischen Edicts ist die Macht und Kunst der römischen Rechtswissenschaft grofs geworden.

Das römische Civilrecht sollte nicht mit einem Male durch das grobe Mittel der Gesetzgebung umgestaltet werden. Der Gerichtsgebrauch des Prätors trug die Fähigkeit in sich, durch das Civilrecht über das Civilrecht hinaus zu gelangen, in der Anwendung des Civilrechts an der Hand des Rechtslebens dennoch ein neues Recht, das Civilrecht der Zukunft hervorzubringen.

Cicero de offic. I c. 10 § 32. 33: Jam illis promissis standum non esse, quis non videt, quae coactus quis metu, quae deceptus dolo promiserit? quae quidem pleraque jure praetorio liberantur, nonnulla legibus.

L. 5 C. de pactis (2, 3) (Imp. Antoninus): Creditori tuo si partem pecuniae exsolvisti, de parte vero non petenda inter te et eum convenit . . . . ea obligatione partim jure civili partim honorario liberatus es.

Gajus I § 54: cum apud cives Romanos duplex sit dominium,

---

[3] Ausnahmsweise durch in integrum restitutio, vgl. unten § 56.

nam vel in bonis vel ex jure Quiritium vel ex utroque jure cujusque servus esse intellegitur — —.

L. 1 pr. D. quibus modis ususfr. (7, 4) (Ulpian.): parvi refert, utrum jure sit constitutus ususfructus an vero tuitione praetoris.

§ 17.

Das Hadrianische Edict.

Die Blütezeit des prätorischen Edicts fällt in das letzte Jahrhundert der Republik. Schon war die Aufgabe in der Hauptsache gelöst. Das jus honorarium trat, voll ausgebildet (bereits war es zum gröfsten Teil überlieferter, „tralaticischer" Natur), im allgemeinen Bewufstsein als zweite Grofsmacht dem jus civile ebenbürtig an die Seite. Nunmehr aber stellte sich die umgestaltete Staatsverfassung der ferneren prätorischen Rechtserzeugung feindlich in den Weg. War doch das jus edicendi des Prätors ein Ausflufs der alten aristokratischen Selbstherrlichkeit der republikanischen Magistraturen. Das aufsteigende Kaisertum duldete auf die Dauer keine selbständige Macht mehr neben sich. Wie auf den anderen Gebieten des Staatslebens, so wurden auch hier die alten Formen gewahrt, aber in der Sache dem neuen, monarchischen Gedanken Bahn gebrochen. Es war Hadrians vielumfassender Geist, welcher an dieser Stelle die notwendige Folge der veränderten politischen Verhältnisse zugleich erkannte und durchsetzte. Von vornherein war es nichts Unerhörtes gewesen, dafs die höchste Gewalt im Staate den Magistraten Weisung über die Ausübung ihrer Amtsgewalt erteilte. So hatten bereits leges[1], dann, namentlich in dem ersten Jahrhundert der Kaiserzeit, eine Reihe von Senatusconsulten[2] den Prätoren Vorschriften über ihre Rechts-

---

[1] Z. B. die lex (wahrscheinlich Aelia Sentia vom Jahre 4 n. Chr.), welche dem Prätor vorschrieb, in Bezug auf den Nachlafs bestimmter dediticii (welche durch Freilassung dediticii geworden waren) ita jus dicere, judicium reddere, ut ea fiant, quae futura forent, si dediticiorum numero facti non essent (Zeitschr. der Savigny-Stiftung, Bd. 1, rom. Abt. S. 97).

[2] Z. B. das senatusconsultum Vellejanum, Trebellianum, Macedonianum, vgl. Schlesinger in der Zeitschr. f. Rechtsgesch., Bd. 8, S. 227 Anm. 44; Karlowa, Röm. Rechtsgesch., Bd. 1, S. 629; Krüger, Gesch. d. Quellen

pflege, über Gewährung und Versagung von Klagerechten gegeben und dadurch mittelbar den Inhalt des prätorischen Edicts mitbestimmt. Daran knüpfte Hadrian an. Es war die Zeit gekommen, dem Prätor den gesamten Inhalt seines Edicts vorzuschreiben. Schon war die regelmäſsige Neuverkündung des Edicts durch den Magistrat eine bloſse Form geworden. Es hätte den thatsächlichen Machtverhältnissen der Prätur einerseits, des Principats andrerseits widersprochen, wenn der Prätor wesentliche Änderungen des Edicts ohne Genehmigung des Kaisers unternommen hätte. Auch war der Kaiser durch sein jus intercedendi rechtlich in der Lage, jede ihm nicht genehme Änderung des prätorischen Edicts zu untersagen. So ward das Edict des Prätors stereotyp, unfruchtbar. Es war fertig. Was nur noch fehlte, war, ihm seine letzte Gestalt zu geben und zugleich das Verhältnis der kaiserlichen Gewalt zum Edict in rechtliche Form zu bringen. Zu diesem Zweck lieſs Hadrian (vor 129 n. Chr.) durch den groſsen Juristen Salvius Julianus die beiden prätorischen Edicte (des praetor urbanus und des praetor peregrinus) endgiltig redigieren, unter Hinzufügung des auf Marktsachen (Haftung des Verkäufers für Mängel und dgl.) bezüglichen Edicts der curulischen Ädilen, und das Ganze durch ein Senatusconsult bestätigen (sogenanntes Hadrianisches oder Julianisches Edict)[3]. Für die Provinzen geschah das Gleiche durch Feststellung des von den Provinzialstatthaltern (praesides provinciarum), welche dort die Rechtspflege übten, zu verkündenden Edicts (edictum provinciale). Die kaiserliche Gewalt (deren Wirkung für die Senatsprovinzen durch das Senatuscon-

---

d. röm. Rechts, S. 85. Von einem derartigen Senatusconsult aus der Zeit der Republik (177 v. Chr.) berichtet schon Livius 41, 9.

[3] Die beiden prätorischen Edicte stimmten bereits gegen Ende der Republik wesentlich miteinander überein (der praetor urbanus hatte in seinem Edict gleichfalls dem freieren jus gentium Raum gegeben), und auch die Edicte der Provinzialstatthalter pflegten in ihrem Hauptinhalt mit den städtischen Edicten sich in Einklang zu halten. Beides beweist Cicero ad Att. 6, 1, 15: dixi (in dem Edict für seine Provinz) me de eo genere ad edicta urbana accommodaturum. Die Verweisung auf die edicta (Plural!) ist möglich, weil die beiden städtischen Edicte bereits als wesentlich gleichen Inhalts gedacht werden.

sult vermittelt wurde) erhob sich so über den Magistraturen, um den Inhalt des Rechtspflege-Edictes in die Sphäre ihres Willens aufzunehmen. Formell blieb noch immer der rechtsprechende Magistrat mit seiner Amtsgewalt die Quelle des in dem Edict gesetzten Rechts. Nach wie vor hatte der Prätor (in der Provinz der praeses provinciae) beim Amtsantritt sein Edict zu publicieren, und blieb der Inhalt des Edictes jus honorarium, nur kraft der Amtsgewalt des rechtsprechenden Magistrats geltendes Recht. Der Inhalt des Edicts war nicht zum Reichsgesetz gemacht und darum nicht in jus civile verwandelt worden[4]. Es blieb nach wie vor der Schein der alten republikanischen Magistratsgewalt. Aber Kaiser und Senat hatten den Magistrat kraft ihrer gesetzgebenden Gewalt verpflichtet, ausschliefslich dies neue, endgiltig festgestellte Edict zu publicieren. In der Sache war der Inhalt des magistratischen Edictes nicht mehr durch den Willen des Magistrats bestimmt, sondern durch den Willen des Kaisertums. Ergab sich, dafs das Edict Zweifel lasse, so mufste beim Kaiser angefragt und durch dessen Rescript die Entscheidung bewirkt werden[5]. Ergänzungen der Edicte herbeizuführen, blieb dem Kaiser vorbehalten. Das Edict des Prätors war unveränderlich geworden (edictum perpetuum in diesem neuen Sinn). Die Fortbildung des edictalen Rechts

[4] Wäre der Inhalt des Edicts unmittelbar durch das Senatsconsult zu Reichsrecht gemacht worden, so würde das edictale Recht in jus civile verwandelt worden sein, denn das Senatusconsult der Kaiserzeit hatte legis vicem (vgl. § 19) und erzeugte darum jus civile. Der Gegensatz des magistratischen Rechts als jus honorarium zum jus civile blieb aber bei Bestand. Daraus folgt, dafs das durch Senatsbeschlufs genehmigte Kaisergesetz nicht privatrechtlichen, sondern öffentlich-rechtlichen Inhalt hatte, dafs durch dasselbe der Inhalt des Edicts nicht unmittelbar für die Unterthanen (als Reichsprivatrecht bezw. Procefsrecht), sondern nur für die Magistrate festgestellt wurde, um dieselben öffentlichrechtlich zur Verkündigung dieses so gestalteten Edicts zu verpflichten. — Vgl. M. Wlassak, Kritische Studien zur Theorie der Rechtsquellen, 1884, S. 14. 15; Krüger a. a. O. S. 91. — Über die Zeit der Abfassung des Hadrianischen Edicts: Krüger S. 86; Bremer in den Göttinger Gel. Anz. 1889, S. 432 Anm.

[5] Erst seit Hadrian beginnen die Kaiser, durch ihre Rescripte merklich in die Rechtsprechung einzugreifen, vgl. Karlowa, Röm. Rechtsgesch., Bd. 1, S. 630; Krüger, Quellen S. 94; Bremer a. a. O. S. 430.

sollte nicht mehr in der Form des prätorischen, sondern in der Form des Kaiserrechts erfolgen.

Das prätorische Recht war fertig. Es war Zeit, dafs eine neue Kraft herantrat, um eine nunmehr neu sich stellende Aufgabe zu lösen: die römische Rechtswissenschaft.

L. 2 § 10 D. de orig. juris (1, 2) (Pomponius): Eodem tempore et magistratus jura reddebant, et, ut scirent cives, quod jus de quaque re quisque dicturus esset, seque praemunirent, edicta proponebant. Quae edicta praetorum jus honorarium constituerunt. Honorarium dicitur, quod ab honore praetoris venerat.

Asconius in Cicer. orat. pro Cornelio: Aliam deinde legem Cornelius, etsi nemo repugnare ausus est, multis tamen invitis tulit: ut praetores ex edictis suis perpetuis jus dicerent; quae res cunctam gratiam ambitiosis praetoribus, qui varie jus dicere solebant, sustulit.

L. 7 § 1 D. de just. et jure (1, 1) (Papinian.): Jus praetorium est, quod praetores introduxerunt adiuvandi vel supplendi vel corrigendi juris civilis gratia, propter utilitatem publicam.

L. 8 eod. (Marcian.): et ipsum jus honorarium viva vox est juris civilis.

Zur Veranschaulichung des Edictsinhaltes setze ich die Stelle des Edicts her, welche von der in integrum restitutio propter absentiam, d. h. von der Wiederaufhebung eines Rechtsnachteils handelt, den jemand infolge nicht rechtzeitiger Wahrnehmung seiner Rechte erlitten hat. L. 1 § 1 D. ex quib. caus. maj. (4, 6): Verba autem edicti talia sunt: Si cujus quid de bonis, cum is metus aut sine dolo malo reipublicae causa abesset, inve vinculis servitute hostiumque potestate esset, posteave non utendo deminutum esse[6], sive cujus actionis eorum cui dies exisse dicetur; item si quis quid usu suum fecisset aut quod non utendo amissum sit[6], consecutus, actioneve qua solutus ob id, quo dies ejus exierit, cum absens non defenderetur inve vinculis esset secumve agendi potestatem non faceret, aut cum eum invitum in jus vocari non liceret neque defenderetur, cumve magistratus de ea re appellatus esset sive cui per magistratus[6] sine dolo ipsius actio exempta esse

[6] Vgl. Lenel, Edictum perpetuum, S. 96.

dicetur: earum rerum actionem intra annum, quo primum de ea re experiundi potestas erit, item si qua alia mihi justa causa esse videbitur in integrum restituam, quod ejus per leges, plebis scita, senatus consulta, edicta, decreta principum licebit. — Ganz deutlich sieht man hier die nacheinander eingeschobenen Clauseln; die jüngste ist sicher die letzte, ganz allgemein lautende. Zu beachten ist, dafs als Schranke des prätorischen Ermessens ausdrücklich nur das Gesetzesrecht, nicht aber das Gewohnheitsrecht genannt ist.

Litteratur:

O. Lenel, Das Edictum perpetuum (1883).

Bruns, Fontes juris Romani antiqui, ed. 6 (1889), S. 188 ff.

§ 18.

Die römische Rechtswissenschaft.

Die Anfänge der römischen Jurisprudenz[1] liegen bei den pontifices, welche die sachverständigen Beiräte im Gericht des Königs, dann des Consuls, dann des Prätors waren. Ihre Rechtswissenschaft hing mit ihrer Wissenschaft von der Religion und von der Astronomie zusammen. Sie kannten das Sacralrecht und den Kalender, sie wufsten, an welchen Tagen es zulässig war, Klage zu erheben (dies fasti) und an welchen Tagen nicht (dies nefasti). Infolge ihrer beratenden Mitwirkung im Gericht waren sie es, welche die Klagformeln (legis actiones) sowie die rechtsgeschäftlichen Formeln kannten, beherrschten, fortbildeten. Ihre Wissenschaft war die Wissenschaft von dem Buchstaben des Gesetzes und von der kunstgemäfsen Anwendung, Auslegung, Verwertung dieses Buchstabens für die Formen der Klage und für die Formen des Rechtsgeschäfts (interpretatio, oben § 12). Von vornherein kennzeichnet sich die römische Behandlung des Rechts durch ihre sorgfältige Pflege und infolge dessen durch

[1] Über die ältere römische Jurisprudenz vgl. P. Jörs, Röm. Rechtswissenschaft zur Zeit der Republik (1888); F. P. Bremer, Jurisprudentiae antehadrianae quae supersunt (oben S. 17). Die Arbeit Bremers giebt aufser den Texten der Juristen das gesamte auf die einzelnen Schriftsteller bezügliche Material nebst anregenden Ausführungen des Verfassers.

ihre Beherrschung der Form, so dafs die Form nicht dient, den Gedanken zu knechten, sondern ihn zur Wirksamkeit zu bringen. Schon unter den Händen der römischen pontifices kündigen, infolge der Herausbildung von zugleich straffen und elastischen Formen des Rechtslebens, die Linien des klassischen Baustils sich an, durch welchen das römische Recht sich von dem cyklopischen Stil des älteren deutschen Rechts unterscheidet. Aber nur innerhalb des Collegiums der pontifices ward diese Wissenschaft ausgebildet, durch Überlieferung und Unterweisung (der neu eintretenden Mitglieder) fortgepflanzt. Nur den Mitgliedern des Collegiums war das Archiv der pontifices zugänglich, in welchem die Präjudicien, d. h. die älteren Gutachten (responsa, decreta) des Collegiums aufbewahrt wurden, — die Grundlage und Richtschnur für die Praxis der Gegenwart. So war die interpretatio, welche doch die Form der Klage und des Rechtsgeschäfts im Einzelfall mafsgebend bestimmte, nicht jedermanns Sache, und erschien die pontificale Jurisprudenz geradezu als eine dem priesterlichen Collegium vorbehaltene Geheimwissenschaft und zugleich als ein Machtmittel des patricischen Standes, welchem die pontifices angehörten, über die Plebejer, so dafs die Veröffentlichung der legis actiones d. h. der Klagformeln in der von den pontifices ihnen gegebenen Gestalt durch Flavius (304 v. Chr.) und Aelius (um 204 v. Chr.) (sogenanntes jus Flavianum, jus Aelianum) für eine grofse volkstümliche That geachtet wurde[2]. Eine wichtige Wendung bedeutete es daher, als der erste plebejische pontifex maximus, T i b e r i u s C o r u n c a n i u s (um 254 v. Chr.) sich bereit erklärte, jedermann über die Fragen des Rechts Auskunft zu erteilen. Schon vor ihm hatten die pontifices auf Anfrage Auskunft gegeben, aber nicht jedermann, sondern nur dem anfragenden Magistrat oder der Partei, welche an einer Rechtsfrage praktisch beteiligt war, also nur für den Einzelfall, fragmentarisch, ohne das Ganze erkennen zu lassen. Die Ankündigung des Tib. Coruncanius bedeutete, dafs

[2] Die öffentliche Aufstellung des Kalenders war bereits durch die Decemvirn bewirkt. Auch die Feststellung des Stadtrechts in der Zwölftafelgesetzgebung war schon insofern eine populäre That, als sie zugleich eine ö f f e n t l i c h e Feststellung des geltenden Rechts bedeutete.

jetzt auch der blofs theoretisch interessierten Anfrage Antwort gegeben werden solle, der Anfrage, welche um das Wissen vom Recht, um die Erlernung des geltenden jus civile sich bemühte. Die Rechtskenntnis sollte jedermann zugänglich werden. Damit waren die Anfänge eines öffentlichen Rechtsunterrichts und, was notwendig daraus folgen mufste, einer juristischen Litteratur gegeben. Der soeben genannte Aelius (Sextus Aelius Paetus Catus, Consul 198 v. Chr.), der „Schlaue" (catus), verfafste bereits ein Werk, die „Tripertita" (commentaria tripertita), welches, über die blofse Formelsammlung hinausgehend, einen Commentar zu den zwölf Tafeln, zu den Geschäftsformeln, zu den Klagformeln darbot, das pontificale jus civile, wenngleich nur in der Form erläuternder (exegetischer) Bemerkungen, zum erstenmal schriftstellerisch zur Erscheinung bringend — das erste Buch juristischen Inhalts, die „Wiege der juristischen Litteratur"[3]. Die fachmäfsige Kenntnis vom Recht trat mehr und mehr aus den Kreisen der pontifices heraus und ward Bestandteil der nationalen Bildung[4]. Gleichzeitig übte die griechische Litteratur, hier vor allem die wissenschaftliche Art der stoischen Philosophie, ihren mächtig anregenden, veredelnden Einflufs aus. Die Idee ward lebendig, auch den spröden Rechtsstoff in die ihm zukommende künstlerische Form zu giefsen. Schon der jüngere M. Porcius Cato (starb 152 v. Chr.) unternahm es, allgemeine Sätze (regulae juris) zu entwickeln[5], aus dem Rohstoff der geschichtlich gegebenen Rechtssätze den Rechtsgedanken, aus dem Marmorblock die Marmorstatue zu befreien. Die Palme unter diesen „veteres" trug der jüngere Qu. Mucius Scaevola, pontifex maximus, davon. Er schrieb um 100 v. Chr. sein grofses, langhin berühmtes Werk über das jus civile (in 18 Büchern), in welchem er als der erste das geltende

---

[3] Pomponius in l. 2 § 38 D. 1, 2: qui liber veluti cunabula juris continet. Vgl. Jörs a. a. O. S. 104 ff.

[4] Der gleich im Text zu nennende Qu. Mucius Scaevola erklärte dem Redner Servius Sulpicius, der ihn in einer Rechtsfrage anging: turpe esse patricio et nobili et causas oranti, jus, in quo versaretur, ignorare.

[5] Z. B. die „regula Catoniana": quod, si testamenti facti tempore decessisset testator, inutile foret, id legatum, quandocumque decesserit, non valere, l. 1 pr. D. de reg. Caton. (34, 7). Vgl. Jörs a. a. O. S. 289 ff.

Privatrecht systematisch d. h. in sachlicher Ordnung vortrug. Sein System ist für seine Nachfolger grundlegend geblieben. Er verliefs die überlieferte Legalordnung, welche den Worten des Gesetzes bezw. des Geschäfts- oder Klagformulars erläuternd folgte, auch beschränkte er sich nicht mehr auf die Behandlung einzelner Rechtsfälle oder Rechtsfragen. Er ordnete sein Werk nach den Gegenständen der Rechtssätze, in welchen sie wie in einem Brennpunkte zusammentreffen. Bei ihm wurden zuerst die Rechtsinstitute (Testament, Legat, Tutel, Societät, Kauf, Miete u. s. w.) sowie die Arten (genera) derselben in festgezeichneten Umrissen sichtbar. Die Rechtsbegriffe, die Elemente, aus denen das bunte, anscheinend unübersehbare Meer der concreten Thatbestände sich zusammensetzt, hat er zuerst herauszustellen unternommen. Daher die grofse Bedeutung und der ungeheure Erfolg seines Werkes. Jetzt erst konnte über all den Einzelheiten das Ganze des Privatrechts erblickt werden. Aus einer blofsen Kenntnis vom Rechte begann eine Wissenschaft vom Recht hervorzugehen[6].

L. 2 § 6. 7 D. de orig. jur. (1, 2) (Pomponius): Omnium tamen harum (legum XII tab.) et interpretandi scientia et actiones apud collegium pontificum erant, ex quibus constituebatur, quis quoquo anno praeesset privatis. — Postea cum Appius Claudius proposuisset et ad formam redegisset has actiones, Gnaeus Flavius scriba ejus, libertini filius, subreptum librum populo tradidit, et adeo gratum fuit id munus populo, ut tribunus plebis fieret et senator et aedilis curulis. Hic liber, qui actiones continet, appellatur jus civile Flavianum. — — augescente civitate, quia deerant quaedam genera agendi, non post multum temporis spatium Sextus Aelius alias actiones composuit et librum populo dedit, qui appellatur jus Aelianum.

§ 35 eod.: ex omnibus qui scientiam (juris civilis) nancti sunt ante Tiberium Coruncanium publice professum neminem traditur: ceteri autem ad hunc vel in latenti jus civile retinere cogitabant solumque consultatoribus vacare potius quam discere volentibus se praestabant.

---

[6] Über die Jurisprudenz des Scaevola vgl. Krüger, Gesch. d. Quellen, S. 59. 60; Burckhardt in der Zeitschrift der Savigny-Stiftung, Bd. 9, S. 286 ff.

§ 41 eod.: Quintus Mucius (Scaevola), Publii filius, pontifex maximus, jus civile primus constituit generatim, in libros decem et octo redigendo.

Die vornehmste Thätigkeit eines Rechtskundigen war (neben dem Cavieren, d. h. dem Aufsetzen des Geschäftsformulars) die respondierende (Anfragen beantwortende), mit welcher die docierende und die schriftstellerische Wirksamkeit sich verband.

Die Autorität der pontificalen responsa alten Stils ruhte auf der Stellung des Collegiums der pontifices, welches alljährlich ein Mitglied dazu bestimmte, um die privatrechtlichen Gutachten abzugeben (constituebatur, quis quoquo anno praeesset privatis). Daraus ergab sich die verbindliche Kraft, welche das pontificale Gutachten thatsächlich für die Richter besafs[7]. Seit dem Ende der Republik war zugleich mit der Verbreitung der Rechtskunde das freie Respondieren auch anderer, welche nicht zu dem priesterlichen Collegium gehörten, aufgekommen, natürlich ein Respondieren ohne verbindliche Autorität. Das Ansehen der responsa und überhaupt der Jurisprudenz schien darunter leiden zu müssen, und doch war es unmöglich, zu der alten Monopolisierung der Rechtweisung durch die pontifices zurückzukehren. Kaiser Augustus ergriff daher einen anderen Ausweg. Er befahl, um die Autorität der Rechtweisung wieder herzustellen, zugleich höchst wahrscheinlich um der kaiserlichen Gewalt ein neues Relief zu geben, dafs die responsa fortan ex auctoritate ejus (principis)[8], also mit kaiserlicher Autorität gegeben werden sollten. Er war überdies pontifex maximus, und so konnte seine Verordnung zugleich als eine Wiederbelebung und als eine Reform der alten autoritativen Rechtweisung, welche natürlich durch die freie Rechtweisung nicht aufgehoben worden war, angesehen werden. Durch Vermittlung des princeps konnte nunmehr auch ein Nicht-Pontifex autoritativ respondieren. Von diesem Augenblick an verschwindet der Einflufs des Pontifical-

[7] Mit dem pontificalen responsum galt der Procefs als thatsächlich entschieden, wenngleich formell noch die Verkündigung des Urteils durch den Richter hinzukommen mufste, vgl. Mommsen, Römisches Staatsrecht, Bd. 2 (3. Aufl.), S. 46. 48.

[8] Wörtlich „unter Gewähr des Kaisers“, vgl. A. Pernice in den Jur. Abhandlungen, Festgabe für Beseler (Berlin 1885), S. 70.

collegiums auf die Entwickelung des Civilrechts, und der princeps im Bunde mit der jetzt endgültig laisierten Jurisprudenz tritt in den Vordergrund.

Die Form, in welcher das ex auctoritate principis respondere seine für die spätere Zeit mafsgebende Gestalt erhielt, scheint erst durch Tiberius festgestellt worden zu sein. Seitdem ist es Herkommen, dafs einzelnen hervorragenden Juristen das jus respondendi (jus publice, populo respondendi) vom Kaiser verliehen wird, d. h. das Recht, für den Richter (für den Magistrat sowohl wie für den bestellten judex privatus) verbindliche Gutachten zu erteilen. War das von der Partei vorgelegte Gutachten eines patentierten Juristen in der vorgeschriebenen Form (schriftlich und versiegelt) gegeben, so mufste der Richter danach erkennen, falls nicht von einem anderen gleichfalls privilegierten Juristen ein entgegengesetztes Gutachten vorlag. Was zunächst nur von dem Gutachten galt, welches ausdrücklich für diesen Procefs gegeben war, das ward dann im Wege des Herkommens auch früheren Gutachten zu teil, also denjenigen responsa, welche gegenwärtig nicht mehr in ihrer officiellen Form (schriftlich und versiegelt), sondern lediglich in der Responsenlitteratur (den Responsensammlungen) vorlagen, — ein Herkommen, welches durch ein Rescript Hadrians ausdrücklich bestätigt wurde.

Die Gutachten der privilegierten Juristen (responsa prudentium) waren zu einer Art Rechtsquelle geworden, und die Kraft der Rechtsquelle begann von den responsa auf die juristische Litteratur sich zu übertragen.

L. 2 § 48. 49 D. de orig. jur. (1, 2) (Pomponius): Massurius Sabinus in equestri ordine fuit et publice primus respondit: posteaque hoc coepit beneficium dari, a Tiberio Caesare hoc tamen illi concessum erat. Et, ut obiter sciamus, ante tempora Augusti publice respondendi jus non a principibus dabatur, sed qui fiduciam studiorum suorum habebant, consulentibus respondebant; neque responsa utique signata dabant, sed plerumque judicibus ipsi scribebant, aut testabantur, qui illos consulebant. Primus divus Augustus, ut major juris auctoritas haberetur, constituit, ut ex auctoritate ejus responderent: et ex illo tempore peti hoc pro beneficio coepit.

GAJ. Inst. I § 7: Responsa prudentium sunt sententiae et opiniones eorum, quibus permissum est jura condere. Quorum omnium si in unum sententiae concurrunt, id quod ita sentiunt legis vicem obtinet; si vero dissentiunt, judici licet quam velit sententiam sequi; idque rescripto divi Hadriani significatur.

Die Macht war der römischen Jurisprudenz gegeben. Es war jetzt nur die Frage, ob sie dieselbe zu gebrauchen im stande sei[9].

Zunächst geriet die Rechtswissenschaft mit sich selber in Widerstreit. Zwei Rechtsschulen, die Sabinianer und die Proculejaner, jene an die Autorität des C. Atejus Capito, diese an die Autorität des M. Antistius Labeo (beide zur Zeit des Augustus) sich anschliefsend, traten einander gegenüber. Ihren Namen empfingen die beiden Schulen, die eine von Massurius Sabinus (unter Tiber), welcher den Spuren des Capito folgte, die andere von Proculus (unter Nero), welcher als Haupt der Labeonischen Schule anerkannt ward. Von C. Cassius Longinus, welcher dem Sabinus nachfolgte, trägt die Schule der Sabinianer auch den Namen der Cassianer.

Was das Wesen des Schulgegensatzes ausmachte, vermögen wir nicht mehr mit Sicherheit zu erkennen. Eins scheint mit Bestimmtheit behauptet werden zu können, dafs nämlich auch die Schule der Sabinianer in hohem Grade unter dem Einflufs Labeos gestanden hat. Labeo war von den beiden grofsen Juristen der Augusteischen Epoche zweifelsohne der bedeutendere. Sein hervorragender wissenschaftlicher Einflufs ist noch heute in den zahlreichen Citaten sichtbar, welche unser Corpus juris von ihm aufbewahrt, während der Name Capitos in der Sammlung Justinians so gut wie verschwunden ist. Labeo schuf durch zahlreiche neue Gruppierungen, Einteilungen, Begriffsbestimmungen (so definierte er den dolus malus, den entschuldbaren Irrtum, den Begriff der Pertinenz u. s. w.) Klarheit und festen Boden

[9] Zu dem obigen vgl. namentlich A. Pernice, Marcus Antistius Labeo, Das römische Privatrecht im ersten Jahrhundert der Kaiserzeit, Bd. 1 (1873), S. 14 ff. 81 ff.; Karlowa, Römische Rechtsgeschichte, Bd. 1, S. 657 ff. 677 ff. 707 ff. 733 ff.; Krüger, Gesch. d. Quellen und Litteratur des Röm. Rechts (1888), S. 109 ff. 126 ff.; W. Kalb, Roms Juristen nach ihrer Sprache dargestellt (1890).

für Lehre und Rechtsanwendung. Er ist es wahrscheinlich, von dem die Einteilung aller Klagen in die zwei Klassen der actiones in rem und der actiones in personam (unten § 52) herrührt, eine Einteilung, welche noch heute für unser ganzas juristisches Denken auf dem Gebiet des Privatrechts maſsgebend ist. Wie auf dem Gebiet der Philologie, welches er gleichfalls beherrschte — er war ein Mann im Vollbesitz der griechischen und römischen Bildung seiner Zeit —, so war er auch auf dem Gebiet der Rechtswissenschaft „Analogist“[10]: er suchte und fand das Gesetzmäſsige, begrifflich Einheitliche, um das positive Recht mit der Kunst der Dialektik zu beherrschen. So war es ihm denn auch gegeben, die Rechtssätze, welche gewissermaſsen schon in der Luft schwebten, welche bereits allgemeine Geltung und Anerkennung besaſsen und doch vielleicht noch von niemand direct ausgesprochen worden waren, mit kräftiger Hand zu ergreifen und ihnen Gestalt, Ausdruck, schneidige (unter Umständen vielleicht zu schneidige, nämlich zu sehr verallgemeinernde) Form zu geben. Noch zwei Jahrhunderte später schrieb Paulus kritische Bemerkungen zu dem Werk des Labeo, in welchem dieser die „probabilia“, d. h. solche aus dem Leben herausgegriffene „gemeingültige Rechtssätze“ zusammengefaſst hatte („libri pithanon“), um den noch immer auf die Praxis mächtig wirkenden Formulierungen des Meisters die zu scharfe Spitze zu nehmen und ihnen das Gewicht der Umstände des Einzelfalles, namentlich der concreten Absicht der Parteien (das quod actum est) entgegenzuhalten. Aber wir begreifen es, daſs gerade die Schneidigkeit seiner Begriffsbestimmungen und Rechtssätze die Zeitgenossen mit sich fortriſs. Die Macht, welche das Bestimmte, logisch Klare als solches ausübt, war mit ihm und sicherte ihm seinen Erfolg. Er selber scheint, ebenso wie Capito, eine eigentliche Schule noch nicht gegründet zu haben. Beide erteilten Rechtsunterricht, jedoch wie es scheint, noch in der von den Zeiten der Republik her überlieferten Weise der alten vornehmen

[10] Vgl. M. Schanz im Philologus 1883, S. 309 ff.: „Analogisten und Anomalisten im römischen Recht“; dazu Schanz im Hermes, Bd. 25 (1890), S. 53. 54. Der Verfasser gewinnnt für die Charakterisierung der wissenschaftlichen Persönlichkeit Labeos glückliche Anhaltspunkte an der Art, wie Labeo philologische Fragen behandelte.

Römer, welche öffentlich respondierten (auf Anfragen antworteten), dabei ihre Schüler zuhören liefsen und unter Umständen mit denselben disputierten, aber nur ausnahmsweise den einzelnen förmlichen Unterricht durch zusammenhängende Lehrvorträge erteilten. Die Gründung einer Schule scheint erst von Sabinus ausgegangen zu sein, welcher, wie erzählt wird, von Erteilung des Unterrichts lebte[11]. Damit drangen wahrscheinlich auch die bei den griechischen Philosophenschulen ausgebildeten Formen des Unterrichts ein, nämlich die vereinsmäfsige Organisation: der Lehrer war der Vorstand einer Gesellschaft, in welche die Schüler eintraten mit der Verpflichtung, einen Beitrag zu zahlen. Die Vorstandschaft der Schule übertrug sich durch Rechtsnachfolge von einem Lehrer auf den andern[12]. Der Schule des Sa-

---

[11] L. 2 § 50 D. de orig. juris (1, 2) (Pomponius): huic (Sabino) nec amplae facultates fuerunt, sed plurimum a suis auditoribus sustentatus est.

[12] Dafs die griechischen Philosophenschulen in solcher Weise körperschaftlich organisiert waren, hat v. Wilamowitz-Möllendorff in seinen (mit Kiefsling herausgegebenen) Philologischen Untersuchungen, Bd. 4 (1881), S. 263 ff. gezeigt. Vgl. Diels in: Philosophische Aufsätze, Ed. Zeller gewidmet, 1887, S. 239 ff. Für die gemeinen Mahlzeiten der Studenten galten die von dem Lehrer (als dem Haupt der Corporation) gesetzten νόμοι συμποτικοί (der Trinkcomment), vgl. Pernice in Zeitschr. d. Savigny-Stiftung, Bd. 7, roman. Abt. S. 92. Auf eine ähnliche corporative Organisation der Sabinianischen und Proculejanischen Schule deuten einmal die Beiträge, welche Sabinus sich von seinen Schülern zahlen liefs, sodann der schon von Bremer, Die Rechtslehrer und Rechtsschulen im röm. Kaiserreich (1868), S. 68 ff., betonte Umstand, dafs Pomponius (l. 2 § 51 ff. D. 1, 2) bei Aufzählung der Sabinianischen und Proculejanischen Schulhäupter stehend von einem „successit“ spricht, während er diesen Ausdruck bei Aufzählung der republikanischen Juristen vermeidet. Es liegt in jenem Ausdruck, dafs es sich bei den Sabinianern und Proculejanern wirklich um eine Rechtsnachfolge (nämlich in die Vorstandschaft der Schule) handelte. Auch die Worte der l. 1 § 5 D. de extraord. cogn. (50, 13) (von Ulpian), wo es in Bezug auf das von dem Rechtslehrer zu empfangende Honorar heifst: honor, qui in ingressu sacramenti offerri debuit (darüber Bremer, Rechtslehrer, S. 5. 6; Karlowa, Röm. Rechtsgeschichte, Bd. 1, S. 673 Anm. 1), könnten eine Hinweisung auf solche Organisation enthalten; sacramentum wird in der lateinischen Vulgärsprache für das griechische μυστήριον gesetzt (z. B. bei den lateinischen Kirchenvätern), und die Mysterien waren Privatcorporationen, wie andererseits die Privatcorporationen den Mysterien gleichkamen, insofern sie einen religiösen Mittelpunkt hatten. Beim Eintritt in die

binus trat dann in gleicher Organisation eine andere Schule, die des Proculus, gegenüber. Von den Gründern der Schule nannten die einen sich Sabinianer, die andern Proculejaner. Die Ueberlieferung führte dann den Gegensatz der beiden Schulen auf den Gegensatz der berühmten Augusteischen Juristen Capito und Labeo zurück. Es gab indessen namhafte Juristen, welche keiner von beiden Schulen angehörten, welche also in alter Weise bei einem angesehenen Juristen „gehört“ hatten. Aber der Schwerpunkt der Entwickelung lag naturgemäfs, solange der Gegensatz der Schulen dauerte, in den beiden organisierten Verbänden. Der führende Geist unter diesen Schulhäuptern ward Sabinus selbst. Er gab seinen Schülern die Richtung auf die Fortbildung des römischen Rechts im Sinne der Befreiung von altrömischem Formalismus, während die Proculejaner es liebten, an dem Ueberlieferten festzuhalten, obgleich sie damit vielleicht dem Buchstaben, aber nicht dem Geist ihres Meisters Labeo gerecht wurden. So lehrten die Sabinianer, dafs der Beklagte freizusprechen sei, wenn er auch erst während des Processes den Kläger befriedigte (omnia judicia esse absolutoria), während die Proculejaner daran festhielten, dafs bei den genau auf Schuld oder Nichtschuld abgestellten Klagen (den actiones stricti juris) der Beklagte schlechtweg dann zu verurteilen sei, wenn er zur Zeit der Formulierung der Procefsfrage (litis contestatio) schuldig war, ohne Rücksicht darauf, ob er etwa nach der litis contestatio bereits gezahlt hatte. Das Hauptwerk, durch welches Sabinus auf die Folgezeit wirkte, waren seine libri tres juris civilis, in welchen er, vom Erbrecht ausgehend, dann zu den einzelnen Rechtsgeschäften übergehend, das Ganze des Civilrechts in sachlicher Ordnung zur Anschauung brachte und — darin Labeo

Mysterien, wie überhaupt in die Privatcorporationen, war ein Eintrittsgeld zu entrichten. Die Äufserung Ulpians würde auch dann für unsere Frage von Interesse sein, wenn sie nur bildlich gemeint wäre und also das Honorar mit dem beim „Eintritt in die Genossenschaft“ (in den „Geheimbund“) zu zahlenden Beitrag nur verglichen würde. Sie würde zeigen, dafs es noch zu Ulpians Zeit nahe lag, die Schule mit einer corporativen Verbindung zusammenzustellen. — Das Für und Wider dieser Frage erörtert neuerdings A. Pernice in Holtzendorffs Encyklopädie der Rechtswissenschaft, Bd. 1 (5. Aufl. 1890), S. 152 Anm.

ähnlich, unter dessen Einflufs er auch stand, wenngleich er in manchem gegen ihn polemisierte — eine ganze Reihe von neuen Gesichtspunkten einführte, so dafs sein Werk von nun an die Grundlage für das Studium des jus civile bildete.

Bereits im Beginn des zweiten Jahrhunderts kündigte die klassische Jurisprudenz sich an. Sie sollte den Gegensatz der beiden Schulen überwinden. Ihr Werk war die Verarbeitung des jus civile und des bereits zum Abschlufs gelangten jus honorarium mit dem neuen Kaiserrecht zu einem einheitlichen Ganzen. Den Grund legte der Proculejaner P. Juventius Celsus (starb wahrscheinlich unter Hadrian) mit seinen „Digesten" (in 39 Büchern). Ihm folgte der gröfsere Salvius Julianus (aus Hadrumetum im lateinischen Afrika gebürtig, blühte unter Hadrian und Antoninus Pius), ein Sabinianer, dessen Lebenswerk einerseits die endgültige Redaction des edictalen Rechts (oben S. 83), andererseits die Abfassung seines grofsen Digestenwerkes (in 90 Büchern) war. Wie Celsus, legte er die Ordnung des prätorischen Edicts zu Grunde, aber um an der Hand dieser Ordnung das gesamte römische Recht darzustellen. Die Macht des Werkes lag in seiner breiten Casuistik, der geistvollen Entscheidung zahlloser Rechtsfälle, verbunden mit der Fähigkeit, an dem einzelnen Rechtsfall die allgemeine Regel zu entwickeln, welche, in knappste Spruchform gefafst, mit der Schwungkraft eines geflügelten Wortes aufsteigend, leuchtend wie ein Blitz weithin die Landschaft erhellt. Auf die Zeit der dialektischen Schulung, welche die römische Rechtswissenschaft durchlaufen hatte (Labeo, Sabinus), folgte jetzt die Verwertung der herausgearbeiteten Sätze, Kategorien, Gesichtspunkte an einem unendlichen Material. Die Vollkraft römischer Jurisprudenz ward in diesem Werke sichtbar[13]. Dem entsprach sein ungeheurer Erfolg. Eine Reihe von gleichstrebenden Freunden, Schülern, unter ihnen der herbe, gewichtige Sextus Caecilius Africanus und der belesene, gelehrte, auch für geschichtliche Forschung sich interessierende Sextus Pomponius, umgaben ihn und sicherten seinen Erfolg. Seitdem erlosch der Stern der proculejanischen Schule. Gajus (starb nach 180), der

---

[13] Vgl. über Julian und seine Schriften H. Buhl, Salvius Julianus, 1. Teil 1886. Über die Spruchweisheit Julians s. Buhl, S. 108 ff.

Jurist, welcher durch sein Institutionenwerk das Vorbild für alle künftigen Lehrbuchverfasser wurde, ist der letzte Jurist, welcher noch den Schulgegensatz vertritt. Er selbst war Sabinianer. Er spricht noch von gleichzeitigen Lehrern „der anderen Schule", also Proculejanern. Namen derselben sind jedoch nicht mehr auf uns gekommen. Die Sabinianer trugen den Sieg davon. Seit Salvius Julianus und durch ihn gab es nur noch eine Jurisprudenz, welche in den von ihm gewiesenen Bahnen wandelte.

Die eigentliche Lebensaufgabe der römischen Jurisprudenz war sichtbar geworden: die Welt des Rechtslebens entscheidend, respondierend, all den Einzelfragen nachgehend in ihrem Reichtum zu entfalten und doch, der Macht fester Grundsätze Raum schaffend, das Chaos in einen Kosmos zu verwandeln. Solch edle Casuistik war durch die grofsen Digestenwerke des Celsus und namentlich des Julian der römischen Welt gezeigt worden. Jetzt (gegen das Ende des zweiten Jahrhunderts) zogen die geistigen Kräfte auch des griechisch redenden Orients herbei, um an dem grofsen Werk teilzunehmen und dem Reich, welches sich bereits als eine grofse innerliche Einheit fühlte[14], nunmehr endgültig seine Reichsjurisprudenz zu schaffen. Unter Marc Aurel und Commodus schrieb Q. Cervidius Scaevola, Hellene von Geburt, dann in den Staatsrat (consilium) Marc Aurels aufgenommen, seine vierzig Bücher Digesten, gleichfalls nach der Ordnung des Edicts, in Responsenform das römische Recht casuistisch zur Erscheinung bringend. Seine Schüler waren Septimius Severus, der spätere Kaiser, und vor allem Aemilius Papinianus, der berühmteste und neben Julian gröfste der römischen Juristen. Papinian, gleichfalls aus dem Orient stammend, vereinigte die ethische Kraft einer sittlich durchgebildeten Persönlichkeit mit griechischer Eleganz und römischer Knappheit und Schärfe. Auch seine Methode war die casuistische, auf die Entscheidung einzelner Fälle gerichtete. Er brachte sie zu der höchsten Vollendung. Seine bedeutendsten Arbeiten waren 19 libri responsorum und 37 quaestionum libri (die letzteren nach der Ordnung des Edicts), eine Masse von Einzelfragen in lichtvollster Weise

[14] Caracalla gab dieser Thatsache Ausdruck, indem er auch den Provinzialen das römische Bürgerrecht erteilte, unten § 33.

behandelnd, grofs in der Formulierung und zugleich in der Begrenzung der Entscheidung, hinreifsend, auch wo gar keine Gründe gegeben werden, durch den Einklang des gesetzten Rechtssatzes mit dem scharf hervorgehobenen Kern des Thatbestandes. Aus der Wechselwirkung römischer und hellenischer Bildung entsprang in ihm die schönste Blüte römischer Jurisprudenz. Was er im Leben gelehrt und verlangt hatte, dafs nämlich das Unsittliche auch unmöglich dünken müsse[15], besiegelte er mit seinem Tode: er fiel von den Schergen Caracallas (212), weil er den brudermörderischen Plänen des Tyrannen unerschütterlichen Widerstand entgegensetzte.

Nach Papinian beginnt die Zeit der Epigonen. Die römische Jurisprudenz hatte ihr Meisterwerk vollendet. Auf die schöpferische Epoche folgte die Arbeit der Compilatoren. Papinians Schüler Domitius Ulpianus, nach seiner Abstammung ein Syrer (aus Tyrus), fafste in seinem grofsen Commentar zum prätorischen Edict (83 Bücher) und in seinen 51 libri ad Sabinum, sowie in einer grofsen Reihe von anderen monographischen Arbeiten die von seinen Vorgängern gewonnenen Ergebnisse in kritischem Geist zusammen (seine meisten Werke schrieb er unter Caracalla 212 bis 217). Ihm stand in verwandter Thätigkeit der gleichfalls ungemein fruchtbare Jurist Julius Paulus (wahrscheinlich ein Schüler Scaevolas) zur Seite. Auch seine Hauptwerke waren ein Edictscommentar (in 80 Büchern) und ein Commentar ad Sabinum (in 16 Büchern). Vornehmlich durch das Mittel der Schriften des Ulpian und Paulus wirkten die Arbeiten der grofsen Juristen von nun an auf die Folgezeit. In anschaulicher, leicht fafslicher Weise war hier die gewaltige Geistesarbeit römischer Jurisprudenz zusammengebracht worden. Die Grundlage für Justinians Digestenwerk war gelegt. Der Hauch hellenischen Geistes, welcher über Ulpians Schriften lichtvoll ausgebreitet liegt, gab ihnen den Vorzug vor den mehr mit dem Stoff ringenden, wenngleich vielleicht unter Umständen tiefer greifenden Arbeiten des Paulus. Die Schriften Ulpians sind den Digesten Justinians zu Grunde gelegt worden. Aus ihnen ist ein Drittel der Digesten, aus Paulus etwa ein Sechstel der Digesten ent-

[15] Vgl. l. 15 D. de cond. inst. (28, 7).

nommen worden (aus Ulpian 2462, aus Paulus 2080 Stellen), so dafs ungefähr die Hälfte des Digestenteils unseres Corpus Juris den Schriften des Ulpian und Paulus ihren Ursprung schuldig ist. Nach Ulpian ist noch sein Schüler Herennius Modestinus, gleichfalls aus der griechischen Reichshälfte stammend, zur Bedeutung gelangt. Doch fand er bereits wenig zu thun übrig. Das Beamtenrecht der sich schon ankündigenden Monarchie und gewisse spitzfindige Fragen der Doctrin und Praxis waren seine sonderliche Neigung. Bald nach seiner Zeit verlor die römische Rechtswissenschaft ihre führende Stellung. Seit dem Ende des dritten Jahrhunderts ward das jus respondendi nicht mehr verliehen. Der Kaiser ward (in der Form der rescripta principis, unten § 19) der einzige Respondent, und die letzte Leistung römischer Rechtswissenschaft war, die zahlreichen Rescripte Diocletians und seiner Nachfolger mit dem noch immer nicht erloschenen Geist römischer Jurisprudenz zu erfüllen[16].

Von Labeo und Sabinus bis auf Celsus und Julian (1. Jahrhundert der Kaiserzeit) hatte die römische Rechtswissenschaft eine stetig aufsteigende Entwickelung durchgemacht. Von Celsus und Julian bis auf Scaevola und Papinian (2. Jahrhundert) blühte sie in ihrer Vollkraft. Seit Ulpian und Paulus (3. Jahrhundert) begann sie unaufhaltsam zu sinken. Ihr Schatz war von nun an der Reichtum, welchen die Vergangenheit erzeugt hatte. Aber es war ein wunderbarer Schatz, dessen sie wartete, und welchen sie jetzt dem Kaisertum, dann den kommenden Geschlechtern überlieferte.

Die Aufgabe, welche die römische Rechtswissenschaft überkommen und nunmehr gelöst hatte, war eine doppelte gewesen: einmal die Zusammenfassung des Rechts, wie es in den mannigfaltigsten Rechtsquellen seit den Zeiten der zwölf Tafeln niedergelegt war, zu einem einheitlichen System, sodann aber die Entfaltung des reichen Inhalts, welchen diese Rechtsquellen darboten, in wissenschaftlicher Form. Die Zeit einer neuen interpretatio

---

[16] Vgl. F. Hofmann, Kritische Studien zum römischen Rechte (1885), S. 3—35: Der Verfall der römischen Rechtswissenschaft; Krüger, Quellen, S. 274. — Doch scheint unter Diocletian die Verleihung des jus respondendi noch vorgekommen zu sein, Krüger S. 260 Anm. 6.

war herangekommen. Vor allen Dingen galt es nun die interpretatio des prätorischen Edicts, wie einst die interpretatio der zwölf Tafeln. Das prätorische Edict hatte die Grundsätze des freien, billigen Verkehrsrechts doch nur im rohen und in einzelnen kräftigen Grundzügen entwickeln können. Wie vieles gab es hier noch zu thun! Ja, wie vieles gab es, worüber das prätorische Edict und alle geschriebenen Rechtsquellen überhaupt keine Auskunft gaben! So etwa über die Grundsätze von der Stellvertretung, von den Bedingungen, von der contractlichen Diligenzpflicht, und vieles andere. Es kam hier darauf an, die Natur der Verkehrsverhältnisse, den unausgesprochenen und unbewufsten Willen des Verkehrs zu entdecken, zur Sprache zu bringen und in feste Form zu fassen, in solche Form, welche zugleich klar und bestimmt und doch weit genug war, um nicht etwa blofs für viele Fälle, sondern für alle Fälle, auch für die sonderlichen Ausnahmefälle, das gemeinsam beherrschende Princip zum Ausdruck zu bringen. Es war eine Aufgabe mehr noch der Rechtserzeugung als der Rechtsanwendung. Gerade darin aber lag die Genialität der römischen Jurisprudenz. Sie hatte trotz der dialektischen Schulung und Kraft, welche ihr innewohnte, wenig dogmatische Interessen im Sinn unserer heutigen Wissenschaft. Sie dachte nicht über den Begriff des Rechts, des Eigentums oder der Schuldverbindlichkeit nach, und wenn sie darüber nachdachte, so pflegte sie es nur zu mangelhaften Ergebnissen zu bringen. Aber sie hatte ein unmittelbares Gefühl von den Folgesätzen des Eigentumsbegriffs, des Schuldbegriffs, dessen Sicherheit sie in keinem Augenblick verliefs. Vor allem hatte sie eine geniale Kraft, die Anforderungen der bona fides im Verkehr zu entdecken und auf den Einzelfall zur Anwendung zu bringen. Was beim Kauf, bei der Miete, beim Auftrag sich von selber, auch ohne ausdrückliche Parteierklärung, kraft der Natur der Verhältnisse für alle Fälle und für den Einzelfall als Recht ergab, das wufste sie sofort, und diese Findigkeit, diese Klarheit in der Beherrschung der Casuistik, geleitet durch ein nie versagendes Gemeingefühl, diese Fähigkeit, das Recht zum Wort zu bringen, welches dem concreten Verhältnis gewissermafsen innewohnt und welches darum, wenngleich in mannigfacher praktischer Abwandlung, auch allen anderen Verhältnissen dieser Art die Regel giebt: das ist es, was den Schriften der römischen Juristen ihren unvergleichlichen Reiz und dem Werk, welches sie geschaffen haben, die Unsterblichkeit gebracht hat. Es war nicht, wie man es wohl genannt hat, ein „Rechnen mit Begriffen", was die römischen Juristen grofs gemacht hat, sondern der praktische Takt, welcher, ohne sich immer des Begriffes verstandesgemäfs bewufst zu sein, dennoch gemäfs demselben handelte und daher an dem Einzelfall das Gesetz, welches allen Fällen dieser Art eingeboren ist, hervorbrachte.

Dasjenige Rechtsgebiet, auf welchem die eigentümliche Begabung der römischen Juristen ihren vollen Spielraum fand, ist das Obligationenrecht, das Recht der Schuldverhältnisse, also das eigentliche Verkehrsrecht, und zwar ganz insbesondere das Recht derjenigen Verträge, bei denen nicht blofs der ausgesprochene, sondern auch der unausgesprochene Wille der Parteien giltig ist (die sogenannten bonae fidei negotia). Diesen unausgesprochenen Willen, welcher der Partei selbst im Augenblick des Vertragsschlusses in der Hauptsache unbewufst ist, haben die römischen Juristen entdeckt, und sie haben ihn für alle Zeiten entdeckt und die Gesetze, welche sich aus demselben ergeben, ausgesprochen. Diese Arbeit braucht nicht mehr wiederholt zu werden. Und sie haben diesen Gesetzen zugleich eine für alle Zeiten mustergiltige Formulierung gegeben. Darum ist das Obligationenrecht, und zwar nur das Obligationenrecht, und zwar wiederum nur das Recht jener bonae fidei negotia, der eigentlich und in Wahrheit unsterbliche Teil des römischen Rechts. Alle anderen Teile des römischen Privatrechts sind niemals wieder zu voller, unbeschränkter Herrschaft gebracht worden, und alle anderen Teile des römischen Privatrechts sind heute im Begriff, mehr oder minder beseitigt und durch das jetzt vollendete deutsche bürgerliche Gesetzbuch auch formell abgeschafft zu werden. Aber das römische Obligationenrecht wird bleiben. Es kann nicht abgeschafft werden. Der Wille des Käufers, Mieters u. s. w. ist zu allen Zeiten der gleiche, und diesen Willen lediglich hat das römische Recht zur Klarheit gebracht. Hier wird unsere Gesetzgebung, mag sie auch das römische Recht aufheben, doch inhaltlich in der Hauptsache eine Wiederholung desselben sein.

Die Fähigkeit zu dieser Leistung, welche dem römischen Recht die unvergängliche welterobernde Kraft gab, war den römischen Juristen gerade durch die Art ihrer Thätigkeit gegeben. Der Schwerpunkt ihrer ganzen Wissenschaft lag immer in der Kunst zu respondieren, d. h. in der Behandlung des Einzelfalls. In unmittelbarer Fühlung mit dem Leben erwuchs die römische Rechtswissenschaft, überschüttet mit einer Menge von Einzelfällen, und doch im stande, jedem Fall das Recht zu geben, welches mit ihm geboren war, ein Recht, zugleich abstract und doch dem einzelnen gerecht werdend, elastisch und doch stark und fest genug, um das ungeheure Gebiet des Verkehrslebens mit siegender Sicherheit zu beherrschen.

Das prätorische Recht hatte dem jus gentium die Gasse geschaffen, durch welche es breiten Stromes in das römische Recht eindrang. Erst die römische Rechtswissenschaft aber gab dem jus gentium, dem an sich so unfafsbaren, beweglichen, freien Verkehrsrecht die Fafsbarkeit, die Durchsichtigkeit, zugleich die nötige Gebundenheit, welche die Grundsätze der bona fides in der Gestalt, wie sie von den römischen Juristen ergriffen waren, lebensfähig machte für alle Zeit.

Das eigentliche Werk der römischen Rechtsentwickelung war damit vollendet. Die innere Rechtsvernunft der Verkehrsverhältnisse war in den Schriften der römischen Juristen in klassischer Schönheit sichtbar geworden. Es fehlte nur noch, die letzte Hand anzulegen. Dies war der kaiserlichen Gewalt vorbehalten.

L. 2 § 47 D. de O. J. (1, 2) (Pomponius): Maximae auctoritatis fuerunt Atejus Capito, qui Ofilium secutus est, et Antistius Labeo, qui omnes hos audivit, institutus est autem a Trebatio. Ex his Atejus consul fuit: Labeo noluit, cum offerretur ei ab Augusto consulatus, quo suffectus fieret, honorem suscipere, sed plurimum studiis operam dedit, et totum annum ita diviserat, ut Romae sex mensibus cum studiosis esset, sex mensibus secederet et conscribendis libris operam daret; itaque reliquit quadringenta volumina, ex quibus plurima inter manus versantur. Hi duo primum veluti diversas sectas fecerunt: nam Atejus Capito in his, quae ei tradita fuerant, perseverabat; Labeo ingenii qualitate et fiducia doctrinae, qui et ceteris operis scientiae operam dederat, plurima innovare instituit.

Das erste Buch, welches in wissenschaftlicher Art die Wiederherstellung der römischen Juristenschriften, insbesondere aus dem in

Justinians Digesten überlieferten Stoff, ins Werk gesetzt hat, ist: Otto Lenel, Palingenesia juris civilis, 2 voll. 1889, — eine in vielfacher Hinsicht grundlegende Leistung. Für die vorhadrianischen Juristen ist Bremers Arbeit (oben S. 86 Anm. 1) zu vergleichen.

§ 19.

Das republikanische Kaisertum und die kaiserliche Rechtsprechung.

Die kaiserliche Gewalt hat zwei Stufen der Entwickelung durchschritten. Auf der ersten Stufe ist sie die Gewalt eines „ersten Bürgers" der Republik (Principat)[1], auf der zweiten Stufe (seit Diocletian und Constantin) ist sie monarchische Gewalt. Diese Entwickelung spiegelt sich in der Rechtsgeschichte wieder. Der princeps der ersten Epoche ist ohne gesetzgebende Gewalt, der kaiserliche Monarch aber des vierten Jahrhunderts und der Folgezeit hat die gesetzgebende Gewalt. Zur Zeit des Principats greift der Kaiser nur nebenher und ergänzend in die Rechtsentwickelung ein, zur Zeit der Monarchie aber übernimmt die kaiserliche Gesetzgebungsgewalt ausschliefslich die Führung des Rechtslebens.

In der ersten Epoche (bis etwa 300 n. Chr.) wirkt der princeps auf die Fortbildung des Rechts ein durch seine Entscheidung des Einzelfalls (decretum, interlocutio), durch sein Gutachten über den Einzelfall (rescriptum), durch seine Beamteninstructionen (mandata), durch seine öffentlichen Verordnungen (edicta).

Decrete und Rescripte erscheinen als Mittel der authentischen Interpretation. Der Kaiser legt das Gesetz aus, indem er es auf den Einzelfall anwendet; die kaiserliche Gesetzesauslegung aber ist autoritative Auslegung und für alle gleichgearteten Fälle mafsgebend. Das Rescript (vgl. unten § 57 Anm. 2) wird auf die Anfrage (sei es eines Magistrats, sei es, was weitaus die Regel bildet, einer Partei) entweder in einem selbständigen Antwortschreiben (epistola) oder in Form einer auf das Anfrage-

[1] Der princeps ist als solcher Privatmann, aber ausgezeichnet durch lebenslängliche tribunicia potestas, wodurch ihm in Rom die entscheidende Regierungsgewalt, und durch lebenslängliches imperium, wodurch ihm im Reich der höchste Heerbefehl gegeben ist, vgl. A. Nissen, Beiträge zum röm. Staatsrecht (1885), S. 209 ff. Teilweise anders Mommsen, Staatsr., Bd. 2 (3. Aufl.), S. 745 ff., welcher die Gewalt des princeps grundsätzlich als magistratische Gewalt fafst.

schreiben gesetzten Antwortnotiz (subscriptio) erteilt. Decrete und Rescripte sind mit ihrer gesetzesähnlichen Kraft (legis vicem habent) von der Lebensdauer des Kaisers unabhängig, ebenso wie die ähnlich wirkenden responsa prudentium (§ 18). Die authentische Interpretation teilt die Rechtskraft des interpretierten Rechts [2].

Die Mandate des Kaisers an seine Beamtenschaft wurden thatsächlich Rechtsquelle, sofern einzelne Teile derselben (capita ex mandatis) stehend in sämtlichen Beamteninstructionen wiederkehrten [3]. Die kaiserlichen Edicte endlich gingen aus dem Recht der öffentlichen Verfügung hervor, welches dem Kaiser gleich den Magistraten zustand: durch seine Edicte über Privatrechtsfragen machte er die Grundsätze bekannt, nach welchen er in solchen Fällen seine kaiserliche Gewalt zu handhaben beabsichtigte [4]. Edicte und Mandate galten grundsätzlich nur für die Lebenszeit des edicierenden bezw. mandierenden Kaisers und bedurften zu ihrer ferneren Giltigkeit der Wiederholung durch den Nachfolger [5].

Die Jurisprudenz fafste alle diese Machtäufserungen der kaiserlichen Gewalt auf das Rechtsleben unter dem Namen der constitutiones zusammen und schrieb ihnen (soweit die Voraussetzungen dauernder Giltigkeit erfüllt waren, was nach dem

---

[2] Beispiele: das decretum divi Marci über die Selbsthülfe l. 7 D. ad leg. Juliam de vi privata (48, 7); die epistola divi Hadriani über das beneficium divisionis für mehrere Mitbürgen § 4 I. de fidejuss. (3, 20), l. 26 D. eod. (46, 1). — Vgl. Mommsen, Röm. Staatsrecht, Bd. 2 (3. Aufl.), S. 911 ff.; Wlassak, Kritische Studien zur Theorie der Rechtsquellen (1884), S. 132 ff.; Karlowa, Röm. Rechtsgeschichte, Bd. 1, S. 646 ff.; Krüger, Geschichte der Quellen, S. 93 ff. — Dafs die Kaiser auf Anfrage der Parteien durch Rescript ihr Rechtsgutachten erteilen, wird erst seit Hadrian üblich (vgl. oben S. 84 Anm. 5), dessen Regierung überhaupt einen merklichen Fortschritt von dem Principat älteren Stils zur späteren Monarchie bedeutet, vgl. Bremer in den Göttinger Gel. Anz. 1889, S. 429 ff.

[3] Beispiel das caput ex mandatis zu Gunsten der Militärtestamente, welches seit Trajan ständig ward, l. 1 pr. D. de testam. militis (29, 1).

[4] Beispiel l. 4 D. ne de statu defunct. (40, 15): Divus Nerva edicto vetuit, post quinquennium mortis cujusque de statu quaeri.

[5] Mommsen, Röm. Staatsrecht, Bd. 2 (3. Aufl.), S. 905. 913—915; Wlassak, Kritische Studien, S. 166 ff. Die Edicte wurden daher von den Kaisern nur ausnahmsweise gebraucht, um zur Dauer bestimmte Rechtssatzungen einzuführen.

vorigen für Edicte und Mandate sich nicht von selbst verstand) gesetzesähnliche Kraft zu. Die regelmäfsige Form des eigentlichen Gesetzes war aber in dieser Epoche nicht die kaiserliche Verfügung, auch nicht mehr das Volksgesetz (welches nur noch ausnahmsweise und nur in den Anfängen der Epoche, vorkam), sondern das Senatusconsult. Zur Zeit der Republik besafs der Senat nur die Befugnis, die Ausführung der Gesetze durch autoritäre Auslegung derselben zu regeln. Seit dem Beginn der Kaiserzeit hat er, wenngleich das zuerst nicht ohne Anfechtung blieb (Gaj. 1, 4), selbständige, jus civile von sich aus erzeugende Gesetzgebungsgewalt geübt. Der Beschlufs des Senats galt nunmehr als Ersatz des Volksbeschlusses. Der princeps hat das Recht, mit dem Senat zu verhandeln und durch seinen Antrag (oratio) einen Beschlufs des Senats herbeizuführen (seit Hadrian übt nur der princeps die Befugnis, im Senat Gesetzesanträge zu stellen). Wie sehr sich im Laufe der Epoche das Zustimmungsrecht des Senats zu einem kaiserlichen Antrag in eine blofse Form verwandelte, zeigt die Thatsache, dafs es später üblich werden konnte, anstatt des Senatsbeschlusses lediglich die oratio, also den Antrag des Kaisers zu citieren[6].

Gaj. Inst. I § 4: Senatusconsultum est, quod senatus jubet atque constituit, idque legis vicem optinet, quamvis fuerit quaesitum. § 5: Constitutio principis est, quod imperator decreto vel edicto vel epistula constituit, nec umquam dubitatum est, quin id legis vicem optineat, cum ipse imperator per legem imperium accipiat.

L. 1 § 1 D. de const. princ. (1, 4) (Ulpian.): Quodcumque igitur imperator per epistulam et subscriptionem statuit vel cognoscens decrevit vel de plano interlocutus est vel edicto praecepit, legem esse constat. Haec sunt, quas vulgo constitutiones appellamus.

Decrete und Rescripte sind das vornehmste Mittel gewesen, durch welches das „republikanische“ Kaisertum auf die Fortbildung des römischen Rechts gewirkt hat. Decrete und Rescripte bedeuten die Formen der kaiserlichen Rechtsprechung über einen

[6] Beispiel die oratio divi Severi über das Mündelgut, l. 1 D. de reb. eor. (27, 9). Karlowa a. a. O. S. 643 ff.; Krüger a. a. O. S. 83 ff. — Wie das Volksgesetz, so galt auch das Senatusconsult nur für die römische Bürgerschaft; Wlassak, Röm. Prozefsgesetze, Bd. 2, S. 173 ff.

Einzelfall. Dem Prätor war seit der Abschliefsung des Edicts durch Hadrian (§ 17) die fernere freie Rechtsschöpfung genommen worden. An seine Stelle trat der Kaiser ein, und auch dem Kaiser diente in dieser Zeit, da er von Rechts wegen noch der Gesetzgebungsgewalt entbehrte, als das Werkzeug für die Führung der Rechtsentwickelung an erster Stelle die Handhabung seiner Gerichtsgewalt (jurisdictio), die freie Rechtsprechung obrigkeitlicher Art.

Aber die kaiserliche Rechtsprechung bewegte sich in anderen Formen, als die prätorische. Infolge dessen sind denn auch ihre Wirkungen neuer Art gewesen.

Der Kaiser verfuhr in allen an ihn gelangenden Rechtssachen extra ordinem, d. h. im Verwaltungswege (ohne Übertragung der Entscheidung an ein Geschworenengericht und folgeweise ohne formula, vgl. unten § 57). Er entschied selber durch seinen magistratischen „Machtspruch“ (decretum), oder er „delegierte“ einen Vertreter, der an des Kaisers Statt (oft nach der genauen Weisung eines kaiserlichen rescriptum) die Sache zu erledigen hatte. Immer war das Verfahren extra ordinem (der sog. Cognitionsprocefs) ein Verfahren nach freiem Ermessen. Gerade dadurch waren die Decrete und Rescripte des Kaisers im Stande, ein Mittel der Rechtsfortbildung zu sein. Als Rechtsprechung, Rechtsanwendung, ja als Auslegung des geltenden Rechts führten sie sich ein (oben S. 103), aber die kaiserliche Auslegung war freie Auslegung, noch freier womöglich, als die wenigstens an den Buchstaben gebundene alte interpretatio (oben S. 53): sie war eine Auslegung mit unbeschränkter Kraft der Neuschöpfung.

So hat die kaiserliche Rechtsprechung Einrichtungen das Leben geben können, die dem bisherigen Recht völlig unbekannt gewesen waren. An erster Stelle ist das Fideicommifs zu nennen. Bis auf Augustus gab es nach römischem Recht ein Vermächtnis nur in der gebundenen, feierlichen Rechtsform des Legats (vgl. § 115). Kaiser Augustus führte den Satz in die Rechtsprechung ein, dafs auch die gänzlich formlose Bitte des Testators, der von ihm Bedachte möge seinerseits einen anderen bedenken (fideicommissum) rechtlich verbindlich sei. Solche Rechtsprechung zu handhaben, trug er den Consuln auf; seit Titus ward ein besonderer praetor fideicommissarius eingesetzt, der als Delegierter des Kaisers extra ordinem über solche Fälle richtete, während in den Provinzen die Statthalter gleichen Auftrag empfingen[7]. Auf diese Weise ist das Recht der Fideicommisse (der formlosen Vermächtnisse) entstanden, welches in seiner Fortentwickelung das ganze römische Vermächtnisrecht, ja (in seiner Gestalt als Universalfideicommifs) das ganze römische Erbrecht alter Art aus den Angeln gehoben hat (unten § 117). Neben dem Fideicommifsrecht mag die Einführung eines Rechtsanspruches auf Honorar als Neuschöpfung der kaiserlichen extraordinären Rechtsprechung genannt werden. Das römische Civilrecht gab eine Klage nur auf den Mietpreis für Dienste niederer Art (operae illiberales). Der Anspruch auf Honorar für „liberale" Arbeit ist erst durch die Kaiser extra ordinem mit Rechtsschutz bekleidet worden. Das römische Civilrecht mifsachtete den Erwerb durch Arbeit. Der Dienstvertrag der Gegenwart[8], der den Erwerb durch liberale Dienste gerade so schützt, wie jeden anderen, der überhaupt den Gegensatz von Sklavenarbeit und Freienarbeit nicht mehr kennt (jede ehrliche Arbeit ist des freien Mannes würdig), hat zuerst durch das Mittel der kaiserlichen jurisdictio rechtliche Anerkennung gefunden.

L. 1 pr. § 1 D. de variis et extraord. cognit. (50, 13) (Ulpian.): Praeses provinciae de mercedibus jus dicere solet, sed praeceptoribus tantum studiorum liberalium. — Medicorum quoque eadem causa est quae professorum — et ideo his quoque extra ordinem jus dici debet. — —

Vgl. l. 7 D. mandati (17, 1). L. 1 C. mandati (4, 35).

Rechtliche Neubildungen dieser Art, die in Wahrheit keine Auslegung, sondern Umgestaltung des geltenden Rechts bedeuteten, mag man als kaiserliches jus extraordinarium bezeichnen. Solches jus extraordinarium pafste genau weder unter den alten Begriff des jus civile noch unter den des jus honorarium. Es entsprang keiner civilrechtlich anerkannten Rechtsquelle; es war andererseits (im Gegensatz zum jus honorarium) weder auf eine im voraus bestimmte Amtsdauer noch auf einen bestimmten

---

[7] Vgl. Wlassak, Kritische Studien, S. 164 ff., unten § 115 II.

[8] Vgl. das deutsche bürgerliche Gesetzbuch § 611 ff.

Jurisdictionssprengel beschränkt. Es war etwas neues, Drittes, in Wahrheit den alten Rahmen Sprengendes, was mit dem jus extraordinarium aufkam. Am nächsten aber war ihm das alte jus honorarium verwandt. Dem prätorischen folgte nunmehr ein, gleichfalls im Wege magistratischer Jurisdictionsgewalt geschaffenes kaiserliches Recht nach, ein Amtsrecht neuer Art, nach Art der werdenden Monarchie[9].

Das kaiserliche Recht ist nicht so leistungskräftig gewesen, wie einst das prätorische. Das Hauptwerk der Reform war durch den Prätor bereits gethan. Weitaus in der Regel bewegte sich die kaiserliche Rechtsprechung, trotz ihrer formalen Freiheit, in den Bahnen des Überlieferten. Wir sehen das schon ganz deutlich daran, dafs nur eine verhältnismäfsig geringe Zahl von Rechtsinstituten dem kaiserlichen Amtsrecht ihren Ursprung schuldig ist.

Trotzdem hat das kaiserliche Cognitionsverfahren eine bedeutende Wirkung auf das ganze Recht geübt. Das Gebiet der kaiserlichen jurisdictio ist im Lauf der Kaiserzeit ein immer gröfseres geworden. Kaiserlich war nicht blos die Rechtsprechung, welche der Kaiser selbst übte, sondern ebenso die Rechtsprechung seiner Delegatare (z. B. des praetor fideicommissarius, oben S. 107). Auch der Delegierte des Kaisers verfuhr extra ordinem mit eigner Entscheidung, ohne Geschworene und ohne formula. Die Reichsbeamten aber sind in stetig steigendem Mafs zu Delegierten des Kaisertums, sie sind damit zugleich aus Magistraten der Republik in Beamte der kaiserlichen Monarchie verwandelt worden. Unter Diocletian ist der büreaukratisch verfafste Beamtenstaat da. Alle Rechtsprechung wird kaiserliche Rechtsprechung extra ordinem (vgl. unten § 57).

Die Rechtsprechung extra ordinem aber läfst den alten Gegensatz von jus civile und jus honorarium verschwinden. Alles Recht wird kraft des kaiserlichen Willens gehandhabt, ohne Rücksicht auf seinen formalen Ursprung. Vor allem: die formula (die Anweisung des Magistrats für den von ihm mit dem Urteil betrauten Geschworenen, vgl. unten § 49) war weg-

[9] Vgl. Wlassak, Kritische Studien, S. 51 ff. 153 ff. Dazu Wlassak, Römische Prozefsgesetze, Bd. 1 (1888), S. 219. 220 in der Anm.

gefallen. Der Gegensatz von jus civile und jus honorarium war praktisch bisher namentlich dadurch von Bedeutung gewesen, dafs der urteilende Geschworene (judex) das jus honorarium nicht von Amtswegen (denn das honorarische „Recht“ war kein Recht im Rechtssinn), sondern nur auf ausdrückliche Weisung des Magistrats (in der formula) zu berücksichtigen verpflichtet war. War eine exceptio (ein prätorischer Verteidigungsgrund) in die formula nicht aufgenommen worden, so war die Berücksichtigung dieses Umstandes ausgeschlossen (vgl. unten § 53 II). Das war jetzt alles anders. Eine formula gab es im Cognitionsprocefs nicht mehr. Das prätorische Recht ward durch den Kaiser und seine Beamten gerade so gehandhabt wie das jus civile (unter Vorrang des jus honorarium). Das jus honorarium wirkte jetzt schlechtweg als das neue Recht, welches das alte jus civile beseitigte. Schon hatten die römischen Juristen in ihren Schriften aus dem „doppelten“ Recht der alten Zeit ein neues einiges römisches Recht herausgearbeitet. In der Sphäre des kaiserlichen Cognitionsverfahrens verschwand vollends der alte formale Gegensatz. Immer noch ward in der Idee (bis hin zum Corpus juris) die Unterscheidung zwischen dem jure geltenden Civilrecht und dem nur tuitione praetoris wirksamen Amtsrecht festgehalten. Aber die Unterscheidung hatte, soweit die kaiserliche Rechtsprechung reichte, in der Hauptsache einen lediglich theoretischen Wert. Mit der formula war die Kraft des jus honorarium aufgekommen (oben S. 76); mit dem Schwinden der formula ging die Eigenart des jus honorarium, überhaupt die Eigenart des „doppelten Rechts“ zu Grunde.

Es kam die Zeit heran, um endlich den Gegensatz von jus civile und jus honorarium, das letzte Erbstück der republikanischen Verfassung, im monarchischen Kaiserstaat zu beseitigen.

§ 20.

Das monarchische Kaisertum und die kaiserliche Gesetzgebung.

Mit Diocletian eröffnet sich die zweite Epoche der Kaiserzeit (seit 300).

Die Entwickelungsfähigkeit des prätorischen Edicts war seit

Hadrian, die selbständige Kraft der römischen Rechtswissenschaft seit dem Schlufs des dritten Jahrhunderts erloschen. Mit dem Ausgang des dritten Jahrhunderts tritt die jetzt monarchisch gewordene Kaisergewalt ihre Alleinherrschaft auch für die Rechtsentwickelung an. Der Kaiser bestimmt seit Diocletian die gesamte Rechtsprechung. Die kaiserlichen Rescripte wuchsen infolge dessen zu ungeheurer Zahl an (von Diocletian besitzen wir noch 1000 Rescripte). An die Stelle der wissenschaftlichen trat mit dem Anspruch auf ausschliefsliche Geltung die autoritäre kaiserliche Auslegung. Neben dem Rescript stand, wie früher, das Decret (das kaiserliche Urteil), vor allem aber, die neue Form der Rechtsentwickelung vertretend, das Kaisergesetz.

Das Kaisergesetz ist aus dem Antrag an den Senat (oratio, oben S. 105) hervorgegangen, aber die Form der Mitteilung an den Senat ist abgestreift. Die Senatsgesetzgebung ist durch die Kaisergesetzgebung beseitigt. Das Kaisergesetz ist eine unmittelbar an die Allgemeinheit bekannt gegebene oratio. Daher seine Bezeichnung als edictum oder lex generalis.

Mit dem Erwerb der gesetzgebenden Gewalt durch das Kaisertum mufste es Bedürfnis werden, die blos gutachtende oder urteilende Thätigkeit des Kaisers von seiner gesetzgebenden zu unterscheiden. Während in der früheren Epoche jedes Rescript und Decret als allgemein verbindlich gegolten hatte, falls nicht seine Geltung ausdrücklich auf den Einzelfall beschränkt war (constitutio personalis), ward jetzt umgekehrt jedes blofse Rescript und Decret als constitutio personalis, also als nur für den Einzelfall giltig behandelt, falls nicht ausdrücklich die allgemeine Geltung des angewandten Grundsatzes vorgeschrieben war. Nur wenn der Kaiser als Gesetzgeber handeln wollte, entstand ein allgemein verbindliches Reichsgesetz (constitutio generalis), und grundsätzlich wenigstens war es die Form, welche das Gesetz als solches auszeichnete und kennzeichnete. Die Form ist jetzt ordentlicherweise das Edict (das amtlich publicierte Gesetz), aufserordentlicherweise das mit Gesetzeskraft erlassene Rescript und Decret (das nicht amtlich publicierte Gesetz). Es giebt noch nicht-publicierte Gesetze, welche nur durch die Litteratur der Allgemeinheit bekannt werden, weil die kaiserliche Gesetzgebung zum Teil noch jetzt in den Formen der früheren Zeit, wo sie formell keine Gesetzgebung war, fortwirkt. Aber der Unterschied zwischen dem Gesetz (welches die Publication fordert) und der bloſsen Einzelentscheidung (welche keine Publication verlangt) ist doch grundsätzlich schon gemacht: die amtlich nicht publicierte Entscheidung (Rescript, Decret) ist nur noch ausnahmsweise von gesetzlicher Geltung. Die monarchische Gesetzgebung modernen Stils beginnt zum Bewuſstsein ihrer selbst und ihrer Bedingungen zu gelangen.

L. 1 C. de leg. (1, 14) (CONSTANTIN.): Inter aequitatem jusque interpositam interpretationem nobis solis et oportet et licet inspicere.

L. 12 § 3 eod. (JUSTINIAN.): In praesenti leges condere soli imperatori concessum est, et leges interpretari solum dignum imperio esse oportet.

L. 11 C. Th. de rescr. (2, 2) (ARCADIUS et HONORIUS): Rescripta ad consultationem emissa vel emittenda in futurum iis tantum negotiis opitulentur, quibus effusa dicebantur.

L. 3 § 1 C. de leg. (1, 14) (THEODOS. et VALENTINIAN.): Sed et si generalis lex vocata est (die Entscheidung eines Einzelfalls) vel ad omnes jussa est pertinere, vim obtineat edicti, interlocutionibus, quas in uno negotio judicantes protulimus vel postea proferemus, non in commune praejudicantibus, nec his, quae specialiter quibusdam concessa sunt civitatibus vel provinciis vel corporibus, ad generalitatis observantiam pertinentibus [1].

Die Aufgabe, welche die nunmehr in den Vordergrund tretende kaiserliche Gesetzgebung zu lösen hatte, war eine zweifache: einmal die Vollendung der römischen Rechtsentwickelung, sodann die Einsammlung ihrer Ergebnisse.

Die Vollendung der römischen Rechtsentwickelung bedeutete die endgiltige Abschleifung des jus civile durch das jus

---

[1] Dazu l. 1 C. eod.; Puchta, Cursus der Institutionen § 131. Justinian verordnete dann wieder, daſs das im Beisein der Parteien in feierlicher Gerichtssitzung verkündigte kaiserliche Decret (diese Form ward in gewissen Appellationsfällen eingehalten) und die in einem Rescript oder Decret gegebene authentische Interpretation einer lex generalis schlechtweg allgemeine Geltung haben solle, l. 12 C. de leg. (1, 14). Der Grundsatz blieb aber immer der gleiche, daſs nämlich Decrete und Rescripte als solche keine allgemeine Geltung mehr besaſsen.

gentium und andererseits die endgiltige Aufhebung des Gegensatzes von jus civile und jus honorarium. Beide Aufgaben sind durch eine Reihe von Einzelerlassen, nicht durch eine plötzlich vorgehende Codification gelöst worden. Auch die kaiserliche Gewalt zeigt dieselbe conservative, schonende, vorsichtig eingreifende Art, welche der römischen Rechtsgeschichte überhaupt eigen ist. Von Diocletian und Constantin bis auf Justinian, also während eines Zeitraums von mehr als zwei Jahrhunderten, haben die Kaiser nacheinander an dem altüberlieferten Recht (jus vetus) geglättet, gefeilt, bis die völlige Einheit und Harmonie da war. Die Mehrzahl der in das Privatrecht tiefer eingreifenden endgiltigen Reformen ist erst durch Justinian vollzogen worden, welcher (und nicht blofs durch die Beihilfe seiner Räte) als der letzte Kaiser arbeitete, der des römischen Rechtes mächtig war. Ein Teil seiner Reformen ward sogar erst nach der Vollendung des Corpus juris durch seine Novellengesetzgebung ins Werk gesetzt (so auf dem Gebiet des Erbrechts). Bis zum Corpus juris galten noch immer die zwölf Tafeln als die formelle Grundlage des gesamten römischen Rechts. Bis zum Corpus juris bestand noch immer formell der Gegensatz von jus civile und jus honorarium. Im Corpus juris Justinians erst ward die Summe der Entwickelung gezogen, welche einst mit den zwölf Tafeln begonnen hatte, und an die Stelle des Zwölftafelgesetzes mit allem, was ihm nachgefolgt war, trat das grofse kaiserliche Gesetzbuch Justinians. Formell verhalf es dem jus civile zur Alleinherrschaft, weil die Kaisergesetzgebung eine civilrechtlich wirksame Quelle bedeutete; aber sachlich hatte das mit dem jus gentium verbündete jus honorarium auf der ganzen Linie den Sieg davongetragen.

Durch Caracalla war das römische Bürgerrecht allen Reichsbürgern verliehen worden (vgl. § 33). Der Gedanke war immer noch, dafs das römische Recht nur für die Bürger der römischen Stadtgemeinde gelte. Um das römische Recht auf das Reich zu erstrecken, mufsten die Reichsbürger in Bürger von Rom verwandelt werden. Aber diese neue römische Bürgerschaft war die Bürgerschaft des orbis terrarum. Es gab nur noch e i n e Nationalität im römischen Reich, die römische, und diese Nation war mit der Menschheit, auf welcher die Cultur des abendländischen Altertums beruhte, gleichbedeutend. Seit dem vierten Jahrhundert verlegte sich zugleich der Schwerpunkt des Reiches immer entschiedener nach dem griechischen Osten. Die Provinzen waren die Kraft des Reiches geworden. Der Hellenismus mit seinem kosmopolitischen Wesen ward auch formell zum Sieger über das alte Römertum. Der Kaiser von Constantinopel war nicht mehr von den Überlieferungen Roms und Italiens, sondern von den Anschauungen und Bedürfnissen des hellenischen Provinzialismus umgeben und beeinflufst. Die Provinzen hatten das alte Hauptland verdrängt, der Hellenismus den Romanismus. So verdrängte das jus gentium endgiltig das alte jus civile. War durch den hellenischen Verkehr einst dem römischen Stadtrecht das jus gentium eingepflanzt worden: jetzt, da die Rechtsentwickelung zu dem Mutterboden des jus gentium zurückkehrte, mufste es seine volle Kraft entfalten. Das jus aequum empfing seine vollausgeprägte, endgiltige, das ganze Gebiet des Privatrechts einheitlich beherrschende Gestalt. Das römische Recht war fertig: aus dem Stadtrecht war ein Weltrecht hervorgegangen.

Es galt nur noch die Einsammlung der gereiften Früchte, um sie für die Zukunft aufzubewahren. Auch diese Aufgabe war von dem Kaisertum zu lösen, und sie ward von ihm gelöst.

§ 21.
Die Codification.

I. Die Vorstufen der Codification. Die spätere Kaiserzeit (seit dem vierten Jahrhundert) hatte einen zweifachen Kreis von Rechtsquellen vor sich: einmal das altüberlieferte Recht (jus vetus, auch jus schlechtweg genannt), welches in der klassischen Zeit römischer Jurisprudenz (im Laufe des zweiten, Beginn des dritten Jahrhunderts) zum Abschlufs gebracht war: andererseits das durch die Kaisergesetzgebung geschaffene jüngere Recht (leges, jus novum genannt). Beiderlei Recht (jus und leges) beherrschte in wechselseitiger Ergänzung den Rechtszustand und stellte in seiner Zusammenfassung das Ergebnis der gesamten römischen Rechtsentwickelung von der ältesten Zeit bis auf die Gegenwart der spätkaiserlichen Epoche dar.

Das jus ruhte formell auf den zwölf Tafeln, den Volksgesetzen, den Senatsbeschlüssen, dem prätorischen Edict und den Erlassen der älteren Kaiser. In Wirklichkeit aber wurden alle diese Rechtsquellen von den Gerichten wie von den Parteien nicht mehr unmittelbar, sondern nur noch durch das Mittel der klassischen juristischen Litteratur benutzt, welche den Inhalt derselben dargelegt und entfaltet hatte. Man citierte nicht mehr den Prätor noch das Volksgesetz, sondern den Papinian, Ulpian, Paulus u. s. f. Dabei ward kein Unterschied mehr gemacht, ob die betreffende Ansicht des Paulus oder Papinian gerade in einem responsum geäufsert war oder nicht. Die Autorität, welche die Responsenlitteratur seit dem Beginn des zweiten Jahrhunderts gewonnen hatte (S. 91), ging thatsächlich auf die juristische Litteratur überhaupt über. Es kam hinzu, dafs die Verleihung des jus respondendi an einzelne Juristen im Laufe des dritten Jahrhunderts aufgehört hatte; nach Diocletian war der Kaiser (durch seine Rescripte) der einzige autoritäre Respondent (S. 99). So hatte die spätere Zeit keinen Sinn mehr dafür, zwischen Juristen mit jus respondendi und Juristen ohne jus respondendi zu unterscheiden. Mit dem gleichen Anspruch auf Ansehen wie die Schriften patentierter Juristen wurden auch die Schriften solcher Juristen citiert, welche das jus respondendi nicht gehabt hatten, wenn ihnen nur das gleiche litterarische Ansehen zur Seite stand, welches die Schriften der berühmten, privilegierten Juristen auszeichnete. So ward für die Gerichte des 4. Jahrhunderts Gajus, welcher als Rechtslehrer unter Antoninus Pius und Marc Aurel geblüht hatte und dessen Schriften durch griechische Flüssigkeit und Klarheit alle folgenden Jahrhunderte entzückten, der aber nie das jus respondendi besessen hatte, eine gleiche Autorität wie etwa Paulus und Papinian. Wenn man bei den patentierten Juristen ihre übrigen Schriften, bei deren Abfassung sie ja doch von ihrem jus respondendi keinen Gebrauch gemacht hatten, den Responsenschriften gleichstellte, so hatte es keinen Sinn, überhaupt noch an dem jus respondendi als Bedingung der gerichtlichen Autorität festzuhalten. Aus der Nichtunterscheidung der Schriften mufste die Nichtunterscheidung auch der Schriftsteller folgen. Es vollendete sich damit lediglich die Thatsache, dafs die Autorität der responsa auf die Litteratur sich übertrug.

Ein lebhaftes Bedürfnis ward durch diese Entwickelung befriedigt. Die alten Rechtsquellen, vor allem die Volksgesetze und das prätorische Edict, entzogen sich bereits teils durch ihre Sprache, teils durch ihre eng verschränkte, inhaltschwere Fassung dem gemeinen Verständnis der Zeit. Weil man die alten Rechtsquellen selber nicht mehr zu handhaben vermochte, mufste an die Stelle ihres Gebrauchs ein erweiterter Gebrauch der aus ihnen erwachsenen juristischen Litteratur eintreten. Das jus, das Recht der älteren Entwickelungsstufen, war nur noch in der Form der Juristenschriften anwendbar: das jus (vetus) ward gleichbedeutend mit dem Juristenrecht.

Die kaiserliche Gewalt hatte hier nur die Aufgabe, teils abändernd, teils ergänzend und bestätigend einzugreifen. Dies geschah durch mehrere Citiergesetze, von denen das Citiergesetz Valentinians III. vom Jahre 426 das wichtigste ist. Valentinian III. bestätigte, was sich durch Herkommen gebildet hatte. Er gab den Juristenschriften, und zwar den Schriften des Papinian, Paulus, Ulpian, Gajus und Modestin, sowie den Schriften aller derjenigen, welche von diesen Schriftstellern citiert waren (damit ward der Umkreis der klassischen Litteratur officiell begrenzt), gesetzesähnliche Kraft, so dafs der Richter an ihre Meinungen gebunden sein sollte [1]. Fanden sich über dieselbe

[1] Die Voraussetzung des Citiergesetzes ist, dafs die Schriften der genannten fünf grofsen Juristen (Papinian u. s. w.) gemein verbreitet und gemein bekannt sind. Das Gleiche ist bei den Schriften der anderen — meist älteren — Juristen (Scaevola, Sabinus u. s. w.) nicht der Fall. Darum ist Voraussetzung für den Gebrauch dieser anderen Juristenschriften, dafs sie, wie das Gesetz sagt, codicum collatione firmentur. Der Sinn dieser letzteren Worte ist zweifelhaft. Die gewöhnliche Übersetzung: der Inhalt jener Schriften solle „durch Handschriftenvergleichung" festgestellt werden, scheint ebensowenig zutreffend, wie wenn man „codex Theodosianus" übersetzen wollte „die Theodosianische Handschrift". Codex ist nicht die „Handschrift" als solche in unserem heutigen Sinn, sondern der Pergamentband, das „corpus" (vgl. Mommsen in der Zeitschr. d. Savigny-Stiftung Bd. 10, S. 346), das „Buch", das Buch insbesondere, welches mancherlei enthält, wie z. B. die codices accepti et expensi (unten § 81) oder die codices (die „Bücher") der mathematici in l. 10 C. de episc. aud. (1, 4). So ist von einem „Gregorianus atque Hermogenianus codex", d. h. von einer Gregorianischen und Hermogenianischen „Sammlung" (vgl. die gesta de recip. cod. Theod.: ad similitudinem Gregoriani atque Hermogeniani codicis

Frage Meinungsverschiedenheiten, so sollte Stimmenmehrheit entscheiden, bei Stimmengleichheit die Stimme Papinians, eventuell, falls Papinian die Frage nicht beantwortet hatte, das Ermessen des Richters. Von einem Citieren der alten Rechtsquellen selber ist keine Rede mehr; die juristische Litteratur hat die Rechtskraft derselben überkommen. Das Citiergesetz Valentinians III. vollendete im Sinne seiner Zeit, was mit den responsa der alten pontifices und dem jus respondendi des Augustus seinen Anfang genommen hatte. Nie hat eine litterarische Bewegung einen vollkommeneren Erfolg erzielt.

L. 3 C. Th. de resp. prud. (1, 4) (THEODOS. et VALENTINIAN.): Papiniani, Paulli, Gaji, Ulpiani atque Modestini scripta universa firmamus ita, ut Gajum quae Paullum, Ulpianum et

---

cunctas collegi constitutiones decernimus), und ebenso von dem „codex Theodosianus" und den beiden „codices" Justinians (nämlich von dem „codex juris enucleati", d. h. der Sammlung des Juristenrechts in den Digesten, und dem „codex constitutionum", vgl. const. Deo auctore § 11), die Rede. Danach würden jene Worte bedeuten: die Schriften der anderen Juristen (aufser den fünf) müssen durch die Zusammenstellung (collatio) der „Sammlungen" bestätigt sein, d. h. es können nur diejenigen Stellen benutzt werden, welche in die „Sammlungen" aufgenommen sind. Die einzig mögliche Deutung scheint, dafs man beabsichtigte, Sammlungen (codices) der Stellen aus anderen Juristenschriften zu machen, welche neben den Schriften von Papinian u. s. w. noch gebraucht werden sollten, also vergleichbar dem Plan, welcher in c. 5 C. Th. de const. princ. (1, 1) angedeutet und in Justinians Digestenwerk ausgeführt ist (nur dafs hier die Geltung sämtlicher Juristenschriften auf die aufgenommenen Excerpte beschränkt ward), vgl. auch unten Anm. 2. Die Meinung wäre dann: vollständige Geltung der Schriften von Papinian, Ulpian, Paulus, Gajus und Modestin, excerptenweise Geltung der Schriften der übrigen von Papinian u. s. w. citierten Juristen. Da diese Excerptensammlungen aus den Schriften der übrigen Juristen nicht hergestellt wurden, so ergab sich praktisch das von der westgotischen Interpretation des Valentinianischen Citiergesesetzes ausgesprochene Resultat, dafs von den Schriften der übrigen Juristen nur die Stellen galten, welche bei den genannten fünf Juristen (Papinian u. s. w.) Aufnahme gefunden hatten. — Über die verschiedenen Erklärungen des Citiergesetzes vgl. Puchta, Cursus der Institutionen § 134; Danz, Lehrb. d. Gesch. d. röm. Rechts (2. Aufl.) § 78; Dernburg, Die Institutionen des Gajus S. 110 ff.; Karlowa, Röm. Rechtsgesch. Bd. 1, S. 933, 934. Gegen die im vorigen vorgetragene Auffassung haben sich ausgesprochen Ferrini, Storia delle fonti di diritto Romano (Milano 1885) S. 112 ff. und A. Pernice in der Zeitschr. d. Savigny-Stiftung Bd. 7 S. 155.

cunctos comitetur auctoritas, lectionesque ex omni ejus opere recitentur. Eorum quoque scientiam, quorum tractatus atque sententias praedicti omnes suis operibus miscuerunt, ratam esse censemus, ut Scaevolae, Sabini, Juliani atque Marcelli, omniumque, quos illi celebrarunt, si tamen eorum libri propter antiquitatis incertum codicum collatione firmentur. Ubi autem diversae sententiae proferuntur, potior numerus vincat auctorum, vel si numerus aequalis sit, ejus partis praecedat auctoritas, in qua excellentis ingenii vir Papinianus emineat, qui ut singulos vincit, ita cedit duobus. Notas etiam Paulli atque Ulpiani in Papiniani corpus factas (sicut dudum statutum est) praecipimus infirmari[2]. Ubi autem pares eorum sententiae recitantur, quorum par censetur auctoritas, quod sequi debeat, eligat moderatio judicantis. Paulli quoque sententias semper valere praecipimus etc.

Zu dem jus (vetus) wurden herkömmlich auch die Sammlungen älterer Kaisererlasse (insbesondere der Rescripte) gezählt, unter denen der Codex Gregorianus (um 300) und die ihn ergänzende Nachtragssammlung des Codex Hermogenianus (im Laufe des vierten Jahrhunderts) hervorragten, beide vielleicht

[2] Den Gebrauch der von Ulpian und Paulus zu Papinians Werken geschriebenen kritischen Noten (Bruchstücke dieser notae sind neuerdings entdeckt worden, vergl. Zeitschrift d. Savigny-Stiftung, Bd. 2, S. 86 ff., Bd. 5, S. 175 ff., 185 ff.) hatte der Kaiser Constantin im Jahre 321 verboten, um perpetuas prudentium contentiones abzuschneiden; der Gebrauch der übrigen Schriften des Paulus, insbesondere seiner Sententiae (deren auch am Schlufs des obigen Valentinianischen Citiergesetzes ausdrücklich gedacht wird), war aber von ihm bestätigt worden, l. 1. 2 C. Th. de resp. prud. (1, 4). Man sieht, dafs im Beginn des vierten Jahrhunderts bereits alle Schriften (nicht blofs die responsa) der berühmten Juristen in den Gerichten gebraucht wurden und dafs die Partei die von ihr angezogene Juristenschrift ins Gericht mitzubringen und dem Richter vorzulegen pflegte (l. 2. cit.: in judiciis prolatos). Daher denn auch das Bedürfnis nach sachlich geordneten Excerpten aus den Juristenschriften (vgl. oben Anm. 1) um so mehr sich geltend machte. Man konnte dann alle bezüglichen Stellen um so leichter dem Richter vorlegen. Eine Privatarbeit dieser Art ist in den sogenannten Fragmenta Vaticana (wahrscheinlich vom Ende des vierten Jahrhunderts) wenigstens teilweise erhalten. Dieselbe enthält Excerpte aus den Juristen (Papinian, Ulpian, Paulus) mit Einfügung kaiserlicher Constitutionen nach Materien geordnet (vgl. Karlowa, Röm. Rechtsgesch. Bd. 1, S. 969 ff.)

amtlich angeregt[3]. Der praktische Wert dieser Sammlungen bestand darin, dafs sie die Rescripte (so die zahlreichen Rescripte Diocletians) enthielten, welche in den Schriften der klassischen Juristen noch keine Berücksichtigung hatten finden können.

Der eigentliche Träger des neuen Kaiserrechts (leges) war das edictum (im späteren Sinne), die öffentlich bekannt gegebene constitutio generalis. Für diese Constitutionen neuen Stils bedurfte es, ebenso wie für die Rescripte der nachklassischen Zeit, nur der Sammlung: ein Bedürfnis, welches der Codex Theodosianus, von Kaiser Theodos II. im Jahre 438 publiciert und noch in demselben Jahre auch von Valentinian III. für das Westreich mit Gesetzeskraft verkündigt, befriedigte. Derselbe enthielt die seit Constantin erlassenen (allgemeinen) Constitutionen unter Aufhebung aller aus dieser Periode nicht aufgenommenen Constitutionen.

Dem Codex Theodosianus folgte bis auf Justinian eine Reihe von einzelnen Kaisergesetzen nach, welche als Novellen (sogenannte posttheodosianische Novellen) bezeichnet und gesammelt wurden.

So waren zu Justinians Zeit folgende Quellen in Gebrauch: 1. die Juristenschriften nach Mafsgabe des Citiergesetzes von Valentinian; 2. die älteren Kaisererlasse (Codex Gregorianus und Hermogenianus); 3. der Codex Theodosianus und seine Novellen.

Aus diesem Stoff ist unser Corpus juris hervorgegangen[4].

---

[3] Eine ältere, private Rescriptensammlung waren die libri XX constitutionum des Papirius Justus (zweite Hälfte des zweiten Jahrhunderts), die gleichfalls zum jus gerechnet und von Justinian daher in seinen Digesten excerpiert wurden (z. B. l. 60 D. de pactis 2, 14).

[4] Aus der Zeit zwischen dem Codex Theodosianus und dem Gesetzbuch Justinians stammt das (ursprünglich griechisch geschriebene) sogenannte syrisch-römische Rechtsbuch, welches in syrischer (auch armenischer und arabischer) Übersetzung auf die Gegenwart gekommen ist (herausgegeben, übersetzt und erläutert von Bruns und Sachau, 1880). Es hat im Morgenland weite Verbreitung gefunden und ward dort auch durch das Corpus juris Justinians nicht verdrängt, — ein Zeichen der Kraft, mit welcher, trotz der (schon seit Caracalla durchgeführten) formellen Geltung des römischen Rechts für alle Reichsbürger, hellenisches Volksrecht im Leben sich behauptete, vgl. Mitteis, Reichsrecht und Volksrecht in den östlichen Provinzen des römischen Kaiserreichs, 1891.

II. Das Corpus juris Justinians. Kaiser Justinian (regierte 527—565) faſste den Plan, das gesamte geltende Recht in ein einziges Gesetzbuch zusammenzufassen. Zu diesem Zweck veranlaſste er eine doppelte Sammlung, eine des Juristenrechts (jus), eine andere des Kaiserrechts (leges). Dem Ganzen ward zur Einleitung in das Gesetzbuch und in das Rechtsstudium, ein kurzes Lehrbuch (die Institutionen) vorausgeschickt. So zerfiel das Gesetzbuch in drei Teile: die Institutionen, die Digesten (oder Pandekten) und den Codex.

1. Die Institutionen (in vier Büchern) sind ein kurzes historisch-dogmatisch gehaltenes Lehrbuch des Justinianischen Rechts, von dem Reichsminister Tribonian und unter seiner Oberleitung von den beiden Professoren Theophilus und Dorotheus ausgearbeitet[5]. Ältere Institutionenwerke, so des Ulpian und Marcian, namentlich aber die Institutionen und die Res quotidianae des Gajus, wurden dabei zu Grunde gelegt. Justinian publicierte die Institutionen als Teil seines Gesetzbuchs mit gleicher Gesetzeskraft wie die übrigen Teile desselben.

Const. Imperatoriam (prooem. Inst.) vom 21. Nov. 533: Publicationspatent für die Institutionen.

Const. Tanta (l. 2 C. de veteri jure enucl. 1, 17) vom 16. Dec. 533: bezieht sich in den §§ 11. 23 auf die Institutionen und verordnet für die Institutionen wie für die Digesten Gesetzeskraft vom 30. Dec. desselben Jahres.

2. Die Digesten (oder Pandekten), in 50 Büchern, sind eine Sammlung von Excerpten aus Juristenschriften, also die Codification des jus (des Juristenrechts), durch eine Commission von Professoren und Advokaten unter Tribonians Leitung auf Justinians Befehl hergestellt. Für die Anordnung des Stoffes war im allgemeinen die Anordnung des prätorischen Edicts maſsgebend. Die Commission ward in drei Abteilungen

[5] Wahrscheinlich verfaſste Dorotheus die beiden ersten Bücher (und den letzten Titel des vierten Buches), Theophilus die beiden letzten Bücher (mit Ausnahme des letzten Titels), jener mehr in byzantinischer Manier, dieser in einfacherer Art der Darstellung (Huschke in der Vorrede seiner Institutionenausgabe, 1868; Ed. Grupe, Zur Frage nach den Verfassern der Institutionen Justinians, Straſsburg 1889).

geteilt, von denen jede eine bestimmte Gruppe von Schriften zu excerpieren hatte: die eine die Werke über das jus civile (sogenannte Sabinusmasse, weil die Schriften des Sabinus und seiner Commentatoren hier den Grundstock ausmachten), die andere die Werke über das prätorische Edict (sogenannte Edictsmasse), die dritte die Werke über einzelne Rechtsfragen und Rechtsfälle (sogenannte Papiniansmasse, weil hier die Schriften Papinians und seiner Commentatoren an Bedeutung die übrigen übertrafen). Jede Abteilung excerpierte für die einzelnen Materien die ihr zugewiesenen Schriften. Dann ward das Ganze zu einem Werke vereinigt, indem man unter jeder Rubrik die drei Gruppen aneinander anfügte, unter nachträglicher Einschiebung von Excerpten aus solchen Schriften, welche zunächst übersehen oder ausgeschieden waren (sogenannte Appendixmasse)[6]. Da es sich nicht um die Unterstützung historischer Forschung, sondern um die Herstellung eines praktischen Gesetzbuchs handelte, so empfing die Commission Vollmacht, mit den aufgenommenen Excerpten Änderungen vorzunehmen. Daher die sogenannten Interpolationen (emblemata Triboniani), durch welche die Stellen aus den Schriften der klassischen Juristen mit dem Recht der Justinianischen Epoche in Einklang gesetzt wurden[7]. Die Controversen unter den juristischen Schriftstellern wurden beseitigt, indem nur eine Meinung in das

---

[6] Bluhme in der Zeitschr. f. gesch. Rechtswissensch., Bd. 4 (1820), S. 257 ff. — Benutzt wurden die Schriften aller derjenigen Juristen, denen das Valentinianische Citiergesetz Rechtskraft gegeben hatte, also die Schriften der fünf grofsen Juristen und die Schriften der von diesen citierten Autoritäten. Den Noten des Paulus und Ulpian zum Papinian (oben Anm. 2) ward ihre Geltung zurückgegeben. Von den Vorschriften des Citiergesetzes über die Geltung der Majorität bei Meinungsverschiedenheiten der Juristen ward die Redactionscommission ausdrücklich entbunden, c. 1 § 4. 6 C. de veteri jure enucl. (1, 17). Den Grundstock bildeten die Schriften Ulpians, dann des Paulus (oben S. 98). — Über die Wiederherstellung der excerpierten Juristenschriften durch das Werk von Lenel s. oben S. 102.

[7] Vgl. Eisele, Zur Diagnostik der Interpolationen (Zeitschr. d. Sav.-Stift., Bd. 7. 10. 11. 13. 18); Gradenwitz, Interpolationen in den Pandekten (ebendas. S. 45 ff.); Schirmer, Die angeblichen Interpolationen bei Scävola (ebendas. Bd. 8, S. 155 ff.); Gradenwitz, Interpolationen in den Pandekten, 1887.

Digestenwerk Aufnahme fand (oder wenigstens finden sollte). Das Individuelle verschwand, und die Harmonie des grofsen Ganzen blieb übrig[8]. Mit berechtigtem Selbstgefühl blickten Justinian und seine Räte auf ihre Arbeit. In der Hauptsache war das Werk gelungen. Die Summe der mehr denn tausendjährigen römischen Rechtsentwickelung war gezogen. An die Stelle des Meeres von Juristenschriften trat ein einheitliches, übersichtliches, planvoll durchgeführtes Werk. Die fernere Benutzung der Juristenschriften in ihrer ursprünglichen Form ward verboten und die kaiserliche Auslese, eine Sammlung und zugleich eine Renaissance römischer Jurisprudenz, mit Gesetzeskraft verkündigt. Nie war ein Gesetzbuch aus edlerem Stoff verfertigt worden[9].

Const. Deo auctore (an der Spitze des Corpus juris und in l. 1 C. de vet. jure enucl. 1, 17) vom 15. Dec. 530: Beauftragung des Tribonian mit der Abfassung des Digestenwerks.

Const. Tanta = const. Δέδωκεν (an der Spitze des Corpus juris und in l. 2 C. eod.) vom 16. Dec. 533: Publication des Digestenwerks mit Gesetzeskraft vom 30. Dec. desselben Jahres.

3. Der Codex in 12 Büchern ist eine Sammlung kaiserlicher Constitutionen (der Einzelentscheidungen alten Stils seit Hadrian und der allgemeinen Verordnungen neuen Stils), also die Codification des Kaiserrechts (leges). Schon im Jahre 528 hatte Justinian auf Grund des Codex Gregorianus und Hermogenianus (welche hier also den leges zugerechnet wurden) und des Codex Theodosianus sowie der später erlassenen Gesetze einen neuen Codex herstellen lassen, der im Jahre 529 vollendet und

[8] Die Grundlage für die Ausgleichung der Controversen ward der Commission durch 50 kaiserliche Verordnungen (die sogenannten quinquaginta decisiones) gegeben.

[9] Die Einteilung der Digesten in 7 partes hatte nur Bedeutung für den damaligen Rechtsunterricht. Die pars prima (πρῶτα) umfafst die libb. I—IV: allgemeine Lehren; die pars secunda (de judiciis) die libb. V—XI: dingliche Klagen: die pars tertia (de rebus, scil. creditis) die libb. XII—XIX: persönliche Klagen; die pars quarta (umbilicus Pandectarum) die libb. XX—XXVII (Pfandrecht, Zinsen, Beweis, Ehe, Vormundschaft); die pars quinta die libb. XXVIII—XXXVI (Testamente, Vermächtnisse); die pars sexta die libb. XXXVII—XLIV (bonorum possessio, Intestaterbfolge u. a.); die pars septima die libb. XLV—L (Verschiedenes, darunter die libri terribiles XLVII, XLVIII: Strafrecht).

publiciert ward. Die sodann erfolgte Ausarbeitung der Digesten und der Institutionen, welche eine Reihe materieller Rechtsänderungen mit sich führte[10], machte eine Umarbeitung des Codex notwendig. Der Codex von 529 ward aufgehoben und ein neuer Codex im Jahre 534 publiciert. Dieser Codex zweiter Auflage (repetitae praelectionis) ist der Codex unseres Corpus juris. Unter jedem einzelnen Titel sind die aufgenommenen kaiserlichen Constitutionen in chronologischer Reihenfolge aufgeführt. So weit es nötig war, half man auch hier durch Interpolationen, um den Inhalt älterer Kaisererlasse mit dem jetzt geltenden Recht in Übereinstimmung zu bringen. Alle älteren Constitutionen wurden ihrer Gültigkeit entkleidet. Wie das jus nur noch in der Form des Digestenwerks, so galt das Kaiserrecht nur noch in der Form des neuen Codex von Justinian.

Const. Haec quae necessario (vor dem Codex) vom 13. Febr. 528: verfügt die Abfassung eines neuen Codex (des Codex erster Auflage).

Const. Summa reipublicae (vor dem Codex) vom 7. April 529: Publication des Codex (erster Auflage).

Const. Cordi nobis (vor dem Codex) vom 16. Nov. 534: Publication des Codex zweiter Auflage mit Gesetzeskraft vom 29. Dec. desselben Jahres.

Damit war das Corpus juris Justinians fertig. Das gesamte geltende Recht war in eine abschliefsende Form gebracht worden. Alle drei Teile, Institutionen, Pandekten, Codex sollten, obgleich zu verschiedenen Zeitpunkten publiciert, gleiche Geltung als Teile eines einzigen Gesetzbuchs haben. Um die Entstehung neuer Controversen zu vermeiden, ward die Abfassung von Commentaren verboten. Alle Zweifelsfragen sollten an den Kaiser selber zur Entscheidung gebracht werden. Damit hing die Notwendigkeit neuer Constitutionen (novellae constitutiones) zusammen, welche ziemlich zahlreich noch unter Justinian selber (535 bis 565) ergangen sind. Diese Novellen sind später gesammelt worden, vgl. oben S. 20. Die Sammlung der Novellen, welche von den Glossatoren zu Bologna gebraucht ward (das

---

[10] Insbesondere durch die 50 decisiones, oben Anm. 8.

Authenticum), ist als vierter Teil des Corpus juris civilis im 16. Jahrhundert in Deutschland recipiert worden.

§ 22.
Das Ergebnis.

Als Justinian sein Corpus juris verfafste, war der Westen Europas in den Händen der deutschen Stämme, welche auf den Trümmern des abendländischen Kaiserstaates ihre Reiche aufgerichtet hatten. Das deutsche Recht galt aber (soweit nicht die Staatsverfassung in Frage kam) nur für den deutschen Eroberer, nicht für den unterworfenen Römer. In den deutschen Königreichen der Goten, Burgunder, Franken u. s. f. blieb daher das römische Privatrecht, Strafrecht, Procefsrecht grundsätzlich für die römisch geborene Bevölkerung unverändert bei Bestand. So war auch für die deutschen Könige ein Anlafs gegeben, dem römischen Recht ihre Fürsorge angedeihen zu lassen, und in den deutschen Königreichen erfolgte — noch vor Justinian — genau dasselbe, was Justinian für das oströmische Reich vollbrachte, nämlich eine Codification des römischen Rechts. Man sieht, wie sehr schon seit dem 5. Jahrhundert das römische Rechtsleben der Codification, dem zusammenfassenden, die Rechtsprechung erleichternden Gesetzbuch zudrängte. Kaum war eine kraftvoll wirksame Staatsgewalt vorhanden (und für das Abendland waren die deutschen Reichsgründungen mit politischer Wiedergeburt gleichbedeutend), so war die Codification des römischen Rechts ihre gewissermafsen naturnotwendige Leistung — im Westen wie im Osten.

So entstanden um das Jahr 500 (also etwa dreifsig Jahre früher als das Corpus juris Justinians) in den deutschen Königreichen die Leges Romanae, zusammenfassende Aufzeichnungen des Römerrechts. Den Gegensatz bildeten die heute sogenannten Leges Barbarorum, die Aufzeichnungen des deutschen Stammesrechts. Die Lex Romana galt für die Römer, die Aufzeichnung des deutschen Rechts (die Lex Burgundionum, Wisigothorum u. s. f.) für die deutschen Angehörigen des Reichs.

In drei deutschen Reichen sind solche Leges Romanae verfafst worden, im ostgotischen, burgundischen und westgotischen

Reich. Das Edictum Theodorici, von Theodorich d. Gr. (wahrscheinlich in den Jahren 511 bis 515), ist die Lex Romana des Ostgotenreichs[1]; die Lex Romana Burgundionum (auch Papian genannt), von König Gundobad um das Jahr 500, ist die Lex Romana des Burgunderreichs[2]; die Lex Romana Wisigothorum (auch Breviarium Alarici genannt), von König Alarich II. im Jahre 506, ist die Lex Romana des westgotischen Reichs[3].

Es war dieselbe Aufgabe, welche sich Justinian und welche sich diese deutschen Könige gesetzt hatten. Aber wie anders ist diese Aufgabe hier und wie anders ist sie dort gelöst worden!

Die ostgotische und die burgundische Lex Romana sind ein stammelnder Versuch, die Hauptsache dessen, was am römischen Recht als praktisch wichtig erschien, in kurzer Darstellung zur Anschauung zu bringen. Das Edictum Theodorici versucht es mit eigener Formulierung, die Lex Romana Burgundionum hat dadurch einen gewissen Vorzug, dafs sie sich mehr an römische Vorlagen anschliefst. Vielleicht wurden hier wie dort bei der Abfassung Summarien (kurze Inhaltsangaben und Erläuterungen zu den Rechtsquellen) zu Hülfe genommen, wie sie die Litteratur des 5. Jahrhunderts im Anschlufs an den Rechtsunterricht hervorgebracht hatte[4]. Aber in beiden Rechtsbüchern ist der Geist des römischen Rechts vollständig ausgelöscht. Wir sehen ein römisches Recht, welches nur das Gröbste des Stoffes gerettet, alles aber, was Kunst der Behandlung, Schönheit der Form, Reichtum der Ideen bedeutet, in der grofsen Feuersbrunst der

[1] Das Edictum Theodorici hat das Eigentümliche, dafs es nicht blofs für die Römer des ostgotischen Reichs, sondern auch für die Goten gelten sollte. Hier überwog noch die Vorstellung, dafs das ostgotische Reich einen Teil des römischen Kaiserreichs bilde und dafs die Goten als römische Soldaten im Verkehr mit den Römern dem römischen Recht als dem geltenden Landesrecht unterworfen seien. Vgl. über das Edict jetzt Brunner, Deutsche Rechtsgeschichte, Bd. 1 (1887), S. 365 ff.

[2] Vgl. Brunner a. a. O. S. 354 ff. Über den Namen Papian (entstellt aus Papinian) siehe unten Anm. 5.

[3] Vgl. Karlowa, Röm. Rechtsgeschichte, Bd. 1, S. 976 ff.; Brunner a. a. O. S. 358 ff.; Krüger, Gesch. d. Quellen, S. 309 ff.

[4] Wir besitzen noch solche Summarien zum Codex Theodosianus, vgl. Karlowa a. a. O. S. 963.

Völkerwanderung verloren hat. Ein unansehnlicher, verstümmelter, rauchgeschwärzter Torso ist übriggeblieben. Keine Spur mehr von dem, was einst grofs und herrlich gewesen war. Ja, das Selbstbewufstsein des römischen Rechts ist untergegangen. Die beiden Leges zeigen bereits einen starken Ansatz zur Aufnahme deutschrechtlicher Gedanken. Schon ist das germanische Recht der stärkere Teil. Es ist im Begriffe, seine Weltherrschaft anzutreten. Vor diesem römischen Recht, wie es in der ostgotischen und burgundischen Lex Romana enthalten war, brauchte es sich nicht zu fürchten. Dies römische Recht hätte nimmermehr die Welt erobert.

Einen andern Eindruck macht die Lex Romana des Westgotenreichs, das sogenannte Breviarium Alarici. Spanien war infolge seiner geographischen Lage den Verheerungen der Völkerwanderung weniger ausgesetzt gewesen als die übrigen Teile des Abendlandes. Hier und in dem Gallien südlich von der Loire, das bis zum Jahre 506 zum Westgotenreiche gehörte, hatte sich die letzte Energie des lateinischen Römertums erhalten. König Alarich konnte bei Abfassung seines Corpus juris Romani mit ganz anderen geistigen Kräften arbeiten als Theodorich, obgleich dieser Rom selbst zu seinem Reiche zählte. Daher der Unterschied zwischen dem spanisch-gallischen Corpus juris und dem ostgotischen. Die Lex Romana Wisigothorum befolgte bereits ein ähnliches System, wie es später von Justinian eingehalten wurde. Sie verzichtete auf eine selbständige Darstellung des römischen Rechts, gab vielmehr Excerpte aus den überlieferten römischen Rechtsquellen, welche im stande waren, mit dem Stoff auch die klassische Form zu bewahren. Den Hauptteil der Lex Romana Wisigothorum bildet der Codex Theodosianus (mit den posttheodosianischen Novellen) in abgekürzter Form, d. h. unter Weglassung vieler Constitutionen. Auf den Codex Theodosianus (die leges) folgen Stücke aus dem jus: die abgekürzten (in zwei Bücher zusammengezogenen) Institutionen des Gajus (der sogenannte westgotische Gajus), die Sententiae des Paulus, Stücke aus dem Codex Gregorianus und Hermogenianus und eine Stelle aus Papinian (ehrenhalber!), welche den Schlufs bildet[5]. Die auf-

[5] In den Handschriften ward die Lex Romana Burgundionum häufig unmittelbar der Lex Romana Wisigothorum angehängt, so dafs die Über-

genommenen Stücke sind grundsätzlich unverändert gelassen worden, aber ihnen ist eine „interpretatio“ beigefügt, welche den Gebrauch des römischen Rechts für das Westgotenreich in verständiger Weise regelt (ein westgotischer Usus modernus Pandectarum), vielleicht, wenigstens teilweise, unter Benutzung von Summarien, wie sie die Litteratur darbot[6]. Nur der „liber Gaji“ ist ohne interpretatio. Er war von den westgotischen Redactoren bereits in der abgekürzten (für die Zwecke des damaligen Rechtsunterrichts zurecht gemachten) Form vorgefunden worden, in welcher sie ihn aufnahmen, und schien in dieser Gestalt auch ohne weitere „Erläuterung“ bereits hinlänglich sowohl dem damaligen Rechtszustand wie dem gemeinen Verständnis angepafst zu sein.

Man sieht, dafs ein anderer Quellenkreis herangezogen und wiedergegeben ist als in dem ostgotischen und dem burgundischen Römerspiegel. Hier war doch wenigstens das römische Kaiserrecht in seinem besten Teil erhalten und ein Versuch gemacht, auch Teile der klassischen römischen Jurisprudenz dem Rechtsleben zu bewahren. Die Folge war, dafs die ostgotische und burgundische Rechtsaufzeichnung mit dem Untergang der Reiche, welchen sie angehörten, jede weitere praktische Bedeutung einbüfsten, dafs aber das Breviarium Alarici, obgleich es für Spanien selber im siebenten Jahrhundert durch die Vereinigung von Römern und Goten unter einem einzigen Gesetzbuch (der neu bearbeiteten Lex Wisigothorum) beseitigt ward, dennoch lebenskräftig im Abendlande sich erhielt. Das römische Brevier des Alarich ward die Lex Romana des europäischen Westens und beherrschte in dieser Eigenschaft (wenngleich vielfach nur durch das Mittel schlechter Auszüge) das romanische Rechtsleben in Südfrankreich und in einigen Teilen Süddeutschlands (Churrätien) bis in das 11. Jahrhundert. Ja, selbst in den deutschen Klosterschulen (so in St. Gallen, Reichenau) war im frühen Mittelalter (10. u. 11. Jahrh.)

---

schrift des letzten Stückes der Lex Wisigothorum (Papinian. lib. I responsorum) mit auf die Lex Romana Burgundionum bezogen wurde. Daher die Bezeichnung derselben (schon im 9. Jahrh.) als Papian, d. h. Papinian. Vgl. Brunner a. a. O. S. 356. 357.

[6] Vgl. Fitting in der Zeitschrift für Rechtsgeschichte, Bd. 11 (1873), S. 222 ff.

neben den deutschen Stammesrechtsaufzeichnungen das Brevier als Grundlage des Lateinunterrichts und zugleich des Rechtsunterrichts in Gebrauch[7]. Italien aber hatte infolge der (wenngleich nur vorübergehenden) Eroberung durch Justinian das oströmische Corpus juris angenommen. So standen sich seit dem sechsten Jahrhundert das Corpus juris des Westgotenkönigs und das Corpus juris Justinians gegenüber, das eine im Westen, das andere im Osten vorherrschend. Welches sollte das Corpus juris civilis der Zukunft sein?

Die Entscheidung fiel zu Gunsten des Justinianischen Rechtsbuchs aus. Die Glossatorenschule, welche im 12. Jahrhundert in Italien das Studium des römischen Rechts neu belebte, nahm von dem Corpus juris Justinians, zu dessen Geltungsgebiet Italien gehörte, ihren Ausgang, und mit dem Siegeslauf der italienischen Rechtswissenschaft verband sich der Einzug des oströmischen Corpus juris in die abendländische Welt. Dem Corpus juris des germanischen Königs ward durch das Corpus juris des Kaisers von Byzanz der Untergang gebracht.

Es war aber nicht etwa ein weltgeschichtlicher Zufall, welcher für das oströmische Corpus juris den Ausschlag gegeben hätte. In den äufseren Erfolgen der Justinianischen Arbeit kam vielmehr ihr innerer Wert zum Ausdruck. Und dieser innere Wert bestand darin, dafs die Sammlung Justinians im stande gewesen war, der juristischen Litteratur Herr zu werden, in den Auszügen des Digestenwerks den Geist römischer Rechtswissenschaft zu ergreifen und den folgenden Zeiten zu überliefern. So bedeutsam auch die Kaisergesetzgebung in die Gestaltung des praktischen Rechts eingegriffen hatte, hier lag doch nicht die Kraft römischen Rechtswesens, welche ihm die Ewigkeit verhiefs. Das Unvergleichliche, was dem römischen Recht gelungen war, lag ganz allein in der kunstgemäfsen Behandlung der privatrechtlichen Casuistik, welche es verstanden hatte, mit den Gesetzen des Einzelfalles zugleich die Elemente und die ihnen eingeborenen Grundgesetze des Privatverkehrs überhaupt, vor allem des obligatorischen Verkehrs zu entdecken, welche das grofse Geheimnis gelöst hatte, das freie billige Ermessen mit

[7] Vgl. Fitting in der Zeitschrift der Savigny-Stiftung, Bd. 7, S. 86 bis 90; Fitting, Die Anfänge der Rechtsschule zu Bologna (1888), S. 31.

fester Regel, die Geltung des concreten Privatwillens mit der Bindung an die ihm unverbrüchlich innewohnenden Gesetze zu vereinbaren. Allein in den Schriften der römischen Juristen aber war dies Meisterwerk des römischen Rechts vollbracht worden. Darum, wer die Juristen hatte, der hatte das wahre, echte, unsterbliche römische Recht. Diesem Ergreifen und Haben der Juristen war aber nicht jedermann gewachsen. Das sehen wir gerade an der Vergleichung des Justinianischen Gesetzbuchs mit den übrigen. Auch der Redactionscommission des Königs Alarich waren die grofsen Werke des Papinian, Ulpian, Paulus u. s. w. schwer und unverständlich geworden. Sie begnügte sich mit der leichten Speise, welche die kurzen „Sprüche“ (sententiae) des Paulus und das (bereits abgekürzte) Institutionenlehrbuch des Gajus darboten. Auf die Kraft der römischen Jurisprudenz war damit Verzicht geleistet worden. Die Lex Romana Wisigothorum ist darum in der Hauptsache nur eine Sammlung von Ukasen (Kaiserconstitutionen), weiter nichts. Auch in der Gestalt des westgotischen Corpus juris wäre das römische Recht niemals von uns recipiert worden. Die Räte und Professoren Justinians aber vermochten noch, die grofsen Juristen zu lesen und sinngemäfs zu excerpieren. In ihrem Corpus juris allein blieb die Herrlichkeit des römischen Rechts sichtbar, die Herrlichkeit, welche sich nur zu zeigen brauchte, um die Welt zu ihren Füfsen zu sehen. In dem Corpus juris Justinians, und in ihm allein, ist das Meisterwerk römischer Rechtswissenschaft erhalten und für die Zukunft gerettet worden. Nur in der Form dieses Corpus juris konnte das römische Recht von uns recipiert werden. Und so ist es geschehen. Auch in dieser Hinsicht leben wir heute noch von den Leistungen, welche das byzantinische Geistesleben in Bewahrung und Überlieferung der Schätze des Altertums für uns vollbracht hat.

Das also war das grofse Werk, welches Justinian durch sein Corpus juris vollendete: das Kunstwerk des römischen Rechts hatte seinen endgültigen Abschlufs und zugleich eine zusammenfassende Form gefunden, die es vor dem Verderben rettete. Jetzt konnte der römische Staat untergehen: das römische Recht war in den Stand gesetzt, das römische Reich zu überdauern.

Drittes Capitel.

Spätere Schicksale des römischen Rechts.

§ 23.

Byzanz.

Im oströmischen Reich war mit der Abfassung des Corpus juris sowohl die rechtswissenschaftliche wie die rechtsbildende Kraft erschöpft. Die Litteratur beschränkte sich in der Hauptsache darauf, einzelne Teile des Corpus juris ins Griechische zu übersetzen oder ihren Inhalt, sei es in der Form von erläuternden Umschreibungen (Paraphrasen) oder in der Gestalt eines kürzenden Auszugs oberflächlichst wiederzugeben[1]. Ausnahmsweise wurden auch einzelne Rechtsstoffe monographisch behandelt. Die Gesetzgebung folgte dem Zuge der Zeit, das gewaltige Corpus juris in leichtere Ware umzuwandeln. Das ist der Sinn der Ende des 9. Jahrhunderts verfaſsten Basiliken (τὰ βασιλικά). Kaiser Basilius Macedo (867—886) hatte das Werk begonnen; sein Sohn Leo Philosophus (886—911) brachte es zum Abschluſs. Der Inhalt ist eine auf den Übersetzungen und Auszügen des 6. Jahrhunderts ruhende kürzende Wiedergabe des Inhalts des Corpus juris (in 60 Büchern)[2]. Als Einleitung ward (nach Art der Institutionen) von Kaiser Basilius das πρόχειρον (von Kaiser Leo unter dem Namen ἐπαναγωγὴ τοῦ νόμου neu bearbeitet) beigegeben. Die Basiliken blieben für die Folgezeit im oströmischen Reich formell in Geltung. Thatsächlich wurden sie in stetig sich steigerndem Maſs für die Praxis durch Auszüge ersetzt. Die letzte erfolgreiche Arbeit dieser Art ist der Hexabiblos des Harmenopulos (v. J. 1345) gewesen, ein „kläglicher Auszug aus

[1] So verfaſste Theophilus (oben S. 119) eine Paraphrase zu den Institutionen, Stephanus, gleichfalls ein Zeitgenosse Justinians, eine Paraphrase der Pandekten.

[2] Ausgabe: Basilicorum libri LX ed. E. Heimbach, 7 voll., Lips. 1833 bis 1897. Im 2. Band ein Supplementum ed. C. E. Zachariae a Lingenthal, 1846. Der 7. Band enthält ein Supplementum alterum, ed. E. C. Ferrini, J. Mercati, 1897.

den Auszügen der Auszüge"[3]. Der Hexabiblos war thatsächlich das römische Rechtsbuch des ausgehenden oströmischen Reichs. Er erhielt sich unter der Türkenherrschaft und ward 1835 für das Königreich Griechenland mit Gesetzeskraft bekleidet[4]. Die Geschichte des römischen Rechts im Morgenlande ist eine Geschichte seines ständigen Niedergangs. Wie das Reich und die Kirche so das Recht. Aus dem lebendigen Körper ward eine zur Unkenntlichkeit zusammengetrocknete Mumie.

Im Abendlande aber sollte das römische Recht zu neuem Leben erweckt werden.

§ 24.

Italien.

In den deutschen Reichen des Westens blieb das (vorjustinianische) römische Recht auch nach dem Untergang der Römerherrschaft für die römischen Provincialen in Geltung (oben S. 123). Aber die Forterhaltung des „römischen" Rechts im Abendlande, die v. Savigny[1] in glänzender Darstellung erwiesen hat, war keine andere als die der römischen Sprache. Wie aus dem Lateinischen unter Aufnahme germanischer Elemente das Romanische, so ward (in Churrätien, in Südfrankreich) aus dem römischen ein barbarisiertes romanisches Recht, welches nur noch eine entfernte Ähnlichkeit mit dem römischen Recht, nichts mehr von der Macht klassischen Stiles erkennen liefs.

Nur ein einziges Land gab es, in welchem die einstige Herrlichkeit des römischen Rechts niemals völlig erlosch: Italien. In Italien erhielt sich neben der volkstümlichen eine gelehrte

[3] Bruns-Pernice, Geschichte und Quellen des römischen Rechts in Holtzendorff, Encyklopädie der Rechtswissenschaft, Bd. 1 (5. Aufl. 1890), S. 174.

[4] Um die Geschichte des griechisch-römischen Rechts hat sich E. Zachariae in zahlreichen Arbeiten (insbesondere: Geschichte des griechisch-römischen Rechts, 1877) bedeutende Verdienste erworben. Eine treffliche, kurz zusammenfassende Darstellung giebt Bruns-Pernice a. a. O. S. 174—176.

[1] Geschichte des römischen Rechts im Mittelalter, 2. Aufl., 7 Bde., Heidelberg 1834 ff.

Überlieferung vom römischen Recht und dadurch ein Zusammenhang mit der klassischen juristischen Litteratur. Hier ging, wie überhaupt die antike Bildung, so auch die juristische Bildung niemals völlig unter. Es behaupteten sich Rechtsschulen (in Rom, dann im 11. Jahrhundert in Ravenna), welche den Zusammenhang mit dem Rechtsunterricht der römischen Kaiserzeit und zugleich einen nicht verächtlichen Rest von dem Geiste römischer Jurisprudenz bewahrten[2].

Aber diese gelehrte juristische Litteratur Italiens vom 6. bis ins 11. Jahrhundert stand aufser Zusammenhang mit dem praktisch geltenden Recht. Es gelang ihr nicht, die Rechtsprechung zu beherrschen. Sie war überhaupt ihrem grofsen Stoffe nur unvollkommen gewachsen. Sie beschränkte sich in der Hauptsache darauf, das römische Recht aus den leichter verständlichen und darum auch minder inhaltreichen Teilen der römischen Rechtsquellen zu entnehmen. Sie bevorzugte die Institutionen einerseits und die Novellen andererseits, und liefs es sich genug sein, aus diesen Quellen ein summarisches Bild des römischen Rechts zu entwerfen: ganz ähnlich wie gleichzeitig die Litteratur von Byzanz. Dem Hauptstück des Corpus juris, den Pandekten, war sie geistig nicht gewachsen. Und gerade hier, auf dem Gebiete des Pandektenrechts, war die grofse That zu vollbringen, welche der italienischen Rechtswissenschaft wartete.

Es war eine eigentümliche Fügung, dafs die Lebenskräfte deutschen Volkstums und deutschen Rechts das römische Rechtsstudium Italiens von der byzantinischen Manier befreien und ihm den Aufschwung geben sollten, durch den dann späterhin die Wissenschaft vom römischen Recht dem deutschen Recht zur Lebensgefahr werden sollte.

---

[2] Über diese Litteratur (deren Wert verschieden geschätzt wird) haben zahlreiche Schriften von Fitting Licht verbreitet, z. B. Fitting, Über die sogenannte Turiner Institutionenglosse und den sogenannten Brachylogus, Halle 1870. Anfänge der Rechtsschule zu Bologna, Berlin 1888; ferner (in Gegnerschaft gegen Fitting) Conrat, Geschichte der Quellen und Litteratur des römischen Rechts im früheren Mittelalter, Bd. 1, Leipzig 1891. Aufserdem vor allem Ficker, Forschungen zur Rechtsgeschichte Italiens, Bd. 3 (1870), S. 110ff. 125ff. 299ff., und Ficker, Über die Entstehungsverhältnisse der Exceptiones Legum Romanorum, Innsbruck 1886 (dazu Fitting in der Zeitschr. d. Savigny-Stiftung für Rechtsgeschichte, Bd. 7, Heft 2, S. 27 ff.).

Die Langobarden sind die geborenen Juristen unter den Stämmen germanischer Nation gewesen. Mit der kraftvollen Ausbildung eines der Rede mächtigen Gesetzesrechts (Edicte der langobardischen, Capitularien der fränkischen Könige) verband sich bei ihnen früh ein bewufstes Streben nach verstandesmäfsiger Handhabung des Gesetzestextes. Die Reichsgerichtsräte (judices) des königlichen Hofgerichts zu Pavia wurden die Träger einer Rechtsschule deutschen (langobardischen) Rechts, die im 10. und 11. Jahrhundert blühte. Ihr Werk war der Liber Papiensis (eine chronologisch geordnete Sammlung der Edicte und Capitularien) und die Erläuterung dieses Corpus juris Langobardici durch Glossen und Procefsformeln. Aus ihren Arbeiten ist um das Jahr 1070 ein vollständiger Commentar zu dem paveser Rechtsbuch, die sogenannte Expositio, hervorgegangen, eine bewunderungswürdige Leistung, der die gleichzeitige Wissenschaft des römischen Rechts nichts Ebenbürtiges an die Seite zu setzen hatte[3].

Auch wissenschaftlich schien das deutsche Recht im Begriff, das römische zu überwältigen. Aber die Erfolge langobardischer Rechtswissenschaft waren bestimmt, dem römischen Recht neuen Lebensodem zu verleihen.

§ 25.

Die Glossatoren.

Die langobardische Methode war es, die in der zweiten Hälfte des 11. Jahrhunderts in Bologna auf die Behandlung des römischen Corpus juris übertragen wurde, um durch die Bologneser Glossatorenschule eine neue Blüte der Wissenschaft des römischen Rechts, zugleich die Grundlagen unserer heutigen Rechtswissenschaft hervorzubringen. Der Ruhm, Gründer der Glossatorenschule gewesen zu sein, hat sich an den Namen des Irnerius (blühte um 1100) geheftet[1]. Unter seinen Nachfolgern

[3] Über die Expositio handelt Boretius in den Monum. Germ. Legum tom. IV, p. LXXXIV sq. — Über die Rechtsprechung bei den Langobarden Zeitschr. d. Sav.-Stift. f. Rechtsgesch., Germ. Abt., Bd. I, S. 23, 24.

[1] Als Vorgänger des Irnerius wird ein dominus Pepo (um 1070) genannt, vgl. Savigny, Gesch. des röm. Rechts, Bd. 3, S. 427. Bd. 4, S. 6. 7.

glänzten die quattuor doctores Martinus, Bulgarus, Jacobus, Hugo (Zeitgenossen Friedrichs des Rotbarts) und in der ersten Hälfte des 13. Jahrhunderts Azo, Accursius, Odofredus. Das Neue, wodurch diese Schule von Bologna zu der ihr voraufgehenden Rechtsschule von Ravenna (oben S. 131) in Gegensatz trat[2], war, dafs sie an Stelle der zusammenfassenden auszugs- und lehrbuchmäfsigen Art der ravennatischen Juristen die von den Langobarden gehandhabte exegetische Methode, eine durch Glossen (dem Gesetzestext beigefügte erläuternde Bemerkungen) in das Einzelne dringende Bearbeitung des Corpus juris setzte. Wie die Langobarden bei Behandlung des Liber Papiensis, so fanden auch die Glossatoren bei Erklärung der einzelnen Stellen des Corpus juris ihre Kraft in der Auffindung der zugehörigen anderen Stellen (der sog. Parallelstellen), um den Inhalt des römischen Rechts durch eine über den Buchstaben des Gesetzes sich erhebende, Widersprüche ausgleichende, Verwandtes in inneren Zusammenhang bringende, alles einzelne und doch zugleich das Ganze umfassende Erläuterung herauszustellen. Dem Bedürfnis nach einer Übersicht der gewonnenen Ergebnisse entsprangen die (anscheinend gleichfalls nach langobardischem Vorbild abgefafsten) Summae. Die Stärke der Schule lag in jenen Glossae, in dem Wagemut, mit welchem Irnerius und seine Nachfolger in die Tiefen des Corpus juris, in den Strom der zahllosen Gesetzesstellen niedertauchten, um den schimmernden Hort, der dort unten ruhte, mit den Kräften echter Wissenschaft emporzuheben. Ihnen gelang, was keinem zuvor gelungen war: erst durch ihre Arbeit erreichte die Welt eine geistige Herrschaft über den ungeheuren im Corpus juris niedergelegten Stoff. Unter ihrem Andringen leuchtete der Geist des Pandektenwerks vollglänzend auf: nicht blofs einzelne Glieder, der ganze edle Bau des römischen Rechts ward sichtbar. Die Wiederentdeckung der Pandekten, d. h. die Wiedergewinnung ihres

---

Über Irnerius hat neuerdings geschrieben Besta, L'opera d'Irnerio, 2 vol., Torino 1896; der zweite Band enthält eine Ausgabe der Glossen des Irnerius zum Digestum vetus. Jedenfalls war Irnerius der erste, dessen glossatorische Arbeit von durchschlagendem Erfolge war.

[2] Vgl. Ficker, Forschungen, Bd. 3, S. 139 ff.

Verständnisses, des Verständnisses römischer Jurisprudenz, und zugleich die unverlierbare Sicherstellung dieses Verständnisses durch einen großsartigen exegetischen Apparat, das ist das mächtige Denkmal, ewiger als Erz, welches die Glossatoren sich selber gesetzt haben, das ist zugleich die That, welche sie für alle Jahrhunderte vollbrachten.

Mit der Glossa ordinaria des Accursius (um 1250), welche die geleistete glossatorische Arbeit abschließsend zusammenfaßte, war die Glossatorenschule in ihrem Sinne fertig: die lediglich exegetisch arbeitende Wissenschaft gelangt notwendig an einen Punkt, wo sie zu Ende ist. Das reine römische Recht, das Recht des Corpus juris, war, soweit eine das Gesetzbuch lediglich aus sich selbst erläuternde Wissenschaft zu reichen im Stande ist, aufs neue der Welt gezeigt worden.

Aber die Wiederentdeckung des reinen römischen Rechts war nicht genug, um demselben eine Wirkung auf die Praxis zu gewähren. Wir würden uns täuschen, wenn wir für die Glossatorenzeit eine plötzliche Umwandlung der Rechtsanwendung annehmen wollten. Die Rechtsprechung blieb zunächst auch in Italien in dem alten Geleise, und die That der Glossatoren war fürs erste mehr von wissenschaftlicher als von praktischer Bedeutung[3]. Bevor das Recht des Corpus juris wirklich anwendbar und einer neuen Weltherrschaft fähig werden konnte, bedurfte es einer umarbeitenden Anpassung, einer Übersetzung des ehemaligen römischen Rechts in das Mittelalterliche.

Schon die Glossatoren hatten einen Schritt in dieser Richtung gethan. Unter den Authenticae, d. h. Auszügen aus jüngeren römischen Kaisergesetzen, welche sie in den Text des Codex einschoben (oben S. 21), finden sich auch Auszüge aus Gesetzen der deutschen Kaiser Friedrich I. und Friedrich II[4]. Noch be-

---

[3] Erst gegen Ende des 12. Jahrhunderts beginnen die Wirkungen der Schule von Bologna in den italienischen Gerichtsurkunden sich zu zeigen, und auch diese Wirkungen sind nur sehr beschränkter Art, vgl. Ficker, Forschungen, Bd. 3, S. 299 ff. Gröfser war der Einflufs, den die Glossatoren durch die Wiederbelebung der römischen Kaiseridee unmittelbar auf die allgemeinen Vorstellungen ihrer Zeitgenossen übten.

[4] Berühmt sind die Auth. Sacramenta puberum (der Eid eines Mündigen soll auch das nichtige Geschäft gültig machen) und die Auth. Habita

deutsamer ist, dafs sie eine im 12. Jahrhundert entstandene, gleichfalls an deutsche Kaisergesetze anknüpfende Aufzeichnung des lombardischen Lehnrechts, die sogenannten Libri Feudorum, den neun Abteilungen („Collationen") ihrer Novellensammlung (oben S. 21) als zehnte Abteilung (decima collatio) hinzufügten. Der von Accursius aufgenommene und mit dem Glossenapparat versehene Text ist der gemeinbräuchliche Text des Lehnrechtsbuchs geworden[5]. Die Glossatoren wollten das römische Recht als lebendiges Recht zur Geltung bringen. Darum taucht das Scepter des mittelalterlichen deutschen Kaisertums in ihrem Corpus juris auf. Darum haben sie dem klassischen Tempel römischen Rechts eine trotzige Burg mittelalterlich feudalen Stiles als Anbau beigegeben.

§ 26.
Das Corpus juris canonici.

Mit gröfserem Erfolg als die Glossatorenschule hatte inzwischen die kirchliche Gesetzgebung das Werk der anpassenden Umarbeitung des römischen Rechts in die Hand genommen. Seit dem Ausgang des 11. Jahrhunderts war die mittelalterliche Kirche in den Besitz der Weltherrschaft getreten. Der Weltherrschaft folgte die Weltgesetzgebung. Das canonische, d. h. das von der Kirche erzeugte Recht, beschränkte sich fortan nicht mehr darauf, Kirchenrecht zu sein; es trat an die Aufgabe heran, das gesamte Recht, auch das Privatrecht, Strafrecht, Procefsrecht im Sinne der Kirche neuzugestalten. Ein päpstliches (kirchliches) Weltrecht stellte sich dem kaiserlichen (römischen) Weltrecht gegenüber. Der doppelten Weltherrschaft entsprach ein doppeltes Recht des christlichen Erdkreises (jus utrumque). Nicht das deutsche Kaisertum, sondern das Papsttum stellte dem Corpus juris civilis ein mittelalterliches Weltgesetzbuch, das (im Beginn des 14. Jahrhunderts zum Abschlufs

(die Gerichtsbarkeit über die Studenten betreffend), beide Auszüge aus Gesetzen von Kaiser Friedrich I. Vgl. Mommsen, Corpus juris, vol. 2, p. 510. 511.

[5] Über die Libri Feudorum ist jetzt zu vergleichen K. Lehmann, Das langobardische Lehnrecht, Göttingen 1896.

gelangende) Corpus juris canonici gegenüber[1]. Das canonische Weltrecht aber bedeutete eine Umarbeitung des römischen Rechts im Sinne der mittelalterlichen Ideen. Auf dem Gebiet des Privatrechts war die umgestaltende Arbeit der Kirche von weniger tiefgehender Bedeutung, aber auch hier wurden neue weittragende Grundsätze aufgestellt (Durchführung des Erfordernisses der bona fides für Klagverjährung und Ersitzung; Verbot des Zinsennehmens, überhaupt des Wuchers). Auf dem Gebiet des Procefs- und Strafrechts ging eine vollständige Umwälzung vor sich. Aus dem römischen Procefs ging der canonische Procefs und aus dem römischen Strafrecht ging das canonische Strafrecht hervor. Die Welt des Abend-

[1] Das Corpus juris canonici besteht aus folgenden vier Stücken: 1. Decretum Gratiani, eine Privatarbeit des Bologneser Mönches Gratian um 1140, enthaltend die Sammlung der bis dahin von den kirchlichen Autoritäten ausgegangenen Satzungen (canones), verbunden mit einer den Inhalt dieser canones in Einklang bringenden wissenschaftlichen Verarbeitung (dicta Gratiani): citiert wird die prima pars Decreti (in 101 Distinctionen eingeteilt) nach distinctio und canon (c. 1 dist. 1), die secunda pars (36 Rechtsfälle, causae, behandelnd) nach causa, quaestio und canon (c. 1 C. 1 qu. 1), die tertia pars (de consecratione, in 5 Distinctionen eingeteilt) nach distinctio und canon mit dem Zusatz: de consecr. (c. 1 dist. 1 de consecr.); in der secunda pars enthält die dritte quaestio Causa 33 einen tractatus de poenitentia, der als solcher nach dist. und can. citiert wird (c. 1 dist. 1 de poenit.); formale Geltung haben nur die canones, nicht die dicta Gratiani. 2. Liber Extra (d. h. liber extra Decretum vagantium, eine Sammlung der noch nicht in das decretum Gratiani aufgenommenen jüngern canones, insbesondere der neuen päpstlichen Decretalen) von Gregor IX., 1234, 5 Bücher enthaltend, citiert nach Buch, Titel, canon: c. 1 X (= Extra) de praeb. (3, 5). 3. Liber Sextus, von Bonifaz VIII., 1298, gleichfalls in 5 Büchern: c. 1 in VIto de praeb. (3, 4). 4. Clementinae, 1317, die Decretalen Papst Clemens V. enthaltend, auch in 5 Bücher geordnet; der einzelne canon wird als Clementina bezeichnet: Clem. 1 de praeb. (3, 2). — Die Bedeutung des Gratianischen Decrets (von dem Verfasser selber als concordantia discordantium canonum bezeichnet) liegt in der abschliefsenden Sammlung der alten canones und in der Harmonisierung ihres Inhalts im Interesse päpstlicher Alleingewalt; das Recht der alten Kirche brachte er durch virtuose Handhabung scholastischer Dialektik mit den Machtansprüchen des Papsttums seiner Zeit in Einklang. Das zweite Hauptstück ist der (vornehmlich die Decretalen Alexander III. und Innocenz III. enthaltende) Liber Extra; auf der von Gratian geschaffenen Grundlage wird nunmehr durch die grofsen Päpste jener Zeit der Prachtbau des klassischen canonischen Rechts aufgeführt: erst im Liber Extra erscheint das canonische Recht als Weltrecht.

landes hat Procefs- und Strafrecht des Corpus juris civilis und in der Hauptsache ebenso das römische Privatrecht später in der Umarbeitung aufgenommen, welche das Corpus juris canonici ihm gegeben hatte. Das Gesetzbuch der Päpste schlofs eine zweite Auflage des alten kaiserlichen Gesetzbuchs in sich, eine Auflage, in welcher das Kaiserrecht dem Mittelalter verständlich und anwendbar wurde.

Aber das canonische Recht galt als solches nur in den Gerichten der Kirche, nicht im weltlichen Gericht. Die Kirche war aufser Stande, durch ihre Macht allein das römische Recht für die weltlichen Gerichte umzugestalten.

Die entscheidende That ist wiederum von der Wissenschaft vollbracht worden.

§ 27.
Die Commentatoren.

Auf die Glossatorenschule folgte seit der Mitte des 13. Jahrhunderts die Schule der Postglossatoren oder Commentatoren, deren Blütezeit in das 14. Jahrhundert (Cinus, Bartolus, Baldus) fällt. Die Würdigung dieser zweiten Stufe italienischer Jurisprudenz (deren Sitz vornehmlich in Perugia, Padua, Pavia zu finden war) ist dadurch beeinträchtigt worden, dafs man sie nach Mafsgabe ihrer Leistungen für das Verständnis des Corpus juris civilis abgeschätzt hat [1]. Unter diesem Gesichtspunkt erscheinen jene Männer als Epigonen („Postglossatoren"), die, sehr zum Nachteil ihres Ruhmes, von ihren Vorgängern lediglich dadurch sich unterscheiden, dafs sie anstatt kurzer exegetischer Bemerkungen (Glossen) nunmehr langatmige, von scholastischen Distinctionen strotzende Commentare zu den einzelnen Stellen des Corpus juris verfassen („Commentatoren"), und zwar solche Commentare, welche den formell zu Grunde gelegten Text des Corpus juris dennoch nicht commentieren, sondern mit der eingehenden Darlegung von Lehren sich beschäftigen, zu denen die Textstelle (oder die zugehörige Glosse) nur ganz äufserlich den Anlafs giebt.

---

[1] Auf diesem Standpunkt steht v. Savigny, Gesch. des röm. Rechts, Bd. 6 S. 1 ff.: darum wundert sich v. Savigny a. a. O. S. 11. 12 darüber, dafs dieselben Männer, die im 14. Jahrhundert am Aufschwung der italienischen Nationallitteratur Anteil haben (so Cinus), auf dem Gebiet der Rechtswissenschaft lediglich Träger des Niederganges seien.

In Wirklichkeit war die Aufgabe und das Werk dieser Juristen ganz anderer Natur[2]. Sie beabsichtigten garnicht, das Corpus juris zu erklären: die Erklärung des römischen Rechts war für sie mit der Glosse fertig. Aber etwas Neues, Gröfseres sollte durch sie werden: auf dem durch die Glossatoren gewonnenen Boden wollten sie ein der Anwendung fähiges römisches Recht, ein lebendiges gemeines Recht, zunächst für Italien, zum Dasein bringen.

Es war die Zeit (im 14. Jahrhundert), dafs aus den verschiedenen Völkerschaften Italiens (Langobarden, Romanen) ein einiges italienisches Volkstum hervorging. Dante, Petrarca, Boccaccio schufen eine italienische Nationalliteratur. Gleichzeitig haben Cinus, Bartolus, Baldus ein italienisches Nationalrecht hervorgebracht. Bis in das 11. und 12. Jahrhundert standen langobardisches und römisches Recht unvermischt sich gegenüber. Das langobardische Recht herrschte, wenigstens in Oberitalien, so gut wie ausschliefslich in der Praxis[3], und aus dem langobardischen Recht sog das reich sich entfaltende Statutarrecht der oberitalischen Stadtstaaten seine Nahrung. Das römische Recht herrschte umgekehrt so gut wie ausschliefslich in der Litteratur: die Glossatorenschule verdunkelte im 12. Jahrhundert vollständig die Werke der Lombardisten, und das aus dem langobardischen Recht mit jugendlicher Lebenskraft emporstrebende Statutarrecht (Stadtrecht), von den Glossatoren als unvernünftiges, ja als „schmutzigstes“, von „Eseln“ hervorgebrachtes Recht verachtet[4],

---

[2] Der Darstellung des Textes liegen die treffenden Ausführungen von W. Engelmann, Die Schuldlehre der Postglossatoren, Leipzig 1895, S. 1 ff. zu Grunde.

[3] In Oberitalien blieb das römische Recht dem langobardischen gegenüber nur dem Namen nach erhalten. Das Cartularium Langobardicum (um 1000 in Pavia abgefafst) nennt stehend das römische Recht neben dem langobardischen, aber nur, um ebenso stehend die Übereinstimmung desselben mit dem langobardischen Recht zu bemerken. Vergl. Ficker, Forschungen, Bd. 3, S. 460. — Odofredus sagt (um 1250): Citra Padum servatur jus Romanorum (was übrigens auch nur in der Theorie richtig war), ultra Padum servatur jus Lombardorum, et in Tuscia servatur jus Lombardorum. Vergl. Tamassia, Odofredo, Bologna 1894, p. 134.

[4] Odofredus: fetidissimum jus Langobardorum; die plebeji, welche statuta machen wollen, sind ebenso viele asini, darum haben ihre Statuten

fand überall keine wissenschaftliche Bearbeitung. Eine Kluft trennte das Recht der Praxis von dem Recht der Wissenschaft. Was im Leben blühte, war das Statutarrecht einerseits, das canonische Recht andererseits, aber auch das canonische Recht blieb, weil als solches nur in den geistlichen Gerichten gültig[5], für die weltliche Rechtsprechung von der Wirkung sowohl auf die Statutarrechte wie auf die Fortentwickelung des römischen Rechts ausgeschlossen. Römisches Recht, Statutarrecht, canonisches Recht standen in unvermitteltem Gegensatz neben einander. Die Aufgabe war, die Wechselbeziehung herzustellen. Diese Aufgabe ist von den Commentatoren gelöst worden.

Schon von alten Zeiten her galt (auch im lombardischen Oberitalien) das römische Recht als die lex generalis, als das gemeine Recht. Die Glossatoren arbeiteten an dem römischen Recht als an dem jus commune. Das römische Recht war Weltrecht. Aber seine Weltherrschaft war theoretischer Natur. Erst die Commentatoren haben das römische Recht in die Praxis eingeführt, und zwar dadurch, dafs sie das römische Recht mit dem praktisch geltenden Recht Italiens zu einer höheren Einheit verschmolzen. Ihre Commentare zum Corpus juris sind voll von der Berücksichtigung der Statuten. Sie bewirken zugleich die Aufnahme lombardischer Gewohnheiten in das römische Recht und umgekehrt die Aufnahme des römischen Rechts in die lombardischen Gewohnheiten. Eine gleich grofse Rolle spielt bei ihnen das canonische Recht. Sie haben die Geltung des kirchlichen Rechts für die weltlichen Gerichte Italiens vermittelt, indem sie das römische Recht im Sinn des canonischen Rechts weiterbildeten. Sie waren es, welche durch Verbindung des römischen Rechts mit canonischem und germanischem Recht für Italien einen modernen Gebrauch des Pandektenrechts schufen, ein Recht, welches mit den unvergänglichen Leistungen römischer Jurisprudenz Fühlung behielt, aber doch modernisiert

---

nec latinum nec sententiam; nur das römische Recht ist das vernünftige Recht, lex et ratio. Vgl. Tamassia, Odofredo p. 10 not. 1, p. 133.

[5] Odofredus: Illae decretales habent locum in foro clericorum — vel intelliguntur — in illis terris in quibus dom. papa habet utrumque gladium: weltliche Geltung ward den Decretalen nur in dem weltlichen Gebiet des Papstes zugestanden. Tamassia p. 146. 147.

genug war, um in die Gerichte der damaligen Gegenwart Eingang finden zu können. Erst in der Form dieses modernisierten, italianisierten Pandektenrechts trug nunmehr das römische Recht, zunächst in Italien, den Sieg über das deutsche Recht davon. Unter dem Einflufs der Commentatoren (namentlich durch ihre „Consilien“ wirkten sie mafsgebend auf die Rechtsprechung) sank das lombardische Recht (Statutarrecht) zum Range eines blofsen Partikularrechts herab, welches seine Ergänzung und Erläuterung nicht aus sich selbst, sondern aus dem von der neuen Wissenschaft geschaffenen fortgebildeten Pandektenrecht (römischen Recht) zu finden hatte. Jetzt erst kam ein praktisch geltendes, d. h. ein in die Statutarrechte ergänzend eintretendes, vom Richter Anwendung forderndes gemeines italienisches Recht zur Welt. Es brach den Statutarrechten Italiens den Nacken. Zwar galt der Satz, dafs das Statut dem jus commune vorgehe (gerade wie es später in Deutschland hiefs: Landrecht bricht gemeines Recht)[6], aber die Geltung des Statuts ward auf die Geltung seines Buchstabens (seiner ausdrücklich und kategorisch gegebenen Bestimmungen) eingeschränkt — erst durch diesen Grundsatz wurde das statutarische Recht zu einem lückenhaften Recht[7], — um dann den Buchstaben des Statuts selber endlich, trotz aller Vorbehalte, mit dem Geist des gemeinen Rechtes zu erfüllen[8]. Die Kraft der Wissenschaft war

[6] Dinus: per poenam statuti tollitur in totum poena juris communis. Engelmann a. a. O. S. 238.

[7] Es hiefs: Statuta debent servari ad literam (Tartagnus). Statuta sunt stabiliter, firmiter et tenaciter observanda, nec ab eorum verbis est recedendum, quia sunt stricti juris (Albericus). Aber der Sinn des Satzes, dafs die Statuten stricti juris seien, ist der, dafs sie nur nach Mafsgabe ihres Buchstabens gelten, Gandinus: Statuta terrarum sunt stricti juris et sterilia tamquam mulae, et sic nullam interpretationem et subauditum intellectum recipiunt, sed secundum eorum verba juxta grammaticalem intellectum stricte et rigide sunt intelligenda. Engelmann, S. 236, 237. Die Statuten sind nicht aus sich selber nach Mafsgabe ihres Sinnes zu ergänzen; wo der Buchstabe fehlt, da fehlt es an einem statutarischen Rechtssatz und tritt daher das gemeine Recht ergänzend ein. Die sinngemäfse Geltung des seinem Geist nach selbstverständlich vollständigen Statutarrechts wird durch das gemeine Recht zerstört.

[8] Gandinus: secundum veriorem intellectum et opinionem communem Doctorum statuta intelliguntur secundum determinationem juris

mit dem neuen gemeinen Recht, und erst die Wissenschaft der Commentatoren war es, die solche Triumphe feierte. Wie die Unterschiede der Sprache und Volksart in Italien vor der Macht einer gemeinsamen nationalen Litteratur und Kunst, so traten die Unterschiede des Rechts zurück vor den Erfolgen einer die Nation auch für das Rechtsleben einigenden Wissenschaft.

Aber das neue gemeine Recht der Commentatorenschule war nicht blos darauf angelegt, gemeines italienisches Recht zu sein. Es hatte Kräfte der Welteroberung in sich. Auch in dieser Richtung haben erst die Commentatoren der Geschichte den entscheidenden Dienst geleistet. Sie führten die Scholastik in die Rechtswissenschaft ein[9].

Das Wesen der Scholastik ist die Herrschaft der deductiven Methode, d. h. die Herrschaft des Begriffs. Ihr gilt nicht die Erfahrung, nicht die Beobachtung, sondern allein das in der Vernunft gefundene Princip. Die speculative Philosophie ist alles. Nur was durch logische Schlufsfolgerung aus den allge-

---

communis et ejus interpretationem. Baldus: statutum debet intelligi, prout est possibile, secundum jus commune; statuta restringuntur per rationem juris communis. Auch dem Buchstaben des Statuts gegenüber wurde der Satz geltend gemacht: litera occidit, spiritus autem vivificat. Vgl. Engelmann S. 238 ff. Der von den Commentatoren geführte Streit um die Geltung der Statuten, über welchen Engelmann a. a. O. lehrreiche Aufschlüsse gegeben hat, ist praktisch gleichbedeutend mit dem Kampf um die Geltung des gemeinen Rechts. Durch diese Lehre von der Auslegung der Statuten nicht nach dem Sinne des Statutarrechts, sondern nach dem Sinne des gemeinen Rechts ist das von den Commentatoren gelehrte Recht geltendes gemeines Recht geworden. — Vgl. auch J. Kohler, Beitr. z. Gesch. d. röm. Rechts in Deutschland, 2. Heft (1898), S. 33 ff.

[9] Über Wesen und Geschichte der Scholastik vergl. die treffliche Ausführung von G. Kaufmann, Gesch. der deutschen Universitäten, Bd. 1 (1888) S. 1 ff. Der Sieg der scholastischen Denkweise ist durch Abälard (starb 1142) herbeigeführt worden. Paris ward der leitende Hauptsitz der scholastischen Wissenschaft (Kaufmann S. 46. 49). Französische Juristen haben in der zweiten Hälfte des 13. Jahrhunderts zuerst die scholastische Art auf die Rechtswissenschaft angewandt, v. Savigny, Geschichte, Bd. 5, S. 603 ff. Cinus übertrug dann in der ersten Hälfte des 14. Jahrhunderts die scholastische Jurisprudenz der Franzosen (der „moderni") nach Italien; ihm folgten die anderen italienischen Juristen, vor allem sein grofser Schüler Bartolus und dessen Schüler Baldus, vergl. v. Savigny, Geschichte Bd. 6, S. 88. 155. Engelmann S. 11, 12.

meinsten Vorstellungen gefolgert werden kann, hat wissenschaftliche Geltung. Nur „was vernünftig ist, das ist“. Selbst die Regeln der Grammatik müssen vom Standpunkt der Scholastik durch logische Schlüsse aus allgemeinen „Principien“ gewonnen und damit erwiesen werden[10]. Ein Rausch des logischen Verstandes ist über die Welt gekommen. Die Dialektik steht in der Alleinherrschaft. Die Welt des Seins verschwindet vor der Welt des Denkens.

Wir kennen heute die Scholastik vor allem von ihrer Schattenseite. Ihr Spielen mit Begriffen, ihr endloses und häufig fruchtloses Disputieren für und wider, ihr offensichtlicher Mangel an Sinn für das Wirkliche stöfst uns ab. In jenen Tagen aber, als die Scholastik zu ihrer Blüte kam, strahlte sie Lichtglanz durch die mittelalterliche Welt. Zum ersten Mal ward jene Zeit unter der Zucht des grofsen Meisters aus dem Altertum, Aristoteles, der Macht des Denkens sich bewufst. Einem in sinnlich-concreten Anschauungen befangenen Geschlecht offenbarte die Scholastik zum ersten Mal die Kraft des Geistes, der aus dem eignen Innern die wahre Welt gebiert. Sie fehlte, indem sie glaubte, durch Vernunftschlüsse die Beobachtung ersetzen zu können. Aber sie gab dem unzerstörlichen Verlangen des Menschen nach Unterwerfung der blinden Masse des Thatsächlichen unter den allherrschenden Geist wissenschaftlichen Ausdruck. Darin ruht die Bedeutung der Scholastik auch für die Folgezeit. Die Beobachtung der Natur, die Erforschung des Geschichtlichen, die Erkenntnis des ewigen „Fliefsens aller Dinge“ hat unserer Wissenschaft eine ganz andere Art gegeben. Aber niemals wird sie durch das blofs Thatsächliche befriedigt sein. Immer wird sie, wie einst die Scholastik, die Welt des Wirklichen durch das Allgemeine, Begriffliche zu erfassen sich bemühen, und immer wieder wird sie von allem Beobachten des Gegebenen zum Bewältigen des Gegebenen durch die Idee zurückkehren. In dem innersten Wesen der Scholastik ruht ein Teil des innersten Wesens auch unserer Wissenschaft.

Als die Commentatoren Italiens im 14. Jahrhundert die aus Frankreich herüberdringende Scholastik auf die Rechtswissen-

---

[10] Vergl. Kaufmann a. a. O. S. 23 ff.

schaft in Anwendung brachten, legten sie den Grund zu unserer heutigen Jurisprudenz. Es war nicht mehr genug, das gegebene römische Recht lediglich erläuternd festzustellen. Es kam darauf an, die Rechtssätze aus Begriffen abzuleiten. Solche Art Jurisprudenz war den römischen Juristen noch unbekannt gewesen. In ihren Schriften handhaben sie mit Meisterschaft feste Rechtsbegriffe, aber zu einem sehr erheblichen Teile nach Art des Künstlers, der die unverbrüchlichen ästhetischen Gesetze anwendet, ohne sich ihrer bewufst zu sein. „Gefühl ist alles", vornehmlich in der Kunst, auch in der Kunst der casuistischen Rechtsentfaltung, welche die vornehmste Kunst der römischen Juristen gewesen war (oben S. 100). Die reflectierende, von der Blässe des allgemeinen Gedankens „angekränkelte", aber doch durch die Macht des allgemeinen Gedankens getragene und auf das Leben wirkende Rechtswissenschaft, d. h. eine Rechtswissenschaft nach unserer (und insbesondere nach deutscher) Art ist erst durch die scholastische Jurisprudenz der Commentatoren geschaffen worden. Unsere deutsche Rechtswissenschaft von heute stellt in sehr bedeutendem Mafse ein Erbe der Scholastik des Mittelalters dar.

„Begriffsjurisprudenz" war es, was die Commentatoren des 14. und 15. Jahrhunderts trieben. Aber es war nicht Begriffsjurisprudenz, die das Leben auf dem Altar des Begriffes opferte. Durch ihre Begriffsjurisprudenz haben die Commentatoren praktisch geltendes Recht des Abendlandes geschaffen.

Überall oder wenigstens fast überall finden wir Ansätze zu den Lehren der Commentatoren schon in der Glosse. Stand doch selbstverständlich bereits das 12. Jahrhundert unter dem Zeichen der aufsteigenden Scholastik. In der Hauptsache aber ist das Werk der Glossatoren humanistischer, nicht scholastischer Art. Der Geist des Altertums ward durch sie neu erweckt. Erst durch die Commentatoren trat die volle Verbindung mit dem Leben und darum auch mit der Scholastik des Mittelalters ein. Aus dem römischen Recht wurde ein anderes, ein mittelalterliches Recht, und diese Veränderung ist nicht blos durch die oben dargelegte Verschmelzung mit canonischem und deutschem Recht, sondern an erster Stelle durch die spekulative Art der das römisch-canonische Recht mit dem Geist mittelalterlicher Wissenschaft durchdringenden scholastischen Jurisprudenz der Commentatoren bewirkt worden.

Das geschriebene Recht ist niemals geeignet, aus ihm unmittelbar die Entscheidung aller Fälle des Rechtslebens zu entnehmen. Das galt auch vom römischen Recht mit Einschlufs der glossatorischen Erläuterungen. Die römischen Juristen füllten solche Lücken durch das Mittel ihrer juristischen Kunst. Die Commentatoren waren die Ersten, die mit dem Mittel der Wissenschaft (nach unserer Art) an diese Aufgabe herantraten. Sie schritten von den einzelnen gegebenen Rechtssätzen zu abstracten Begriffen vor, mit denen sie die Herrschaft über die Welt des Rechts eroberten (vgl. oben S. 31. 32). Ihr Werk waren Definitionen und Distinctionen, aber in ihren begrifflichen Unterscheidungen kamen trotz aller scholastischen Schwerfälligkeit zum ersten Mal die abstracten Grundgesetze des gesamten Rechts zum Ausdruck.

Wie weit reicht die Satzungsgewalt einer Körperschaft (universitas)? Bartolus war es, der die Unterscheidung machte, ob es sich um eine Satzung für Regelung des bürgerlichen Gemeinlebens (statutum pertinens ad causarum decisionem) oder um eine Satzung lediglich für Regelung des Körperschaftslebens (statutum pertinens ad administrationem rerum ipsius universitatis) handle. Diese letztere Satzungsgewalt gebührt jeder Körperschaft als solcher, während jene erstere nur denjenigen Verbänden zukommt, welche jurisdictio (d. h. obrigkeitliche Gewalt) besitzen. Zuerst durch diese Unterscheidung des Bartolus trat der Begriff der staatlichen Regierungsgewalt im Gegensatz zu blofser Vereinsgewalt, der Unterschied der Gesetzgebung und blofser Selbstverwaltung in klares Licht[11]. Welche reiche Quelle weittragender Folgesätze[12]! Wie weit andererseits erstreckt sich die Geltung inländischen und ausländischen Rechts? Wie weit ist bei uns ausländisches Recht anzuwenden? Für diese Frage der sog. Statutencollision hat Bartolus, wiederum

---

[11] Vergl. Gierke, das deutsche Genossenschaftsrecht, Bd. 3, 1881, S. 387.

[12] So ergab sich z. B. folgeweise der Gegensatz des staatlichen Besteuerungsrechtes und des corporativen Umlagerechts. Auch hier machte Bartolus als Erster die Unterscheidung (Gierke S. 389). Die Distinctionen des Bartolus beherrschten dann die ganze folgende Entwicklung, vergl. Gierke S. 456 ff.

als Erster, die Unterscheidung der Rechtssätze nach ihrem Inhalt eingeführt, insbesondere unter dem Gesichtspunkt, ob der Rechtssatz circa rem oder circa personam oder über die sollemnitas actus verfüge[13] (daraus ging dann die spätere Lehre von Personal-, Real- und gemischten Statuten hervor), — eine Unterscheidung, die noch heute zu einem sehr erheblichen Teile dem „internationalen Privatrecht" der ganzen abendländischen Culturwelt zu Grunde liegt.

Das von den Commentatoren behandelte römisch-canonische Recht erfüllte sich unter ihren Händen mit einem gedanklichen Inhalt, der ihm die unbedingte geistige Übermacht über jedes andere damals lebende Recht sicherte. Erst durch diese Definitionen und Distinctionen der Commentatoren erlangte das „gemeine" Recht die innere Gewalt, durch welche es, das Statutarrecht zu Boden drückend, in wirklich geltendes gemeines Recht sich verwandelte. Die Begriffe des gemeinen Rechtes siegten über das Particularrecht. Allsiegerin ist die Idee.

Ideen aber haben etwas Gemeingiltiges. Der Begriff der Corporation, des Personalstatuts u. s. w. mufs überall von gleicher Wahrheit sein. Wie die Scholastik des Mittelalters eine Art der Philosophie, so war die Wissenschaft der Commentatoren eine Art philosophischer Jurisprudenz. Der (bereits aus dem Altertum stammende) Gedanke eines Naturrechts, eines ewigen, durch die Vernunft (das blofse Denken) aus der „Natur der Sache" zu entdeckenden gemeingiltigen, unverbrüchlichen Rechts ist darin[14]. Die philosophische, naturrechtliche Art der Rechtswissenschaft hat bis in den Anfang des 19. Jahrhunderts (v. Savigny)

[13] Vergl. F. Meili, Die theoretischen Abhandlungen von Bartolus und Baldus über das internationale Privat- und Strafrecht, 1894, insbesondere S. 17. 21. 22. 24. 29. 30 (Bartolus), S. 45 (Baldus).

[14] Das jus naturale ist dem Mittelalter das göttliche Recht, die lex aeterna, die ipsa ratio gubernationis rerum in Deo sicut in principe universitatis existens, so dafs alles positive Recht daran gebunden und daraus abzuleiten ist: omnis lex a lege aeterna derivatur (Thomas v. Aquino). Vgl. Gierke a. a. O. S. 610. Hinschius, Kirchenrecht, Bd. 3 (1883) S. 730. Bergbohm, Jurisprudenz und Rechtsphilosophie, Bd. 1 (1892), S. 157. — Ulpian in l. 1 § 3. 4 D. de just. (1, 1). Gajus in l. 9 eod. — Raimundus Lullus, einer der Vorläufer der Commentatoren, wollte jus positivum ad jus naturale reducere (v. Savigny, Geschichte, Bd. 5, S. 642).

allein die führende Gewalt besessen. Sie trägt etwas Unzerstörliches in sich. Sie strebt von dem stets unvollkommenen Recht der Gegenwart mit Naturdrang dem Rechte zu, das in den Sternen geschrieben ist. Was Wunder, dafs sie damals, als sie durch die Commentatorenjurisprudenz zum ersten Male mit Macht auftrat, die Welt sich unterwarf!

Während das römische Recht im oströmischen Reich zu einem nur noch notdürftig das Leben fristenden Landrecht der Hellenen entartete, erfüllte es sich im Abendlande mit neuer Herrscherkraft. Das Hauptwerk hatten die Commentatoren gethan. Indem sie an der Hand des römischen Rechts ihre wissenschaftlichen Begriffe entwickelten, gaben sie dem römischen Recht in der Gestalt, die sie ihm verliehen, die Eigenschaft eines wissenschaftlich abgeleiteten Naturrechts und damit eines Rechts, welches nicht blos in Italien, sondern überall die Geltung als gemeines Recht begehrte. Durch die Commentatoren ward das römische Recht zum zweiten Male Weltrecht. Zur Aufnahme des römischen Rechts in Deutschland war alles bereit gemacht.

§ 28.
Das Pandektenrecht in Deutschland.

Der bedeutendste und einflufsreichste unter den Commentatoren ist Bartolus (nach ihm sein Schüler Baldus) gewesen. Fast überall machen seine Schriften für die Entwickelung der juristischen Begriffe den entscheidenden Einschnitt. Nicht Irnerius, noch einer der Glossatoren, sondern Bartolus steht im Mittelpunkt der mittelalterlichen Weltrechtsgeschichte. Seine Commentare unterwarfen sich die Praxis. Sie wurden in Spanien und Portugal geradezu als Gesetz aufgenommen[1]. Er war der vornehmste Schöpfer des gemeinen italienischen Rechts. Er ist auch der vornehmste Schöpfer des durch die Reception erzeugten gemeinen deutschen Rechts gewesen. In Frankreich zwar trat im 16. Jahrhundert eine Gegenbewegung gegen die Jurisprudenz des Bartolus ein: eine französische historische Rechtsschule, der die glänzenden Namen des Cujacius und Donellus angehören, kehrte von der Scholastik zum reinen römischen Recht

[1] Vergl. v. Savigny, Geschichte, Bd. 6, S. 154.

zurück, mehr antiquarisch-philologischer Gelehrsamkeit als dem praktischen Leben zugewandt, aber dem ursprünglichen Geist der römischen Juristen eine wissenschaftliche Auferstehung bereitend. Den französischen Anregungen folgte im 17. und 18. Jahrhundert die gleichfalls mehr „elegante“ als praktische Jurisprudenz der holländischen Rechtsschule (von deren Vertretern Voet und Bynkershoek genannt werden mögen). In Deutschland aber (wo Ulrich Zasius, der im Anfang des 16. Jahrhunderts gleichfalls eine humanistisch-historische Richtung vertrat, ohne Nachfolger blieb) behauptete sich die Herrschaft der italienischen Juristen. Nicht das Corpus juris als solches wurde in Deutschland als geltendes Gesetzbuch aufgenommen. In Wahrheit wurden die Commentare des Bartolus (und Baldus) bei uns gemeinrechtlich recipiert.

Das römische Recht ist daher nicht in seiner reinen, sondern in der veränderten Gestalt zu uns gekommen, die ihm die Glossatoren und Commentatoren gegeben haben. Mit dem römischen kam das canonische Recht und das lombardische Lehnrecht (die libri Feudorum, oben S. 135), alles in der Art, die es von der italienischen Rechtslehre empfangen hatte. Die nicht glossierten Stücke des Corpus juris wurden auch in Deutschland nicht angewandt[2]. Eine das aufgenommene römische Recht weiter umbildende und ergänzende Rechtsentwickelung kam in Deutschland selbst hinzu. Das auf der Reception beruhende gemeine deutsche Privatrecht ward ein modernisiertes, germanisiertes (italienisches) Pandektenrecht[3]. Seine Kraft war vor allem die deutsche Rechtswissenschaft, die bis in die zweite Hälfte des 17. Jahrhunderts so gut wie ausschliefslich (auf dem Gebiet des Privatrechts) Pandektenwissenschaft war.

Der entscheidende Vorgang für die Aufnahme der fremden „Rechte“ (des römischen, canonischen, lombardischen Rechts) ist die Reichskammergerichtsordnung von 1495 gewesen. Sie wies das damals neu geschaffene Reichskammergericht an, zu „richten

[2] Daraus entwickelte sich dann seit dem Ausgang des 17. Jahrhunderts der Rechtssatz: Quidquid non agnoscit glossa nec agnoscit curia. Landsberg, Ueber die Entstehung der Regel: Quidquid non agnoscit glossa (1880).

[3] Seit der zweiten Hälfte des 17. Jahrhunderts kommt daher für das gemeine deutsche Privatrecht der Ausdruck Usus modernus Pandectarum (auch Usus modernus schlechtweg) in Gebrauch.

nach des Reichs gemeinen Rechten, auch nach redlichen, ehrbaren und leidlichen Ordnungen, Statuten und Gewohnheiten der Fürstentumb, Herrschaften und Gericht, die für sie bracht werden." Das Reichskammergericht hatte grundsätzlich nach des „Reichs gemeinen Rechten", d. h. nach dem römischen Recht (in der ihm jetzt von den Commentatoren gegebenen Gestalt) zu urteilen; nach deutschem Recht nur ausnahmsweise. Das liegt in der hochbedeutsamen Wendung: „die für sie bracht werden". Die particulären (d. h. die deutschen) „Ordnungen Statuten und Gewohnheiten" sollten für das Reichskammergericht nur dann beachtlich sein, wenn sie vor das Reichskammergericht „gebracht", d. h. dem Reichskammergericht bewiesen wurden. Wer sich auf das römische Recht berief, hatte, wie man später sich ausdrückte „fundatam intentionem", d. h. die Geltung des römischen Rechts brauchte nicht bewiesen zu werden: sie verstand sich von selber, sie hatte die Vermutung für sich. Das römische Recht war, wie man später zu sagen pflegte, „in complexu" recipiert (dieser Satz ist unmittelbar in jener Verfügung der R. K. G. O. ausgesprochen): es galt als Ganzes, es galt in allen seinen Teilen, soweit nicht der Gegenbeweis erbracht werden konnte. Aber wer sich auf deutsches Recht berief, der hatte die Beweislast: er mufste dem Gericht darthun, dafs dieser Satz an jenem Ort wirklich in Geltung sei. Die Beisitzer des Reichskammergerichts waren nicht verpflichtet, das deutsche Recht zu kennen. Sie kannten von Amtswegen nur das fremde Recht. Wie sollte das deutsche Recht bewiesen werden? Soweit das Particularrecht in „Ordnungen" oder „Statuten" verzeichnet war, mochte der Beweis leicht sein. Der weitaus gröfste Teil des deutschen Rechts aber lebte als ungeschriebene „Gewohnheit". Das Gewohnheitsrecht mufs dem Richter bewiesen werden. So lautete früher die allgemein herrschende Lehre: die oben angezogene Verfügung der R. K. G. O. spricht sie aus. Sie bedeutete praktisch, dafs die Geltung des deutschen Rechts in Deutschland des Beweises bedürftig sei! Welche Schwierigkeiten mufste der Nachweis particulären Gewohnheitsrechts mit sich bringen! Die Verteilung des Beweises zu Lasten des deutschen Rechts bedeutete an sich bereits, dafs dem deutscheinheimischen Recht die Axt an die Wurzel gelegt war. Und wenn das Particularrecht bewiesen ward, hatte es dann zu gelten? Keineswegs! Dann erhob sich die Frage, ob es auch „redlich, ehrbar und leidlich" sei. Und es unterliegt keinem Zweifel, dafs den römisch-rechtlich gebildeten Männern von damals (wie unter Umständen noch unseren heutigen Juristen) das deutsche Recht häufig genug als unleidliches Recht erschien. Wie die italienischen Juristen über die Statuten (oben S. 138), gerade so urteilten die deutschen Juristen über die Particularrechte. Das römische Recht erschien als das vernünftige, naturrechtliche, das deutsche aber als das unvernünftige Recht!

So blieb in der Regel von den deutschen Particularrechten nur übrig, was unmittelbar durch einen zwingenden Gesetzesbuchstaben gedeckt war. Rechtswissenschaft und Rechtsprechung waren gegen das deutsche Recht. Allein das gemeine Recht war mit einer Wissenschaft gerüstet. Allein dem römischen Recht stand die Macht des Gedankens, des die Rechtsprechung unwillkürlich beherrschenden juristischen Begriffs zur Seite. Die Particularrechte Deutschlands wurden gerade so wie die Statuten Italiens nach Mafsgabe der gemeinrechtlichen Begriffe gehandhabt. Die Particularrechte wurden auch in Deutschland „sterilisiert" (oben S. 140 Anm. 7). Soweit nicht ein zweifelloser Buchstabe des Particularrechts da war, trat in die breiten Lücken das gemeine Recht ein. Erst dadurch, dafs man den Geist der Particularrechte vernichtete, sind die deutschen Orts- und Landrechte lückenhaft geworden. Die Aufnahme des fremden Rechts war Zerstörung des deutschen Rechts. Die Zerstörung aber ist vor allem durch die Macht der Wissenschaft bewirkt worden, durch die naturrechtliche Gewalt, die dem mit der neu aufgekommenen Wissenschaft verbündeten Recht inne wohnte.

Das 16. und 17. Jahrhundert war das Zeitalter der Reception. Das fremde Recht war in dieser Zeit der angreifende Teil. Es äufserte seine Macht mittels der fortschreitenden Umgestaltung der deutschen Gerichte. Das Reichskammergericht ward schon 1495 zur Hälfte (später ganz) mit Rechtsgelehrten (Doctoren) besetzt. Die landesherrlichen Hofgerichte folgten im 16. Jahrhundert diesem Beispiel; die untersten Gerichte sind zum Teil im 16., zum Teil erst im 17. Jahrhundert (regelmäfsig durch Untergang der alten

Schöffengerichte und Verdrängung derselben durch den „Amtmann“) in die Gewalt des römischen Rechts gelangt[4]. Der fortschreitenden Änderung der Gerichtsverfassung entsprach die fortschreitende Zerstörung deutschen Rechts. Der gelehrte Richter hatte nur das fremde Recht studiert.

Erst seit dem Ausgang des 17. Jahrhunderts setzt eine neue Bewegung ein. Die Wissenschaft änderte ihre Stellungnahme. Eine neue Art Naturrecht kam auf, die Vernunft einer neuen Zeit dem Überlieferten entgegensetzend. Unter der Führung des modernen Naturrechts erhoben sich im 18. und 19. Jahrhundert die deutschen Landesrechte zu einer immer stärker anschwellenden Gegenbewegung gegen das gemeine römische Recht. Die staatliche Gesetzgebung trat auf den Plan, um unter dem Schutt der Vergangenheit aufzuräumen. Auch das Pandektenrecht erschien als Schutt! Für den neuen Most galt es neue Schläuche. Das Recht der Gegenwart befreite sich von der Vergangenheit. Das Naturrecht erzeugte die Codificationsbewegung, die bereits im 18. Jahrhundert machtvoll einsetzte (oben S. 5. 6). Die Zeit des aufgenommenen fremden Rechtes ging dahin.

Gleichzeitig hatte sich (seit dem Beginn des 18. Jahrhunderts) eine Wissenschaft des „deutschen Privatrechts“ neben die Pandektenwissenschaft gestellt (oben S. 4). Das noch am Leben gebliebene deutsche Particularrecht ward seines geistigen Inhalts sich bewufst: den Begriffen des Pandektenrechts stellten sich, gleichgerüstet, aus dem deutschen Recht geschöpfte Begriffe in Schlachtordnung gegenüber.

In diese Zeit, da das Pandektenrecht auf allen Seiten von mächtigen Feinden bedroht war, fiel die durch v. Savigny herbeigeführte Neugeburt unserer Pandektenwissenschaft, die dem Pandektenrecht endgiltig den Untergang bringen mufste. Das Auftreten v. Savigny's ist ein Teil jener grofsen „romantischen“ Bewegung, die im Anfang unseres Jahrhunderts die Philosophie der Aufklärung entthronte, um an ihre Stelle das Gegebene, Positive, Unerklärliche (Romantische), Geschichtliche in die Herrschaft über die Gegenwart einzusetzen.

---

[4] Vgl. A. Stölzel, Die Entwickelung des gelehrten Richtertums in deutschen Territorien, 2 Bde., 1872.

Savigny gründete die sog. historische Rechtsschule. Er lehrte das Recht als ein Erzeugnis der Volksgeschichte verstehen, das nicht beliebig gemacht werden kann, noch je gemacht wurde, das vielmehr mit innerer Notwendigkeit („organisch") geworden ist, um sich ebenso aus inneren Kräften heraus weiter zu entwickeln[5]. Während die naturrechtliche Lehre die Segel der Gesetzgebung mächtig geschwellt hatte, war es von Savigny's Standpunkt aus zum mindesten höchst fragwürdig, ob unsere Zeit überhaupt den „Beruf zur Gesetzgebung" empfangen habe. Das Unvollkommene jedes Gesetzesrechts ward von Savigny stark empfunden und kräftig ausgesprochen. Trotzdem wird es für die moderne Entwickelung dabei bleiben, dafs dem Gesetzgeber die unverlierbare Aufgabe gestellt ist, der lebendige Mund des wachsenden, werdenden Rechts zu sein.

Die vornehmste praktische Wirkung hat v. Savigny durch sein klassisches Werk über den Besitz geübt[6]. In diesem Buche gab er zum ersten Mal eine Darstellung des römischen Besitzrechts „unmittelbar aus den Quellen", d. h. aus dem Corpus juris. Das bis dahin in Deutschland gemeinrechtlich geltende Besitzrecht des Usus modernus war ein ganz anderes als das römische. Das canonische Recht (actio spolii), die gemeinrechtliche Lehre und Praxis hatten dem gemeinen Besitzrecht Deutschlands eine vom römischen Recht selbst in den Grundgedanken durchaus abweichende Gestalt gegeben. Jetzt trat durch Savigny's Schrift das reine römische Besitzrecht auf den Plan, in vollendeter Darstellung, in welcher der Glanz Savigny'schen Geistes mit der Kraft römischer Jurisprudenz sich vermählte. Solch Gemälde vom römischen Recht hatte die Welt noch nicht gesehen. Ein Zauber ging von dem Buche aus. Alles fiel ihm zu. Fast mit einem Schlage brach das überlieferte Besitzrecht des Usus modernus vor dem Andrang des genialen Werkes zusammen. Die Rechtswissenschaft Deutschlands erlebte einen völligen Umschwung. Vom Usus modernus ging sie mit heifser Begier zum reinen römischen Recht des

[5] v. Savigny, Vom Beruf unserer Zeit für Gesetzgebung und Rechtswissenschaft, 1. Aufl. 1814.

[6] v. Savigny, Das Recht des Besitzes, 1. Aufl. 1803.

Corpus juris über, um sich an den edlen Linien des klassischen römischen Rechts forschend zu begeistern. Jetzt erst ward durch eine Reihe von hervorragenden Werken das römische Recht in seiner vollendeten Urgestalt zu lebendiger, für uns wirkungsfähiger Anschauung gebracht, und was am Usus modernus nicht marmorn, antik war, ging in gewaltiger Feuersbrunst zu Grunde. Den Höhepunkt dieser Entwickelung bezeichnet v. Savigny's „System des heutigen römischen Rechts" und Puchta's klassisches Pandektenwerk. Dann trat eine Gegenbewegung zu Gunsten des Usus modernus (Bruns, Recht des Besitzes, 1848), in neuerer Zeit zu Gunsten heutiger Rechtsbedürfnisse und Rechtsanschauungen ein (Jhering, Windscheid, Bekker, Dernburg). Doch konnte das Zerstörungswerk Savigny's und seiner historischen Schule nicht oder nur unvollkommen rückgängig gemacht werden. Der Usus modernus, das im Sinne einst des italienischen, dann des deutschen Rechtslebens umgestaltete Pandektenrecht war dahin. Das reine Pandektenrecht trat, mit wenig Abschwächungen, an seine Stelle. Die Pandektenwissenschaft Deutschlands trug ungeahnte Triumphe davon, aber dem Pandektenrecht war durch die Rückwendung zu den „Quellen" die praktische Lebenskraft genommen worden. Dies neue „Pandektenrecht" war und blieb eine unübertreffliche Schule des juristischen Geistes, aber es war zu sehr der Vergangenheit Roms zugewandt, um ferner als geltendes Recht die Gegenwart Deutschlands zu beherrschen. Das Pandektenrecht hatte seine Schuldigkeit gethan. Es mufste gehen, um dem Recht des deutschen bürgerlichen Gesetzbuchs Platz zu machen.

So stehen wir heute. Die rechtsverbindliche Kraft des Corpus juris civilis erlischt, aber das Studium des Corpus juris civilis wird nicht untergehen. Das System des römischen Privatrechts ist als Gesetzeswerk sterblich gewesen; als Kunstwerk wird es unvergänglich sein.

Zweiter Teil.

System des römischen Privatrechts.

§ 29.

Das System des Privatrechts.

Das Privatrecht handelt von den eigennützigen Machtbefugnissen, d. h. von den Rechten, die Vermögen im weiteren Sinne (willkürliches Können, reine Macht) für den Berechtigten bedeuten (oben § 7). Der Ursprung dieses Vermögensrechts hat einst im Familienrecht (dem Recht der Einzelfamilie, des Einzelhauses) gewurzelt. Heute steht das Familienrecht, soweit es die persönlichen Machtverhältnisse unter den Familiengliedern (die eheherrliche, elterliche, vormundschaftliche Gewalt) regelt, an der Grenze des Privatrechts. Die Familienherrschaftsrechte selber sind nicht mehr rein eigennütziger Natur, wenngleich sie immer noch einen Rest der Willkürherrschaft bewahren. Im Mittelpunkt des Privatrechts steht gegenwärtig die Herrschaft der Person über Sachen und Sachwerte (Vermögensrecht im engeren Sinne). Seiner vornehmsten Bestimmung nach ist das Privatrecht heute das machtverteilende ethische Gesetz des eigennützigen wirtschaftlichen Gemeinlebens. Der Kern des Privatrechts wird durch das Vermögensrecht (im engeren Sinne) gebildet. Das Privatrecht ist die Eigentumsordnung (Vermögensordnung), mit welcher die Familienordnung als nächstverwandt sich verbindet.

Dies Wesen des Privatrechts ist durch das System des Privatrechts zur Entfaltung zu bringen.

Das Privatrecht eröffnet sich mit dem Personenrecht, d. h. mit den Rechtssätzen, welche den Kreis der möglichen Träger von Privatrechten bestimmen. Hier beantwortet sich die Frage: wer kann Inhaber von Privatrechten sein? Das

Personenrecht des Privatrechts fällt zusammen mit der Lehre von dem Subject der Privatrechte; es handelt von der Vermögensfähigkeit.

Die Sache tritt im Privatrecht nur als Object der rechtlichen Herrschaft auf. Aber sie kann in zweifach verschiedener Weise dem berechtigten Willen unterworfen sein: unmittelbar (Sachenrechte) oder mittelbar, nämlich durch das Mittel der Handlung einer fremden Person, des Schuldners (Forderungsrechte). Die Bestimmung der Sachenrechte (z. B. des Eigentums) ist, die Machtsphäre des Berechtigten gegenwärtig und endgiltig zu erweitern: die Sachenrechte sind das Endziel des Vermögensverkehrs. Die Bestimmung der Forderungsrechte dagegen ist, durch die Handlung des Schuldners dem Gläubiger in der Zukunft eine Sache oder einen Sachwert zuzuführen: die Forderungsrechte sind das Mittel des Vermögensverkehrs. Sachenrecht und Obligationenrecht (letzteres die Lehre von den Forderungsrechten enthaltend) handeln von den Arten der Vermögensrechte.

Aber die Vermögensrechte treten innerhalb der Privatrechtsordnung nicht blofs einzeln auf. Die Gesamtheit des Vermögens wird von der familienrechtlichen Stellung seines Inhabers und vom Erbgang betroffen. Die Familie ist es, welche das Vermögen des Einzelnen nicht blofs beeinflufst, sondern zugleich auch nach dem Tode des Inhabers als lebendiges Ganzes aufrecht hält (vgl. unten § 108). Davon handeln Familienrecht und Erbrecht. Das Familienrecht entwickelt die Wirkungen der familienrechtlichen Stellung des einzelnen auf sein Vermögen, das Erbrecht die Wirkung des Todes auf das Vermögen des Verstorbenen. Mit der Darstellung der vermögensrechtlichen Wirkung der Familienverhältnisse (Familiengüterrecht) verbindet sich die Darstellung der Rechtssätze über die Familienverhältnisse selber (sogenanntes reines Familienrecht): der privatrechtlichen Vermögensordnung fügt sich an dieser Stelle die privatrechtliche Familienordnung ein.

Das System des Privatrechts hat also drei grofse Glieder: die Lehre von der Vermögensfähigkeit (Personenrecht), die Lehre von den Vermögensbestandteilen (Sachenrecht und Obligationenrecht) und die mit dem Dasein und der Ordnung der

Familie eng verbundene Lehre von der **Vermögensgesamtheit** (Familienrecht und Erbrecht). Der Lehre von den Vermögensbestandteilen (Sachenrecht und Obligationenrecht), welche gewöhnlich unter dem Namen „Vermögensrecht" im engeren Sinne zusammengefafst wird, ist ein **allgemeiner Teil**, die Grundsätze entwickelnd, welche gemeinsam von allen Vermögensrechten gelten, voranzuschicken. So ergiebt sich das folgende System:

I. Personenrecht (Lehre vom Subject des Vermögens).

II. Vermögensrecht (Lehre von den Bestandteilen des Vermögens).

1. Allgemeiner Teil.
2. Sachenrecht.
3. Obligationenrecht.

III. Familien- und Erbrecht (Lehre von der Familie und von der Gesamtheit des Vermögens).

1. Familienrecht.
2. Erbrecht.

In all den Einzelheiten der Darstellung wird der eine Grundgedanke wiederkehren: das Privatrecht ist Vermögensrecht; das Vermögensrecht aber ist noch heute untrennbar verflochten mit dem Familienrecht.

Erstes Buch.

Personenrecht.

§ 30.

Begriff und Arten der Person.

Eigentum, Forderungsrechte, Schulden haben können, das heifst für das Privatrecht: Person sein. Person im Sinne de Privatrechts ist ein vermögensfähiges Subject.

Es giebt zwei Arten von Personen (im Sinne des Privatrechts): natürliche (physische) und juristische Personen. Eine natürliche Person ist der vermögensfähige Mensch; eine juristische Person ist ein vermögensfähiges Subject, welches nicht Mensch ist (z. B. der Staat, die Stadtgemeinde).

Die zwei Arten von Personen bedeuten praktisch zweierlei Arten von Vermögen.

Das Vermögen der natürlichen Person (des einzelnen Menschen) dient den Zwecken des Individuums, ist individualistisches Alleinvermögen eines Einzigen, Privatvermögen im vollen Sinn des Wortes: es ist nur für diesen Einen da, nicht für Andere, ist allen Übrigen entzogen. Das Eigentum der natürlichen Person ist darum das Privateigentum, gegen welches die Angriffe auf das Eigentum („Eigentum ist Diebstahl!") sich richten. Als ob das Privateigentum wirklich in Widerspruch mit den Interessen der Gesamtheit stünde! Welcher Irrtum! Das Privateigentum nimmt, aber es giebt hundertfältig wieder. Das Privateigentum ist der Boden, auf dem die freie, sich selbst gehörende Persönlichkeit erwächst. Persönlichkeit zu werden, ist das Ziel des Menschen, Persönlichkeiten hervorzubringen, der Sinn der Menschheitsgeschichte. Und in den freien Männern, die ein Volk besitzt, liegt die nach aufwärts strebende Kraft, die alle mit sich emporträgt. Das Einzeleigentum hilft, die Freiheitsluft hervorzubringen, ohne welche die volle Entfaltung der sittlichen, geistigen, wirtschaftlichen Kräfte der Einzelnen, der Glieder des Volkes, ohne welche zugleich die sieghafte Entwickelung der Volksgesamtheit unmöglich ist. Das Einzeleigentum dient nicht blofs seinem Eigentümer; es trägt, dem Riesen Christophorus vergleichbar, mit dem Eigentümer zugleich den höchsten Herrn dieser irdischen Welt, das Volk, auf starkem Nacken durch die Flut des Lebens.

Das Vermögen der juristischen Person hat dagegen, praktisch angesehen, von vornherein nicht den individualistischen Zug, der das Vermögen des einzelnen Menschen kennzeichnet. In der Gestalt der juristischen Person (z. B. Staat, Gemeinde, Universität) erscheint vielmehr die Gesellschaft, um für die Zwecke der Gesamtheit gleichfalls Vermögen in Anspruch zu nehmen. Das Vermögen der juristischen Person stellt im praktischen Ergebnis sociales Vermögen dar. Es ist schon als solches (in der Regel wenigstens) ein, sei es unmittelbar, sei es mittelbar, allen zugute kommendes Vermögen; es ist, dem wirtschaftlichen Erfolge nach, kein Privatvermögen, kein Privateigentum in dem Sinne wie das Eigentum der physischen Person. Das Vermögen der juristischen Personen ist seinem Wesen nach öffentliches Vermögen, im Gegensatz zum Vermögen der natürlichen Person, dem eigentlichen Privatvermögen.

Die Welt des wirtschaftlichen Lebens darf der Einzelne nicht ausschliefslich für sich in Anspruch nehmen. Die scharfen Schatten, welche das Privateigentum (der natürlichen Person) durch die notwendig ungleiche (aber doch nicht unveränderliche) Verteilung der wirtschaftlichen Güter auf das Volksleben wirft, sollen auch dadurch gemildert werden, dafs ein gewisses Mafs des nationalen Vermögens der Gesellschaft, der Gesamtheit, Allen unentziehbar verbleibt (um die hierbei einzuhaltende Grenze dreht sich der Kampf in der Geschichte). Zu diesem Zwecke tritt der natürlichen die juristische Person gegenüber. Die Gesellschaft erhebt sich, um sich der Alleinherrschaft des Individuums zu widersetzen. Immer fordert das individualistische Princip seine Ergänzung durch das socialistische, das Privatvermögen seine Ergänzung durch öffentliches Vermögen. So fordert die natürliche Person, daſs ihr die juristische an die Seite trete.

Erstes Capitel.

Natürliche Personen.

§ 31.

Einleitung.

Die Persönlichkeit (Rechtsfähigkeit) des Menschen beginnt erst mit der vollendeten Geburt. Der Rechtssatz: nasciturus pro jam nato habetur, quoties de commodo ejus agitur, bedeutet nur, daſs die Rechtsfähigkeit des natus unter Umständen zurückbezogen, d. h. nach einem Zeitpunkt bestimmt wird, in welchem er erst erzeugt (nasciturus), noch nicht geboren war. Das ist insbesondere für das Erbrecht von Bedeutung. Der Erbe muſs zur Zeit des Erbfalles bereits leben; es genügt jedoch, daſs er zur Zeit des Erbfalles erzeugt war. Das heiſst: der natus (nicht der nasciturus als solcher) kann den Erblasser beerben, bei dessen Tode er nur erst nasciturus war (so beerbt das Kind seinen vor der Geburt des Kindes verstorbenen Vater).

L. 7 D. de statu hom. (1, 5) (Paulus): Qui in utero est, perinde ac si in rebus humanis esset, custoditur, quotiens de commodis ipsius partus quaeritur, quamquam alii, antequam nascatur, nequaquam prosit.

Deutsch. B. G. B. § 1: Die Rechtsfähigkeit des Menschen beginnt mit der Vollendung der Geburt. § 1923: Erbe kann nur werden, wer zur Zeit des Erbfalls lebt. Wer zur Zeit des Erbfalls noch nicht lebte, aber bereits erzeugt war, gilt als vor dem Erbfall geboren.

Nach heutigem Recht ist jeder Mensch Person, d. h. rechtsfähig (frei), und ist die privatrechtliche Rechtsfähigkeit (Freiheit) aller Menschen grundsätzlich die gleiche. Erst eine lange Entwickelung hat zu diesem Recht der Gegenwart geführt. Das römische Recht steht noch auf einer weit älteren Bildungsstufe.

Nach römischem Recht giebt es Unfreie (Sklaven), d. h. Menschen, die rechtlich als Sachen behandelt werden, die deshalb nicht fähig sind, Träger eigener Rechte, sondern nur fähig sind, Gegenstand von Rechten zu sein. Nach römischem Recht ist ferner das Mafs der Rechtsfähigkeit auch für die Freien ein verschiedenes, je nach dem Bürgerrecht und je nach der familienrechtlichen Stellung. An der Hand des römischen Rechts unterscheiden wir demgemäfs drei status (d. h. Stufen der menschlichen Rechtsfähigkeit): den status libertatis (die Menschen sind entweder Freie oder Sklaven), den status civitatis (die Freien sind entweder Bürger von Rom oder Nichtbürger), den status familiae (der römische Bürger ist entweder paterfamilias oder filiusfamilias).

L. 11 D. de cap. min. (4, 5) (Paulus): Tria sunt, quae habemus: libertatem, civitatem, familiam.

§ 32.

Der Sklav.

Die Sklaverei vernichtet den Adel der Persönlichkeit, sie setzt den Menschen rechtlich dem Tier gleich. Sklav ist ein Mensch, welcher rechtlich nicht Person, sondern Sache ist. Der Sklav ist der Willkür des Herrn preisgegeben; der Herr hat an ihm Eigentum, dominium (Gewalt über den Leib des Sklaven). Trotzdem ist der Sklav der Träger einer Persönlichkeit, und er ist auch vom römischen Recht in dieser Eigenschaft anerkannt worden. Der Sklav kann Rechtsgeschäfte abschliefsen, kann Vermögen seines Herrn selbständig verwalten (das sogenannte peculium, vgl. § 88), er kann Delicte begehen, ja er kann nach der Lehre der klassischen Jurisprudenz durch die von ihm geschlossenen Contracte selber „naturaliter“ (d. h. ohne dafs eine Klage gegen ihn möglich wäre, vgl. § 84 a. Anf.)

verpflichtet werden[1]. Der Sklav ist Träger eines Willens, welcher nach Mafsgabe der soeben aufgeführten Rechtssätze auch seine rechtliche Geltung findet. Nur dafs der Wille, überhaupt die geistige Begabung des Sklaven von Rechts wegen grundsätzlich für den Herrn arbeitet. Der Herr hat an dem Sklaven nicht blofs Eigentum wie an einer Sache, sondern andererseits eine Gewalt ähnlich wie über seinen Sohn, die potestas dominica, d. h. eine Gewalt auch über den Willen des Sklaven. Alles, was der Sklav erwirbt, erwirbt er dem Herrn.

Die Gesetzgebung der Kaiserzeit hat der leibherrlichen Gewalt auch rechtlich eine Schranke gezogen, um den Sklaven gegen Mifshandlung, die Sklavin gegen Prostitution zu schützen.

Im Gebiete des jus sacrum erschien der Sklav von vornherein in gewissen Grenzen als Person: Gelübde (votum) und Eid können den Sklaven den Göttern gegenüber gültig verpflichten; das Grab des Sklaven ist locus religiosus (§ 59 I a); der Sklav erscheint als Mitglied geistlicher Genossenschaften[2].

Gaj. Inst. I § 52: In potestate itaque sunt servi dominorum. Quae quidem potestas juris gentium est: nam apud omnes peraeque gentes animadvertere possumus, dominis in servos vitae necisque potestatem esse: et quodcumque per servum adquiritur, id domino adquiritur.

L. 1 § 8 D. de off. praef. urbi (1, 12) (Ulpian.): Quod autem dictum est, ut servos de dominis querentes praefectus audiat, sic accipiemus: ... si saevitiam, si duritiam, si famem, qua eos premant, si obscenitatem, in qua eos compulerint vel compellant, apud praefectum urbi exponant. Hoc quoque officium praefecto urbi a d. Severo datum est, ut mancipia tueantur, ne prostituantur.

---

[1] Aus Delicten der Sklaven haftet der Herr mit der Noxalklage (§ 86 Nr. 5); ist der Sklav freigelassen, so kann gegen ihn selber geklagt werden. Aus Contracten des Sklaven kann gegen den Sklaven selbst überall nicht geklagt werden, auch nicht gegen den freigelassenen Sklaven (nur gegen den Herrn, falls die Voraussetzungen einer actio adjecticia, vgl. § 88, vorliegen), doch kann wie für andere Naturalobligationen, so auch für die naturalis obligatio servi gültig Bürgschaft und Zahlung geleistet werden (aus der Bürgschaft kann gegen den Bürgen geklagt, das Gezahlte kann nicht zurückgefordert werden).

[2] Vgl. A. Pernice in den Sitzungsber. der Berliner Akad. d. Wiss., Bd. 51 (1886), S. 1173 ff.

GAJ. Inst. I § 53: ... ex constitutione imperatoris Antonini, qui sine causa servum suum occiderit, non minus teneri jubetur quam qui alienum servum occiderit. Sed et ... praecepit, ut si intolerabilis videatur dominorum saevitia, cogantur servos suos vendere.

Der Mensch wird Sklav entweder durch Geburt von einer unfreien Mutter (es genügt jedoch zu seiner Freiheit, wenn die Mutter während der Schwangerschaft auch nur einen Augenblick lang frei war) oder durch Geraten in feindliche Gefangenschaft oder durch Strafurteil (servus poenae, z. B. infolge der Verurteilung zu den Bergwerken oder zum Tod durch wilde Tiere).

Der Sklav wird frei durch die Freilassung (manumissio), d. h. durch positive Zuwendung der Freiheit seitens seines Herrn. Die bloſse Preisgebung (Dereliction) würde den Sklaven nicht zu einem Freien (einer Person), sondern nur zu einem herrenlosen Sklaven machen: der Sklav würde dann als res nullius dem Eigentum eines jeden Occupanten verfallen (vgl. § 64).

Das altrömische Recht hat eine Reihe von Formen für die Freilassung entwickelt.

1. Die manumissio vindicta (die älteste Form) ist die Freilassung durch das Mittel der in jure cessio (vgl. oben S. 54. 55): ein Dritter nimmt den Sklaven vor dem Prätor als frei in Anspruch (vindicatio in libertatem), den Sklaven dabei mit dem Stabe (vindicta) berührend; der Herr erklärt, gleichfalls mit der vindicta den Sklaven berührend, seinen Freilassungswillen; der Prätor bekräftigt die Erklärung des Herrn (addictio)[3]. Die Form des Processes fiel später fort, und nur die Erklärung des Freilassungswillens vor der Gerichtsobrigkeit blieb übrig.

ULP. tit. 1 § 7: Vindicta manumittuntur apud magistratum populi Romani, velut consulem praetoremve vel proconsulem.

L. 8 D. de manum. vind. (40, 2) (ULPIAN.): Ego cum in villa cum praetore fuissem, passus sum apud eum manumitti, etsi lictoris praesentia non esset.

---

[3] Vgl. Karlowa, Röm. Rechtsgesch., Bd. 2, S. 133. Wlassak in Pauly's Real-Encyklopädie der klass. Altertumswissensch., neue Bearb. von Wissowa, 1892, unter Addicere.

2. Die manumissio censu, d. h. durch Eintragung in die Bürgerlisten seitens des Censor auf Grund der Selbstanmeldung des Sklaven als civis Romanus sui juris[4].

3. Die manumissio testamento, d. h. durch directe testamentarische Zuwendung der Freiheit. Der Testator selber macht durch das im Testament enthaltene Freilassungsrechtsgeschäft den Sklaven frei in dem Augenblick, in welchem das Testament wirksam wird: der Sklav ist der Freigelassene eines Verstorbenen (des Erblassers) und heifst daher „libertus orcinus". Anders, wenn die Freiheit im Testament nur indirect gegeben wird, d. h. wenn der Testator nur dem Erben auferlegt, er solle den Sklaven freilassen (fideicommissaria libertas). Dann wird der Sklav nicht durch das Testament frei (also nicht, wie vorher, ipso jure im Augenblick der Wirksamkeit des Testaments), sondern erst dann, wenn der Erbe die Auflage erfüllt und die Freilassungshandlung (z. B. vindicta) vornimmt. Der Sklav ist dann der Freigelassene eines Lebenden (des Erben) und ist nicht testamento, sondern vindicta (oder censu oder in ecclesia oder formlos) freigelassen worden.

ULP. tit. 2 § 7: Libertas et directo potest dari hoc modo: LIBER ESTO, LIBER SIT, LIBERTUM ESSE JUBEO, et per fideicommissum, ut puta: ROGO, FIDEI COMMITTO HEREDIS MEI, UT STICHUM SERVUM MANUMITTAT. § 8: Is qui directo liber esse jussus est, orcinus fit libertus; is autem, cui per fideicommissum data est libertas, non testatoris, sed manumissoris fit libertus.

Durch die Gesetzgebung Constantins trat hinzu:

4. Die manumissio in ecclesia, d. h. durch Erklärung des Freilassungswillens vor dem Bischof und der Gemeinde.

Die formlose Freilassung war nach Civilrecht ungültig; nur

---

[4] Vgl. Degenkolb, Die Befreiung durch Census (in der Tübinger Festgabe für Jhering 1892, S. 123 ff.). Der (in der Regel) erforderliche jussus domini bildete formell keinen Bestandteil der Rechtshandlung selber. Formell befreite der Sklav sich durch eigne Handlung (durch seine vom Censor angenommene professio als civis). Die manumissio censu hatte, ebenso wie die in Procefsform auftretende manumissio vindicta, noch nicht die Gestalt eines Freilassungsrechtsgeschäfts: eine Thatsache, welche mit der „ursprünglichen Negierung der Freilassung überhaupt" zusammenhängt, Degenkolb S. 151, vgl. oben S. 54 Anm. 4.

der Prätor schützte den formlos Freigelassenen im Genufs der Freiheit und versagte daher dem Herrn in solchem Fall die vindicatio in servitutem. Der gleiche prätorische Schutz ward demjenigen zu teil, welcher zwar formrichtig, aber von einem blofs bonitarischen Eigentümer (nur nach jus honorarium am Sklaven Eigentumsberechtigten, vgl. § 62) freigelassen worden war. Die lex Junia Norbana[5] gab dann allen diesen tuitione praetoris im Besitz der Freiheit befindlichen Freigelassenen rechtliche Freiheit, aber nur latinische Freiheit (Latini Juniani, vgl. § 33). Justinian endlich verlieh auch den unfeierlich Freigelassenen (der Gegensatz von bonitarischem und quiritischem Eigentum ward durch ihn beseitigt, § 62) die gleiche Freiheit wie den formell Freigelassenen, nämlich die Freiheit eines römischen Bürgers, falls nur zu der schriftlichen (per epistulam) oder mündlichen (inter amicos) Erklärung des Freilassungswillens fünf Zeugen zugezogen waren oder der Sklav mit dem „Hut des Freien" (pileatus) an dem Leichenbegängnis des Herrn Anteil genommen hatte.

L. un. § 1 C. de lat. lib. toll. (7, 6) (Justinian.): Sancimus itaque, si quis per epistulam servum suum in libertatem producere maluerit, licere ei hoc facere, quinque testibus abhibitis, qui post ejus litteras . . . suas litteras supponentes fidem perpetuam possint chartulae praebere. Et si hoc fecerit . . . libertas servo competat quasi ex imitatione codicilli delata, ita tamen, ut et ipso patrono vivente et libertatem et civitatem habeat Romanam. § 2: Sed et si quis inter amicos libertatem dare suo servo maluerit, licebit ei, quinque similiter testibus adhibitis, suam explanare voluntatem: et . . . servi ad libertatem producantur Romanam quasi ex codicillis similiter libertatem adipiscentes. § 5: Sed et qui domini funus pileati antecedunt . . . si hoc ex voluntate fiat testatoris vel heredis, fiant ilico cives Romani.

Der rechtsgültig Freigelassene (libertus) wird römischer Bürger, aber ohne die vollen Bürgerrechte. Er hat Stimmrecht (wenigstens zur Zeit der Republik) nur in einer der vier tribus

[5] Sie pflegt in das Jahr 19 n. Chr. gesetzt zu werden, doch ist ihr Dasein sowie ihr Name (ob nur: lex Junia?) streitig, vgl. Mommsen in Bekkers u. Muthers Jahrb. d. gem. Rechts, Bd. 2, S. 348; Schneider in der Zeitschr. d. Sav.-Stift., Bd. 5, S. 225 ff.; Bd. 7, S. 31 ff.

urbanae, wo er also mit der ganzen Masse des Stadtpöbels sich zusammenfindet (von den angeseheneren tribus rusticae ist er ausgeschlossen), und entbehrt des jus honorum (des passiven Wahlrechts) sowie der Fähigkeit, in den Senat, in den Rat (curia) einer Landstadt (municipium) oder in die Legion einzutreten. Noch hängt ihm der Makel seiner unfreien Geburt an. So mag er der Privatrechtsfähigkeit eines römischen Bürgers (jus commercii und jus connubii)[6] teilhaftig sein; die volle Teilnahme aber am Staat bleibt ihm versagt.

Die Freilassung ist eine Art von Wiedergeburt. Der Herr (patronus) tritt daher zu seinem Freigelassenen in ein vaterähnliches Verhältnis. Das Patronat besteht in dem väterlichen Erb- und Vormundschaftsrecht gegen den libertus, in einem Züchtigungsrecht (levis coercitio), einem Recht auf Ehrerbietung (wie gegen einen Sohn), auf Alimente (falls der Patron verarmt) und auf Dienste (auf welche geklagt werden kann, falls der Freigelassene sie nach der Freilassung und nicht in einer die Freiheit schmälernden Weise versprach).

Auf die Kinder des Patrons vererben sich die Rechte des Patronats. Die Kinder des Freigelassenen aber sind ingenui.

Durch kaiserliche Verfügung kann der Freigelassene zum Freigeborenen (ingenuus) erklärt werden (sogenannte natalium restitutio). Dadurch erlischt mit den übrigen Beschränkungen seiner Freiheit auch das Patronatsverhältnis. Die kaiserliche Verleihung des jus aureorum anulorum (des Ritterringes, welcher in der Kaiserzeit von allen Freigeborenen getragen wurde) machte zwar gleichfalls vollfrei, liefs aber die Rechte des Patrons bei Bestand. Das jus anulorum und die natalium restitutio hat Justinian dann durch allgemeines Gesetz (Nov. 78 cap. 1. 2. 5) allen Freigelassenen gegeben, die letztere jedoch nur für den Fall, dafs der Patron auf seine Patronatsrechte Verzicht leistet. Der Freigelassene dieses neuen Justinianischen Rechts ist als solcher vollfrei. Das öffentliche Recht der byzantinischen Despotie,

---

[6] Doch verbot die lex Julia und die lex Papia Poppaea Ehen zwischen Senatoren (und deren Kindern) einerseits und Freigelassenen andererseits (unten § 99). — Über die Stellung der Freigelassenen handelt jetzt Mommsen, Röm. Staatsrecht, Bd. 3, S. 420 ff.

in welchem die alte Bürgerfreiheit ihren Untergang gefunden hat, ist gegen den Makel der Geburt unempfindlich.

L. 7 § 2 D. de injur. (47, 10) (ULPIAN.); Etenim meminisse oportebit, liberto adversus patronum non quidem semper, verum interdum injuriarum dari judicium, si atrox sit injuria, quam passus sit, puta si servilis; ceterum levem cohercitionem utique patrono adversus libertum dabimus.

L. 1 § 5 D. quar. rer. act. (44, 5) (ULPIAN.): Quae onerandae libertatis causa stipulatus sum, a liberto exigere non possum; onerandae autem libertatis causa facta bellissime ita definiuntur, quae ita imponuntur, ut, si patronum libertus offenderit, petantur ab eo, semperque sit metu exactionis ei subjectus, propter quem metum quodvis sustineat patrono praecipiente.

Schon gegen das Ende der Republik machten sich die Freigelassenen als eine zahlreiche, nicht gerade dem Gemeinwesen förderliche Klasse bemerklich. Nicht immer die besten Elemente waren es, deren die Herren durch Freilassung sich entledigten, und auf alle Fälle kam mit dem Sklavenblut viel fremdes Blut — griechisches, syrisches, phönikisches, jüdisches, afrikanisches Wesen — in die römische Bürgerschaft. Man sah sich deshalb nach Maſsregeln zur Beschränkung der Freilassung um, und so verordnete z. B. die lex Aelia Sentia (4 n. Chr.), daſs verbrecherische Sklaven durch Freilassung nicht römische Bürger, sondern nur dediticii (heimatlose Peregrinen, vgl. § 33) werden sollten, denen der Aufenthalt in Rom sowie der Erwerb des Bürgerrechts auf immer versagt blieb. Zu einer vollgültigen Freilassung gehört ferner nach derselben lex Aelia Sentia, daſs der Herr mindestens 20 Jahre, der Sklav mindestens 30 Jahre alt ist; fehlt etwas an dem Alter, so kann nur vindicta, also unter Mitwirkung der Gerichtsobrigkeit, und nur nachdem das consilium, d. h. der Beirat des Magistrats[7], sich von dem Vorhandensein besonderer Gründe für die Freilassung überzeugt hat, vollgültig freigelassen werden. Zum dritten (gleichfalls nach der lex Aelia

[7] Die Zuziehung eines consilium seitens des Magistrats war durchaus die Regel; für diesen Fall machte das Gesetz dieselbe obligatorisch und schrieb zugleich die Zusammensetzung des consilium vor: Romae quinque senatores et quinque equites Romani, in provinciis viginti reciperatores cives Romani. ULPIAN. tit. 1 § 13.

Sentia): die Freilassung, welche der zahlungsunfähige Schuldner zum Nachteil seiner Gläubiger (in fraudem creditorum) vornimmt, ist ungültig. Die lex Fufia Caninia, welche für die testamentarische Freilassung gewisse Maximalgrenzen zog (ex tribus servis non plures quam duos, usque ad X dimidiam partem manumittere concessit, etc.) ist von Justinian aufgehoben worden (tit. I. 1, 7: de lege Fufia Caninia sublata).

Anmerkung. Verwandte Verhältnisse. Statu liber ist der im Testament unter einer Bedingung oder mit einer Fristbestimmung (erst von einem bestimmten Tage an soll er frei sein) Freigelassene. Bis zum Eintritt der Bedingung oder des Termins steht er unter Sklavenrecht; aber sowie die Bedingung erfüllt oder der Termin gekommen ist, wird er von selber (ipso jure) frei, auch wenn er inzwischen (infolge von Veräufserung oder Verpfändung seitens des Erben oder durch Ersitzung) in fremdes Eigentum übergegangen wäre (seu alienetur ab herede seu usu capiatur ab aliquo, libertatis condicionem secum trahit: ULPIAN. tit. 2 § 3). — Bona fide servire heifst es von dem Freien, welcher in gutem Glauben als Sklave eines Herrn lebt. Solange dieser Zustand dauert, gilt für seine Rechtsgeschäfte Sklavenrecht. — In libertate esse heifst es von dem Sklaven, welcher thatsächlich wie ein Freier lebt. Er steht unter Freienrecht (solange der Zustand dauert). — Clienten waren im alten Recht Unfreie, die zu der Stufe von „Hörigen" einer patricischen gens emporgestiegen waren, zu Abgaben, Diensten, auch zur privaten Kriegsfolge verpflichtet, der Zucht und Familiengewalt ihres Herrn (patronus) unterworfen, durch das (im jus sacrum wirksame) Treuverhältnis geschützt, welches zwischen Herrn und Clienten (Muntmannen) waltete. Aus der Clientel ist die römische plebs hervorgegangen, oben S. 39 ff. — Colonen sind die Grundhörigen der späteren Kaiserzeit, persönlich frei, aber dinglich unfrei, glebae adscripti (sie dürfen das Grundstück nicht verlassen, gehören zum Gut), ganz den Leibeigenen späterer Zeit vergleichbar. Vgl. l. 1 § 1 C. de colon. Thracensib. 11, 52 (THEODOS. II): Licet condicione videantur ingenui, servi tamen terrae ipsius, cui nati sunt, aestimentur nec recedendi, quo velint, aut permutandi loca habeant facultatem, sed possessor eorum jure utatur et patroni sollicitudine et domini potestate.

§ 33.

Cives und peregrini.

Heute ist das Bürgerrecht nur von öffentlichrechtlicher Bedeutung (für Wahlrecht, Steuern u. dgl.): das Privatrecht hat sich vom öffentlichen Recht gelöst, privatrechtlich ist grundsätzlich jeder Mensch dem andern gleich. Im alten Recht spielt das Bürgerrecht dagegen auch auf dem Gebiet des Privatrechts die entscheidende Rolle: das Privatrecht steht noch in engem Zusammenhang mit dem öffentlichen Recht. Das Privatrecht alter Art ist Civilrecht, gilt nur für die Bürger dieses Staates. Das besondere römische Recht (jus civile) ist ein Recht nicht für Jedermann, sondern nur für den römischen Bürger.

Civis ist der römische Bürger. Er hat die volle öffentliche Rechtsfähigkeit (jus suffragii und jus honorum) und er allein die volle privatrechtliche Rechtsfähigkeit (jus commercii und jus connubii) des römischen Rechts. Er ist rechtsfähig nicht blofs nach jus gentium, sondern auch nach jus civile: er kann eine römische Ehe schliefsen, ein römisches Testament machen, römisches Eigentum (ex jure Quiritium) haben u. s. f. Der Peregrine (Nichtbürger von Rom, aber, mit Ausnahme der dediticii, Bürger einer anderen Gemeinde) ist dagegen vom römischen öffentlichen Recht völlig ausgeschlossen und ist auf dem Gebiet des römischen Privatrechts nur rechtsfähig nach jus gentium[1] — es sei denn dafs ihm das jus commercii oder das jus connubii (z. B. durch Staatsvertrag) verliehen wurde (vgl. § 13). So kann der Peregrine als solcher kein echtes römisches Eigentum (dominium ex jure Quiritium), ebenso keine römische patria potestas, keine römische eheherrliche Gewalt (manus), keine römische Tutel (Vormundschaft) haben. Er kann nicht durch mancipatio erwerben; er kann kein römisches Testament machen noch in dem Testament eines römischen Bürgers zum Erben eingesetzt oder mit einem Vermächtnis bedacht oder zum Vormund ernannt werden noch auch nur als Zeuge an einem dieser Rechtsgeschäfte des Civilrechts sich beteiligen. Das jus connubii und das jus commercii, die Rechts- und Verkehrsfähigkeit nach römischem jus civile (im engeren Sinn) ist grundsätzlich nur dem römischen Bürger zuständig.

Keineswegs, als ob der Peregrine vom Testament, von der Vormundschaft, überhaupt von all jenen Rechtshandlungen und

[1] Ursprünglich galt der Nichtbürger als völlig rechtlos. Eine Ausnahme bildete nur der hostis (im alten Sinne des Worts den „Gast“ bedeutend), d. h. der Bürger eines mit Rom durch Freundschaftsvertrag verbündeten Staates. Aber jene völlige Rechtlosigkeit bestand immer nur in der Theorie. So konnte aus der alten Rechtlosigkeit des Nichtbürgers infolge der oben (§ 13) geschilderten Entwickelung seine Rechtsfähigkeit nach jus gentium hervorgehen.

Rechtswirkungen schlechtweg ausgeschlossen gewesen wäre! Im Gegenteil, der Peregrine kann nach dem Recht seiner Gemeinde (er ist z. B. Bürger von Athen) sehr wohl testieren, Eigentum erwerben u. s. f. Der Bürger von Athen kann die väterliche und eheherrliche Gewalt des athenischen Rechts haben, er kann das athenische Testament machen, kann in dem Testament eines Atheners zum Erben eingesetzt werden u. s. w., und wie der athenische Bürger von dem römischen Testament und dessen Wirkungen, genau ebenso ist der römische Bürger von dem athenischen Testament und dem Rechtserwerb aus demselben ausgeschlossen. Die alte Zeit ruht auf dem Gegensatz einander ausschliefsender Gemeinden und Staaten. Der Bürger einer jeden Stadtgemeinde ist nur innerhalb seiner Gemeinde vollberechtigt; auch die volle privatrechtliche Berechtigung hängt an der Bürgerberechtigung. Das Übergewicht, welches das römische Recht im ganzen römischen Reich erwarb, mufste aber notwendig die besondere Rechtsfähigkeit nach athenischem oder alexandrinischem Recht u. s. w. auch für das Privatrecht entwerten. Der Peregrine ward damit thatsächlich hinter den römischen Bürger auch privatrechtlich zurückgesetzt. Je mehr die alte Idee der Stadtverfassung und Stadtbürgerschaft zurück und die Idee der Reichsverfassung und Reichsbürgerschaft in den Vordergrund trat, um so mehr mufste dieser Zustand als Härte und Unbilligkeit empfunden werden. Hier that Caracalla den entscheidenden Schritt, indem er allen Peregrinen, welche irgend einer Gemeinde angehörten, das römische Bürgerrecht verlieh. Es blieben nur noch die peregrini dediticii, d. h. diejenigen Peregrinen, deren Gemeinde vernichtet und welche deshalb nirgends heimatberechtigt und nirgends aufenthaltsberechtigt waren.

Eine Mittelstufe zwischen Bürgern und Nichtbürgern bildeten die Latini. Die latinischen Bundesgenossen Roms, d. h. die Angehörigen der Stadtgemeinde Latiums, hatten von alters her das gleiche Privat- und Eherecht (eben lateinisches Privat- und Eherecht, dessen Erscheinungsform lediglich das römische Recht war) wie die Römer und besafsen als Rechts- und Bundesgenossen auch in Rom jus commercii und jus connubii. Ihnen fehlte nur (selbstverständlich) das öffentlichrechtliche Element des Bürgerrechts (jus suffragii und jus honorum) für die römische Gemeinde. Das mächtige Interesse aber, welches sich bald an die öffentlichen Befugnisse eines römischen Bürgers knüpfte, führte dahin, dafs (infolge des Bundesgenossenkriegs) den latinischen Bundesgenossen, dann allen italischen Gemeinden römisches Bürgerrecht und damit auch das öffentliche Recht eines römischen Bürgers gegeben wurde. Seitdem giebt es keine Latini alten Stils mehr (geborene Latini), sondern nur noch latinische Colonisten, Latini coloniarii (die freien Angehörigen einer mit jus Latii gegründeten Colonie oder eines mit jus Latii bewidmeten Landes: so empfing z. B. ganz Spanien von Vespasian die latinische Freiheit[2]) und latinische Freigelassene, Latini Juniani (S. 165). Diese beiden Arten von Latini neuen Stils (künstliche, gemachte Latini) haben nur jus commercii (kein jus connubii u. s. w.) und die Latini Juniani sogar nur das commercium unter Lebenden, nicht von Todes wegen. Der Latinus Junianus kann kein Testament machen noch aus einem fremden Testament etwas erwerben. Stirbt der Latinus Junianus, so fällt sein Vermögen an den Herrn zurück, als ob er immer Sklav desselben geblieben wäre.

Das Privileg Caracallas kam auch den Latini coloniarii zu gute (von vornherein war es der Gedanke gewesen, durch die Verleihung des jus Latii diese Gemeinden und Gebiete auf den Empfang des vollen römischen Bürgerrechts vorzubereiten). Seit Caracalla gab es nur noch Latini Juniani, welche, als zu keiner

[2] Das jus Latii hat zwei Formen: das Latium minus (die ältere und die gewöhnliche Form) und das Latium majus (wahrscheinlich erst seit Hadrian). In den Gemeinden mit minus Latium erlangen nur die Beamten der Gemeinde das römische Bürgerrecht, in den Gemeinden mit majus Latium auch die Decurionen (die Mitglieder des Gemeinderats). Durch Einführung des majus Latium sollte die Bewerbung um die kostspieligen und verantwortungsvollen Decurionenstellen (deren Besetzung bereits seit Beginn des 2. Jahrh. Schwierigkeiten machte) begünstigt werden: Gaj. I § 96; O. Hirschfeld, Zur Geschichte des latinischen Rechts (Festschr. für das archäologische Institut in Rom, Wien 1879). — Dagegen bedeutet die Verleihung des jus Italicum an eine Bürgergemeinde (Colonie oder Municipium), dafs sie die Rechte einer colonia Italica, d. h. einer vollberechtigten altrömischen Bürgercolonie empfängt, so dafs ihr Gebiet von der Grundsteuer befreit und des quiritischen Eigentums fähig, also dem fundus Italicus gleichgestellt wird (vgl. § 64 II). Heisterbergk, Name und Begriff des jus Italicum (1885).

Gemeinde gehörig, von der Verleihung des römischen Bürgerrechts ausgeschlossen blieben.

Justinians Idee ist, den Gegensatz von jus civile und jus gentium überhaupt zu beseitigen. Dem entsprach es, dafs er die Latina libertas der Juniani und die Peregrineneigenschaft der dediticii, Verhältnisse, welche infolge der Ausgleichung des Gegensatzes von jus civile und jus gentium für das Privatrecht, welche ferner durch die Despotie und die Vernichtung der politischen Bürgerrechte auch für das öffentliche Recht längst unpraktisch geworden waren, auch formell beseitigte. Nicht so, als ob Justinian zu dem neuzeitlichen Grundsatz von der gleichen Privatrechtsfähigkeit aller Menschen übergegangen wäre. Auch nach dem Recht des Corpus juris geniefst der Ausländer (der nicht dem römischen Reich Angehörige) nur die Rechtsfähigkeit des jus gentium, und auch der Reichsangehörige kann durch Strafurteil der Bürgerrechte entkleidet und damit auf die Rechtsfähigkeit nach jus gentium eingeschränkt werden[3]. Von verurteilten Verbrechern abgesehen aber verschwanden unter den Reichsangehörigen die alten rechtlichen Unterschiede, um den schon längst im Vordergrunde stehenden socialen Klassenunterschieden endgültig Raum zu machen. Grundsätzlich war jeder freie Unterthan des römischen Reichs nunmehr zugleich römischer Bürger. Es gab unter den Reichsangehörigen schlechtweg rechtlich nur noch den einen Gegensatz von Freien und Unfreien. Der Unterschied von cives und Nicht-cives war für die Reichsunterthanen im Grundsatz hinweggefallen. An Stelle der Stadtbürgerschaft trat die Reichsbürgerschaft als solche, und dem Reichsbürgertum entsprach das nunmehr einheitlich gestaltete Reichsrecht, dem Weltbürgertum (des römischen orbis terrarum) das Weltrecht.

Ulp. tit. 19 § 5: Commercium est emendi vendendique invicem jus.

Ulp. tit. 5 § 3: Conubium est uxoris jure ducendae facultas.

Gaj. Inst. I § 14: Vocantur autem peregrini dediticii hi, qui quondam adversus populum Romanum armis susceptis pugnaverunt, deinde victi se dediderunt.

---

[3] L. 17 § 1 D. de poenis (48, 19). — Vgl. zu dem obigen Leonhard, Institutionen des römischen Rechts (1894), S. 189, und unten S. 176.

GAJ. eod. § 28: Non tamen illis (den Latini Juniani) permittit lex Junia vel ipsis testamentum facere, vel ex testamento alieno capere, vel tutores testamento dari.

GAJ. eod. III § 56: ... admonendi sumus ... eos, qui nunc Latini Juniani dicuntur, olim ex jure Quiritium servos fuisse, sed auxilio praetoris in libertatis forma servari solitos; unde etiam res eorum peculii jure ad patronos pertinere solita est; postea vero per legem Juniam eos omnes, quos praetor in libertate tuebatur, liberos esse coepisse et appellatos esse Latinos Junianos; Latinos ideo, quia lex eos liberos perinde esse voluit, atque si essent cives Romani ingenui, qui ex urbe Roma in Latinas colonias deducti Latini coloniarii esse coeperunt. — Legis itaque Juniae lator ... necessarium existimavit, ne beneficium istis datum in injuriam patronorum converteretur, cavere, ut bona eorum proinde ad manumissores pertinerent, ac si lex lata non esset: itaque jure quodammodo peculii ad manumissores ea lege pertinent.

§ 34.
Paterfamilias und filiusfamilias.

Der römische Bürger ist entweder paterfamilias (Hausvater) oder filiusfamilias (Hauskind), je nachdem er von der väterlichen Gewalt frei (homo sui juris) oder der väterlichen Gewalt unterworfen ist (homo alieni juris). Paterfamilias ist der homo sui juris (sei er Kind oder erwachsen, verheiratet oder unverheiratet); filiusfamilias ist der homo alieni juris (sei er Sohn oder Tochter, Enkel oder Enkelin u. s. f.).

Für das öffentliche Recht ist der Unterschied von paterfamilias und filiusfamilias gleichgültig. Der filiusfamilias kann, wenn er nur sonst die nötigen Voraussetzungen erfüllt, ebensogut in den Comitien mitstimmen, ebensogut Consul werden wie der paterfamilias.

Die Wirkung des Unterschiedes beschränkt sich auf das Privatrecht. Zwar hat der filiusfamilias das jus commercii und das jus connubii gerade wie der paterfamilias, weil auch der filiusfamilias römischer Bürger ist. Der Sohn kann daher nach Civilrecht contrahieren, Eigentumserwerbsgeschäfte vornehmen[1], im

[1] So z. B. die mancipatio, nicht aber die in jure cessio, weil zur Form der in jure cessio die gerichtliche Inanspruchnahme des Eigentums gehört

Testament zum Erben eingesetzt werden, eine vollgültige Ehe eingehen u. s. f. Aber: was der filiusfamilias erwirbt, erwirbt er dem paterfamilias; das Eigentum, das Forderungsrecht, ja auch die eheherrliche Gewalt über seine Ehefrau, die väterliche Gewalt über seine Kinder wird nicht ihm, sondern seinem paterfamilias erworben. Im römischen Hause giebt es nach altem Recht nur ein einziges Eigentum, das des Hausvaters, nur eine einzige eheherrliche, väterliche Gewalt, die des Hausvaters. Lediglich seine Schulden erwirbt das Hauskind sich selbst. Der filiusfamilias ist des passiven Vermögens fähig, des activen Vermögens unfähig.

Allmählich aber ist im Lauf der Kaiserzeit dem filiusfamilias auch die active Vermögensfähigkeit zugestanden worden. Zuerst dem Soldaten. Der filiusfamilias miles erwirbt alles, was er als Soldat erwirbt, sich selber, nicht seinem Vater (bona castrensia). Dann ward auch dem öffentlichen Dienst dasselbe Privileg gegeben. Was der filiusfamilias im öffentlichen Amt oder in der Advocatur oder durch kaiserliche Zuwendung erhielt, erwarb er sich selber, nicht dem paterfamilias (bona quasi castrensia). Endlich ward überhaupt jedem filiusfamilias Erwerbsfähigkeit gegeben: was er nicht vom Vater, sondern von der Mutter oder sonst von einem Dritten erwirbt, fällt in das Eigentum des filiusfamilias; dem Vater wird an solchem Vermögen nur ein Verwaltungs- und Niefsbrauchsrecht gegeben (bona adventicia). So ist nach Justinianischem Recht das Hauskind nur noch unfähig, vom Vater etwas zu erwerben. Was das Hauskind vom Vater empfängt, bleibt Eigentum des Vaters, auch wenn dem filiusfamilias die Verfügung darüber eingeräumt ist (peculium profecticium). Vgl. unten § 101.

L. 195 § 2 D. de V. S. (50, 16) Ulpian.): Pater autem familias appellatur, qui in domo dominium habet; recteque hoc nomine appellatur, quamvis filium non habeat: non enim solam personam ejus, sed et jus demonstramus. Denique et pupillum patremfamilias appellamus, et cum paterfamilias moritur, quotquot capita ei subjecta fuerint, singulas familias incipiunt habere; singuli enim patrumfamiliarum nomen subeunt. Idemque eveniet et in eo, qui

---

(oben S. 55); der filiusfamilias (homo alieni juris) kann aber nach altem Recht kein Eigentum haben (s. unten).

emancipatus est: nam et hic sui juris effectus propriam familiam habet.

Gaj. Inst. II § 87: Igitur, quod liberi nostri, quos in potestate habemus, ... mancipio accipiunt vel ex traditione nanciscuntur, sive quid stipulentur vel ex aliqualibet causa adquirunt, id nobis adquiritur: ipse enim, qui in potestate nostra est, nihil suum habere potest.

§ 35.

Capitis deminutio.

Capitis deminutio ist die Zerstörung der rechtlichen Persönlichkeit (des caput). Nach der capitis deminutio ist der alte Mensch nicht mehr da, sondern ein anderer Mensch, welcher mit dem vorigen Menschen von Rechts wegen nichts gemein hat. Solche Zerstörung der rechtlichen Persönlichkeit ist auf dreifache Weise möglich: durch Verlust des status libertatis (maxima c. d.), durch Verlust des status civitatis (media oder magna c. d.), durch Ausscheiden aus der Agnatenfamilie (minima c. d.). Im ersten Fall geht die rechtliche Persönlichkeit überhaupt, im zweiten und dritten Fall geht nur die bisherige rechtliche Art der Persönlichkeit verloren.

Durch Verlust der Freiheit erleidet man die maxima capitis deminutio. Auch der römische Bürger kann Sklav werden, sei es durch Strafurteil oder durch Gefangenschaft bei den Feinden (er ist in die potestas hostium geraten). Aber der römische Bürger kann aus der Gefangenschaft zurückkehren. In demselben Augenblick, wo er zurückkommt, ist er wieder römischer Bürger und hat er wieder alle die Rechte, welche er durch seine capitis deminutio verloren hatte, und zwar als ob er sie niemals verloren gehabt hätte. Er ist wieder der Vater seiner Kinder, der Eigentümer seiner Sachen, der Gläubiger seiner Schuldner, der Schuldner seiner Gläubiger, d. h. er ist Subject aller der Rechtsverhältnisse, welche durch die Gefangenschaft für ihn aufgehoben waren, als wenn er niemals gefangen gewesen wäre. Darin besteht das sogenannte jus postliminii. Aber wie, wenn der römische Bürger nicht zurückkehrt, sondern in der Gefangenschaft verstirbt? Dann ist ein servus gestorben, kein civis Romanus. Sein Testament ist also ungültig, was er vor der Gefangenschaft zu Hause errichtete? Ja, kann er überhaupt beerbt werden, da ja ein servus nicht beerbt werden kann? Allen diesen Schwierigkeiten half die fictio legis Corneliae ab: stirbt der Römer in der Gefangenschaft, so wird es so gehalten, als ob er nicht gefangen genommen, sondern im Augenblick der Gefangennahme gestorben wäre.

§ 5 I. quib. mod. jus pot. solv. (1, 12): Postliminium fingit, eum, qui captus est, semper in civitate fuisse.

L. 16 D. de captiv. (49, 15) (ULPIAN.): Retro creditur in civitate fuisse, qui ab hostibus advenit.

L. 12 D. qui test. fac. (28, 1) (JULIAN.): Lege Cornelia testamenta eorum, qui in hostium potestate decesserint, perinde confirmantur, ac si hi, qui ea fecissent, in hostium potestatem non pervenissent; et hereditas ex his eodem modo ad unumquemque pertinet.

L. 18 D. de captiv. (49, 15) (ULPIAN.): In omnibus partibus juris is, qui reversus non est ab hostibus, quasi tunc decessisse videtur, cum captus est.

Durch Verlust des römischen Bürgerrechts (unter Beibehaltung aber der Freiheit) wird die media (oder magna) capitis deminutio erlitten: ein römischer Bürger geht z. B. in eine latinische Colonie über. Die media capitis deminutio ist im Justinianischen Recht (da für den Reichsangehörigen Freiheit und römisches Bürgerrecht zusammengefallen sind) nur noch in der Form der Ausstofsung aus dem Reichsverbande (Verbannung) möglich[1].

§ 2 I. de cap. min. (1, 16): Minor sive media est capitis deminutio, cum civitas quidem amittitur, libertas vero retinetur. Quod accidit ei, cui aqua et igni interdictum fuerit, vel ei, qui in insulam deportatus est.

Das Ausscheiden aus der agnatischen Familie bewirkt gleichfalls eine capitis deminutio, eine Zerstörung der Persönlichkeit. In der Familie beruht Wesen und Geltung der Persönlichkeit. Änderung der Familie ist Änderung der Persönlichkeit, ist Aufhebung der früheren Persönlichkeit und Erzeugung einer neuen.

Die Familie im Rechtssinn ist aber nach römischem Civil-

---

[1] Vgl. J. M. Hartmann, De exilio apud Romanos, dissertatio inauguralis (Berolini 1887). Derselbe in der Zeitschr. d. Sav.-Stift. Bd. 9 S. 42 ff. Eine Form der Verbannung ist die Deportation. Vgl. oben S. 172.

recht nicht das, was wir heute Familie nennen: die Gesamtheit derer, welche durch die Bande der Blutsverwandtschaft verbunden sind, welche also demselben Stamme angehören. Die römische Familie (nach jus civile) ist vielmehr die Gesamtheit derer, welche demselben Hause angehören, welche derselben einen hausherrlichen Gewalt (patria potestas) unterworfen sind oder doch unterworfen sein würden, wenn der gemeinschaftliche Stammvater noch lebte. Das heifst Agnation. Und nur die Agnation ist die Verwandtschaft des Civilrechts, nicht die Blutsverwandtschaft (Cognation). Die Familie des römischen Civilrechts ist die Agnatenfamilie (vgl. unten § 91). Und diese Agnatenfamilie hat die Eigentümlichkeit, dafs man sie wechseln kann. Die Blutsverwandtschaft ist der Aufhebung unfähig, und für die Cognatenfamilie (Familie in unserem Sinn) giebt es daher keine Änderung. Aber aus der Agnatenfamilie kann man ausscheiden, weil man aus dem Hause (der Gemeinschaft derer, welche durch hausherrliche Gewalt verbunden sind) ausscheiden kann. So geschieht es also der Tochter, welche sich verheiratet, falls sie, was nicht immer der Fall ist (§ 92), durch die Eingehung der Ehe in die eheherrliche (hausherrliche) Gewalt ihres Ehemannes (oder dessen, welcher die patria potestas über ihren Ehemann hat) eintritt, sogenannte in manum conventio. Mit der hausherrlichen Gewalt hat sie ihre Familie (die Agnatenfamilie), den Kreis ihrer Verwandtschaft (die Agnatenverwandtschaft), das „Haus", dem sie angehört, und damit ihr ganzes persönliches Sein verändert. Ebenso geschieht es dem Haussohn, welcher vom Vater in die Knechtschaft (mancipium) verkauft (§ 101) oder in Adoption gegeben wird (datio in adoptionem); dem homo sui juris, welcher sich von einem andern adoptieren läfst (arrogatio); auch dem Hauskinde, welches vom Vater aus der väterlichen Gewalt entlassen wird (emancipatio). Obgleich der emancipatus seine äufsere Stellung verbessert, insofern er aus einem filiusfamilias jetzt ein paterfamilias wird, erleidet er doch eine capitis deminutio, weil mit der Agnation seine bisherige rechtliche Persönlichkeit zerstört und eine neue geschaffen worden ist.

So ist also die minima capitis deminutio das Ausscheiden aus der Agnation (dem „Hause"), und sie hat fünf Anwendungsfälle:

das mancipio dare, die in manum conventio, die datio in adoptionem, die arrogatio und die emancipatio.

Mit der zerstörenden Wirkung auch der capitis deminutio minima hing zusammen: der Untergang der Contractschulden des capite minutus (nach Civilrecht; der Prätor aber gab dann später durch in integrum restitutio dem Gläubiger die Klagen wieder) und der Untergang der dem capite minutus zuständig gewesenen Personalservituten, d. h. solcher Rechte an fremden Sachen, welche ihm auf Lebenszeit zugewandt gewesen waren (vgl. unten § 69 I). Den letzteren Rechtssatz hat erst Justinian beseitigt: nach dem Recht des Corpus juris hat nur noch die capitis deminutio maxima et media den Untergang der Personalservituten zur Folge.

Gaj. Inst. I § 162: Minima est capitis deminutio, cum et civitas et libertas retinetur, sed status hominis commutatur. Quod accidit in his, qui adoptantur, item in his, quae coemptionem faciunt et in his, qui mancipio dantur, quique ex mancipatione manumittuntur: adeo quidem, ut quotiens quisque mancipetur aut manumittatur, totiens capite deminuatur.

L. 11 D. de cap. min. (4, 5) (Paulus): Capitis deminutionis tria genera sunt: maxima, media, minima; tria enim sunt, quae habemus: libertatem, civitatem, familiam. Igitur cum omnia haec amittimus, hoc est libertatem et civitatem et familiam, maximam esse capitis deminutionem. Cum vero amittimus civitatem, libertatem retinemus, mediam esse capitis deminutionem; cum et libertas et civitas retinetur, familia tantum mutatur, minimam esse capitis deminutionem constat.

§ 36.

Ehrenminderung.

Die Ehre ist zunächst ein gesellschaftlicher Begriff. Ehre hat, wer in der Gesellschaft für voll gilt. Die Gesellschaft spricht dem Ehre zu, welcher ihren Anschauungen gemäfs handelt. Die Zuerkennung der Ehre, die Aberkennung der Ehre (der gesellschaftlichen Geltung) ist das Zwangsmittel der Gesellschaft, um nicht blofs Gebote des Rechts und der Sittlichkeit, sondern gerade auch der blofsen Sitte (welche unter Umständen mit Recht und Sittlichkeit in Widerspruch stehen können) gegen den einzelnen durchzusetzen. Indem die Anforderungen der Gesellschaft an das Verhalten des einzelnen für die verschiedenen Kreise der Gesellschaft sich eigenartig ausprägen, spricht man von einer besonderen Standesehre, von einer studentischen Ehre, von einer Officiersehre u. s. f.

Die Rechtssätze über die bürgerliche Ehre bedeuten die Wirkung gesellschaftlicher Verhältnisse, Anschauungen auf das Recht. Das Recht giebt dem gesellschaftlichen Urteil in gewissem Maſse nach und läſst einen Mann, der in der Gesellschaft nicht für voll gilt, unter Umständen auch vor dem Gesetz nicht für voll gelten. Bürgerliche Ehre (Ehre im Rechtssinn) ist die volle Geltung vor dem Gesetz. Ehrenminderung (im Rechtssinn) ist die Minderung der vollen Geltung vor dem Gesetz.

Die bürgerliche Ehre eines civis Romanus kann vernichtet werden (consumptio existimationis) durch maxima oder media capitis deminutio; sie kann auch bloſs gemindert werden (minutio existimationis). Das letztere versteht man unter Ehrenminderung im technischen (engeren) Sinn. Ehrenminderung ist die Minderung der bürgerlichen Ehre, welche ohne capitis deminutio, ohne Zerstörung der bisherigen Persönlichkeit, eine bloſse Minderung der persönlichen Geltung vor dem Gesetz herbeiführt.

Nach römischem Civilrecht tritt eine Ehrenminderung nur ein 1. in den durch Volksgesetze bestimmten[1] Fällen, 2. durch die censorische Rüge. Auch an dieser Stelle aber ist das Civilrecht durch das jus honorarium überflügelt worden. Gegen Ende der Republik hörte die Censur auf, in alter Weise zu wirken. Die entstehende Lücke ward durch den Prätor ausgefüllt. Das prätorische Edict hatte sich mit den an ihrer Ehre Geminderten zu beschäftigen, sofern es sich um die Zurücksetzung derselben vor Gericht handelte. So zählte der Prätor diejenigen auf, welche er um ihrer Bescholtenheit willen von dem vollen jus postulandi (dem Recht, Anträge an die Gerichtsobrigkeit zu stellen) ausschloſs (sie durften nur für sich selbst und für gewisse nahe Angehörige postulieren). An einer zweiten Stelle des Edicts nannte er diejenigen, welchen er um ihrer Bescholtenheit willen das Recht,

[1] So hieſs es z. B. in den zwölf Tafeln (VIII 22): qui se sierit testarier libripensve fuerit, ni testimonium fatiatur, inprobus intestabilisque esto.

Procefs-Stellvertreter zu sein (alieno nomine agere), sowie einen Procefs-Stellvertreter zu bestellen, versagte[2]. Diejenigen, welche der Prätor so von der vollen gerichtlichen Rechtsfähigkeit (dem freien Postulieren u. s. w.) ausschlofs, erklärte er nicht selber direct für infam. Er hatte keinen Anlafs noch auch die Gewalt, formell jemandem seine bürgerliche Ehre zu beschneiden. Aber, sagt Gajus, „diejenigen, welche der Prätor so zurücksetzt, nennen wir infam“[3]. In jenen Katalogen des prätorischen Edicts waren die Anschauungen der Gesellschaft von den Fällen der Ehrenminderung zu rechtlicher Gestalt gelangt, in eine wenngleich nicht vollständige Codification gebracht worden, und als solche Codification des Ehrenrechts beherrschten sie die Folgezeit: die Compilatoren Justinians haben ihr Verzeichnis der Ehrenminderungsfälle aus diesen Stücken des prätorischen Edicts entnommen. Es waren namentlich zwei Gruppen von Fällen, welche sich gegenübertraten: entweder trat die Infamie mit der ehrenstrafwürdigen Handlung sofort von selber (ipso jure) ein, sogenannte infamia immediata (z. B. in den Fällen des ehrlosen Gewerbes, der ehrlosen Entlassung aus dem Soldatenstand, doppelter Ehe und doppelten Verlöbnisses), oder sie trat nur ein, nachdem ein gerichtliches Urteil den Betreffenden wegen der ehrenstrafwürdigen Handlung verurteilt hatte, sogenannte infamia mediata. Vor allem hatte jedes peinliche Urteil (zu Leibes-, Lebens-, Freiheitsstrafe) zugleich Infamie zur Folge, dann aber auch gewisse Civilurteile, insbesondere wenn jemand wegen ehrloser Pflichtverletzung (als Vormund, Gesellschafter, Depositar, Mandatar) auf Civilklage hin verurteilt worden war. Die Civilklagen, welche solche Ehrenminderung herbeiführen, heifsen actiones famosae.

In der Natur der Sache liegt aber, dafs jede Codification des Ehrenrechts als unvollkommen sich erweist. Es mufste daher

---

[2] Vgl. Karlowa in der Zeitschr. f. Rechtsgesch. Bd. 9 S. 222 ff.; Lenel in der Zeitschr. der Sav.-Stift. Bd. 2 S. 54 ff. Wlassak, Zur Geschichte der Cognitur, 1893, S. 18 Anm. 3, S. 72 Anm. 53 a. E.

[3] Gaj. Inst. IV § 182 (Studemund, ed. 2): Nec tamen ulla parte edicti id ipsum nominatim exprimitur, ut aliquis ignominiosus sit; sed qui prohibetur et pro alio postulare et cognitorem dare procuratoremve habere, item procuratoris aut cognitoris nomine judicio intervenire, ignominiosus esse dicitur. Vgl. unten Anm. 5.

dem römischen Richter frei stehen, auch solche Fälle von Ehrlosigkeit zu berücksichtigen, welche nicht in einem Volksgesetz noch im prätorischen Edict genannt waren. So ergaben sich zwei Arten der Ehrenminderung (minutio existimationis): 1. die Infamie, deren Voraussetzungen von Rechts wegen, nämlich durch Volksgesetze bezw. das prätorische Edict, feststanden, und 2. die sogenannte turpitudo (Verächtlichkeit), über deren Voraussetzungen nicht das Recht, sondern auf Grund des Urteils der öffentlichen Meinung, also des Urteils der Gesellschaft, für jeden Einzelfall das freie richterliche Ermessen entscheidet.

Beide Arten der Ehrenminderung haben zur Folge die Zurücksetzung der ehrlosen Persönlichkeit nach Mafsgabe richterlichen Ermessens (so z. B. beim Zeugnis, bei der Ernennung zum Vormund, bei Zulassung der querela inofficiosi testamenti zu Gunsten übergangener Geschwister vgl. § 113). Die Infamie hat aufserdem als besondere Wirkung zur Folge: den Verlust des jus suffragii und des jus honorum, die Beschränkung des jus connubii (die Ehe zwischen Infamen und Freigeborenen ward verboten, vgl. § 99) und die Beschränkung des Rechts, für andere Anträge an die Gerichtsobrigkeit zu stellen (s. oben). Alle diese besonderen Wirkungen der Infamie sind jedoch bereits für das Justinianische Recht nicht mehr vorhanden[4]. Im Justinianischen Recht tritt für den Infamen wie für den turpis nur die eine Wirkung der Zurücksetzung (soweit die Persönlichkeit als solche in Frage kommt) nach Mafsgabe richterlichen Ermessens ein.

L. 5 § 2 D. de extr. cogn. (50, 13) (CALLISTRATUS): Minuitur existimatio, quotiens, manente libertate, circa statum dignitatis poena plectimur, sicuti cum relegatur quis vel cum ordine movetur vel cum prohibetur honoribus publicis fungi, vel cum plebejus fustibus caeditur vel in opus publicum datur, vel cum in eam causam quis incidit, quae edicto perpetuo infamiae causa enumeratur. § 3: Consumitur vero, quotiens magna capitis minutio intervenit.

L. 1 D. de his qui not. inf. (3, 2): Praetoris verba dicunt: INFAMIA NOTATUR[5] QUI AB EXERCITU IGNOMINIAE CAUSA AB IMPERA-

[4] Das jus suffragii und das jus honorum war unpraktisch geworden, das Eheverbot abgeschafft, über die Zulassung zu Anträgen an das Gericht sollte das richterliche Ermessen frei entscheiden (§ 11 I. de except. 4, 13).

[5] Diese beiden ersten Worte rühren von den Compilatoren Justinians her,

TORE EOVE, CUI DE EA RE STATUENDI POTESTAS FUERIT, DIMISSUS ERIT; QUI ARTIS LUDICRAE PRONUNTIANDIVE CAUSA IN SCAENAM PRODIERIT; QUI LENOCINIUM FECERIT; QUI IN JUDICIO PUBLICO CALUMNIAE PRAEVARICATIONISVE CAUSA QUID FECISSE JUDICATUS ERIT; QUI FURTI, VI BONORUM RAPTORUM, INJURIARUM, DE DOLO MALO ET FRAUDE SUO NOMINE DAMNATUS PACTUSVE ERIT; QUI PRO SOCIO, TUTELAE, MANDATI, DEPOSITI SUO NOMINE NON CONTRARIO JUDICIO DAMNATUS ERIT; QUI EAM, QUAE IN POTESTATE EJUS ESSET GENERO MORTUO, CUM EUM MORTUUM ESSE SCIRET, INTRA ID TEMPUS, QUO ELUGERE VIRUM MORIS EST, ANTEQUAM VIRUM ELUGERET, IN MATRIMONIUM COLLOCAVERIT, EAMVE SCIENS QUIS UXOREM DUXERIT NON JUSSU EJUS, IN CUJUS POTESTATE EST; ET QUI EUM, QUEM IN POTESTATE HABERET, EAM, DE QUA SUPRA COMPREHENSUM EST, UXOREM DUCERE PASSUS FUERIT; QUIVE SUO NOMINE NON JUSSU EJUS, IN CUJUS POTESTATE ESSET, EJUSVE NOMINE, QUEM QUAMVE IN POTESTATE HABERET, BINA SPONSALIA BINASVE NUPTIAS IN EODEM TEMPORE CONSTITUTAS HABUERIT.

Zweites Capitel.

Juristische Personen.

§ 37.

Wesen der juristischen Person.

Wirtschaftlich angesehen, bedeutet das Dasein der juristischen Person, wie wir sagen dürfen, das Dasein von socialem Zweckvermögen, d. h. das Dasein von Vermögen, welches für die Zwecke der Gesamtheit (der Gesellschaft) rechtlich gebunden ist (oben § 31). Dem Privatvermögen der natürlichen Person

vgl. Lenel a. a. O. Die Aufstellungen Lenels haben durch den erst jetzt festgestellten Text von Gajus IV § 182 (Anm. 3) eine glänzende Bestätigung erfahren. Die Restitution des ursprünglichen Wortlauts und Zusammenhangs des uns hier beschäftigenden prätorischen Edicts s. bei Lenel, Edictum perpetuum S. 62. 63.

(welches das einzige Privatvermögen im vollen Sinn des Wortes ist) soll durch das Mittel der juristischen Person öffentliches (für das Gemeininteresse bestimmtes) Vermögen zur Seite treten.

Die Rechtsform für die Schaffung von solchem öffentlichen Rechtsvermögen ist, wie die Geschichte zeigt, auf verschiedenen Stufen der Entwickelung eine verschiedene gewesen. Die Rechtsform der juristischen Person, die wir heute haben, ist keineswegs die selbstverständliche, ursprüngliche, natürliche, einzig mögliche, sondern erst das Erzeugnis einer weit vorgeschrittenen Bildungsstufe des Rechts.

Der naiven Auffassung erscheint das sociale Zweckvermögen (das Vermögen der Gemeinde, des Staates) als gemeinsames Vermögen der Zweckgenossen (der Bürger des Staates, der Gemeinde). Auf diesem ursprünglichen Standpunkt ist das deutsche Recht während des ganzen Mittelalters verblieben. Das gesellschaftliche Zweckvermögen fiel juristisch nach mittelalterlich-deutschem Recht unter den Begriff des Gesamteigentums, welches eine Art des Miteigentums bedeutet. Das Gemeindevermögen (z. B. die Almende der Markgenossenschaft, d. h. der Landgemeinde des deutschen Rechts) war Vermögen der Gemeindegenossen, das Staatsvermögen (Volkland) Vermögen der Volksgenossen. Der Verfügung des Einzelnen war dies Vermögen entrückt (er konnte z. B. nichts davon veräufsern), aber als Rechtsträger, Subject des Zweckvermögens ward nicht die Gesamtheit als solche, sondern die Summe ihrer Angehörigen gedacht. Das Zweckvermögen war nach deutsch-mittelalterlichem Recht gemeinsames Vermögen der physischen Personen, welche den gesellschaftlichen Zweckverband bildeten: es gab keine juristische Person.

Auch dem älteren römischen Recht war der Begriff der juristischen Person unbekannt. Das alte jus privatum (jus civile) war durchaus ein Recht nur für die Einzelperson (den civis), und daher nur die natürliche Person (Einzelperson) Rechtssubject auf dem Gebiete des altrömischen Privatrechts. Es gab schon in der alten Zeit Vereine (collegia, sodalitates), aber keine vermögensfähigen Vereine: das für die Zwecke des Vereins bestimmte Vermögen mufste formell als Vermögen eines Einzelnen (eines Mitgliedes) gestellt und behandelt werden. Das Zweckvermögen der privaten Verbände war also nach altrömischem Privatrecht als solches überhaupt nicht da. Das öffentliche Zweckvermögen aber, das Vermögen des Staates (der römischen Bürgergemeinde) und der Staatsgötter, ward unter den Rechtsbegriff der dem Verkehr entzogenen Sachen (res extra commercium, vgl. unten § 59 I) gebracht. Das römische Volk war der römische Staat. Die Güter des Staates waren Güter des römischen Volkes: res publicae (populicae). Die res publicae bildeten den Gegensatz zu den res privatae. Sie standen nicht im Privateigentum, noch vermochten sie im Privateigentum zu stehen. Das römische Volk war keine Privatperson. Was das römische Volk besafs, war vielmehr dem Privateigentum und dem Privatverkehr entzogen (extra commercium). Nicht als ob das Volkland (ager publicus) nach römischem Recht gemeinsames Eigentum der Volksgenossen (so die deutsche Auffassung) gewesen wäre; es war vielmehr Niemandes Eigentum (res nullius) und konnte Niemandes Eigentum sein[1]. Das römische Volk war privatrechtlich Niemand, d. h. das römische Volk war keine Privatperson, keine (juristische) Person im Sinn des Privatrechts. Das römische Volk war kein civis. Das römische Recht (jus civile) hatte für das öffentliche Zweckvermögen keine Form, die ihm Gestalt nach Art des Privatrechts gegeben hätte. Das öffentliche Zweckvermögen war vielmehr aus dem Gebiet des Privatrechts ausgeschieden (extra commercium) und ausschliefslich dem öffent-

[1] Das sagt noch GAJUS in l. 1 pr. D. de div. rer. (1, 8): quae publicae sunt, nullius in bonis esse creduntur, ipsius enim universitatis esse creduntur: privetae autem sunt, quae singulorum sunt (hier wird noch im Sinne des alten Rechts nur der singulus als Privatperson angesehen). Derselbe Gedanke, dafs Personen (im Sinne des Privatrechts) nur die physischen Personen sind, dafs das Recht des municipium vielmehr ein Recht der municipes bedeute, kehrt sogar noch bei Ulpian wieder, ULPIAN. tit. 22, 5: Nec municipia nec municipes heredes institui possunt, quoniam incertum corpus est (wegen der wechselnden Mitglieder), et neque cernere universi neque pro herede gerere possunt, ut heredes fiant. Hier klingt zugleich der ursprügliche naive Gedanke an, dafs das Recht einer Gesamtheit ein Recht Aller (der Angehörigen der Gesamtheit) sei (wie im deutschen Recht). Aber was Allen gehört, das gehört ebenso Niemandem (zu Sonderrecht, Privatrecht), und diese Wendung des Gedankens ist für das ältere römische Recht mafsgebend gewesen.

lichen Recht unterstellt. Was von dem Vermögen des römischen Staates (ager publicus, aerarium), das galt auch von seinem Vermögensverkehr. Der römische Staat (populus Romanus) schlofs durch seine Magistrate Rechtsgeschäfte ab (Verpachtung, Kauf und dgl.), aber auch für die Rechtsgeschäfte des populus Romanus galt kein jus privatum, sondern jus publicum. Aus den Rechtsgeschäften des Staates konnte nicht vor den ordentlichen Civilgerichten geklagt werden. Der Staat gab nicht Recht wie ein Privatmann. Er schützte sein Vermögen (die res publicae) grundsätzlich selber durch Verwaltungshandlungen seiner Magistrate, und auf Grund der Rechtsgeschäfte des Staates konnte nicht der Klageweg, sondern wiederum nur der Verwaltungsweg durch Beschwerde bei der Staatsbehörde beschritten werden. Der Staat war auch in seinen vermögensrechtlichen Beziehungen immer Staat, Träger der Hoheitsrechte, dem einzelnen Bürger lediglich übergeordnet, nicht gleichgeordnet. Der populus Romanus war zu grofs, als dafs er, einer Privatperson gleich, in die Formen des Privatrechts hätte eingehen können. Darum war der römische Staat keine juristische Person, nicht vermögensfähig (im Sinne des Privatrechts). Wo der römische Staat stand, da wich das Privatrecht. Das Zweckvermögen des Staates ward auch formell als gesellschaftliches, öffentliches, nicht privates Vermögen behandelt. Nur das individualistische Vermögen hatte im altrömischen Privatrecht Raum.

Eine Art der res publicae bildeten die res sacrae (die den Staatsgöttern geweihten Sachen). Auch diese res sacrae waren dem Privatrecht entzogen (extra commercium) und wurden im Wege des Verwaltungsverfahrens geschützt, so dafs auch in Bezug auf diese res sacrae nicht die Idee des Privateigentums einer juristischen Person (etwa der Götter oder einer Cultusanstalt), sondern vielmehr der Ausschlufs vom Privateigentum durchgesetzt wurde.

Auf dem Gebiete des jus privatum war nach altrömischem Recht nur die Einzelperson (physische Person), wie auf dem Gebiete des jus publicum (und des jus sacrum) nur der Staat berechtigt.

Erst das Recht der römischen Kaiserzeit hat den Begriff einer juristischen Person in das Privatrecht eingeführt.

Das öffentliche Zweckvermögen (die res publicae) trat in das commercium, in den Umkreis des Privatrechts ein (mit Ausnahme nur der zum unmittelbaren Gemeingebrauch bestimmten res publicae im engeren Sinn, vgl. § 59 Ib). Das öffentliche Zweckvermögen ward privates Vermögen gleich dem Vermögen der physischen Einzelperson. Für diese Entwickelung scheint die gegen das Ende der Republik aufgekommene Ausbildung der Municipalverfassung entscheidend gewesen zu sein. Das Vermögen der Stadtgemeinde (municipium) ward dem Privatrecht unterstellt und die Stadtgemeinde damit als Person in das Privatrecht aufgenommen. Nach Vorbild der Stadtgemeinde (ad exemplum rei publicae, d. h. nach Art der öffentlich-rechtlichen Gemeindeverbände) sind auch die erlaubten Vereine (collegia, sodalitates, universitates) als vermögensfähig auf dem Gebiete des Privatrechts anerkannt worden. Ja, nachdem das kaiserliche Vermögen (fiscus Caesaris) immer entschiedener die Rolle eines Staatsvermögens übernommen hatte, trat endlich auch der römische Staat als fiscus in die Zahl der Privatpersonen ein, wenngleich er in einer Reihe von fiscalischen Privilegien immer noch eine Erinnerung an seine ursprüngliche Befreiung vom Privatrecht bewahrte.

Damit hat die juristische Person in das römische Recht der Kaiserzeit ihren Einzug gehalten. Es galt nunmehr, ihr Wesen zu bestimmen.

Was bedeutet die private Rechtspersönlichkeit einer Personengesamtheit (Corporation), z. B. der Gemeinde? Was heifst das: die Gemeinde (die Corporation) ist berechtigt, ist verpflichtet? Der Satz, den das römische Recht in den Tagen der klassischen Jurisprudenz herausgearbeitet hat, lautet: das Eigentum einer Corporation ist nicht das Eigentum Mehrerer, sondern das Eigentum eines Einzigen, nämlich des corpus (der Corporation als solcher). Die Corporation, die Gesamtheit ist privatrechtlich ein neuer, anderer Einzelner, ein Individuum neben den Einzelnen, aus denen die Corporation besteht. Der Sklav darf nicht gefoltert werden, um gegen seinen Herrn auszusagen, aber der Sklav einer Corporation kann durch Folter zu Aussagen gegen die Mitglieder der Corporation gezwungen werden: nec enim plurium esse videtur, sed corporis. Der Sklaveiner Corporation (corpus) steht nicht im Miteigentum der einzelnen Mitglieder, sondern im Alleineigentum einer anderen (unsichtbaren, „juristischen“) Person, des corpus. Ebenso: si quid universitati debetur, singulis non debetur, nec quod debet universitas, singuli debent, d. h. die Forderung der Corporation (z. B. einer Stadtgemeinde) ist nicht eine Forderung der Corporationsangehörigen, und die Schuld der Corporation keine Schuld der Corporationsglieder. Die Mitglieder der Corporation können für die Schulden der Corporation nicht in Anspruch genommen werden. Forderungen und Schulden der Corporation bedeuten nicht gemeinsame Rechte noch gemeinsame Schulden der Mitglieder, sondern alleinige Rechte und alleinige Schulden einer anderen (unsichtbaren, „juristischen“) Person: des corpus.

Das Corporationsvermögen ist nach römischem Recht Alleineigentum der Gesamtheit, und die Corporationsschuld ist Alleinschuld der Gesamtheit (des corpus). Die Rechte (Pflichten) der Corporation sind nicht Rechte (Pflichten) der einzelnen (der Summe der Mitglieder), sondern ausschliefslich Rechte (Pflichten) der Gesamtheit der Mitglieder, d. h. der Corporation als solcher. Die Gesamtheit, die unsichtbare und doch durch das Mittel der Corporationsverfassung lebensfähig geschaffene und unmittelbar wirksame Einheit der Mitglieder ist ein neues Rechtssubject, eine neue Person, unterschieden von allen ihren Mitgliedern. Das ist die juristische Person des römischen Rechts. Sie stellt die ideale Privatperson und damit ein selbständiges vermögensfähiges Subject dar, welches von allen bisher vorhandenen Personen, auch von ihren eigenen Mitgliedern, sich unterscheidet. Sie hat als solche ihre besonderen Rechte, ihre besonderen Schulden. Sie führt ihr besonderes, vom Wechsel der Mitglieder unabhängiges Dasein. Sie ist ein drittes, ihren Mitgliedern (für die formelle, juristische Betrachtung) fremd gegenüberstehendes Vermögenssubject. Die Gesamtheit ist als solche vermögensfähig und darum ihr Vermögen ein ihren Mitgliedern fremdes Vermögen, ihre Schuld eine ihren Mitgliedern fremde Schuld.

Die scharfe Scheidung zwischen der Gesamtperson und den einzelnen Gliedern, das ist der das römische Recht beherrschende Grundgedanke. Die Gesamtperson und ihre Glieder gehen einander privatrechtlich gar nichts an. Die Glieder sind für das Vermögen der Gesamtperson nicht Glieder, sondern Fremde. Die Gesamtperson ist eine ganz andere Person, eine *juristische Person*, ein dritte Person neben und aufser den natürlichen Personen (ihren Mitgliedern).

Die Rechtssätze über die juristische Person treffen den Punkt, wo die *über* dem einzelnen stehenden körperschaftlichen Bildungen des *Gemeinlebens*, wo insbesondere die grofsen öffentlichrechtlichen Organisationen, Staat, Kirche und Gemeinde, in den Kreis des Vermögensrechts (Privatrechts) eintreten, um — im Interesse der *Gesellschaft* und damit im Interesse *aller* — ihren Anteil an den Gütern dieser Welt neben den einzelnen zu fordern. Das römische Privatrecht hatte ursprünglich keinen Raum für diese über das Mafs der Einzelpersönlichkeit mächtig hinausragenden körperschaftlichen Persönlichkeiten besessen. Es konnte und wollte ursprünglich nur ein Recht für die Vermögensverhältnisse der *Privatperson* im vollen Sinne des Worts, d. h. der Einzelpersönlichkeit sein. Es ist ihm, wie wir gesehen haben, dennoch gelungen, der Corporation den Eingang zum Privatrecht zu eröffnen. Aber die Schwierigkeit gerade, welche es zu lösen galt, hat dem römischen Recht von der juristischen Person seine sieghafte Gedankenklarheit gegeben. Das römische Privatrecht will sein ein Recht für die Einzelpersönlichkeit. So mufs auch die körperschaftliche Gesamtpersönlichkeit all ihr *gesellschaftliches* Wesen, all ihre Macht, durch welche sie die Gröfsenverhältnisse der Einzelperson überschreitet, formell dahintenlassen, es mufs selbst der allgewaltige Staat seine Krone niederlegen, um durch die niedere Thür des Privatrechts eingehen zu können. Die Corporation (auch der Staat und die Gemeinde) wird unter dem scharfen Meifsel des römischen Privatrechts, wie auch ihr Wesen öffentlichrechtlich sonst sein möge, zu einer neuen Art von *Privatperson*, nämlich zu einer neuen (idealen) *Einzelperson*, welche in Reih und Glied mit den übrigen Einzelpersonen (den natürlichen Personen) eintritt. Das öffentliche Zweckvermögen wird formell *Privat*vermögen, aber einer neuen Art von Person, nämlich der *juristischen* Person. Die überlieferten Denkformen des Privatrechts, der Begriff der Person (Einzelperson), das Alleineigentum, die Alleinschuld des Individuums können so unverändert auch auf diese neuen (körperschaftlichen) Privatrechtssubjecte angewandt werden. Die Gesamtperson (der gesellschaftliche Verband) ist rechtlich eine neue Einzelperson neben den übrigen. Daher die Klarheit, mit welcher sich die Gesamtperson von den Personen ihrer Mitglieder, das Vermögen der Gesamtperson von dem Vermögen ihrer Mitglieder abhebt. Die Gesamtperson gesehen zu haben, die Gesamtheit als die ideale Einheit der verfassungsmäfsig vereinigten Glieder ergriffen, von ihren Mitgliedern unterschieden, zum Range einer („juristischen") Person erhoben und in das Privatrecht als selbständiges Vermögenssubject, den anderen Privatpersonen gleich, eingeführt zu haben, das ist das Kunstwerk juristischer Technik, welches hier dem römischen Recht gelungen ist. Das deutsche Recht ist bei dem Begriff der physischen (mit den leiblichen Augen sichtbaren) Person stehen geblieben. Es hat reichere Formen der Rechtsgemeinschaft ausgebildet als das römische Recht und durch das Mittel einer mit Organisation der Verwaltung sich verbindenden („genossenschaftlichen") Vermögensgemeinschaft innerhalb der deutschen Gemeinden und Verbände gleiche praktische Erfolge zu erzielen vermocht wie das römische Recht mit seiner juristischen Person. Auch mag es sein, dafs in den deutschen Stadtrechten bereits die Ansätze zu der Behandlung der Stadtgemeinde nach Art eines selbständigen Rechtssubjects gemacht sind. Die einfache Formel aber, welche das Vermögen der organisierten socialen Verbände für das Alleinvermögen eines neuen idealen Subjects erklärt und dadurch das Vermögen der Gesamtheit, das sociale Vermögen, in das Privatrecht einführt, um es doch klar und scharf von dem Vermögen der einzelnen Glieder des Verbandes zu sondern, — die Formel der juristischen Person — ist auf dem Gebiet des römischen Rechts gefunden und aus dem römischen Recht durch die Reception uns zu eigen gemacht worden.

Die natürliche Person ist die sichtbare Einzelperson (der Mensch), die juristische Person (im Sinn des Privatrechts) ist der vermögensfähige gesellschaftliche Verband in der Rechtsgestalt einer vermögensfähigen idealen (durch Organisation geschaffenen) Einzelperson. Die Gesamtheit wird als Einheit rechtlich erfafst, um in dieser ihrer Einheit als besondere, selbständige, den Wechsel ihrer Mitglieder überdauernde Person in die Reihe der Rechtssubjecte einzutreten[2].

---

[2] Vgl. zu dem obigen Mommsen, De collegiis et sodalitiis Romanorum (1843). Gierke, Das deutsche Genossenschaftsrecht, Bd. 3 (1881), S. 34 bis 106. Gierke, Deutsches Privatrecht, Bd. 1 (1895), S. 456. Karlowa, Röm. Rechtsgeschichte, Bd. 2, S. 1 ff. 59 ff. Sohm, Die deutsche Genossenschaft, Festschrift für Windscheid, 1888. — Aus der geschichtlichen Darstellung des Textes ergiebt sich, dafs die Frage, ob das gesellschaftliche Zweckvermögen rechtlich subjectloses Vermögen oder aber Vermögen einer juristischen Person sei, keine Frage der Logik, sondern eine Frage des positiven Rechts bedeutet. Das Zweckvermögen (im wirtschaftlichen Sinne) kann auch für die juristische Auffassung blofses „Zweckvermögen", d. h. Niemandem gehöriges, nur durch den Zweck gebundenes Vermögen sein. Dann aber steht es aufserhalb des Privatrechts (res extra commercium). So das ältere römische Recht. Oder aber: das Zweckvermögen ist juristisch Personenvermögen. Dann kann es wiederum entweder gemeinsames Vermögen natürlicher Personen (deutsches Recht) oder Alleinvermögen einer juristischen Person (späteres römisches Recht) darstellen. Der Begriff „Zweckvermögen" aber bedeutet nicht, wie Brinz, Pandekten (3. Aufl., Bd. 1, S. 224 ff.) meint, eine Formel für das innerhalb des Privatrechts stehende sociale Vermögen, sondern das gerade Gegenteil. Das Privatrecht kennt nur Personenvermögen. Ebenso erledigt sich durch die Geschichte die vielumstrittene Frage, ob die juristischen Personen „fingierte" (so die wenigstens früher herrschende romanistische Theorie) oder „reale" Personen seien. Die letztere Ansicht ist namentlich von Gierke mit grofsem Eifer vertreten worden (sog. germanistische Theorie). Der (nicht immer klar hervortretende) Sinn dieses Meinungsgegensatzes ist der Streit darüber, ob die juristische Persönlichkeit der gesellschaftlichen Verbände von der Rechtsordnung geschaffen (was mit unzutreffendem Ausdruck „fingiert" genannt wird) oder aber von der Rechtsordnung als gegeben (in diesem Sinne real) vorgefunden werde. Die letztere Ansicht (vgl. z. B. Gierke, Deutsches Privatrecht, I, S. 468: „von je und bei allen Völkern sind über den einzelnen Menschen menschliche Verbände als Rechtsträger anerkannt gewesen", nur „die Denkformen für diese Rechtssubjektivität haben gewechselt") steht in offenbarem Widerspruch mit der Geschichte sowohl des öffentlichen, wie des Privatrechts. Auch auf dem Gebiete des öffentlichen Rechts ist die (dem älteren deutschen Recht gänzlich unbekannte) Auffassung des Verbandes (des Reiches, des Staates) als Rechtsträger der öffentlichen Gewalt Erzeugnis einer allmählichen Entwickelung und in ihrer vollen Durchführung durchaus modern. Nur die Persönlichkeit des Menschen ist der Rechtsordnung gegeben (ist Voraussetzung und Quelle der Rechtsentwickelung); die Persönlichkeit der gesellschaftlichen Verbände ist dagegen erst auf einer bestimmten Entwickelungsstufe von der Rechtsordnung erzeugt. Das will der durchaus zutreffende Ausdruck „juristische Person" sagen.

L. 1 § 1 D. quod cujusque univ. nom. (3, 4) (GAJUS): Quibus autem permissum est corpus habere collegii, societatis sive cujusque

---

Diese Person, d. h. die Erhebung des Verbandes zum Range eines von den Gliedern verschiedenen selbständigen Rechtssubjects, ist eine Schöpfung des Rechts. Was durch die Rechtsordnung geschaffen wird, ist allerdings darum nicht „fingiert". Die juristischen Personen sind ebensowenig fingiert wie etwa das Eigentum. Sie sind für das Recht wirklich Personen, d. h. Rechtsträger (in diesem Sinne real für das heutige Recht). Auf ihren Namen können Rechte (und Schulden) lauten, und nur in ihrem Namen kann über diese Rechte verfügt werden (Persönlichkeit sein heifst für das Recht nur: einen rechtlich anerkannten Namen, oder, wie die Römer sagten, einen rechtlich anerkannten „Kopf" haben): sie sind in das Namenregister (Personenregister) des Privatrechts eingetragen, ganz gerade so wie die physischen Personen. Auch sie stehen in dem goldenen Buche, aber nicht kraft ihres Wesens (kraft angeborener, natürlicher Persönlichkeit), sondern kraft des positiven Rechts, welches ihnen Persönlichkeit verleiht. Der Satz, dafs das gesellschaftliche Zweckvermögen Privateigentum, und zwar Alleineigentum einer einzigen Person (des Verbandes als solchen) ist, bedeutet eine späte Errungenschaft der Rechtsgeschichte, die neben dem geborenen Rechtsträger, dem Menschen, die Gesellschaft (in ihren verschiedenen Verbänden) als zweiten Rechtsträger, zunächst für das Privatrecht, gesetzt hat. Warum? Um die gesellschaftlichen Verbände wirtschaftsfähig zu machen gleich dem Individuum. Ein praktisches Bedürfnis drängt zur Erzeugung der juristischen Person (des Privatrechts) in demselben Augenblick, in welchem die socialen Verbände (z. B. der Staat, die Stadt) eine Sonderwirtschaft der Gesamtheit (für die Zwecke der Gesamtheit als solcher, z. B. Militärwesen, Schulwesen) neben der Wirtschaft der Einzelnen hervorbringen. Die Sonderwirtschaft fordert das Sondereigentum der Gesamtheit, und das Recht schafft die Rechtsform für die Sonderwirtschaft der Gesamtheit durch die „juristische Person". Dafs auch auf dem Gebiete des öffentlichen Rechts die Auffassung des Verbandes (des Staates) als Trägers des öffentlichen Regierungsrechts lediglich eine bestimmte Stufe der Rechtsentwickelung, nicht einen ewigen Naturrechtssatz zum Ausdruck bringt, braucht nur gesagt zu werden. Die Gesellschaft fordert heute die öffentliche Gewalt für sich, die einst dem Herrscher allein, in noch älteren Zeiten allen Volksgenossen gemeinsam gehörte. Die juristische Person ist die (im römischen Kaiserrecht vorgebildete) Rechtsform des modernen Rechts für die (dem Gemeininteresse dienende) Sonderwirtschaft der Gesellschaft einerseits, für die Allherrschaft der Gesellschaft andererseits. Die juristische Person ruht nicht in irgend welcher naturrechtlichen „realen Verbandspersönlichkeit", sondern ausschliefslich in der geschichtlich entwickelten Macht der gesellschaftlichen Verbände, die unser Recht in dieser, von ihm im Anschlufs an das römische Recht geschaffenen positiven Form zum Ausdruck bringt.

alterius eorum nomine, proprium est ad exemplum reipublicae habere res communes, arcam communem et actorem sive syndicum, per quem tamquam in republica, quod communiter agi fierique oporteat, agatur, fiat.

L. 7 § 1 eod. (ULPIAN.): Si quid universitati debetur, singulis non debetur, nec quod debet universitas, singuli debent.

L. 1 § 7 D. de quaest. (48, 18) (ULPIAN.): Servum municipum posse in caput civium torqueri saepissime rescriptum est, quia non sit illorum servus, sed reipublicae, idemque in ceteris servis corporum dicendum est: nec enim plurium servus videtur, sed corporis.

L. 16 D. de verb. sign. (50, 16) (GAJUS): civitates enim privatorum loco habentur.

§ 38.

Vereine und Stiftungen.

Es giebt zwei Arten von gesellschaftlichen Verbänden: sich selbst bestimmende (Körperschaften) und durch den Stiftungswillen bestimmte (Anstalten). Die durch das öffentliche Recht hervorgebrachten Verbände sind Körperschaften bezw. Anstalten des öffentlichen Rechts (z. B. der Staat, die Gemeinden, die kirchlichen Verbände und Anstalten), die durch die Mittel des Privatrechts hervorgebrachten Verbände sind Körperschaften bezw. Anstalten des Privatrechts. Die Körperschaften des Privatrechts nennen wir Vereine, die Anstalten des Privatrechts heifsen Stiftungen.

Die Rechtsfähigkeit (juristische Persönlichkeit) der öffentlichrechtlichen Verbände wurzelt im öffentlichen Recht. Die öffentlichrechtlichen Körperschaften und Anstalten sind (heute) kraft allgemeinen Rechtssatzes juristische Personen (zugleich des öffentlichen und des Privatrechts). Einer besonderen Verleihung der juristischen Persönlichkeit (Rechtsfähigkeit) bedarf es hier nicht. Die Rechtsform der juristischen Person ist gerade zu dem Zweck erzeugt worden, um diesem Vermögen der öffentlichen Körperschaften und Anstalten (dem für das Gemeininteresse bestimmten socialen Vermögen) die zweckentsprechendste Gestalt zu geben.

Anders stehen die privaten Vereine und Stiftungen. Vereinsbildung und Stiftung dienen dem Sonderinteresse des Einzelnen. Soll die für das öffentliche Vermögen ausgebildete Rechtsform der juristischen Person auch dem privaten Willen dienstbar sein? Soll es möglich sein, im privaten Interesse Vermögen ebenso für einen bestimmten Zweck dinglich zu binden, wie das öffentliche Zweckvermögen durch die Rechtsform der juristischen Person dinglich (der Zuständigkeit des Eigentums nach, so dafs nur im Namen dieser idealen Person gültig über dies Vermögen verfügt werden kann) für seine Zwecke gebunden ist? Diese Frage ist vom römischen Recht anders als von unserem heutigen Recht beantwortet worden.

Das römische Recht ist bei dem Satz verblieben, dafs die juristische Persönlichkeit ein Vorrecht der öffentlichen Körperschaften und Anstalten bedeutet.

In den ersten Jahrhunderten der Kaiserzeit erscheinen kaiserliche Alimentenstiftungen für Italien (zur Auszahlung von Unterstützungen an arme Kinder). Sie sind staatliche Anstalten und werden als verselbständigte Teile des Staatsvermögens (fiscus) gedacht. Privatpersonen konnten keine Stiftung mit eigenem Vermögen (d. h. mit eigner Rechtspersönlichkeit) errichten. Der Privatmann mochte Vermögen einer schon bestehenden juristischen Person (z. B. einer Stadtgemeinde) zuwenden (durch Schenkung oder Vermächtnis) mit der Zweckbestimmung (Auflage), dafs dies Vermögen in gewisser Weise, z. B. zu Feiern und Festessen, zu verwenden sei[1]. Dadurch kam eine Stiftung im untechnischen (weiteren) Sinn (eine „fiduziarische Stiftung“) zu Stande: eine Vermögenswidmung von blos obligatorischer Wirkung (die empfangende juristische Person war zu der vorgeschriebenen Verwendung des Vermögens verpflichtet). Eine Stiftung im Rechtssinne war solche private Stiftung nicht: es war kein neues Rechtssubject erzeugt worden, dem das gewidmete Vermögen als besonderes, ihm eigenes Vermögen gehört hätte (die Stiftung im Rechtssinn hat dingliche, dies Vermögen der Eigentumszuständigkeit nach von allem anderen Vermögen absondernde Wirkung)[2]. Mit

[1] Vgl. zu dem obigen Pernice, Labeo, Bd. 3, S. 150 ff. 164 ff.

[2] Errichtet jemand eine Stipendien-„Stiftung“ dadurch, dafs er einer

anderen Worten: das frühere Kaiserrecht kannte als Stiftung im Rechtssinn nur die kaiserliche (staatliche) Anstalt.

In der späteren Kaiserzeit (seit dem 5. Jahrhundert) kommt die durch private Personen geschaffene Stiftung (im Rechtssinn), aber diese nur in der Gestalt der pia causa (pium corpus), der frommen Stiftung, d. h. der Wohlthätigkeitsanstalt auf. Die Vermögenswidmung (durch Schenkung oder letztwillige Verfügung) zu Gunsten von Armen, Kranken, Gefangenen, Waisen, Greisen erzeugt nunmehr als solche ein neues Rechtssubject (die Armenanstalt, Krankenanstalt u. s. w.), der dies Vermögen als eigenes Vermögen (als das Vermögen einer neuen juristischen Person) zugehört. Der Gesichtspunkt aber ist der, dafs dies Stiftungsgut eine Art des Kirchenguts bedeutet. Die pia causa untersteht dem Kirchenregiment (dem Bischof bezw. dem kirchlichen Verwalter). Die pia causa ist eine kirchliche, d. h. eine öffentliche Anstalt. Deshalb nimmt sie an der kraft allgemeinen Rechtssatzes bestehenden Vermögensfähigkeit der kirchlichen Anstalten Teil. Einer besonderen Verleihung der juristischen Persönlichkeit bedarf es nicht. Das Vermögenswidmungsgeschäft (Schenkung, letztwillige Zuwendung) genügt nach römischem Recht, die fromme Stiftung (pia causa) als Stiftung im Rechtsinn, als neues Rechtssubject hervorzubringen. Der Satz aber, dafs nur die fromme Stiftung als vermögensfähige Stiftung (juristische Person) von der Privatperson geschaffen werden kann, fällt mit dem anderen zusammen, dafs nach römischem Recht nur die öffentliche, also (in christlicher

Universität Vermögen zuwendet mit der Bestimmung, dafs aus den Zinsen Stipendien zu zahlen seien, so liegt eine Stiftung im untechnischen Sinne vor: dies Vermögen gehört nicht der „Stiftung“ (solche Stiftung ist keine juristische Person), sondern der Universität, und die Universität ist nur zu der vorgeschriebenen Verwendung dieses Teiles ihres Vermögens verpflichtet: die Zweckbestimmung hat keine dingliche Wirkung (für die Zuständigkeit des Eigentums), sondern nur Verpflichtungswirkung für die Verwendung des Eigentums. Eine Stiftung im Rechtssinn liegt dagegen vor, wenn die Stipendien-Stiftung mit selbständiger Persönlichkeit bekleidet und dies Vermögen ihr eigenes Vermögen ist. Stiftung im untechnischen Sinne bedeutet Widmung von Vermögen durch Vermögenszuwendung an ein bestehendes Rechtssubject, Stiftung im Rechtssinn aber Widmung von Vermögen durch Vermögensabsonderung für ein neues Rechtssubject.

Zeit) neben den Veranstaltungen des Staats nur die kirchliche Anstalt der juristischen Persönlichkeit fähig ist.

L. 48 C. de episc. (1, 3) (JUSTINIAN.): Si quis — captivos scripserit heredes — sancimus talem institutionem — valere —. § 1: Sed et si pauperes quidam scripserit heredes et non inveniatur certum ptochium vel certae ecclesiae pauperes — et hujusmodi institutionem valere decernimus. § 2: Et si quidem captivos scripserit heredes, civitatis — episcopus et oeconomus hereditatem suscipiant et omnino in redemptione captivorum procedat hereditas — nullo penitus ex hoc lucro vel oeconomo vel episcopo vel sacrosanctae ecclesiae relinquendo.

Wie die Stiftungen, so hat das römische Kaiserrecht auch die Vereine behandelt. Das Recht der römischen Kaiserzeit verbietet grundsätzlich (mit wenig Ausnahmen) alle Vereine. Es giebt keine Vereinsfreiheit[3]. Nur diejenigen Vereine sind erlaubt, denen durch lex specialis (Privileg) das Dasein gegeben ist. Der Staat schafft den erlaubten Verein durch sein Gesetz, die lex collegii (Kaisergesetz, Senatsbeschlufs), nicht die Privatperson. Der durch Staatsgesetz erzeugte Verein aber ist ein Glied der staatlichen Organisation. Er geniefst daher kraft allgemeinen Rechtssatzes die Vermögensfähigkeit der staatlichen Verbände „ad exemplum reipublicae" (l. 1 § 1 D. 3, 4, oben S. 191). Einer Verleihung der juristischen Persönlichkeit bedarf es auch hier nicht. Dem römischen Recht ist die Verleihung der juristischen Persönlichkeit als solche überhaupt unbekannt. Es besteht (in der Kaiserzeit) nur der allgemeine Rechtssatz zu Gunsten der Rechtsfähigkeit öffentlicher Körperschaften und Anstalten. Die juristische Person ist ausschliefslich die Rechtsform für das öffentliche Vermögen, und Vereine sowie Stiftungen können an der juristischen Persönlichkeit nur dann Anteil haben, wenn sie in die Reihe der öffentlichen Körperschaften und Anstalten aufgenommen worden sind.

L. 1 pr. D. quod cujusque univ. (3, 4) (GAJUS): Neque societas neque collegium neque hujusmodi corpus passim omnibus habere conceditur: nam et legibus et senatusconsultis et princi-

[3] Vgl. zu dem obigen Pernice, Labeo, Bd. 1, S. 289 ff. Mommsen, Staatsrecht, Bd. 2, S. 886.

palibus constitutionibus ea res coercetur; paucis admodum in casibus concessa sunt hujusmodi corpora. Vgl. l. 3 § 1 D. de colleg. (47, 22).

L. 20 D. de reb. dub. (34, 5) (PAULUS): Cum senatus temporibus divi Marci permiserit collegiis legare, nulla dubitatio est, quod, si corpori cui licet coire legatum sit, debeatur: cui autem non licet si legetur, non valebit, nisi singulis legetur: hi enim non quasi collegium, sed quasi certi homines admittentur ad legatum.

Erst innerhalb der deutschen Rechtsentwickelung ist der privaten Stiftung und der privaten Körperschaft als solcher der Zugang zur juristischen Persönlichkeit eröffnet worden, aber immer unter bestimmten Vorbehalten.

Seit der Reformation löste sich das Stiftungswesen von der Kirche. Die Stiftung, auch die „fromme" Stiftung, war als solche nunmehr etwas weltliches. Der Staat nahm die Stiftungen unter seine Aufsicht. Das Sonderrecht der piae causae fiel hinweg. Die übrigen Stiftungen mochten gleichfalls jetzt Rechtsfähigkeit erwerben. Für alle privaten Stiftungen ohne Unterschied aber ist seitdem der Rechtssatz ausgebildet worden, dafs sie Rechtsfähigkeit lediglich durch landesherrliche Verleihung der juristischen Persönlichkeit erlangen. Kein allgemeiner Rechtssatz gewährt jetzt irgendwelchen privaten Stiftungen die Persönlichkeit. Es sind zwei Rechtshandlungen notwendig, um eine Stiftung im Rechtssinn (die rechtsfähige private Anstalt) ins Leben zu rufen: 1. das Stiftungsgeschäft (mit der Vermögenszuwendung), 2. die staatliche Verleihung der Persönlichkeit (die „Genehmigung" der Stiftung als eines besonderen Rechtssubjects). Die dauernde Bindung von Vermögen, welche in der Stiftung liegt, bedarf der Gutheifsung des Staates. Der privaten Stiftung soll als solcher die Rechtsfähigkeit zugänglich sein, aber der Staat will mitwirken, weil thatsächlich auch heute in der Errichtung einer Stiftung im Rechtssinn die Gleichsetzung von Privatvermögen mit öffentlichem Vermögen liegt.

Deutsch. B. G. B. § 80: Zur Entstehung einer rechtsfähigen Stiftung ist aufser dem Stiftungsgeschäfte die Genehmigung des Bundesstaates erforderlich, in dessen Gebiete die Stiftung ihren Sitz haben soll.

Ähnlich wie den Stiftungen ist es den Vereinen ergangen. Der seit dem 16. Jahrhundert sich entwickelnde absolute Polizeistaat war den privaten Vereinen gerade so feindlich wie das römische Kaiserreich. Der Grundsatz der Vereinsfreiheit ward beseitigt. Nur der obrigkeitlich genehmigte Verein darf im Polizeistaat sein. Die Rechtsfähigkeit des Vereins hat landesherrliche Verleihung zur Voraussetzung. Erst im Lauf unseres Jahrhunderts hat das öffentliche Recht die Vereinsfreiheit wenigstens im Grundsatz wieder aufgerichtet. Der private Verein bedarf (im allgemeinen) zu seiner Bildung von öffentlichen Rechtswegen keiner obrigkeitlichen Genehmigung mehr. Das Privatrecht aber hat noch heute die Gedanken des Polizeistaats nicht völlig überwunden. Für eine Reihe von Einzelfällen (so z. B. für die Actiengesellschaften, die Gesellschaften mit beschränkter Haftung, die eingetragenen Genossenschaften) hat die Gesetzgebung unserer Zeit, insbesondere des Deutschen Reiches, die Vermögensfähigkeit auch des Privatvereins durch allgemeinen Rechtssatz anerkannt. Das deutsche bürgerliche Gesetzbuch hat den Kreis der so bevorzugten Vereine zu Gunsten der „nicht auf einen wirtschaftlichen Geschäftsbetrieb" gerichteten Vereine erweitert (sie sollen, wenngleich unter gewissen Einschränkungen, die Rechtsfähigkeit des Privatrechts durch Eintragung in das Vereinsregister erwerben). Im übrigen aber steht noch immer der Grundsatz aufrecht, dafs für die privaten Vereine die juristische Persönlichkeit durch staatliche Verleihung erworben werden mufs. In der Vereinsbildung besitzt die Privatperson ein Mittel, das öffentliche Wesen zu beeinflussen, und in der Vermögensfähigkeit des Vereins liegt eine Handhabe, privatem Vermögen die Dauerkraft und Ansammlungsfähigkeit öffentlichen Vermögens zu gewähren. Daher der Kampf zwischen den beiden politischen Grofsmächten der Gegenwart, dem Staat und dem Einzelnen, um die Erlaubtheit und sodann um die juristische Persönlichkeit (die „Corporationsrechte") der Vereine, und in dem sonst so granitenen Boden des Privatrechts spüren wir hier ein unterirdisches Zittern. Die juristische Persönlichkeit macht ihren Träger zur Überperson, ihn, gleich der Tarnkappe, verbergend und doch mit ungeahnter Kraft erfüllend. Einst hat sie dem Staat gedient, sich in einen Einzelnen zu verwandeln, damit das öffentliche Vermögen der Rechtsformen des Privatvermögens teilhaftig sei. Jetzt ist die Frage, wie weit sie dem Einzelnen dienen kann und darf, durch Bildung von socialem Vermögen seine gesellschaftlichen Schöpfungen mit Kräften nach Art der staatlichen Verbände zu erfüllen.

Deutsch. B. G. B. § 21: Ein Verein, dessen Zweck nicht auf einen wirtschaftlichen Geschäftsbetrieb gerichtet ist, erlangt Rechtsfähigkeit durch Eintragung in das Vereinsregister des zuständigen Amtsgerichts. § 22: Ein Verein, dessen Zweck auf einen wirtschaftlichen Geschäftsbetrieb gerichtet ist, erlangt in Ermangelung besonderer reichsgesetzlicher Vorschriften Rechtsfähigkeit durch staatliche Verleihung.

Das Mittel der Vereinsbildung ist die Organisation: die verfassungsmäfsige Unterordnung der Vereinsglieder unter die Vereinsgewalt, damit die Gesamtheit frei (handlungsfähig) und, falls sie die Rechtsfähigkeit erlangt, auch vermögensfähig werde. Dadurch ist der Gegensatz zwischen Corporation im Sinn des Privatrechts (dem rechtsfähigen Verein) und der blofsen Gesellschaft (der societas) gegeben. Das Mittel der Societätsbildung ist die Obligation. Die societas des römischen Rechts bedeutet lediglich einen Contract, gleich andern Contracten, durch den die Mitglieder zu bestimmten Leistungen zwecks Erreichung eines gemeinsamen Zieles (z. B. um zusammen eine Flasche Wein zu trinken) sich gegeneinander verpflichten, vgl. unten § 82. Die Societät des römischen Rechts ist nichts, der socius ist alles. Die Societät ist nicht handlungsfähig, noch vermögensfähig: sie kann als solche weder die Flasche Wein kaufen, noch die Flasche Wein zum Eigentum erwerben, noch den Preis für die Flasche schuldig sein. Die Societät ist lediglich ein Rechtsverhältnis unter den socii (für niemand sonst vorhanden); der rechtsfähige Verein aber ist ein neues Rechtssubject, eine Gesamtheit, die als rechtsfähige Einheit, als Contrahentin, Eigentümerin, Schuldnerin jedem Dritten gegenüber tritt. Es giebt Corporationsvermögen, kein Societätsvermögen im eigentlichen Sinn des Worts. Das römische Recht hat den Rechtssatz, dafs zur Schaffung einer Corporation mindestens drei Mitglieder notwendig sind (tres faciunt collegium), während ein Societätsvertrag selbstverständlich schon unter Zweien möglich ist. In diesem Rechtssatz spiegelt sich der Gegensatz der beiden Bildungen. Drei ist die Mindestzahl für Fassung eines Mehrheitsbeschlusses[4]. Mindestens drei müssen sein, damit ein Wollen und ein Handeln der Gesamtheit (des collegium als solchen) ins Leben gerufen werden könne, das vom Wollen und Handeln der Einzelnen sich unterscheidet. Ist mit drei Mitgliedern ein rechtsfähiger Verein zustande gebracht worden, so erhebt sich über den dreien ein Vierter, ein neues Rechtssubject: das collegium, das corpus als solches. Der unsichtbare Vierte ist die durch Organisation geschaffene, vom Wechsel der Mitglieder unabhängige, sociale Person: die juristische Person, — die Überperson.

L. 85 D. de V. S. (50, 16) (Marcellus): Neratius Priscus tres facere existimat collegium, et hoc magis sequendum est.

Deutsch. B. G. B. § 54: Auf Vereine, die nicht rechtsfähig sind, finden die Vorschriften über die Gesellschaft Anwendung.

---

[4] Pernice, Labeo, Bd. 1, S. 292 weist auf diesen Grund des römischen Rechtssatzes hin. — Für die Fortdauer des einmal gegründeten corpus bedarf es der Erhaltung der Dreizahl nicht, l. 7 § 2 D. quod cujusque univ. (3, 4).

Zweites Buch.

Vermögensrecht.

Erstes Capitel.

Allgemeiner Teil.

§ 39.

Einleitung.

Die Person ist vermögensfähig. Der Umkreis ihrer Vermögensfähigkeit wird durch das Folgende, die Lehre von den Vermögensverhältnissen, sich bestimmen.

Gewisse Rechtssätze gelten von allen Vermögensrechten gleichermafsen, nämlich die Rechtssätze über Rechtsgeschäfte einerseits (durch Rechtsgeschäfte können Vermögensrechte begründet, verändert, aufgehoben werden) und die Rechtssätze über den Rechtsschutz andererseits. Von diesen Rechtssätzen, welche den allgemeinen Teil des Vermögensrechts ausmachen, ist zunächst zu handeln.

I. Die Rechtsgeschäfte.

§ 40.

Begriff und Arten des Rechtsgeschäfts.

Wir machen die Wahrnehmung, dafs für den Eintritt eines rechtlichen Erfolges der Wille des beteiligten Subjects bald gleichgültig (so bei der Klagverjährung), bald erheblich ist, und zwar ist er entweder in dem Sinn erheblich, dafs das Recht diesem Willen widersprechen will (so in den Fällen des Delicts), oder in dem Sinn, dafs das Recht diesem Willen entsprechen will (so in den Fällen des Rechtsgeschäfts). Die Rechtsgeschäfte des Privatrechts (z. B. der Kaufvertrag, Mietvertrag, Darlehnsvertrag) dienen dem Willen der Privatperson, um gewisse vermögensrechtliche Erfolge herbeizuführen. Das Rechtsgeschäft des Privatrechts ist die vom Recht zu willensgemäfser Wirkung bestimmte (in diesem Sinne privatrechtlich erhebliche) Willenserklärung der Privatperson. Und zwar kommt in dem Rechtsgeschäft entweder der Wille nur einer Person zum Ausdruck und zur Geltung (sogenannte einseitige Rechtsgeschäfte) oder der übereinstimmende Wille mehrerer Personen (sogenannte zweiseitige Rechtsgeschäfte oder Verträge).

Ein einseitiges Rechtsgeschäft ist z. B. das Testament.

Verträge im Rechtssinne sind, wie aus dem Obigen sich ergiebt, rechtlich erhebliche Consenserklärungen.

Der Consens, welcher den Vertrag hervorbringt, kann auf Erzeugung eines Schuldverhältnisses (obligatorische Verträge oder Contracte) oder auf irgend eine andere Rechtswirkung, z. B. Befreiung des Schuldners, Bestellung eines Niefsbrauchs, eines Pfandrechts gerichtet sein (sogenannte dingliche Verträge). Dingliche Verträge sind nicht blofs die Verträge, durch welche ein dingliches Recht geschaffen wird, sondern alle Verträge, die nicht unter den Begriff des obligatorischen Vertrags fallen. Die obligatorischen Verträge sind Verpflichtungsverträge: sie verpflichten den Schuldner, dafs er durch seine Handlung eine Rechtsänderung herbeiführe (so z. B. das Schenkungsversprechen). Die dinglichen Verträge sind dagegen Verfügungsverträge: sie führen (sobald die Voraussetzungen ihrer Wirksamkeit vorliegen) durch sich selber die Rechtsänderung herbei (z. B. Abtretung einer Forderung, Erlafs einer Schuld). Der obligatorische Vertrag verspricht, der dingliche Vertrag verschafft die Rechtsänderung.

L. 1 § 2 D. de pactis (2, 14) (Ulpian): Et est pactio duorum pluriumve in idem placitum et consensus[1].

Eine andere Einteilung der Rechtsgeschäfte ist die in negotia mortis causa und negotia inter vivos. Negotia mortis causa sind die Rechtsgeschäfte auf den Todesfall (z. B. das Testament, die Schenkung von Todes wegen), d. h. diejenigen Verfügungsgeschäfte, welche durch den Tod des Verfügenden inhaltlich bedingt sind (insbesondere also Verfügungen über den Nachlafs). Sie werden erst mit dem Tode des Verfügenden endgültig wirksam und sind deshalb regelmäfsig letztwillige, d. h. bis zum Tode widerrufliche Rechtsgeschäfte (sie gelten in der Regel nur kraft des letzten Willens des Verfügenden). Negotia inter vivos sind alle anderen Rechtsgeschäfte.

§ 41.

Der Thatbestand des Rechtsgeschäfts.

Der Thatbestand eines Rechtsgeschäfts (Kauf, Miete u. s. w.) ist Willenserklärung. Also zwei Thatbestandsstücke: 1. Wille, 2. Erklärung.

I. Der Wille. Wenn der Wille infolge von Willensunfähigkeit des Erklärenden (er ist z. B. wahnsinnig) oder sonst in erkennbarer Weise fehlt[1], so kommt kein Rechtsgeschäft zu stande. So im Fall der Simulation, d. h. der beiderseitigen Absicht der Vertragschliefsenden, etwas anderes zu wollen, als erklärt wird (es wird z. B. ein Kauf erklärt, aber beide sind dar-

[1] Trotz dieser ganz allgemein lautenden Definition ist der römische Begriff des pactum ein verhältnismäfsig enger. Er beschränkt sich auf die dem Obligationenrecht angehörigen Vereinbarungen (mag es sich um Verpflichtung oder um Befreiung, z. B. durch pactum de non petendo, handeln). Abreden aufserhalb des Obligationenrechts behandeln die römischen Juristen nicht als pacta. Vgl. Pernice in der Zeitschr. der Sav.-Stift., Bd. 9, S. 195 ff. So geht unser heutiger Vertragsbegriff, welcher oben im Text wiedergegeben worden ist, über den von den römischen Juristen ausgebildeten Vertragsbegriff (welcher augenscheinlich durch den Sprachgebrauch des prätorischen Edicts bestimmt worden ist) weit hinaus.

[1] Ein Beispiel: Verkäufer fordert versehentlich einen geringeren Preis; die Umstände machen sofort klar, dafs die Preisforderung auf einem Versehen beruht. Vgl. Annalen des Kgl. Sächs. Oberlandesgerichts zu Dresden, Bd. 9 (1888), S. 528 ff.

über einverstanden, daſs eine Schenkung gemeint ist). Ebenso in Fällen, wo des Scherzes oder des Unterrichts wegen oder sonst in erkennbarer Weise ohne wirkliche Absicht rechtsgeschäftliche Erklärungen abgegeben sind. Die gleiche Wirkung hat der Irrtum, welcher (in erkennbarer Weise) bewirkt, daſs etwas anderes erklärt als gewollt ist.

Liegt jedoch eine unzweideutige Erklärung und eine unerkennbare Abweichung des inneren Willens von der Erklärung vor, so kann unter Umständen das Rechtsgeschäft trotzdem gültig sein[2]. Der klassische Fall dieser Art ist die Mentalreservation, d. h. der Fall der einseitigen Absicht eines Vertragsteils, etwas anderes zu wollen als erklärt wird. Ebenso kann auch die unbeabsichtigte Abweichung des Willens von der Erklärung in solchem Fall unerheblich sein, d. h. trotzdem die erklärungsgemäſse Haftung hervorbringen. Man denke z. B. an den Fall, daſs jemand in einer Wirtschaft Nahrungsmittel genossen hat und hinterher (vielleicht der Wahrheit gemäſs) geltend macht, er habe den Preis der genossenen Getränke oder Speisen für niedriger gehalten. Er muſs dennoch den in der Wirtschaft üblichen Preis zahlen, weil er durch vorbehaltlose Bestellung (Kauf) unzweideutig erklärt hat, den hier üblichen Preis zahlen zu wollen. Der römischrechtliche Grundsatz lautet: die unzweideutige Erklärung wirkt erklärungsgemäſs, und nur bei zweideutiger Erklärung ist für die Auslegung des Rechtsgeschäfts die innere Willensmeinung als solche ausschlaggebend.

II. Die Erklärung ist die Mitteilung des rechtsgeschäftlichen Willens an den anderen, welcher der Adressat (der bestimmungsgemäſse Empfänger) der Willenserklärung ist. Nicht also jede Mitteilung, sondern nur die Erklärung an den anderen am Rechtsgeschäft Beteiligten (an die Zeugen beim Testament, an den Vertragsgegner bei Verträgen) erzeugt das Rechtsgeschäft. Die Form der Erklärung ist für einzelne Rechtsgeschäfte von der Rechtsordnung vorgeschrieben, so daſs dieselben nur in dieser bestimmten Form gültig errichtet werden können (z. B.

[2] R. Leonhard, Der Irrtum bei nichtigen Verträgen, 1882. Hartmann in Jherings Jahrb. f. Dogmat., Bd. 20, S. 1 ff. Derselbe im Archiv f. d. civilist. Praxis, Bd. 72, S. 161 ff. Abweichend Eisele in Jherings Jahrb., Bd. 25, S. 414 ff. Enneccerus, Das Rechtsgeschäft (1888), S. 107 ff.

das Testament). Solche Rechtsgeschäfte mit vorgeschriebener Form heifsen formelle Rechtsgeschäfte. Die meisten Rechtsgeschäfte sind jedoch formlos, d. h. die Erklärung des Willens kann in beliebiger Form, schriftlich oder mündlich, durch einen Boten oder einen Brief oder sonstwie, ja auch, ohne eigentliche Mitteilungshandlung, durch Ausführungshandlung (concludente Handlung), welche den Willen erschliefsen läfst (sogenannte stillschweigende Willenserklärung) gültig vollbracht werden[3]. Es genügt für das formlose Rechtsgeschäft, dafs der Wille irgendwie erklärt ist.

L. 3 D. de reb. dub. (34, 5) (PAULUS): In ambiguo sermone non utrumque dicimus, sed id dumtaxat, quod volumus. Itaque qui aliud dicit quam vult, neque id dicit, quod vox significat, quia non vult, neque id, quod vult, quia id non loquitur.

L. 9 pr. D. de her. inst. (28, 5) (ULPIAN.): Quotiens volens alium heredem scribere alium scripserit in corpore hominis errans, veluti »frater meus«, »patronus meus«, placet, neque eum heredem esse, qui scriptus est, quoniam voluntate deficitur, neque eum, quem voluit, quoniam scriptus non est.

L. 57 D. de O. et A. (44, 7) (POMPONIUS): In omnibus negotiis contrahendis sive bona fide sint sive non sint, si error aliquis intervenit, ut aliud sentiat puta qui emit aut qui conducit, aliud qui cum his contrahit, nihil valet, quod acti sit.

---

[3] Es giebt also zwei Arten der Willenserklärung: ausdrückliche (d. h. durch blofse Willensmitteilungshandlung) und stillschweigende (durch Willensausführungshandlung, sogenannte concludente Handlung). Ein Beispiel für das letztere: derjenige, dem ein Buch „zur Ansicht“ zugeschickt ist, sendet das Buch zum Einbinden an den Buchbinder; er hat die Kaufvertragsofferte des Buchhändlers durch concludente Handlung (Ausführung des Annahmewillens) acceptiert. Das Stillschweigen wird (sofern in demselben überhaupt nach den Umständen eine Erklärung gefunden werden kann) regelmäfsig eine ausdrückliche, keine stillschweigende Willenserklärung bedeuten. Den praktischen Unterschied zwischen beiden Fällen drückt der Satz aus: die Willenserklärung durch Willensmitteilungshandlung ist erst rechtlich fertig, wenn die Mitteilung dem Adressaten zugegangen ist, die Erklärung durch Willensausführungshandlung aber ist fertig mit der Ausführungshandlung selbst.

§ 42.

Die Motive des Rechtsgeschäfts.

Die Beweggründe, aus welchen das Rechtsgeschäft hervorgeht, sind im allgemeinen für seine rechtliche Wirkung gleichgültig, und ist es also auch gleichgültig, ob der Handelnde durch das Rechtsgeschäft die Zwecke erreichte, welche er verfolgte (er hatte z. B. gedacht, das gekaufte Buch handle von Schiefsgewehren, während es in Wirklichkeit die „Gewere", d. h. den Besitz des deutschen Rechts, zum Gegenstande hat). Falsa causa non nocet.

Ausnahmsweise aber sind die Motive dennoch von rechtlicher Bedeutung, und zwar in vier Fällen: in den Fällen des metus, des dolus, des sogenannten error in substantia und der Schenkung.

I. Der Fall des metus ist der Fall eines durch (erhebliche) Drohung erzwungenen Rechtsgeschäfts. Die Drohung (sogenannte vis compulsiva, im Gegensatz zu der körperlichen Gewalt, der sogenannten vis absoluta) war auf den Abschlufs dieses Rechtsgeschäfts gerichtet, z. B. auf die Eigentumsübertragung oder auf die Ausstellung eines Zahlungsversprechens. In solchem Fall ist das Rechtsgeschäft nach römischem Civilrecht gültig und voll wirksam zu stande gekommen; der Prätor aber giebt dem Bedrohten Rechtsmittel, um die Wirkungen des erzwungenen Rechtsgeschäfts zu beseitigen: die actio quod metus causa (eine Rückforderungsklage gegen jeden, welcher gegenwärtig aus dem erzwungenen Rechtsgeschäft bereichert ist) und die exceptio quod metus causa (eine Einrede, falls ich aus dem Rechtsgeschäft verklagt werde). Auch kann propter metum die in integrum restitutio (§ 56) erteilt werden.

L. 1 pr. D. quod met. c. (4, 2): Ait praetor: QUOD METUS CAUSA GESTUM ERIT, RATUM NON HABEBO.

L. 14 § 3 D. eod. (ULPIAN.): In hac actione non quaeritur, utrum is, qui convenitur, an alius metum fecit: sufficit enim hoc docere, metum sibi illatum vel vim, et ex hac re eum, qui convenitur, etsi crimine caret, lucrum tamen sensisse.

II. Der Fall des dolus ist der Fall des durch absichtliche Täuschung (Betrug) seitens des Vertragsgegners hervorgebrachten Rechtsgeschäfts. Der eine

Vertragsteil ist durch den anderen betrogen worden. Auch in solchem Fall war das Rechtsgeschäft nach Civilrecht gültig und voll wirksam, aber der Prätor gab gegen den Betrüger Rechtsmittel, um die Wirkungen des Rechtsgeschäfts aufzuheben: die (jedoch nur subsidiär, wenn keine andere Klage zuständig ist, gestattete) actio de dolo (nur gegen den Betrüger selbst, bezw. gegen dessen Erben, nicht gegen den Dritten, welcher aus dem Geschäft einen Vorteil hat), um allen Schaden aus dem Geschäft ersetzt zu verlangen (wozu nach Umständen auch das Rückgängigmachen des Geschäfts gehören kann), und die exceptio doli, um sich gegen die Klage des Betrügers (oder seines Rechtsnachfolgers) aus dem Geschäft zu verteidigen. Auch giebt es eine in integrum restitutio propter dolum (§ 56).

L. 1 § 1 D. de dolo (4, 3): Verba autem edicti talia sunt: QUAE DOLO MALO FACTA ESSE DICENTUR, SI DE HIS REBUS ALIA ACTIO NON ERIT ET JUSTA CAUSA ESSE VIDEBITUR, JUDICIUM DABO.

III. Der sogenannte error in substantia ist ein Irrtum über eine wesentliche Eigenschaft des Vertragsgegenstandes, über eine solche Eigenschaft, welche die Sache für den Verkehr zu einer anderen macht (ein vergoldetes Gefäfs wird für ein massiv goldenes, Essig für Wein, eine Sklavin für einen Sklaven gehalten). Der Gegenstand des Vertrages ist individuell bezeichnet. Beide Parteien meinen genau das gleiche Individuum. Der Consens über den Vertragsgegenstand (consensus in corpore) ist da. Der Fall des sogenannten error in substantia ist also das Gegenteil des sogenannten error in corpore (wo beide Teile einen verschiedenen Vertragsgegenstand im Auge haben, also der Consens fehlt). Aber der eine Vertragsteil setzt (in erkennbarer Weise) bei dem Vertragsgegenstand eine wesentliche Eigenschaft voraus (vielleicht indem der andere es gleichfalls nicht besser weifs und daher auch ohne Betrug von seiten des andern), welche dem Gegenstande abgeht. Sein Irrtum ist ein Irrtum im Beweggrund, ein Irrtum, welcher den nötigen Willen, den Consens, d. h. das Rechtsgeschäft hervorbringt, gerade wie in den vorigen Fällen der metus, der dolus. Das Rechtsgeschäft ist da, und der Grundsatz lautet auch hier, dafs das Rechtsgeschäft gültig und voll wirksam ist (falsa causa non nocet). Aber ausnahmsweise kann, wenn der error in substantia entschuldbar war, das zweiseitig obligatorische Rechtsgeschäft (z. B. der Kauf) auf Grund eines solchen error in substantia von seiten des Irrenden angefochten werden. Der error in substantia ist also nach römischem Recht bei weitaus den meisten Rechtsgeschäften (z. B. Tradition, Verpfändung, Schenkungsversprechen, Depositum, Commodat u. s. w.) für die Gültigkeit des Rechtsgeschäfts unerheblich, wie überhaupt die Motive unerheblich sind. Er ist erheblich nur bei obligatorischen Rechtsgeschäften mit gegenseitigem Leistungsversprechen (Kauf, Miete u. dgl.), und zwar nicht als ob dieselben nichtig wären, auch nicht als ob ein besonderes Rechtsmittel zu ihrer Anfechtung gegeben wäre, sondern lediglich insofern ein solcher error in substantia kraft der bona fides, welche jene Rechtsgeschäfte regiert, notwendig die Wirkungen derselben verändern mufs (nach Civilrecht, d. h. ipso iure, nicht erst nach prätorischem Recht). Wenn ich entschuldbarerweise eine Flasche Gift gekauft habe, wo ich erkennbarerweise eine Flasche Wein kaufen wollte, so verlangt die bona fides, welche den Kauf regiert, dafs ich nicht schlechtweg zur Zahlung des Preises verurteilt werde, sondern Auflösung des Kaufvertrages fordern kann, falls nicht auf seiten des anderen Vertragschliefsenden Umstände vorliegen, welche diese Behandlung des Falls unbillig erscheinen lassen. Aus dem Kauf wird, wie überhaupt aus solchen zweiseitig obligatorischen Geschäften (vgl. § 76), nicht schlechtweg das Versprochene, sondern vielmehr nur (aber auch alles) geschuldet, was die bona fides, d. h. Treu und Glauben im Verkehr, mit sich bringt [1].

IV. Schenkung (donatio) ist die Vermögenszuwendung (dando, promittendo, liberando) aus Freigebigkeit, d. h. um der Bereicherung des Empfängers willen. Schon das altrömische Recht hatte (durch die lex Cincia vom Jahre 204 v. Chr., welche der Schenkung, ausgenommen an gewisse exceptae personae, ein bestimmtes Mafs setzte) die Schenkungen beschränkt. Im Justinia-

[1] Vgl. Zitelmann, Irrtum und Rechtsgeschäft (1879), S. 560 ff. — Anders die herrschende Lehre, welche in den Fällen des error in substantia nach römischem Recht die Nichtigkeit des zweiseitig obligatorischen Vertrags behauptet, also den error in substantia (welcher den Consens hervorbringt) für die zweiseitig obligatorischen Verträge dem error in corpore (welcher den Consens ausschliefst) rechtlich gleichsetzt.

nischen Recht gelten für die Vermögenszuwendung, welche schenkungshalber gemacht wird, um dieses Motivs willen folgende Rechtssätze:

1. Die Schenkung unter Ehegatten ist nichtig (vgl. § 94 a. E.).

2. Die Schenkung bedarf, wenn sie ein gewisses Mafs überschreitet, zur Gültigkeit für das Mehr der gerichtlichen Insinuation, d. h. der Erklärung des Schenkungswillens vor Gericht. Das Mafs ist von Justinian auf 500 solidi (nach gemeinem Pandektenrecht = 4666 Mk. 67 Pf.) angesetzt worden.

3. Das Geschenkte kann wegen groben Undankes (Lebensnachstellung, grobe Injurien) zurückgefordert werden.

Die mortis causa donatio, d. h. die Schenkung, welche erst dadurch endgültig wird, dafs der Beschenkte den Schenkgeber überlebt, steht in Bezug auf die namhaft gemachten Rechtssätze und auch noch in mancher andern Hinsicht nicht unter Schenkungsrecht, sondern unter Vermächtnisrecht (§ 118).

L. 1 pr. D. de donat. (39, 5) (JULIAN.): Donationes complures sunt. Dat aliquis ea mente, ut statim velit accipientis fieri, nec ullo casu ad se reverti, et propter nullam aliam causam facit, quam ut liberalitatem et munificentiam exerceat: haec proprie donatio appellatur.

§ 1 I. de donat. (2, 7): Mortis causa donatio est, quae propter mortis fit suspicionem: cum quis ita donat, ut, si quid humanitus ei contigisset, haberet is, qui accepit; sin autem supervixisset, qui donavit, reciperet, vel si eum donationis poenituisset, aut prior decesserit is, cui donatum sit. Hae mortis causa donationes ad exemplum legatorum redactae sunt per omnia . . . . .; a nobis constitutum est, ut per omnia fere legatis connumeretur . . . Et in summa, mortis causa donatio est, cum magis se quis velit habere quam eum, cui donatur, magisque eum, cui donat, quam heredem suum.

§ 43.

Die Clauseln des Rechtsgeschäfts.

Die normalen Wirkungen des Rechtsgeschäfts können durch Nebenberedungen der Parteien eine Umgestaltung erfahren. Darin besteht das Wesen des clausulierten Rechtsgeschäfts. Drei Arten von Clauseln sind von besonderer Bedeutung: Bedingung (condicio), Termin (dies) und Auflage (modus).

I. Die Bedingung ist eine zukünftige ungewisse Thatsache, von deren Eintritt die Parteien die Wirkungen des Rechtsgeschäfts abhängig machen: entweder den Beginn der Wirkungen (sogenannte Suspensivbedingung) oder die Beendigung der Wirkungen (sogenannte Resolutivbedingung). Mit Eintritt der Suspensivbedingung treten die normalen Wirkungen des Rechtsgeschäfts ipso jure (von selber) ein (der Eigentumserwerb, die Schuldverpflichtung). Mit Eintritt der Resolutivbedingung hören die normalen Wirkungen des Rechtsgeschäfts ipso jure auf[1].

Ist das Eigentum einer Sache unter einer Suspensivbedingung (z. B. wenn du dein Examen bestehst) schenkungshalber übertragen worden, so erwirbt der Beschenkte also mit Eintritt der Bedingung ipso jure das Eigentum; bis dahin ist der Schenkgeber Eigentümer geblieben. War die Clausel als Resolutivbedingung gemeint (du sollst Eigentümer sein, es sei denn, dafs du das Examen nicht bestehst), so erwirbt Empfänger sofort Eigentum; falls aber die Resolutivbedingung (das Nichtbestehen) sich erfüllt, fällt das Eigentum ipso jure an den Schenkgeber zurück. Im ersten Fall hat also der Schenkgeber, im zweiten Fall der Beschenkte bis zum Eintritt der Bedingung Eigentum, aber dieses Eigentum ist blofses Zwischeneigentum, dominium revocabile, d. h. zum Rückfall an einen Andern veranlagtes Eigentum. Die vom Zwischeneigentümer in der Zwischenzeit bestellten Rechte (z. B. er verpfändet oder er veräufsert die Sache) sind gleichfalls revocabel, d. h. sie fallen gleichfalls mit Eintritt der Bedingung weg: resoluto jure dantis resolvitur etiam jus accipientis. Das hat man unpassend Rückwirkung der Bedingung genannt. In Wahrheit liegt darin nur, dafs durch die Bedingung das unter der Bedingung stehende Recht mit dinglicher Kraft und darum auch mit Wirkung für den dritten Erwerber beeinflufst, in seinem Wesen beeigenschaftet (belastet) wird.

Keine Bedingungen im Rechtssinne sind die condiciones juris oder tacitae (diejenigen Voraussetzungen, welche schon aus dem

[1] Eine beachtenswerte Ausführung über die Entwickelung der Resolutivbedingung im römischen Recht und ihr noch engbegrenztes Anwendungsgebiet im Corpus Juris Justinians giebt A. Kohler, Die Resolutivbedingung, im Archiv für bürgerliches Recht, Bd. 15 (1898), S. 1 ff.

wesentlichen Inhalt des Rechtsgeschäfts sich ergeben, z. B. der Tod des Testators vor dem Erben), ferner die condiciones in praesens vel in praeteritum relatae, die unmöglichen und die notwendigen Bedingungen. Hier tritt niemals der Zustand der gewillkürten Ungewifsheit ein, welche das Eigentümliche des bedingten Rechtsgeschäfts ausmacht. Die Rechtssätze von den Bedingungen finden deshalb keine Anwendung. Fällt eine condicio juris aus, so gelten die Rechtssätze von einem Mangel in den Voraussetzungen dieses Rechtsverhältnisses. Die unmögliche Bedingung macht die Rechtsgeschäfte unter Lebenden nichtig, während sie bei Rechtsgeschäften von Todes wegen (vgl. S. 202) gestrichen wird. Die unsittliche Bedingung (condicio turpis) wird der unmöglichen gleich behandelt.

§ 4 I. de V. O. (3, 15): Sub condicione stipulatio fit, cum in aliquem casum differtur obligatio, ut, si aliquid factum fuerit vel non fuerit, stipulatio committatur, veluti: SI TITIUS CONSUL FUERIT FACTUS, QUINQUE AUREOS DARE SPONDES?

§ 6 eod.: Condiciones, quae ad praeteritum vel ad praesens tempus referuntur, aut statim infirmant obligationem, aut omnino non differunt, veluti: SI TITIUS CONSUL FUIT — vel: SI MAEVIUS VIVIT, DARE SPONDES?

L. 9 § 1 D. de novat. (46, 2) (ULPIAN.): Qui sub condicione stipulatur, quae omnimodo exstatura est, pure videtur stipulari.

II. Termin (dies, im deutschen bürgerlichen Gesetzbuch „Zeitbestimmung") ist ein zukünftiges gewisses Ereignis, mit welchem die Wirkungen des Rechtsgeschäfts entweder erst anfangen (dies a quo) oder aufhören sollen (dies ad quem).

Der Termin kann in Bezug auf den Zeitpunkt seines Eintritts ungewifs sein (dies incertus quando), z. B. der Bürge soll nur haften, bis der Schuldner stirbt. Wenn auch das Ob des Eintritts ungewifs ist (dies incertus an), z. B. du sollst hundert haben an dem Tage, an welchem du dein Examen machst, so liegt kein Termin, sondern eine Bedingung vor.

§ 2 I. de V. O. (3, 15): Id autem, quod in diem stipulamur, statim quidem debetur, sed peti prius quam dies veniat, non potest.

III. Auflage (modus) bedeutet die Verwendungsbestimmung, welche einer Schenkung oder letztwilligen Zuwendung hinzugefügt ist[2]. Sie verpflichtet den Bedachten, die Bestimmung des Zuwendenden innezuhalten. Die Auflage hat für das sub modo zugewandte Recht (z. B. Schenkung des Eigentums mit der Auflage, einem Andern zehn zu geben) keine beeigenschaftende, das Recht dinglich belastende (revocabel machende) Kraft. Der Erwerber erwirbt sofort freies Eigentum; er ist nur persönlich zu der betreffenden Leistung obligiert. Auch wenn er die Auflage nicht erfüllt, bleibt er Eigentümer (kann aber auf die Leistung verklagt werden). Wenn er das Eigentum veräufsert (oder verpfändet), kann die Auflage nicht gegen den dritten Erwerber geltend gemacht werden. Die Auflage hat nur verpflichtende, nicht bedingende Wirkung.

L. 17 § 4 D. de cond. et dem. (35, 1) (Gajus): Quod si cui in hoc legatum sit, ut ex eo aliquid faceret, veluti monumentum testatori, vel opus, aut epulum municipibus faceret, vel ex eo ut partem alii restitueret, sub modo legatum videtur.

L. 80 eod. (Scaevola): . . . nec enim parem dicemus eum, cui ita datum sit: SI MONUMENTUM FECERIT, et eum, cui datum est: UT MONUMENTUM FACIAT.

§ 44.

Die Handlungsfähigkeit.

Handlungsfähigkeit im weiteren Sinn ist die Fähigkeit, in rechtlich erheblicher Weise zu handeln. Nur die Handlung eines Handlungsfähigen kommt für das Recht als Handlung, d. h. als Äufserung eines (sei es erlaubten, sei es unerlaubten) Willens in Betracht.

In einem engeren Sinn (und in diesem Sinne spielt der Begriff der Handlungsfähigkeit im Privatrecht eine Rolle) ist Handlungsfähigkeit die Fähigkeit zu einer bestimmten Art von Handlungen, nämlich die Fähigkeit, Rechtsgeschäfte abzuschliefsen. Das deutsche bürgerliche Gesetzbuch hat für diese Art der Handlungsfähigkeit den Ausdruck: Ge-

[2] Vgl. Pernice, Labeo, Bd. 3, Abt. 1: Auflage und Zweckbestimmung (1892).

schäftsfähigkeit. Es giebt drei Stufen der Geschäftsfähigkeit:

I. Vollkommen geschäftsunfähig, d. h. zu keinem Rechtsgeschäfte fähig, sind: 1. der infans, d. h. das Kind bis zum vollendeten siebenten Lebensjahre; 2. der furiosus, der Geisteskranke.

II. Unvollkommen geschäftsfähig, d. h. zu einigen Rechtsgeschäften fähig, zu anderen unfähig, sind nach römischem Recht; 1. der impubes (der Knabe bis zum vollendeten 14., das Mädchen bis zum vollendeten 12. Lebensjahre); 2. der prodigus (der unter Verschwendervormundschaft gesetzte Verschwender). Nach altrömischem Recht waren auch die Frauen nur unvollkommen geschäftsfähig (§ 103 II).

Der unvollkommen Geschäftsfähige ist fähig, durch seine Willenserklärungen (Rechtsgeschäfte) zu erwerben, nicht aber fähig, durch seine Willenserklärungen zu veräufsern oder sich zu verpflichten. Schliefst er ein Geschäft ab, welches zugleich berechtigt und verpflichtet (er empfängt z. B. ein Darlehn), so erwirbt er das Eigentum an den ihm zu Darlehn gegebenen Münzen, aber ohne aus dem Geschäft (aus dem Darlehn als solchem) klagbar verpflichtet zu werden: er kann, ebenso wie der vollkommen Geschäftsunfähige, nur auf Rückgabe der Bereicherung verklagt werden, welche er jetzt noch hat (vgl. § 83 I). Ist das Geschäft auf Leistung und Gegenleistung gerichtet (wie z. B. beim Kauf), so erwirbt er nach römischem Recht das Recht auf die Leistung, ohne auf die Gegenleistung verklagt werden zu können (sogenannte negotia claudicantia).

An Stelle des unvollkommen Geschäftsfähigen kann sein Vormund handeln. Oder: es kann der impubes das Veräufserungs- oder Verpflichtungsgeschäft unter gegenwärtiger Beihülfe des Vormundes (tutoris auctoritatis interpositio) selbst vollziehen (§ 103).

pr. I. de auct. tut. (1, 21): Auctoritas autem tutoris in quibusdam causis necessaria pupillis est, in quibusdam non est necessaria: ut ecce, si quid dari sibi stipuletur, non est necessaria tutoris auctoritas; quod si aliis pupilli promittant, necessaria est. Namque placuit, meliorem quidem suam condicionem licere eis facere etiam sine tutoris auctoritate, deteriorem vero non aliter, quam tutore auctore. Unde in his causis, ex quibus mutuae obligationes nascuntur, in emptionibus venditionibus, locationibus conductionibus, mandatis, depositis, si tutoris auctoritas non interveniat, ipsi quidem, qui cum his contrahunt, obligantur, at invicem pupilli non obligantur.

§ 2 eod.: Tutor autem statim in ipso negotio praesens debet auctor fieri, si hoc pupillo prodesse existimaverit; post tempus vero aut per epistulam interposita auctoritas nihil agit.

L. 6 D. de V. O. (45, 1) (Ulpian.): Is, cui bonis interdictum est, stipulando sibi adquirit, tradere vero non potest vel promittendo obligari: et ideo nec fidejussor pro eo intervenire poterit, sicut nec pro furioso.

III. Vollkommen geschäftsfähig, d. h. zu allen Rechtsgeschäften fähig (also auch fähig, sich durch eigene Verträge zu verpflichten), sind alle übrigen Personen, also nach römischem Recht auch die puberes minores XXV annis (die Minderjährigen, welche die Pubertät bereits erlangt haben). Doch kann der Minderjährige einen curator erbitten, und der minor curatorem habens ist trotz seiner vollkommenen Handlungsfähigkeit doch verfügungsunfähig, d. h. die Verwaltung seines Vermögens ist auf den Curator übertragen, der Minderjährige also von der Verwaltung seines eigenen Vermögens ausgeschlossen. Er kann alle Rechtsgeschäfte, auch Verpflichtungs- und Veräufserungsgeschäfte durch seinen alleinigen Willen zu stande bringen (er bedarf keiner auctoritatis interpositio, keiner gegenwärtigen Beihülfe zum Geschäft), aber seine Verpflichtungs- und Veräufserungsgeschäfte bleiben ohne Wirkung für sein Vermögen, wenn nicht der Curator seinen Consens erteilt (sei es bei oder vor oder nach dem Rechtsgeschäft). Der Consens des Curators kann durch die Genehmigung des grofsjährig gewordenen Minderjährigen ersetzt werden. Immer handelt es sich bei der Verfügungsunfähigkeit nur um die Wirkung des Rechtsgeschäfts, bei der Handlungsunfähigkeit aber um das Dasein des Rechtsgeschäfts.

Die deutsche Rechtsentwickelung hat die Altersstufe der pubertas und damit die römischrechtliche Sonderstellung der minores puberes gestrichen. Demnach sind nach dem deutschen bürgerlichen Gesetzbuch (§ 106) alle Minderjährigen, die das siebente Lebensjahr vollendet haben (infantia majores), beschränkt geschäftsfähig (ebenso nach § 114 die wegen Geistesschwäche, Verschwendung, Trunksucht Entmündigten).

pr. I. de curat. (1, 23): Masculi puberes et feminae viripotentes usque ad vicesimum quintum annum completum curatores accipiunt.

Deutsch. B.G.B. § 107: Der Minderjährige (der das siebente Lebensjahr vollendet hat) bedarf zu einer Willenserklärung, durch die er nicht lediglich einen rechtlichen Vorteil erlangt, der Einwilligung seines gesetzlichen Vertreters.

Gegensätze der Geschäftsfähigkeit sind:

1. Die Vermögensfähigkeit (d. h. die privatrechtliche Persönlichkeit, vgl. § 30). Vermögensfähigkeit ist die Fähigkeit, Vermögen (Rechte und Schulden) zu haben. Sie schliefst die Erwerbsfähigkeit (Rechte) und die Verpflichtungsfähigkeit (Schulden) in sich. Auch der infans kann Rechte erwerben, kann Schuldner werden (z. B. durch Handlung seines Vormunds). Die Handlungsfähigkeit dagegen ist die Fähigkeit, durch eigne Handlung (Willenserklärung) Rechte zu erwerben, sich zum Schuldner zu machen. Der infans ist vermögensfähig, denn er ist Person, aber nicht handlungsfähig.

2. Die Delictsfähigkeit, d. h. die Fähigkeit, aus unerlaubten Handlungen haftbar zu werden, steht nicht genau unter den gleichen Rechtssätzen wie die Rechtsgeschäftsfähigkeit (Handlungsfähigkeit im engeren Sinn). Der vollkommen Geschäftsunfähige (infans, furiosus) ist auch delictsunfähig. Dagegen ist der unvollkommen Geschäftsfähige nach römischem Recht delictsfähig, wenn er als doli capax erscheint (so der prodigus, der pubertati proximus). Die Delictsfähigkeit ist also von der vollkommenen Geschäftsfähigkeit unabhängig. Das Wesen der vollkommenen Geschäftsfähigkeit ist, dafs sie fähig macht, sich durch Rechtsgeschäfte (Verträge) zu verpflichten.

§ 45.

Die Stellvertretung.

Nicht alle Rechtsgeschäfte, welche man abschliefsen möchte oder müfste, ist man im stande, selber abzuschliefsen. Der Wahnsinnige kann sich kein Brot kaufen, auch wenn er Geld genug hätte. Er ist rechtlich an dem Abschlufs des Rechtsgeschäfts verhindert. Oder: der Hausherr kann nicht selber täglich auf den Markt gehen, um für den Mittagstisch einzukaufen. Er ist thatsächlich an dem Abschlufs des Rechtsgeschäfts verhindert.

In dem Fall blofs thatsächlicher Verhinderung kann der Verhinderte sich häufig durch Absendung eines Boten helfen, falls er, der Absendende, nämlich selber verhandeln will. Der Bote soll ihm nur helfen, das äufsere Hindernis der Entfernung zu überwinden, gerade wie ein Brief. Der Bote nimmt ihm nur den Gang ab, nicht den Abschlufs des Rechtsgeschäfts. Der Bote ist lediglich das Erklärungsmittel für den vom Absendenden selber gefafsten Willensentschlufs, das Werkzeug, durch welches der Absendende selber abschliefst. Es kann aber die Meinung sein, dafs der Geschäftslustige nicht selber verhandeln will. Dann erteilt er einem anderen Vollmacht, an seiner Statt (in seinem Namen) zu handeln: der Kaufmann stellt z. B. in seinem Laden einen Commis, der Wirt in der Wirtschaft einen Kellner an. Die Verhandlung mit dem Bevollmächtigten soll entscheiden und soll so angesehen werden, als ob sie mit ihm selbst geführt wäre. Der Bevollmächtigte soll dem Machtgeber den Abschlufs des Rechtsgeschäfts abnehmen, die Erwägung, den Entschlufs, die Willensthat, durch welche das Rechtsgeschäft zu stande kommt. Darin liegt das Wesen des Stellvertreters. Der Bote ist nur ein Werkzeug für die Mitteilung meines Willens; der Stellvertreter aber will an meiner Statt. Stellvertretung ist der Abschlufs eines Rechtsgeschäfts für einen anderen, d. h. der Abschlufs eines Rechtsgeschäfts in fremdem Namen.

In dem Fall des Wahnsinnigen (des infans, des impubes u. s. w.), überhaupt in den Fällen rechtlicher Verhinderung an dem eignen Abschlufs des Rechtsgeschäfts kann von vornherein nicht ein Bote, sondern nur ein Stellvertreter helfen.

Also zwei Fälle der Stellvertretung: die rechtsnotwendige (vormundschaftlich geartete) Stellvertretung des rechtlich Verhinderten (im deutschen B.G.B. heifst sie Vertretung durch einen „gesetzlichen Vertreter") einerseits, die gewillkürte (procuratorische) Stellvertretung des blos thatsächlich Verhinderten (im deutschen B.G.B. heifst sie Vertretung durch einen „Bevollmächtigten") andererseits.

Das römische Recht hat die Stellvertretung nur sehr zögernd und nur in engen Grenzen anerkannt. Nach römischem Recht ist es sowohl für den „gesetzlichen Vertreter“ wie für den „Bevollmächtigten“ bei dem Grundsatz verblieben, dafs Rechtsgeschäfte nur im eignen Namen abgeschlossen werden können, dafs es also keine Stellvertretung giebt. Der Beauftragte, der Vormund mufs nach römischem Recht, wenn statt des Andern gehandelt werden soll, das Rechtsgeschäft für sich selber (also als „stiller Stellvertreter“, vgl. unten S. 217) abschliefsen (z. B. den Kaufcontract). Eine bedeutsame Ausnahme ist jedoch in der römischen Kaiserzeit durchgedrungen. Für den Besitzerwerb und den durch Besitzerwerb vermittelten Rechtserwerb, also insbesondere für den Eigentumserwerb, ward Stellvertretung zugelassen: Sachen, die der Procurator (der gewillkürte Stellvertreter) im Namen seines Machtgebers, die der Vormund im Namen seines Mündels erwarb, wurden dem Vertretenen unmittelbar zu Eigentum erworben[1]. Für die Contracte aber blieb es bei dem Grundsatz: Contracte verpflichten und berechtigen nur den Contrahenten selber, Contracte können nicht wirksam in fremdem Namen geschlossen werden[2]. Dadurch unterscheidet das römische Recht sich wesentlich vom heutigen Recht.

Heute ist grundsätzlich bei allen Privatrechtsgeschäften wie die gesetzlich notwendige, so auch die gewillkürte Stellvertretung zulässig. Das Rechtsgeschäft wird von dem Stellvertreter für den andern abgeschlossen: es ist seinem Abschlufs nach (d. h. in Hinblick auf die Willensthat, durch welche es zu stande kommt) ein Geschäft des Stellvertreters. Aber die Wirkungen treten (nach heutigem Recht also allgemein) nicht zu Lasten noch zu Gunsten des Stellvertreters, sondern nur zu Lasten und zu Gunsten des andern (des dominus negotii) ein:

---

[1] Vgl. Lenel in Jherings Jahrb. Bd. 36, S. 89.

[2] Das galt für den Vormund gerade so wie für den Procurator, vgl. l. 26 § 3 C. de adm. tut. (5, 37), eine Stelle, auf die Regelsberger mich freundlich aufmerksam gemacht hat. Im Extraordinärverfahren der kaiserlichen Beamten aber (vgl. oben S. 106) kündigt sich auch für Contracte bereits der Grundsatz unmittelbarer Stellvertretung an: l. 1 § 18 D. de exercit. act. (14, 1), vgl. Mitteis in der Zeitschr. d. Sav.-Stift., Bd. 19, S. 200.

das Geschäft ist seiner Wirkung nach ein Geschäft des Vertretenen. Das deutsche bürgerliche Gesetzbuch steht selbstverständlich auf dem Boden dieses heutigen Rechts: der Vertretene erwirbt Recht und Pflicht unmittelbar aus dem Geschäft seines Vertreters (sog. Princip der unmittelbaren Stellvertretung).

Voraussetzung für die Wirkung des Stellvertretungsverhältnisses[3] ist, daſs dasselbe dem Vertragsgegner erkennbar sei. Nur wenn der Stellvertreter (der Vormund oder der Procurator) als solcher handelt, also nur wenn er mit ausdrücklicher oder durch die Umstände hinlänglich klar gemachter Hinweisung auf den Zweckträger des Rechtsgeschäfts, den Vertretenen (den dominus negotii) handelt, tritt die Wirkung ein, daſs nicht der Stellvertreter, sondern nur der dominus aus dem Geschäft berechtigt und verpflichtet wird. Das Rechtsgeschäft muſs also erkennbar im Namen des dominus negotii geschlossen sein (Beispiel: der Vertragsschluſs des Kellners in der Gastwirtschaft, des Ladendieners im Laden). Nur in diesem Fall, wo die Stellvertretung für den Vertragsgegner erkennbar ist (man pflegt solche Stellvertretung als offene Stellvertretung zu bezeichnen), finden die Rechtssätze über Stellvertretung Anwendung.

Dagegen tritt derjenige Beauftragte (oder gesetzliche Vertreter), welcher zwar im Interesse (auf Rechnung), aber nicht im Namen seines dominus, sondern im eignen Namen handelt (sogenannter stiller oder geheimer Stellvertreter) überhaupt gar nicht als Stellvertreter auf, und in solchem Fall finden daher die Rechtssätze über Stellvertretung nach heutigem wie nach römischem Recht keine Anwendung. Die Wirkungen des von dem stillen Stellvertreter geschlossenen Rechtsgeschäfts (z. B. mein Freund kauft für mich Briefmarken auf der Post) treten nur zu Lasten und zu Gunsten des Handelnden ein, nicht zu Lasten noch zu Gunsten des dominus negotii. Erst durch ein zweites Rechtsgeschäft müssen die Wirkungen des ersten Rechtsgeschäfts, z. B. der Eigentumserwerb, auf den dominus negotii übertragen werden. Die sogenannte stille Stellvertretnng stellt also in Wahrheit rechtlich keine Stellvertretung dar.

Keine Stellvertretung ist ferner die (dem heutigen Recht

[3] Soweit dasselbe überhaupt zugelassen wird, also nach römischem Recht nach Maſsgabe der Beschränkung, welche aus dem vorigen sich ergiebt.

unbekannte) sogenannte unfreie Stellvertretung des römischen Rechts, d. h. der rechtsnotwendige Erwerb des Herrn durch seinen Sklaven, des paterfamilias durch den filiusfamilias (oben S. 162. 174). Das Rechtsgeschäft wirkt hier grundsätzlich nur zu Gunsten des dominus, nicht auch zu seinen Lasten (er wird grundsätzlich nicht verpflichtet aus dem Darlehen, obgleich er das Eigentum an dem empfangenen Gelde erwirbt). Es tritt also nur teilweise Stellvertretungswirkung ein. Damit der dominus nicht blofs berechtigt, sondern auch verpflichtet werde aus dem Rechtsgeschäft, müssen hier anderweitige besondere Voraussetzungen vorliegen (unten § 88). Und ferner: es ist für jenen rechtsnotwendigen Erwerb des Herrn gleichgültig, ob der servus bezw. filiusfamilias im eignen Namen oder im Namen des Herrn, ob er bevollmächtigt oder unbevollmächtigt gehandelt hat. Die Rechtssätze über Stellvertretung finden auch auf dies Verhältnis keine Anwendung.

II. Der Rechtsschutz.

§ 46.

Einleitung.

Der Eigentümer braucht sich nicht gefallen zu lassen, dafs jemand ihm seine Sachen eigenmächtig wegnimmt. Durch Abwehr des unrechtmäfsigen Angriffes schützt er sein Recht selber durch Eigenmacht. Diese Art der Eigenmacht (wir wollen sie Selbstverteidigung nennen) ist gestattet: vim vi repellere licet. Selbstverteidigung ist eigenmächtige Rechtsausübung, und darum rechtmäfsig (qui jure suo utitur, neminem laedit).

Anders dagegen liegt der Fall, wenn die Rechtsverletzung schon vollzogen ist, und es sich also nicht um Abwehr, sondern um Wiederaufhebung der schon geschehenen Rechtsverletzung, um Überwältigung eines im Besitz befindlichen gegnerischen Willens, d. h. um Rechtsvollstreckung handelt. Hier ist die Eigenmacht (die Selbsthülfe) ausgeschlossen. Hier würde die Eigenmacht nicht Ausübung des verletzten Privatrechts, sondern Überschreitung desselben sein, weil das Privatrecht immer nur Herrschaftsrechte über Sachen oder (im Familienrecht) über minderfreie Personen giebt (oben S. 24. 155), niemals aber directe Gewalt über einen freien, ebenbürtigen Willen. Die Überwindung der dem Recht widerstrebenden freien Person (die Vollstreckung des Rechts) ist nach klassischem römischem wie nach heutigem Recht der Staatsgewalt vorbehalten. Der einzige Weg, um nach vollzogener Rechtsverletzung zur Vollstreckung des Rechts zu gelangen, ist daher die Anrufung der Staatsgewalt, die Klage (actio).

Die Forderungsrechte haben die Eigentümlichkeit, dafs hier der Gläubiger (vor Empfang der Zahlung) sich niemals in Ausübung seines Rechts befindet, dafs er immer zunächst nicht einer Sache, sondern einer gegnerischen Person gegenüber steht, dafs also die Eigenmacht des Gläubigers (um zu seiner Befriedigung zu gelangen) niemals Selbstverteidigung, sondern stets Selbsthülfe bedeutet. Der Gläubiger ist also grundsätzlich immer an die gerichtliche Klage zum Zweck zwangsweiser Befriedigung seines Rechts gewiesen.

Die Selbsthülfe, welche wir nach dem vorigen als eigenmächtige Rechtsvollstreckung definieren, ist nach römischem Recht infolge eines decretum divi Marci (von Marc Aurel) nicht blofs unrechtmäfsig (so dafs also gegen Selbsthülfe Notwehr zulässig ist), sondern als solche unter Strafe gestellt. Sie wird bestraft durch den Verlust des eigenmächtig vollstreckten Rechts, unter Umständen (falls der Handelnde das Recht in Wirklichkeit nicht einmal hatte) durch die Pflicht zur doppelten Erstattung des eigenmächtig angeeigneten.

Es giebt jedoch Ausnahmen von dem Verbot der Selbsthülfe. Im Notfall, wo der gerichtliche Schutz thatsächlich nicht ausreicht, wo also ohne Selbsthülfe unwiederbringlicher Schaden entstehen würde, z. B. dem Schuldner gegenüber, welcher durch Flucht sich seinen Gläubigern entziehen will, ist schon nach römischem Recht die Selbsthülfe Recht, nicht Unrecht.

§ 47.

Der römische Civilprocefs[1].

Die Grundlage des klassischen römischen Civilprocesses ist die Zweiteilung des Verfahrens in zwei scharf von einander

[1] Das klassische Werk über den römischen Civilprocefs ist noch immer Keller, Der römische Civilprocefs und die Actionen, in 6. Aufl. von Wach

getrennte Abschnitte: in das Verfahren in jure und das Verfahren in judicio.

Das Verfahren in jure ist das Verfahren vor dem Magistrat, d. h. vor der Gerichtsobrigkeit, der Verwalterin und Vertreterin der souveränen Staatsgewalt: seit Einführung der Prätur also in der Regel vor dem Prätor. Die Aufgabe des Verfahrens in jure ist, die Zulässigkeit des Anspruchs (ob überhaupt ein im Wege des Civilprocesses verfolgbarer Anspruch erhoben wird), den Inhalt des Anspruchs und zugleich die Bedingungen seiner Geltendmachung festzustellen. Das Verfahren in jure gipfelt und endigt (sofern nicht eine confessio in jure erfolgt, vgl. oben S. 54) mit der sogenannten litis contestatio, d. h. mit der Formulierung des Rechtsstreits, um dadurch die Grundlage für das judicium (die Entscheidung des Rechtsstreits) herzustellen. Die litis contestatio („Streitbefestigung") führt ihren Namen von der ursprünglich mit derselben verbundenen zweiseitigen feierlichen Zeugenaufrufung seitens der Parteien[2]. Die

(1883) vortrefflich bearbeitet. In jüngster Zeit hat sich um die Aufhellung des Formularverfahrens hervorragende Verdienste erworben M. Wlassak, Römische Procefsgesetze, 2 Bde., 1888. 1891. Dazu M. Wlassak, Die Litiscontestation im Formularprocefs, Festschrift für Windscheid, 1889. Zur Geschichte der Cognitur, 1893. Unter den neueren Werken sind sonst namentlich zu nennen: Bekker, Die Actionen des römischen Privatrechts, 2 Bde. (1871. 1873); Karlowa, Der römische Civilprozefs zur Zeit der Legisactionen (1872); Baron, Abhandlungen aus dem röm. Civilprocefs, 3 Bde. (1881. 82. 87); Aug. Schultze, Privatrecht und Procefs in ihrer Wechselbeziehung (1883), S. 228 ff.; O. E. Hartmann, Der Ordo judiciorum und die Judicia extraordinaria der Römer, erster Teil: Über die römische Gerichtsverfassung, ergänzt und herausgegeben von A. Ubbelohde (1886).

[2] Festus de verborum signif.: Contestari litem dicuntur duo aut plures adversarii, quod ordinato judicio utraque pars dicere solet: testes estote. Beide Parteien haben Zeugen aufzurufen (contestari). Sie unterwerfen sich dadurch zugleich feierlich dem über die so formulierte Frage angeordneten judicium. Daher die Anschauung, dafs judicio (durch Vollziehung der litis contestatio) contrahitur (Cicero de leg. III 3: lites contractas judicanto; l. 3 § 11 D. 15, 1: sicut in stipulatione contrahitur cum filio, ita judicio contrahi). Die mit der Zeugenaufrufung anhebende litis contestatio ist das eigentliche, für das Urteil grundlegende litigare, agere, petere, vgl. Wlassak, Cognitur, S. 7 ff. und unten § 48 Anm. 1. — Die Worte des Festus „ordinato judicio" wurden bisher dahin verstanden, dafs die Zeugenaufrufung erst nach der Einsetzung („Anordnung") des judicium,

Gewährung der litis contestatio seitens des Magistrats bedeutet zugleich die magistratische Entscheidung (decretum), dafs ein an sich zulässiger Anspruch vorliegt und dafs für denselben der Rechtsweg durch Einsetzung eines judicium eröffnet wird.

Aber das Verfahren in jure vermag nicht zu einem Urteil im Rechtssinn (zu einer sententia) zu führen. Damit der nunmehr (durch die litis contestatio) formulierte Rechtsstreit sein Urteil finde, mufs der Procefs aus der Hand des Magistrats in die Hand einer Privatperson (unter Umständen auch mehrerer collegialisch entscheidender Privatpersonen)[3] übergehen. Nur der

folgeweise erst nach der Formulierung des Rechtsstreits erfolgt sei, als „Schlufsact" des Verfahrens in jure. Dagegen ist von Ubbelohde-Hartmann, S. 448. 449, mit Recht eingewandt worden, dafs der Zeugenaufruf nach vollbrachter Handlung (Streitformulierung) der Natur der Dinge widerstreitet. Wlassak, Litiscontest., S. 72 ff., hat ferner nachgewiesen, dafs ordinare auch die Bedeutung „vorbereiten" und insbesondere litem ordinare die Bedeutung „den Rechtsstreit vorbereiten" hat (z. B. in dem Ausdruck: bonorum possessio litis ordinandae gratia). Danach heifsen die Worte „ordinato judicio" soviel wie: „nachdem das judicium vorbereitet ist". Nachdem die Art der beabsichtigten Streitformulierung (die Art der legis actio, später der Inhalt der formula) klargestellt ist, erfolgt die Zeugenaufrufung, um nun vor den Zeugen die in Aussicht genommene Formulierungshandlung (litis contestatio) feierlich zu vollziehen. In alter Zeit geschah das durch das Sprechen der Formelworte (legis actio). Im Formularprocefs geschah es, wie Wlassak in derselben Schrift wahrscheinlich gemacht hat, durch die Übergabe (bezw. Dictat) der vom Prätor genehmigten (datio) Schriftformel seitens des Klägers an den Beklagten. Auch der Formularprocefs hatte also eine bestimmte Parteihandlung der Streitformulierung, und zwar gleichfalls eine zweiseitige, vertragsmäfsige (der Kläger „ediert", der Beklagte „acceptiert" die formula und damit das judicium). Auch bei dieser Parteihandlung des Formularprocesses dauerte zunächst der Zeugenaufruf fort (Wlassak a. a. O. S. 70 ff.); doch ist derselbe, weil er gegenüber der Schriftformel nicht mehr die praktische Bedeutung hatte wie dereinst gegenüber der Spruchformel der legis actio, im Lauf der Kaiserzeit abgekommen. — Zu Wlassaks Ausführungen vgl. Lenel in der Zeitschr. d. Sav.-Stiftung, Bd. 15, S. 374 ff. Trampedach ebendas., Bd. 18, S. 114 ff.

[3] Für Freiheitsprocesse bestand zur Zeit der Republik ein ständiges Geschworenencollegium von Zehnmännern (decemviri stlitibus judicandis), für Vindicationsprocesse, insbesondere für Erbschaftsprocesse (hereditatis vindicatio) das (in mehrere Abteilungen, consilia gegliederte) Collegium der Hundertmänner (centumviri) mit 105, später 180 Mitgliedern. Wollte der Prätor eine Sache zu beschleunigter Entscheidung bringen, so konnte er

Privatmann, welcher nicht vermöge frei schaltender Staatsgewalt nach souveränem Ermessen, sondern (kraft seines Eides, welchen er schwört) lediglich nach Mafsgabe des wirklich bereits geltenden Rechts zu urteilen im stande ist[4], kann ein Urteil im Rechtssinn (eine sententia) abgeben; nur der Privatmann ist im stande, ein wahrer judex, ein Organ des objectiven Rechts zu sein. Die Entscheidung des Magistrats ist auch in Civilsachen formell stets eine Handhabung des souveränen imperium (ein decretum oder interdictum), ist rechtlich ein Machtspruch, kein Wahrspruch[5]. Nur die Entscheidung des geschworenen

aufserordentlicherweise kraft seines imperium ein Collegium von (gewöhnlich 3 oder 5) recuperatores einsetzen, welche binnen bestimmter Frist zu urteilen hatten. So geschah es namentlich bei Freiheitsprocessen (vindicatio in libertatem), wo dann also durch das Recuperatorengericht die Zuständigkeit der Zehnmänner (welche seit Augustus in dieser Function verschwinden) thatsächlich ausgeschlossen wurde, und bei Fremdenprocessen. Vgl. Wlassak, Röm. Procefsgesetze, Bd. 1, S. 179 Anm. 12, Bd. 2, S. 318. — Recuperatores (die immer nur für den Einzelfall bestellt wurden) und centumviri waren als solche Privatpersonen, ebenso wie der unus judex. Obgleich die centumviri zu je drei aus jeder der 35 tribus genommen wurden, deutet nichts darauf hin, dafs sie von den Tributcomitien gewählt worden wären. Für die decemviri dagegen ward gegen Ende der Republik Wahl durch die Tributcomitien vorgeschrieben, so dafs sie formell zu den magistratus (minores) populi Romani zählten, doch ohne dafs ihre Stellung zu den Parteien dadurch verändert worden wäre. Es gilt von allen Geschworenen gleichermafsen, auch von den decemviri, dafs sie den Parteien lediglich als Privatpersonen (judex privatus), nicht als mit Zwangsmitteln ausgerüstete Obrigkeit gegenübertreten; vgl. Pernice in der Zeitschr. d. Sav.-Stift., Bd. 5, S. 48.

[4] Vgl. pr. I. de off. jud. (4, 17): Superest, ut de officio judicis dispiciamus, et quidem in primis illud observare debet judex, ne aliter judicet quam legibus aut constitutionibus aut moribus proditum est. Der judex ist, im Gegensatz zu dem Magistrat (vgl. oben S. 52), auch an das Gewohnheitsrecht schlechtweg gebunden. Nur eine ausdrückliche Anweisung des Magistrats (exceptio, actio in factum u. s. w.) kann den judex von der Beobachtung des Rechts entbinden, wobei dann der Magistrat, nicht aber der judex die Verantwortung trägt. Indem der judex das Gewohnheitsrecht anwendet, wird er zugleich (unwillkürlich) zu einem Organ für die Fortbildung desselben; eine Thatsache, auf welche Bekker, Die Actionen des röm. Privatrechts, Bd. 2, S. 145 ff. mit Recht hinweist, aber mit der irreführenden Formulierung, als ob dem judex eine „Berechtigung", das objektive Recht fortzubilden (dem Magistrat vergleichbar), zukäme.

[5] Darum kann die obrigkeitliche Entscheidung auch in Civilsachen durch Intercession eines gleich- oder höherberechtigten Magistrats, d. h.

Privatmanns (des judex), dessen Stellung nicht auf imperium, sondern auf officium beruht, ist kein Befehl, sondern Urteil, ist ein Wahrspruch (sententia), kein Machtspruch. Darum verlangt der römische Civilprocefs, dafs der Magistrat der Entscheidung des Rechtsstreits sich enthalte, dafs er vielmehr die Entscheidung einer Privatperson übertrage (welche dadurch zum judex für den Procefs bestellt wird)[6]. Die Scheidung des Civilprocesses in diese zwei Stufen: Verfahren in jure und Verfahren in judicio, bedeutet grundsätzlich die Befreiung des Privatrechts von der magistratischen Gewalt.

Nachdem in jure der Rechtsstreit zugelassen und formuliert ist (litis contestatio), geht er demnach zu weiterer Verhandlung an einen privaten geschworenen judex (oder an mehrere judices) über. Dies Verfahren vor dem judex ist das Verfahren in judicio. Seine Aufgabe ist, wie schon gesagt, die Entscheidung des Rechtsstreits durch das Urteil (sententia) des judex. Der judex wird zunächst den Thatbestand feststellen, Beweis aufnehmen, soweit es ihm nötig scheint. Dann giebt er nach bestem Wissen und Gewissen (ex animi sententia) seinen Wahrspruch über das Rechtsverhältnis, d. h. sein Urteil ab[7].

---

durch einen entgegengesetzten Befehl von gleicher Befehlsgewalt (imperium), der eine Befehl also durch einen andern Befehl aufgehoben werden. Daraus hat sich die Appellation des älteren römischen Rechts entwickelt (die „Herbeirufung“ des anderen Magistrats zur Intercession). Aus der Appellation an den Kaiser ist dann kraft der kaiserlichen Befugnis, alle Processe im Reich den ordentlichen Gerichten zu entziehen und an das kaiserliche Gericht zu bringen, in der Zeit des Principats die moderne Appellation hervorgegangen, welche (gleich der alten Provocation) die Instanz verändert und vor einem höheren Gericht eine Neuverhandlung der Sache zum Zweck eines neuen Urteils herbeiführt. Vgl. J. Merkel, Abhandlungen aus dem Gebiete des römischen Rechts, Heft 2: Über die Geschichte der klassischen Appellation (1883).

[6] Eine gesetzliche Verpflichtung des Magistrats, nicht selbst zu entscheiden, sondern ein Geschworenengericht niederzusetzen, bestand allerdings nur, wenn der Procefs unter römischen Bürgern und innerhalb der römischen Bannmeile geführt ward, Wlassak, Röm. Procefsgesetze, Bd. 2, S. 338—342.

[7] In seinem ursprünglichen Wortsinn bezeichnet judicium das Gericht, nämlich das Spruchgericht (Schwurgericht), welches mit der Entscheidung des Rechtsstreits betraut ist, Wlassak, Röm. Procefsgesetze, Bd. 2, S. 53.

Während das Verfahren in judicio, soviel wir sehen können, von den Zeiten der zwölf Tafeln bis zum Abschlufs der klassischen Epoche keine wesentliche Änderung erfahren hat, war mit dem Verfahren in jure gegen Ende der Republik eine wichtige Umgestaltung vorgegangen. Der Legisactionenprocefs ward durch den Formularprocefs verdrängt.

§ 48.

Die legis actio.

Das altrömische Verfahren in jure endigte mit einer litis contestatio durch feierliche Parteihandlung. Die beiden processierenden Teile riefen, nachdem vor dem Magistrat verhandelt war, so dafs die Gewährung eines judicium seitens des Magistrats bevorstand, feierlich Zeugen auf, um vor denselben durch eigene formale Handlung, unter ganz bestimmten, hergebrachten Worten, ihren Rechtsstreit zu klarem Ausdruck zu bringen (litis contestatio, oben S. 220). Die zu sprechenden Formeln waren entweder durch den Wortlaut eines Volksgesetzes (des Gesetzes nämlich, auf welches sich die Klage gründete) oder durch altüberliefertes Herkommen, welches dem Volksgesetz (der lex) gleichgeachtet wurde, festgestellt. Daher hiefs die Vollziehung der litis contestatio, ja das ganze Verfahren (dessen Mittel- und Schwerpunkt eben jene litis contestatio bildete) eine legis actio[1], d. h. ein gesetzmäfsiges Verfahren. Dies war der

54. Es rechtfertigt sich dadurch der herkömmliche Sprachgebrauch, welcher das Verfahren im Schwurgericht (vor der geschworenen Privatperson) Verfahren in judicio nennt, wenngleich, wie Wlassak a. a. O. S. 26 ff. 56 ff. dargethan hat, die Quellen mit dem Ausdruck judicium den ganzen Procefs, also mit Einschlufs des Verfahrens in jure, insbesondere der litis contestatio, bezeichnen. Im Sinne der Quellen ist das judicium schon da (judicium inchoatum, judicio actum est), wenn nur die litis contestatio stattgefunden hat, Wlassak S. 29. 32.

[1] Die litis contestatio wird auch actio genannt, Gaj. IV § 11: in actione vites nominaret. Sie ist die eigentliche legis actio (im formellen Sinn), die solenne Erhebung und Eröffnung des ordentlichen Rechtsstreits, zugleich mit dem Begehren nach einem judicium. Vgl. oben S. 220 Anm. 2.

eigentliche, ordentliche, echte Procefs, welcher zu solcher litis contestatio und dadurch zu einem judicium, dem Urteil eines Geschworenen (nicht zu einer Entscheidung des Magistrats) führte. Aber noch in einem anderen Sinn konnte diese Art Procefs eine legis actio genannt werden, in dem Sinn nämlich, dafs nicht blofs die Form der litis contestatio, sondern auch der Anspruch selber, dafs für solchen Fall auf Grund der litis contestatio ein judicium gewährt werde, auf Volksgesetz oder gesetzesgleichem Herkommen ruhte. Die römische actio bedeutet ein Recht nicht blofs gegenüber der gegnerischen Partei, sondern auch gegenüber dem Magistrat, und zwar das Recht auf judicium, d. h. auf Gewährung des ordentlichen Verfahrens (nach jus civile, Volksrecht), auf Eröffnung des Rechtsweges (im Gegensatz zum Verwaltungsweg), auf Einsetzung also eines Privatmannes, welcher den Rechtsstreit durch sein Urteil entscheide. Dies Recht auf judicium (die actio) wird in der alten Zeit durch lex (oder Herkommen, welches der lex gleich gilt) begründet. Daher die Bezeichnung: legis actio.

I. Die legis actio sacramento. Die wichtigste und regelmäfsige Form des Legisactionenprocesses war der sogenannte Sacramentsprocefs (legis actio sacramento). Beide Parteien beteuern zum Zweck der litis contestatio feierlich ihren Rechtsanspruch (z. B. ajo hanc rem meam esse ex jure Quiritium u. s. w., worauf dann der andere mit der gleichen Formel antwortet) und deponieren sodann beide eine Wettsumme (das sogenannte sacramentum, eine Summe, je nach der Rechtssache, von 500 oder von 50 As), welche jeder verloren haben will, wenn seine Beteuerung als unwahr sich erweisen sollte. Durch diese Wette ward die formale Grundlage für das judicium (die Formulierung des Rechtsstreits) gewonnen und zugleich, wie wir annehmen dürfen, durch die vollzogene Wette dem Magistrate gegenüber das Recht, auf judicium (die actio) formell begründet. Wenn der Mann über eine an sich mögliche Rechtsbehauptung zur Wette (sacramentum) geschritten war, so nötigte er wie den Gegner zum Gegen-Sacrament, so den Magistrat zur Bestellung eines judex. Die legis actio war wirklich eine legis actio sacramento; auf der Procefswette beruhte, wie die Entscheidung des judicium, so auch das formale Recht auf judicium. Durch das Mittel des Sacraments ward dem Privatrecht die actio gegeben[2].

II. Die legis actio per judicis postulationem.

In bestimmten Fällen jedoch war durch Gesetz mit einem gewissen Thatbestand, nämlich mit gewissen Contractsthatbeständen und gewissen Delictsthatbeständen, unmittelbar die actio, d. h. das Recht auf judicium verbunden worden. Es bedurfte des sacramentum und der damit verbundenen Procefsgefahr nicht. Es genügte, wenn in jure vor dem Magistrat der betreffende Thatbestand (Contract oder Delict) behauptet und auf Grund desselben mit solennen Worten die Bestellung eines judex gefordert wurde, um den Magistrat zur Einsetzung eines judicium zu nötigen. Der Thatbestand mufste aber genau der den verba legis entsprechende Thatbestand sein und deshalb genau mit den verba legis beschrieben werden. Weil in diesen Fällen das Begehren eines judex den Magistrat unmittelbar zur Gewährung des judicium nötigte, so hiefs diese legis actio eine legis actio per judicis postulationem[3].

[2] Seine zwingende Kraft für die Obrigkeit hatte das sacramentum wahrscheinlich dadurch, dafs ursprünglich nicht blofs Geldsumme gegen Geldsumme, sondern Eid (ein sacramentum im gewöhnlichen Sinn des Worts) gegen Eid stand. Für die Wahrheit des sacramentum setzt der Schwörende entweder seine Person ein (er consecriert sich selbst den Göttern) oder nur bestimmte Vermögensstücke (er consecriert diese Sachen den Göttern, dieselben sollen eventuell den Göttern verfallen sein). Ein solcher blofser „Vieh-Eid“ (so heifst er in deutschen Rechtsquellen), welcher lediglich Vermögensstücke einsetzt, war im Civilprocefs hinreichend. Aber auch mit solchem Vermögens-Eid war eine Frage geschaffen, welche die Entscheidung durch objectives Urteil forderte. Mit anderen Worten: der Magistrat war genötigt, von der eigenen Entscheidung (decretum) zurückzutreten und einen Geschworenen (judex) bezw. ein Geschworenencollegium (z. B. die centumviri) durch Wahrspruch (sententia) entscheiden zu lassen. Der Eid begründete die actio (Recht auf judicium). Dann fiel später der Eid weg, und blofs die Geldsumme (das Consecrierte, sacramentum in diesem Sinn), welche übrigens in jüngerer Zeit nicht mehr deponiert, sondern nur noch versprochen wurde, blieb zurück. — Über Eid und Eidesschelte als Ursprung der legis actio sacramento H. H. Pflüger, Die legis actio sacramento, 1898.

[3] Auf diese legis actio per judicis postulationem beziehe ich das von Gajus IV § 11 gegebene Beispiel von der legis actio de arboribus succisis. Als zweifellos darf man annehmen, dafs ursprünglich auf Grund der 12 Tafeln auch wirklich nur wegen abgehauener Bäume die actio zuständig war. Erst

III. Die legis actio per condictionem. Es waren persönliche Schuldforderungen, für deren Geltendmachung die l. a. per judicis postulationem bestimmt war. Eine Fortbildung der persönlichen Schuldklage bedeutete die legis actio per condictionem, welche durch eine lex Silia für den Anspruch auf eine certa pecunia, dann durch eine lex Calpurnia auch für die Schuldforderung auf eine certa res eingeführt wurde[4]. Nahm es der Kläger bei einer persönlichen Klage auf sich, den Inhalt seines Anspruchs genau auf eine bestimmte Geldsumme (certam pecuniam dare) oder auf die Eigentumsverschaffung an einer bestimmten Sache (certam rem dare) zu fixieren, so konnte er gleichfalls unmittelbar die Bestellung eines judex vom Magistrat verlangen. Darin lag eine Gefahr, weil der Kläger seinen Procefs verlor, wenn er zwar zu fordern, aber nicht genau das Angesprochene zu fordern hatte, andererseits aber auch ein Vorzug, weil diese actio auch in solchen Fällen möglich war, wo der Thatbestand an sich das Recht der judicis postulatio nicht erzeugte, ja wo überhaupt vielleicht ein vom Recht als zweifellos anerkannter Anspruch nicht da war (z. B. wenn weiter nichts vorlag, als dafs der eine auf Kosten des andern bereichert war). Wie bei der l. a. per judicis postulationem in der litis contestatio nur der

die spätere interpretatio liefs die actio auch in anderen Fällen, insbesondere auch de vitibus succisis zu; in der litis contestatio mufsten aber immer noch die Gesetzesworte „de arboribus succisis“ gebraucht werden. Dadurch entstand dann der Formalismus, welchen Gajus berichtet. Dafs von vornherein die 12 Tafeln de arboribus succisis geredet hätten, um auch die vites darunter zu begreifen, ist selbstverständlich ausgeschlossen. Der Satz, dafs nur de arboribus succisis geklagt werden könne, bedeutete also ursprünglich, dafs wirklich nur auf Grund des dem Gesetzesbuchstaben entsprechenden Thatbestandes die actio zuständig war. Die spätere Entwickelung liefs den letzteren Grundsatz in Wirklichkeit fallen (gab also die actio auch de vitibus succisis), hielt ihn aber dem Schein nach aufrecht (die actio wurde formell immer nur de arboribus succisis erhoben). Was uns an dem von Gajus berichteten Formalismus als unsinnig erscheint, ist also als das Ergebnis späterer Entwickelung zu betrachten. — Ein anderes Beispiel der legis actio per judicis postulationem ist die actio fiduciae, oben S. 60 Anm. 12. Weitere Fälle s. bei Voigt, Die zwölf Tafeln, Bd. 1, S. 586 ff. — Über die legis actio per judicis postulationem vgl. A. Schmidt in der Zeitschr. der Sav.-Stift., Bd. 2 (1881), S. 155 ff.

[4] Gaj. IV § 18—20.

Thatbestand formuliert ward, ohne Bezeichnung des daraus abgeleiteten Anspruchs (legis actio in factum concepta), so ward hier umgekehrt in der litis contestatio nur der Anspruch formuliert, nicht aber der Thatbestand (legis actio in jus concepta). Es war eine abstracte Schuldklage, welche in dem Act der solennen Streitformulierung (litis contestatio) den concreten Schuldgrund nicht erkennen liefs[5].

Für die Fälle dieser neuen legis actio war eine andere Art der judicis postulatio vorgeschrieben, als sie bei der legis actio per judicis postulationem altherkömmlich war. Auf die legis actio per judicis postulationem ward von alters her sofort der judex vom Magistrate gegeben[6]. Die legis actio per condictionem hatte aber die jüngere Art des Verfahrens, welche mit der späteren Einrichtung der Richterbestellung überhaupt zusammenhing[7], dafs der judex nicht sofort gegeben ward, sondern die Parteien sich vereinbarten, nach 30 Tagen zur Erwählung und Ernennung eines judex (ad judicem capessendum) wiederum in jure vor dem Prätor zu erscheinen. Der Kläger richtete dabei an den Gegner die feierliche Ansage, dafs er nach 30 Tagen wieder vor dem Tribunal des Magistrats zum Zweck der Einsetzung des judicium zu erscheinen habe[8]. Diese Ansage hiefs condictio (wörtlich: Gedinge,

[5] J. Baron, Abhandlungen aus dem römischen Civilprozefs, Bd. 1: Die Condictionen (1881). — Bedenken bei Pernice, Labeo, Bd. 3, Abt. 1 (1892), S. 228—234.

[6] Gaj. IV § 15: Ut autem [die] XXX. judex daretur, per legem Pinariam factum est; ante eam autem legem [stat]im dabatur judex. Was hier von der legis actio sacramento berichtet wird, dafs früher sofort der judex gegeben ward, darf auch für die l. a. per judicis postulationem angenommen werden. Die Lesart „nondum dabatur judex" scheint mir, auch von Studemunds Zeugnis abgesehen, durch sachliche Gründe ausgeschlossen. Dafs die legis actio sacramento jemals ein Verfahren ohne judicium (also lediglich in jure, wie z. B. A. Schmidt a. a. O. S. 160 Anm. 3 annimmt) gewesen wäre, ist in hohem Grade unglaublich und wird sowohl durch das Wesen der actio (oben S. 224) wie durch die Umstände, welche die l. a. sacramento nur deshalb macht, um zu einem judicium zu gelangen, ausgeschlossen.

[7] Vgl. darüber Karlowa, Civilprocefs zur Zeit der Legisactionen S. 252 ff.

[8] Die monatliche Frist mochte dem Beklagten zugleich eine Frist des Aufschubs bedeuten, die ihm gestatten sollte, inzwischen freiwillig zu erfüllen. Es war klar, dafs der Kläger zu einem judicium kommen würde. Der Magistrat hatte den klägerischen Anspruch für geeignet zur Niedersetzung eines judicium anerkannt. Unter dem Druck dieser Thatsache

Beredung). Daher der Name: legis actio per condictionem. Wir sehen, dafs der Sinn dieser Bezeichnung genau derselbe ist, welcher der anderen Klagart den Namen legis actio per judicis postulationem gegeben hat. In beiden Fällen ist das Begehren der Partei nach einem judex unmittelbar für die Obrigkeit verbindlich.

IV. Die legis actio per manus injectionem. In gewissen aufserordentlichen Fällen entspringt die actio aus der bereits vollzogenen Zwangsvollstreckungshandlung, wie beim Sacramentsprocefs aus der vollzogenen Beteuerungshandlung.

Die normale Zwangsvollstreckungshandlung ist die gerichtliche, d. h. in jure vor dem Magistrat vollzogene Handanlegung an den Gegner (manus injectio)[9]. Sie ist die Ergreifung des Gegners zur Abführung in die Schuldknechtschaft. Der Gegner ist aufser stande, sich selber zu verteidigen, weil er kraft der manus injectio bereits servi loco ist[10]. Aber ein anderer kann als vindex

mochte der Beklagte binnen der monatlichen Frist sich zur freiwilligen Befriedigung des Klägers entschliefsen; vgl. Baron a. a. O. S. 211.

[9] Die aufsergerichtliche manus injectio ist niemals Executionshandlung, sondern entweder Besitzergreifungshandlung an einem Unfreien (z. B. Livius III 44: Claudius vollzieht an der Virginia die manus injectio, um sie als seine Sklavin mit nach Hause zu nehmen) oder Ladungshandlung. Auf jede in jus vocatio (solenne wörtliche Ladung des Gegners) folgte im Fall der Weigerung des Vocierten die manus injectio, um ihn vor Gericht zu bringen, XII tab. I 2. In gewissen Fällen konnte ohne vorgängige in jus vocatio sofort zur manus injectio geschritten werden, so gegen den judicatus (um ihn zwecks der gerichtlichen manus injectio vor den Prätor zu bringen), gegen den fur manifestus und in anderen (criminellen) Delictsfällen, vgl. Demelius in der Zeitschr. f. Rechtsgesch., Bd. 1, S. 362 ff. Solche Einleitung des Verfahrens durch aufsergerichtliche manus injectio ist an sich für den Gang des Verfahrens völlig unerheblich und hat den Procefs niemals zu erzeugen, sondern immer nur vorzubereiten. Die gerichtliche manus injectio (und sie allein) erzeugt dagegen den Procefs (die actio). Es giebt also viele Manusinjectionen (gerichtliche, aufsergerichtliche, und letztere wieder von verschiedener Art), aber nur eine legis actio per manus injectionem: die actio nämlich, welche aus der gerichtlichen manus injectio (der Zwangsvollstreckungshandlung) hervorgeht.

[10] Der Ausschlufs des Gegners von der Antwort lediglich kraft der manus injectio bestätigt, dafs es nach altem Recht für die Wirkung der gerichtlichen manus injectio keiner addictio durch den Prätor bedurfte. Vgl. v. Jhering, Geist des röm. Rechts, Bd. 1, S. 152; Wlassak, Röm. Procefsges., Bd. 1, S. 96 Anm. 27.

für ihn eintreten und das manum injicere des Angreifers durch manum depellere beseitigen. Das manum depellere ist Zerstörung der voraufgegangenen manus injectio: der Schuldner wird frei und kann wegen derselben Sache nicht wieder in Anspruch genommen werden. Der vindex aber ist zur Entschädigung des Gläubigers verpflichtet, dessen Executionshandlung er vernichtet hat. Er hat sofort die Schuld zu zahlen, um derentwillen die manus injectio vorgenommen war[11]. Weigert er sich aber der Schuldzahlung, weil er die Rechtmäfsigkeit der manus injectio bestreitet, so kommt es zum Procefs, und der unterliegende vindex hat dann das Doppelte zu zahlen. Dieser Procefs ist im Wege ordentlichen Verfahrens unter Bestellung eines judex zu entscheiden. In diesem Sinn[12] erzeugt die manus injectio eine actio: die legis actio per manus injectionem. Die gerichtliche manus injectio (die Executionshandlung) trägt das Recht in sich, dafs im Fall des Widerstreits ein judicium zur Entscheidung des Conflicts bestellt werde.

Aber Voraussetzung der gerichtlichen manus injectio ist eine unbestreitbare Geldschuld. Der Normalfall ist das Judicat: die Verurteilung zur Zahlung einer bestimmten Geldsumme durch sententia des Geschworenen (in judicio). Dem judicatus galt der aeris confessus gleich (der vor dem Magistrat, in jure, eine Geldschuld anerkannt hatte): gegen ihn ging die manus injectio pro judicato. Neben der Judicatsschuld stand wahrscheinlich ursprünglich die Schuld aus dem nexum, die formale Obligation des alten Civilrechts (oben S. 49). Später wurden durch Volksgesetze andere Schuldfälle der Judicatsschuld gleichgestellt, aber für die meisten Fälle die Wirkung der manus injectio dahin abgeschwächt, dafs

[11] Beispiel Livius VI 14: (M. Manlius) centurionem, nobilem militaribus factis, judicatum pecuniae cum duci vidisset, medio foro cum caterva sua accurrit et manum injecit, vociferatusque de superbia Patrum ac crudelitate foeneratorum . . . rem creditori palam populo solvit, libraque et aere liberatum emittit. Zu beachten ist, dafs das manum depellere hier gleichfalls manum injicere genannt wird. So steht manus injectio gegen manus injectio, wie sonst Sacrament gegen Sacrament. In den zwölf Tafeln (III 3) wird die Handlung des vindex als vindicare bezeichnet: sie ist Gewalt (manum depellere) gegen Gewalt (manum injicere). Vgl. Demelius, Confessio, S. 56 und unten Anm. 15.

[12] Vgl. v. Jhering, Geist. Bd. 1, S. 152 ff.

der Schuldner sein eigner vindex sein, also selber manum sibi depellere konnte, wo er dann selbst Processsubject blieb und eventuell selber in das Doppelte verurteilt wurde. So gab es dann zwei Arten dieser Procefsform: legis actio per manus injectionem pro judicato (wo der Schuldner nur durch einen Vindex sich verteidigen konnte), und l. a. p. m. i. pura (wo der Schuldner sich selber verteidigen konnte). In allen Fällen aber blieb die manus injectio, welche in jure vollzogen worden war, der formale Gegenstand des Processes und des Urteils, weil die actio, das Recht auf judicium, formell nicht unmittelbar aus dem Privatrecht, sondern aus der manus injectio hervorging.

V. Die legis actio per pignoris capionem. Der manus injectio verwandt war die pignoris capio. Bestimmte Schuldforderungen hatten das gesetzliche Privileg, dafs sie durch pignoris capio, d. h. durch aufsergerichtliche Wegnahme von Vermögensstücken des Schuldners vollstreckt werden konnten. Das Kennzeichen solcher gesetzlichen pignoris capio waren die certa verba, mit denen sie zu vollziehen war. Der Gepfändete hatte dann die Pfandsachen binnen bestimmter Frist einzulösen (wahrscheinlich unter Zuschlag einer Strafsumme); widrigenfalls verfielen die Pfänder (so darf man vermuten) dem Pfandnehmer zu Eigentum (welches durch Vernichtung des Pfandes, pignora caedere, ausgeübt zu werden pflegte: die Pfändung sollte nicht den Gläubiger befriedigen, sondern den ungehorsamen Schuldner bestrafen).

Dem Gepfändeten mufs in irgend einer Form das Recht zugestanden haben, vor dem Magistrat (in jure) Widerspruch gegen die geschehene Pfandnahme zu erheben. Wie das Sacrament zum Gegensacrament, das manum injicere zum manum depellere, so nötigte die pignoris capio den Gegner, falls er sich verteidigen wollte, zum Protest. Auch hier lag dann ein qualificierter Conflict vor, welcher den Magistrat von der eignen Entscheidung ausschlofs und zur Bestellung eines judicium verpflichtete. So erzeugte die pignoris capio eine actio: die actio war eine legis actio per pignoris capionem[13].

[13] Vgl. Gaj. IV § 32; v. Jhering, Geist, Bd. 1, S. 159 ff.; Karlowa, Legisactionen, S. 201 ff.; Mommsen, Röm. Staatsr. (3. Aufl.), Bd. 1, S. 177 Anm. 1; Wlassak, Procefsgesetze, Bd. 1, S. 251 ff.

Die Fälle, in denen zur pignoris capio geschritten werden konnte, waren an sich, soviel wir sehen können, nicht im stande, ein ordentliches Civilverfahren zu erzeugen. Es waren teils Schuldforderungen des öffentlichen Rechts (so das Recht des Soldaten auf seinen Sold, auf Pferdegeld und auf Futtergeld, das Recht des Steuerpächters auf die dem Staat geschuldete Abgabe), oder es waren Fälle privatrechtlicher Schuldverbindlichkeit, welche wir für die alte Zeit als von Rechts wegen unverbindlich bezeichnen dürfen: so die Kaufgeldschuld aus dem formlosen Kaufvertrag (falls ein Opfertier verkauft war) und die Mietgeldschuld aus dem formlosen Mietvertrag (falls ein Zugtier vermietet war, um das Mietgeld für ein Opferlamm an den Jupiter, den Schutzgott der Ernte, zu verwenden). Vielleicht fand die pignoris capio (als Beschlagnahme des Nachbargrundstücks) auch in dem Fall des damnum infectum statt: wo von dem Nachbargrundstück (z. B. dem baufälligen Hause des Nachbarn) ein Schaden noch erst drohte, also noch kein Schaden wirklich geschehen war[14].

In all diesen Fällen war von Rechts wegen keine actio gegeben. Auch die legis actio sacramento war unzuständig, weil das Sacrament im Schuldprocefs auf ein dare oder facere oportere, auf das Bestehen einer nach Civilrecht vollkräftigen Schuldverbindlichkeit zu richten war. Aber durch den Umweg der pignoris capio gelangte der Anspruch entweder zur strafweisen Vollstreckung (falls der Gegner sich die pignoris capio gefallen liefs) oder zur actio (falls der Gegner Widerspruch erhob).

Das Recht der pignoris capio hatte instar actionis: die Verleihung des Pfändungsrechts kam der Verleihung eines Klagerechts gleich.

---

[14] Diese von v. Bethmann-Hollweg, Civilprocefs, Bd. 1 (1864), S. 204 Anm. 13 aufgestellte Vermutung hat mannigfachen Beifall gefunden, so bei Karlowa, Legisactionen, S. 216 ff.; Wach bei Keller, Röm. Civilprocefs, 6. Aufl., § 20 Anm. 267 a. Dawider namentlich Burckhard in Glücks Commentar zu den Pandekten, Buch 39 (1875) S. 77 ff.; neuestens Wlassak, Procefsgesetze, Bd. 1, S. 259 ff. — Möglich war die pignoris capio auch an Grundstücken, sie pflegte zur Verwüstung des Grundstücks, Schleifung des Hauses (pignus caedere) zu führen; Mommsen, Staatsr., Bd. 1 (3. Aufl.), S. 160.

VI. Rückblick. Ziehen wir die Summe des vorigen, so sehen wir: Das Privatrecht hat eine legis actio teils unmittelbar (per judicis postulationem, per condictionem), teils mittelbar. Das Mittel, durch welches das direct auf ordentliches Civilverfahren nicht berechtigte Privatrecht dennoch zur actio gelangt, ist entweder die feierliche Beteuerung (sacramentum) oder die feierliche Vollstreckungshandlung, sei es der Personalexecution (manus injectio), sei es der Realexecution (pignoris capio).

Die legis actio sacramento ist die allgemeine Klagform; die übrigen Legisactionen sind auf die Fälle beschränkt, für welche sie durch Volksgesetz (lex) oder gesetzesgleiches Herkommen bestimmt sind.

Diese speciellen Legisactionen sind sämtlich Formen für die Geltendmachung von Forderungsrechten (d. h. für die sogenannte persönliche Klage, vgl. unten § 52). Also eine Fülle von Procefsformen, die ausgebildet sind, um dem Gläubiger zu seinem Recht zu helfen. Auch durch legis actio sacramento kann der Gläubiger vorgehen, nicht blofs bei Ansprüchen auf ein certum, sondern ebenso bei Ansprüchen auf ein incertum (z. B. pro fure damnum decidere oportere), falls das Dasein eines solchen Anspruchs bestritten war, falls also die eigentümliche Form der Procefswette (welche einander ausschliefsende Behauptungen fordert) thatsächlich Anwendung finden konnte. Dagegen war für alle Ansprüche aus Gewaltverhältnissen (sogenannte dingliche Ansprüche), mochte es sich um Gewalt über Sachen (Eigentum, Erbrecht, Servitut) oder um Gewalt über Personen (eheherrliche, väterliche, vormundschaftliche Gewalt) handeln, die legis actio sacramento die einzige Procefsform. Unter Ergreifung des Streitobjects[15] hatten beide Teile ihr Recht an demselben sacra-

[15] Dem „Anefang" bei der deutschen Vindication entsprechend. Gajus IV § 16. Mit dem Ergreifen der Sache verbindet sich das festucam imponere. Der Stab ist das Symbol der Gewalt. Der Vindicant mufs also als Besitzer auftreten. Er mufs selber dafür sorgen, dafs die Sache zur Gerichtsstelle sei. Er mufs sie nötigenfalls sich zu diesem Zweck durch Gewalt verschaffen (die alte Zeit kannte noch keinen Besitzesschutz). Er bringt die Sache vor Gericht, um seinen Besitz durch die Eigentumsbehauptung (unter Wiederholung der Besitzergreifung, welche die eigentliche vindicatio darstellt) zu rechtfertigen. Meldet sich niemand, der seiner Eigentumsbehaup-

mento zu beteuern (vindicatio und contravindicatio). Damit war die litis contestatio und die Grundlage des judicium gegeben. Für die Dauer des judicium regulierte der Prätor nach freiem Ermessen den Besitz (vindicias dare).

Also: nur eine einzige Form für die Eigentumsklage, überhaupt für die dingliche Klage, aber eine Fülle von Formen für die Schuldklage. Von vornherein liegt die eigentümliche Zeugungskraft auch des römischen Procefsrechts auf dem Gebiet des Obligationenrechts [16].

---

tung widerspricht, so wird ihm die Sache zugesprochen (addictio). Nur wenn ein Contravindicant auftritt, der dann die gleiche Besitzergreifungshandlung vornimmt, beginnt das zweiseitige Verfahren (sacramento). Die spätere (civilisierte) petitorische Vindication des nichtbesitzenden Vindicanten gegen den Besitzer ist erst nach dem Aufkommen des Besitzesschutzes ausgebildet. Bechmann, Studie im Gebiete der legis actio sacramento in rem, Festschrift für Windscheid 1888.

[16] Für die geschichtliche Betrachtung zerfallen die Legisactionen in zwei Gruppen, eine älterer, eine jüngerer Bauart. 1. Die erstere, altertümlich geartete zeigt uns noch die Eigenmacht der Partei, welche die Erzeugerin alles Processes ist, im Vordergrund des Verfahrens. Dahin gehört die legis actio per manus injectionem und per pignoris capionem: bei den Römern wie bei den Deutschen ist der Civilprocefs der Urzeit lediglich solennisierte Selbsthülfe. Aber auch die vindicatio sacramento trägt den gleichen Charakter an sich, vgl. Anm. 15. Das Verfahren in jure ist beiderseitige Gewaltübung (vindicatio), ein Kampf um den Besitz, beiderseitiges Ergreifen der Sache. Der Richter schreitet ein mit dem Friedensgebot: mittite ambo hominem! Beide Teile müssen den Streitgegenstand (z. B. den vindicierten Sklaven) fahren lassen. Der Richter hat jetzt allein Gewalt über ihn (und kann daher in der Zuteilung des Besitzes, vindicias dare, frei verfügen). Über die beiderseitige Gewaltübung wird gewettet: der judex wird entscheiden, wessen Gewaltübung die rechtmäfsige Gewaltübung (befugte Selbsthülfe) ist. 2. Dagegen tragen die legis actio per judicis postulationem und per condictionem die Art späterer Zeit an sich. Alles geht in Frieden vor sich. Es wird lediglich um einen judex gebeten. Der Procefs ist nicht mehr das knappe Kleid, welches der trotzigen Selbsthülfe mühsam angezogen wurde: der Staat beherrscht bereits das Rechtsleben und die Vollstreckung, und das ganze Verfahren in jure ist Bitte der Parteien um Gericht (judicium). Vgl. Bekker, Actionen, Bd. 1, S. 18 ff.; Bechmann a. a. O.; Gradenwitz, Zwangsvollstreckung und Urteilssicherung (Berliner Festschrift für Gneist) 1888; Matthiass, Die Entwicklung des römischen Schiedsgerichts (Rostocker Festgabe f. Windscheid) 1888, S. 5—18.

Gaj. Inst. IV § 11: Actiones, quas in usu veteres habuerunt, legis actiones appellabantur, vel ideo quod legibus proditae erant (quippe tunc edicta praetoris, quibus complures actiones introductae sunt, nondum in usu habebantur), vel ideo quia ipsarum legum verbis accommodatae erant, et ideo inmutabiles proinde atque leges observabantur: unde eum, qui de vitibus succisis ita egisset, ut in actione vites nominaret, responsum est rem perdidisse, cum debuisset arbores nominare, eo quod lex XII tabularum, ex qua de vitibus succisis actio conpeteret, generaliter de arboribus succisis loqueretur.

§ 49.

Der Formularprocefs.

Das Wesen des soeben geschilderten Legisactionenprocesses gipfelt in der am Schlufs des Verfahrens in jure erfolgenden Formulierung des Rechtsstreits (litis contestatio) durch rechtsförmliche Parteihandlung. Die an den Gesetzesbuchstaben gebundene und mit der Kraft des Gesetzesbuchstabens wirkende Spruchformel der Partei erzeugt die actio (das concrete formale Recht auf judicium) und giebt die Grundlage für das judicium.

Die rechtsförmliche Procefshandlung kann nicht wiederholt werden[1]. Daraus folgt mit Rechtsnotwendigkeit (ipso jure), dafs die rechtsförmliche litis contestatio des Legisactionenprocesses den Untergang des Klagerechts herbeiführt. In dem Augenblick, wo die actio im formellen Sinn (das Recht, für diesen Streit einen Geschworenen zu begehren) aus der litis contestatio entspringt, geht die actio im materiellen Sinn, d. h. das Recht auf litis contestatio, zu Grunde. Die litis contestatio kann nur einmal vollzogen werden. Die litis contestatio consumiert das Klagerecht.

Es folgt aber ferner: Ist in der Formel ein Versehen gemacht worden, so kann sie nicht noch einmal besser gesprochen werden. Die fehlerhafte Formel bewirkt den Verlust des Processes.

---

[1] Gerade so im altdeutschen Procefs, wo der Rechtssatz galt: „ein Mann ein Wort", d. h. der Mann hat nur ein Wort; das gesprochene Wort kann nicht zurückgenommen noch wiederholt noch verbessert werden.

Die Spruchformel kann nicht wiederholt noch gebessert werden[2]. Der Gebrauch der Spruchformel ist, weil ein Act der processualischen Consumtion, zugleich ein Act mit processualischer Gefahr.

Und doch war gewiſs, daſs die Spruchformel bald ihrem Zweck, den Streit für die Entscheidung durch den judex zu formulieren, nicht mehr genügen konnte. Die Spruchformeln waren unveränderlich, weil der Wortlaut des Gesetzes sich nicht veränderte, dem sie entsprangen. Dennoch war das Recht veränderlich, welches auf Grund des Gesetzeswortlauts sich entwickelte. Der Gesetzesbuchstabe ward in der Praxis oft genug weitherzig interpretiert. Auf Grund eines Paragraphen der zwölf Tafeln, welcher de arboribus succisis handelte, ward von der Praxis späterhin eine Klage de vitibus succisis zugelassen. Aber der Wortlaut der zwölf Tafeln und darum auch der Spruchformel blieb derselbe. In der litis contestatio muſste de arboribus succisis geredet werden, obgleich die Klage de vitibus succisis gemeint war[3]. Wie sollte aber der judex durch solche litis contestatio erfahren, was in Wirklichkeit gemeint war? Solche litis contestatio muſste zu einer bloſsen Maske werden, welche den verschiedenartigsten Rechtsfällen aufgesetzt werden konnte. Die Formulierung des Rechtsstreits durch die litis contestatio wurde häufig genug zu einem bloſsen Schein der Formulierung. Der judex war, um hinter der Maske den wirklich ihm vorliegenden Rechtsstreit zu erkennen, auf andere Hülfsmittel angewiesen.

Es kam noch eins hinzu. Der Legisactionenproceſs war auf eine bestimmte Anzahl von „legalen" Ansprüchen zugeschnitten und beschränkt. Nur mit Mühe konnte (wie das Beispiel der arbores und vites zeigt) ein neues Recht in die alte Schablone gezwängt werden. Es kam aber, seit etwa der Mitte des dritten Jahrhunderts v. Chr., mächtig und mächtiger das jus gentium, eine Reihe von neuen Ansprüchen mit sich führend (man denke an die bonae fidei judicia, die Ansprüche aus formlosem Kauf,

---

[2] Gaj. Inst. IV § 108: Alia causa fuit olim legis actionum; nam qua de re actum semel erat, de ea postea ipso jure agi non poterat; nec omnino ita, ut nunc, usus erat illis temporibus exceptionum. Vgl. IV § 11, oben S. 234.

[3] Vgl. oben S. 226 Anm. 3.

Miete u. s. f.), welche, durch kein römisches Volksgesetz erzeugt noch anerkannt, des legalen Passierscheines entbehrten, vor dem allein das Thor der legis actio sich öffnete. Ein neues Recht war im Anzuge. Das Kleid der legis actio ward zu eng. Der neue Most mufste in neue Schläuche gegossen werden.

In demselben Augenblick, in welchem die Klagform der legis actio hinter dem materiellen Recht zurückblieb, war der römische Civilprocefs (Legisactionenprocefs) reformbedürftig geworden.

Es ist charakteristisch für die römische Rechtsentwickelung, dafs nicht im Wege der Volksgesetzgebung geholfen wurde. Das schwer bewegliche Gesetz sollte erst eingreifen, wenn Ziel und Wege der Änderung klar vorlagen. Zunächst mochte die Rechtsprechung sich selber helfen. Der Prätor war zum Reformator des römischen Rechts berufen.

Ja, der Prätor hatte die reformatorische Idee bereits gefunden.

Die legis actio war die Form des Processes nach jus civile (Bürgerrecht, Volksrecht). Aber nur römische Bürger unter einander konnten nach Bürgerrecht procedieren. Sobald ein Nichtbürger (Peregrine) als Procefspartei beteiligt war, konnte weder „bürgerliches Recht“ (Civilrecht), noch „bürgerlicher Procefs“ (Civilprocefs) Anwendung finden, denn der Peregrine war vom jus civile ausgeschlossen. Für den Peregrinen gab es keine legis actio. Dennoch entwickelte sich ein Procefsverfahren, in welchem Peregrinen als Parteien aufzutreten fähig waren. Im Jahr 242 v. Chr. ward bereits ein eigner Fremdenprätor für die Fremdenprocesse eingesetzt (S. 71). Der Fremdenprocefs konnte nur als Procefs nach jus honorarium zur Ausbildung gebracht werden. Als Procefs nach Amtsrecht, frei gestaltet durch das imperium der Gerichtsobrigkeit, trat er dem Bürgerprocefs, dem Procefs nach Volksrecht, gegenüber. Doch verstand es sich von selber, dafs der Fremdenprocefs nach Vorbild des Bürgerprocesses gestaltet wurde.

Der Prätor (seit 242 v. Chr. der Fremdenprätor) pflegte auch im Fremdenprocefs nicht selbst zu urteilen, obgleich er es kraft seiner hier frei waltenden Amtsgewalt gekonnt hätte. Auch im Fremdenprocefs setzte er regelmäfsig, wie im Bürgerprocefs, ein Schwurgericht nieder, und zwar grundsätzlich ein aus m e h r e r e n

Personen (recuperatores) gebildetes Schwurgericht[4]. Das Fremdenrecht des erstarkenden römischen Staates ist liberal[5]. Dem Fremden soll trotz der formell unbeschränkten römischen Amtsgewalt sein Recht werden, so dafs er selber es als Recht anzuerkennen genötigt ist. Daher im Fremdenprocefs die Mehrzahl der Schwurrichter: jede Partei sollte mindestens durch einen Mann ihres Vertrauens im Schwurgericht vertreten sein[6]. Daher der Grundsatz, dafs auch im Fremdenprocefs die Rechtskraft des schwurgerichtlichen Urteils nicht blofs auf magistratischer Amtsgewalt, sondern zugleich auf der vertragsmäfsigen Selbstunterwerfung der Parteien unter das bestellte Schwurgericht beruhen müsse.

Ward auch im Fremdenprocefs ein Schwurgericht eingesetzt, so verstand es sich von selbst, dafs auch im Fremdenprocefs eine Streitformulierung (litis contestatio) als Grundlage der schwurgerichtlichen Entscheidung notwendig war. Auch hier trat die Obrigkeit als Helferin der Parteien ein. Der Prätor hatte das Schwurgericht einzusetzen: er ernannte die Recuperatoren. In dem Ernennungsdecret mufste die Aufgabe der eingesetzten Richter bezeichnet werden. Auf die lex zu verweisen, war unmöglich. Der Prätor befahl kraft seines imperium, unter gewissen Bedingungen zu condemnieren, unter anderen Bedingungen zu absolvieren. Das vom Prätor schriftlich ausgefertigte Ernennungsdecret (formula genannt, weil es bald nach gewissen, im Album proponierten Schematen, Formeln angefertigt wurde) übernahm die Aufgabe der Streitformulierung. Aber nicht kraft einseitiger Übung der Befehlsgewalt. Die formula mufste von den Parteien rechtsförmlich angenommen werden. Durch Geben und Nehmen der formula (der Kläger gab sie dem Beklagten) ward unter Leitung und Autorität der Obrigkeit der Procefsvertrag geschlossen, welcher die Parteien für die formulierte Streitfrage dem ernannten Schwurgericht unterwarf (vgl. oben S. 220 Anm. 2). Damit war auch im Fremdenprocefs judicium inchoatum, ein Schwurgerichtsverfahren (ordentliches Verfahren

[4] Vgl. oben S. 221 Anm. 3.

[5] Vgl. Mommsen, Abrifs des röm. Staatsrechts, in Bindings Handbuch, (1893) S. 62. 63.

[6] Aufserdem ein Obmann. Daher gewöhnlich 3 oder 5 recuperatores.

nach Art des Bürgerprocesses) in Gang gebracht worden, zwar ohne actio im Sinn des Bürgerrechts und ohne volksgesetzliche Grundlage, aber auf Grund eines Procefsvertrags der Parteien, mit welchem das obrigkeitliche imperium sich verbündet hatte.

So war im Fremdenverfahren der Formularprocefs aufgekommen, als ein Schwurgerichtsverfahren nach Amtsrecht (judicium imperio continens) dem Legisactionenprocefs des jus civile gegenübertretend. Der Unterschied beider Procefsarten bestand lediglich in der Art der Streitformulierung (litis contestatio), d. h. in der Art, wie die Parteien zum Schwurgericht gelangten. Im Legisactionenprocefs, dem bürgerrechtlichen Verfahren, ging die Streitformulierung durch volksgesetzliche Spruchformel (auf eine gewisse Zahl von Rechtssachen unbeweglich zugeschnitten), im Formularprocefs ging sie durch obrigkeitliche, parteivertragsmäfsig angenommene (des verschiedensten Inhalts fähige) Schriftformel vor sich. Man sieht von vorneherein, welche Form die Verheifsung der Zukunft für sich hatte.

Wie Procefs nach Amtsrecht, so war der Formularprocefs zugleich Procefs nach Fremdenrecht (jus gentium). Genau die Gegensätze, welche die Geschichte des römischen Privatrechts beherrschen, spiegeln sich in der Geschichte des Processes wieder. Und gerade hier sind wir im stande, in den Entwickelungsgang, welcher das römische jus gentium erzeugte, einen tieferen Blick zu thun. War der Formularprocefs etwa dem griechischen oder gar dem phoenikischen Recht entlehnt worden? Nein, er bedeutete ein Wunderwerk römischer Technik, eine ureigne freie Schöpfung des römischen Magistrats. Die mafsgebenden Anregungen, welche die Gestalt des Formularprocesses bestimmten, lagen nicht etwa in irgend einem fremden Recht, sondern in dem römischen Civilrecht selber. Eine Wiederspiegelung des Bürgerprocesses (Scheidung von jus und judicium) war der Fremdenprocefs. Das römische jus gentium ist ein Abkömmling des jus civile, durch innere Entwickelung unter der starken Hand römischer Gerichtsobrigkeit und unter den mächtig wirkenden Anforderungen des Weltverkehrs aus dem Bürgerrecht selbst geboren[7]. Zuerst sehen wir das jus gentium regelmäfsig

---

[7] Vgl. Degenkolb, Rechtseinheit und Rechtsnationalität im altrömischen Reich (Rectoratsrede 1884), S. 15. 16: „In der römischen Gerichtsver-

(und so auch hier) in der Form des jus honorarium (als nur von Befehls wegen und nur unter Fremden geltendes Recht) zur Ausbildung gelangen. Aber unwiderstehlich folgt der Einzug des jus gentium in das jus civile, des honorarischen Fremdenrechts in das von Rechts wegen geltende Bürgerrecht, gerade deshalb so unwiderstehlich, weil das römische Fremdenrecht (jus gentium) lediglich verjüngtes Bürgerrecht, Zukunfts-Civilrecht bedeutete. Als jus honorarium geboren, ging das jus gentium, wenn es seine Probe bestanden hatte (Versuchsgebiet war der Fremdenverkehr), das Zeichen der Mannbarkeit empfangend, in das Civilrecht über.

So mufste es auch hier geschehen. Aus dem Fremdenprocefs (Formularprocefs) mufste Civilprocefs werden. Wir haben schon gehört, dafs der römische Civilprocefs reformbedürftig geworden war. Er strebte heraus aus der Enge des Legisactionenprocesses. Die formula, an keinen Gesetzesbuchstaben gebunden, jedem schutzwürdigen Rechtsanspruch freie Bahn gewährend, war schon da. Wie war es anders möglich, als dafs von der formula, deren Macht und Wert man im Fremdenprocefs bereits kennen gelernt hatte, auch im Bürgerprocefs Gebrauch gemacht wurde! Und so geschah es. Der Stadtprätor (prätor urbanus) gestattete kraft seiner Amtsgewalt (imperium), juris civilis corrigendi gratia, dafs auch im Bürgerprocefs die Streitformulierung, anstatt durch legis actio, durch formula vor sich ging.

Damit entstand nunmehr für den Bürgerprocefs ein Widerspruch zwischen dem Civilrecht (welches legis actio forderte) und dem prätorischen Recht (welches die formula gewährte), ein

fassung und mehr noch in der alt angestammten Disciplinierung der römischen Rechtskunde lag von Haus aus die Kraft der Rechtsumbildung von Innen heraus. Auf sie gründen wir die Entwicklung der römischen Eigentumsordnung, des römischen Contractssystem, auf sie auch die Entwicklung des römischen Erbfolgerechts. — — Vor allem aber, möge ein Mehreres oder ein Geringeres von hellenischem Rechtsstoff in das römische Recht aufgenommen sein, unter römischen Händen erfährt es, was wir Juristen als Specification bezeichnen: in neuer Form tritt es uns als neues Recht entgegen. Schiffsdarlehen, Recht des Schiffswurfs und Hypothek mögen materiell griechischen Rechtsstoffes sein; aber eingegliedert und discipliniert in dem System der römischen Actionen nehmen sie Teil an dem specifischen Römertum der actio."

Widerspruch, der um so stärker empfunden werden mufste, weil in jenen Zeiten die prätorische Gewalt noch erst im Aufsteigen begriffen war und weil an die legis actio das mächtige Interesse der pontifices sich knüpfte. Die pontifices waren es, in deren Händen die Herstellung, Fortbildung, Auslegung der legis actio sich befand. Mit der legis actio wurde die Herrschaft der pontificalen Jurisprudenz über den civilen Procefs und damit über die interpretatio des Civilrechts selber angetastet. Der Prätor stiefs durch seine Begünstigung der formula mit dem einflufsreichen Collegium aneinander, in dessen Händen sich bis dahin das Civilrecht befunden hatte. In diesem Augenblick bedurfte es des Eingreifens der Volksgesetzgebung.

Das Volksgesetz, welches hier vorging, war die lex Aebutia (etwa 150 v. Chr.). Es folgte dann später die lex Julia judiciorum privatorum (wahrscheinlich erst von Augustus). Die lex Aebutia beschränkte sich auf das Procefsverfahren vor dem praetor urbanus, also auf das Procefsverfahren, in welchem die legis actio ihren Sitz hatte. Das Gesetz verordnete, dafs im Stadtgericht (dem Gericht des praetor urbanus), also unter römischen Bürgern, auch ohne legis actio, lediglich durch formula, gültig agiert werden könne, dafs die litis contestatio durch formula einen gesetzlich gültigen Procefsvertrag und demgemäfs das so erlangte Schwurgerichtsurteil ein gesetzlich (civilrechtlich) gültiges Urteil bedeute. Damit war die grofse Streitfrage entschieden. Das Formularverfahren war (im Stadtgericht) für einen civilrechtlichen modus agendi erklärt worden. Die formula war der legis actio als civilrechtlich ebenbürtig an die Seite gestellt. Das im Stadtgericht lediglich durch formula in Gang gesetzte Verfahren war, wenn nur sonst die altherkömmlichen Voraussetzungen eines bürgerlichen Schwurgerichtsverfahrens vorlagen[8], zum judicium legitimum geworden. Judicium imperio continens (judicium quod imperio continetur) war der Formularprocefs als solcher

[8] Nämlich: Niedersetzung des Schwurgerichts innerhalb der römischen Bannmeile; römisches Bürgerrecht der Parteien und des Geschworenen; unus judex. Im Fremdenprocefs galt altherkömmlich Mehrheit der Geschworenen (recuperatores); der Bürgerprocefs unterschied sich dadurch, dafs hier von Alters her grundsätzlich nur ein Geschworener gegeben wurde.

seitdem nur noch im Fremdengericht und aufserhalb Roms. Hier blieb das Verfahren unberührt. Hier bedurfte das obrigkeitliche imperium keiner Unterstützung durch die Volksgesetzgebung, da es in diesen Gerichten unbestrittene Anerkennung fand. Aber im stadtrömischen Gericht des praetor urbanus war die Burg des Civilrechts und des civilen, eigentümlich stadtrömischen Processes (legis actio). Um diese Burg zu brechen, reichte die Macht des praetor urbanus thatsächlich nicht aus. Hier mufste das Volksgesetz ihm zu Hülfe kommen. Die legis actio, Erzeugnis und Herrschaftsmittel der pontificalen Jurisprudenz, ward entwertet, indem die formula gleichfalls (im Stadtgericht) mit legalem Charakter bekleidet wurde. Auch in Procefssachen nach jus civile war jetzt von Rechts wegen Formularverfahren möglich: der Formularprocefs war Civilprocefs geworden. Abgeschafft ward der Legisactionenprocefs noch nicht. Die Parteien mochten wählen, ob sie nach alter Art mit legis actio oder nach neuer Art mit formula procedieren wollten. Aber der formula war freie Bahn gegeben. Sie mochte jetzt die Kräfte entfalten, welche ihr eingeboren waren. Und es war von vornherein kein Zweifel, welche Procefsart den Vorrang gewinnen würde. Die legis actio war die mit Procefsgefahr verbundene, formstrenge, unbewegliche, die formula die bewegliche, unendlicher Entwickelung fähige, allen Ansprüchen entgegenkommende, von dem alten Formalismus befreite Art der Streitformulierung. Die legis actio war in Folge ihrer Fesselung an die verba legis genötigt, oft geradezu unwahr und damit inhaltslos zu werden. Dagegen war die Streitformulierung in der formula frei: sie gab den wirklichen Rechtsstreit wieder, nicht blofs die Schablone, hinter welcher er sich verbarg! Wind und Sonnenschein waren zu Gunsten der formula. Was Wunder, dafs die einmütige Bewegung der Praxis in weitaus den meisten Fällen den Formularprocefs an die Stelle des Legisactionenprocesses setzte! Den Abschlufs führte jene lex Julia herbei, gleichfalls, wie die lex Aebutia, auf das Verfahren im Stadtgericht bezüglich: die Geschworenenernennung sollte fortan n u r vermöge formula, nicht mehr auf Grund vorangegangener legis actio erfolgen[9]. Die legis actio

[9] Eine zweite lex Julia (Gaj. IV, 30: duas Julias) bezog sich wahrscheinlich auf das Verfahren in den römischen Landstädten (Municipien), um

ward damit (von den gleich zu nennenden Ausnahmen abgesehen) beseitigt. Der Formularprocefs war jetzt der römische Civilprocefs geworden. Das Ziel des Verfahrens in jure ward jetzt endgültig ein anderes als bisher. An die Stelle der alten litis contestatio trat der Prozefsvertrag durch formula als Abschlufs und Hauptact des Verfahrens in jure: diese Frage, welche die formula enthielt, war es nunmehr, welche vom judex im judicium entschieden werden mufste.

So werden wir uns die „Einführung" des Formularprocesses durch die genannten Volksgesetze vorstellen dürfen[10]. Wie wir sehen, keine plötzliche Reform und Umwälzung, sondern lediglich eine Vollendung dessen, was sich allmählich vorbereitet hatte. Die Schriftformel ward nicht erst eingeführt; sie siegte vielmehr lediglich über die Spruchformel, welche bis dahin neben ihr gestanden hatte, und sie siegte kraft der inneren Logik der fortschreitenden Rechtsentwickelung.

Diese Art der Ausbildung des Formularprocesses, welche im vorigen wahrscheinlich zu machen versucht worden ist, wird durch zwei Thatsachen des weiteren erwiesen und zugleich veranschaulicht.

Einmal durch die Thatsache, dafs, wenn der Procefs in judicio durch die Geschworenen des sogenannten Centumviralgerichtshofs zu entscheiden war, keine Schriftformel gegeben wurde, sondern unausgesetzt die ganze klassische Kaiserzeit hindurch (mindestens bis auf Diocletian) nach wie vor in den Formen des alten Legisactionenprocesses (Sacramentsprocesses) verfahren werden mufste. Erbschaftsprocesse (dies ist jedenfalls später die vornehmste Zuständigkeit des Centumviralgerichts) blieben also bei der alt überlieferten Form der legis actio

---

dort gleichfalls die legis actio durch die Schriftformel zu ersetzen, Wlassak, Procefsgesetze, Bd. 1, S. 191 ff., Bd. 2, S. 221 ff.

[10] Die im Text gegebene Darstellung ruht auf den von Wlassak, insbesondere in seinem Werk über Römische Procefsgesetze (dazu neuerdings in Grünhuts Ztschr. f. öffentl. u. Privatrecht, Bd. 19, S. 729 ff.) gewonnenen Ergebnissen. Den Gedanken, dafs der Formularprocefs aus dem Fremdenprocefs stamme, hat zuerst Huschke geäufsert. Durch Wlassak haben unsere Anschauungen über diesen wichtigen Vorgang quellenmäfsige Grundlage und zugleich vielfältige Berichtigung erfahren.

sacramento. Weshalb? Lediglich deshalb, weil das Centumviralgericht ein ständiges Collegium von Geschworenen war, welches für den Einzelfall nicht erst durch schriftlichen Erlafs des Prätors gebildet zu werden brauchte. Hier war keine Einsetzung des judicium möglich, weil das zuständige judicium (die Hundertmänner) schon da war. Hier ward das judicium nicht durch Ernennungsdecret gebildet, und konnte daher der Prätor den Hundertmännern nichts anbefehlen über die Bedingungen der Condemnation oder Absolution, konnte auch kein Procefsvertrag der Parteien nach Mafsgabe und durch das Mittel des Ernennungsdecrets geschlossen werden. Weil das Ernennungsdecret des Prätors fehlte, deshalb ist hier die formula nicht neben der legis actio aufgekommen, und deshalb ist es hier bei der alten litis contestatio verblieben, und deshalb in Sachen des Centumviralgerichts kein Formularprocefs an Stelle der legis actio (sacramento) getreten. Es fehlte hier der altsolennen litis contestatio an dem Nebenbuhler, welcher ihr in den Fällen der judicia privata (wo ein Privatmann für diesen Fall erst zum judex zu berufen war) an dem Ernennungsdecret des Prätors erwachsen war[11].

Die zweite Thatsache bezieht sich auf die sogenannte freiwillige Gerichtsbarkeit, d. h. auf diejenige Art gerichtlichen Verfahrens, welche nicht dem Kampf ums Recht, sondern der Begründung von Rechten dient. Hierher gehört die in jure cessio, d. h. die Rechtsübertragung durch das Mittel der confessio in jure (oben S. 54). Weil hier auf die Rechtsbehauptung des Scheinklägers (Erwerbers) sofort in jure vor dem Magistrat das Rechtszugeständnis des Scheinbeklagten (Veräufserers) folgt, so kommt es natürlich zu keiner Einsetzung eines judicium, weil ja überhaupt kein Rechtsstreit da ist. Deshalb aber kommt es ebenso natürlich auch zu keiner formula, da ja kein judex zu ernennen ist. Die Folge ist, dafs die in jure cessio, solange sie existierte,

---

[11] Das Decemviralgericht ward durch Augustus aufgelöst; sonst würde sicher, wie schon Mommsen, Staatsrecht, Bd. 2 (3. Aufl.) S. 608 Anm. 1, treffend bemerkt hat, auch in den vor das Decemviralgericht gehörigen Sachen (Freiheitsprocessen) der alte Sacramentsprocefs sich behauptet haben. Selbstverständlich ward für das Decemviralgericht sowenig eine formula (Ernennungsdecret) gegeben wie für das Centumviralgericht.

also durch die ganze klassische Zeit hindurch und darüber hinaus, die Formen des Legisactionenprocesses (und zwar wiederum der legis actio sacramento) beibehielt.

Beide Thatsachen bedeuten eine einzige: wo kein judicium für den Einzelfall durch Ernennungsdecret bestellt wird, da keine formula und kein Formularprocefs, sondern nach wie vor der alte Legisactionenprocefs[12].

Die lex Aebutia und die leges Juliae haben nicht für alle Fälle den Legisactionenprocefs abgeschafft und den Formularprocefs als einzigen Procefs eingeführt. Sie haben vielmehr nur in den (allerdings weitaus die Mehrzahl bildenden) Fällen, wo thatsächlich bereits der Formularprocefs existierte — d. h. wo thatsächlich bereits anstatt der alten Spruchformel die Schriftformel das Mittel für den Procefsvertrag der Parteien und die Grundlage für die sententia des judex bildete —, diesen Formularprocefs bestätigt und die danebenstehenden fossilen Reste des Legisactionenprocesses beiseite geschoben. Wo aber kein Formularprocefs war, in den Fällen der Centumviralgerichtscompetenz und der freiwilligen Gerichtsbarkeit, sowie des damnum infectum (vgl. Anm. 12), haben sie keinen Formularprocefs eingeführt.

So blieb also in den Sachen des Centumviralgerichts der alte Sacramentsprocefs, in den Sachen der judicia privata aber (d. h. wenn für den Einzelfall ernannte Privatpersonen als Ge-

---

[12] Auch im Fall des damnum infectum (oben S. 231) war nach Gajus IV § 31 noch später das lege agere möglich. Hier handelt es sich zunächst überhaupt um keinen Procefs, sondern um Sicherstellung des Bedrohten, was nach altem Recht, wie es scheint, durch pignoris capio geschah. An die Stelle dieses Verfahrens trat nach prätorischem Recht kein Formularprocefs, sondern ein Verfahren extra ordinem, welches mit den Mitteln der prätorischen Amtsgewalt dem Bedrohten Sicherstellung durch stipulatio (Schadensersatzversprechen) verschaffte. Also auch hier blieb die legis actio bei Bestand, weil nach prätorischem Recht in diesen Fällen kein judex bestellt und deshalb keine formula gegeben wurde. In anderen Fällen der alten pignoris capio gab der Prätor eine formula unter der Fiction geschehener pignoris capio (Gaj. IV § 32), d. h. indem er den judex anwies, so zu urteilen, ols ob die pignoris capio vollzogen worden wäre, und ward damit die legis actio beseitigt. Nur da, wo kein Ernennungsdecret (formula), erhält sich das Legisactionenverfahren.

schworene thätig waren) herrschte nunmehr Formularprocefs. Damit war lediglich gesagt, dafs der judex für seine sententia die mafsgebende Fragestellung in dem obrigkeitlichen, von den Parteien vertragsmäfsig angenommenen Ernennungsdecret, in der Mitteilung zu suchen hatte, welche die Schriftformel des Prätors ihm über den zu entscheidenden Rechtsfall zukommen liefs. Sonst blieb alles beim alten. Es blieb die alte Scheidung von jus und judicium, es blieb, dafs die Obrigkeit sich auf die blofse Einleitung, Zulassung und Formulierung des Rechtsstreits beschränkte, das entscheidende Endurteil aber dem Geschworenen zufiel. Es blieb, dafs mit der obrigkeitlichen Ernennung des Geschworenen ein förmlicher Procefsvertrag der Parteien sich verband. Es blieb alles, wie es war: nur die formale Grundlage des judicium war eine andere geworden. Der Procefsvertrag der Parteien, welcher die Aufgabe des Geschworenen bestimmte, ward durch das Mittel der obrigkeitlich „gegebenen“ Schriftformel, nicht mehr durch die volksgesetzliche Spruchformel abgeschlossen. Als man jene Änderung durch die lex Aebutia und die leges Juliae traf, mochte man glauben, sich nur von einigen unnütz gewordenen Formalitäten der Vorzeit und zugleich (zur Zeit der lex Aebutia) von der pontificalen Herrschaft über den stadtrömischen Procefs zu befreien. Nicht übermäfsig bedeutend mochte die Neuerung erscheinen, und schwerlich kam man zu dem Bewufstsein, etwas sonderlich Grofses gethan zu haben, zumal ja von einer grundsätzlichen Reform des Civilverfahrens, wie wir in der Behandlung der Centumviralgerichtssachen sehen, vollständig abgesehen wurde.

Dennoch war es eine Neuerung von unermefslichen Folgen, welche nunmehr zum Abschlufs gebracht worden war.

Gaj. Inst. IV § 30. 31: Sed istae omnes legis actiones paulatim in odium venerunt. Namque ex nimia subtilitate veterum, qui tunc jura condiderunt, eo res perducta est, ut vel qui minimum errasset, litem perderet; itaque per legem Aebutiam et duas Julias sublatae sunt istae legis actiones effectumque est, ut per concepta verba, id est per formulas litigemus. Tantum ex duabus causis permissum est lege agere, damni infecti et si centumvirale judicium futurum est. Sane quidem cum ad centumviros itur, ante lege agitur sacramento apud praetorem urbanum vel peregrinum praetorem; damni vero infecti nemo vult lege agere, sed potius stipulatione, quae in edicto proposita est, obligat adversarium suum, idque et commodius jus et plenius est.

§ 50.
Die formula.

Die formula, das Ernennungsdecret des Prätors für den judex (oder die mehreren Geschworenen, recuperatores) diente jetzt als Mittel der litis contestatio, des Procefsvertrags, welcher den Rechtsstreit zum Zweck seiner Entscheidung in judicio formulierte[1]. Die Schriftformel der Obrigkeit trat an die Stelle der Spruchformel der Partei.

Formell war diese neue Art der litis contestatio von geringerer Rechtskraft als die alte solenne Parteihandlung des Legisactionenprocesses. Diese schriftliche, d. h. für das alte Recht formlose, unfeierliche Handlung war an sich überhaupt keine actio im Rechtssinn des Civilrechts, d. h. sie war keine Handlung, durch welche das auf das Gesetz gegründete Klagerecht der Partei zugleich ausgeübt und erschöpft wurde (vgl. oben S. 235). Die formula konnte ihrem Wesen nach und von Rechts wegen (ipso jure civili) zurückgenommen, wiederholt, verbessert werden, wenn ein Decret des Prätors es so verfügte. Sie bewirkte als blofse Schöpfung des jus honorarium für das Civilrecht keine litis contestatio, und schlofs deshalb von Rechts wegen (ipso jure) nicht aus, dafs noch einmal derselbe Anspruch klageweise vor den prätor gebracht und zum judicium befördert wurde. Nur das judicium legitimum (S. 241) bildete infolge der lex Aebutia und der Julischen Gesetzgebung eine Ausnahme. Für den Fall des Bürgerprocesses innerhalb der Bannmeile hatte das Formularverfahren die Anerkennung des Civilrechts gefunden. War im judicium legitimum mit actio in personam (§ 52) und mit intentio juris civilis (§ 51) geklagt worden, so trat auch hier die Consumtion des Klagerechts und der Ausschlufs von jeder Wiederholung des Verfahrens, wie bei der alten legis actio, ipso jure ein. Sonst aber, und das war die bei weitem gröfste Mehr-

[1] Über die Form der litiscontestatio im Formularprocefs (Übergabe der vom Prätor erteilten formula seitens des Klägers an den Beklagten; die Übergabe konnte durch Dictat ersetzt werden) s. oben S. 220 Anm. 2.

zahl der Fälle, bedurfte es einer ausdrücklichen exceptio rei judicatae vel in judicium deductae, d. h. einer ausdrücklichen Verfügung des Prätors für jeden Einzelfall, um zu verhindern, dafs die Sache, welche im Wege des Formularprocesses schon einmal zur Einsetzung eines judicium und vielleicht bereits zum Endurteil gebracht war, nochmals den ganzen Weg des Processes aufs neue durchmache[2]. Es erhellt daraus, dafs nicht das Procefsverfahren als solches, nicht die Einsetzung eines judicium, noch die sententia des judex nach altem Recht dem Procefs die consumierende Wirkung gegeben hatte, sondern nur der feierliche Rechtsact, durch welchen die Partei die Einsetzung eines judicium herbeiführte, die legis actio im eigentlichen Sinne des Wortes, die altsolenne litis contestatio. Und dieser Rechtsact war im Formularprocefs hinweggefallen. Der Procefsvertrag mittels formula war der alten litis contestatio (von der hervorgehobenen Ausnahme abgesehen) von Rechts wegen unebenbürtig.

Aber in dieser so unscheinbaren formula, diesem so kargen und knappen Schreiben des Prätors an den judex lag die ganze Zukunft nicht blofs des römischen Civilprocefsrechts, sondern ebenso des römischen Privatrechts und damit überhaupt des römischen Rechts beschlossen.

Der alte Legisactionenprocefs mit seiner feierlichen, an das überlieferte Wort gebundenen litis contestatio hatte, wie wir gesehen, nur über eine eng begrenzte Anzahl von Formulierungen,

---

[2] Gaj. Inst. IV § 106. 107: Et si quidem imperio continenti judicio actum fuerit, sive in rem, sive in personam, sive ea formula, quae in factum concepta est, sive ea, quae in jus habet intentionem, postea nihilominus ipso jure de eadem re agi potest; et ideo necessaria est exceptio rei judicatae vel in judicium deductae. Si vero legitimo judicio in personam actum sit ea formula, quae juris civilis habet intentionem, postea ipso jure de eadem re agi non potest, et ob id exceptio supervacua est; si vero vel in rem vel in factum actum fuerit, ipso jure nihilominus postea agi potest, et ob id exceptio necessaria est rei judicatae vel in judicium deductae. Doch war die Gewährung der exceptio in den Fällen des judicium legitimum (wenn mit actio in rem oder in factum geklagt war) für den Prätor volksgesetzliche Amtspflicht (die exceptio war hier eine sog. civile exceptio, vgl. unten § 53), während die Gewährung der exceptio, falls imperio continenti judicio agiert war, im Ermessen des Prätors stand, vgl. Wlassak, Cognitur, S. 67; Röm. Procefsgesetze, Bd. 2, S. 356.

des Rechtsstreits zu verfügen. Traf keine der überlieferten Schablonen zu, so bot das Civilrecht den einzigen Ausweg des sogenannten Sponsionsverfahrens (agere per sponsionem): der eine versprach dem andern durch formales Versprechen (sponsio) eine Geldsumme für den Fall, dafs die in Frage stehende thatsächliche oder rechtliche Behauptung des Gegners wahr sei. Dann konnte aus dieser sponsio mit legis actio sacramento in personam (oben S. 233) geklagt und durch das judicium über die sponsio ein judicium und eine sententia über die zu Grunde liegende That- oder Rechtsfrage erwirkt werden. Die Sponsionssumme ward dann nicht ausgezahlt, weil solche sponsio (sogenannte sponsio praejudicialis) nicht als Mittel, zu einer Geldsumme, sondern lediglich als Mittel, zum Procefs zu gelangen, als Procefsorgan dienen sollte[3].

Die formula des Prätors dagegen hatte keine Überlieferung, durch welche sie eingeschnürt gewesen wäre. Die formula bedeutete die Formulierung des Rechtsstreits in formfreier, ungebundener, wie die alte litis contestatio die Formulierung des Rechtsstreits in gebundener Rede. Daher konnte die formula unmittelbar jede Frage und jede Verbindung von Fragen, welche der Prätor für procefsfähig erachtete, vermöge Procefsvertrags der Parteien dem judex zur Entscheidung in judicio unterbreiten. Der Prätor war es, welcher mit der Formulierung des Rechtsstreits zugleich dem judex directe Weisung über die Entscheidung des Rechtsstreits zu geben im stande war. Denn davon, wie der Prätor jetzt für den Procefsvertrag der Parteien die Procefsfrage formulierte, hing es nunmehr allein ab, ob der judex condemnierte oder absolvierte.

Die formula mufste das Mittel werden und ward das Mittel, nicht blofs die Formulierung, sondern auch die Entscheidung des Rechtsstreits von dem altüberlieferten Gesetzesrecht, von der

---

[3] Anders bei der sponsio poenalis, d. h. bei der sponsio über den Ausgang eines Processes, wo die Auszahlung der Geldsumme Absicht war. Der sponsio poenalis des Beklagten mufste der Kläger eine repromissio entgegensetzen, d. h. eine gleich hohe Summe für den Fall des Procefsverlustes versprechen. Die sponsio praejudicialis dagegen forderte keine repromissio des Klägers. Vgl. Gaj. Inst. IV § 13. 94. 171. — Bekker, Actionen, Bd. 1, S. 246 ff.

Alleinherrschaft des Civilrechts zu befreien. Mit der formula nahmen der Prätor und sein jus honorarium Besitz von dem römischen Rechtsleben.

Die legis actio, ihre Fortentwickelung wie ihre Auslegung, war in den Händen der pontifices, nicht des Prätors. Im Legisactionenprocefs war der judex von Weisungen des Prätors unabhängig: er hatte sich amtlich nur an die Weisung zu halten, welche in der solennen litis contestatio der Parteien für sein judicium gegeben war, und hatte nach Mafsgabe des Civilrechts (insbesondere nach Mafsgabe der pontificalen interpretatio) diese so contestierte lis zu entscheiden. In jure schaltete die magistratische Gewalt; in judicio aber durch das Mittel des judex allein das durch Gesetz und pontificales Herkommen überlieferte Civilrecht. Jetzt ward das Verhältnis von Prätor und judex und zugleich damit das Verhältnis von prätorischem Recht und Civilrecht ein anderes. Das Ernennungsdecret (formula) war auch in Sachen des Civilrechts zur Unterweisung für den judex geworden. Dieser hatte nunmehr auch in den Rechtsfällen des jus civile nicht mehr schlechtweg nach jus civile, sondern zunächst auf Grund der prätorischen (von den Parteien vertragsmäfsig angenommenen) formula zu entscheiden: mit den Einschränkungen, nach der Mafsgabe, wie sie in der formula zum Ausdruck gelangte. Der Geschworene (judex) ward auch auf dem Gebiete des Civilrechts von dem Prätor abhängig. Er mufste nach Mafsgabe der prätorischen Weisung (formula) den Beklagten freisprechen, auch wenn er nach Civilrecht ihn hätte verurteilen müssen. Er mufste in andern Fällen umgekehrt, wiederum kraft der Anweisung des Prätors, den Beklagten verurteilen, wo er ihn nach Civilrecht hätte freisprechen müssen (vgl. § 51. 53). Aus einem Organ des Civilrechts war der Geschworene mit einem Schlage in ein Organ zunächst des prätorischen Rechts verwandelt.

Der Prätor war durch das Mittel der formula der Herr des Procefsvertrags der Parteien und damit der Herr des gesamten Verfahrens auch in Civilsachen geworden, und Procefs und Rechtsleben traten unter die Herrschaft des Edicts. Das Civilrecht galt (von den Centumviralsachen abgesehen) im Procefs nur noch, soweit das prätorische Edict ihm Raum zu lassen gesonnen war.

Hier sehen wir die ganze künftige Entwickelung des römischen Rechts vor uns. Es ist klar, dafs durch den Formularprocefs die Scheidung von jus und judicium ihre alte Schärfe unwiederbringlich verlor. Der judex ist auch für das jus civile nicht mehr der unabhängige Privatmann, welcher lediglich an das geltende Recht gebunden ist. Er ist zu einem Organ der magistratischen Gewalt, er ist schon jetzt zu einer Art von Unterbeamten geworden. So ist durch die Ausbildung des Formularprocesses die spätere Aufhebung des Gegensatzes von jus und judicium (unten § 57) entscheidend vorbereitet worden. Zugleich aber, indem der Magistrat zur Herrschaft über den judex gelangte, ergriff er auch endgültig die Herrschaft über die Rechtsentwickelung. Mit dem Formularprocefs beginnt jene folgenreiche mächtige Entfaltung des jus honorarium, welche das jus civile umgestaltete und das klassische römische Recht hervorbrachte. Auf die Reformation des Processes folgte die Reformation des Rechts.

§ 51.

Intentio und actio.

Jede formula beginnt mit der Ernennung des Geschworenen (Titius judex esto) oder des Geschworenencollegiums (Titius, Maevius et Lucius recuperatores sunto). Diese Ernennung war der Ursprung der formula. Sie ist jetzt die Einleitung zu dem eigentlichen Inhalt der formula geworden.

Die formula ist für die Regel als Condemnationsbefehl stilisiert und hat demgemäfs regelmäfsig zwei Hauptbestandteile, die intentio und die condemnatio, nach dem Schema: wenn du (judex) von dem Bestehen dieses Rechts (dieser Thatsache) dich überzeugst (intentio), so sollst du den Beklagten verurteilen (condemnatio), sonst aber ihn freisprechen: si paret — condemna; si non paret, absolve. Die intentio ist die Bedingung der condemnatio. Sie formuliert die Procefsfrage, d. h. die Frage, von deren Bejahung der Sieg des Klägers abhängig ist (si paret —). Nach der Natur der Procefsfrage, und daher nach dem Inhalt der intentio, bestimmt sich die Natur der actio. Soviel Arten der intentio. soviel Arten der actio.

Entweder ist die Procefsfrage eine Rechtsfrage, z. B. die Frage, ob der Kläger Eigentümer nach Civilrecht oder ob der Kläger Gläubiger nach Civilrecht sei. Die intentio geht dann auf ein ejus esse ex jure Quiritium oder auf ein dare oportere: die actio ist eine actio in jus concepta.

Oder: die Procefsfrage ist eine blofse Thatfrage. Es liegt kein Eigentum noch ein Forderungsrecht nach jus civile, sondern nur ein Thatbestand vor, an welchen der Prätor eine Klage geknüpft hat: z. B. die Thatsache, dafs der eine dem andern seine Sache als Hypothek verpfändet hat (nur der Prätor, nicht das Civilrecht giebt dem Erwerber des Hypothekenrechts die dingliche Pfandklage), oder dafs der Freigelassene seinen Patron ohne Erlaubnis des Prätors vor Gericht geladen hat (nur der Prätor giebt in solchem Falle dem Patron eine Strafklage gegen den libertus). Hier nennt die intentio keine Rechtsbefugnis, sondern lediglich ein thatsächliches Verhältnis, von dessen Dasein oder Nichtdasein die Entscheidung des Processes abhängt. Eine actio mit solcher intentio ist eine actio in factum concepta[1].

Die actio in factum concepta dient dem Prätor, um neue Rechte thatsächlich zu schaffen, welche dem Civilrecht unbekannt sind (z. B. das Hypothekenrecht, das Strafforderungsrecht des Patrons gegen den unehrerbietigen libertus).

Der Prätor hat aber noch andere Mittel, mit denen er zu dem gleichen Ziel gelangt. Er kann die intentio juris civilis (die intentio in jus concepta) beibehalten, aber umgebildet, mit Zusätzen, welche dem Civilrecht fremd sind. Er weist den judex an, den Anspruch, welchen das Civilrecht giebt (das ejus esse ex jure Quiritium, das dare oportere) als vorhanden anzusehen, aber

---

[1] Es giebt auch eine actio in factum civilis, d. h. eine actio in factum mit intentio in jus concepta. Hier bedeutet actio in factum die Klage, für welche im Edict noch kein Schema proponiert war, für welche daher die Formel im Einzellfall (in factum) selbständig gebildet wurde. Es wurde im Eingang der Formel (demonstratio) der vorliegende concrete Thatbestand beschrieben und auf Grund desselben die intentio: quidquid ob eam rem dare facere oportet (ex bona fide) gewährt. Die actio in factum civilis ist mit der actio praescriptis verbis (§ 79) identisch. Also: die actio in factum schlechtweg ist eine actio mit intentio in factum concepta, dagegen die actio in factum civilis eine actio mit demonstratio in factum concepta (vgl. l. 6 § 1 C. de transact. 2, 4).

unter Voraussetzungen, welche der Prätor selbständig formuliert. So kennt z. B. das römische Civilrecht keine Cession, d. h. keine Übertragung der Forderung. Auch wenn der Gläubiger einem anderen seine Forderung verkauft und abgetreten hat, ist doch nach Civilrecht nicht dieser andere (der Cessionar), sondern immer nur der Gläubiger (der Cedent) klageberechtigt. Der Prätor aber giebt dem Cessionar die Klage des Gläubigers (auf dare oportere, also mit intentio in jus concepta), aber mit einer Umbildung der intentio, welche den judex anweist, den Cessionar als Gläubiger anzusehen und demgemäfs zu entscheiden. So entsteht der Begriff der actio utilis. Actio utilis ist die Klage mit umgebildeter intentio (die für neue Fälle anwendbar, „brauchbar" gemachte Klage). Sie hat zu ihrem Gegenstück die actio directa, die Klage mit ursprünglicher intentio, deren intentio der actio utilis zum Vorbild dient. So hat also in dem gewählten Beispiel der Gläubiger (der Cedent) die actio directa, der Cessionar aber actio utilis.

Eine besonders wichtige Form der actio utilis ist die actio ficticia, d. h. die Klage, wo die Umbildung der intentio in Einschiebung einer Fiction besteht. Der judex soll fingieren, dafs eine Voraussetzung des Civilrechts (von welcher die Wahrheit der intentio abhängig ist) vorhanden sei, d. h. er soll davon absehen, dafs diese Voraussetzung nicht vorhanden ist. Ein Beispiel ist die actio Publiciana in rem. Sie ist eine utilis rei vindicatio. Das heifst, sie ist eine rei vindicatio (Eigentumsklage mit der intentio: ejus esse oportere ex jure Quiritium) mit Umbildung der intentio. Wer eine Sache vom Nichteigentümer gekauft und tradiert erhalten hat, ist noch nicht Eigentümer, aber er kann Eigentümer (nach Civilrecht) werden durch Ersitzung (unten § 64), wenn er eine bestimmte Zeit lang die in gutem Glauben erworbene Sache besessen hat. Ist die Ersitzungsfrist abgelaufen, so hat er die richtige rei vindicatio (directa rei vindicatio), er ist ja Eigentümer nach Civilrecht. Solange die Ersitzungsfrist aber noch nicht abgelaufen ist, kann er keine rei vindicatio (nach Civilrecht) haben: er ist ja noch nicht Eigentümer. Aber der Prätor will ihm trotzdem — und aus guten Gründen — schon vor Ablauf der Ersitzungsfrist die rei vindicatio geben (ausgenommen nur gegen den wahren Eigentümer).

Wie mufs er das anfangen? Er bildet die intentio der rei vindicatio durch Einschiebung einer Fiction um: der judex soll fingieren, dafs die Ersitzungsfrist bereits abgelaufen sei, d. h. er soll davon absehen, dafs sie noch nicht abgelaufen ist. Er giebt also dem in Ersitzung Begriffenen eine ficticia rei vindicatio, die sogenannte actio Publiciana in rem (§ 66), deren intentio lautet:

Si quem hominem Aulus Agerius emit et is ei traditus est, anno possedisset, tum si eum hominem, quo de agitur, ex jure Quiritium ejus esse oporteret . . .

Also eine actio in jus concepta: die Procefsfrage (intentio) ist eine Rechtsfrage des Civilrechts (ejus esse oportere ex jure Quiritium). Aber umgebildet, so umgebildet, dafs trotz des Civilrechts der Ersitzungsbesitzer durch diese Klage geradeso geschützt wird, als ob die Ersitzungsfrist bereits abgelaufen wäre. Auch der Ersitzungsbesitzer hat die rei vindicatio, aber eine utilis rei vindicatio (die actio Publiciana). Wahrscheinlich war die actio ficticia die älteste Form der actio utilis. Der Prätor schlofs sich hier noch möglichst nahe an das Civilrecht an, wenngleich er dasselbe fortbildete.

Der Gegensatz von actio directa und actio utilis ist aber nicht blofs auf dem Gebiet der actio in jus concepta, sondern ebenso auch auf dem Gebiet der actio in factum concepta möglich, obgleich in letzterem Fall der Prätor von vornherein innerhalb seines eigenen Machtbereichs sich befindet. War für einen bestimmten Thatbestand vom Prätor eine Klage gegeben worden, und stellte sich dann das Bedürfnis heraus, auch einen nächstverwandten Thatbestand mit gleicher Klage zu bedenken, so ward die für den ursprünglich bedachten Thatbestand bestimmte Klage mit einer Umbildung der (hier den Thatbestand nennenden) intentio auch für diesen weiteren Thatbestand gegeben. Jene war dann die directa, diese die utilis actio. Ein Beispiel giebt die Pfandklage. Eine dingliche Pfandklage (zu Gunsten des Pfandgläubigers gegen den Besitzer der Pfandsache) ward zunächst nur für den Fall gegeben, dafs der Pächter eines Landgrundstückes (praedium rusticum) seine invecta und illata (sein Inventar) dem Verpächter verpfändet hatte: der Verpächter hatte zum Schutz seines Pfandrechts die (in factum concipierte) actio Serviana. Dann stellte sich als billig heraus, dafs nicht blofs der Verpächter, sondern überhaupt jeder Pfandgläubiger durch Pfandklage geschützt werden müsse. Diese anderen Pfandgläubiger bekamen eine utilis actio Serviana (auch quasi Serviana actio genannt), d. h. sie bekamen die gleiche Pfandklage wie der Verpächter, aber natürlich mit umgebildeter intentio.

So ist die actio directa das Original, dem eine andere Klage nachgebildet ist; die actio utilis aber die Copie.

Die actio utilis ist (ebenso wie die actio in factum) immer eine prätorische Klage (actio honoraria), d. h. sie hat ihre Quelle in dem jus honorarium; die actio directa aber ist bald eine actio civilis, d. h. sie hat ihre Quelle im Civilrecht, bald eine actio honoraria (so wenn einer actio in factum eine actio utilis nachgebildet wird).

Die actio utilis ist immer ein Symptom der Fortbildung des Rechts (ebenso wie die actio in factum concepta), aber bald des Civilrechts, bald des prätorischen Rechts[2].

Beide Arten von Klagen: die actio utilis und die actio in factum concepta, bedeuten die Macht des Prätors über das Rechtsleben, zunächst über den judex. Die Unterordnung des judex unter den Prätor verpflichtet ihn, auf eine actio in factum und eine actio utilis hin zu condemnieren, obgleich die Voraussetzungen des Civilrechts nicht erfüllt sind.

Die Gegensätze, welche uns bisher beschäftigt haben: actio civilis und honoraria, actio in jus und in factum concepta, actio directa und utilis, sind rein formaler Art. Sie ergeben sich aus dem äufseren Verhältnis der intentio zum Civilrecht einerseits, zum prätorischen Edict andrerseits, d. h. aus dem Verhältnis der intentio zum objectiven Recht.

Ein weit gröfseres Interesse aber bietet die intentio, sofern wir ihren materiellen Inhalt, also das subjective Recht betrachten, welches durch das Mittel der intentio seine Verwirklichung verlangt. Von diesem Gesichtspunkt aus gesehen, ergiebt sich aus den Arten der intentio das Actionensystem, in welchem das Privatrechtssystem sich wiederspiegelt.

---

[2] Vgl. Wlassak, Actio utilis, in Paulys Realencykl. der klass. Altertumswiss., Sp. 19. 20.

GAJ. Inst. IV § 41: Intentio est ea pars formulae, qua actor desiderium suum concludit, velut haec pars formulae: SI PARET N. NEGIDIUM A. AGERIO SESTERTIUM X MILIA DARE OPORTERE; item haec: QUIDQUID PARET N. NEGIDIUM A. AGERIO DARE FACERE OPORTERE; item haec: SI PARET HOMINEM EX JURE QUIRITIUM A. AGERII ESSE.

§ 45 eod.: Sed eas quidem formulas, in quibus de jure quaeritur, in jus conceptas vocamus, quales sunt, quibus intendimus NOSTRUM ESSE ALIQUID EX JURE QUIRITIUM, aut NOBIS DARI OPORTERE, aut PRO FURE DAMNUM DECIDI OPORTERE: in quibus juris civilis intentio est. § 46: Ceteras vero in factum conceptas vocamus, id est, in quibus nulla talis intentio concepta est, sed initio formulae, nominato eo, quod factum est, adjiciuntur ea verba, per quae judici damnandi absolvendive potestas datur; qualis est formula, qua utitur patronus contra libertum, qui eum contra edictum praetoris in jus vocavit, nam in ea ita est: RECUPERATORES SUNTO. SI PARET, ILLUM PATRONUM AB ILLO LIBERTO CONTRA EDICTUM ILLIUS PRAETORIS IN JUS VOCATUM ESSE, RECUPERATORES ILLUM LIBERTUM ILLI PATRONO SESTERTIUM X MILIA CONDEMNATE: SI NON PARET, ABSOLVITE .... et denique innumerabiles ejusmodi aliae formulae in albo proponuntur. § 47: Sed ex quibusdam causis praetor et in jus et in factum conceptas formulas proponit, veluti depositi et commodati: illa enim formula, quae ita concepta est: JUDEX ESTO. QUOD A. AGERIUS APUD N. NEGIDIUM MENSAM ARGENTEAM DEPOSUIT, QUA DE RE AGITUR, QUIDQUID OB EAM REM N. NEGIDIUM A. AGERIO DARE FACERE OPORTET EX FIDE BONA, EJUS JUDEX N. NEGIDIUM A. AGERIO COMDEMNATO, NISI RESTITUAT; SI NON PARET, ABSOLVITO, in jus concepta est; at illa formula, quae ita concepta est: JUDEX ESTO. SI PARET, A. AGERIUM APUD N. NEGIDIUM MENSAM ARGENTEAM DEPOSUISSE, EAMQUE DOLO MALO N. NEGIDII A. AGERIO REDDITAM NON ESSE, QUANTI EA RES ERIT, TANTAM PECUNIAM JUDEX N. NEGIDIUM A. AGERIO CONDEMNATO; SI NON PARET, ABSOLVITO, in factum concepta est. Similes etiam commodati formulae sunt.

§ 52.

Das Actionensystem.

I. Die intentio ist entweder persönlich (in personam) oder unpersönlich (in rem) gefaſst, d. h. die intentio nennt entweder die Person des Verklagten (und ev. zu Condemnierenden) oder sie nennt diese Person nicht, sondern nur die Person des Klägers (des Berechtigten). Auf diesem Gegensatz ruht die oberste Einteilung aller Klagen: die Einteilung in actiones in personam (mit intentio in personam) und actiones in rem (mit intentio in rem).

Der Gegensatz ist kein äufserlicher, sondern durch die innerste Natur der Privatrechte begründet. Eine gewisse Classe von Privatrechten, die Forderungsrechte, erschöpft sich in der Verpflichtung einer einzigen Person (des Schuldners), und man kann das gemeinte Forderungsrecht nicht bezeichnen, ohne zugleich diese eine Person (den Schuldner) zu benennen. Das Recht des Klägers schon sieht und bestimmt seinen Gegner (den Schuldner), und damit den Beklagten. Die intentio (mag sie in jus oder in factum concipiert sein) mufs diese Person des Schuldners angeben, weil die Person des Schuldners das Recht individualisiert: ein anderer Schuldner, ein anderes Recht (die intentio lautet z. B.: si paret, N.um N.um A.o A.o dare oportere). Dagegen sind alle übrigen Rechte (insbesondere, aber nicht allein, die Sachenrechte, z. B. das Eigentum) der Art, dafs sie nicht in der Verpflichtung eines bestimmten einzelnen bestehen, sondern in einer Befugnis, welche jedermann gegenüber nicht blofs besteht, sondern auch geltend gemacht werden kann. Das Recht hat hier als solches keinen persönlichen Gegner. Erst die Verletzung des klägerischen Rechts bestimmt den Gegner und damit den Beklagten. Und jede Verletzung wird aus dem Recht heraus immer wieder die gleiche Klage erzeugen: auch bei verschiedenen Gegnern immer das gleiche Recht. Die intentio ist hier unpersönlich (z. B. si paret, hominem, quo de agitur, A.i A.i esse ex jure Quiritium), d. h. sie nennt den Beklagten nicht, der Beklagte erscheint erst in der condemnatio.

Die Natur der intentio bestimmt die Natur der actio.

Die Klage aus dem Forderungsrecht ist eine actio in personam, die Klage aus einem anderen Recht (z. B. Eigentum, Pfandrecht, Familiengewalt, Erbrecht) ist eine actio in rem. Privatrechtlich ausgedrückt: die Forderungsrechte sind Rechte mit persönlich gerichtetem, die übrigen Rechte aber Rechte mit absolutem Inhalt.

II. Die dinglichen Klagen (actiones in rem) entspringen teils aus dinglichen Rechten (unten § 60 ff.), z. B. dem Eigentum (rei vindicatio, actio negatoria), teils aus Familienrechten (z. B. der Gewalt des Vaters über die Kinder: vindicatio filii in potestatem), teils aus dem Erbrecht (hereditatis petitio, interdictum quorum bonorum), teils aus den Statusrechten, d. h. dem Recht auf Anerkennung des Personenstandes (z. B. der Ingenuität, der Kindschaft, der Freiheit von der väterlichen Gewalt). Die Statusklagen zählen zu den Präjudicialklagen (praejudicia), d. h. zu den Feststellungsklagen des römischen Rechts: es wird nur Feststellung eines Rechtsverhältnisses (z. B. der Freiheit), nicht Verurteilung des Beklagten begehrt [1].

Die sogenannte actio in rem scripta ist keine actio in rem, sondern eine persönliche Klage (also mit gegebenem Gegner) aus einem Forderungsrecht, nur mit der Eigentümlichkeit, dafs der Schuldner nicht endgültig bestimmt ist, sondern durch einen Zustand bezeichnet wird, dessen Träger wechseln kann. Sie ist also eine actio in personam, deren Gegner (der Schuldner) immer nur auf Zeit gegeben ist. Ein Beispiel ist die actio quod metus causa (S. 205), mit welcher ich das mir durch erzwungenes Rechtsgeschäft Abgeprefste von demjenigen zurückfordere, welcher gegenwärtig den Vorteil von jenem Rechtsgeschäfte (z. B. das Eigentum an der von mir metus causa veräufserten Sache) hat: die Klage besitzt dingliche Wirkung (ist in rem scripta), insofern sie nicht blofs gegen den Urheber des metus, sondern ebenso gegen den Dritten geht, welcher von demselben das Eigentum an der Sache erwarb; aber die Klage ist keine dingliche Klage, weil ich gegen den Dritten nicht mehr auf Grund meines Eigentums (der Beklagte ist ja vielmehr der Eigentümer), sondern nur auf Grund eines aus dem metus hervorgehenden Forderungsrechts (gerichtet auf Rückübertragung meines Eigentums) klagen kann. Ein anderes Beispiel ist die Teilungsklage, mit welcher ich die Teilung der gemeinschaftlichen Sache von dem gegenwärtigen Miteigentümer verlange.

III. Die Forderungsrechte entspringen entweder aus Contracten (oder contractsähnlichen Thatbeständen) oder aus Delicten (oder delictsähnlichen Thatbeständen). Daher sind die actiones in

---

[1] Näheres über die praejudicia bei Bekker, Actionen, Bd. 1, S. 283 ff.

personam entweder Contractsklagen (bezw. Quasicontractsklagen) oder Delictsklagen (bezw. Quasidelictsklagen). Vgl. § 77.

IV. Die Contracte sind entweder stricti juris negotia (mit präcis bestimmter Verbindlichkeit) oder bonae fidei negotia (mit unpräciser Verbindlichkeit), vgl. § 76. Daher sind die Contractsklagen entweder actiones stricti juris (z. B. die Klage aus dem Darlehn oder der Stipulation) oder actiones bonae fidei (z. B. die Klage aus Kauf, Miete, depositum). Die actio stricti juris führt den Namen condictio, wenn sie ohne Angabe des Klaggrundes (in der formula) erhoben wird (vgl. § 80 Anm. 6).

Die intentio der actio bonae fidei ist immer eine incerta (quidquid N.^{um} N.^{um} A.^{o} A.^{o} dare facere oportet ex bona fide), die intentio der actio stricti juris nur dann, wenn das negotium stricti juris geradezu auf ein incertum gestellt ist. In den Fällen der incerta intentio (also in allen Fällen der actio bonae fidei) beginnt die intentio mit einer sogenannten demonstratio, d. h. mit der Benennung des Contracts, auf Grund dessen das incertum (das quidquid) sich bestimmt. Also z. B. quod A.^{us} A.^{us} apud N.^{um} N.^{um} hominem deposuit, quidquid etc.

V. Die Delicte verpflichten entweder zum Schadensersatz oder zur Strafzahlung oder zu beidem, und im letzteren Falle kann dieselbe eine Klage sowohl zur Geltendmachung des Ersatz- wie des Strafanspruchs dienen, oder es sind auf Grund des Delicts (z. B. des Diebstahls) zwei selbständige Klagen gegeben, von denen die eine (so die condictio furtiva) nur dem Ersatzanspruch, die andere (so die actio furti) nur dem Strafanspruch dient. Die Delictsklagen sind daher entweder rei persequendae causa comparatae (gehen nur auf Ersatz) oder poenae persequendae causa comparatae (gehen nur auf Strafe) oder mixtae (dieselbe Klage geht auf Schadensersatz und Strafe).

Der Strafanspruch aus dem Delicte steht entweder nur dem Verletzten oder aber jedermann (cuivis ex populo) zu. Die Strafklagen (actiones poenae persequendae causa comparatae oder actiones poenales) sind daher entweder privatae (nur dem Verletzten zuständig) oder populares.

§ 1 I. de actionibus (4, 6): Omnium autem actionum, quibus inter aliquos apud judices arbitrosve de quaque re quaeritur, summa divisio in dua genera deducitur: aut enim in rem sunt aut in personam. Namque agit unusquisque aut cum eo, qui ei obligatus est vel ex contractu vel ex maleficio: quo casu proditae sunt actiones in personam, per quas intendit, adversarium ei dare aut dare facere oportere, et aliis quibusdam modis; aut cum eo agit, qui nullo jure ei obligatus est, movet tamen alicui de aliqua re controversiam: quo casu proditae actiones in rem sunt, veluti si rem corporalem possideat quis, quam Titius suam esse affirmet, et possessor dominum se esse dicat: nam si Titius suam esse intendat, in rem actio est.

§ 13 eod.: Praejudiciales actiones in rem esse videntur: quales sunt, per quas quaeritur, an aliquis liber vel an libertus sit, vel de partu agnoscendo.

§ 20 eod.: Quaedam actiones mixtam causam optinere videntur, tam in rem quam in personam: qualis est familiae erciscundae actio, quae competit coheredibus de dividenda hereditate. Item communi dividundo, quae inter eos redditur, inter quos aliquid commune est, ut id dividatur; item finium regundorum, quae inter eos agitur, qui confines agros habent.

§ 53.
Condemnatio und exceptio.

I. Die condemnatio ist der in der formula erteilte Condemnationsbefehl des Prätors. Die Bedingung der condemnatio ist die intentio. Ist die intentio wahr, so soll condemniert werden. Nur die formula der Präjudicialklage (S. 258) besteht allein in der intentio: sie soll den judex lediglich veranlassen, die ihm vorgelegte Frage (die Statusfrage) klarzustellen (pronuntiatio); einer condemnatio bedarf es in diesem Falle nicht.

Der Condemnationsbefehl des Prätors geht durchweg darauf, dafs der judex zu einer Geldsumme verurteile (pecuniaria condemnatio); auch dann, wenn der Kläger mit einer Klage durchgedrungen ist, kraft deren er die Herausgabe (restituere) oder Vorlegung (exhibere) einer bestimmten beim Verklagten befindlichen Sache zu fordern berechtigt ist.

Nur die unbestreitbare Geldschuld ist nach älterem und noch nach klassischem römischen Recht der processualischen Zwangsvollstreckung fähig. Darum mufs der judex, indem er durch sein Urteil das Recht des Klägers aufser Zweifel stellt, es zugleich in ein Recht auf eine Geldsumme verwandeln.

Die pecuniaria condemnatio führt häufig Unbilligkeiten mit sich. So vor allem in dem eben angedeuteten Fall, wo die Klage auf restituere oder exhibere geht. Der Kläger hat z. B. sein Eigentum an einer von dem Beklagten ihm vorenthaltenen Sache nachgewiesen. Er wird, obschon er mit seiner Eigentumsklage (rei vindicatio) durchdringt, dennoch, infolge der bloſsen Verurteilung des Beklagten zu einer Geldsumme, nicht diese seine Sache, sondern nur eine vom Beklagten geleistete Geldentschädigung erhalten. Der Beklagte behauptet sich im Besitz der Sache, obgleich er den Proceſs verliert. Ja, der Beklagte wird Eigentümer (nach prätorischem Recht) in demselben Augenblick, wo er dem Kläger die Geldentschädigung, die litis aestimatio (quanti ea res est), auszahlt. Der Erfolg der siegreich durchgeführten Eigentumsklage ist die Enteignung des Klägers, der Verlust des Eigentums. In derselben miſslichen Lage befindet sich der Nieſsbrauchsberechtigte (Usufructuar), welcher mit der Nieſsbrauchsklage (actio confessoria) sein Recht auf Herausgabe des Nieſsbrauchsobjects, der Pfandgläubiger, welcher mit der Pfandklage (actio in rem hypothecaria) sein Recht auf Herausgabe des Pfandobjects, der Vermieter, welcher mit der Mietklage (actio locati) nach beendigter Mietzeit sein Recht auf Herausgabe des Mietobjects erstritten hat, der Commodant (Verleiher), welcher mit actio commodati directa die ausgeliehene Sache, der Deponent, welcher mit actio depositi directa die zur Aufbewahrung gegebene Sache, der Verpfänder, welcher mit actio pignoraticia directa nach Bezahlung der Pfandschuld vom Faustpfandgläubiger die verpfändete Sache zurückfordert, der Betrogene, welcher mit actio de dolo die infolge Betrugs, der Gezwungene, welcher mit actio quod metus causa die infolge Drohung von ihm weggegebene Sache wiederbegehrt, der Erbe, welcher mit der hereditatis petitio von dem bloſs vermeintlichen Erben die Ausantwortung der von demselben in Besitz genommenen Erbschaft fordert, der Eigentümer, welcher zum Zweck der Vorbereitung seiner rei vindicatio mit actio ad exhibendum die Vorlegung (exhibere) der von dem Gegner besessenen Sache verlangt, um die Identität derselben mit der ihm abhanden gekommenen Sache feststellen zu können, u. s. f. In all diesen Fällen wird restituere bezw. (im letzten Fall) exhibere begehrt[1]. Die siegreich durchgeführte Klage führt aber infolge des Grundsatzes der Geldcondemnation nicht zur Befriedigung, sondern zur Abfindung des klägerischen Rechts.

Dasselbe unbefriedigende Ergebnis stellt sich heraus, wenn der Käufer (z. B. wegen heimlicher Mängel der gekauften Ware) mit der actio redhibitoria die Auflösung des Kaufvertrags fordert. Die Geldcondemnation giebt ihm nur sein Interesse (quanti ea res erit) an der Auflösung des Kaufvertrags, nicht aber was er zu fordern berechtigt ist, nämlich die Auflösung selbst, also Rückgabe der Ware seinerseits, um dafür den gezahlten Preis (bezw. Befreiung von der Kaufschuld) zurückzuempfangen. Er müfste also z. B. trotz Condemnation des Gegners das gekaufte Tier dennoch behalten, von dem sich herausgestellt hat, dafs es eine ansteckende Krankheit hat oder dgl.

Auch bei der Noxalklage ist der Fall denkbar, dafs die condemnatio doch den Interessen des Klägers nicht gerecht wird. Hat der Sklav ein Delict begangen, so haftet sein Herr in der Weise, dafs er entweder die Folgen des Delicts (Schadensersatz und Strafzahlung) auf sich nehmen oder den Sklaven an den durch das Delict Betroffenen ausliefern mufs (noxae deditio). Aber man denke an den Fall der Injurie. Der Sklav hat den Kläger durch ein Schimpfwort beleidigt. Die condemnatio: der Herr gebe den Sklaven heraus oder zahle eine (kleine) Geldsumme (das letztere wird der Herr natürlich thun), verschafft dem Kläger keine Genugthuung. Die Geldsumme ist ihm nichts. Der Lage des Falls wäre es weit angemessener, wenn kein Geld gezahlt, aber der Sklav zur Züchtigung mit einigen Streichen bedacht würde.

Alle diese Fälle haben das Gemeinsame, dafs die Geldcondemnation nicht imstande ist, das Interesse des Klägers wirklich zu befriedigen.

Eine Schwierigkeit anderer Art ergab sich bei den stricti juris negotia d. h. bei den Geschäften, welche streng nach ihrem

[1] In den Fällen der actio de dolo und der actio quod metus causa kann das Begehren auch weitergehender Art sein. Ist z. B. infolge des Betrugs oder der Drohung Eigentum veräufsert worden, so gehen diese Klagen auf Rückübertragung des Eigentums (Rücktradition), nicht blofs auf Rückübertragung des Besitzes (Restitution im engeren Sinn des Worts).

Wortlaut ausgelegt werden (zum Beispiel die Stipulation, unten § 80). War durch stricti juris negotium eine Leistung an einem bestimmten Orte zugesagt worden (z. B. durch das Stipulationsversprechen: Ephesi centum dare), so konnte die Leistung nur an diesem Orte gefordert und der Verklagte nur an diesem Orte condemniert werden. Denn anderswo zu leisten hatte der Schuldner nicht versprochen, und wenn der Gläubiger anderswo klagte, so forderte er etwas anderes, als ihm versprochen war (plus petitio), und mufste seinen Procefs verlieren. Aber er konnte vielleicht an dem bestimmten Ort (in Ephesus) nicht klagen, denn der Beklagte blieb von demselben beharrlich fern, und ein Verfahren gegen einen abwesenden Beklagten gab es nach älterem Recht nicht. Hier mufste doch dem Gläubiger geholfen werden. Er mufste berechtigt sein, auch an einem anderen Orte zu klagen, an dem ihm dann aber natürlich nicht das Recht genau auf die zugesagte Leistung, sondern nur das Recht auf das Interesse an dieser Leistung unter Berücksichtigung des Ortsinteresses zustand. Dazu bedurfte es aber einer Änderung in dem Condemnationsbefehl, denn die condemnatio ging bei der actio stricti juris nicht auf das Interesse des Klägers an der Leistung, sondern schlechtweg auf den Wert der Leistung in Geld ausgedrückt. Ward eine bestimmte Geldsumme mit actio stricti juris (condictio certi) gefordert, so ging die Condemnation genau auf diese Geldsumme, nicht mehr und nicht weniger, nicht aber auf das Interesse des Klägers an dieser Geldsumme[2]. Ebenso wenn es sich nicht um eine Geldsumme, sondern um bestimmte Sachen oder um irgend eine andere Leistung handelte, welche durch stricti juris negotium versprochen war. Nicht das Interesse des Gläubigers an dieser Sache oder Handlung, sondern nur der objective Wert dieser Sache oder Handlung konnte dem Kläger auf Grund der actio stricti juris zuerkannt werden. Diesen objectiven Wert aber vermochte er nur an dem Orte zu fordern, an welchem die Leistung zugesagt war. An jedem andern Orte forderte er etwas ihm nicht Geschuldetes und verlor seinen Procefs.

[2] Daher konnte z. B. bei verspäteter Leistung das Verzugsinteresse (z. B. Verzugszinsen) vom Kläger nicht gefordert werden. Aus demselben Grunde war die Berücksichtigung des Ortsinteresses ausgeschlossen.

Also: bei den oben zuerst genannten Klagen auf restituere oder exhibere (und ebenso bei der actio redhibitoria und im praktischen Ergebnis auch bei dem genannten Fall der Noxalklage) lag die Unbilligkeit darin, dafs die Condemnation nur auf das Interesse (Geld) und nicht vielmehr auf Naturalbefriedigung des Klägers, bei den actiones stricti juris lag sie umgekehrt darin, dafs die Condemnation nicht auf das Interesse, sondern nur auf den objectiven Wert der Leistung möglich war.

Das war eine sehr verschiedenartige Reihe von Fällen. Aber in allen Fällen dieser Art war die Engherzigkeit der condemnatio der Grund des Übels, und zwar entweder insofern die condemnatio blofse Geldcondemnation war, oder insofern die Geldcondemnation (bei den actiones stricti juris) in gewisse enge Grenzen gewiesen war. Infolgedessen konnte der Prätor in allen Fällen durch das gleiche Mittel helfen, nämlich durch eine Umbildung der condemnatio. Er gab dem judex die Vollmacht, nicht blofs condemnieren, sondern auch arbitrieren zu können, d. h. eine Entscheidung geben zu können, welche den Umständen nach bemessen ist. Das arbitrium ist das von den Schranken des Condemnationsbefehls befreite weitherzige Urteil.

So wird es also den Umständen bei der Eigentumsklage und den andern ähnlichen Klagen (auf restituere oder exhibere) angemessen sein, wenn der Beklagte zur Naturalbefriedigung des Klägers angehalten wird: es ergeht an ihn, nachdem das Eigentum oder sonstige Recht des Klägers festgestellt ist (pronuntiatio), ein arbitratus (jussus) de restituendo oder de exhibendo. Leistet der Beklagte demselben keine Folge, so erfolgt zwar keine Vollstreckung (weil dem älteren und dem klassischen römischen Civilrecht nur die Vollstreckung der Geldschuld bekannt ist und eben deshalb nur eine Geldverurteilung eine richtige Condemnation ist), aber es folgt jetzt die Condemnation, und zwar indem der Richter (dem dolosen Beklagten gegenüber) den Kläger die Höhe seines Interesses an der Sache durch Eid feststellen läfst (jusjurandum in litem). Hat der Beklagte eigenwillig die Erfüllung des arbitratus de restituendo verweigert, so wird der Richter auf Grund des klägerischen Eides ihn voraussichtlich in eine Geldsumme verurteilen, welche den Wert der Sache weit übersteigt, mit anderen Worten: die Geldcondemnation wird jetzt (nachdem der arbitratus de restituendo vorausgegangen ist) zu einem Mittel für die Bestrafung des widerspänstigen Beklagten. Damit ist zwar ein indirectes, aber doch sehr wirksames Vollstreckungsmittel für das arbitrium de restituendo geschaffen worden, und jedenfalls für die weitaus gröfste Zahl der Fälle die Unbilligkeit der pecuniaria condemnatio beseitigt.

Ebenso wurde die actio redhibitoria behandelt. Bevor der judex zur condemnatio schritt, erliefs er ein arbitrium des Inhalts, dafs Käufer die gekaufte Ware (mit ihren Accessionen) zurückzugeben, Verkäufer dagegen das empfangene Geld zurückzuzahlen bezw. den Käufer von der Kaufschuld zu befreien habe. Leistete der Verkäufer schuldhafterweise dem arbitrium keine Folge, so condemnierte ihn jetzt der judex zur Leistung des Doppelten (vgl. l. 45 D. 21, 1). Dem entsprach, dafs bei der Noxalklage wegen Beleidigung durch einen Sklaven (actio injuriarum noxalis) der judex vor der Condemnation dem Herrn durch arbitratus aufgab, den Sklaven zur Erduldung einer vom judex zu bemessenden Prügelstrafe zu stellen. Eventuell mochte dann die Geldstrafe höher bemessen werden[3].

In den Fällen der actio stricti juris, wo es sich um Condemnation an einem anderen Orte handelte, war die Sache noch einfacher: der Prätor ermächtigte den judex zu einem arbitrium, durch welches er den Beklagten auf das Interesse des Klägers an der Leistung (unter Berücksichtigung also des Ortes) verurteilte. Hier stand das arbitrium anstatt der condemnatio. Es wurde nicht condemniert (auf die geschuldete Leistung), sondern nur arbitriert (auf das Interesse), indem der Richter Vollmacht hatte, sowohl das Interesse des Klägers wie das Interesse des Beklagten an dem Ort der Leistung in Betracht zu ziehen; es konnte also unter Umständen der Beklagte an dem anderen Ort auch zu weniger verurteilt werden, als er versprochen hatte (wenn die Leistung an diesem Orte dem Kläger mehr wert war als die

[3] Zu diesen beiden Fällen vgl. Lenel, Edictum, S. 438. 324. — Gab der Verklagte dem arbitrium Folge, so ward er nicht condemniert, kam also der actio redhibitoria gegenüber mit der Rückleistung des simplum (pretium) davon. Dafs dies der Sinn von l. 45 D. cit. ist, zeigen Bechmann, Der Kauf, Bd. I, S. 403; Eck, Das Ziel der actio redhibitoria, in den Juristischen Abhandlungen für Beseler (1885).

Leistung an dem zugesagten Ort). Dem arbitrium folgte hier nicht die condemnatio, sondern die Vollstreckung. Dies arbitrium war vollstreckbar, weil es direct auf Geld lautete[4].

Durch das Vorige ist der Begriff der actio arbitraria festgestellt. Sie ist eine Klage mit weitherzigem Condemnationsbefehl. Der judex hat eine freiere Stellung, indem ihm der arbitratus gestattet ist. In diesem Sinne sind die Klagen auf restituere und exhibere, die actio redhibitoria und die Noxalklage wegen Beleidigung durch einen Sklaven sowie die Klage aus einem stricti juris negotium auf das Interesse (unter Berücksichtigung des Orts) actiones arbitrariae. In allen Fällen ist es das gleiche Mittel, durch welches einer Unbilligkeit abgeholfen wird: die Umbildung der condemnatio.

In der formula einer Klage auf restituere oder exhibere ward dem Condemnationsbefehl die Anweisung zum Erlaſs des arbitratus de restituendo oder de exhibendo vorangeschickt. Es hieſs nicht schlechtweg: condemna, sondern: neque (nisi) arbitratu tuo restituetur (exhibebitur), condemna. Es konnte nur condemniert werden (zu Geld), nachdem der Restitutionsbefehl (das arbitrium) fruchtlos erlassen war[5]. Ebenso wurde bei der actio redhibitoria die Clausel: si arbitratu tuo is homo (der gekaufte Sklav) redhibebitur (vom Käufer) . . . et . . . pecunia non reddetur (vom Verkäufer), bei der namhaft gemachten Noxalklage die Clausel: nisi arbitratu tuo servum verberandum exhibebit (oder ähnlich) — dem Condemnationsbefehl vorausgeschickt.

Die Klage auf das Interesse, welche auf Grund eines örtlich lautenden stricti juris negotium gegeben wird, pflegt heute die arbitraria actio de eo quod certo loco genannt zu

---

[4] Vgl. Lenel, Edictum, S. 193 ff.

[5] Das restituere kann sich bei den einzelnen Klagen mannigfaltig gestalten. So gehört zum restituere auch die Mitherausgabe von Früchten, welche die Sache getragen hat, die Cession von Klagen, welche in Bezug auf die Sache entstanden sind, u. s. f. Zu der Restitution einer Erbschaft von seiten des in der hereditatis petitio unterlegenen Erbschaftsbesitzers kann gehören, daſs derselbe dem wahren Erben die Schuld zahle, welche er (der Erbschaftsbesitzer) dem Erblasser schuldig war, oder daſs er seinen Sklaven, welcher an Erbschaftssachen ein Delict begangen (z. B. Sachbeschädigung, Diebstahl), noxae gebe (vgl. l. 40 § 4 D. 5, 3). Vgl. Anm. 7.

werden. Den Römern war sie die actio arbitraria schlechtweg, die Klage, für welche die Bezeichnung als actio arbitraria nicht (wie bei den anderen actiones arbitrariae) Gattungsname, sondern Eigenname war[6]. Sie war die actio arbitraria, weil sie, wie schon bemerkt wurde, nur zu einem arbitrium, nicht zu einer condemnatio im technischen Sinne führte. Die formula gab dem judex lediglich auf, gemäfs seinem arbitratus (seinem billigen Dafürhalten) zu urteilen (sei es auf das Versprochene, sei es auf mehr oder weniger).

So gaben die actiones arbitrariae dem judex eine ähnlich freiere Stellung, wie er sie auch bei den actiones bonae fidei hatte. Aber der Unterschied blieb, dafs die actio bonae fidei kraft ihrer intentio, die actio arbitraria aber kraft ihrer condemnatio dem judex diese freiere Stellung verschaffte. Bei der actio bonae fidei ist es schon das den Procefsgegenstand bildende Recht des Klägers (seinem Inhalt nach), welches den judex auf sein Ermessen verweist, bei der actio arbitraria aber ist es der Befehl des Prätors (der Condemnationsbefehl durch seine hier eintretende Umgestaltung), unabhängig von der Natur des klägerischen Rechts. Es ist keineswegs ausgeschlossen, dafs eine Klage zugleich bonae fidei und arbitraria sei, aber jenes ist sie um ihrer intentio, dieses um ihrer condemnatio willen.

Gaj. Inst. IV § 48: Omnium autem formularum, quae condemnationem habent, ad pecuniariam aestimationem condemnatio concepta est.

§ 31 I. de act. (4, 6): Praeterea quasdam actiones arbitrarias, id est ex arbitrio judicis pendentes, appellamus, in quibus, nisi arbitrio judicis is, cum quo agitur, actori satisfaciat, veluti rem restituat vel exhibeat vel solvat vel ex noxali causa servum dedat[7], condemnari debeat. Sed istae actiones tam in rem quam in personam inveniuntur. In rem, veluti Publiciana, Serviana de rebus coloni, quasi Serviana, quae etiam hypothecaria vocatur. In

---

[6] Lenel, Edictum, S. 195.

[7] Zur Erläuterung dieser Worte vgl. Anm. 5. — Die Noxalklage als solche ist keine actio arbitraria. Sie hat kein arbitrium; vielmehr geht die condemnatio auf: aut tantam pecuniam aut in noxam dedere. Nur in dem vorher im Text (S. 262. 266) besprochenen Ausnahmefall ging dieser condemnatio der arbitratus de verberando vorauf.

personam, veluti quibus de eo agitur, quod aut metus causa aut dolo malo factum est. Item qua id, quod certo loco promissum est, petitur. Ad exhibendum quoque actio ex arbitrio judicis pendet. In his enim actionibus et ceteris similibus permittitur judici ex bono et aequo secundum cujusque rei, de qua actum est, naturam aestimare, quemadmodum actori satisfieri oporteat.

II. Die exceptio. In den Fällen der actio arbitraria liegt eine Umbildung der condemnatio und demgemäfs Erweiterung der Condemnationsbefugnis, in den Fällen der exceptio aber eine Ausnahme von der condemnatio und dem entsprechende Beschränkung der Condemnationsbefugnis vor.

Ist die intentio wahr, so ist zu condemnieren. Dies ist das normale Verhältnis. Die exceptio bewirkt, dafs ausnahmsweise trotz Wahrheit der intentio dennoch nicht condemniert wird. Der Prätor hat dem judex für den Fall, dafs die exceptio begründet ist, die Condemnation, auch wenn wegen Wahrheit der intentio an sich condemniert werden müfste, verboten. Die Erheblichkeit des durch das Mittel der exceptio geltend gemachten Thatbestandes ruht also immer auf ausdrücklicher prätorischer Anweisung an den judex. Daher bildet die Verteidigung ope exceptionis den Gegensatz zu der Verteidigung ipso jure. Der Beklagte beruft sich auf einen ipso jure wirkenden Verteidigungsgrund, wenn er schon kraft des Wortlautes der intentio, dagegen auf einen ope exceptionis wirkenden Verteidigungsgrund, wenn er nur auf Grund des Wortlautes der condemnatio, nämlich auf Grund einer ausdrücklich eingeschobenen Ausnahme vom Condemnationsbefehl (exceptio) freigesprochen werden kann. Darum mufs der ope exceptionis wirkende Verteidigungsgrund schon in jure (im ersten Teil des Processes, vor dem Magistrat) geltend gemacht, d. h. in Hinblick auf denselben die Einfügung der exceptio in die formula erbeten werden, während der ipso jure (schon nach Mafsgabe der intentio) wirkende Verteidigungsgrund in judicio (vor dem bestellten judex) immer noch vorgeschützt werden kann, auch wenn seine Geltendmachung in jure versäumt war.

Das Wesen der exceptio ist, dem Gegensatz des prätorischen Rechts gegen das Civilrecht Ausdruck zu geben. Dem Kläger sind z. B. durch ein streng und wörtlich verpflichtendes Rechtsgeschäft (stricti juris negotium), etwa durch Stipulation, hundert versprochen worden. Darauf hat er dem Schuldner in formloser Weise die Schuld erlassen (pactum de non petendo). Ein solches pactum de non petendo ist nach Civilrecht in unserem Fall ungültig, nach prätorischem Recht aber gültig. Nun klagt der Kläger mit der actio stricti juris (condictio certi). Die intentio lautet: Si paret N.um N.um (Schuldner) A.o A.o (dem Gläubiger) C dare oportere. Die intentio ist wahr, denn nach Civilrecht (dare o p o r t e r e) ist der Schuldner dem Gläubiger trotz des pactum de non petendo immer noch die hundert schuldig. Beklagter müfste also condemniert werden. Aber der Prätor fügt dem Condemnationsbefehl die Ausnahme bei: si inter A.um A.um et N.um N.um non convenit, ne ea pecunia peteretur (sogenannte exceptio pacti de non petendo). Also wenn der Schuldner das pactum de non petendo beweist, mufs er infolge prätorischer Anweisung vom judex dennoch freigesprochen werden. Ganz in ähnlicher Weise kann einem civilrechtlichen Anspruche gegenüber die Berufung des Beklagten auf Betrug seitens des Gegners (exceptio doli), auf Bedrohung (exceptio metus), auf Vergleich (exceptio transactionis), auf einen ausgeschworenen Schiedseid (exceptio jurisjurandi) in Form einer exceptio geltend gemacht werden. Das Civilrecht berücksichtigt alle diese Umstände grundsätzlich nicht. Würde der Beklagte sich auf Zahlung berufen, so würde er schon ipso jure frei sein, einer exceptio nicht bedürfen, sondern schon kraft der intentio absolviert werden müssen (das dare oportere ist nicht mehr wahr). Aber durch Betrug, Furcht u. s. w. wird das dare oportere grundsätzlich nicht berührt (vgl. § 42). Die intentio bleibt wahr. Der Beklagte müfste verurteilt werden. Der Prätor hilft ihm durch eine exceptio: der judex darf den Beklagten nicht condemnieren, obgleich es nach Civilrecht geschehen müfste. Wie die actio in factum und die actio utilis also ein Mittel ist, um in Widerspruch mit dem Civilrecht zu einer Condemnation, so ist die exceptio das Mittel, um in Widerspruch mit dem Civilrecht zu einer Absolution zu gelangen. Die exceptio bedeutet ein Mittel, die B e f r e i u n g s - g r ü n d e d e s j u s h o n o r a r i u m geltend zu machen.

Der gleiche Gesichtspunkt trifft in anderen Fällen zu, welche nur auf den ersten Blick einen anderen Schein darbieten.

Nicht immer nämlich hat das Civilrecht, indem es gewisse Rechtsgeschäfte verbot, die Nichtigkeit der trotzdem geschlossenen Rechtsgeschäfte ausgesprochen. So verbot die lex Cincia (204 v. Chr.) gewisse Schenkungen (oben S. 207). Aber die trotzdem geschehene Schenkung blieb nach Civilrecht gültig. Der Prätor war es, welcher durch Erteilung einer exceptio legis Cinciae dem Verbot der lex Cincia Geltung verschaffte. Ebenso wenn ein senatusconsultum Vellejanum (46 n. Chr.) die Intercession der Frauen (die Übernahme einer Schuld in fremdem Interesse) verbot, aber sich auf die Anweisung an den Magistrat beschränkte, dafs er dies Verbot in seiner Rechtsprechung wirksam zu machen habe[8]. Der Prätor that es, indem er der Frau, welche aus dem Intercessionsgeschäft (z. B. einer Bürgschaft) verklagt wurde, die exceptio senatusconsulti Vellejani gab. Ebenso gab es eine exceptio legis Plaetoriae (§ 56), eine exceptio senatusconsulti Macedoniani (§ 79) u. s. f. Der Prätor folgte hier den Weisungen, welche ihm eine für das Civilrecht mafsgebende Quelle in Bezug auf die Gestaltung seines jus honorarium gab (vgl. oben S. 82). Aber diese Quelle selber hatte sich darauf beschränkt, einen Rechtssatz des öffentlichen Rechts hervorzubringen (ganz ebenso wie in dem oben S. 84 Anm. 4 besprochenen Fall): sie hat lediglich eine Pflicht des Jurisdictionsmagistrats in Bezug auf die Handhabung seines imperium, nicht aber einen für das Privatrecht unmittelbar wirkenden Rechtssatz aufgestellt. In solchen Fällen sprechen wir heute von „civilen Exceptionen". Wir meinen damit solche Exceptionen, welche im Dienst eines civilen öffentlichrechtlichen Rechtssatzes stehen, zu deren Gewährung der Prätor darum bürgerrechtlich verpflichtet ist. Aber trotzdem ist auch in diesen Fällen die privatrechtliche Befreiung des Schuldners ein Werk nur des jus honorarium und nicht des jus civile. Denn nach civilem Privatrecht bleibt das Schenkungs-

[8] Es hiefs im Senatusconsult: arbitrari senatum, recte atque ordine facturos, ad quos de ea re in jure aditum erit, si dederint operam, ut in ea re senatus voluntas servetur. — Ähnlich ging das Trebellianische und das Pegasianische Senatusconsult (§ 117) vor.

geschäft, bleibt die Bürgschaft der Frau u. s. w. vollkommen gültig, und nur nach prätorischem Recht hat das civilrechtliche Princip die Befreiung des Schuldners zur Folge. Infolgedessen bedarf es auch in diesen Fällen der ausdrücklichen Anweisung des Prätors an den judex, dafs er nicht condemniere, bedarf es der Setzung einer Ausnahme (exceptio); der judex würde sonst (eben nach Civilrecht) condemnieren müssen. Also auch die sogenannte civile exceptio bedeutet einen Rechtsgrund für die Absolution des Beklagten, welcher einen Befreiungsgrund nur auf Grund des jus honorarium darstellt.

Bisher ist von der formula in jus concepta ausgegangen, von der formula also, welche auf einen civilrechtlich begründeten Anspruch als Bedingung der Condemnation Bezug nimmt und welche Gelegenheit giebt, durch das Verhältnis der condemnatio zur intentio zugleich das Verhältnis des Prätors zum Civilrecht zum Ausdruck zu bringen: die unclausulierte condemnatio (ohne exceptio) bedeutet den Einklang des Prätors mit dem Civilrecht[9], die clausulierte condemnatio aber (mit exceptio) den Widerspruch des Prätors gegen das Civilrecht.

Anders bei der formula in factum concepta, also bei der formula, welche in ihrer intentio lediglich eine Thatsache (z. B. dafs der Patron vom libertus ohne prätorische Erlaubnis vor Gericht geladen sei) als Bedingung der condemnatio namhaft machte. Hier wird der unclausulierte Condemnationsbefehl jedesmal jede Verteidigung des Verklagten (von einer Leugnung jener Thatsache abgesehen) unmöglich machen. Hätte er auch dem Gegner schon gezahlt, also zweifellos jeden Anspruch desselben aufgehoben, so würde doch bei unclausulierter condemnatio seine Verurteilung erfolgen müssen, sobald nur die Klagthatsache an sich wahr ist. Hier bedarf es also, falls der Beklagte sich auf Zahlung berufen will, einer exceptio solutionis, welche

[9] Insofern es sich nämlich um die condemnatio handelt. Aber es kann schon die intentio juris civilis eine Umbildung erfahren haben, die Klage also aus einer civilrechtlichen zu einer prätorischen actio utilis (oben S. 252 ff.) geworden sein. Aber auch die actio utilis nimmt als actio in jus concepta immer noch, wenngleich unter Abweichungen, auf das Civilrecht Bezug, und die unclausulierte condemnatio bedeutet dann immer den Einklang des Prätors mit dem in Bezug genommenen Civilrecht.

der intentio juris civilis gegenüber undenkbar ist. Hier mufs überhaupt die Geltendmachung eines jeden Befreiungsgrundes, falls der Beklagte ihn soll geltend machen dürfen, durch ausdrückliche exceptio dem Verklagten vorbehalten werden. Also: der intentio in factum concepta gegenüber führt jeder Befreiungsgrund zu einer exceptio. Das Bedürfnis nach einer exceptio hat hier keinen materiellrechtlichen Grund (in der Rechtskraft des Befreiungsgrundes); es rührt lediglich von der formellen Enge der intentio in factum concepta her. Wenn eine Thatfrage als solche zur Procefsfrage und zur Bedingung der condemnatio gemacht ist, so ist in der formula der judex auf keinerlei Rechtssätze verwiesen, welche ihm Richtschnur seiner Condemnation sein könnten. Es müssen ihm vielmehr alle Rechtssätze, welche das Bedingungsverhältnis zwischen dieser Thatfrage und der Condemnation im concreten Fall bestimmen, in Form einer exceptio ausdrücklich auseinandergesetzt werden. Die exceptio bei der formula in factum concepta ist jeder Vorbehalt, welchen der Prätor um seiner zu eng gefafsten intentio willen dem judex schuldig ist.

Ein materieller Begriff liegt nur derjenigen exceptio zu Grunde, welche der intentio in jus concepta gegenübersteht, und in diesem materiellen Sinne bedeutet die exceptio einen Befreiungsgrund nach prätorischem Recht, im Widerspruch mit dem Civilrecht.

Die gröfste Rolle von allen Exceptionen hat die exceptio doli in der Entwickelung des römischen Rechts gespielt. Sie hatte die allgemeine Fassung erhalten: si in ea re nihil dolo malo A.i A.i factum sit neque fiat (Gaj. IV § 119)[10]. Darin lag einmal, dafs der Richter den dolus berücksichtigen mufste, welchen Kläger sich früher, nämlich bei Abschlufs des Rechtsgeschäfts, hatte zu schulden kommen lassen (darauf geht das Perfect: factum sit). Insoweit war die exceptio doli die oben S. 206 bereits besprochene Einrede des Betrugs, eine Einrede, welche einen

---

[10] Diese Fassung geht mindestens in die Zeit des Labeo zurück: A. Pernice, Labeo, Bd. 2, S. 113. — Eine neue, sehr verdienstliche Arbeit über die exceptio doli hat geliefert: Hugo Krüger, Beiträge zur Lehre von der exceptio doli (1892). Dazu Erman in der Zeitschr. d. Sav.-Stift., Rom. Abt., Bd. 14, S. 237.

bestimmten einzelnen Thatbestand (ebenso wie die exceptio metus, pacti de non petendo u. s. w.) zum Zweck der Abweisung des Klägers geltend machte, und pflegt die exceptio doli in dieser Richtung daher heute als exceptio doli specialis bezeichnet zu werden. Zum andern aber war der Richter durch die Fassung der exceptio doli angewiesen, auch denjenigen dolus zu berücksichtigen, welchen Kläger sich jetzt, nämlich durch die Erhebung der Klage, zu schulden kommen läfst (darauf geht das Präsens: fiat). Ein dolus dieser Art liegt überall da vor, wo Kläger klagt, obgleich er weifs, dafs sein Klagebegehren aus irgend einem Grunde der Billigkeit widerspricht, wo Kläger also durch die Anstellung der Klage wissentlich der bona fides zuwiderhandelt, z. B. er klagt aus einem von ihm durch Drohung erzwungenen Rechtsgeschäft, oder er klagt in Widerspruch mit einer getroffenen formlosen Abrede (pactum de non petendo). So vermag die exceptio doli also auch anstatt der exceptio metus oder der exceptio pacti zu dienen. Ja, noch mehr. Die römische Jurisprudenz hat von dem Erfordernis der wissentlich ungerechten Klage abgesehen und die exceptio doli in allen den Fällen für zuständig erklärt, wo nur ipsa res in se dolum habet (l. 36 D. de verb. obl. 45, 1), d. h. wo durch die Erhebung des Klagebegehrens objectiv gegen die bona fides verstofsen worden ist. Der Richter galt durch die Einfügung der exceptio doli in die formula für ermächtigt, alle Umstände zu berücksichtigen, welche die Verurteilung des Beklagten als sachlich unbillig erscheinen liefsen. In dieser Anwendung pflegt die exceptio doli daher heute als exceptio doli generalis bezeichnet zu werden (während die Römer nur die eine exceptio doli kennen, welche zugleich als exceptio doli specialis und als exceptio doli generalis im heutigen Sinne wirkt). So vermochte die exceptio doli also alle anderen speciellen Exceptionen zu vertreten und als allgemeiner (unsubstantiierter) Exceptionsvorbehalt zu wirken, welcher den Beklagten in den Stand setzte, in judicio alle Umstände geltend zu machen, welche aus irgend einem Grunde seine Befreiung herbeizuführen geeignet sind. Vor allem ward die exceptio doli durch diesen ihren weiten Inhalt das Mittel, dessen die römische Jurisprudenz und Praxis sich bediente, um die Umbildung des materiellen Rechts im Sinne der aequitas zu bewirken. Die exceptio doli ward gebraucht, um dem strictum jus, welches die streng wörtlich verpflichtenden Rechtsgeschäfte (vgl. § 76) regierte, die Spitze abzubrechen, um den wirklichen Sinn eines gegebenen formalen Versprechens gegen die Consequenzen des Wortlauts, um die unterliegenden wirtschaftlichen Verhältnisse (es war z. B. in irrtümlicher Voraussetzung einer Schuldverbindlichkeit versprochen worden) gegen die Rechtskraft des Formalcontracts zu verteidigen, um Gegenansprüche im Wege der Retention (bei nicht gleichartiger Gegenforderung: z. B. Beklagter soll eine Sache restituieren, verlangt aber die Auslagen ersetzt, welche er auf die Sache gemacht hat) oder im Wege der Compensation (bei gleichartiger Gegenforderung) geltend zu machen. Die exceptio doli ward die exceptio vor allen Exceptionen, das Werkzeug, von der Hand römischer Jurisprudenz geführt, mit welchem das jus aequum gerüstet ward, um auf allen Punkten der Linie das alte jus strictum aus dem Felde zu schlagen[11]. Solche Kraft und solcher Reichtum der Entwickelung vermochte sich in einer karg und knapp gefafsten Ausnahme zu bergen, welche der Prätor seinem Condemnationsbefehl an den judex beifügte!

Der Ausnahme, welche die exceptio von dem Condemnationsbefehl macht, kann ihrerseits durch replicatio wiederum eine Ausnahme zu Gunsten des Klägers, und dann der replicatio wieder durch duplicatio eine Ausnahme zu Gunsten des Beklagten beigefügt werden, auf duplicatio kann triplicatio folgen u. s. f.

Die meisten exceptiones sind peremtorischer Natur (sogenannte exceptiones perpetuae oder peremtoriae), d. h. sie ruhen auf einem den Kläger schlechtweg mit seiner Klage ausschliefsenden Thatbestand (so die auf S. 269. 270 als Beispiele genannten Exceptionen), oder sie sind exceptiones dilatoriae, d. h. sie schliefsen den Kläger nicht schlechtweg, sondern nur jetzt (er klagt zu früh) oder nur in dieser Form (z. B. er klagt durch einen ungeeigneten Stellvertreter) von der Klage aus. Die exceptio peremtoria steht der Klage an sich, die exceptio dilatoria der Klage nur in dieser bestimmten Art ihrer Geltendmachung gegenüber[12]. Der Erfolg der exceptio ist aber in den beiden

---

[11] Vgl. zu dem obigen A. Pernice, Labeo, Bd. 2, S. 112 ff.

[12] Schultze, Privatr. u. Proc., S. 320.

Fällen nach klassischem Recht der **gleiche**. Auch auf Grund einer dilatorischen exceptio wird der Beklagte nicht blofs von **dieser** Klage (zu dieser Zeit oder in dieser Form), sondern überhaupt von der Klage, also **schlechtweg**, absolviert. Eine Wiederholung der Klage war durch die mit der litis contestatio eingetretene Consumtion der Klage (vgl. S. 247. 248) ausgeschlossen.

pr. I. de except. (4, 13): Comparatae sunt autem exceptiones defendendorum eorum gratia, cum quibus agitur. Saepe enim accidit, ut licet ipsa persecutio, qua actor experitur, justa sit, tamen iniqua sit adversus eum, cum quo agitur. § 1: Verbi gratia si metu coactus aut dolo inductus . . . stipulanti Titio promisisti, . . . palam est, jure civili te obligatum esse; et actio, qua intenditur, dare te oportere, efficax est: sed iniquum est te condemnari. Ideoque datur tibi exceptio metus causa, aut doli mali, . . . ad impugnandam actionem.

§ 9 eod.: Perpetuae et peremtoriae (exceptiones) sunt, quae semper agentibus obstant et semper rem, de qua agitur, peremunt: qualis est exceptio doli mali, et quod metus causa factum est, et pacti conventi, cum ita convenerit, ne omnino pecunia peteretur. § 10: Temporales atque dilatoriae sunt, quae ad tempus nocent et temporis dilationem tribuunt: qualis est pacti conventi, cum convenerit, ne intra certum tempus ageretur, veluti intra quinquennium; nam finito eo tempore non impeditur actor rem exsequi . . . § 11: Praeterea etiam ex persona dilatoriae sunt exceptiones: quales sunt procuratoriae, veluti si per militem aut mulierem agere quis velit.

pr. I. de replicationibus (4, 14): Interdum evenit, ut exceptio, quae prima facie justa videatur, inique noceat. Quod cum accidit, alia allegatione opus est adjuvandi actoris gratia, quae replicatio vocatur, quia per eam replicatur atque resolvitur vis exceptionis. Veluti cum pactus est aliquis cum debitore suo, ne ab eo pecuniam petat, deinde postea in contrarium pacti sunt, id est, ut petere creditori liceat. Si agat creditor, et excipiat debitor, ut ita demum condemnetur: si non convenerit, ne eam pecuniam creditor petat, — nocet ei exceptio, convenit enim ita; namque nihilominus hoc verum manet, licet postea in contrarium pacti sunt; sed quia iniquum est creditorem excludi, replicatio ei dabitur ex posteriore pacto convento.

§ 54.

Perpetua und temporalis actio. — Tempus utile.

Eine Reihe von actiones honorariae gab der Magistrat nur während einer bestimmten Frist. So wurden insbesondere die prätorischen Strafklagen, also diejenigen Klagen, welche nicht kraft Civilrechts, sondern lediglich kraft des prätorischen Edicts eine Strafe einforderten, vom Prätor nur während eines annus utilis gegeben. Solche befristeten Klagen heifsen actiones temporales. Die Klagbefristung schlofs zugleich eine Rechtsbefristung in sich, weil der Rechtsanspruch in allen Fällen der actiones honorariae lediglich auf der Klageverheifsung des Edicts, genauer auf dem Versprechen des Prätors, eine formula zu geben und damit den ordentlichen Rechtsweg zu eröffnen (judicium dabo) beruhte. War die Klageverheifsung befristet (intra annum judicium dabo), so war zugleich das Recht befristet. Mit dem Ablauf der Frist erlosch die actio temporalis und mit ihr das Recht (auf Strafzahlung).

Das Civilrecht dagegen kannte grundsätzlich keine Klagbefristung. Die actiones civiles und neben ihnen die actiones honorariae, für welche der Prätor keine Fristbestimmung gesetzt hatte, waren actiones perpetuae. Nur ausnahmsweise hatte das Civilrecht eine Fristbestimmung[1].

Die Kaiser Honorius und Theodosius aber haben (424 n. Chr.) aus naheliegenden Zweckmäfsigkeitsgründen für alle Klagen eine Verjährung eingeführt. Die Verjährung tritt regelmäfsig nach Ablauf von 30 Jahren, ausnahmsweise nach Ablauf von 40 Jahren ein. Klagt der Kläger nach Ablauf dieser Zeit, so steht ihm die Einrede der Klagverjährung (praescriptio temporis) entgegen.

Die früheren Bestimmungen über Klagbefristung blieben bei Bestand. So sind actiones perpetuae jetzt die Klagen, welche erst in 30 oder 40 Jahren verjähren; actiones temporales die kürzer befristeten Klagen.

---

[1] So für die Klage de statu defuncti und für die querela inofficiosi testamenti (unten § 113) eine Frist von fünf Jahren.

Der civilrechtliche Anspruch ruht nicht auf irgend welcher Klageverheifsung, sondern auf dem überlieferten Recht, infolgedessen der Magistrat die Klage giebt. Der Rechtsanspruch erzeugt die Klage. Die von Theodos II. eingeführte Verjährung der civilrechtlichen Klage ist daher zwar Klagverjährung, nicht aber Rechtsverjährung.

In diesem Sinn ist die Befristung der Klage auch für die actiones temporales vom späteren römischen Recht aufgefafst, und für das Recht des Corpus juris, welches wir recipiert haben, das einheitliche Institut der Klagverjährung mit bald kürzeren, bald längeren Fristen ausgebildet worden, welche nur die Klage aufhebt, nicht auch das Recht.

Das Jahr, welches der Prätor für seine Klagbefristungsfälle ansetzte, war ein annus utilis, d. h. eine Jahresfrist, in welche nur die Tage eingerechnet wurden, an denen die Klagerhebung thatsächlich möglich war (an denen Gerichtssitzung gehalten wurde, der zu Beklagende bekannt und mit der Klage belangbar war u. s. f.). Daraus ergiebt sich der Begriff des tempus utile. Tempus utile ist die Gerichtsfrist[2], in welche nur die Tage eingerechnet werden, an welchen die gerichtliche Handlung (nach klassischem Recht: die Handlung vor dem Prätor) möglich ist. Den Gegensatz bildet das sogenannte tempus continuum, die Frist, in welche grundsätzlich alle Tage eingerechnet werden. So bedeutet z. B. die Klagverjährungsfrist von 30 bezw. 40 Jahren ein tempus continuum in dem angegebenen Sinn.

L. 35 pr. D. de O. et A. (44, 7) (PAULUS): In honorariis actionibus sic esse definiendum Cassius ait: ut, quae rei persecutionem habeant, hae etiam post annum darentur; ceterae intra annum.

---

[2] Nur für gerichtliche Handlungen (Klagerhebung und Erbittung der bonorum possessio, vgl. unten § 110) kommt kraft Rechtssatzes ein tempus utile vor. Auch die Erbittung der bonorum possessio nimmt den Prätor als Richter in Anspruch, nur dafs sie schon nach klassischem Recht regelmäfsig auch ohne feierliche Gerichtssitzung an den irgendwo angetroffenen Prätor gerichtet werden kann (de plano). Die Folge davon war natürlich, dafs in die Erbittungsfrist der bonorum possessio regelmäfsig nicht mehr blofs die Gerichtstage, sondern alle Tage nach erlangter Kenntnis des Erbfalls eingerechnet wurden (sofern nicht anderweitige Hindernisse sich geltend machten).

L. 1 D. de div. temp. praescr. (44, 3) (Ulpian): Quia tractatus de utilibus diebus frequens est, videamus, quid sit experiundi potestatem habere. Et quidem inprimis exigendum est, ut sit facultas agendi: neque sufficit reo experiundi secum facere potestatem, vel habere eum, qui se idonee defendat, nisi actor quoque nulla idonea causa impediatur experiri. Proinde sive apud hostes sit, sive rei publicae causa absit, sive in vinculis sit, aut si tempestate in loco aliquo vel in regione detineatur, ut neque experiri neque mandare possit, experiundi potestatem non habet. Plane is, qui valetudine impeditur, ut mandare possit, in ea causa est, ut experiundi habeat potestatem. Illud utique neminem fugit, experiundi potestatem non habere eum, qui praetoris copiam non habuit; proinde hi dies cedunt, quibus jus praetor reddit.

§ 55.
Die Wirkung des Processes.

Der Procefs hat zwei Haupthandlungen: die litis contestatio, die Formulierung des Rechtsstreits (oben S. 221. 247), und das Urteil, die Entscheidung des Rechtsstreits.

I. Die eigentümliche Wirkung der litis contestatio ist die deductio rei in judicium (die Rechtshängigkeit der Streitsache), d. h. derselbe Procefs kann nun nicht noch einmal zur gerichtlichen Verhandlung gebracht werden: er mufs auf Grund dieser litis contestatio in diesem Verfahren endgültig zur Entscheidung gelangen. Mit der litis contestatio vollzieht sich die mafsgebende Ausübung des Klagerechts. Daraus folgt: 1. Erst mit der litis contestatio wird die Klagverjährung unterbrochen. 2. Mit der litis contestatio wird das Klagrecht consumiert. Wiederholung der Klage ist ausgeschlossen (bis de eadem re ne sit actio). Dem auf nochmalige gerichtliche Verhandlung derselben Frage (eadem quaestio) gerichteten Begehren steht (vgl. S. 248) die exceptio rei judicatae vel in judicium deductae im Wege[1]. 3. Die litis contestatio

[1] Vgl. oben S. 248 Anm. 2. Die sogenannte negative Function der exceptio rei judicatae (ihre Bestimmung, die consumierende Wirkung des Processes geltend zu machen) ist die principale. Aber es kann, wie im

ist die Grundlage des Urteils. Das Urteil bezieht sich auf den Zeitpunkt der l. c. zurück. Kläger mufs bereits im Augenblick der l. c. das von ihm in Anspruch genommene Recht besessen haben. Andererseits soll der siegreiche Kläger durch das Urteil in dieselbe Lage versetzt werden, als wenn sogleich zur Zeit der l. c. zu seinen Gunsten geurteilt worden wäre. Darum geht das Urteil auch auf Erstattung von Früchten der Zwischenzeit, von Schadenersatz u. s. f.

Die Römer haben auf Grund dieser Wirkung die litis contestatio mit der Novation (Schuldverwandlung, vgl. unten § 80 II) verglichen. Es kann jetzt im Wege gerichtlichen Verfahrens nicht mehr die ursprünglich vom Beklagten geschuldete Leistung (das würde eine Wiederholung derselben Klage sein), sondern nur noch die Fortsetzung des begonnenen Verfahrens gefordert werden: ante litem contestatam dare reum oportere, post litem contestatam condemnari oportere (Gaj. III § 180). Es wird ferner infolge des Princips der Geldcondemnation (S. 260) nach klassischem Recht der ursprüngliche Anspruch des Klägers in einen Geldanspruch umgesetzt. Es wird endlich nach der litis contestatio auch ein an sich unvererblicher Anspruch (z. B. die actio injuriarum) als vererblich behandelt. Die Rechtshängigkeit der Sache, welche durch die litis contestatio bewirkt wird, hat zugleich die processualische Consumtion und die processualische Wiedergeburt des geltend gemachten Anspruchs zur Folge.

II. Die eigentümliche Wirkung des Urteils ist seine Rechtskraft. Es wirkt (sobald es inappellabel geworden ist) wie eine Gesetzesnorm für diesen Einzelfall[2]. Es wird nicht blofs die Wiederholung desselben Processes, sondern auch jede spätere, der Entscheidung des Urteils direct widersprechende Rechtsbehauptung durch Berufung auf das Urteil abgeschnitten (exceptio rei judicatae in ihrer sogenannten positiven Function). Ist der Beklagte zur Leistung condemniert worden (oder hat er eine confessio in jure abgelegt, vgl. oben S. 54), so hat Kläger auf Grund

Text unter II bemerkt ist, die gleiche exceptio auch zum Zweck der Geltendmachung des Inhalts des Urteils gebraucht werden (sogenannte positive Function der exceptio rei judicatae).

[2] Vgl. Degenkolb, Einlassungszwang und Urteilsnorm (1877), S. 80 ff.; O. Bülow, Gesetz und Richteramt (1885).

des Urteils (bezw. der confessio in jure und einer eventuell derselben nachfolgenden litis aestimatio, vgl. l. 6 § 2 D. 42, 2) die actio judicati, welche gegen den Leugnenden auf das Doppelte geht und zur Execution, d. h. zur zwangsweisen Geltendmachung des klägerischen Rechtes führt.

III. Die Zwangsvollstreckung (Execution) war im alten Recht grundsätzlich Personalexecution (manus injectio, vgl. oben S. 229), welche den Schuldner in die Schuldknechtschaft brachte, mit Verkaufsrecht (trans Tiberim) und Tötungsrecht des Gläubigers (S. 50). Verkaufsrecht und Tötungsrecht wurden durch die lex Poetelia (313 v. Chr.) aufgehoben. Aber die Schuldknechtschaft blieb, wenngleich jetzt thatsächlich nur in der Form der Schuldhaft wirkend, das principale Zwangsvollstreckungsmittel des Civilrechts. Mit der Person des Schuldners (der ja zum Gläubiger in Sklavenverhältnis trat) verfiel auch seine ganze Habe, wahrscheinlich ebenso seine ganze Familie (der Umkreis seiner Gewaltunterworfenen) der Macht des Gläubigers. So schlofs die Personalexecution eine Vermögensexecution in sich, aber nur mittelbar und indem sie ohne Rücksicht auf die Höhe der Schuld stets den ganzen Mann und das ganze Vermögen forderte. Die Selbstverpfändung, welche zum Wesen des Schuldcontracts alten Stils gehörte (oben S. 49. 62), ward durch die Schuldvollstreckung verwirklicht. Die Idee der Selbstverpfändung aber war die der Conventionalstrafe: mit Leib und Gut wollte der Schuldner dem Gläubiger verfallen sein, wenn er diese Schuld nicht einlöste. So war das Ziel der alten Zwangsvollstreckung nicht so sehr Befriedigung des Gläubigers (wie heute) als vielmehr die strafende Verhaftung der (vom Schuldner selbst zu Pfand gesetzten) Persönlichkeit mit allem, was sie ist und hat.

Erst der Prätor gab directe Zwangsvollstreckung in das Vermögen: die missio in bona, d. h. Besitzeinweisung in das gesamte schuldnerische Vermögen zu Gunsten der Gläubiger, welche die missio von ihm erbeten haben. Ein von diesen Gläubigern (nach Ablauf einer gewissen Frist, während deren noch andere Gläubiger sich anschliefsen konnten) aus ihrer Mitte erwählter Masseverwalter (magister) verkaufte das Vermögen als Ganzes (venditio bonorum)[3]. Der Käufer (bonorum emtor) zahlte den immittierten Gläubigern bestimmte Procente ihrer Forderungen (dies war der Kaufpreis, für welchen er das Activvermögen erwarb). Also: eine Zwangsvollstreckung jedesmal in das ganze Vermögen, und zwar ohne Rücksicht darauf, ob alle oder nur einige, oder vielleicht nur ein einziger Gläubiger des Exequendus die missio in bona erwirkt hatte. Sowohl in dieser Thatsache wie in der Infamie, welche den Schuldner infolge der missio in bona traf, blieben noch die Erinnerungen der alten Personalexecution erkennbar: jedem Gläubiger galt nicht blofs

[3] Der magister ist einer der immittierten Gläubiger, welcher als erwählter „Meister" dieses Gläubigerkreises die seinen Wählern durch die prätorische missio in bona gewährte private Macht zur Veräufserung des ganzen Vermögens ausübt. Erlangt (nach der Magisterwahl, aber vor vollzogenem Vermögensverkauf) noch ein anderer Gläubiger vom Prätor missio in bona, so steht dieser andere Gläubiger, der den magister nicht mit gewählt hat, selbständig mit gleichen Rechten neben ihm. Der magister ist nur Organ seiner Wählerschaft, nicht Organ der Obrigkeit für die Leitung des Concurses als solchen. Anders, wenn der Prätor nicht die Gläubiger immittierte, sondern dem Schuldner einen curator bonorum setzte, der das Vermögen in Verwaltung nahm, um die einzelnen Stücke zu versilbern und die Gläubiger durch Verteilung des Erlöses zu befriedigen. Das ist der sog. Distractionsconcurs, der keine Entsetzung des Schuldners vom Gesamtvermögen und folgeweise keine Infamie zur Folge hatte. Die Gläubiger wurden hier nicht vom bonorum emtor, sondern, wie es sich gebührt, vom Schuldner selbst (durch dessen curator) befriedigt, und ein etwaiger Überschufs kam dem Schuldner zu Gute. Dies „anständigere" Verfahren, zunächst nur zu Gunsten verschuldeter Senatoren gehandhabt, wurde später allgemein zugelassen. Nur in diesem Curatoren-Concurse ist die Idee unseres heutigen Concursverfahrens (eines Gesamtzwangsvollstreckungsverfahrens grundsätzlich zu Gunsten aller Gläubiger) lebendig. Der alte magister ist immer lediglich ein Gläubiger, der in seinem und seiner Mandanten egoistischem Interesse vorgeht; der vom Prätor bestellte curator bonorum aber ist ein Vertreter des öffentlichen Interesses, welches die einheitliche Leitung des Concurses und die gerechte Befriedigung aller Gläubiger, zugleich ohne unnötige Schädigung des Schuldners, fordert. Doch scheint die römische Entwickelung hier nicht zu einem vollen Abschlufs zu Gunsten des obrigkeitlich organisierten Curatoren-Concurses gelangt zu sein. Es kommt ein von den Gläubigern erwählter „Curator" vor, dessen Stellung unklar ist. Degenkolb, Magister und Curator im altrömischen Concurs, Leipziger Decanatsprogramm 1897.

das ganze Vermögen, sondern auch die Ehre des Schuldners als verhaftet.

So stand dem Gläubiger zur Wahl: einerseits Personalexecution (nach Civilrecht), andererseits Vermögensexecution (nach prätorischem Recht). Nach einer lex Julia (wohl erst unter Augustus publiciert) schlofs der Schuldner durch freiwillige Vermögensabtretung (cessio bonorum), also durch freiwillige Herbeiführung der Execution in sein gesammtes Vermögen, das Wahlrecht seiner Gläubiger aus: es hatte dann bei der Vermögensexecution (prätorischen Stils) sein Bewenden, der Schuldner ward ferner nicht infam und erwarb das beneficium competentiae, d. h. das Recht, dafs ihm bei der Zwangsvollstreckung der notdürftige Lebensunterhalt gelassen werde (ne egeat; er wird nur condemniert, in quantum facere potest).

Neben dieser Generalexecution in das Vermögen (welche vom Kläger durch actio judicati herbeigeführt wurde) hat dann der Prätor auch eine Specialexecution (Pfändung einzelner Sachen des Beklagten, sogenanntes pignus in causa judicati captum) ausgebildet, welche unter Umständen nach Ermessen des Prätors (extra ordinem, auf postulatio des Klägers) zur Anwendung kam. War der Beklagte im Verfahren extra ordinem (vgl. § 56) von dem Magistrat der Restitutionspflicht oder Exhibitionspflicht in Bezug auf eine bestimmte Sache schuldig erkannt worden, so war in gleicher Weise ein unmittelbar auf die Herausgabe dieser Sache gerichteter Zwang (durch Androhung von Multen, d. h. Geldstrafen, nötigen Falls manu militari) möglich. In der späteren Kaiserzeit ist das Extraordinarverfahren die ordentliche Form des Verfahrens und daher diese directe und specielle Execution die grundsätzlich zur Anwendung kommende Form der Zwangsvollstreckung geworden (§ 57). Von den Strafwirkungen des alten Zwangsvollstreckungsrechts (Infamie und Vernichtung oder doch wenigstens Entkräftung der schuldnerischen Persönlichkeit durch jedesmalige Entsetzung von dem ganzen Vermögen) war keine Rede mehr. Die Zwangsvollstreckung des Civilprocesses ist seitdem das, was sie heute ist, ein Vollstreckungsverfahren lediglich zur Befriedigung des Klageberechtigten.

§ 56.
Verfahren extra ordinem. — Interdicta. — In integrum restitutio.

I. Das Verfahren extra ordinem (judiciorum privatorum)[1] ist das Verfahren ohne Einsetzung eines judicium, also ohne litis contestatio (oben S. 220) und ohne Urteil (sententia, oben S. 221) im technischen Sinne des Wortes. Die ganze Verhandlung bleibt vor dem Magistrat (in jure) und endigt auf Grund der magistratischen causae cognitio mit einem Entscheid des Magistrats selber (decretum, interdictum). Das Verfahren extra ordinem (Verfahren per cognitionem, nicht per formulam) dient der freien Gewalt des Magistrats (imperium) und bedeutet formell ein Verfahren im Verwaltungswege, im Gegensatz zu dem ordentlichen Procefs (mit Bestellung eines judicium), dem Verfahren im Rechtswege. Während im ordentlichen Procefs der Magistrat mit seiner Zwangsgewalt grundsätzlich zurücktritt und das ganze Verfahren mit einem Geschworenenurteil endigt, durch welches das Recht des Klägers lediglich in Form eines zweifelsfreien Geldanspruchs klargestellt wird, so dafs es zur Herbeiführung der Vollstreckung einer zweiten Klage (der actio judicati) bedarf, ist das Verfahren extra ordinem von vornherein auf Entfaltung der magistratischen Zwangsgewalt (imperium) und auf Vollstreckung des obrigkeitlichen Willens durch die multae dictio, pignoris capio, missio in possessionem, physisches Eingreifen der Subalternen des Magistrats (manus militaris) u. s. f. angelegt. Das ordentliche Verfahren ist ein Verfahren mit der Macht des Rechts, das Verfahren extra ordinem ein Verfahren mit der frei waltenden Macht der Obrigkeit[2].

Die Entscheidung des Magistrats im Verfahren extra ordinem heifst, wie schon bemerkt ist, decretum oder interdictum. Das Interdictenverfahren ist daher ursprünglich mit dem Ver-

[1] Wörtlich bedeutet Verfahren extra ordinem das Verfahren „aufser der Reihe“. Die extra ordinem zur Verhandlung kommenden Sachen waren an die echte Dingzeit (die Zeit des conventus, des rerum actus) und ebenso an die für die ordentlichen Sachen festzustellende Reihenfolge der Processe (ordo judiciorum) nicht gebunden; Hartmann-Ubbelohde (oben S. 219 Anm. 1) S. 418 ff.

[2] Vgl. A. Pernice in der Zeitschr. der Sav.-Stiftung, Bd. 5, S. 29 ff.

fahren im Verwaltungsweg, und das Interdict mit der Verwaltungsentscheidung des Magistrats gleichbedeutend.

Zu den Sachen, welche der Prätor im Verwaltungswege (durch Interdict) erledigte, gehören z. B. die Verhältnisse an öffentlichen Sachen (an öffentlichen Wegen, Flüssen u. s. w.), an den Göttern geweihten Sachen, wie Tempel, Altäre u. s. w. (res sacrae), an Begräbnisstätten (res religiosae), die Nachbarverhältnisse, Alimentenansprüche, Ansprüche wegen Vorenthaltung von Kindern oder Hausangehörigen, Streitigkeiten in Bausachen, Streitigkeiten zwischen dem ausziehenden Mieter und dem Vermieter u. s. f., kurz alle Sachen, bei denen ein öffentliches, polizeiliches Interesse überwog. Auch Besitzstreitigkeiten fielen unter diesen Gesichtspunkt, d. h. Streitigkeiten über thatsächliche Besitzhandlungen (nicht über das Recht), über Besitzstörung oder Besitzentziehung. Das öffentliche Interesse der Friedenswahrung[3] duldete nicht, dafs die thatsächlichen Besitzverhältnisse durch nackte Gewalt gestört oder aufgehoben wurden. Der Prätor schritt im Verwaltungswege ein (extra ordinem) und erkannte durch Interdict.

II. Interdictenverfahren im technischen Sinn. Die Entscheidung des Magistrats extra ordinem hörte in einer Reihe von Fällen bald auf, eine wirkliche Sachentscheidung zu sein. Das Thatsächliche des Falles zu untersuchen, war dem Prätor oft unmöglich. Er begnügte sich daher, den Grundsatz auszusprechen, nach welchem der Fall sich schlichtete, d. h. die von ihm, dem Prätor, aufgestellte Verwaltungsnorm den Parteien kund zu thun.

Zum Beispiel: es hat jemand dem andern eine Sache, etwa ein Grundstück, zu Bittbesitz (precario), d. h. auf beliebigen Widerruf, eingeräumt. Weigert der Empfänger (der Precarist) nach erfolgtem Widerruf die Rückerstattung, so konnte man in solchem Fall den Prätor als Polizei- und Verwaltungsbehörde angehen und von ihm verlangen, dafs er extra ordinem (durch Interdict) vorläufig den früheren Besitz des precario dans wiederherstellte, ohne damit über die Rechtsfrage (wer Eigentümer sei u. s. w.) zu entscheiden. Ursprünglich wird der Prätor die Sache selber ihrem Thatbestand nach untersucht haben und erkannt haben: weil du, Beklagter, diese Sache precario von dem

[3] A. Pernice in der Zeitschr. der Sav.-Stiftung, Bd. 17, S. 195 ff.

andern empfangen hast, so mufst du sie ihm zurückgeben. Aber nun wird es dem Prätor unmöglich, den Thatbestand wirklich festzustellen. Daher empfängt seine Entscheidung den ganz andern Inhalt: was du, Beklagter, precario von dem andern empfangen hast, das mufst du ihm zurückgeben (quod precario ab illo habes, aut dolo malo fecisti, ut desineres habere, qua de re agitur, id illi restituas, vgl. l. 2 pr. D. de precario 43, 26). Eine Entscheidung letzterer Art kann der Prätor ohne jede Untersuchung sofort abgeben, ja, er kann sie schon im voraus in seinem Album aufstellen und veröffentlichen. Aus der unbedingten ist eine bedingte Entscheidung, aus dem Interdict alten Stils eine abstracte Norm geworden, welche für diesen Fall nichts aussagt, welche nur die Regel giebt, nach welcher entschieden werden soll und nach welcher die Parteien sich zu richten haben, nicht aber die Entscheidung selbst. An Stelle eines Urteils wird den Parteien eine Vorschrift bekannt gegeben.

Eine solche Vorschrift, welche auf Antrag einer Partei in Verwaltungssachen vom Prätor den Parteien ausdrücklich zur Nachachtung kundgethan wurde, heifst jetzt interdictum im engeren und technischen Sinne. Interdictenverfahren ist jetzt dasjenige Verfahren extra ordinem, welches nicht mehr eine Entscheidung, sondern eine Vorschrift von dem Prätor erwirkt[4].

Aber die Parteien wollen doch zu einer Entscheidung gelangen: zu diesem Zweck ist im Anschlufs an das Interdictenverfahren ein weiteres Verfahren notwendig. Die Regel ist, dafs mit sponsio und restipulatio verfahren wird (vgl. S. 249), d. h. die Parteien versprechen sich gegenseitig auf Anhalten des Prätors eine Conventionalstrafe für den Fall, dafs sie der vom Prätor ihnen speciell gegebenen Vorschrift (dem Interdict) zuwider gehandelt haben (oder zuwider handeln werden), bezw. für den Fall, dafs der Gegner mit Unrecht zur sponsio herausgefordert worden ist. Aus sponsio und restipulatio wird dann im Wege ordentlichen Civilprocesses Klage erhoben. Das Urteil in diesem

[4] Die Vorschrift kann gehen auf ein Herausgeben (restitutorische Interdicte), auf blofses Vorlegen, z. B. eines Testaments (exhibitorische Interdicte), oder auf ein Unterlassen (prohibitorische Interdicte). Über die letzteren und deren grundsätzliche Gleichartigkeit mit den anderen Interdicten (sie erscheinen gleichfalls als bedingte Entscheidungen) handelt Pfersche, Die Interdicte des römischen Civilprocesses, 1888.

Procefs ist zugleich das Urteil für den Interdictenprocefs. Auf Grund des Urteils über die Conventionalstrafe kann nicht blofs die Strafe, sondern auch die Befriedigung des Interdictenanspruchs im Wege eines arbitrium eingetrieben werden. Oder aber, es wird (in den Fällen der restitutorischen und exhibitorischen Interdicte) ohne sponsio und restipulatio, unmittelbar auf Grund des interdictum mit formula arbitraria auf Befriedigung des erhobenen Anspruchs (restituere oder exhibere) geklagt. Nur wo es sich nicht um positive Leistung des Gegners (restituere oder exhibere), sondern lediglich um ein Verbot, z. B. der Besitzstörung, handelt (die Fälle der prohibitorischen Interdicte), wo also nur Einforderung einer Strafe wegen Verletzung des Verbots möglich ist, stellt selbstverständlich das Verfahren cum sponsione (und also cum poena) den einzig möglichen Weg dar.

Das Interdictenverfahren dient also jetzt nur dazu, um ein ordentliches Verfahren (mit judicium) vorzubereiten. Es ist dasjenige Verfahren, welches nicht nach einer Rechtsregel, sondern nach einer Verwaltungsnorm des Prätors entschieden werden will und welches deshalb für jeden Einzelfall die Sonderkundgebung der Verwaltungsnorm an die Parteien (das interdictum im formellen Sinn) erfordert. In Wirklichkeit liegt in diesem späteren Interdictenverfahren eine actio vor, welche nur in Bezug auf die Verhandlung in jure (zunächst Erlafs der Vorschrift u. s. w.) von der einfachen actio sich unterscheidet. Im Justinianischen Recht ist jede Besonderheit des Interdictenverfahrens in Abgang gekommen. Das Interdict (die Vorschrift) wird nicht mehr für jeden Einzelfall den Streitteilen zu wissen gegeben, sondern gilt als ohne weiteres gemeinverbindlicher Rechtssatz, auf Grund dessen im gewöhnlichen Verfahren (welches aber jetzt extra ordinem vor sich geht, § 57) eine actio ex interdicto erhoben wird.

GAJ. Inst. IV § 139: Certis igitur ex causis praetor aut proconsul principaliter auctoritatem suam finiendis controversiis interponit; quod tum maxime facit, cum de possessione aut quasi possessione inter aliquos contenditur; et in summa aut jubet aliquid fieri, aut fieri prohibet; formulae autem et verborum conceptiones, quibus in ea re utitur, interdicta vocantur vel accuratius interdicta decretaque.

L. 2 pr. D. de precario (43, 26): Ait Praetor: QUOD PRE-

CARIO AB ILLO HABES, AUT DOLO MALO FECISTI, UT DESINERES HABERE, QUA DE RE AGITUR, ID ILLI RESTITUAS.

L. 1 pr. D. uti possid. (43, 17): Ait Praetor: UTI EAS AEDES, QUIBUS DE AGITUR, NEC VI, NEC CLAM, NEC PRECARIO ALTER AB ALTERO POSSIDETIS: QUOMINUS ITA POSSIDEATIS, VIM FIERI VETO.

L. 1 pr. D. de liberis exhib. (43, 30): Ait Praetor: QUI QUAEVE IN POTESTATE LUCII TITII EST, SI IS EAVE APUD TE EST, DOLOVE MALO TUO FACTUM EST, QUOMINUS APUD TE ESSET, ITA EUM EAMVE EXHIBEAS.

III. Die in integrum restitutio ist die vom Magistrat kraft seines imperium gewährte Aufhebung eines von Rechts wegen eingetretenen Rechtsnachteils durch Wiederherstellung des früheren Rechtszustandes (Wiedereinsetzung in den vorigen Stand) — also ein Schutz gegen das Recht (nicht wie die actio ein Schutz gegen das Unrecht), welcher durch die Unmöglichkeit, von Rechts wegen alle Einzelumstände im voraus zu berücksichtigen, notwendig wird. Das Recht mufs immer in gewissem Mafs verallgemeinern, d. h. von den Einzelumständen absehen. Es heifst also z. B.: hast du einen Vertrag in rechtsgültiger Form geschlossen, so mufst du ihn halten und kannst nicht wieder zurück. Von dieser Regel kann das Recht Ausnahmen machen, indem es gewisse besondere Umstände, welche die Anwendung jenes Grundsatzes unbillig machen würden, berücksichtigt. Es sagt z. B. das römische Civilrecht (lex Plaetoria, um 186 v. Chr.): auch wenn der Vertrag rechtsgültig geschlossen war, braucht er ausnahmsweise doch nicht gehalten zu werden, wenn durch denselben ein Minderjähriger (minor XXV annis) betrügerisch übervorteilt worden ist (circumscriptus est). Oder es sagt der Prätor in seinem Edict, die Ausnahme der lex Plaetoria verallgemeinernd: überhaupt wenn jemand (sei er minor oder major XXV annis) betrügerisch übervorteilt ist, will ich ihn gegen die rechtlichen Folgen des Rechtsgeschäfts in Schutz nehmen (oben S. 206). So entsteht ein Ausnahmsrecht (jus singulare, vgl. oben S. 27), durch welches das Recht Einzelumstände berücksichtigt, eine Selbstberichtigung des Rechts.

Aber diese Selbstberichtigung des Rechts reicht noch nicht aus, um Unbilligkeiten zu vermeiden. Es genügt nicht, dafs im Wege der Gesetzgebung (oder Quasigesetzgebung, wie im prätorischen Edict) eine allgemeine Regel durch andere gleichfalls allgemein gehaltene Regeln beschränkt werde. Darum benutzt der Prätor sein imperium, um das Recht kraft seiner souveränen Machtvollkommenheit für den gegebenen Einzelfall zu berichtigen: dies ist die in integrum restitutio. Durch Decret des Prätors wird auf Grund eigener prätorischer causae cognitio ein von Rechts wegen eingetretener Rechtsnachteil kraft des die vorliegenden Umstände berücksichtigenden prätorischen Ermessens wieder aufgehoben. Bestand der Rechtsnachteil in dem Verlust eines Klagerechts (z. B. durch Verjährung), so endigt das Restitutionsverfahren mit Erteilung der actio, d. h. der formula, und auf die in jure (von dem Prätor) erteilte Restitution folgt dann ein judicium, das sogenannte judicium rescissorium, d. h. die Untersuchung und Entscheidung über die restituierte Klage (actio restitutoria oder rescissoria). Das Restitutionsverfahren selbst (sogenanntes judicium rescindens) wird immer vom Prätor selber geführt und beendigt.

Es gab zwei Classen von Restitutionsfällen:

1. Die restitutio minorum (XXV annis). Die Altersgrenze von 25 Jahren war zuerst von der vorhin genannten lex Plaetoria aufgestellt und mit Wirkung bekleidet worden (daher die Bezeichnung der Grofsjährigkeit als legitima aetas), indem die lex Plaetoria dem minor circumscriptus Schutz gegen das in betrügerischer Weise mit ihm abgeschlossene Rechtsgeschäft gewährte[5]. Der Prätor hatte dann durch sein Edict über den dolus denselben Schutz gegen Betrug auch dem Grofsjährigen gewährt (S. 206). Indem das prätorische Edict so praktisch die Bedeutung der Altersgrenze von 25 Jahren aufhob, stellte es dieselbe in einem anderen Sinne wieder her. Der Prätor verhiefs nämlich den Minderjährigen nicht blofs im Fall des dolus, sondern schlechtweg seinen Schutz. Er erklärte in seinem Edict, jegliches mit einem Minderjährigen abgeschlossene Rechtsgeschäft darauf ansehen zu wollen, ob es aufrecht zu halten sei. Der Minderjährige hatte also Aussicht, nicht blofs im Fall des Betrugs, son-

[5] Die lex Plaetoria (auch lex Laetoria genannt) scheint wegen der gegen einen minor XXV annis geübten fraus eine private Delictsklage gegeben zu haben, vgl. Pfaff u. Hofmann, Fragmentum de formula Fabiana (Wien 1888), S. 38 ff.; vgl. auch Krüger in der Zeitschr. d. Savigny-Stift., Bd. 9, S. 149 Anm. 5.

dern überhaupt, wenn der Erfolg des Rechtsgeschäfts zu seinen Ungunsten war, durch den Prätor die Wiederaufhebung des Rechtsgeschäfts (in integrum restitutio) zu erwirken. Daraus ging dann der allgemeine Grundsatz hervor, dafs, wenn ein Minderjähriger auf irgend eine Weise (sei es durch Rechtsgeschäft oder ohne Rechtsgeschäft) infolge seiner Minderjährigkeit zu Schaden gekommen sei, ihm in integrum restitutio gewährt werden müsse.

L. 1 § 1 D. de minor. (4, 4): Praetor edicit: QUOD CUM MINORE QUAM VIGINTI QUINQUE ANNIS NATU GESTUM ESSE DICETUR, UTI QUAEQUE RES ERIT, ANIMADVERTAM.

2. Die restitutio majorum (XXV annis). Unter Umständen kann auch für einen Grofsjährigen in integrum restitutio billig erscheinen. So namentlich im Fall seiner Abwesenheit (restitutio propter absentiam). Infolge seiner Abwesenheit war ihm z. B. eine Klage verjährt oder seine Sache von einem Dritten ersessen worden. Den Ausgangspunkt bildete hier der Fall der Gefangenschaft bei den Feinden. Dann wurden der Abwesenheit infolge von Gefangenschaft andere Abwesenheitsfälle (z. B. rei publicae causa), schliefslich alle begründeten Verhinderungsfälle gleichgestellt[6]. Wie die absentia, so kann auch Zwang (metus), Betrug (dolus), Irrtum (error) die in integrum restitutio für einen Grofsjährigen rechtfertigen.

Der Minderjährige hat also eine allgemeine Restitutionsverheifsung für sich: er braucht sich nur auf seine Minderjährigkeit zu berufen und darzuthun, dafs er infolge dieser seiner Minderjährigkeit in Schaden gekommen sei. Der Grofsjährige aber hat nur für einzelne Fälle Aussicht auf Restitution (absentia, metus, dolus, error) und mufs nachweisen, dafs für sein Restitutionsbegehren ein solcher Einzelfall vorliegt.

§ 57.

Der spätkaiserliche Procefs.

Die uralte Scheidung des ordentlichen Processes in jus und judicium hatte schon seit Ausbildung des Formularprocesses einen

[6] Das Edict über die in integrum restitutio propter absentiam s. oben S. 85.

Teil ihrer ursprünglichen Bedeutung eingebüfst, da der judex durch das Mittel der formula in ein Werkzeug und Organ auch des vom Prätor gesetzten Rechts verwandelt worden war (oben S. 250). Das judicium empfing seine Normen durch dieselbe Macht, welche auch in jure regierte. Umgekehrt verlor der Prätor (und ebenso in den Provinzen die praesides provinciarum, welche hier die ordentliche Gerichtsbarkeit besafsen) seit der Festlegung des Edicts durch Hadrian (oben S. 83) das jus edicendi alten Stils: der Prätor (und praeses) war an das geltende Civilrecht und das (kraft des kaiserlichen Willens festgestellte) Edict gebunden gleich dem judex. Die Verkündigung des Edicts durch den Prätor war nur noch eine Form. In Wahrheit war dem Prätor sein altes imperium genommen worden. Der Prätor ward zu einem blofsen Werkzeug der Rechtsanwendung gerade wie der judex, und zwar um so mehr, je mehr auf der einen Seite die Wissenschaft den Inhalt des geltenden Rechts entfaltete und klarstellte, auf der andern Seite das Kaisertum als Träger der Rechtsentwickelung alle übrigen mitwirkenden Kräfte verdrängte[1].

So ward der judex zu einem Beamten und Gehülfen des Prätors, und ebenso der Prätor thatsächlich zu einem Beamten und Gehülfen des Kaisers. Seit Diocletian ging die Gerichtsbarkeit in Rom auch formell von dem Prätor auf einen kaiserlichen Beamten, den praefectus urbi, über. In den Provinzen wurden, unter Aufhebung des alten Gegensatzes von Senatsprovinzen und Kaiserprovinzen, die praesides provinciarum überall zu kaiserlichen Statthaltern. Über ihnen standen die praefecti praetorio mit ihren Vicaren, gleichfalls sämtlich Gerichtsbarkeit in des Kaisers Namen übend. An die Stelle der republikanischen Formen und Magistraturen trat endgültig die Monarchie mit ihrem abhängigen Beamtentum. Die Grundlagen des alten Processes waren aufgehoben. Für das neu sich gestaltende Verfahren ward das Verfahren vor dem Kaiser vorbildlich.

Seit Begründung des Principats konnte jede Rechtssache aus dem ganzen Reich an den Kaiser zur Entscheidung gebracht werden. Der Kaiser urteilte aber in allen Sachen, welche er an sich zog, ohne Bestellung eines Geschworenen, entweder

[1] Schultze, Privatr. u. Proc., S. 533 ff.

selber oder durch einen von ihm delegierten Stellvertreter (z. B. den praetor urbanus oder einen praeses provinciae)[2]. Der kaiserlichen Gewalt gegenüber war die Beschränkung der magistratischen Befugnis, welche in der Nötigung zur Einsetzung eines judicium (judex privatus) lag, nicht vorhanden. Diese Art des Verfahrens ist von den kaiserlichen Beamten nachgeahmt worden. Wir sehen, dafs Ende des 3. Jahrhunderts die praesides provinciarum in Civilprocessen extra ordinem zu verfahren pflegten, d. h. entweder selber urteilten oder einen „Unterrichter" (judex pedaneus) an ihrer Statt mit der ganzen Sache betrauten. Dieser Unterrichter (auch judex datus, judex delegatus genannt) ist nunmehr auch formell ein Beamter und Stellvertreter des Magistrats, und nicht mehr blofs, wie der alte judex privatus, mit dem Verfahren in judicio, sondern (und darum ohne formula) mit der ganzen Sache, auch mit dem Verfahren in jure, betraut. Das Verfahren vor diesem Unterbeamten ist ebenso wie das Verfahren vor dem praeses selber ein Verfahren extra ordinem, ein Verfahren, in welchem die causae cognitio seitens der Obrigkeit den ganzen Procefs beherrscht: Cognitions-

[2] So delegierte Octavian alljährlich die „Appellationen" der hauptstädtischen Parteien dem praetor urbanus, vgl. Sueton. Octav. c. 33 und dazu J. Merkel, Abhandl. (oben S. 222 Anm. 5), Heft 2, S. 46 ff. — Mit der Delegation kann sich die Erteilung eines kaiserlichen Rescriptes an den judex delegatus verbinden (sogenannter Rescriptsprocefs). Das Rescript enthält die hypothetische Entscheidung des Rechtsfalls (si preces veritate nitantur). Mit der Erbittung des Rescripts (supplicatio, preces, libellus principi datus) verbinden sich die Wirkungen der litis contestatio. So erscheint das Rescript gewissermafsen als ein Abbild der Formel im Extraordinärverfahren. Aber das Wesen der formula ist an erster Stelle die Formulierung, das Wesen des Rescripts an erster Stelle die Entscheidung einer Rechtsfrage. Das Rescript will, dafs durch das Mittel des judex delegatus der Kaiser selbst urteile; die formula will, dafs nicht der Prätor urteile (so sehr er auch durch die formula Einflufs auf den Inhalt des Urteils übt), sondern der bestellte Geschworene. Daher ist der Rescriptsprocefs Extraordinärprocefs, und der judex delegatus als solcher kein Privatmann, sondern Vertreter der kaiserlichen Vollgewalt. — Praescriptio subreptionis heifst der Einwand des Beklagten, dafs Kläger bei Erbittung des Rescripts Thatsachen verschwiegen, praescriptio obreptionis das Vorbringen, dafs Kläger unwahre Thatsachen behauptet habe. — Über die sachliche Bedeutung des Rescriptsprocesses für die römische Rechtsentwickelung vgl. oben S. 106 ff.

procefs (vgl. S. 283). Diocletian hat diese Art des Procedierens genehmigt, aber den Provinzialstatthaltern eingeschärft, dafs sie grundsätzlich selber zu entscheiden und nur bei wirklicher Behinderung einen judex pedaneus mit der Sache zu beauftragen hätten[3]. Ein Gesetz des Kaisers Julian v. J. 362 (c. 5 C. de ped. jud. 3, 3) beschränkte die Delegationsbefugnis der Statthalter geradezu auf die negotia humiliora. Es versteht sich von selber, dafs das Vorgehen der kaiserlichen Beamten nicht blofser Willkür, sondern einer Änderung, welche in der gemeinen Rechtsanschauung vor sich gegangen war, seinen Erfolg verdankte. Mit der Thatsache, dafs der Beamte an das geltende Recht gebunden war, weil er des alten imperium entbehrte, war der ursprünglichen Rechtsanschauung, welche in der Entscheidung des Magistrats kein Urteil im Rechtssinne sah, der Boden entzogen und die alte Scheidung in jus und judicium ihres ursprünglichen Sinnes endgültig beraubt worden. Der Unterschied von decretum und sententia bestand nicht mehr. Auch die Entscheidung des Magistrats (des Beamten) war zu einem Wahrspruch (sententia) geworden, dessen Kraft das Recht war, nicht mehr das imperium. Die Erteilung der formula ging im klassischen Procefs auf Antrag der klägerischen Partei, welche eine bestimmte formula vom Magistrat erbat (impetrare actionem), vor sich. Von diesem neuen Standpunkt aus schien es nicht mehr notwendig, zur Erbittung einer formula und damit zur Erbittung eines judicium zu schreiten. Die Parteien kamen der Tendenz des Beamtentums entgegen. Es ward ohne impetratio actionis vorgegangen, und blieb dann also das ganze Verfahren vor dem angerufenen Beamten, um so mehr, weil in der Erbittung einer bestimmten formula eine Gefahr für den Kläger lag, wenn nicht genau die richtige formula erbeten oder bei Feststellung der formula im Wortlaut etwas versehen

---

[3] Dies ist der Sinn von c. 2 C. de pedaneis judic. (3, 3). Vgl. A. Pernice in den Berliner Festgaben (oben S. 90 Anm. 8) S. 77 und in der Zeitschr. d. Sav.-Stift., Bd. 7, S. 103 ff.; Mommsen, Röm. Staatsrecht, Bd. 2, Abt. 2 (3. Aufl.), S. 978. Bei der Delegation eines Unterbeamten kam dann auch im Cognitionsprocefs eine Formel oder doch formelähnliche Anweisung für den Delegierten vor, vgl. Gradenwitz im Hermes, Bd. 28, S. 333; Mitteis ebendas. Bd. 30, S. 580, Bd. 34, S. 100. 101.

worden war. Zum Abschlufs kam diese ganze Entwickelung erst durch zwei Kaiserconstitutionen des 4. und 5. Jahrhunderts, von denen die eine die „silbenstecherischen juris formulae" verbot (c. 1 C. de formulis sublatis 2, 57 v. J. 342), die andere demgemäfs den Einwand des Beklagten, dafs vom Kläger keine actio impetriert (keine formula erbeten) worden sei, für unzulässig erklärte (c. 2 C. eod. v. J. 428). Auch hier war es eine allmähliche, von selber vordringende Entwickelung, welche wie einst das Aufkommen, so jetzt den Untergang des Formularprocesses herbeiführte.

So war denn formell jetzt der ganze Procefs ein Verfahren in jure (vor dem Magistrat oder seinem Stellvertreter), ein „Cognitionsprocefs" geworden, und stellte formell das Verfahren extra ordinem jetzt das ordentliche Verfahren dar. Sachlich aber war ein Procefs geschaffen worden, welcher ausschliefslich der Rechtsanwendung diente, insofern also die Züge des alten judicium an sich trug.

Die Erteilung der formula fiel weg; als Litiscontestation galt jetzt der Act, wo beide Parteien dem Beamten ihre Sache vorgetragen hatten (c. un. C. de lit. cont. 3, 9). Mit der formula ward die Notwendigkeit der Geldcondemnation und die damit zusammenhängende Enge noch des klassischen Procefsverfahrens wegfällig (vgl. oben S. 260 ff.). Das Urteil konnte auf Naturalbefriedigung lauten, und weil der Beamte jetzt urteilte, konnte solchem Urteil auch die Naturalexecution (kraft öffentlicher Gewalt) nachfolgen. Mit der Naturalexecution entwickelte sich überhaupt die Specialexecution durch pignoris capio, welche nicht jedesmal den Umweg durch das ganze Vermögen des Schuldners machte, um den einzelnen Gläubiger zu befriedigen (oben S. 280). Andrerseits ward durch die Thatsache, dafs der Beamte urteilte, jetzt auch die volle Entfaltung des Appellationsverfahrens herbeigeführt, welches bestimmt war, an die Stelle der Entscheidung des niederen Beamten die des höheren Beamten, in letzter Instanz die des Kaisers selbst zu setzen (vgl. S. 222 Anm. 5).

Also eine gröfsere Formfreiheit und Beweglichkeit des Processes, insbesondere des Urteils- und Vollstreckungsverfahrens. Zugleich das Streben, durch das Mittel der Appellation an die kaiserliche Gewalt eine einheitliche Rechtsprechung für das ganze ungeheure Reich herbeizuführen[4].

Mit der formula war zugleich das letzte formale Element alten Stils und die letzte Erinnerung an die alte Selbstherrlichkeit der Magistratur hinweggefallen. Der Richter ward zu einem richterlichen Beamten in unserem Sinne, der Procefs zu einem Urteil in des Kaisers Namen, der Kaisergewalt dienend und von der Kaisergewalt beaufsichtigt. Mit einem Wort: mit dem spätkaiserlichen Procefs hatte der moderne Procefs seinen Anfang genommen[5].

Zweites Capitel.

Sachenrecht.

§ 58.

Begriff der Sache.

Die Römer nannten res alles, was Vermögensbestandteil sein kann, und unterschieden in diesem Sinne zwischen res corporales, d. h. körperlichen Vermögensbestandteilen (Sachen in unserem Sinne), und res incorporales, d. h. unkörperlichen Vermögensbestandteilen (z. B. Erbrecht, Rechte an fremden Sachen, Forderungsrechte, Schulden). Wir gebrauchen das Wort „Sache" nur im engeren, technischen Sinn (für res corporales) und nennen im Rechtssinn Sachen die der menschlichen Herrschaft erreichbaren und für die menschliche Herrschaft (Wirtschaft) bestimmten körperlichen Dinge. Damit ist zugleich das Gebiet der Sachenrechte umschrieben. Der Sache ist wesentlich, Gegenstand des Privatrechts zu sein. An Nicht-Sachen (z. B. blofsen Sachteilen) giebt es kein Sachenrecht.

---

[4] Näheres über den spätkaiserlichen Procefs bei v. Bethmann-Hollweg, Der Civilprocefs des gemeinen Rechts in geschichtl. Entwickelung, Bd. 3 (1866). Über einzelnes neuerdings A. Pernice in der Zeitschr. d. Sav.-Stift., Bd. 7, Heft 2, S. 129 ff.; Kipp, Die Litisdenuntiation (1887); Baron, Abhandl. aus dem röm. Civilproc., Bd. 3: Der Denuntiationsprocefs (1887).

[5] Vgl. Schultze a. a. O. S. 562 ff.

pr. I. de reb. corp. (2, 2): Quaedam . . . res corporales sunt, quaedam incorporales. § 1: Corporales eae sunt, quae tangi possunt, veluti fundus, homo, vestis, aurum, argentum, et denique aliae res innumerabiles. § 2: Incorporales autem sunt, quae tangi non possunt, qualia sunt ea, quae in jure consistunt: sicut hereditas, ususfructus, obligationes quoquo modo contractae.

§ 59.

Arten der Sachen.

I. Gewisse Sachen sind durch Rechtssatz von der Fähigkeit, Gegenstand von Privatrechten zu sein, ausgeschlossen: die res extra commercium, nämlich:

a. Die res divini juris: die res sacrae (den Göttern geweihte Sachen, z. B. Tempel, Altar), die res sanctae (von den Göttern befriedete Sachen, z. B. die Stadtmauern Roms), die res religiosae (die den diis Manibus geweihten Sachen, d. h. die Begräbnisplätze). Vgl. oben S. 185.

b. Die res publicae, die öffentlichen Sachen. Ursprünglich zählte zu den res publicae alles Eigentum des populus Romanus (Staatseigentum). Was dem römischen Volk gehörte, stand aufserhalb des Privatrechts (S. 184). Erst die Entwickelung der juristischen Persönlichkeit (Privatpersönlichkeit) der Gemeinden, dann des Staates, hat bewirkt, dafs das der Sonderwirtschaft von Staat und Gemeinde dienende Vermögen (welches den Einzelnen nur mittelbar zu Gute kommt, wie z. B. das zur Erhaltung von Schulen, zur Pflasterung und Beleuchtung von Strafsen dienende Vermögen, vgl. oben S. 191 Anm.) in die Reihe der res privatae eintrat, an denen Eigentum und Verkehr nach den Rechtssätzen des Privatrechts möglich ist. Nach Justinianischem Recht sind daher res publicae im technischen Sinn nur noch die res publicae publico usui destinatae, d. h. diejenigen Sachen, welche dem Gemeingebrauch preisgegeben sind, welche allen Einzelnen unmittelbar dienen, an welchen daher ausschliefsliche Rechte Einzelner nach Art des Privatrechts grundsätzlich nicht vorkommen, wie z. B. öffentliche Wege, öffentliche Plätze, öffentliche Flüsse. Solche Sachen sind auch noch nach Justinianischem Recht dem Privatrecht entzogene Sachen, res extra commercium.

c. Die res omnium communes: die freie Luft, die freifließende Wasserwelle, das Meer mit seinem Bett. Hier handelt es sich um solche „Sachen", welche (ebenso wie Sonne, Mond und Sterne oder wie die Atome und Uratome des Naturforschers) im Rechtssinn vielmehr überall keine Sachen sind: die Atmosphäre der Erde, das Weltmeer und die freifließende Wasserwelle (aqua profluens) sind als solche der menschlichen Herrschaft unerreichbar.

GAJ. Inst. II § 3: Divini juris sunt veluti res sacrae et religiosae. § 4: Sacrae sunt, quae diis superis consecratae sunt; religiosae, quae diis Manibus relictae sunt. § 5: Sed sacrum quidem hoc solum existimatur, quod ex auctoritate populi Romani consecratum est, veluti lege de ea re lata aut senatusconsulto facto. § 6: Religiosum vero nostra voluntate facimus, mortuum inferentes in locum nostrum, si modo ejus mortui funus ad nos pertineat. § 8: Sanctae quoque res, velut muri et portae, quodammodo divini juris sunt. § 9: Quod autem divini juris est, id nullius in bonis est.

§ 1 I. de rer. div. (2, 1): Et quidem naturali jure communia sunt omnium haec: aër et aqua profluens et mare et per hoc litora maris. Nemo igitur ad litus maris accedere prohibetur: dum tamen a villis et monumentis et aedificiis abstineat. . . . § 2: Flumina autem omnia et portus publica sunt, ideoque jus piscandi omnibus commune est in portu fluminibusque. § 3: Est autem litus maris, quatenus hibernus fluctus maximus excurrit. § 4: Riparum quoque usus publicus est juris gentium, sicut ipsius fluminis; itaque navem ad eas appellere, funes ex arboribus ibi natis religare, onus aliquid in his reponere cuilibet liberum est, sicuti per ipsum flumen navigare; sed proprietas earum illorum est, quorum praediis haerent: qua de causa arbores quoque in isdem natae eorundem sunt.

II. Unter den res in commercio, welche also sämtlich gleichermaßen fähig sind, im Eigentum zu stehen, treten folgende Unterschiede als rechtlich bedeutend hervor:

a. Res nullius (herrenlose Sachen) sind Sachen, welche thatsächlich in niemandes Eigentum stehen, z. B. das Wild im Walde. Sie werden durch Occupation (unten § 64) zu Eigentum erworben.

b. Consumtible Sachen (res, quae usu minuuntur vel consumuntur), „verbrauchbare Sachen“, sind solche Sachen, welche bestimmungsgemäfs durch Verbrauch gebraucht werden, z. B. Nahrungsmittel, Geld. An solchen Sachen ist kein Niefsbrauchsrecht möglich (vgl. unten § 69), weil der Niefsbraucher nur berechtigt ist, die Sache unter Erhaltung ihrer Substanz (salva rei substantia) zu gebrauchen.

Geld wird consumiert durch Ausgeben, auch durch Vermischung mit anderem Gelde, so dafs die Unterscheidung der einzelnen Stücke nach ihrer Herkunft nunmehr unmöglich ist. Hat also z. B. jemand fremdes Geld gegeben, um eine Schuld zu zahlen oder ein Darlehen zu gewähren, so macht nicht die Ubergabe (die Tradition), wohl aber nachfolgende Vermischung den Empfänger dennoch zum Eigentümer (si nummi mixti essent, nämlich mit anderem Gelde des Accipienten, ita ut discerni non possent, ejus fieri qui accepit, l. 78 D. de solut. 46, 3). Nach der Vermischung ist das fremde Geld als solches verschwunden und daher für den früheren Eigentümer nicht mehr da, sondern (wie wenn Nahrungsmittel consumiert wären) wirtschaftlich von dem Empfänger sich angeeignet worden. Auf Grund der unterliegenden Umstände kann aber solche Consumtion obligatorisch zur Rückerstattung verpflichten. Vgl. § 83 I a.

c. Fungible Sachen (res, quae pondere, numero mensurave constant), „vertretbare Sachen“, sind solche Sachen, welche im Verkehr nicht als Individuen, sondern nur nach Quantität und Qualität aufzutreten pflegen, z. B. Geld, Wein, Getreide, Eier, Äpfel, Cigarren (nicht z. B. Pferde, Bücher, Grundstücke). Wo vertretbare Sachen geschuldet werden, wird im Zweifel nicht die Leistung einer bestimmten Species (individuell bestimmter Sachen), sondern nur die Leistung bestimmter Quantität und Qualität (generell bestimmter Sachen) geschuldet, weil für vertretbare Sachen der Satz gilt: tantundem ejusdem generis est idem[1]. Ein Darlehen kann nur durch Hingabe von fungiblen Sachen contrahiert werden (unten § 79). Die fungiblen

[1] Vertretbare Sachen werden dem Empfänger unterschiedslos zugezählt, „numero constant“ (darin liegt das juristische Wesen des adnumerare) bezw. zugewogen, zugemessen (adpendere, admetiri), auch wenn viel-

Sachen, welche man gewöhnlich als „vertretbare" Sachen zu verdeutschen pflegt, könnten besser als darlehnsfähige Sachen bezeichnet werden.

d. Teilbare Sachen sind solche Sachen, welche ohne Wertminderung in mehrere Sachen zerlegt werden können. So z. B. regelmäfsig Grundstücke, ein Stück Tuch (nicht aber der Rock), ein Quantum Wein u. s. w. Die teilbare Sache wird nach römischem Recht im Teilungsprocefs vom Richter reell geteilt, d. h. in mehrere Sachen zerlegt, während bei unteilbaren Sachen zum Zweck der Aufhebung der Gemeinschaft anderweitig verfahren werden mufs (unten S. 307).

Keine Sachteilung ist die sogenannte ideelle Teilung, welche vielmehr gemeinsame Berechtigung mehrerer mit Teilung des Rechtes an der Sache ist ohne Teilung der Sache. So z. B. beim Miteigentum.

III. Geschichtlich von hervorragender Bedeutung war die römische Einteilung der Sachen in res mancipi (mancipii) und res nec mancipi (mancipii), d. h. (wörtlich) in „handgriffsfähige" und „handgriffsunfähige" Sachen. Die Hand (manus, munt) ist in der Urzeit das Symbol der Sondergewalt des Einzelnen, des Sondereigentums. Die res mancipii der Urzeit sind die des Sondereigentums fähigen Sachen (oben S. 37). In geschichtlicher Zeit überträgt sich der Ausdruck mancipium auf die Rechtshandlung des „Handgriffs", die Mancipation, den feierlichen Kauf (vgl. S. 47). Res mancipi (mancipii) sind jetzt die mancipationsfähigen Sachen („Kaufschatz" im Sinn des jus civile) und res nec mancipi die mancipationsunfähigen Sachen. Nur res mancipi können durch das feierliche Verkaufsgeschäft des alten Rechts (die mancipatio, vgl. § 11) mit den besonderen Wirkungen, welche ihm anhaften (Erwerb des vollen römischen, des sogenannten quiritischen Eigentums einerseits, Begründung der Gewährleistungspflicht, der actio auctoritatis gegen den mancipio dans, andererseits) veräufsert werden, und umgekehrt: die res mancipi kann nur feierlich, durch einen Rechtsact

---

leicht thatsächlich die einzelnen Stücke nicht genau gleich sind, z. B. beim Kauf von Weintrauben, Äpfeln, Eiern. Vgl. Karlowa in Grünhuts Zeitschr. f. Privat- und öffentl. Recht, Bd. 16 (1889), S. 411.

juris civilis (die mancipatio oder was ihr gleichsteht, vgl. unten § 62), nicht unfeierlich (durch einen blofsen formlosen Rechtsact juris gentium) erworben werden. Die res mancipi sind in der geschichtlichen Zeit die privilegierten Sachen des altrömischen Rechts, die Sachen, welche als der Grundstock des bäuerlichen Vermögens und zugleich des Nationalvermögens gelten, deren Veräufserung und Erwerb deshalb (weil den Staat interessierend) Öffentlichkeit und Mitwirkung des Gemeinwesens (sei es durch das Mittel der fünf Zeugen, sei es durch das Mittel der Obrigkeit) und, was für die alte Zeit als die Hauptsache gedacht werden mag, den Ausschlufs der Ausländer von dem Erwerb dieser Sachen notwendig macht. Von der Mancipation, überhaupt von den Rechtsgeschäften des eigentümlich römischen Civilrechts ist der Ausländer (Peregrine) als solcher ausgeschlossen. An „Mancipationssachen" kann daher kein Ausländer Eigentum erwerben (es sei ihm denn durch Privileg das jus commercii verliehen worden, oben S. 64, 169). Für die beweglichen res mancipi begründet ihre Eigenschaft als solche eine Art Ausfuhrverbot. Die Thatsache, dafs der fundus Italicus (ursprünglich zweifellos nur der Grund und Boden im römischen Gebiet) res mancipi ist, bedeutet, dafs grundsätzlich nur der römische Bürger in Rom (dann in Italien) Grundeigentümer sein kann. Die res mancipi sind diejenigen Sachen, deren Veräufserung infolge des öffentlichen Interesses erschwert ist.

Res mancipi sind nach klassischem römischem Recht: der fundus Italicus (Provincialgrundstücke sind als im Eigentum des römischen Volks befindlich rechtlich ager publicus und deshalb dem echten Privateigentum entzogen, vgl. S. 184. 185), die Rusticalservituten (Gerechtigkeiten, welche dem italischen Landgut zustehen, unten § 69), die Sklaven und die vierfüfsigen Zug- und Lasttiere. In dem Katalog der res mancipi sehen wir das altitalische Bauerngut mit seinen vornehmsten unbeweglichen und beweglichen Zubehörungen vor uns[2].

---

[2] Jhering in seinen Jahrb. f. Dogmat., Bd. 23, S. 204 Anm. 1 vermutet, dafs im alten Recht an res nec mancipi nur einfaches meum esse, kein meum esse ex jure Quiritium möglich war und dafs der Rechtsschutz

Gaj. Inst. II § 19: Res nec mancipii ipsa traditione pleno jure alterius fiunt. § 22: Mancipii vero res sunt, quae per mancipationem ad alium transferuntur; unde etiam mancipii res sunt dictae.

Ulp. tit. 19 § 1: Omnes res aut mancipii sunt aut nec mancipii. Mancipii res sunt praedia in Italico solo, tam rustica, qualis est fundus, quam urbana, qualis domus; item jura praediorum rusticorum, velut via, iter, actus, aquaeductus; item servi et quadrupedes, quae dorso collove domantur, velut boves, muli, equi, asini. Ceterae res nec mancipii sunt; elefanti et cameli, quamvis collo dorsove domentur, nec mancipii sunt, quoniam bestiarum numero sunt. § 3: Mancipatio propria species alienationis est rerum mancipii.

§ 60.

Die Rechte an Sachen.

Sachenrechte (oder dingliche Rechte) sind diejenigen Privatrechte, welche ein unmittelbares Herrschaftsrecht über eine Sache gewähren. Sie berechtigen ihren Träger, selber handelnd in Bezug auf eine Sache vorzugehen. Weil die dinglichen Rechte schlechtweg dem Berechtigten die Befugnis geben, dafs er (in bestimmter Weise) handle, fallen sie unter den Begriff der absoluten Rechte, d. h. sie sind Rechte gegenüber jedermann[1]. Mein Eigentum oder sonstiges Recht an der Sache mufs jeder achten und vor mir zurückweichen, der nicht mir gegenüber zu einer Einwirkung auf die Sache berechtigt ist (etwa als Mieter oder als Niefsbrauchsberechtigter).

Den Gegensatz der Sachenrechte bilden die Forderungsrechte (unten § 73). Das Forderungsrecht (z. B. aus dem Mietvertrage) giebt mir nur das Recht, dafs ein bestimmter anderer, nämlich der Schuldner (z. B. der Vermieter), handle. Die

---

bei res nec mancipi ursprünglich nicht durch die Eigentumsklage (vindicatio, welche quiritisches Eigentum voraussetzte), sondern lediglich durch die Diebstahlsklagen vermittelt wurde.

[1] Alle Rechte, selbst zu handeln (z. B. die Familiengewaltrechte, das Patentrecht, das Urheberrecht), sind absolute Rechte, die als solche den Gegensatz zu den Forderungsrechten bilden. Die Sachenrechte sind absolute Rechte über eine körperliche Sache.

Forderungsrechte sind deshalb Rechte nur gegenüber einem einzigen (dem Schuldner). Habe ich das Recht (z. B. auf Grund des Niefsbrauchs), ein bestimmtes Grundstück zu nutzen, also das Recht, durch eigne Handlung die Früchte des Grundstücks mir anzueignen u. s. w., so habe ich ein dingliches Recht an dem Grundstück (das Recht unmittelbarer Herrschaft über die Sache). Habe ich dagegen nur das Recht (so auf Grund des Pacht- oder Mietvertrags), dafs ein bestimmter anderer (der Verpächter, Vermieter) mich das Grundstück nutzen lasse (Recht, dafs dieser bestimmte andere handle), so habe ich nur ein Forderungsrecht, kein Recht an der Sache (keine Gewalt über die Sache gegen jedermann), sondern nur ein obligatorisches Recht auf die Handlung einer bestimmten Person. Habe ich das Recht, schlechtweg über ein fremdes Grundstück zu gehen, so habe ich ein dingliches Recht (Wegeservitut): habe ich nur das Recht, dafs dieser Eigentümer mich gehen lasse, so habe ich ein Forderungsrecht. Das Forderungsrecht vermittelt sachliche Herrschaft nur durch fremde Handlung (durch Handlung des Schuldners); das Sachenrecht giebt unmittelbare (dingliche) Machterweiterung durch das Recht zu eigner Handlung. Das Wesen des Sachenrechts ist Selbstherrschaft.

Das vollste Recht an einer Sache ist das Eigentum. Dem Eigentum stehen die Rechte an fremder Sache (jura in re) gegenüber.

I. Das Eigentum.

§ 61.

Der Begriff des Eigentums.

Das Eigentum ist das seinem Inhalt nach unbeschränkte Recht der Herrschaft über eine Sache. Es unterscheidet sich von den Rechten an fremder Sache begrifflich dadurch, dafs es, so sehr es auch rechtlicher Beschränkungen fähig ist (z. B. durch Rechte anderer an der Sache), dennoch niemals durch seinen eigenen Inhalt beschränkt wird. Sobald daher rechtliche Schranken, welche dem Eigentum durch Rechte anderer oder durch öffentliche Vorschriften gesteckt waren, hinwegfallen, stellt das Eigentum sich immer von selber wieder als volle Herrschaft her (sog. Elasticität des Eigentums).

§ 62.

Der Erwerb des Eigentums. Geschichtliche Einleitung.

Das vorjustinianische Recht über den Erwerb des Eigentums unterschied acquisitiones civiles und acquisitiones naturales.

Acquisitiones civiles waren die Erwerbsarten des jus civile, also die dem römischen Recht eigentümlichen Erwerbsarten. Sie hatten sämtlich gemeinsam: Öffentlichkeit und Feierlichkeit. Die Feierlichkeit äufserte sich in den vorgeschriebenen Worten und Handlungen, die Öffentlichkeit darin, dafs das Gemeinwesen in irgend einer Weise beteiligt war, entweder durch fünf Zeugen (welche die fünf Klassen des römischen Volks vertraten) oder durch die Obrigkeit. Die civilen Erwerbsarten waren: 1. die mancipatio (der rechtsförmliche Kauf vor fünf Zeugen und einem libripens, vgl. oben S. 47. 48) und das damit zusammenhängende legatum, d. h. das feierliche Vermächtnis im Mancipationstestament (unten § 112); 2. die obrigkeitliche addictio (Zuspruch), sei es auf Grund des beklagtischen Geständnisses bei der in jure cessio (der Scheinvindication zum Zweck des Rechtserwerbes, oben S. 55), sei es auf Grund öffentlicher Versteigerung (z. B. der Kriegsbeute, venditio sub hasta) oder zum Zweck der assignatio (der obrigkeitlichen Anweisung von ager publicus) oder endlich in Form der adjudicatio (Zuspruch des judex im judicium legitimum beim Teilungsprocefs, unten § 63 III).

Acquisitiones naturales waren die Erwerbsgründe des jus gentium. Sie sind unfeierlich, unöffentlich und bewirken den Rechtserwerb regelmäfsig durch das Mittel des Besitzerwerbes. Die wichtigsten naturalen Erwerbsarten waren Tradition und Occupation.

Die Ergänzung dieser Erwerbsgründe war die Usucapion (Ersitzung), welche selber juris civilis ist, weil durch eigentümlich römische Rechtssätze ausgebildet (§ 64 II).

Der Unterschied der Erwerbsarten hing mit dem Unterschied der Sachen zusammen. Der Grundsatz lautete, dafs res mancipi (§ 59 III) nur durch civile Erwerbsart zu rechtem römischen Eigentum (dominium ex jure Quiritium) erworben werden konnten. Blofse Tradition oder Occupation einer res mancipi gab nach Civilrecht kein Eigentum. Aber der Prätor trat (etwa gegen Ende der Republik) reformatorisch dem Civilrecht gegenüber. Er gab auch in dem Fall, dafs die res mancipi blofs formlos verkauft (oder sonst veräufsert) und tradiert war, dem Erwerber und gegenwärtigen Besitzer gegen die Eigentumsklage des Veräufserers (der ja nach formellem Civilrecht Eigentümer, dominus ex jure Quiritium, geblieben war) eine exceptio rei venditae et traditae. Das dominium ex jure Quiritium, welches im Fall formloser Veräufserung bei dem Veräufserer zurückblieb, ward also durch den Prätor dem Erwerber gegenüber entwertet. Umgekehrt, wenn solchem Erwerber der res mancipi der Besitz abhanden kam, so hatte er zwar nach Civilrecht keine Eigentumsklage (denn er war ja nicht Eigentümer, wegen des blofs formlosen Erwerbsacts); aber der prätor gab ihm die sogenannte actio Publiciana in rem (unten § 66) und gab ihm damit thatsächlich wesentlich dieselbe Vindicationsbefugnis, als wenn er der rechte Eigentümer wäre. Also: der Prätor setzte das Eigentum des Civilrechts (das quiritische Eigentum) beiseite und stellte ihm thatsächlich ein anderes Eigentum, ein prätorisches Eigentum, gegenüber, welches zwar nicht formell zum Eigentümer machte, aber doch durch exceptio und actio die Sache thatsächlich dem Vermögen des Erwerbers einverleibte. Daher die Bezeichnung des prätorischen Eigentums als in bonis esse (sogenanntes bonitarisches Eigentum). Dies bonitarische Eigentum kann auch an res mancipi durch naturale Erwerbsart erworben werden.

Durch sein Edict verwandelte der Prätor also das Eigentum des alten Civilrechts in eine blofse Form (nudum jus Quiritium). Der Unterschied der Sachen (ob res mancipi oder nec mancipi) und ebenso der Unterschied der Erwerbsarten (ob civiles oder naturales) war von prätorischen Rechts wegen beseitigt worden.

Für das Civilrecht aber blieben die alten Unterschiede bei Bestand, und das klassische Recht ruht noch auf dem Gegensatz des dominium ex jure Quiritium und des in bonis esse. Erst Justinian hat hier den Abschlufs der Entwickelung herbeigeführt, indem er das quiritische Eigentum aufhob und das prätorische Eigentum (dem thatsächlichen Verhältnis entsprechend) nun auch formell für die einzige Art des Eigentums erklärte, für welches natürlich jetzt allein die naturalen Erwerbsarten in Frage kamen. Es gab jetzt nur ein einziges Eigentum und ein einziges System von Erwerbsgründen, nicht aber das des alten jus civile, sondern das des jus gentium. Für dies Justinianische Eigentumserwerbsrecht ist nicht mehr ein formaler Gegensatz, sondern lediglich der sachlich begründete Gegensatz von derivativen und originären Erwerbsgründen von Bedeutung.

§ 63.

Der Erwerb des Eigentums. Derivative Erwerbsgründe.

Sobald die Welt der Sachgüter vergeben ist, wird die vorwaltende Eigentumserwerbsart sein, dafs ich von einem anderen Eigentum erwerbe. Dieser andere ist mein Auctor (Vormann, Gewährsmann). Ich succediere in sein Eigentum. Ich erwerbe das Eigentum nur dann, wenn mein Auctor wirklich Eigentümer war. Darin liegt das Wesen des derivativen Eigentumserwerbsgrundes: er bedeutet Rechtsnachfolge (Singularsuccession).

Derivativer (abgeleiteter) Rechtserwerb ist ein Erwerb, welcher von der Berechtigung eines bestimmten anderen (des Auctors) abhängig ist. Die derivativen Eigentumserwerbsgründe des Justinianischen Rechts sind: Tradition, Vermächtnis, Adjudication.

I. Die Tradition ist die Besitzübertragung mit dem Willen der Eigentumsübertragung. Nicht durch blofse Willenseinigung (z. B. Kaufvertrag, Schenkungsversprechen), sondern erst durch thatsächliche Übergabe des Besitzes wird das Eigentum (sei es an Grundstücken oder an beweglichen Sachen) nach römischem Recht erworben. Es genügt und ist notwendig die Übertragung des juristischen Besitzes, des Herrenbesitzes, dem auch die blofs mittelbare Macht über die Sache genügt (vgl. § 67). Es bedarf nicht der Übertragung der Detention, des unmittelbaren

Innehabens, d. h. es ist nicht nötig, dafs der Wechsel des Besitzes körperlich sichtbar sei. Die römische Tradition bedarf nicht der körperlichen Übergabe. Es giebt eine Tradition durch constitutum possessorium, d. h. durch die rechtsgeschäftliche Erklärung des Tradenten, die Sache nunmehr für den Erwerber, z. B. als Mieter, innehaben zu wollen. Umgekehrt: wenn der Käufer bereits in der thatsächlichen Gewalt über die Sache sich befindet (z. B. als Mieter), so giebt es eine sogenannte brevi manu traditio, d. h. eine Tradition durch die rechtsgeschäftliche Erklärung des Tradenten, dafs der Erwerber die bereits innegehabte Sache nunmehr im eigenen Namen (als sein Eigentum) innehaben solle [1].

Sowohl in dem Fall des constitutum possessorium wie bei brevi manu traditio geht scheinbar durch blofse Willenserklärung der Eigentumswechsel vor sich, aber nur deshalb, weil jene Willenserklärung nicht blofs sagt, der andere solle nun Eigentümer sein, sondern zugleich eine Änderung der Machtverhältnisse über die Sache, d. h. eine Änderung der thatsächlichen Besitzverhältnisse (Änderung des juristischen Besitzes), und erst durch das Mittel der Besitzänderung die Änderung des Eigentums herbeiführt. Der Mieter, welcher die Sache gekauft hat (brevi manu traditio), hat eine andere Gewalt über die Sache als zuvor. Der Verkäufer, welcher die Sache als Mieter behält (constitutum possessorium), hat seine frühere Gewalt über die Sache zu Gunsten des andern verloren. Ausnahmslos gilt der Satz, dafs der Eigentumserwerb durch Tradition nicht blofs vertragsmäfsige Vereinbarung über den Übergang des Eigentums, sondern Vollziehung dieser Vereinbarung durch Übertragung des Besitzes (des juristischen Besitzes) fordert.

[1] Constitutum possessorium und brevi manu traditio sind die beiden Fälle der Tradition durch Wechsel des juristischen Besitzes ohne Detentionswechsel. Constitutum possessorium ist die Tradition seitens des weiter detinierenden Tradenten (der Tradent, welcher die Sache verkauft oder sonst veräufsert, bleibt doch in dem unmittelbaren Innehaben der Sache als Mieter oder Niefsbraucher oder Mandatar oder Depositar u. s. w.). Brevi manu traditio ist die Tradition an den bereits detinierenden Accipienten (derselbe war bereits als Mieter oder Depositar u. s. w. in der unmittelbaren Innehabung der Sache). In beiden Fällen ändert sich der animus (§ 67) und damit der juristische Besitz.

Umgekehrt gilt selbstverständlich ebenso der Satz, dafs die blofse Hingabe der Sache (z. B. zur Aufbewahrung, zum leihweisen Gebrauch) kein Eigentum überträgt und überhaupt keine Tradition im Rechtssinne ist. Damit die Übergabe der Sache Tradition im Rechtssinne sei, ist der Wille, Eigentum zu übertragen, notwendig: ein Wille, welcher in einem der Tradition voraufgehenden oder mit der Tradition gleichzeitigen Rechtsgeschäft (sogenannte causa traditionis), z. B. im Kaufvertrag, Schenkungsvertrag seinen Ausdruck findet. Die auf Grund eines Kaufgeschäfts erfolgende Tradition (nicht der Kaufvertrag als solcher macht mich zum Eigentümer, sondern erst die Tradition der gekauften Sache) überträgt jedoch nach römischem Recht das Eigentum nur unter der Bedingung, dafs der Preis gezahlt oder creditiert wurde.

L. 20 pr. D. de A. R. D. (41, 1) (ULPIAN.): Traditio nihil amplius transferre debet vel potest ad eum, qui accipit, quam est apud eum, qui tradit. Si igitur quis dominium in fundo habuit, id tradendo transfert, si non habuit, ad eum qui accipit, nihil transfert.

L. 20 C. de pact. (2, 3) (DIOCLETIAN.): Traditionibus et usucapionibus dominia rerum, non nudis pactis transferuntur.

L. 31 pr. D. de A. R. D. (41, 1) (PAULUS): Numquam nuda traditio transfert dominium, sed ita, si venditio aut aliqua justa causa praecesserit, propter quam traditio sequeretur. Vgl. § 41 I. de rer. div. (2, 1), oben S. 48 Anm. 2.

Die römische Tradition hat etwas formloses, zumal da sie ohne körperliche Übergabe möglich ist. Sie entspricht den Bedürfnissen des Mobiliarverkehrs (des Handelsverkehrs), der leicht zu handhabende Veräufserungsgeschäfte fordert. Sie ist denn auch dem jus gentium entsprungen (während das alte jus civile das römische Bauerngut mit seinem notwendigen Zubehör als res mancipi der Tradition entzog), und bedeutet der Sieg der Tradition über die Mancipation sachenrechtlich die Mobilisierung des Immobiliarvermögens. Die neuere (durch das bürgerliche Gesetzbuch für das ganze deutsche Reich vollendete) Entwickelung ist in Anschlufs an älteres deutsches Recht zu der Sonderbehandlung des Grundstücks zurückgekehrt: Grundeigentum soll nur feierlich (durch Auflassung mit nachfolgender

Eintragung in das Grundbuch) veräufsert werden können. Die Übereignung durch Übergabe ist wieder auf den Mobiliarverkehr beschränkt und das Grundstück also gewissermafsen aufs neue zum Range einer res mancipi erhoben worden.

II. Das Vermächtnis ist ein derivativer Eigentumserwerbsgrund, insofern der Testator nach römischem Recht durch letztwillige Verfügung seine Sache direct jemandem als Vermächtnis zu Eigentum zuwenden kann. Es bedarf einer Besitzergreifung von seiten des Vermächtnisnehmers nicht; sobald vielmehr das Vermächtnisrecht geltend gemacht werden kann (dies legati venit), wird dem Legatar unmittelbar (ipso jure), ohne dafs es einer Handlung von seiten des Erben bedürfte, das Eigentum an der vom Testator ihm direct zu Eigentum vermachten Sache erworben, vorausgesetzt aber, dafs der Testator Eigentümer war oder doch über das Eigentum verfügen konnte (daher ein derivativer Erwerbsgrund). Vgl. unten § 115.

III. Die adjudicatio ist der Zuspruch des Richters im Teilungsverfahren. Die gemeinsame Benutzung einer gemeinsamen Sache (mehrere Kinder haben z. B. ihren Vater beerbt) entspricht nicht immer den Interessen der Miteigentümer. Die Auseinandersetzung kann vertragsmäfsig (gütlich) geschehen. Gelingt die gütliche Einigung nicht, so bedarf es des gerichtlichen Teilungsverfahrens. Durch das Teilungsverfahren soll (um die Miteigentümer auseinanderzusetzen) Miteigentum in Alleineigentum verwandelt werden: entweder dadurch, dafs die Sache reell geteilt, d. h. in mehrere Sachen zerlegt und jedem der bisherigen Miteigentümer Alleineigentum an einer der neuen Sachen zugesprochen wird[2], oder dadurch, dafs einem der Miteigentümer die ganze Sache zu Alleineigentum zugesprochen wird, unter der Verpflichtung, die anderen Miteigentümer durch Geld zu entschädigen[3]. In beiden Fällen handelt es sich um Übertragung von Eigentum, nämlich um Übertragung des Miteigentums, soweit es den anderen condomini an derselben Sache zustand. Diese Übertragung, welche denjenigen, zu dessen Gunsten sie geschieht, jetzt in einen Alleineigentümer verwandelt,

[2] Dies geschieht nur bei teilbaren Sachen, oben S. 298. 299.

[3] Dies geschieht bei unteilbaren Sachen.

kann, wie gesagt, ohne Procefs geschehen (die Miteigentümer setzen sich selber auseinander); dann bedarf es der Tradition (gegenseitigen Besitzübertragung). Sie kann aber auch, wenn gütliche Vereinbarung nicht glückt, im Wege des Processes, eben des Teilungsverfahrens, erfolgen, und dann wird sie durch das Urteil des Richters (judex), den Zuspruch, die adjudicatio, vollzogen, welche ohne Besitzübertragung die Eigentumsveränderung herbeiführt, vorausgesetzt, dafs der Procefsgegner wirklich der Miteigentümer war. Die richterliche adjudicatio überträgt das Miteigentum des einen Procefsführenden auf den andern. Der Procefsgegner, dessen Eigentumsrecht mir vom Richter zugesprochen wird, ist mein Auctor. Auch die adjudicatio ist ein derivativer Eigentumserwerbsgrund, abhängig von der Berechtigung dieses Auctors[4].

Es versteht sich von selber, dafs der Zuspruch im Teilungsverfahren (die adjudicatio) nicht zu verwechseln ist mit dem Urteil, welches im Eigentumsprocefs den Kläger als Eigentümer gegenüber dem beklagten Nichteigentümer (welcher die Sache dem Kläger vorenthalten hatte) anerkennt. Das Urteil im Eigentumsprocefs (rei vindicatio) hat nur klarstellende Kraft: es setzt mein Eigentum aufser Zweifel, welches ich schon vorher hatte, und bewirkt nur, dafs der Beklagte von weiterer processualischer Anfechtung desselben ausgeschlossen ist (ich habe gegen ihn die exceptio rei judicatae, vgl. oben S. 278). Das Urteil im Teilungsprocefs dagegen, die adjudicatio, hat (nach römischem Recht) rechtsbegründende Kraft. Es bewirkt, dafs ich ein Eigentum erwerbe, welches ich früher nicht hatte, das Miteigentum des Gegners (des condominus), wodurch ich, da ich früher nur Miteigentümer war, jetzt Alleineigentümer werde.

---

[4] Dem deutschen B. G. B. ist sowohl der Eigentumserwerb durch Vermächtnis wie der Eigentumserwerb durch Zuspruch des Teilungsrichters (adjudicatio) unbekannt. Das Vermächtnis erzeugt nach B. G. B. § 2174 immer nur ein Forderungsrecht gegen den Beschwerten, niemals unmittelbar Eigentum, und die Vermögensgemeinschaft ist nach B. G. B. § 752. 753 immer durch eigne Handlung der Gemeiner (Teilung in Natur oder Verkauf) zur Aufhebung zu bringen: der Teilungsrichter hat die Gemeiner zur Vornahme dieser Handlung zu verurteilen, nicht aber selber durch Richterspruch (wie im römischen Recht) die Aufhebung der Gemeinschaft herbeizuführen.

Die adjudicatio des römischen Rechts ist daher ein Erwerbsgrund des Eigentums neben der Tradition u. s. w., während das Urteil im Eigentumsprocefs (rei vindicatio) keinen Erwerbsgrund von Eigentum, sondern nur ein Schutzmittel für das anderweitig erworbene Eigentum bedeutet.

§ 7 I. de off. jud. (4, 17): Quod autem istis judiciis (divisoriis) alicui adjudicatum sit, id statim ejus fit, cui adjudicatum est.

§ 64.
Der Erwerb des Eigentums. Originäre Erwerbsgründe.

Originäre Erwerbsgründe des Eigentums sind solche, welche die selbständige Schöpfung eines neuen Eigentums herbeiführen, welche daher in ihrer Wirkung von dem Eigentum eines bestimmten andern unabhängig sind. Wer originär erwirbt, hat keinen Auctor.

I. Die Occupation ist die ursprünglichste aller Eigentumserwerbsarten. Sie ist der Besitzerwerb an einer herrenlosen Sache mit dem Willen des Eigentumserwerbes. Res nullius occupanti cedit. Beispiele sind die Occupation von wilden Tieren, von Muscheln oder Steinen am Meeresstrand, von derelinquierten Sachen.

Die Dereliction ist das Gegenstück der Occupation. Sie ist die Besitzentäufserung mit dem Willen der Eigentumsentäufserung (so z. B. das Wegwerfen der Apfelsinenschale, nachdem die Apfelsine gegessen worden ist). Sie macht, sobald die Besitzentäufserung körperlich vollzogen ist, die Sache herrenlos.

Derelinquierte Sachen können daher von jedermann occupiert und so zu Eigentum erworben werden.

Von derelinquierten Sachen unterscheiden sich selbstverständlich verlorene Sachen, also solche Sachen, welche wider Willen abhanden gekommen sind. Hier ist nur der thatsächliche Besitz verloren, nicht das Eigentum. Die Sache ist nicht res nullius, sondern res alicujus und daher nicht occupierbar. Der Finder wird nicht Eigentümer. Er ist vielmehr verpflichtet, für die Aufbewahrung und Erhaltung der Sache, sowie (soweit es ihm möglich ist) für die Rückerstattung derselben an ihren Eigentümer (z. B. durch Anmeldung bei der Polizei) zu sorgen.

Allerdings aber wird als herrenlos behandelt der Schatz, der sogenannte thesaurus. Schatz im Rechtssinn ist ein vor alters verborgenes Wertobject, so dafs der Eigentümer gegenwärtig unbekannt ist. Der Schatz fällt zur Hälfte an den Finder (den Occupanten), zur anderen Hälfte an den Grundeigentümer.

Nach römischem Recht war auch Feindesgut occupabel, sobald es auf römischen Boden gelangte; war es ins Feindesland zurückgebracht, so fiel es durch jus postliminii von selber an den früheren Eigentümer zurück. Ebenso umgekehrt (zu Gunsten der Römer) römisches Eigentum, welches aus den Händen der Feinde in römisches Gebiet zurückkehrte.

§ 12 I. de rer. div. (2, 1): Ferae igitur bestiae et volucres et pisces, id est omnia animalia, quae in terra, mari, caelo nascuntur, simulatque ab aliquo capta fuerint, jure gentium statim illius esse incipiunt. Quod enim ante nullius est, id naturali ratione occupanti conceditur. Nec interest, feras bestias et volucres utrum in suo fundo quisque capiat, an in alieno. Plane, qui in alienum fundum ingreditur venandi aut aucupandi gratia, potest a domino, si is providerit, prohiberi, ne ingrediatur.

§ 18 eod.: Item lapilli, gemmae et cetera, quae in litore inveniuntur, jure naturali statim inventoris fiunt.

II. Die Usucapion oder Ersitzung ist der Eigentumserwerb durch fortgesetzten Besitz.

Die Usucapion gehört zu den Selbstbeschränkungen, welche das Eigentum im Interesse seiner eigenen Sicherheit sich aufzuerlegen genötigt ist.

Alle Sicherheit würde aufhören, wenn das Eigentum unbeschränkt und durch alle Zeiten geltend gemacht werden könnte. Es mufs einen Augenblick geben, wo der frühere Eigentümer dem gegenwärtigen redlichen Erwerber gegenüber aufhört, Eigentümer zu sein, und der redliche Erwerber sich auch von Rechts wegen in den Eigentümer verwandelt. Diesen Zeitpunkt bestimmt nach römischem Recht die Usucapion.

Noch ein anderer Umstand kommt hinzu. Wenn etwa der Eigentümer in den Fall kommt, sein Eigentum klageweise gegen einen Dritten geltend zu machen, so mufs er sein Eigentum beweisen. Nun hat er etwa die Sache von einem Vormann durch Kauf und Tradition erworben. Das genügt aber nicht zum Nachweis des Eigentums. Denn die Tradition ist ein derivativer Erwerbsgrund, und sein Vormann (sein Auctor) konnte ihn nur dann zum Eigentümer machen, wenn er (der Vormann) selber Eigentümer war. Also mufs ferner auch das Eigentum des Vormanns nachgewiesen werden. Nun hat aber dieser die Sache (denken wir z. B. an ein Haus) auch seinerseits durch Kauf und Tradition, also wiederum durch blofs derivativen Erwerbsgrund erworben. So wird man auf den Vormann des Vormanns kommen, und so fort: eine unendliche Reihe thut sich auf, und es ist einfach unmöglich, auf Grund des derivativen Titels zu einem Nachweis des Eigentums zu gelangen. Darum ist es nötig, dafs der derivative Titel durch einen originären ergänzt werde, und dieser originäre Titel ist die Usucapion. Es ist nicht nötig, dafs ich auf alle Vormänner zurückgehe. Es genügt, darzuthun, dafs die Sache redlich erworben, eine bestimmte Zeit hindurch besessen ist, dafs ich sie also jedenfalls usucapiert haben würde, falls ich durch die Tradition selbst noch nicht Eigentümer geworden wäre. Die Rechtssätze über Usucapion sind dazu bestimmt, die Wirkung des derivativen Titels (Tradition) nach bestimmter Zeit endgültig und von dem Recht der Vormänner unabhängig zu machen.

Um der Sicherheit sowohl wie um der Beweisbarkeit des Eigentums willen ist es also notwendig, dafs es eine Ersitzung gebe, dafs unter Umständen auch der an sich nicht berechtigte Besitz dennoch nach gewisser Länge der Zeit in Eigentum sich verwandle.

Schon das altrömische Recht hatte diese Wahrnehmung gemacht und kannte einen Eigentumserwerb durch Besitz (Besitz als Eigentümer, usus), welcher für unbewegliche Sachen die Zeit von zwei Jahren, für alle übrigen Sachen (ceterae res) die Zeit von einem Jahre forderte. Diese usucapio der zwölf Tafeln war aber auf römische Bürger beschränkt (weil dem jus civile angehörig) und war ferner objectiv nur an denjenigen Sachen möglich, an denen es quiritisches Eigentum geben konnte. So waren also sämtliche Provinzialgrundstücke der civilen Usucapion entzogen, denn am fundus provincialis gab es nach römischem Recht nur ein Eigentum des römischen Staats (populus Romanus), kein Privateigentum (dominium ex jure Quiritium). Dennoch bestanden selbstverständlich auch in den Provinzen thatsächlich Grundbesitzverhältnisse mit Kauf und Verkauf, Vererbung und Vermächtnis, kurz Verhältnisse, welche thatsächlich Privateigentum an Häusern, Gärten, Äckern bedeuteten. Einen Rechtsschutz gab es hier von römischen Civilrechts wegen nicht. Die Edicte der Statthalter (praesides) in den Provinzen waren es, welche eine Form des Rechtsschutzes einführten, nämlich die praescriptio longi temporis. Hatte jemand auf Grund rechtmäfsigen Erwerbes (justo titulo) und in gutem Glauben (bona fide) „lange Zeit", nämlich 10 Jahre inter praesentes (der Gegner war mit ihm in derselben Provinz domiciliert) oder 20 Jahre inter absentes (der Gegner war in einer anderen Provinz domiciliert) das Grundstück besessen, so brauchte er sich auf die Klage des etwa an dem Gute Berechtigten nicht einzulassen; er ward durch eine praescriptio (einen Vorbehalt zu seinen Gunsten, der an den Beginn der Formel gesetzt wurde, also dadurch formell von der exceptio sich unterschied) geschützt. Unter den gleichen Voraussetzungen ward ihm dann auch eine Klage (in rem actio) gegen jeden Dritten gegeben.

Justinian hat nun die civile usucapio und die amtsrechtliche longi temporis possessio zu einem einzigen Institut verschmolzen. Die longi temporis possessio ward die Ersitzung des Eigentums an Grundstücken (es ward also nun gleichgültig, ob es sich um einen fundus Italicus oder um einen fundus provincialis handelte). Daneben blieb die Usucapion von Mobilien, für welche jedoch die alte einjährige Frist auf drei Jahre erstreckt wurde. Also: das Eigentum an Grundstücken wird nach Justinianischem Recht in 10 (inter praesentes) oder in 20 Jahren (inter absentes) ersessen; das Eigentum an Mobilien in drei Jahren. Es ist nicht nötig, dafs man selber die ganze Zeit hindurch den Besitz gehabt habe; man ist berechtigt, sich den Besitz seines Vorgängers, von dem man rechtmäfsig erworben, anzurechnen (sogenannte accessio possessionis). Ja, der Faustverpfänder setzt seine Ersitzung an der weggegebenen Pfandsache fort, obgleich er garnicht mehr besitzt (der „abgeleitete" Besitz des Faustpfandgläubigers kommt ihm für die Usucapion zu Gute, vgl. unten § 67 Anm. 2). Weitere Voraussetzung ist, dafs man rechtmäfsig erworben habe (z. B. durch Tradition oder Vermächtnis), sogenannter justus titulus, und dafs man in gutem Glauben sei, also von der Rechtmäfsigkeit seines Besitzes überzeugt sei, sogenannte bona fides[1]. Die res extra commercium (oben S. 295) sind selbstverständlich der Ersitzung entzogen: weil es überhaupt kein Eigentum an ihnen giebt. Andere Sachen sind, obgleich in commercio, doch durch positives Gesetz der Ersitzung entzogen worden (sogenannte res inhabiles). So die res furtivae nach den zwölf Tafeln und der lex Atinia, die res vi possessae nach der lex Julia et Plautia. Damit hängt die von Justinian eingeführte sogenannte aufserordentliche Ersitzung (longissimi temporis praescriptio) zusammen: ist die Sache kraft positiven Gesetzes der Ersitzung entzogen (res inhabilis) oder fehlt dem Besitzer der Titel oder kann er den Titel vielleicht nicht mehr beweisen, so kann das Eigentum dennoch

[1] Das Erfordernis der bona fides war bereits für die alte usucapio von der Jurisprudenz aufgestellt worden. Doch gab es eine usucapio auch ohne bona fides, so namentlich die usucapio pro herede (§ 110) und die usureceptio ex fiducia: der Schuldner, welcher eine Sache dem Gläubiger fiduciae causa mancipiert (§ 72 I 1), aber fehlerfrei (ohne Miete und Precarium) den Besitz behalten bezw. zurückgewonnen hat, ersitzt das Eigentum an der Sache zurück auch ohne bona fides. Ist die Schuld gezahlt, so wird die Sache von ihm auch trotz Miete und Precarium zurückersessen (das Eigentum des Gläubigers ist nur formelles Eigentum, vgl. S. 61 Anm. 13; der Schuldner ist sachlich bereits Eigentümer). Weil das Erfordernis der bona fides nicht auf ausdrücklicher Gesetzesvorschrift, sondern auf blofser interpretatio beruhte, so stand es bei derselben interpretatio, auch die Grenzen des von ihr aufgestellten Princips zu bestimmen. Die zwölf Tafeln selber setzten als Erfordernis der usucapio nur, dafs die Sache nicht gestohlen war. — Die usureceptio ex fiducia vollendete sich ebenso wie die usucapio pro herede auch an Grundstücken in einem Jahr. Wie die „Erbschaftssache", so ward auch die „fiducia" (die fiduciae causa mancipierte Sache) als solche zu den „ceterae res" gezählt, für welche die zwölf Tafeln nur einjährige Ersitzungszeit forderten. — Unter Umständen ist die Usucapion auch auf Grund eines blofsen Putativtitels (vermeintlichen Titels), d. h. in Wahrheit ohne Titel, lediglich auf Grund der bona fides, möglich. Dann nämlich, wenn Thatsachen vorliegen, welche den Glauben an das Dasein eines Titels rechtfertigen. Beispiel: Zu meinem Geburtstage bekomme ich ein Fafs Wein geschickt unter Umständen, welche die Annahme rechtfertigen, dafs mein Freund X es mir zum Geburtstag geschenkt habe. In Wahrheit ist es nur infolge eines Versehens bei mir abgegeben worden. Hier ist Ersitzung möglich.

durch Besitz von 30 oder 40 Jahren ersessen werden, vorausgesetzt, dafs der Besitz bona fide erworben war; d. h. es genügt (falls bona fides vorhanden ist), dafs die Voraussetzungen der Klagverjährung erfüllt sind (oben S. 276). Ist der Besitz bona fide erworben und dann die Eigentumsklage gegen den Besitzer verjährt, so soll derselbe nicht blofs die Einrede der Klagverjährung, sondern positiv das Eigentum an der Sache erworben haben, also im Fall des Besitzverlustes auch seinerseits gegen jeden Dritten klagberechtigt sein. Der Dieb und Dejicient selber kann also (weil er in mala fide ist) auch durch aufserordentliche Ersitzung niemals usucapieren, wohl aber ein Dritter, der von ihm gutgläubig erwarb.

Das Gebiet der Ersitzung war im klassischen römischen Recht ein doppeltes: einmal hatte sie die Aufgabe, den bonitarischen Eigentümer in einen quiritischen zu verwandeln, also den Rechtserwerb zu ergänzen, gerade auch in dem Fall, wenn man vom Eigentümer erworben hatte (der formlose Erwerb einer res mancipi gab erst auf Grund der usucapio nach Ablauf von 1 bezw. 2 Jahren quiritisches Eigentum); zum andern diente sie dem Eigentumserwerb dessen, welcher vom Nichteigentümer gutgläubig erworben hatte (Beispiel: der Erbe hat mir die Sache verkauft und übergeben, welche er im Nachlafs des Erblassers vorgefunden und irrtümlich für Eigentum des Erblassers gehalten hat). Dort war es die mangelnde Form des Titels, hier war es die mangelnde Berechtigung des Auctors, was die Ersitzung notwendig machte. Im Justinianischen Recht ist der Gegensatz der Erwerbsgründe, ob formfrei (juris gentium) oder formbedürftig (juris civilis), hinweggefallen. Jeder Erwerbsgrund giebt volles Eigentum, sofern nur (beim derivativen Titel) der Auctor wirklich Eigentümer war. Es giebt daher jetzt im Fall des Erwerbs vom Eigentümer keine Ersitzung mehr, und ist nur die zweite Aufgabe der Ersitzung übriggeblieben: den, welcher vom Nichteigentümer erwarb, dennoch nach gewisser Zeit zum Eigentümer zu machen.

pr. I. de usuc. (2, 6): Jure civili constitutum fuerat, ut, qui bona fide ab eo, qui dominus non erat, cum crediderit eum dominum esse, rem emerit, vel ex donatione aliave qua justa causa acceperit, is eam rem, si mobilis erat, anno ubique, si immobilis, biennio tantum in Italico solo usucapiat, ne rerum dominia in incerto essent. Et cum hoc placitum erat, putantibus antiquioribus, dominis sufficere ad inquirendas res suas praefata tempora, nobis melior sententia resedit, ne domini maturius suis rebus defraudentur, neque certo loco beneficium hoc concludatur. Et ideo constitutionem super hoc promulgavimus, qua cautum est, ut res quidem mobiles per triennium usucapiantur, immobiles vero per longi temporis possessionem, id est inter praesentes decennio, inter absentes viginti annis usucapiantur: et his modis non solum in Italia, sed in omni terra, quae nostro imperio gubernatur, dominium rerum, justa causa possessionis praecedente, adquiratur.

§ 1 eod.: Sed aliquando, etiam si maxime quis bona fide rem possederit, non tamen illi usucapio ullo tempore procedit: veluti si quis liberum hominem vel rem sacram vel religiosam vel servum fugitivum possideat.

§ 2 eod.: Furtivae quoque res et quae vi possessae sunt, nec si praedicto longo tempore bona fide possessae fuerint, usucapi possunt: nam furtivarum rerum lex duodecim tabularum et lex Atinia inhibet usucapionem; vi possessarum lex Julia et Plautia.

III. Accession nennt man eine Sache, welche vorher selbständig existierte, nunmehr aber integrierender Bestandteil einer anderen geworden ist, z. B. eine Pflanze, die ich in mein Grundstück einpflanze. Die Sache, welche Accession geworden ist, hat aufgehört, selbständig dazusein. Es giebt aber ein Eigentum nur an selbständigen Sachen, nicht an Sachteilen (oben S. 294). Daher wenn die Sache Accession geworden ist, so ist mit ihrer selbständigen Existenz auch das frühere Eigentum, welches an ihr bestand, untergegangen. Ich, dem die Hauptsache (die Sache, in welcher die andere aufgegangen ist) gehört, bin jetzt jedenfalls auch Eigentümer der Accession (z. B. der Pflanze), sollte dieselbe auch vorher einem andern zu Eigentum gehört haben; denn diese Accession ist jetzt ein ununterscheidbarer Bestandteil meiner Sache geworden und wird daher mit Rechtsnotwendigkeit von meinem Eigentum an dieser Sache mitergriffen (wobei meine Pflicht, den früheren Eigentümer zu entschädigen, vorbehalten bleibt). In diesem Sinne ist die Accession ein Eigentumserwerbsgrund, und zwar ein originärer, weil es gleichgültig ist, wem vor der Verbindung etwa das Eigentum an der Accession zugestanden haben mag.

Beispiele der Accession sind: die implantatio, die inaedificatio (das Haus als Ganzes ist Accession des Grund und Bodens), die alluvio (die unmerkliche Anschwemmung, durch welche der öffentliche Fluſs ein Grundstück vergröſsert), die avulsio (die merkliche Anschwemmung: der öffentliche Fluſs hat ein gröſseres Stück von einem höher liegenden Grundstück abgerissen und an mein Grundstück angeschwemmt; sobald es mit meinem Grundstück verwachsen ist, habe ich als an einer Accession Eigentum daran erworben), der alveus derelictus (der öffentliche Fluſs hat sein Bett verändert: das freigewordene Fluſsbett fällt den Anliegern auf beiden Seiten als Accession zu, jedem bis in die Mitte des Fluſsbetts), die insula nata (teilweises Freiwerden des öffentlichen Fluſsbettes: es gilt das Gleiche wie beim alveus derelictus).

§ 20 I. de rer. div. (2, 1): Praeterea quod per alluvionem agro tuo flumen adjecit, jure gentium tibi adquiritur. Est autem alluvio incrementum latens. Per alluvionem autem id videtur adjici, quod ita paulatim adjicitur, ut intellegere non possis, quantum quoquo momento temporis adjiciatur. § 21: Quod si vis fluminis partem aliquam ex tuo praedio detraxerit et vicini praedio appulerit, palam est, eam tuam permanere. Plane si longiori tempore fundo vicini haeserit, arboresque, quas secum traxerit, in eum fundum radices egerint, ex eo tempore videntur vicini fundo adquisitae esse.

§ 22 eod.: Insula, quae in mari nata est (quod raro accidit) occupantis fit, nullius enim esse creditur; at in flumine nata (quod frequenter accidit) si quidem mediam partem fluminis teneat, communis est eorum, qui ab utraque parte fluminis prope ripam praedia possident, pro modo latitudinis cujusque fundi, quae latitudo prope ripam sit. Quod si alteri parti proximior sit, eorum est tantum, qui ab ea parte prope ripam praedia possident.

IV. Specification ist die Sachverarbeitung (z. B. in der Bäckerei, in der Tischlerei, in der Kelterei, in der Fabrik). Aus dem Rohstoff wird ein Arbeitserzeugnis, regelmäſsig höheren wirtschaftlichen Wertes, hergestellt. Eine Neuschöpfung ist durch die Arbeit vor sich gegangen. Um dieser wirtschaftlichen Productionskraft willen soll der Arbeit dann auch das Arbeitsproduct zufallen: der Specificant (der Fabrikant), d. h. derjenige, welcher selber oder durch andere das neue Product hergestellt hat (der Arbeitsunternehmer), erwirbt an der specificierten Sache Eigentum, ohne Rücksicht darauf, wer früher Eigentümer war (also originär), falls er in bona fide war und (nach einer positiven Bestimmung Justinians) falls die frühere Gestalt der Sache nicht wieder hergestellt werden kann. Die Beschränkungen fallen fort, wenn dem Specificanten ein Teil des Stoffes gehört hat.

§ 25 I. de rer. div. (2, 1): Cum ex aliena materia species aliqua facta sit ab aliquo, quaeri solet, quis eorum naturali ratione dominus sit, utrum is, qui fecerit, an ille potius, qui materiae dominus fuerit: ut ecce, si quis ex alienis uvis, aut olivis, aut spicis vinum, aut oleum, aut frumentum fecerit aut ex alieno auro vel argento vel aere vas aliquod fecerit .... Et post multas Sabinianorum et Proculianorum ambiguitates placuit media sententia existimantium, si ea species ad materiam reduci possit, eum videri dominum esse, qui materiae dominus fuerit; si non possit reduci, eum potius intellegi dominum, qui fecerit. Ut ecce vas conflatum potest ad rudem massam aeris, vel argenti, vel auri reduci, vinum autem, aut oleum, aut frumentum ad uvas et olivas et spicas reverti non potest .... Quodsi partim ex sua materia, partim ex aliena speciem aliquam fecerit quisque, veluti ex suo vino et alieno melle mulsum, aut ex suis et alienis medicamentis emplastrum aut collyrium, aut ex sua et aliena lana vestimentum fecerit, dubitandum non est, hoc casu eum esse dominum, qui fecerit, cum non solum operam suam dedit, sed et partem ejusdem materiae praestavit.

V. Früchte sind diejenigen Erzeugnisse einer Sache, in deren Hervorbringung der Wert der Sache besteht, z. B. Milch von der Kuh, Junge von Tieren, Feldfrüchte, Gartenfrüchte. An den Früchten kann unter Umständen ein anderer Eigentum erwerben als der Eigentümer der Hauptsache, z. B. der Pächter, der Niefsbrauchsberechtigte, auch der gutgläubige Besitzer. Wer in gutem Glauben eine fremde Sache besitzt, erwirbt dennoch die Früchte dieser Sache zu Eigentum, braucht auch, wenn später der Eigentümer der Sache klagend gegen ihn auftritt, die bereits in gutem Glauben consumierten Früchte nicht herauszugeben, sondern restituiert aufser der Hauptsache nur die im Zeitpunkt der Klageerhebung noch vorhandenen Früchte. Nach Beginn des Processes aber ist ihm bewufst, dafs er möglicherweise eine fremde Sache besitzt. Vom Augenblick der litis contestatio an hat er darum positive Sorgfalt (omnis diligentia) auf die Fruchtziehung zu wenden: er hat dem Kläger, falls dieser als Eigentümer den Procefs gewinnt, alle während des Processes gezogenen Früchte (fructus percepti) herauszugeben und aufserdem noch Schadensersatz zu leisten, falls er mehr Früchte hätte ziehen können (sogenannte fructus percipiendi).

Anmerkung. Die Sachverbindung. Zu den Vorgängen, welche mit Rechtsnotwendigkeit eine Änderung in der Eigentumszuständigkeit herbeiführen, gehört die Verbindung mehrerer Sachen zu einer einzigen (z. B. ich giefse zwei Flaschen Wein zusammen). Wem wird das Eigentum an der neuen Sache zustehen? Darüber gelten verschiedene Rechtssätze, je nach den Fällen. Die Fälle sind zum Teil bereits im vorigen besprochen worden. Hier soll versucht werden, den leitenden Gesichtspunkt klar zu stellen.

Die Frage, welche durch die folgenden Rechtssätze beantwortet wird, ist immer nur die nach der Rechtswirkung der Sachverbindung als solcher abgesehen von dem Willen des Sacheigentümers).

Die Verbindung mehrerer Sachen zu einer einzigen ist entweder 1. Verbindung im engeren Sinn oder 2. Accession oder 3. Specification.

Die Verbindung i. e. S. liegt vor, wenn die neue Sache den beiden früher vorhandenen Sachen gleichartig ist (z. B. es ist Wasser mit Wasser, Wein mit Wein zusammengegossen, es ist Silber mit Silber, Gold mit Gold zusammengeschmolzen worden), wenn also insofern in der neuen Sache die beiden früheren Sachen fortdauern. Es gilt dann der Rechtssatz: für den Fall, dafs die mehreren Sachen verschiedenen Eigentümern gehörten, entsteht durch die Verbindung Miteigentum dieser früheren Eigentümer an der neuen Sache (je nach dem Verhältnis, in welchem ihre Sachen zur Herstellung der neuen Sache beigetragen haben).

Dagegen ist der Thatbestand der Accession gegeben, wenn die neue Sache nur einer der früher vorhandenen Sachen gleichartig ist. Beispiel: es ist ein Arm mit der Statue durch ferruminatio (vgl. Dernburg, Pandekten, § 209 Anm. 6) zur Einheit verbunden worden (die neue Sache ist eine Statue; der Arm war keine Statue). Oder: es ist ein neues Bein an den Tisch gesetzt worden. Oder: es ist eine Rose in das Grundstück gepflanzt worden (nach der Verbindung, durch Wurzelschlagen, besteht nur eine Sache, das Grundstück; die Rose ist als selbständige Sache nicht mehr da). In all diesen Fällen hat eine Sache sich in der Verbindung behauptet. Sie bestimmt das Wesen der neuen Sache. Sie hat die andere in sich aufgenommen (verzehrt). Diese eine Sache ist die Hauptsache; die andere Sache, welche nur noch als Veränderung, Erweiterung der anderen fortbesteht, welche in die andere aufgegangen ist (der Arm, die Rose) ist die Nebensache. Der Rechtssatz lautet: der Eigentümer der Hauptsache wird Eigentümer der (von seiner Sache verzehrten) Nebensache. Der Eigentümer der Nebensache ist auf den bloſsen Entschädigungsanspruch beschränkt. Also Alleineigentum (des Eigentümers der Hauptsache).

Die Specification endlich geschieht nicht notwendig durch Verbindung (z. B. wenn aus dem Stück Tuch ein Kleid gemacht wird), aber sie kann durch Verbindung mehrerer Sachen vor sich gehen (z. B. bei Herstellung eines Gemäldes). Die Verbindung trägt dann den Charakter der Specification, wenn die neue Sache keiner der früheren Sachen gleichartig ist, wenn also (wirtschaftlich angesehen) keine der früheren Sachen in der neuen Sache fortdauert. In solchem Fall gilt der oben entwickelte Rechtssatz: das Stoffeigentum geht unter (die sämtlichen Eigentümer der früheren Sachen sind auf einen Entschädigungsanspruch beschränkt); die neue Sache fällt in das Eigentum des Specificanten (immer vorausgesetzt, daſs die oben unter IV angegebenen Bedingungen für diesen Eigentumserwerb vorliegen).

Von dem hervorgehobenen Gesichtspunkt aus gelingt es leicht, die Specificationsfälle von den Accessionsfällen zu unterscheiden. Wem gehört das Gemälde (wenn etwa bona fide mit fremden Farben auf fremder Leinwand gemalt war)? Es kommt darauf an. Wenn das Ergebnis des Malens bemalte Leinwand ist (die eine Sache überdauert die Verbindung), so liegt ein Accessionsfall vor (Beispiel: ein bemalter Theatervorhang oder ein Malen, welches in Wahrheit nur ein Schmieren ist): es wird also hier der Eigentümer der Leinwand (der tabula) auch Eigentümer der Farbe. Anders wenn das Ergebnis des Malens ein Gemälde ist (eine dritte Sache, welche weder Farbe noch Leinwand bedeutet; der Stoff ist verschwunden vor dem Kunstwerk): dann liegt ein Specificationsfall vor. Die Frescomalerei wird immer Accession bedeuten, niemals Specification (nach wie vor ist ein Gebäude da, das Grundstück überdauert die Verbindung). Der gleiche Unterschied gilt beim Schreiben: ist das Ergebnis des Schreibens beschriebenes Papier, so liegt ein Accessionsfall, ist es dagegen ein Schriftwerk (Urkunden u. s. w.), so liegt ein Specificationsfall vor.

Die Entscheidung der Einzelfälle schwankt bisweilen unsicher selbst bei den römischen Juristen (z. B. betreffs der pictura und scriptura, vgl. l. 23 § 3 D. 6, 1, wo allein die Auffassung als Accessionsfall geltend gemacht wird). Dennoch ist der Grundgedanke klar: es kommt darauf an, ob in der neuen Sache die beiden früheren Sachen oder nur eine oder keine derselben als wirtschaftlich fortdauernd angesehen werden kann. Wie die wirtschaftliche Geschichte der Sache, so die Geschichte ihres Eigentums.

§ 65.

Der Schutz des Eigentums.

Der Eigentümer hat zum Schutz seines Eigentums zwei Klagen: die rei vindicatio und die actio negatoria.

I. Die rei vindicatio ist die Klage, welche der Eigentümer gebraucht, falls ein Dritter im Besitz sich befindet (ubi rem meam invenio, ibi vindico). Sie ist also die Klage des nicht besitzenden Eigentümers gegen den besitzenden Nichteigentümer. Hat der Beklagte ein Recht in Bezug auf die Sache, welches ihn befugt, die Sache dem Eigentümer vorzuenthalten (z. B. ein Pfandrecht oder ein Niefsbrauchsrecht oder das Recht des Mieters), so wird es im Wege der exceptio geschützt; sonst mufs er die Sache mit allem Zuwachs (cum omni causa) dem vindicierenden Eigentümer herausgeben (restituere)[1].

II. Die actio negatoria ist die Klage des Eigentümers gegen blofse Störung des Besitzes, also (regelmäfsig) die Klage des besitzenden Eigentümers zur Aufrechterhaltung der Integrität seines Besitzes. Beklagter ist, wer den Besitz des Eigentümers gestört hat. Er mufs die Störung unterlassen und dem Eigentümer allen Schaden ersetzen.

§ 66.

Der Schutz des Ersitzungsbesitzes.

Usucapiert jemand eine fremde Sache, so hat er nach Vollendung der Usucapion die rei vindicatio und die actio negatoria des Eigentümers, da er ja durch die Usucapion Eigentum erworben hat. Aber der Prätor will den Usucapienten schon schützen vor Vollendung der Usucapion. Zu diesem Zweck hat er die actio Publiciana in rem eingeführt. Sie ist eine Eigentumsklage, welche unter der Fiction gegeben wird, dafs die Ersitzungsfrist bereits abgelaufen sei, d. h. die Klage ist demjenigen Besitzer zuständig, welchem zum Erwerb des Eigentums nur noch der Ablauf der Zeit fehlt (vgl. oben S. 254). So hat der Usucapionsbesitzer im praktischen Erfolg die Eigentumsklage (in der Form der Publiciana actio) schon vor dem Erwerb des Eigentums; auch die actio negatoria wird ihm in gleicher Weise gegeben. Weil aber der Kläger hier doch noch nicht wirklicher Eigentümer ist, so ist in zweierlei Hinsicht die Publiciana

[1] Daher die soeben § 64 unter V besprochene Haftung des bonae fidei possessor auch für Herausgabe (bezw. Ersatz) der Früchte. Der malae fidei possessor haftet noch strenger: er hat, weil er wissentlich die fremde Sache besitzt, für die ganze Dauer seines Besitzes (also schon vor der litis contestatio) für fructus percipiendi einzustehen. Vgl. oben S. 266 Anm. 5.

schwächer als die echte Eigentumsklage. Nämlich 1. der wahre Eigentümer, welcher etwa jetzt im Besitz der Sache sich befindet oder jetzt den Usucapionsbesitzer im Besitz der Sache stört, hat gegen die actio Publiciana die exceptio dominii, kann also nicht verurteilt werden; 2. ist der Beklagte gleichfalls im Ersitzungsbesitz befindlich (und usucapiert also dieselbe Sache, welche der Kläger früher in Usucapionsbesitz gehabt und dann etwa verloren hat), so dringt der Kläger nur durch, falls Beklagter von demselben Auctor wie der Kläger, und zwar später als der Kläger, erworben hatte; hat der Beklagte aber von einem anderen Auctor erworben oder zwar von demselben Auctor, jedoch früher als der Kläger, so ist er gleichfalls durch exceptio geschützt und wird freigesprochen.

Im übrigen aber ist der Erfolg der Publiciana actio der gleiche wie bei der echten Eigentumsklage. Die Publiciana in rem actio tritt also als rei vindicatio auf im Fall vorenthaltenen Besitzes (und an die Publiciana in diesem Anwendungsfall pflegt man zunächst zu denken, wenn ohne weiteren Zusatz von Publiciana actio die Rede ist); andererseits fungiert sie als sogenannte Publiciana negatoria actio im Fall blofs gestörten Besitzes.

Der Zweck der Publiciana actio ist nicht, dem Eigentümer seine Sache durch den Usucapionsbesitzer wegnehmen zu lassen (deshalb hat der Eigentümer exceptio dominii), sondern vielmehr, den Usucapionsbesitzer gegen den schlechter Berechtigten zu schützen. Sie giebt nur relativen Schutz. Aber sie vermag noch mehr zu leisten! Der Eigentümer selber kann, falls er wegen Besitzentziehung oder Besitzstörung zu klagen genötigt ist, die Publiciana gebrauchen. Warum? Weil er von seinem Eigentum absehen und geltend machen kann, dafs auf jeden Fall die Voraussetzungen des Usucapionsbesitzes in seiner Person erfüllt sind. Er hat ja auch die Sache gekauft oder sonstwie rechtlich erworben. Er ist ja auch in bona fide. Das genügt völlig, um die Publiciana zu begründen und den Gegner, welcher an der Sache kein Recht hat, zu überwinden. Der formalen Eigentumsklage und des Beweises bereits voll erworbenen Eigentums bedarf es nicht.

Mit der letzten Bemerkung sind wir in das Gebiet eingetreten, welches die Publiciana des gemeinen deutschen Pandektenrechts praktisch vornehmlich beherrscht hat. Im thatsächlichen Erfolg, d. h. in der weitaus gröfsten Zahl der Fälle, war die Publiciana die Klage des Eigentümers, aber eine Klage, welche er in der Rolle eines Usucapionsbesitzers anstellte. Die Rechtssätze über Schutz des Usucapionsbesitzes dienten praktisch dazu, dem Eigentum eine zweite Reihe von Schutzmitteln zu gewähren, und zwar unter leichteren Bedingungen, als sie für die formalen und eigentlichen Eigentumsklagen zu erfüllen waren. Schon im römischen Recht ist dies letzte Ziel der Publiciana deutlich ausgesprochen. Sie dient nicht blofs dem Usucapionsbesitzer, welcher a non domino erworben hatte, sondern ebenso auch dem bonitarischen Eigentümer, welcher a domino (aber eine res mancipi durch blofse Tradition) erworben hatte: weil ja auch dieser in Bezug auf das quiritische Eigentum Usucapionsbesitzer war (vgl. oben S. 314). Sie war also im klassischen römischen Recht sogar formell als Eigentumsklage in Anwendung, als eine Eigentumsklage nämlich im Dienste des bonitarischen Eigentums.

Gaj. Inst. IV § 36: Datur autem haec actio (Publiciana) ei, qui ex justa causa traditam sibi rem nondum usucepit, eamque amissa possessione petit. Nam quia non potest eam EX JURE QUIRITIUM SUAM ESSE intendere, fingitur rem usucepisse, et ita, quasi ex jure Quiritium dominus factus esset, intendit, veluti hoc modo: JUDEX ESTO. SI QUEM HOMINEM A. AGERIUS EMIT, ET IS EI TRADITUS EST, ANNO POSSEDISSET, TUM SI EUM HOMINEM, DE QUO AGITUR, EX JURE QUIRITIUM EIUS ESSE OPORTERET, et reliqua.

L. 17 D. de Publ. act. (6, 2) (Neratius): Publiciana actio non ideo comparata est, ut res domino auferatur (ejusque rei argumentum est primo aequitas, deinde exceptio SI EA RES POSSESSORIS NON SIT), sed ut is, qui bona fide emit, possessionemque ejus ex ea causa nactus est, potius rem habeat.

§ 67.

Der Schutz des juristischen Besitzes. — Besitz und Eigentum.

Vom Eigentum unterscheidet sich der Besitz. Das Eigentum ist die rechtliche, der Besitz als solcher nur die thatsächliche Herrschaft über eine Sache. Der Besitz ist die Ausübung des Eigentums, und im allgemeinen ist die Idee des Rechts, dafs der Eigentümer auch zugleich Besitzer sein soll. Daher der gewöhnliche Sprachgebrauch, welcher Eigentum und Besitz miteinander gleichsetzt. Dennoch sind Eigentum und Besitz begrifflich voneinander zu trennen. Das Eigentum kann man haben ohne den Besitz, den Besitz kann man haben ohne das Eigentum (z. B. im Fall des Diebstahls). Der Besitz ist begrifflich das Gegenteil des Eigentums, wie das factum begrifflich das Gegenteil des jus.

Nun ist aber klar, dafs der Besitz, die thatsächliche Herrschaft über die Sache, sehr verschiedener Art sein kann.

Entweder: ich habe die Sache zwar in meinen Händen und habe sie vielleicht in meinem eigenen Interesse (z. B. das Buch, welches ich geliehen habe), aber ich erkenne einen anderen als den eigentlichen Herrn der Sache an (den Verleiher des Buchs) und will, indem ich die Sache aufbewahre oder sonst auf sie einwirke, nicht blofs mir, sondern vornehmlich dem andern die Sache erhalten. In diesem Fall habe ich blofs das corpus des Besitzes, d. h. das Äufserliche des Besitzes. Es fehlt mir der animus des Besitzes, nämlich der mit dem körperlichen Verhältnis sich deckende Wille. Ich will, obgleich ich die Sache in meinen Händen habe, sie doch nicht für mich allein haben, sondern sie an letzter Stelle für einen andern haben. Es fehlt hier dem Inhaber der animus rem sibi habendi. Er hat vielmehr den animus rem alteri habendi. In diesem Fall spricht man von blofser Detention. Der Detentor (z. B. der Leiher, Mieter, Pächter, Depositar, Mandatar) besitzt die Sache in Unterordnung unter einen anderen. Er ist der Stellvertreter dieses anderen im Besitz: dieser andere (der Verleiher, Vermieter u. s. w.) besitzt durch den Detentor.

Oder: ich habe die Sache in meinen Händen und will sie zugleich für mich allein haben, z. B. weil ich Eigentümer bin oder mich wenigstens für den Eigentümer halte, oder auch etwa obgleich ich weifs, dafs ich nicht Eigentümer bin: weil ich nämlich den entschiedenen Willen habe, die Sache dennoch für mich allein zu haben (so der Dieb, welcher in Bezug auf sein thatsächliches Verhalten zur Sache vom Eigentümer nicht zu unterscheiden ist, und ebenso z. B. der Faustpfandgläubiger, der ja gleichfalls als solcher den Willen hat, auch den Eigentümer von der Sache auszuschliefsen)[1]. In diesem Falle habe ich nicht blofs das corpus, sondern auch den animus des Besitzes, nämlich den mit dem körperlichen Verhältnis sich deckenden Willen. Ich habe die Sache nicht blofs in Händen, sondern will sie auch für mich allein haben (animus rem sibi habendi, von den Neueren animus domini genannt). Ich habe den Willen, jeden anderen von der Sache auszuschliefsen. Ich habe, sofern es sich um die Ausschliefsung anderer handelt, die Sache wie ein Eigentümer (Alleinherrscher) der Sache[2], mag ich nun wirklich Eigentum

[1] Anders als der Faustpfandgläubiger steht der Mieter, Pächter (Commodatar u. s. w.) zur Sache. Der Mieter hat nicht den Willen, den Vermieter von der Sache auszuschliefsen, sondern umgekehrt den Willen, Handlungen des Vermieters in Bezug auf die Sache zu vermitteln (deshalb besitzt der Vermieter juristisch durch den Mieter). Denn der Mieter will nicht ein Sachenrecht, sondern nur ein Forderungsrecht ausüben (das Recht, dafs der Vermieter ihn gebrauchen lasse, vgl. oben S. 301). Jede Gebrauchshandlung des Mieters stellt deshalb juristisch Entgegennahme der Gewährungshandlung des Vermieters, d. h. Verwirklichung der Herrschaft des Vermieters über die Sache dar. Nur Fremde schliefst der Mieter von der Sache aus, aber (juristisch) im Dienst, als Werkzeug des vermieterischen Besitzes. Wird der Mieter dejiciert, so ist juristisch der Vermieter dejiciert worden. Der Mieter hat keinen Besitzwillen (Herrenwillen), wohl aber der Faustpfandgläubiger, der ja nicht dem Besitz des Verpfänders dienen, sondern vielmehr den Besitz des Verpfänders ausschliefsen will. (So nach römischem Recht.)

[2] Die herrschende, durch v. Savigny begründete, Ansicht fafst den animus domini als den Willen, die Sache als eine eigene Sache zu besitzen, und ist deshalb aufser Stande, den juristischen Besitz des Faustpfandgläubigers (der die Sache doch nur als Pfandsache besitzen will) zu erklären. Der Besitz des Faustpfandgläubigers wird als eine regelwidrige Art des juristischen Besitzes aufgefafst und als „abgeleiteter juristischer Besitz“ bezeichnet. Mit Unrecht. Der Faustpfandgläubiger hat vielmehr, obgleich er die Sache nur als Pfandsache besitzen will, in Bezug auf den Besitz genau den gleichen Willen wie der Eigentümer. Das Wesen des Besitzes als solchen ist nicht der Genufs der Sache, sondern nur die Ausschliefsung anderer von der Sache. Auch Harpagon besitzt. Wer jeden anderen ausschliefsen will, der hat den Herrenwillen, den animus domini, für den Besitz der Sache ganz gerade so wie der Eigentümer. Die Unterscheidung, ob ich die Sache als eigne oder als Pfandsache besitze, ist nur erheblich für den Genufswillen, nicht für den Besitzwillen. Der Genufswille ist nach römischem Recht zum juristischen Sachbesitz nicht ausreichend

haben oder nicht und mag ich im letztern Fall von meinem Nichteigentum Kenntnis haben (Dieb, Faustpfandgläubiger) oder nicht (bonae fidei possessor, Usucapionsbesitzer).

Die zuletzt geschilderte Art des Besitzes wird technisch juristischer Besitz genannt. Den juristischen Besitz des römischen Rechts machen also zwei Stücke aus: 1. corpus (Detention), die thatsächliche Herrschaft über die Sache (sei es dafs man das corpus in eigener Person habe oder durch das Mittel eines Detentors, z. B. des Entleihers, Pächters u. s. w.); 2. animus (domini), der Wille, die Sache für sich allein zu haben, d. h. der Wille, jeden andern vom Besitz der Sache auszuschliefsen. Ist die Sache zu blofser Detention übergeben worden (z. B. Leihe, Pacht, Mandat u. s. w.), damit der Empfänger sie also auch für mich besitze, so hat der unmittelbare Inhaber des corpus (der Entleiher u. s. w.) blofs Detention, der mittelbare Inhaber des corpus aber (Verleiher, Verpächter, Mandant u. s. w.) den juristischen Besitz.

Der juristische Besitz erzeugt bestimmte Rechtsmittel (daher führt er seinen Namen), welche um seines Schutzes willen gegeben werden: die sogenannten possessorischen Interdicte; nämlich (nach Justinianischem Recht):

1. Das interdictum uti possidetis, ein interdictum retinendae possessionis, welches zur Erhaltung des gegenwärtigen juristischen Besitzes dient. Das Interdict tritt ein im Fall einer blofsen Störung des Besitzes, aber nur einer solchen Störung, welche den Charakter einer auf die Dauer angelegten Besitzbelästigung an sich trägt (z. B. wenn der Nachbar be-

---

(Pächter und Mieter haben den Genufswillen und doch nicht den animus domini, den Besitzwillen, vgl. Anm. 1). Ebenso wie der Faustpfandgläubiger stehen der Precarist (unten Anm. 5) und der Sequester (der eine streitige Sache bis zur Beendigung des Streits bewahrt), denen darum von der herrschenden Lehre gleichfalls nur „abgeleiteter juristischer Besitz" zugeschrieben wird. — Gleiche Grundgedanken hat bereits (unabhängig von mir) entwickelt W. Stintzing, der Besitz I, 1, 1 (1889), S. 121 (ebendas. S. 8 ff. über Mieter, Pächter u. s. w.); zur Besitzlehre (1892), S. 5 ff.; der Besitz I, 1, B (1895) S. 8 ff.; doch sieht Stintzing auch im objectiven Element des Besitzes nicht eine thatsächliche Herrschaft über die Sache, sondern eine thatsächliche Macht über Andere: den thatsächlichen (nicht notwendig physischen) Ausschlufs fremder Eigenmacht.

lästigende Anlagen auf seinem Grundstücke macht, nicht schon, wenn jemand nachts an meine Fensterläden schlägt). Der juristische Besitzer verlangt mit dem Interdict Anerkennung seines Besitzes, Unterlassung der Störung und Schadensersatz für die begangene Störung. Als juristischer Besitzer gilt aber für dies Interdict nur, wer seinen juristischen Besitz nec vi nec clam nec precario ab adversario erworben hat[3]. Wer gewaltthätig (vi) oder heimlich (clam, den Widerspruch des Gegners voraussehend und durch Heimlichkeit ihm entgehend) oder bittweise (precario, auf beliebigen Widerruf, ohne bindendes Rechtsgeschäft mit dem Verleiher) den juristischen Besitz von dem Procefsgegner erworben hat, wird in diesem Besitzprocefs nicht als juristischer Besitzer geachtet, vielmehr gilt sein Procefsgegner (von welchem er vi, clam, precario erwarb) als juristischer Besitzer, und dem letzteren mufs der Besitz der Sache herausgegeben werden. So kann also (wenn der besitzende Kläger wegen Besitzstörung mit dem Interdictum uti possidetis gegen denjenigen klagt, von welchem er den juristischen Besitz vi, clam oder precario erworben hatte) der Kläger zur Herausgabe des Besitzes an den Beklagten verurteilt werden. In diesem Sinne sagt man, dafs das interdictum uti possidetis ein interdictum

[3] Nach vorjustinianischem Recht galt das interdictum uti possidetis nur für Immobilien; für Mobilien galt ein anderes interdictum retinendae possessionis: das interdictum utrubi. Mit dem interdictum uti possidetis (Immobilien) siegte, wer gegenwärtig (im Moment der Erteilung des Interdictes durch den Prätor) nec vi nec clam nec precario ab adversario besafs; mit dem interd. utrubi (Mobilien) dagegen siegte, wer im Lauf des letzten Jahres (vor der Erteilung des Interdictes) am längsten nec vi nec clam nec precario ab adversario besessen hatte (dabei war man berechtigt, die Besitzzeit seines Auctors sich anzurechnen, sogenannte accessio possessionis, vgl. oben S. 312). Durch die Praxis des oströmischen Reichs sind jedoch die Grundsätze des Uti possidetis auf das Utrubi erstreckt worden (utriusque interdicti potestas exaequata est), eine Praxis, welche durch das Corpus juris Justinians ihre Bestätigung gefunden hat (§ 4 I. 4, 15; l. 1 § 1 D. 43, 31). Damit ist das interdictum uti possidetis sachlich auch auf Mobilien erstreckt worden, so dafs also jetzt auch für den Besitzstreit um bewegliche Sachen lediglich der Besitzstand zur Zeit des Processes (nämlich im Augenblick der Litiscontestation, weil die alte Erteilung des Interdictes weggefallen ist, S. 286) entscheidet. Vgl. Fitting in der Zeitschr. f. Rechtsgesch., Bd. 11, S. 441.

duplex sei (der Befehl des Prätors richtete sich an beide Teile) und dafs die Klage ex interdicto uti possidetis (im Justinianischen Procefs giebt es kein formelles Interdict mehr, S. 286) zu den judicia duplicia (den zweischneidigen Klagen) gehöre: nicht blofs der Beklagte, sondern auch der Kläger kann verurteilt werden (beide Teile haben zugleich Kläger- und Beklagtenrolle)[4].

2. Das interdictum unde vi und das interdictum de precario. Diese beiden Rechtsmittel sind interdicta recuperandae possessionis. Sie dienen zur Wiedererlangung eines verloren gegangenen juristischen Besitzes, und zwar das interdictum unde vi im Fall gewaltthätiger Besitzentziehung (durch körperliche Gewalt, Dejection), das interdictum de precario im Fall der Besitzentziehung durch Gebrauchsüberlassung ohne Verpflichtungswillen (ohne Obligo), d. h. ohne Rechtsgeschäft[5]. Das interdictum unde vi geht gegen den De-

---

[4] Judicia duplicia sind aufserdem die Teilungsklagen, unten § 83.

[5] Der Mangel des Vertragsschlusses begründet den Unterschied zwischen Precarium einerseits, Miete und Commodat andererseits. Auch wenn beim Precarium Abreden getroffen sind, so sollen sie doch nicht rechtlich verbindliche Kraft haben. Das Precarium ist immer nur eine Besitzüberlassung „bis auf weiteres" und daher stets zu jeder Zeit widerruflich (Miete und Commodat erst nach Beendigung des eingeräumten Gebrauchs). Der precario dans will zu nichts verpflichtet sein. Daher der beliebige Widerruf und daher niemals Haftung des precario dans für Schadensersatz (es liege denn dolus vor) oder für Ersatz von Auslagen (auch impensae necessariae braucht der precario dans nicht zu ersetzen; der andere hat höchstens ein jus tollendi). Ebenso umgekehrt: der Precarist schuldet keine diligentia, und hat der Precarist einen Zins versprochen (was in klassischer Zeit häufig war, während ursprünglich das Precarium unentgeltliche Gebrauchsüberlassung gewesen zu sein scheint), so kann doch auf den Zins nicht geklagt werden. Das Precarium besteht als rein thatsächliches Verhältnis, ohne gegenseitige Einräumung von Rechten, und auch einen Anspruch auf Rückgabe der precario überlassenen Sache hat der precario dans nicht auf Grund eines Versprechens (eines Forderungsrechtes, wie bei Miete und Commodat), sondern lediglich auf Grund des precario habere auf seiten des Precaristen. Der Precarist besitzt deshalb formell selbständig. Es besteht kein Rechtsverhältnis zwischen ihm und seinem Leiheherrn, welches seinen Besitz dem precario dans unterordnete (wie bei der Miete). Der Precarist hat deshalb juristischen Besitz (vgl. Anm. 2). Er besitzt formell auf eigne Faust und schliefst, sobald ihm nicht blofs ein „in

jicienten als solchen, ohne Rücksicht darauf, ob er noch besitzt oder nicht, ob er in eigner Person oder durch andere die Dejection bewirkt hatte, ob der Kläger selbst vi, clam oder precario von ihm erworben hatte oder nicht. Während also bei dem interdictum uti possidetis der Beklagte antworten kann: du (Kläger) hast aber vi, clam oder precario von mir erworben (sogenannte exceptio vitiosae possessionis), wodurch dann, wie soeben ausgeführt ist, die Verurteilung des Klägers herbeigeführt werden kann, ist bei dem interdictum unde vi diese exceptio vitiosae possessionis *ausgeschlossen*. Das interdictum de precario geht ebenso gegen den Precaristen als solchen (welcher precario habet vom Kläger oder dolo malo fecit, ut desineret habere). Das interdictum unde vi ist jedoch nur für Grundstücke zuständig, das interdictum de precario auch für bewegliche Sachen.

Das interdictum unde vi und ebenso das interdictum uti possidetis wird nur intra annum (utilem) gegeben; post annum giebt es nur noch eine Klage auf Herausgabe der Bereicherung. Das interdictum de precario verjährt dagegen erst in der ordentlichen Verjährungsfrist (von 30 bezw. 40 Jahren).

Die genannten possessorischen Interdicte (retinendae und recuperandae possessionis) sind dem juristischen Besitzer *als solchem* zuständig, ohne Rücksicht darauf, ob er wirklich an der Sache ein Recht hat oder nicht. Es wird ihm ein Rechtsschutz zu teil um seines *Besitzes* willen (daher die Bezeichnung der Interdicte als *possessorischer* Rechtsmittel) *ohne Rücksicht auf sein Recht*. Ja, die Rechtsfrage ist

der Sache sein" (in possessione esse), sondern die Sache selber preisgegeben war, *auch den Herrn* (precario dans) von der Sache aus (der precario dans hat keinen Sachbesitz). Nur daſs der juristische Besitz des Precaristen einen „Fehler" (vitium possessionis) hat: sobald der Herr widerruft, muſs der precaristische Besitz als „fehlerhaft" erlangt auf possessorische Klage des Herrn zurückgegeben werden. Das Besitzverhältnis ist durch Rückgabepflicht „vitiös" geartet. — Seinen Ausgang hat das römische Precarium vielleicht von dem Bittbesitz des Clienten genommen (an den Grundstücken, welche der Patron ihm zum Zweck der Gewährung seines Lebensunterhaltes überlieſs).

geradezu ausgeschlossen. Der Beklagte kann sich nicht durch Berufung auf sein Recht an der Sache verteidigen.

Dennoch bedeuten diese possessorischen Rechtsmittel, welche formell nur den Besitz schützen, im praktischen Erfolg regelmäfsig einen Schutz des Eigentums. In weitaus der Mehrzahl der Fälle ist es der Eigentümer, welcher zugleich den juristischen Besitz hat bezw. gehabt hat. Folglich hat der Eigentümer regelmäfsig folgende Wahl:

1. Er kann petitorisch klagen, (d. h. auf Grund seines Rechts an der Sache) unter Nachweis seines Eigentums (§ 65).

2. Er kann petitorisch klagen unter Nachweis blofs seines Usucapionsbesitzes (actio Publiciana). Er sieht davon ab, dafs er Eigentümer ist; er macht geltend, dafs die Erfordernisse des Ersitzungsbesitzes in seiner Person erfüllt sind (§ 66).

3. Er kann possessorisch klagen unter Nachweis blofs seines juristischen Besitzes (die possessorischen Interdicte). Er sieht davon ab, dafs er Eigentümer oder doch Ersitzungsbesitzer ist; er macht nur geltend, dafs die Erfordernisse des juristischen Besitzes (thatsächliche Gewalt über die Sache mit animus domini) in seiner Person erfüllt und wirksam sind[6].

Die überragende wirtschaftliche Bedeutung des Eigentums kommt in der reichen Entfaltung der ihm zu Gebote stehenden Schutzmittel zum Ausdruck.

L. 12 § 1 D. de adq. poss. (41, 2) (Ulpian.): Nihil commune habet proprietas cum possessione.

L. 1 § 2 D. uti possid. (43, 17) (Ulpian.): Separata esse debet possessio a proprietate; fieri etenim potest, ut alter possessor sit, dominus non sit, alter dominus quidem sit, possessor vero non sit; fieri potest, ut et possessor idem et dominus sit.

L. 3 § 1 D. de adq. poss. (41, 2) (Paulus): Et apiscimur possessionem corpore et animo, neque per se animo, aut per se corpore.

---

[6] Vgl. Jhering, Jahrb. f. Dogmatik des heutigen römischen Rechts, Bd. 9, S. 44 ff.

II. Die Rechte an fremder Sache.

§ 68.

Im allgemeinen.

Das Eigentum allein vermag auf die Dauer den Interessen des Verkehrs nicht zu genügen. Es mufs möglich sein, dafs man in Form Rechtens auch auf fremde Sachen einzuwirken befugt ist.

Diesem Bedürfnis der Ergänzung der eigenen Wirtschaft durch fremde Sachen (ohne das Eigentum an denselben erwerben zu müssen) kann das obligatorische Rechtsgeschäft mit dem Eigentümer dienen, z. B. der Pacht- und Mietvertrag. Dann hat der Berechtigte aber immer nur (weil er ein blofses Forderungsrecht erworben hat, vgl. § 73) ein Recht gegen die Person des anderen Contrahenten. Wird der Pächter von einem anderen als seinem Verpächter in dem Besitz und Genufs des Pachtgutes gestört, so hat er gegen diesen Dritten aus seinem Pachtrecht keine Klage; er mufs sich erst an seinen Verpächter wenden, damit dieser gegen den Dritten einschreite, nötigenfalls klage [1].

Das obligatorische Rechtsgeschäft giebt also nur ein unvollkommenes (blofs persönlich wirkendes) Recht hinsichtlich der fremden Sache. Daher ist das Bedürfnis, um welches es sich hier handelt, durch Rechtsgeschäfte dieser Art nicht voll befriedigt. Es mufs besser geschützte Rechte in Bezug auf fremde Sachen geben.

Diesem Bedürfnis zu genügen, sind die dinglichen Rechte an fremder Sache ausgebildet worden. Sie geben ein stärkeres, nämlich ein absolutes, gegen jeden Dritten wirksames und klagbares Recht hinsichtlich der Sache (oben S. 300). Diese dinglichen Rechte an fremder Sache, von den Römern schlechtweg als jura in re bezeichnet, sind es, welche uns im folgenden beschäftigen werden. Ihre gemeinsame juristische Natur (im Gegensatz zum Eigentum) ist, dafs sie ihrem Inhalt nach beschränkte Herrschaftsrechte über eine Sache

---

[1] Der Pächter hat nur das Recht, dafs der Verpächter ihn gebrauchen lasse (vgl. S. 301. 324 Anm. 1).

darstellen, obgleich sie — darin dem Eigentum gleich — gegen jeden störenden Dritten unmittelbar wirksam sind. Im übrigen sind die einzelnen jura in re nach Art und Bedeutung der von ihnen gewährten Herrschaft wesentlich voneinander verschieden.

Das römische Recht hat nur verhältnismäfsig wenige jura in re ausgebildet: die Servituten, die Emphyteuse, die superficies, das Pfandrecht.

§ 69.

Die Servituten.

Die Servituten (Dienstbarkeiten) haben die Aufgabe, unter möglichster Schonung des Eigentümers auch anderen eine Teilnahme an der Nutzbarkeit der Sache zu gewähren. Das Eigentum „dient“ (servit), es ist beschränkt, nicht vollfrei, aber doch nicht wirtschaftlich aufgehoben. Im Gegenteil: im Verhältnis zur Servitut ist das Eigentum das herrschende Recht. Es ist daher charakteristisch, dafs das altrömische Civilrecht neben dem Eigentum nur die Servitut duldet und zuläfst. Es will grundsätzlich freies Eigentum und duldet daher die jura in re nur in der beschränkten Form der Servitut. Alle übrigen jura in re sind erst später, durch den Prätor (Pfandrecht und superficies, unten § 71, 72) oder durch die spätkaiserliche Gesetzgebung (die Emphyteuse, unten § 70), ausgebildet worden.

Im Interesse des Eigentums ist die Servitut teils dadurch zurückgesetzt, dafs sie nur ganz bestimmte, einzelne Nutzungsrechte dem Servitutberechtigten gewährt (sie giebt kein Besitzrecht im technischen Sinn, nicht das Recht, jeden andern von der Sache auszuschliefsen, sondern nur dingliches Genufsrecht, das Recht, gewisse Nutzungshandlungen an der Sache vorzunehmen), teils dadurch, dafs sie unveräufserlich und unvererblich einem bestimmten Subject zusteht und mit dem Untergang dieses Subjectes selber untergeht. Servituten sind beschränkte dingliche Nutzungsrechte (Genufsrechte) an fremder Sache mit bestimmt gegebenem Subject.

Die Art, wie das Subject einer Servitut bestimmt wird, ist eine zwiefach verschiedene: entweder ist das Subject persönlich bestimmt (Personalservituten) oder das Subject ist dinglich bestimmt (Real- oder Prädialservituten). Bei den Prädialservituten ist der jedesmalige Eigentümer eines Grundstücks der Servitutberechtigte.

Die Personalservituten gehen unter durch Tod des Berechtigten (sie sind höchstens lebenslängliche Rechte); — dem Tod wirkt nach römischem Recht die capitis deminutio gleich (nach klassischem Recht auch die capitis deminutio minima, oben S. 178). Die Prädialservituten gehen, wenn nicht andere Gründe eintreten, erst unter mit dem Untergang des Grundstücks. Die Personalservituten (welche regelmäfsig einen reicheren Inhalt von Befugnissen gewähren) sind um so mehr in Bezug auf ihre Dauer, die Prädialservituten (welche ewig dauern können) sind dafür um so entschiedener in Bezug auf ihren Inhalt eingeschränkt.

I. Die wichtigsten Personalservituten sind:

a. Der ususfructus (Niefsbrauch). Er gewährt das (höchstens) lebenslängliche dingliche Recht auf den vollen Genufs und Fruchtertrag einer fremden Sache, „salva rei substantia". Dem Niefsbraucher ist das Recht der Substanzänderung (dem Niefsbraucher eines Grundstücks das Recht der Culturänderung) versagt. Mit wesentlicher Änderung der Sache geht vielmehr der Niefsbrauch unter (z. B. wenn der Niefsbraucher aus dem Weinberg ein Bergwerk macht). Der Niefsbraucher hat nur das Recht auf den Genufs der Sache in dieser Gestalt, nicht ein Recht auf den Genufs der Sache in jeglicher Gestalt.

Es steht beim Usufructuar, ob er diesen Genufs und Fruchtertrag in Natur oder in Form einer Geldsumme (durch Verkaufen oder Vermieten der Ausübung des ususfructus an einen andern) wahrnehmen will. Nach Beendigung des Niefsbrauchs mufs die Sache zurückgegeben werden. An res consumtibiles (oben S. 297) ist daher kein ususfructus möglich. Der sogenannte quasi ususfructus an Consumtibilien (mir ist z. B. im Testament der Niefsbrauch an 1000 Flaschen Wein oder an einem Capital vermacht worden) bedeutet vielmehr Eigentum an den Consumtibilien, welches ich unter der Verpflichtung erwerbe, nach meinem Tode (d. h. mein Erbe mufs zahlen) die gleiche Quantität und Qualität von Consumtibilien (bezw. deren

Geldwert) zurückzuleisten. Hier wird also wirtschaftlich der gleiche Erfolg wie beim verus ususfructus erreicht, aber die rechtliche Form ist nicht die des ususfructus, sondern die des mit einer Obligation beschwerten Eigentums. Wie der Niefsbraucher, der einen verus ususfructus hat, durch Caution seine Verpflichtung zur Restitution der Sache nach beendigtem Niefsbrauch sowie seine Verpflichtung, etwaige verschuldete Beschädigung der Sache zu ersetzen, sicher stellen mufs (sogenannte cautio usufructuaria), so ist auch der Quasiusufructuar verpflichtet, seine Obligation zur Rückleistung der gleichen Quantität und Qualität durch Caution sicher zu stellen. Durch die Pflicht zur Bestellung dieser cautio usufructuaria wird das Eigentum des Quasiusufructuars an den erworbenen Consumtibilien dem Mafs der Rechte eines blofsen Niefsbrauchers angenähert.

b. Der usus gewährt das (höchstens) lebenslängliche dingliche Recht auf den Genufs und Fruchtertrag einer fremden Sache, soweit derselbe zur Befriedigung der eigenen Bedürfnisse des Usuars notwendig ist. Vermieten und Verkaufen ist hier also grundsätzlich ausgeschlossen. Der Usuar hat die cautio usuaria zu bestellen, durch welche er (ebenso wie der Usufructuar) Restitution der Sache nach beendigtem usus und Sorgfalt in Bezug auf die Benutzung der Sache (ev. Schadensersatz) verspricht.

c. Die habitatio ist das (höchstens) lebenslängliche dingliche Recht, in einem fremden Hause zu wohnen, jedoch nur nach Art eines Alimentationsberechtigten: d. h. über Art und Ort der Wohnung des habitator im Hause bestimmt der Wille des Hauseigentümers (während nicht blofs der ususfructus, sondern auch der usus an einem Hause das Recht giebt, Art und Ort der eignen Wohnung im Hause selber zu bestimmen). Der habitator ist jedoch berechtigt, die ihm zugewiesenen Wohnräume nicht selber zu benutzen, sondern an andre zu vermieten. Er kann den Vorteil, welcher ihm zum Zweck seines Lebensunterhaltes durch die habitatio gewährt sein soll, also auch in Form einer Geldsumme geniefsen.

d. Die operae servorum bedeuten ein beschränktes Nutzungsrecht an einem fremden Sklaven. Man hat das (höchstens) lebenslängliche dingliche Recht, die Arbeitskraft eines fremden Sklaven zu benutzen, sei es dadurch, dafs man seine

Dienste entgegennimmt, sei es dadurch, daſs man sie vermietet. Habitatio und operae servorum (auch die letzteren scheinen der Alimentation des Berechtigten dienen zu sollen) gehen schon nach klassischem Recht durch capitis deminutio minima nicht verloren.

pr. I. de usufr. (2, 4): Ususfructus est jus alienis rebus utendi fruendi, salva rerum substantia.

§ 1 I. de usu et hab. (2, 5): Minus autem scilicet juris in usu est, quam in usufructu. Namque is, qui fundi nudum usum habet, nihil ulterius habere intelligitur, quam ut oleribus, pomis, floribus, feno, stramentis, lignis ad usum cottidianum utatur; in eoque fundo hactenus ei morari licet, ut neque domino fundi molestus sit: neque his, per quos opera rustica fiunt, impedimento sit: nec ulli alii jus, quod habet, aut vendere, aut locare, aut gratis concedere potest, cum is, qui usumfructum habet, potest haec omnia facere.

L. 1 pr. D. usufructuarius quemadmodum caveat (7, 9) (ULPIAN.): Si cujus rei ususfructus legatus sit, aequissimum praetori visum est, de utroque legatarium cavere: et usurum se boni viri arbitratu, et, cum ususfructus ad eum pertinere desinet, restiturum, quod inde exstabit.

II. Die Prädialservituten sind entweder servitutes praediorum rusticorum (solche Servituten, welche gewöhnlich zu Gunsten von Feldgrundstücken vorkommen) oder servitutes praediorum urbanorum (solche Servituten, welche gewöhnlich zu Gunsten von Gebäuden vorkommen).

a. Die wichtigsten Rusticalservituten sind: die Wegegerechtigkeiten (servitus itineris, actus, viae), die Wasserleitungsgerechtigkeit (servitus aquaeductus), die Wasserschöpfgerechtigkeit (servitus aquae hauriendae).

b. Die wichtigsten Urbanalservituten sind die servitus altius non tollendi (auf dem Nachbargrundstück darf nicht höher gebaut werden), die servitus tigni immittendi (das Recht, den Balken, welcher mein Stockwerk trägt, in die Nachbarmauer zu legen), die servitus oneris ferendi (ich bin berechtigt, meine Mauer auf die Nachbarmauer zu legen), die servitus stillicidii (Recht des Tropfenfalls).

In all diesen Fällen dient das eine Grundstück dem andern. Daher heiſst das Grundstück, auf welchem die Servitut ruht,

„dienendes Grundstück" (praedium serviens), das Grundstück, welchem die Servitut zu gute kommt, „herrschendes Grundstück" (praedium dominans). Beide Grundstücke müssen vicina, d. h. so zueinander gelegen sein, dafs das eine dem andern nützen könne. Das dienende Grundstück mufs durch seine dauernde Beschaffenheit (causa perpetua) dem herrschenden Grundstück den Nutzen bringen, und umgekehrt mufs der Nutzen der servitus nicht blofs für diesen Eigentümer, sondern für jeden Eigentümer des herrschenden Grundstücks vorhanden sein (in diesem Sinne dient das Grundstück dem andern Grundstück). Die Form der Prädialservitut ist dann unmöglich, wenn es sich nur um eine Befriedigung von Bedürfnissen des gegenwärtigen Eigentümers handelt.

III. Das Recht des Servitutberechtigten ist, den Inhalt der Servitut zu verwirklichen, und zwar in den Fällen der Prädialservitut nach Mafsgabe des durch die Verhältnisse des Grundstücks bestimmten Bedürfnisses (z. B. bei der Weidegerechtigkeit). Der Eigentümer der dienenden Sache andererseits ist grundsätzlich nur zum Dulden der gegnerischen Nutzungshandlung (pati, non facere), nicht aber zu positiven Leistungen an den Servitutberechtigten verpflichtet (servitus in faciendo consistere nequit): die Servitut kann (als dingliches Recht) nicht darin bestehen, dafs ein anderer handle (in faciendo), sondern nur darin, dafs ich selber zu handeln befugt sei. Eine Verpflichtung des Gegners kann, wie bei allen dinglichen Rechten, als Folge des Servitutrechts entstehen, wenn er dem dinglichen Recht zuwider handelt; sie kann niemals den Inhalt des dinglichen Rechts bilden.

pr. I de serv. praed. (2, 3): Rusticorum praediorum jura sunt haec: iter, actus, via, aquaeductus. Iter est jus eundi, ambulandi hominis, non etiam jumentum agendi, vel vehiculum. Actus est jus agendi vel jumentum vel vehiculum. Itaque, qui iter habet, actum non habet; qui actum habet, et iter habet, eoque uti potest etiam sine jumento. Via est jus eundi et agendi et ambulandi; nam et iter et actum in se via continet. Aquaeductus est jus aquae ducendae per fundum alienum.

§ 1 eod.: Praediorum urbanorum sunt servitutes, quae aedificiis inhaerent, ideo urbanorum praediorum dictae, quoniam aedificia omnia urbana praedia appellantur, etsi in villa aedificata sunt. Item praediorum urbanorum servitutes sunt hae: ut vicinus onera vicini sustineat: ut in parietem ejus liceat vicino tignum immittere: ut stillicidium vel flumen recipiat quis in aedes suas vel in aream, vel non recipiat: et ne altius tollat quis aedes suas, ne luminibus vicini officiatur.

IV. Erwerb der Servituten. Eine echte Servitut (ex jure Quiritium) wird nach römischem Civilrecht vertragsmäfsig nur durch in jure cessio gültig bestellt, also durch Scheinvindication der Servitut mit nachfolgendem Geständnis des Scheinbeklagten und addictio des Prätors zu Gunsten des Scheinklägers. Servitutes praediorum rusticorum (in Italien) galten jedoch für res mancipi, und war daher für die italischen Rusticalservituten neben der in jure cessio auch die Rechtsform des Sacherwerbes, die mancipatio (oben S. 47. 299), zum Zweck der Begründung der Servitut möglich[1].

[1] Daneben gab es eine sogenannte deductio servitutis, d. h. Begründung einer Servitut durch Vorbehalt bei der Eigentumsveräufserung mittels in jure cessio oder mancipatio. Es konnte also das Grundstück z. B. mancipiert werden deducto usufructu oder bei der in jure cessio vindiciert (und demgemäfs addiciert) werden deducto usufructu. Dann entstand die Servitut kraft der lex mancipationi bezw. in jure cessioni dicta (uti lingua nuncupassit, ita jus esto, oben S. 57), aber formell nicht kraft Servitutenbestellungsvertrags, sondern kraft des Eigentumsübertragungsvertrags. Es waren nicht zwei Rechtsgeschäfte abgeschlossen worden (zum ersten Eigentumsübertragung, zum zweiten Servitutenbestellung), sondern ein einziges Rechtsgeschäft, nämlich eine Eigentumsübertragung zu minderem Recht. Die deductio servitutis war also formell wirklich deductio, nicht constitutio servitutis. Für den Erwerber des Eigentums lag nicht erstens ein Erwerbsgeschäft (durch Eigentumsübertragung) und zweitens ein Belastungsgeschäft (durch Servitutenbestellung), sondern lediglich ein Erwerbsgeschäft vor, wenngleich ein Erwerbsgeschäft mit geschmälerter Wirkung (da er nicht freies Eigentum erwarb). Dies wird von Bedeutung für den Fall, dafs der Erwerber zwar zu seinen Gunsten, aber nicht zu seinen Lasten Rechtsgeschäfte zu schliefsen fähig ist (oben S. 212). Die Servitut kommt dann doch durch deductio auch ihm gegenüber gültig zu stande, obgleich eine constitutio servitutis durch ihn ungültig wäre. Anders bei der Eigentumsveräufserung durch blofse Tradition. Die Tradition kennt als unfeierlicher Act nach Civilrecht keine lex traditioni dicta (l. 6 D. comm. praed. 8, 4 ist interpoliert). Daher giebt es wie keine fiducia durch Tradition (oben S. 61 Anm. 13), so auch keine deductio (servitutis, pignoris) bei der Tradition.

Nach prätorischem Recht bedurfte es eines solchen formellen Rechtsgeschäfts nicht; es genügte vielmehr die thatsächliche Einräumung und Ausübung der Servitut (quasi traditio servitutis).

Die civilen Rechtsformen waren für die Bestellung von Servituten an Provinzialgrundstücken ausgeschlossen. Der Provinzialboden war wie dem echten Privateigentum (vgl. oben S. 299. 312), so auch den jura in re im Sinn des Civilrechts entzogen. Die prätorische Errichtungsform (quasi traditio) war jedoch auch bei Provinzialgrundstücken möglich. Hier pflegte die Einräumung der Servitut durch Vertrag (pactio), andererseits die Besitzergreifung an der Servitut (also die erste Ausübung derselben) dadurch in Form Rechtens bewirkt zu werden, dafs der, dem die Servitut eingeräumt wurde, sich von dem Besteller, dem Inhaber des dienenden Grundstücks, durch Stipulation die Zahlung einer Conventionalstrafe (für den Fall des Zuwiderhandelns gegen die Servitut) versprechen liefs. Durch dieses feierliche Versprechen der Conventionalstrafe setzte der Besteller den Erwerber sofort in Besitz der Servitut: die Unterwerfung des Verpflichteten unter den Servitutausübungswillen des andern (das Versprechen der Conventionalstrafe) war bereits die quasi traditio servitutis. Die Servituten wurden hier also bestellt pactionibus et stipulationibus[2]. Diese Form, welche an den Provinzialgrundstücken sich entwickelt hatte, ist im Justinianischen Recht die einzige für den Servitutenbestellungsvertrag. In jure cessio und mancipatio der Servitut sind verschwunden. Es ist damit im wesentlichen schon das Recht gegeben, welches als gemeines Recht in Deutschland recipiert wurde: die Servitut kann durch blofsen Vertrag bestellt werden.

Neben dem Vertrag steht als Erwerbungsgrund das Vermächtnis (nach Civilrecht mufste die Form des legatum per vindicationem gewählt werden, vgl. § 115 I 1), ferner die adju-

Vielmehr bedeutet der Vorbehalt von Servitut oder Pfandrecht bei der Tradition einen zweiten (belastenden) Vertrag neben dem Traditionsvertrag. So erklärt sich die Entscheidung in l. 1 § 4, l. 2 D. de reb. eor. (27, 9).

[2] Vgl. Karlowa, Das Rechtsgeschäft, S. 223 ff. Lenel in Jherings Jahrb. f. Dogm., Bd. 19, S. 183 ff. Hellwig, Verträge auf Leistung an Dritte (1899), S. 41 Anm. 75.

dicatio im Teilungsverfahren, falls der judex z. B. zum Zweck der Auseinandersetzung dem einen Eigentum, dem andern Niefsbrauch oder bei reeller Teilung der Grundstücke beiden Teilen gegenseitig Prädialservituten zuspricht (nach Civilrecht war Voraussetzung für die quiritische Wirkung der adjudicatio, dafs die Teilungsklage im judicium legitimum durchgeführt wurde, vgl. oben S. 242), und die Ersitzung. Die alte usucapio servitutis (in ein- bezw. zweijähriger Frist) ist zwar durch die lex Scribonia aufgehoben worden, dafür aber durch magistratisches Recht die longi temporis possessio (vgl. oben S. 312) auch auf Servituten angewandt worden: die Servitut wird ersessen durch zehnjährige (inter praesentes) oder zwanzigjährige (inter absentes) Ausübung der Servitut nec vi nec clam nec precario.

V. Der Untergang der Servitut tritt ein durch den Tod des Berechtigten bezw. capitis deminutio (Personalservitut), durch den Untergang des Grundstücks (Prädialservitut), vgl. oben S. 332; ferner durch Confusion (Erwerb des Eigentums durch den Servitutberechtigten bezw. Erwerb der Servitut durch den Eigentümer), durch Verzichtvertrag mit dem Eigentümer der dienenden Sache, durch Vermächtnis der Freiheit von der Servitut, durch non usus, d. h. Nichtausübung per longum tempus (10 Jahre inter praesentes, 20 Jahre inter absentes). Für die servitutes praediorum urbanorum mufs zum non usus (Nichtausübung seitens des berechtigten Grundstücks) die sogenannte usucapio libertatis (d. h. Herstellung der Freiheit von der Servitut durch positives Vorgehen seitens des dienenden Grundstücks, z. B. durch Höherbauen gegenüber der servitus altius non tollendi) hinzukommen, um die Servitut aufzuheben. Die Personalservituten der habitatio und der operae servorum gehen durch non usus und schon nach klassisch-römischem Recht durch capitis deminutio minima nicht verloren: die Alimentationszwecke, um welche es sich hier handelt, sollen weder durch zeitweilige Nichtausübung noch durch blofse Änderung der Familienverhältnisse vereitelt werden.

L. 6 D. de S. P. U. (8, 2) (Gajus): Haec autem jura (praediorum urbanorum) similiter ut rusticorum quoque praediorum certo tempore non utendo pereunt; nisi quod haec dissimilitudo est, quod non omnino pereunt non utendo, sed ita, si vicinus simul libertatem usucapiat. Veluti si aedes tuae aedibus meis serviant, ne altius tollantur, ne luminibus mearum aedium officiatur, et ego per statutum tempus fenestras meas praefixas habuero vel obstruxero, ita demum jus meum amitto, si tu per hoc tempus aedes tuas altius sublatas habueris; alioquin, si nihil novi feceris, retineo servitutem. Item, si tigni immissi aedes tuae servitutem debent, et ego exemero tignum, ita demum amitto jus meum, si tu foramen, unde exemptum est tignum, obturaveris et per constitutum tempus ita habueris. Alioquin, si nihil novi feceris, integrum permanet.

VI. Zum Schutz der Servitut dient die actio confessoria in rem: die Zuständigkeit der Servitut mufs vom Kläger behauptet und bewiesen werden. Der Störende wird dann zum Schadensersatz, zur Anerkennung der Servitut und zur Unterlassung fernerer Störung verurteilt. Die confessoria ist also das Widerspiel zu der negatoria des Eigentümers (oben S. 320). Mit der negatoria würde der Eigentümer auftreten, um sich (wie anderer Störungen, so auch) einer angemafsten Servitut zu erwehren; mit der confessoria tritt der Servitutberechtigte auf, um dem Eigentümer oder Dritten gegenüber seine Servitut geltend zu machen und zur thatsächlichen Anerkennung zu bringen. Die actio confessoria ist eine juris vindicatio (jus mihi esse utendi fruendi, eundi agendi): wie der Eigentümer durch rei vindicatio die Sache, so nimmt der Servitutberechtigte durch juris vindicatio sein Recht an der fremden Sache (sein Genufsrecht, nicht die Sache selber) für sich in Anspruch.

Es giebt auch eine Publiciana confessoria in rem, entsprechend der Publiciana, welche anstatt der Eigentumsklage gegeben wird, und zwar, ebenso wie dort, in zwei Fällen: 1. wenn man die Servitut a domino (von dem Eigentümer des dienenden Grundstücks), aber in civilrechtlich ungenügender Form, nämlich nicht durch in jure cessio oder mancipatio, sondern durch blofse pactio und quasi traditio erwarb: dieser Fall würde dem oben (S. 303) besprochenen Fall des bonitarischen Eigentums entsprechen; 2. wenn man die Servitut bona fide a non domino erwarb (man läfst also dahin gestellt oder kann es nicht beweisen, dafs der Besteller der Servitut wirklich Eigentümer des dienenden Grundstücks war) und zu dem Erwerbsact die quasi traditio, also der Besitzerwerb an der Servitut durch Ausübung derselben hinzugekommen ist: dieser Fall entspricht dem Fall des Usucapionsbesitzes, und es hat in diesem Fall wie die Publiciana in rem des Usucapionsbesitzers, so auch die Publiciana confessoria nur relative Kraft gegenüber dem schlechter Berechtigten (vgl. oben S. 321), sie kann also namentlich von dem wahren Eigentümer des dienenden Grundstücks durch exceptio dominii zurückgewiesen werden.

Für einzelne Servituten giebt es auch einen possessorischen Schutz durch Interdicte, ohne Nachweis des Rechts, nur auf Grund des juristischen Servitutenbesitzes (sogenannte quasi possessio oder juris possessio), d. h. auf Grund der thatsächlichen Ausübung der Servitut (corpus) mit dem Willen, wie ein Servitutberechtigter zu handeln (animus). Solchen possessorischen Schutz haben der Usufructuar und der Usuar, indem ihnen die Sachbesitzinterdicte (oben S. 326. 327) als utilia gegeben werden, ferner der in Ausübung eines Wegerechts Befindliche durch das interdictum de itinere actuque privato (falls er die Servitut an 30 Tagen im letzten Jahr nec vi nec clam nec precario ab adversario ausgeübt hat), der ein Wasserleitungsrecht Besitzende durch das interdictum de aqua (falls er die Servitut wenigstens einmal innerhalb des letzten Gebrauchsjahrs bona fide ausübte nec vi nec clam nec precario), der ein Wasserschöpfrecht Ausübende durch das interdictum de fonte (unter derselben Voraussetzung wie das interdictum de aqua).

§ 70.
Die Emphyteuse.

Die Emphyteuse ist die Erbpacht des römischen Rechts: ein Verhältnis, welches zuerst innerhalb der städtischen Verwaltung aufkam, indem Grundstücke, namentlich Ländereien (praedia rustica) von der Stadtgemeinde gegen einen Jahreszins (vectigal) zu Erbpacht abgegeben wurden (ager vectigalis; doch gab es auch aedes vectigales: Degenkolb, Platzrecht S. 51. 84 a. E.), welches dann auch auf die Domänen des Kaisers in Anwendung gebracht wurde, wenn es sich um die Urbarmachung (emphyteusis) noch unbebauter Ländereien handelte[1]. Den Zweifel der römischen

[1] Emphyteusis heifst also ursprünglich nur das zur Anpflanzung in Erbpacht gegebene kaiserliche Ödland. Den Gegensatz bildete einerseits

Juristen, ob die Erbpacht ein Kauf oder vielmehr eine blofse Miete des Grundstücks sei, erledigte Kaiser Zeno durch die Erklärung, dafs hier eine besondere Art von Rechtsgeschäft: nämlich der Erbpachtvertrag (contractus emphyteuticarius), und eine besondere Art von Rechtsverhältnis: das Erbpachtverhältnis, vorliege.

Der Erbpächter hat das Recht der vollen Ausübung des fremden Eigentums und steht daher zu dem Grundstück (solange sein Recht dauert) wirtschaftlich so, als ob er Eigentümer wäre. Er hat den vollen Fruchtgenufs, überhaupt das Recht auf allen Ertrag der Sache, damit auch das Recht der Meliorierung und Culturveränderung (welches dem Niefsbraucher und ebenso dem blofsen Zeitpächter versagt ist); die Früchte erwirbt er, wie der Eigentümer, durch blofse Separation (ohne dafs es der Perception, der Besitzergreifung an der Frucht bedarf). Wie der Eigentümer hat er rei vindicatio (utilis) und actio negatoria (utilis) und (aus den Prädialservituten, welche dem fundus emphyteuticarius zustehen) die actio confessoria (utilis). Wie der Eigentümer hat er ferner, wenn er in thatsächlicher Ausübung seines Rechts sich befindet, auch den possessorischen Schutz durch die Sachbesitzinterdicte (oben S. 326. 327). Sein Besitz des Grundstücks

---

der ager vectigalis, das in Erbpacht gegebene städtische Gemeinland (regelmäfsig bereits im Bau befindliche Grundstücke), andererseits die conductio perpetua, d. h. Vererbpachtung bereits bebauten kaiserlichen Landes, welche letztere seit dem Ende des 4. Jahrhunderts in Übung gesetzt und sodann auch auf städtisches Gemeinland übertragen wurde. Der ager vectigalis verschwindet seit Constantin, wie es scheint, infolge einer grofsen zu Gunsten teils des Staates, teils der Kirche durchgeführten Confiscation des Gemeindevermögens. Das teilweise den Gemeinden (so durch Julian, dann durch Theodosius II.) später zurückgegebene Land ist sodann in den Formen der kaiserlichen Domanialverwaltung (emphyteusis, conductio perpetua) administriert, und zugleich der Ausdruck emphyteusis als gemeingültig für die Erbpacht überhaupt gebraucht worden. Die Rubrik des Digestentitels 6, 3: si ager vectigalis id est emphyteuticarius petatur (vgl. l. 15 § 1 D. 2, 8 und Lenel, Edictum, S. 146) zeigt deutlich, dafs nach Absicht der Compilatoren der Ausdruck ager emphyteuticarius das in Erbpacht gegebene Grundstück schlechtweg bezeichnen soll. Für den Besitzer eines ager vectigalis hatte bereits der Prätor eine dingliche Klage (utilis rei vindicatio) gegeben; die gleiche Klage ist sodann dem Erbpächter überhaupt zuständig geworden. — Über das Geschichtliche vgl. Brunner in der Zeitschr. d. Sav.-Stift., Bd. 5, germanist. Abt., S. 76 ff.

ist an thatsächlicher Energie dem des Eigentümers gleich. Er hat den unbedingten Willen, die Sache in seinem eigenen Interesse zu haben, wirtschaftlich selber der Eigentümer zu sein (animus domini).

Andererseits ist der emphyteuta verpflichtet: 1. jährlich den Zins (canon, vectigal) zu zahlen; 2. das Gut nicht zu verschlechtern; 3. dem Herrn eine beabsichtigte Veräufserung des Erbpachtrechts anzuzeigen, damit der Herr eventuell von seinem Vorkaufsrecht (jus protimiseos) Gebrauch machen könne. Versäumt der Erbpächter die Erfüllung dieser Pflichten (unterläfst er z. B. die Zinszahlung drei Jahre hindurch), so hat der Erbverpächter (dominus emphyteuseos) die Befugnis, ihn seines Erbpachtrechtes zu entsetzen (Abmeierungsrecht, Expulsionsrecht).

Den Servituten gegenüber ist die Emphyteuse durch drei Stücke ausgezeichnet: 1. der emphyteuta hat wie wirtschaftlich, so in der Hauptsache auch rechtlich die Stellung des Eigentümers, die Emphyteuse übertrifft daher die Servituten wesentlich an Befugnissen: sie ist bestimmt, das Eigentum zu ersetzen; 2. die Emphyteuse ist vererblich und veräufserlich; 3. der emphyteuta hat, wenn er in der Ausübung seines Rechts befindlich ist, (nach der richtigen Ansicht) juristischen Sachbesitz, der Servitutausübende aber nur juristischen Rechtsbesitz (quasi possessio, oben S. 340), Besitz an der Servitut (z. B. am Wegerecht), nicht am Grundstück. Der emphyteuta (Erbpächter) schliefst den dominus vom Grundstück aus, während neben dem Servitutausübenden der dominus im Besitz des Grundstücks bleibt[2].

Von der Zeitpacht unterscheidet die Emphyteuse (Erbpacht) sich dadurch, dafs der Zeitpächter ein blofses Forderungsrecht hat gegen den Verpächter, der Erbpächter aber ein dingliches Recht am Grundstück gegenüber jedermann.

§ 3 I. de loc. et conduct. (3, 24): Adeo autem familiaritatem aliquam inter se habere videntur emptio et venditio, item locatio

---

[2] Die Emphyteuse (Erbpacht) giebt ein Besitzrecht (rei vindicatio), die Servitut nur ein Genufsrecht (juris vindicatio). Wer ein emphyteutisches Recht ausüben will, hat den Besitzwillen (auch dem dominus gegenüber); wer eine Servitut ausüben will, hat nur den Genufswillen (vgl. oben S. 324 Anm. 2).

et conductio, ut in quibusdam causis quaeri soleat, utrum emptio et venditio contrahatur, an locatio et conductio? Ut ecce de praediis, quae perpetuo quibusdam fruenda traduntur, id est, ut quamdiu pensio sive reditus pro his domino praestetur, neque ipsi conductori neque heredi ejus cuive conductor heresve ejus id praedium vendiderit, aut donaverit, aut dotis nomine dederit, aliove quo modo alienaverit, auferre liceat. Sed talis contractus, quia inter veteres dubitabatur, et a quibusdam locatio, a quibusdam venditio existimabatur, lex Zenoniana lata est, quae emphyteuseos contractui propriam statuit naturam, neque ad locationem, neque ad venditionem inclinantem, sed suis pactionibus fulciendam.

§ 71.
Die superficies.

Was die Emphyteuse für Feldgrundstücke, ist die superficies für Häuser. Die römische superficies ist die Erbpacht eines Bauplatzes (unter Zahlung eines Jahreszinses, solarium), auf welchem sodann der Superficiar ein Haus errichtet. Der Superficiar hat das Haus aus eigenen Mitteln gebaut. Das Haus ist dann dem Eigentum nach (kraft der Rechtssätze über Accession) dem Bodeneigentümer gehörig (superficies solo cedit); der Superficiar hat aber für sich und seine Erben das dingliche Recht, auf die gesetzte Reihe von Jahren (z. B. 99 Jahre) bezw. auf immer darin zu wohnen und alle Rechte des Eigentümers an dem Hause auszuüben. Daher ist die Rechtsstellung des Superficiars der des Emphyteuta gleich. Auch der Superficiar hat die Klagen des Eigentümers utiliter und geniefst possessorischen Schutz durch ein besonderes interdictum de superficie. Er verfügt über Besserung und Änderung des Hauses (darf nur nicht verschlechtern). Er hat Gewalt über das Haus und daher wie die wesentlichen Eigentumsbefugnisse, so auch den juristischen Besitz des Hauses (corpus und animus), gleich als ob er Eigentümer wäre[1]).

Über den Unterschied der superficies von den Servituten

---

[1] Degenkolb, Platzrecht und Miete (1867). A. Schmidt in der Zeitschr. d. Sav.-Stift., Bd. 11, S. 121 ff.

einerseits, von der Miete andererseits gilt das Gleiche, was § 70 a. E. von der Emphyteuse bemerkt ist.

Die rechtliche Anerkennung der superficies ruht auf prätorischem Recht.

L. 1 pr. D. de sup. (43, 18): Ait praetor: UTI EX LEGE LOCATIONIS SIVE CONDUCTIONIS SUPERFICIE, QUA DE AGITUR, NEC VI NEC CLAM NEC PRECARIO ALTER AB ALTERO FRUEMINI, QUOMINUS FRUAMINI, VIM FIERI VETO. SI QUA ALIA ACTIO DE SUPERFICIE POSTULABITUR, CAUSA COGNITA DABO.

§ 3 eod.: Quod ait praetor: SI ACTIO DE SUPERFICIE POSTULABITUR, CAUSA COGNITA DABO, sic intellegendum est, ut, si ad tempus quis superficiem conduxerit, negetur ei in rem actio. Et sane causa cognita ei, qui non ad modicum tempus conduxit superficiem, in rem actio competet.

§ 72.

Das Pfandrecht.

Das Pfandrecht ist das dingliche Recht, sich mittels einer Sache für eine Forderung bezahlt zu machen. Der Gläubiger hat als solcher nur ein Forderungsrecht, d. h. ein Recht auf Befriedigung durch schuldnerische Handlung; das Pfandrecht giebt ihm daneben ein dingliches Recht, d. h. ein Recht auf Befriedigung durch eigne Handlung (Verkauf des Pfandgegenstandes). Der wirtschaftliche Inhalt von Pfandrecht und Forderungsrecht ist der gleiche; die Rechtsform verschieden (obligatorisches, dingliches Recht).

I. Geschichte. Dem altrömischen Recht war das Pfandrecht unbekannt. Es gab zwar Rechtsgeschäfte, welche wirtschaftlich den Erfolg einer Pfandbestellung (nämlich Sicherung einer Forderung durch eine Sache) hatten, aber kein Rechtsgeschäft, welches formell die Bestellung eines Pfandrechts an einer Sache zum Inhalt gehabt hätte. Wollte jemand sich Credit schaffen, indem er dem Gläubiger Sicherheit gab für die Forderung, so konnte er

1. dem Gläubiger eine Sache durch mancipatio oder in jure cessio ins Eigentum übertragen (Besitzübertragung war dabei nicht notwendig, vgl. S. 79), mit dem Vorbehalt, dafs nach Bezahlung

der Schuld das Eigentum zurückzuübertragen sei. Solche mancipatio (bezw. in jure cessio) war eine Veräufserung auf Treue, die oben (§ 12) geschilderte fiducia. Hier kamen aber beide Teile nicht völlig zu ihrem Recht. Zwar war der Gläubiger formell gut genug gestellt. Er hatte Eigentum an der Sache und konnte von formalen Rechts wegen mit ihr thun, was er wollte, sie also auch z. B. zum Zweck seiner Befriedigung verkaufen. Aber das pactum fiduciae band ihm die Hände. Er war kraft Treupflicht als ehrlicher Mann verbunden, von seinem Veräufserungsrecht keinen Gebrauch zu machen: falls der Schuldner zahlte, mufste er das Eigentum zurückgewähren können. Die fiducia sicherte den Gläubiger dadurch, dafs sie dem Schuldner bis zur Zahlung das Eigentum entzog, aber sie befriedigte den Gläubiger nicht. Es bedurfte eines besonderen pactum de vendendo, um den Gläubiger von der Treupflicht soweit zu entbinden, dafs sie ihn an Befriedigung durch Verkauf der Sache nicht hinderte. Andererseits war der Schuldner noch schlechter gestellt. Bezahlte er auch richtig seine Schuld, so war er doch nicht gewifs, seine Sache, die er als Sicherheit fortgegeben hatte, zurückzubekommen. Der Gläubiger konnte sie inzwischen veräufsert, verschenkt, verkauft, vertauscht haben. Dann blieb der Gläubiger ihm zwar ersatzverpflichtet (kraft der infamierenden actio fiduciae), aber der Schuldner hatte gegen den dritten Erwerber der Sache keine Klage, da dieser ja rechtmäfsiger und voller Eigentümer war. So bekam der Schuldner nur Ersatz der Sache, nicht die Sache selbst. Was ihm fehlte, war ein dingliches Rückforderungsrecht gegen jeden dritten Besitzer seiner Sache [1]. Der Fehler lag eben darin, dafs er das Eigentum, welches ihm ein solches dingliches Recht gewährt hätte, aufgegeben hatte. Darum kam noch eine andere Form auf, um den Gläubiger für seine Forderung sicher zu stellen. Der Schuldner konnte nämlich auch

2. dem Gläubiger die Sache, welche ihm als Sicherheit dienen sollte, blofs zu Besitz tradieren, zu vollkommenem (juristischen) Besitz, aber nicht zu Eigentum. Ein solches Verhältnis nannte man pignus. Hier war der Schuldner gut genug ge-

[1] Nur einen schwachen Schutz gewährte die Möglichkeit der usureceptio (S. 313 Anm. 1), deren Voraussetzung Besitz auf seiten des Schuldners war.

stellt. Er behielt hier sein Eigentum und deshalb sein dingliches Rückforderungsrecht gegen jedermann. Sobald er seine Schuld bezahlt hatte, konnte ihm niemand die Sache mehr vorenthalten. Aber der Gläubiger war hier um so entschiedener im Nachteil. Er hatte zwar die Sache in seinem thatsächlichen Besitz, auch gab ihm der Prätor die possessorischen Interdicte, aber es fehlte ihm ein dingliches Recht an der Sache und daher die ordentliche in rem actio gegenüber Dritten. Und vor allem fehlte ihm hier schlechtweg das Recht, über die Sache irgendwie zu verfügen. Er konnte die Sache nicht verkaufen, falls der Schuldner nicht zahlte, um sich aus dem Erlös zu befriedigen. Liefs der Schuldner lieber die Sache beim Gläubiger, als dafs er die Schuld bezahlte, so nützte dem Gläubiger das pignus nichts[2]. Es kam also darauf an, eine Form zu finden, welche dem Schuldner das Eigentum beliefs und ihm damit ein dingliches Rückforderungsrecht gewährte, aber doch dem Gläubiger ein Recht an der Sache gab, das Recht nämlich, die Sache nötigenfalls zum Zweck der Befriedigung seiner Forderung zu verwerten (eben das Pfandrecht). Dies ist unter Hülfe des prätorischen Edictes geschehen. Es konnte nämlich

3. der Schuldner mit dem Gläubiger die blofse Vereinbarung treffen (ohne Mancipation und ohne Tradition), dafs gewisse Sachen des Schuldners dem Gläubiger als „Hypothek", d. h. als eventuelles Befriedigungsmittel dienen sollten. Ein solches Verhältnis hiefs hypotheca (aus dem griechischen Recht stammt wie der Name so der Inhalt des Geschäfts). Ein Vertrag dieser Art war nach altrömischem Recht vollständig ungültig. Der Prätor aber hat ihn gültig gemacht, zunächst für

[2] Man machte deshalb wohl aus, dafs im Fall der Nichtzahlung das pignus dem Gläubiger (zur Strafe) zu Eigentum verfallen sein solle (lex commissoria). Die Clausel ward dann auch bei der fiducia gebraucht: die lex commissoria gab dem fiduciarischen Gläubiger, sobald die Sache verfiel, freies Eigentum. Umgekehrt ward das (anscheinend) bei der fiducia zuerst ausgebildete pactum de vendendo in der Kaiserzeit auch auf das pignus übertragen. Vgl. A. Pernice in der Zeitschr. d. Savigny-Stiftung, Bd. 5, S. 134. Die lex commissoria hat den Stil der alten Zeit: sie dient nur dem Strafzweck (der Schuldner wird nicht frei durch Verfall der Sache); das pactum de vendendo dient dem Befriedigungszweck und trägt damit den Gedanken der Zukunft (der Hypothek) in sich.

den Fall, daſs der Pächter eines Feldgrundstückes dem Verpächter seine Invecten und Illaten (sein Inventar) zur Hypothek gegeben hatte (hier gab der Prätor dem Gläubiger, um sich in Besitz der Sache zu setzen, ein interdictum Salvianum und das ordentliche Rechtsmittel der actio Serviana), dann allgemein, wenn überhaupt jemand seine Sachen dem andern zur „Hypothek" gesetzt hatte (actio quasi Serviana oder actio in rem hypothecaria). Der Hypothekenvertrag gab also nach prätorischem Recht dem Gläubiger ein dingliches Klagerecht, damit sich dieser (sobald die Zahlung des Schuldners ausblieb) in Besitz der Sache setzen könne; er gab ihm ferner das Verkaufsrecht, d. h. das Recht, sich durch Verwertung der Sache für seine Forderung zu befriedigen. Der Gläubiger hatte also alle Rechte, die ihm nötig waren, und ebenso war umgekehrt das Interesse des Schuldners durch sein kraft Eigentums ihm zuständiges dingliches Rückforderungsrecht gewahrt.

Damit war das Pfandrecht entstanden: der Hypothekenvertrag war jetzt der Vertrag, welcher auch formell die Erzeugung eines Verwertungsrechts an fremder Sache (eines Pfandrechts) zum Inhalt hatte. Natürlich kann der Hypothekenvertrag jetzt auch mit Tradition der Sache in den Besitz des Gläubigers sich verbinden (pignus, Faustpfand), aber notwendig ist es nicht. Erheblich für die Entstehung eines Pfandrechts ist nicht die Besitzübertragung als solche, sondern nur der Pfandvertrag (ut res hypothecae sit). Unter dem Einfluſs griechischen Verkehrswesens war die römische Entwickelung vom Eigentumspfand (Mancipationspfand) und Besitzpfand (Traditionspfand) zu dem kapitalistisch gearteten Verkaufspfand (dem Vertragspfand, welches die Sache lediglich als Träger von Geldwert behandelt) übergegangen.

L. 9 § 2 D. de pign. act. (13, 7) (Ulpian): Proprie pignus dicimus, quod ad creditorem transit, hypothecam, cum non transit nec possessio, ad creditorem.

L. 5 § 1 D. de pign. (20, 1) (Marcian.): Inter pignus autem et hypothecam tantum nominis sonus differt.

II. Rechtssätze. Das Pfandrecht entsteht ordentlicherweise durch Vertrag (pignus conventionale) oder durch letztwillige Verfügung (pignus testamentarium), auſserordentlicherweise durch Gesetz, z. B. zu Gunsten der Forderungen des Fiscus an dem ganzen Vermögen des Schuldners, zu Gunsten der Forderung des Vermieters einer Wohnung an den Invecten und Illaten, d. h. an dem eingebrachten Mobiliar des Mieters (pignus tacitum oder legale), oder durch Beschlagnahme der Sache des Schuldners im Wege gerichtlichen Vollstreckungsverfahrens (pignus judiciale). Ein Pfandverhältnis (pignus) alten Stils, nämlich thatsächliches Innehaben (oder bloſse Detention) zum Zweck der Sicherung eines Anspruchs, ohne Verkaufsrecht und ohne dingliche Klage, liegt dann vor, wenn der Prätor zum Zweck vorläufiger Sicherstellung dem Berechtigten missio in possessionem in die Sachen, an denen er interessiert ist, gewährt hat (sogenanntes pignus praetorium).

Das Pfandrecht berechtigt den Pfandgläubiger: 1. die Sache zu besitzen, und 2. die Sache zum Zweck seiner Befriedigung zu verwerten (regelmäſsig durch Verkauf der Sache). Das Besitzrecht (petitorisch durch actio in rem hypothecaria, possessorisch durch die Sachbesitzinterdicte geschützt) hat der Pfandgläubiger sofort, wenn ihm die Sache zu Faustpfand gegeben ist; im Fall bloſser Hypothek hat der Pfandgläubiger das Besitzrecht erst, sobald die Geltendmachung seines Verwertungsrechts notwendig wird. Das Verwertungsrecht (Verkaufsrecht) hat der Pfandgläubiger immer erst, wenn die Forderung fällig und der Schuldner trotz Mahnung (oder Verurteilung) säumig ist. Aus dem Erlös der Sache befriedigt sich der Pfandgläubiger. Den Überschuſs über den Betrag seiner Forderung (die hyperocha) hat er an den Schuldner zurückzugeben (vgl. unten § 79). Die sogenannte lex commissoria, d. h. die Verabredung, daſs der Pfandgläubiger im Fall der Nichtbefriedigung ipso jure Eigentümer werden solle (vgl. Anm. 2), ist durch ein Gesetz Kaiser Constantins für ungültig erklärt worden. Wohl aber kann im Notfall (wenn z. B. der Verkauf unthunlich wäre) dem Pfandgläubiger auf seinen Antrag durch das Gericht das Eigentum an der Sache zu einer bestimmten Taxe zwecks seiner Befriedigung zugeschlagen werden (sogenannte impetratio dominii). Der Überschuſs der Taxe über die Pfandschuld bildet dann die hyperocha. Ist das Pfand als antichretisches Pfand (antichresis) gegeben, so hat der Pfandgläubiger auſser Besitz- und Verkaufsrecht auch das volle Genufs- und Fruchtziehungsrecht (anstatt der Zinsen der Pfandschuld).

Der Eigentümer der Pfandsache kann das Eigentum weiter veräufsern (jedoch bleibt natürlich das dem Gläubiger bereits eingeräumte Pfandrecht auch dem neuen Eigentümer gegenüber bei Bestand). Ebenso kann der Eigentümer die bereits verpfändete Sache auch an andere weiter verpfänden. Auch durch Gesetz können mehrere Pfandrechte nacheinander entstehen. Dann ist immer der nachstehende Pfandgläubiger zur Ausübung seines Pfandrechts erst berechtigt, nachdem der vorgehende befriedigt worden ist. Über die Priorität entscheidet grundsätzlich die Zeit der Entstehung (prior tempore potior est jure), ein Grundsatz, der jedoch zu Gunsten der sogenannten privilegierten Pfandrechte (z. B. zu Gunsten der Steuerforderung des Fiscus) vom römischen Recht mit Ausnahmen durchbrochen worden ist.

Ist die Pfandschuld beglichen oder der Gläubiger durch Verwertung (Verkauf) des Pfandes befriedigt worden, so erlischt das Pfandrecht. Solange die Pfandschuld aber nicht voll bezahlt ist, bleibt immer das ganze Pfand für den Restbetrag verhaftet (pignoris causa est individua). Der Verkauf des vorgehenden Pfandgläubigers hebt auch die nachstehenden Pfandrechte auf. Für letztere tritt die hyperocha, welche der vorgehende Pfandgläubiger herauszugeben hat, an die Stelle des Pfandobjects.

c. 1 C. si antiquior creditor (8, 20) (Alexander): Si vendidit is, qui ante pignus accepit, persecutio tibi hypothecaria superesse non potest.

Drittes Capitel.

Obligationenrecht.

I. Begriff und Inhalt des Forderungsrechts.

§ 73.

Begriff des Forderungsrechts.

Das Forderungsrecht (des klassischen römischen Privatrechts) ist das Recht auf eine fremde Handlung von Vermögenswert. Es richtet sich immer nur gegen eine *bestimmte* Person, den Schuldner (debitor). Das Eigentum kann ich gegen jeden Dritten geltend machen, das Forderungsrecht aber aus dem Kaufgeschäft nur gegen den Verkäufer, aus dem Mietvertrag nur gegen den Vermieter u. s. w. Die Forderungsrechte sind blofs *relativ* wirksame Rechte. Vor allem: das Forderungsrecht *besteht* darin, dafs ein bestimmter anderer (der Schuldner) zum Handeln verpflichtet sei. Die Verpflichtung (Obligation) des Schuldners bildet den alleinigen *Inhalt* des Forderungsrechts, während die aus dem dinglichen Recht hervorgehende Verpflichtung des Gegners (z. B. wenn ich kraft meines Eigentums Herausgabe einer Sache fordere) nur als *Folge* meines Rechts erscheint. Das Forderungsrecht ist *nur* das Recht, dafs dieser *andere*, der Schuldner, handle (vgl. oben S. 300).

Die *Obligation* des Schuldners, in welcher das Recht des Gläubigers sich äufsert, ist *keine Subordination*. Dadurch unterscheiden sich die Forderungsrechte von den Familienrechten und von den öffentlichen Regierungsrechten, deren Wirkung Subordination, persönliche Unterordnung, Zwangsgewalt des einen Willens über den anderen *Willen* ist. Der Schuldner bleibt dem Gläubiger gegenüber *frei* und ihm ebenbürtig: er kann durch keine private Zwangshandlung des Gläubigers zur Erfüllung gezwungen werden, sondern nur durch den Staat (auf Klage des Gläubigers).

Weil die Obligation nicht Subordination ist noch sein soll, beschränkt sie sich nach römischem Recht auf Handlungen *von Vermögenswert*. Das gesamte Gebiet persönlichen Handelns soll von der Obligation nicht ergriffen werden können. Der Schuldner wird letztlich von jeder Obligation frei, wenn er den entsprechenden Teil seines Vermögens aufopfert, um den Gegner zu entschädigen. Die Obligation ist ein Minus nicht in seiner Freiheit, sondern nur in seinem Vermögen.

L. 3 pr. D. de O. et A. (44, 7) (PAULUS): Obligationum substantia non in eo consistit, ut aliquod corpus nostrum, aut servitutem nostram faciat, sed ut alium nobis adstringat ad dandum aliquid vel faciendum vel praestandum.

L. 9 § 2 D. de statu lib. (40, 7) (ULPIAN): Ea enim in obligatione consistere, quae pecunia lui praestarique possunt.

§ 74.
Mehrheit von Gläubigern und Schuldnern.

Wie ein Miteigentum (S. 298), so giebt es auch eine Mitverpflichtung und ein Mitforderungsrecht mehrerer (Correalobligation). Mitschuldner heifsen plures rei promittendi (sogenannte passive Correalobligation), Mitgläubiger heifsen plures rei stipulandi (sogenannte active Correalobligation). Wie das Miteigentum das gemeinsame Eigentum mehrerer an derselben ganzen Sache, so bedeutet die Correalobligation die gemeinsame Verpflichtung (Berechtigung) mehrerer auf dieselbe ganze Leistung.

Ein Beispiel der Correalobligation ist die Bürgschaft (fidejussio, § 80 I 3). Der Bürge haftet (accessorisch) mit dem Hauptschuldner für dieselbe ganze Schuld. Neben der Bürgschaft ist der gemeinsame Vertrag mit Beredung der Gesamthaftung der wichtigste Entstehungsgrund einer Correalobligation[1]. Beispiel:

[1] Der gemeinsame Vertrag als solcher verpflichtet bezw. berechtigt die Mitpaciscenten nach römischem Recht nur pro parte (so die gemeinsame Miete, das gemeinsame Darlehn u. s. f.). Es entsteht dann also eine Reihe von Verpflichtungen (bezw. Berechtigungen) je auf einen Teil, welche nichts miteinander gemeinsam haben. Nur der gemeinsame Vertrag, zu welchem die Beredung der Gesamthaftung bezw. der Gesamtberechtigung (je auf das Ganze) hinzutritt, erzeugt eine Correalobligation. Bei den Römern war das gebräuchliche Mittel für die Erzeugung einer Correalobligation die gemeinsame Stipulation des nämlichen Schuldobjects, vgl. die unten S. 356 abgedruckte Stelle pr. I. de duobus reis (3, 16). Daher die

A und B mieten gemeinsam ein Zimmer (oder empfangen gemeinsam ein Darlehn oder ein Commodat u. dgl.) und verpflichten sich beide für den ganzen Mietpreis (für das ganze Darlehn, für die Rückgabe der ganzen Sache u. s. f.); es entsteht eine passive Correalobligation. Oder: A und B vermieten als Miteigentümer gemeinsam das nämliche Haus (geben gemeinsam ein Darlehn u. s. f.) mit der Beredung, dafs jeder auf die ganze Forderung berechtigt sein soll; es entsteht eine active Correalobligation[2]. In all diesen Fällen ist nicht die Absicht, dafs der Gläubiger dasselbe Ganze mehrmals bekomme. Die passive Correalobligation soll nur den Gläubiger sicherstellen (mehrere Schuldner haften ihm für dieselbe Schuld). Die active Correalobligation soll dem Gläubiger die Rechtsverfolgung erleichtern (es bedarf nur einer Klage eines Gläubigers): jeder Correalgläubiger (z. B. der argentarius socius, vgl. Anm. 2) kann das Ganze einklagen, ohne Vollmacht von dem andern beibringen zu müssen. Die Correalobligation ist eine Mehrheit von Obligationen bei wirtschaftlicher Einheit der Obligation. Und wie wirtschaftlich, so bildet die Correalobligation auch rechtlich eine Einheit,

---

Bezeichnung der Correalschuldner als duo pluresve rei promittendi, der Correalgläubiger als duo pluresve rei stipulandi.

[2] Andere Fälle der Correalobligation sind: argentarii socii (die offenen Gesellschafter eines Bankiergewerbes) sind aus den Contracten jedes einzelnen socius correal berechtigt bezw. verpflichtet; Miteigentümer eines Sklaven (bezw. eines schädigenden Tieres) haften der Noxalklage (bezw. der actio de pauperie, vgl. § 86 unter 5) gegenüber correal. Auch das alternative Vermächtnis (z. B. heres meus aut Titio aut Maevio decem dato, oder: Lucius heres meus aut Maevius heres meus Sejo decem dato) erzeugt eine Correalobligation, vgl. z. B. l. 8 § 1 D. de legat. I. (30). Darin liegt, dafs das alternative Vermächtnis als gemeinsames Vermächtnis behandelt, also aut = et geachtet werden soll, wie in l. 9 pr. D. de duob. reis (45, 2) und in l. 4 C. de verb. sign. (6, 38) ausdrücklich gesagt wird. Die Correalität bedeutet nicht Alternativität, sondern Gemeinsamkeit der Berechtigung bezw. der Verpflichtung, und möchten also vielleicht von diesem Gesichtspunkt aus die beiden zuletzt angeführten, oft hart angefochtenen Quellenzeugnisse ihre Erklärung finden. — Ihren Ausgangspunkt scheint die Idee der Correalobligation auf dem Gebiet des Sacralrechts genommen zu haben. Die ältesten correi sind Convoventen, Conjuranten, Conspondenten; Leist, Gräco-italische Rechtsgesch., S. 231: die mehreren sind den Göttern gemeinsam zur Erfüllung „desselben" Gelübdes verpflichtet.

dadurch nämlich, dafs die Mehrheit von Obligationen rechtlich eine gemeinsame Obligation der mehreren Teilhaber darstellt. Wie beim Miteigentum dieselbe Sache mehrere Eigentümer, so hat bei der Mitschuld dieselbe Obligation mehrere Schuldner bezw. Gläubiger. Nur dafs beim römischen Miteigentum das Quotenprincip gilt (jeder Teilhaber kann das Eigentum nur zu seinem Teile geltend machen), bei der Mitschuld aber Correalprincip (Einhandsprincip): jeder Teilhaber ist auf das Ganze berechtigt bezw. verpflichtet, jeder Teilhaber vertritt allein die ganze Schuld, das ganze Recht. Die Idee der Rechtsgemeinschaft bezw. Pflichtgemeinschaft wirkt hier wie da[3]. Daher bezeichnen die Römer die Correalobligation als una obligatio (communis obligatio) und die Correalbeteiligten als solche, welche unius loco habentur (ejusdem obligationis participes, ejusdem obligationis socii). Die Correalobligation ist eine Mehrheit von Obligationen kraft Obligationsgemeinschaft (gemeinsame Haftung für dasselbe Ganze bezw. gemeinsames Recht auf dasselbe Ganze).

Von der Correalobligation ist die Solidarobligation zu unterscheiden. Die solidarische Obligation bedeutet getrennte Haftung mehrerer auf denselben Gegenstand. Der Normalfall der Solidarobligation ist das gemeinsame Delict (z. B. gemeinsame

[3] Die Berechtigung nach Quoten ist keineswegs die einzig mögliche Form der Rechtsgemeinschaft. Es sind ebenso wohl möglich das Correalprincip und das Gesamthandsprincip. Das Correalprincip (Einhandsprincip) bedeutet, dafs jeder Teilhaber das ganze Rechtsverhältnis allein zu vertreten befugt bezw. verpflichtet ist, das Gesamthandsprincip dagegen, dafs nur die sämtlichen Teilhaber gemeinsam zur Rechtsausübung berechtigt, zur Leistung verpflichtet sind. Das Correalprincip schliefst materiell (nicht formell) Stellvertretung der Genossen durch jeden Teilhaber in sich (unius loco habentur) und ist seinerseits wiederum mannigfacher Gestaltungen fähig, indem die Stellung der einzelnen Teilhaber nicht immer genau die gleiche zu sein braucht. So ist es z. B. ein Ausdruck der deutschen ehelichen Gütergemeinschaft, dafs über das gemeinsame Mobiliarvermögen Mann und Frau jeder allein gültig verfügen können, der Mann unbeschränkt, die Frau nur, soweit es zur Verwaltung von Küche und Keller notwendig ist (Einhandsprincip, Correalprincip), während für das gemeinsame Immobiliarvermögen Gesamthandsprincip zu gelten pflegt: Mann und Frau können nur gemeinsam über die gemeinschaftlichen Grundstücke verfügen. Vgl. A. Heusler, Institutionen des deutschen Privatrechts, Bd. 1, S. 226.

Sachbeschädigung, gemeinsamer Diebstahl[4]. Sofern die Obligation auf Schadensersatz geht, entsteht eine solidarische Obligation: die Mitdelinquenten sind sämtlich auf Ersatz desselben ganzen Schadens verpflichtet[5]. Jeder Mitthäter hat den ganzen Schaden verschuldet. Für jeden einzelnen ist die Verbindlichkeit auf das Ganze vollständig motiviert, und zwar ohne dafs er diese Mithaftung neben den anderen gewollt hätte. Daher die Selbständigkeit, Getrenntheit der Haftung, trotz der Identität des Gegenstandes. Solidarobligation ist eine Mehrheit von Obligationen auf denselben Gegenstand ohne Obligationsgemeinschaft[6].

Der Unterschied der Correal- und der Solidarobligation wird praktisch namentlich sichtbar an den Rechtssätzen über die Aufhebung des Verhältnisses. Die Solidarobligation wird für alle Beteiligten nur durch Leistung (oder was der Leistung gleichsteht), d. h. nur durch materielle Befriedigung des Gläubigers aufgehoben. Kraft der Identität des Gegenstandes werden durch einmalige Leistung dieses Gegenstandes auch die übrigen solida-

[4] Überhaupt die gemeinsame Verschuldung. Mehrere Vormünder für dieselbe Vormundschaft, mehrere Beamte für dieselbe Verwaltung haften solidarisch für den von dem einzelnen verschuldeten Schaden, weil jeder bei Verschuldung des anderen mitverschuldet ist. In allen diesen Fällen entstehen passive Solidarobligationen. Doch giebt es auch active Solidarobligationen, vgl. Jhering in seinen Jahrbb. f. Dogmat., Bd. 24, S. 129 ff.

[5] Sofern die Delictsobligation dagegen auf Strafzahlung geht (z. B. beim furtum auf das duplum oder quadruplum, vgl. § 85), entsteht keine Solidarobligation, sondern selbständige Obligationen, deren Gegenstand zwar gleich grofs (das duplum), aber nicht identisch ist. Jeder Mitthäter des Diebstahls hat daher seine Strafe voll zu zahlen (damit jeder bestraft werde), während durch einmalige Leistung des Schadensersatzes die übrigen befreit werden.

[6] Die obige Darstellung folgt dem geistvollen Aufsatz von Unger über passive Correalität und Solidarität in Jherings Jahrbüchern für Dogmatik, Bd. 22 (1884), S. 207 ff. Gegen dessen Auffassung polemisieren Hölder (Zwei Abhandlungen aus dem römischen Rechte, Festschrift für Scheurl, 1884, S. 31 ff.; dawider Unger in Jherings Jahrbb., Bd. 23, S. 106 ff.) und Waldner, Die correale Solidarität (1885). Nach Hölder ist die Correalobligation eine Mehrheit von Obligationen mit fingierter Identität (Einheit) derselben: die mehreren Schuldner (Gläubiger) werden für diese Obligation rechtlich als miteinander identisch behandelt.

risch Verpflichteten frei: ist der Schade dem Beschädigten einmal ersetzt worden, so kann er nicht nochmals von den anderen Schadensersatz verlangen; er hat ja keinen Schaden mehr. Die Correalobligation aber wird für alle Beteiligten nicht blofs durch Leistung, sondern durch jeden, auch den rein formalen Aufhebungsgrund aufgehoben, welcher das Dasein der gemeinsamen Obligation berührt, so z. B. durch acceptilatio oder litis contestatio. Ist dem Bürgen durch acceptilatio (formellen Erlafsvertrag, unten § 89) die Schuld erlassen worden, so kann auch vom Hauptschuldner nichts mehr gefordert werden. Hat der eine von den zwei correalen Darlehnsgläubigern aus dem Darlehn Klage erhoben, so wird durch seine litis contestatio (vgl. oben S. 278 ff.) das Klagerecht auch für den anderen consumiert, und wird auf Grund des ihm gegenüber erstrittenen Urteils auch dem anderen gegenüber exceptio rei judicatae gegeben. Wie in Bezug auf die Berechtigung und Verpflichtung, so gilt auch in Bezug auf die Aufhebung kraft der Rechtsgemeinschaft Correalprincip (Stellvertretungsprincip); jeder Correalbeteiligte vertritt die ganze Obligation (jeder Solidarbeteiligte aber nur seine Obligation).

Das Correalprincip hat im Lauf der römischen Rechtsentwickelung Abschwächungen erfahren. So gab Hadrian mehreren Mitbürgen die exceptio divisionis (das Recht, dafs jeder nur auf einen Teil verklagt werde, unten § 80 I 3) und ward dies sogenannte beneficium divisionis von Justinian durch Nov. 99 auch den vertragsmäfsigen Correalschuldnern eingeräumt, welche materiell an der Schuld nur zu einem Teil interessiert sind (z. B. bei gemeinsamer Miete, gemeinsamem Darlehnsempfang u. s. f.). Dadurch wurde insoweit an Stelle des Correalprincips das Quotenprincip (wie beim Miteigentum) gesetzt. Demgemäfs hat Justinian durch l. 28 C. de fidejussoribus (8, 40) für die passive Correalobligation die zerstörende Kraft der litis contestatio aufgehoben: durch die Klage gegen den einen Mitschuldner wird die Klage gegen den andern noch nicht consumiert. Aber es bleibt bei der passiven wie bei der activen Correalobligation der Satz, dafs das im Procefs mit dem einen correus erstrittene Urteil die exceptio rei judicatae zu Gunsten wie zu Lasten auch der übrigen correi hervorbringt (das Urteil ist rechtskräftig auch für die anderen correi), sowie dafs die Unterbrechung der Klagverjährung gegenüber dem einen correus auch gegenüber den anderen wirkt. Die Correalobligation bedeutet auch nach Justinianischem Recht eine Reihe miteinander verbundener, die Solidarobligation aber eine Reihe nebeneinander selbständiger Obligationen. Immer ist bei der Correalobligation die Verpflichtung des einen den Wirkungen von Handlungen auch des andern unterworfen. Der Correalgläubiger kann sein Recht durch Verzicht des anderen, durch unglückliche Procefsführung des anderen verlieren; der Correalschuldner steht im Zweifel auch für die culpa ein, welche seinem Mitschuldner zuzurechnen ist. Die Solidarobligation aber ist den Wirkungen fremder Handlungen (z. B. der Procefsführung mit dem anderen Solidarschuldner u. s. w.) nicht ausgesetzt: nur wo ihr Gegenstand (durch Zahlung, materielle Befriedigung) verschwunden ist, hört sie (kraft ihres eigenen Inhalts) auf, zu existieren. Noch für das Justinianische Recht besteht der Gegensatz, dafs die Correalobligation (gemeinsamer Vertrag) gemeinsame, die Solidarobligation aber (gemeinsames Verschulden) getrennte Haftung für dieselbe Leistung bedeutet[7].

L. 3 § 1 D. de duob. reis (45, 2) (Ulpian.): Ubi duo rei facti sunt, potest vel ab uno eorum solidum peti; hoc est enim duorum reorum, ut unusquisque eorum in solidum sit obligatus, possitque ab alterutro peti; et partes autem a singulis peti posse, nequaquam dubium est; quemadmodum et a reo et fidejussore petere possumus. Utique enim, cum una sit obligatio, una et summa est; ut, sive unus solvat, omnes liberentur, sive solvatur uni, ab altero liberatio contingat.

pr. I. de duob. reis (3, 16): Et stipulandi et promittendi duo pluresve rei fieri possunt. Stipulandi ita, si post omnium interrogationem promissor respondeat SPONDEO, ut puta cum duobus separatim stipulantibus ita promissor respondeat: UTRIQUE VESTRUM DARE SPONDEO. Nam si prius Titio spoponderit, deinde alio interrogante spondeat, alia atque alia erit obligatio nec creduntur duo rei stipulandi esse. Duo pluresve rei promittendi ita fiunt: Maevi,

[7] Vgl. zu dem obigen Jhering a. a. O. (oben Anm. 4), S. 185. 186. Czyhlarz, Lehrbuch der Institutionen des römischen Rechts, 3. Aufl. 1895, S. 157.

QUINQUE AUREOS DARE SPONDES? SEI, EOSDEM QUINQUE AUREOS DARE SPONDES? respondeant singuli separatim SPONDEO.

§ 75.

Inhalt der Obligation.

Das Forderungsrecht geht entweder auf dare, d. h. auf Verschaffung des Eigentums oder eines civilrechtlichen jus in re (Servitut) an einer bestimmten Sache (bezw. an einer bestimmten Quantität von Fungibilien), oder auf facere (irgend eine andere Handlung). Im ersteren Fall ist der Wert der Obligation sichtbar für das Civilrecht; er deckt sich mit dem Wert des Objects der Leistung (der Sache bezw. der Servitut): die obligatio dandi ist eine certa obligatio (mit objectiv gegebenem, wahrnehmbarem, begrenztem Wert). Wird dagegen eine andere Leistung geschuldet (z. B. Dienstleistung, Bauen eines Hauses, Restitution einer Sache, welche mir bereits gehört, oder Verschaffung eines civilrechtlich nicht anerkannten Rechts an der Sache, z. B. einer superficies), so ist der Wert der Obligation nicht sichtbar für das Civilrecht; er ist nicht ausgesprochen in dem Wert des Objects der Leistung: die obligatio faciendi ist eine incerta obligatio mit nicht gegebenem, nicht wahrnehmbarem, nicht durch den Inhalt der Beredung fest begrenztem Wert.

Die Verpflichtung zur Verschaffung des Eigentums an einer nur alternativ oder nur der Gattung nach bestimmten, nicht vertretbaren Sache ist nicht Verpflichtung unmittelbar zur Verschaffung des Eigentums, sondern zunächst zur Auswahl, und daher keine obligatio dandi, sondern obligatio faciendi, eine incerta obligatio: es ist kein bestimmtes Object da, in welchem der Wert der Verpflichtung gegeben und sichtbar wäre; erst die Leistung (die Eigentumsverschaffung, das dare einer bestimmten Sache, wodurch die Auswahl vollzogen wird) entscheidet über den Gegenstand der Verpflichtung. Dagegen ist die Verpflichtung zur Verschaffung des Eigentums an einer Quantität Fungibilien (z. B. 100 Hektoliter Weizen) eine obligatio dandi und obligatio certa: der Wert dieser Leistung ist in jeder Quantität dieser Art sichtbar, und das Leisten fungibler Sachen ist kein Auswählen, sondern ein unterschiedsloses Zuzählen bezw. Zuwägen, Zumessen (tantundem ejusdem generis est idem, vgl. oben S. 297): es besteht hier eine Obligation unmittelbar auf Verschaffung von Eigentum.

Anhang. Mannigfach erheblich ist die Unterscheidung der Geldschuld von der Verpflichtung zu anderweitiger Sachleistung (Sachschuld). Die Geldschuld ist die Pflicht zur Leistung einer Geldsumme, d. h. einer Quantität Wert (nicht einer Quantität Sachen). Zur Leistung des Wertes dient das Geld im Rechtssinne, d. h. diejenigen Sachen, welche von Rechts wegen die Bestimmung zur Leistung des abstracten Wertes (den sog. Zwangscurs) haben. Bei uns gilt heute die Goldwährung. Nur die Reichsgoldmünzen sind im Deutschen Reich Geld im Rechtssinne, die Silber-, Nickel- und Kupfermünzen sind Scheidemünze (brauchen nur bis zu gewissen Beträgen genommen zu werden); die Einthalerstücke sind fictive Goldmünzen. Banknoten, Reichskassenscheine sind Geld nur im wirtschaftlichen Sinn (dienen thatsächlich der Leistung des abstracten Wertes, haben aber, ebenso wie das ausländische Geld, keinen Zwangscurs). Also: bei Zahlung einer Geldsumme (Geldschuld) mufs alles das, aber auch nur das in Zahlung genommen werden, was Geld im Rechtssinne ist. Die Verpflichtung aus der Geldschuld ist nicht die Verpflichtung zur Leistung einer Quantität von bestimmten Sachen. Wer mir hundert Mark schuldet, der schuldet mir nicht hundert Markstücke (Quantität fungibler Sachen); im Gegenteil! ich würde die hundert Einmarkstücke nicht anzunehmen brauchen. Er schuldet mir vielmehr hundert Mark Wert. Und diese hundert Mark Wert können in jeglicher Art Reichsgoldgeld gezahlt werden: in fünf Zwanzigmarkstücken, in zehn Zehnmarkstücken, in einem Zwanzigmarkstück und acht Zehnmarkstücken u. s. f. Natürlich kann vertragsmäfsig auch die Verpflichtung zur Leistung einer bestimmten Art von Geldstücken ausbedungen werden. Z. B. ich will ein Zwanzigmarkstück oder zwanzig Einmarkstücke oder einen Siegesthaler erwerben. Solche Pflicht zur Leistung von Geldstücken stellt aber keine Geldschuld dar, sondern eine gewöhnliche Sachschuld (Schuld eines Quantums vertretbarer Sachen). Geldschuld ist nicht die Verpflichtung zur Leistung von Geldstücken, sondern nur die Verpflichtung zur Leistung einer Geldsumme, d. h. zur Leistung von Geldwert, gleichgut in welcher Art von Geldstücken. Der Gegensatz von Geldschuld und Sachschuld wird von Bedeutung für die Unterscheidung von Kaufvertrag und Tauschvertrag, vgl. unten § 82 Anm. 1.

§ 76.

Stricti juris negotia und bonae fidei negotia.

Die Contracte sind teils darauf angelegt, eine bestimmte, genau begrenzte, teils darauf, eine unbestimmte, unbegrenzte und (im voraus wenigstens) unbegrenzbare Verpflichtung zu erzeugen. Der ersteren Art sind die stricti juris negotia, der zweiten Art die bonae fidei negotia.

Stricti juris negotia sind diejenigen Contracte, welche genau zur Leistung des Versprochenen verpflichten (so z. B. die römische stipulatio, welche dem heutigen Wechsel vergleichbar ist, vgl. unten § 80). Sie werden dem Buchstaben nach ausgelegt. Was nicht versprochen ist, wird auch nicht geschuldet. Die Obligation ist ihrem Inhalt nach berechenbar, bestimmt. Ist das dare einer certa res durch negotium stricti juris zugesagt worden, so besteht im vollen Sinn des Wortes eine certa obligatio: es wird nichts weiter geschuldet, als was zugesagt ist.

Dagegen sind die bonae fidei negotia Contracte, welche nicht zur Leistung des Versprochenen, sondern vielmehr zur Leistung alles dessen verpflichten, was nach Treu und Glauben in solchem Fall gefordert werden kann (was mehr und auch weniger sein kann als das Versprochene). Hier entsteht eine unberechenbare, nach Umständen verschieden sich bestimmende Verpflichtung: die Obligation ist immer eine incerta, wenn auch das ausdrücklich gegebene Versprechen direct auf dare einer certa res lautete (z. B. beim Tausch). Es wird stets geschuldet: quidquid dare facere oportet ex bona fide (vgl. S. 259).

Die bonae fidei negotia (z. B. Kauf, Tausch, Miete, Societät) verpflichten, ohne Rücksicht darauf, ob dergleichen ausdrücklich zugesagt wurde oder nicht:

1. zur Sorgfalt (diligentia), und zwar regelmäfsig zu omnis (oder summa) diligentia oder, wie es auch heifst, zur diligentia diligentis (oder, was dasselbe ist, diligentissimi) patrisfamilias, d. h. zu der Sorgfalt eines ordentlichen Mannes. Wird diese Sorgfalt versäumt (sogenannte culpa levis), so mufs dem anderen dafür Schadensersatz geleistet werden. Nur ausnahmsweise wird lediglich für absichtliche, böswillige Beschädigung (dolus) und für jedes die Absicht notwendig in sich schliefsende grobe Verschulden (culpa lata) gehaftet. Die einzelnen Fälle dieser Art werden unten in der Lehre von den einzelnen Contracten namhaft gemacht werden.

2. zu vollem Schadensersatz für den Fall der versäumten oder der ungenügenden oder der gar nicht erbrachten Leistung. Der Schuldner hat das quod interest, d. h. allen direct durch verschuldetes Unterbleiben oder verschuldete Mangelhaftigkeit der Leistung dem Gläubiger zugefügten Schaden (das

sogenannte Interesse) zu ersetzen. Im Fall des Verzuges (mora solvendi) schuldet er das Verzugsinteresse (Verzugszinsen). Anders bei den stricti juris negotia, oben S. 263.

Für Zufall (casus) hat der Schuldner dagegen nicht zu haften (casus a nemine praestatur). Zufall im Sinne des Contractsrechts ist alles, was ohne Verschulden des Schuldners sich ereignet. So kann ihm durch Zufall die Leistung unmöglich gemacht werden (z. B. die zu leistende Ware geht unter), und wird er dann befreit. Nur der Schuldner, welcher in mora solvendi ist, soll zur Strafe auch für casus einstehen, d. h. durch casus nicht befreit werden, sondern das Interesse leisten.

In Erfüllungsverzug (mora solvendi) kommt der Schuldner nach römischem Recht nicht schon mit der Fälligkeit der Schuld, sondern erst durch die Mahnung (sog. interpellatio) des Gläubigers.

L. 32 pr. D. de usur. (22, 1) (MARCIANUS): Mora fieri intelligitur non ex re sed ex persona, id est, si interpellatus opportuno loco non solverit.

II. Entstehung der Forderungsrechte.

§ 77.

Contracte und Delicte.

Die Obligation entsteht entweder durch Consenserklärung (Contract), d. h. kraft des Willens des Schuldners, oder durch Rechtswidrigkeit (Delict), d. h. gegen den Willen des Schuldners.

Neben den Contractsobligationen stehen die Fälle der obligationes quasi ex contractu, welche aus contractsähnlichen Thatbeständen, — neben den Delictsobligationen stehen die Fälle der obligationes quasi ex delicto, welche aus delictsähnlichen Thatbeständen hervorgehen.

A. Contractsobligationen.

§ 78.

Einleitung.

Das römische Recht hat zu allen Zeiten daran festgehalten, dafs nicht jedes Schuldversprechen rechtlich gültig und klagbar sei, dafs vielmehr ein bestimmter Rechtsgrund (causa civilis) hinzukommen müsse, um das Versprechen für das Recht gültig und klagbar zu machen. Daher der engere Begriff des Ausdrucks contractus im römischen Sinn. Contract ist nicht jede obligatorische Consenserklärung, sondern nur die kraft Civilrechts klagbare obligatorische Consenserklärung.

Die Klagbarkeit des Schuldversprechens kann nach Civilrecht begründet werden entweder re, d. h. dadurch, dafs zu dem obligatorischen Consens eine Vermögenshingabe (res) hinzutritt, auf Grund deren nun die Rückgabe, bezw. Gegenleistung gefordert wird (Realcontracte, unten § 79), oder verbis, d. h. dadurch, dafs der obligatorische Consens in bestimmter Wortform, nämlich in Frage- und Antwortform erklärt wird (Verbalcontract, unten § 80), oder litteris, d. h. dadurch, dafs der obligatorische Consens durch Eintragung in das Hausbuch verlautbart wird (Litteralcontract, unten § 81). Oder endlich: ausnahmsweise kann der obligatorische Consens auch ohne weitere Voraussetzung klagbar sein (sogenannte Consensualcontracte, unten § 82).

Aus dem Gesagten ergeben sich die vier Arten der Contracte, welche das römische Contractssystem ausmachen.

Die älteste Zeit war nicht so reich an Contractsformen gewesen.

Im altrömischen Recht steht im Vordergrund das nexum, d. h. das solenne Darlehen, welches per aes et libram, vor fünf Zeugen, unter Zuziehung eines libripens mit feierlichen Worten (damnas esto dare) gegeben wurde (oben S. 49). Der Darlehnsschuldner haftet kraft der in dem nexum liegenden Selbstverpfändung (er ist „nexus“, da er das „damnas esto“ über sich sprechen läfst) mit seinem Leibe für die Rückzahlung der Darlehnsschuld. Gegen ihn kann sofort das Executionsverfahren durch manus injectio (vgl. oben S. 229. 280) eröffnet und er vom Gläubiger (wenn niemand auftritt, um den Schuldner in libertatem zu vindicieren) in die Schuldknechtschaft abgeführt werden. Um dieser strengen Execution willen erhielt sich das nexum auch noch, nachdem das geprägte Geld eingeführt und also dem durch den libripens zugewogenen Stück aes der Geldwert genommen war. Die wirkliche Darlehnszahlung lag jetzt aufserhalb des nexum, aber die Form des nexum gab dem gegebenen Darlehn die volle Executivkraft des alten Rechts. Als dann durch eine lex Vallia dem nexum die strenge Wirkung der Personalhaft genommen war, kam dasselbe aufser Übung. Es blieb allein das formlose Darlehn (mutuum) übrig, dem unmittelbar die Klagbarkeit zuerkannt wurde, — ein Realcontract im Stil des sich entwickelnden neuen Rechts (jus gentium), nur noch darin alte Erinnerungen bewahrend, dafs er als stricti juris negotium behandelt wurde: der Darlehnsschuldner war als solcher nur genau zur Rückzahlung der empfangenen Summe verpflichtet, nie zu mehr (also z. B. nie zur Zinszahlung, vgl. unten § 80), nie zu weniger.

Neben dem nexum kam als andere Contractsform, mit ganz anderen Zwecken, die mancipatio fiduciae causa auf, aus welcher die actio fiduciae, eine actio bonae fidei, hervorging (oben S. 60). Wie die mancipatio fiduciae causa den Pfandcontract (oben S. 345), so konnte sie auch das Depositum (dem Freund ward die Sache fiduciae causa mancipiert), das Commodat, überhaupt alle solche Contracte ersetzen, wo eine Sache hingegeben werden sollte unter Vorbehalt der Pflicht zur Rückgabe (z. B. Mandat, Miete): fiducia cum amico contracta (oben S. 59). In all diesen Fällen war nur das unbequem, dafs der Empfänger, welcher dem wirtschaftlichen Erfolg nach nicht Eigentümer, sondern nur Pfandgläubiger oder Depositar oder Commodatar u. s. w. sein sollte, doch durch die mancipatio formell zum Eigentümer gemacht werden mufste. Infolgedessen hatte der Hingebende immer nur ein persönliches Rückforderungsrecht gegen den ersten Empfänger oder dessen Erben (ein blofses Forderungsrecht), denn das Eigentum hatte er ja durch Mancipation aufgegeben. Wie nun anstatt der mancipatio zu Pfandzwecken später direct die blofse Bestellung eines Pfandrechts als gültig anerkannt ward, so ward auch die blofse Hingabe (ohne Mancipation, also ohne Eigentumsübertragung) für genügend gehalten, um ein Forderungsrecht auf Rückgabe (des Commodats, des Depositums) zu erzeugen. An Stelle der mancipatio fiduciae causa traten die „benannten“ Realcontracte (Commodat, depositum, pignus), welche alle ihr ursprüngliches Wesen darin beibehalten haben, dafs sie bonae fidei negotia sind.

Nexum und mancipatio fiduciae causa waren der Urquell der Realcontracte. Neben denselben trat die sponsio (ursprünglich ein feierliches Gelübde mit eventueller Selbstverwünschung, oben S. 62) in den Rechtsverkehr ein und fand, indem der alte sacrale Act durch blofse verbale Handlung (Frage- und Antworthandlung: spondesne? spondeo) ersetzt wurde, als der Verbalcontract des römischen Rechts (stipulatio) rechtliche Wirkung.

Der Litteralcontract ist, offensichtlich im Anschlufs an das Darlehn, verhältnismäfsig früh ausgebildet worden. Die Eintragung in das Hausbuch, dafs dem Gegner eine Summe ausgezahlt sei (expensilatio), ursprünglich nur dem Beweise dienend, ward zu einem selbständig wirksamen Verpflichtungsgrund. Wie mutuum und stipulatio, so erzeugt auch die expensilatio eine obligatio stricti juris: das Darlehn (nexum) und das sacrale Gelübde (sponsio) erscheinen als der Urquell der stricti juris negotia, wie die fiducia als der Ursprung der bonae fidei negotia.

Das Aufkommen der sogenannten Consensualcontracte, d. h. der Ausnahmsfälle, wo der blofse Consens zur Verpflichtung genügt, hängt mit dem siegreichen Vordringen des jus gentium zusammen (oben S. 66 ff.). Das formlose Rechtsgeschäft fing naturgemäfs zuerst auf dem Gebiet des Obligationenrechts an, die ihm einwohnende Naturkraft geltend zu machen. Schon geraume Zeit vor Ende der Republik war für die wichtigsten Geschäfte des alltäglichen Verkehrs, Kauf, Miete, Societät, ihre Gültigkeit ohne Rücksicht auf die Form zum Durchbruch gekommen.

Nach heutigem Recht kann grundsätzlich jede Schuldverpflichtung durch blofsen formlosen Consens in gültiger und klagbarer Weise begründet werden. Das Princip der Consensualcontracte hat den Sieg über den Formalismus der alten Zeit davon getragen.

§ 79.

Realcontracte.

Realcontracte sind diejenigen Contracte, welche auf Grund einer Vermögenshingabe (res) klagbar sind (vgl. § 78).

Das römische Recht unterscheidet zwei Arten von Realcontracten: benannte (Nominatrealcontracte) und unbenannte (Innominatrealcontracte). Die benannten Realcontracte sind Verträge auf Rückgabe, die unbenannten sind Verträge auf Gegengabe (eine andersartige Gegenleistung).

I. Benannte Realcontracte sind:

a. Das mutuum (Darlehn). Es kommt zustande durch Übertragung einer Quantität von Fungibilien (oben S. 297) zu Eigentum, unter der Verpflichtung des Empfängers, die gleiche Quantität gleicher Qualität zurückzuzahlen. Das Darlehn ist ein stricti juris negotium, die Darlehnsklage die condictio certi. Der Schuldner wird durch das Darlehn nur genau zur Rückgabe des empfangenen Capitals, nicht zu mehr oder weniger, insbesondere nicht zur Leistung von Zinsen verpflichtet. Er schuldet weder Verzugszinsen (falls der Schuldner trotz Mahnung des Gläubigers nicht rechtzeitig zahlt) noch vereinbarte Zinsen. Soll der Darlehnsschuldner auch Zinsen schuldig werden, so mufs aufser dem Darlehnscontract noch ein zweiter Contract, nämlich ein Verbalcontract (die Zinsstipulation, vgl. unten S. 370) geschlossen werden. An diesen Sätzen hat das römische Recht für das Gelddarlehen (den eigentlichen Erben des alten nexum) strenge festgehalten. Für den Fall, dafs sonstige fungible Sachen (Getreide, Wein u. dgl.) zu Darlehn gegeben waren, läfst das spätere römische Recht die Begründung der Zinsverbindlichkeit durch formlosen Zinsvertrag (nudum pactum) zu.

Das Gelddarlehn an Hauskinder ward durch ein senatusconsultum Macedonianum verboten. Der Prätor gab in solchem Fall gegen die Darlehnsklage die exceptio senatusconsulti Macedoniani (vgl. S. 270).

b. Das commodatum (Leihvertrag) kommt zu stande durch die Hingabe einer Sache zu bestimmtem, unentgeltlichem[1] Gebrauch (nicht zu Eigentum). Das Commodat ist ein bonae fidei negotium. Beide Teile sind zu allem verpflichtet, was die bona fides mit sich bringt: an erster Stelle und auf jeden Fall schuldet dem Commodanten (Verleiher) der Commodatar

[1] Der Vertrag über entgeltliche Gebrauchsgewährung (ich „leihe" z. B. ein Buch von der Leihbibliothek) bedeutet einen Mietvertrag (Sachmiete). Der Mietvertrag ist Consensualcontract. Der Vermieter haftet für omnis diligentia (anders der Commodant, vgl. den Text), was z. B. von Bedeutung wird, wenn der Mieter durch die gemietete Sache (etwa durch das gemietete Pferd) geschädigt ist.

(Entleiher), nämlich die Rückgabe der Sache (Commodant hat die actio commodati directa). Nur unter Umständen und daher nicht auf jeden Fall schuldet dem Commodatar auch der Commodant (Commodatar hat die actio commodati contraria). Auch ist verschieden, was die bona fides von dem einen und dem andern fordert. Der Commodatar ist an dem Contract interessiert. Er hat den Nutzen von dem Geschäft. Daher haftet der Commodatar, auch ohne es versprochen zu haben, für omnis diligentia (culpa levis, vgl. oben S. 359). Der Commodant dagegen ist an dem Contract nicht interessiert. Er hat nichts von dem Geschäft. Daher haftet er nur für dolus und culpa lata.

c. Das depositum (Verwahrungsvertrag) kommt zu stande durch die Hingabe einer beweglichen Sache zu unentgeltlicher Aufbewahrung[2]. Das depositum ist ein bonae fidei negotium. Beide Teile sind zu allem verpflichtet, was die bona fides mit sich bringt: an erster Stelle und auf jeden Fall haftet dem Deponenten (Hinterlegenden) der Depositar (der Empfänger des Depositums), nämlich für die Rückgabe der Sache (Deponent hat die actio depositi directa). Nur unter Umständen und daher nicht auf jeden Fall haftet dem Depositar auch der Deponent (Depositar hat die actio depositi contraria, z. B. wenn er Auslagen auf die Sache gemacht hat). Auch hier ist verschieden, was die bona fides von dem einen und von dem andern fordert. Der Depositar ist an dem Contracte nicht interessiert, er hat nichts von dem Geschäft. Er haftet infolgedessen nur für dolus und culpa lata. Der Deponent dagegen ist allerdings interessiert an dem Geschäft. Seinem Nutzen dient das Depositum. Darum haftet der Deponent dem Depositar für omnis diligentia (culpa levis) und für Ersatz der Auslagen.

d. Das pignus (Faustpfandcontract) kommt zu stande durch Hingabe einer Sache zu Faustpfand. Der Gläubiger erwirbt

[2] Der Vertrag über entgeltliche Aufbewahrung (z. B. bei dem Portier auf dem Bahnhofe) bedeutet einen Werkmietvertrag (locatio conductio operis, unten § 82): der Aufbewahrende haftet für den Aufbewahrungserfolg, und darum nicht blofs für eigene Sorgfalt (nämlich omnis diligentia), sondern auch für die Sorgfalt seiner Leute (nicht blofs dafür, dafs er selber diese Leute sorgfältig ausgewählt hat). Entgeltlichkeit und Unentgeltlichkeit ändert die ganze Natur des Vertrages.

an der Sache das dingliche Pfandrecht: insofern ist früher (§ 72) von dem pignus die Rede gewesen. Aber aufserdem erwirbt der Schuldner (der Verpfänder) durch Hingabe der Sache ein persönliches Forderungsrecht gegen den Empfänger, nämlich auf Rückgabe. Insofern handelt es sich um einen Pfandcontract, und in diesem Sinne ist hier von dem pignus die Rede. Auch das pignus ist ein bonae fidei negotium. Es verpflichtet beide Teile zu allem, was die bona fides mit sich bringt. An erster Stelle schuldet dem Pfandgeber der Pfandempfänger, nämlich die Rückgabe der Sache, sobald die Pfandschuld getilgt ist, bezw. die Rückgabe des erlösten Überschusses (hyperocha, oben S. 348); der Pfandgeber hat die actio pignoraticia directa. Nur unter Umständen haftet dem Pfandempfänger auch der Pfandgeber (z. B. für Ersatz von Auslagen); der Pfandempfänger hat die actio pignoraticia contraria. In diesem Falle sind am Contract beide Teile interessiert; der eine hat den Credit, der andere die Sicherheit. Deshalb haften beide Teile für omnis diligentia.

II. Aufser den vorhin aufgeführten Realcontracten sind späterhin noch die sogenannten unbenannten Realcontracte klagbar geworden. Es fand nämlich der Grundsatz Anwendung, dafs überall, wo Leistung gegen Gegenleistung vereinbart war, die Gegenleistung in dem Augenblick einklagbar werden solle, wo der andere Teil seine Leistung bereits gemacht hatte. Dann wird also geklagt nicht auf Grund des Consenses als solchen, sondern auf Grund der Thatsache, dafs zu dem Consens eine Vermögenshingabe, eine Leistung (res) hinzugetreten war, also auf Grund eines Realcontracts. Weil aber Leistung und Gegenleistung der verschiedensten Art sein konnte, entwickelte sich kein fester Name, welcher alle Fälle zusammengefafst hätte. Daher sprechen wir von unbenannten Realcontracten (Innominatrealcontracten).

Unter diesem Gesichtspunkt und in dieser Form ward der Tausch (das Wort im weitesten Sinne genommen) bei den Römern klagbar. Im Corpus juris werden je nach der Art von Leistung und Gegenleistung vier Kategorieen unterschieden, welche durch die vier Formeln ausgedrückt werden: do ut des, do ut facias, facio ut des, facio ut facias. Die Klage auf die Gegenleistung (auf Grund der geschehenen Vorleistung) heifst: actio praescriptis verbis (actio in factum civilis, vgl. S. 252 Anm. 1)[3].

Aber nicht blofs in den Fällen der unbenannten Realcontracte kann praescriptis verbis geklagt werden. Vielmehr dient das praescriptis verbis agere überhaupt zur Ergänzung des Systems der Contractsklagen. Wenn die überlieferten (im Album des Prätors bereits proponierten) Klagformulare nicht ausreichen und doch das Dasein eines dare facere oportere ex bona fide gewifs ist, wird für den Einzelfall eine Formel mit „in factum" concipierter demonstratio zurecht gemacht (l. 6 § 1 C. 2, 4: quae praescriptis verbis rem gestam demonstrat): im Eingang (demonstratio, vgl. S. 259) wird die getroffene Abrede nach Mafsgabe

[3] Die innere Natur der benannten und der unbenannten Realcontracte ist eine durchaus verschiedene. Die benannten Realcontracte, aus nexum und fiducia hervorgegangen, beruhen auf der Hingabe mit Vorbehalt der Rückgabe. Die Beschränkung der Hingabe (nur zu Darlehen, Commodat u. s. w.) verpflichtet zur Rückgabe. Es wird wirklich re contrahiert: in der Art der Hingabe (zu Darlehen u. s. w.) ruht der Verpflichtungsgrund. Die Verpflichtung zur Rückgabe ist keine Verpflichtung zur Gegengabe, sondern nur Verpflichtung zur Innehaltung der Schranken der Hingabe. Ganz anders bei den unbenannten Realcontracten. Diese bedeuten die Hingabe zum Zweck der Gegengabe (Tauschvertrag). Nicht in der Hingabe (res) als solcher (denn diese ist endgültig, ohne Vorbehalt gemacht: das Gegebene soll vertragsmäfsig nicht zurückgegeben werden), sondern in dem empfangenen Versprechen der Gegenleistung liegt der sachliche Verpflichtungsgrund. Die res (Hingabe) als solche giebt hier weder über den Grund noch über den Inhalt der empfängerischen Verpflichtung Aufschlufs. Die unbenannten Realcontracte sind Verträge über den wechselseitigen Austausch von Leistungen, und deshalb ihrer Natur nach als Consensualcontracte veranlagt (das gegenseitige Versprechen bestimmt allein den Inhalt des Vertrags). Lediglich die Enge des positiven römischen Civilrechts, welches den Consens nur ausnahmsweise als klagbar anerkennt, hat diese Tauschverträge genötigt, die Form des Realcontracts anzunehmen (erst auf Grund der Vorleistung, res, kann die Gegenleistung eingeklagt werden). Die benannten Realcontracte dagegen stellen kraft ihres Wesens als Anvertrauungsverträge (Verträge auf Rückgabe) die echten, geborenen, unsterblichen Realcontracte dar (die res ergiebt den Grund und Inhalt der Verpflichtung). Sie sind darum noch heute Realcontracte (Rückgabe kann nur auf Grund der Hingabe gefordert werden), während die unbenannten Realcontracte (Verträge auf Gegengabe) im heutigen Recht, welches den Consens grundsätzlich für klagbar anerkennt, kraft ihres Wesens zu Consensualcontracten geworden sind.

des vorliegenden Thatbestandes („in factum") beschrieben, um daraus den Beklagten auf quidquid ob eam rem dare facere oportet ex bona fide (intentio juris civilis) verurteilen zu lassen. Das heifst praescriptis verbis agere, und das ist also in allen Fällen möglich, in denen das Dasein einer Verpflichtung zweifellos, die juristische Natur des zu Grunde liegenden Thatbestandes (die Unterordnung der vorliegenden Vereinbarung unter die überlieferten Vertragskategorieen) aber zweifelhaft ist. So in den Fällen der unbenannten Realcontracte: auf die Gegenleistung mufs praescriptis verbis geklagt werden, weil für diesen Contractsthatbestand keine fertige Kategorie, keine bereits ausgebildete Schablone (wie für Darlehn, Depositum, Kauf u. s. w.) da ist. Ebenso aber auch in all den anderen Fällen, in denen die fertigen Kategorieen des Rechts zu eng sind für die unerschöpfliche Fülle des Rechtslebens[4].

pr. I. quib. mod. re contrahitur obl. (3, 14): Re contrahitur obligatio veluti mutui datione. Mutui autem obligatio in his rebus consistit, quae pondere, numero mensurave constant, veluti vino, oleo, frumento, pecunia numerata, aere, argento, auro: quas res aut

[4] Beispiele für diese weitere Anwendung des praescriptis verbis agere sind: eine Sache ist zur Abschätzung (l. 1 § 2 D. 19, 5) oder zum Besehen (l. 23 eod.) übergeben worden; der Fall pafst weder unter das Depositum (nicht zur Aufbewahrung) noch unter das Commodat (nicht zum Gebrauch); darum mufs praescriptis verbis geklagt werden. Oder: es ist zweifelhaft, ob Miete vorliegt (l. 23 D. 10, 3) bezw. ob Sachmiete oder Werkmiete (l. 1 § 1 D. 19, 5), so ist praescriptis verbis zu klagen. Ebenso tritt das praescriptis verbis agere ein, wenn der Schenkgeber eine zu seinen Gunsten beredete Auflage (der Beschenkte sollte ihn z. B. alimentieren), oder derjenige, der auf Grund eines Vergleiches bereits leistete, die Gegenleistung des anderen einklagen will u. s. f. — Vgl. über die actio praescriptis verbis Pernice, Labeo, Bd. 3, S. 88 ff. und in der Zeitschr. d. Sav.-Stiftung, Bd. 9, S. 248 ff.; Gradenwitz, Interpolationen in den Pandekten (1887) S. 122 ff. (dazu Lenel in der Zeitschr. d. Sav.-Stift., Bd. 9, S. 181). Gradenwitz hat den Nachweis erbracht, dafs die „actio" praescriptis verbis erst der byzantinischen Jurisprudenz ihren Ursprung verdankt und von den Compilatoren durch Interpolation in das Corpus juris gebracht ist. Die klassischen römischen Juristen kennen keine „actio" praescriptis verbis (das Wesen dieser Fälle ist ja gerade, dafs keine bereits fertige, individuelle Klage zuständig ist), sondern nur ein praescriptis verbis „agere" (eine allgemeine Klagform, die in den verschiedensten Fällen möglich ist).

numerando, aut metiendo, aut adpendendo in hoc damus, ut accipientium fiant, et quandoque nobis non eaedem res, sed aliae ejusdem naturae et qualitatis reddantur. Unde etiam mutuum appellatum sit, quia ita a me tibi datur, ut ex meo tuum fiat. Ex eo contractu nascitur actio, quae vocatur condictio.

§ 2 eod.: Item is, cui res aliqua utenda datur, id est commodatur, re obligatur et tenetur commodati actione. Sed is ab eo qui mutuum accepit, longe distat. Namque non ita res datur, ut ejus fiat; et ob id de ea re ipsa restituenda tenetur. Et is quidem, qui mutuum accepit, si quolibet fortuito casu quod accepit amiserit, veluti incendio, ruina, naufragio, aut latronum hostiumve incursu: nihilo minus obligatus permanet. At is, qui utendum accepit, sane quidem exactam diligentiam custodiendae rei praestare jubetur, nec sufficit ei, tantam diligentiam adhibuisse, quantam suis rebus adhibere solitus est ... Commodata autem res tunc proprie intellegitur, si, nulla mercede accepta vel constituta, res tibi utenda data est. Alioquin, mercede interveniente, locatus tibi usus rei videtur. Gratuitum enim debet esse commodatum.

L. 5 pr. D. de praescr. verb. (19, 5) (Paulus): Naturalis meus filius servit tibi et tuus filius mihi. Convenit inter nos, ut et tu meum manumitteres, et ego tuum. Ego manumisi, tu non manumisisti; qua actione mihi teneris, quaesitum est. In hac quaestione totius ob rem dati tractatus inspici potest, qui in his competit speciebus: aut enim do tibi, ut des; aut do, ut facias; aut facio, ut des; aut facio, ut facias.

§ 80.
Der Verbalcontract.

Der römische Verbalcontract ist die Stipulation. Er kommt verbis, d. h. durch bestimmte Wortform zu stande, nämlich durch die Frage- und Antwortform. Der Gläubiger fragt den Schuldner: spondesne mihi centum dare? Der Schuldner antwortet: spondeo. Diese Form der sponsio galt als eigentümlich römisch (als juris civilis) und konnte daher nur unter römischen Bürgern gebraucht werden[1]. Statt spondesne kann es

[1] Über den Ursprung der sponsio aus einem sacralen Act s. oben S. 62 Anm. 14. Die Thatsache, dafs eine solche sponsio ursprünglich nur sittlich

jedoch auch heifsen: promittisne oder ähnlich (diese anderen Formen galten als juris gentium und konnten daher auch von Peregrinen gültig gebraucht werden). Nach Justinianischem Recht ist es gleichgültig, welche Worte gebraucht werden. Es genügt und ist notwendig, dafs der obligatorische Consens durch Frage des Gläubigers und entsprechende Bejahung des Schuldners zu rechtsförmlichem Ausdruck gebracht werde. Dann ist um dieser Wortform willen der Contract gültig und klagbar, mag der Schuldner etwas bekommen haben oder nicht. Der Gläubiger braucht weiter nichts nachzuweisen als die abgeschlossene Stipulation: die verba sind es, welche den Schuldner obligieren[2].

Mit diesem Wesen der Stipulation hängt es zusammen, dafs die Stipulation eine zweifache Aufgabe hat. Sie dient 1. der Begründung einer Schuld; 2. der Verwandlung einer Schuld.

I. Der Begründung einer Schuld dient die Stipulation, insofern sie das formlose Versprechen formalisiert. Das formlose Versprechen ist nach römischem Contractsrecht (oben S. 360 a. E.) als solches klaglos. Das Versprechen wird klagbar, sobald es in die Form der Stipulation gekleidet ist. Durch das Mittel der Stipulation kann jedes Versprechen zum Range eines Contracts erhoben werden. Beispiele dieser Art sind die Zinsstipulation, die Stipulation einer Conventionalstrafe, die Bürgschaft.

1. Die Zinsstipulation. Zinsen sind Capitalprocente als Entschädigung für den Capitalgebrauch. Das formlose Zinsversprechen des Darlehnsschuldners ist unklagbar (oben § 79). Soll bei Empfang eines Darlehns ein gültiges Zinsversprechen gegeben werden, so bedarf es neben dem Realcontract (mutuum)

(den Göttern gegenüber) verpflichtet, ist noch im klassischen römischen Recht an der Unklagbarkeit einzelner Stipulationen, z. B. der Verlobungsstipulation (unten § 92 a. E.), erkennbar.

[2] Ihrem Wesen nach ist die Stipulation ein mündlicher Vertrag. Unter dem Einflufs griechischen Rechts ist sie in der späteren Kaiserzeit thatsächlich zu einem schriftlichen Vertrage geworden. Nach dem Recht des Corpus juris genügt es in der Regel, dafs eine Urkunde (cautio) aufgenommen ist, welche ein Versprechen in Stipulationsform (Frage- und Antwortform) bescheinigt, vgl. unten § 81 Anm. 3.

eines zweiten Contracts, des Verbalcontracts der Stipulation. Der Gläubiger fragt den Schuldner: zahlst du mir monatlich so und so viel Zins? Der Schuldner bejaht die Frage. Dann ist der Schuldner zwar nicht re (denn aus dem Darlehnscontract kann er keine Zinsen schuldig werden), aber verbis zur Zahlung der Zinsen klagbar obligiert. Bei den Römern war es üblich, den Zins für den Monat zu berechnen (dafs der Zins monatlich bezahlt ward, ist damit nicht gesagt). So sind centesimae usurae (1 % monatlich) 12 % jährlich; semisses usurae (1/2 % monatlich) 6 % jährlich; trientes usurae (1/3 % monatlich) 4 % jährlich; besses usurae (2/3 % monatlich) 8 % jährlich. Die Zinsstipulation darf ein gewisses Mafs nicht überschreiten. Die zwölf Tafeln setzten als Maximum das foenus unciarium (1/12 des Capitals); dann ward das foenus semunciarium (1/24 des Capitals) als Grenze angesetzt. Seit Ende der Republik wurden die centesimae usurae als gesetzliches Maximum üblich. Justinian hat dann (von einer Ausnahme abgesehen) den höchsten zulässigen Zinsfufs auf semisses usurae angesetzt. Von Zinsen können nicht wieder Zinsen geschuldet werden (Verbot des Anatocismus). Soweit die Zinsstipulation das Zinsmafs überschreitet, ist sie nichtig. Rückständige Zinsen können nur bis zum Betrage der Hauptschuld (also nicht ultra alterum tantum) eingeklagt werden.

2. Die Stipulation einer Conventionalstrafe (Beredung einer Vertragsstrafe für den Fall der Nichterfüllung oder der nicht ordnungsmäfsigen Erfüllung einer von den Parteien gewollten Verbindlichkeit) war im römischen Rechtsleben von grofser praktischer Bedeutung. Sie trat überall da ein, wo eine directe Berechtigung von Civilrechts wegen nicht begründet werden konnte und doch das Bedürfnis nach einer rechtlich sicher gestellten Befugnis vorlag (vgl. z. B. S. 337).

3. Die Bürgschaft (fidejussio) ist der Contract, durch welchen man sich verpflichtet, mit der eignen Persönlichkeit (dem eignen Credit) in eine fremde Verbindlichkeit als Nebenschuldner mit einzutreten[3]. Auch hier wäre ein formloses Ver-

---

[3] Anstatt der Bürgschaft diente in ältester Zeit das vadimonium, d. h. das solenne Versprechen einer Conventionalstrafe für den Fall, dafs

sprechen dieser Art nach Civilrecht ungültig gewesen. Man gebrauchte daher die Form der Stipulation: centum, quae Titius mihi debet, eadem fide tua esse jubes? Fide mea esse jubeo. Durch solche fidejussio wird der Bürge Correalschuldner (vgl. § 74) neben dem Hauptschuldner, und zwar accessorischer Correalschuldner: er haftet in zweiter Linie. Darum ist die Verpflichtung des Bürgen von dem Dasein der Hauptschuld abhängig, und hat der Bürge ferner (jedoch erst nach Justinianischem Recht, Nov. 4) das beneficium excussionis (auch b. ordinis ge-

---

ein bestimmter anderer eine gewisse Verpflichtung (z. B. zur Zahlung einer Schuld oder zur Gestellung vor Gericht) nicht erfüllte. Der vas ist nicht Bürge in unserem Sinn, weil er eine neue Verbindlichkeit mit anderem Inhalt als die Hauptverbindlichkeit übernimmt; vgl. Voigt, Die zwölf Tafeln, Bd. 2, S. 490 ff. Eine Bürgschaft in unserem Sinn bedeutet dagegen die aus dem altsacralen Gelübde (Anm. 1) hervorgegangene sponsio (idem dare spondes?), welcher dann infolge der Ausbildung der Stipulationsformen die fidepromissio (idem fidepromittis?) zur Seite trat. Die sponsio ist, wie überall, so auch hier, juris civilis, während die fidepromissio (ebenso wie die fidejussio) auch dem Peregrinen zugänglich war. Die jüngste (von vornherein weltliche) Form ist wahrscheinlich die im Text besprochene fidejussio (idem fide tua esse jubes?), welche dem Justinianischen Recht allein bekannt ist. Sie enthält formell keine sponsio noch eine promissio, sondern allgemein den Willen (jussio), dafs auf den Credit des Bürgen hin dem Hauptschuldner Credit geschenkt werde. Fidejussio war daher für jede Schuldverbindlichkeit (auch z. B. für die Delictsschuld) möglich, sponsio und fidepromissio aber nur für die Schuld aus dem Verbalcontract (Stipulation). Die Schuld des sponsor und fidepromissor war (als ursprünglich lediglich sacrale Verbindlichkeit, vgl. Pernice in den Berliner Sitzungsber., Bd. 51, S. 1191) unvererblich und verjährte (nach der lex Furia de sponsu v. J. 345 v. Chr.) in zwei Jahren; die Verpflichtung des fidejussor war dagegen vererblich und die Klage gegen ihn eine actio perpetua. Dieselbe lex Furia de sponsu bestimmte, dafs unter mehreren Mitsponsoren und Mitfidepromissoren die Bürgschaftsschuld ipso jure nach Köpfen geteilt sei, ohne Rücksicht auf die Solvenz der einzelnen. Mitfidejussoren haften dagegen jeder auf das Ganze. Erst Hadrian gab ihnen das beneficium divisionis, und zwar nur ope exceptionis (vgl. S. 355) und nur mit Rücksicht auf Präsenz und Solvenz (s. im Text). Vgl. Gaj. III, § 115 ff. Alles deutet darauf hin, dafs, während die fidejussio von vornherein auch nach Begründung der Hauptschuld möglich war, sponsio und fidepromissio ursprünglich nur durch conspondere und conpromittere gleichzeitig mit der sponsio des Hauptschuldners zu stande kommen konnten: daher später die Pflicht des Gläubigers zum praedicere. Gaj. III § 123.

nannt), d. h. das Recht, zu verlangen, dafs der präsente und solvente Hauptschuldner zuerst ausgeklagt werde. Mehrere Mitbürgen haben nach einer epistola divi Hadriani die exceptio divisionis, d. h. das Recht, zu verlangen, dafs der Gläubiger seine Forderung auf die präsenten (belangbaren) und solventen Bürgen verteile (vgl. oben S. 355).

Die Bürgschaft ist eine Art der Intercession, d. h. der Verpflichtung in fremdem Interesse. Der Intercessionsbegriff ist dadurch wichtig, dafs den Frauen nicht blofs die Verbürgung, sondern überhaupt die Intercession, also z. B. auch die Befreiung des Schuldners durch Novationsstipulation (s. unten II), die Pfandbestellung oder Aufnahme eines Darlehns im Interesse eines andern, durch senatusconsultum Vellejanum (46 n. Chr.) verboten worden ist. Die Frau, welche aus dem Intercessionsgeschäft (Bürgschaft u. s. w.) verklagt wird, hat die exceptio senatusconsulti Vellejani (vgl. S. 270).

II. Der Verwandlung (Novation) einer Schuld dient die Stipulation, wenn bereits eine Schuld vorliegt, aber doch ein Interesse vorhanden ist, durch Stipulation ein neues Schuldverhältnis zu begründen. Dies Interesse kann in einem beabsichtigten Personenwechsel für die Schuld, es kann auch ohne die Absicht eines Personenwechsels gegeben sein. In beiden Fällen spricht man von „Novation“, Erneuerung, Verwandlung der Schuldverbindlichkeit.

1. Die Novation kann einen Personenwechsel herbeiführen: es soll ein anderer Gläubiger oder es soll ein anderer Schuldner eintreten. Jemand will z. B. für einen andern zahlen und der Gläubiger ist bereit, diesen andern als seinen Schuldner anzunehmen. Dann kann der Schuldner, selbst ohne dafs er es weifs, durch das Stipulationsversprechen (sogenannte expromissio) jenes Dritten von seiner Schuld befreit werden. Die Novationsstipulation hat die Schuld verwandelt: an die Stelle der Darlehnsschuld des A ist jetzt die Stipulationsschuld des B getreten. Gewöhnlich wird der bisherige Schuldner selber bei solchem Rechtsgeschäft beteiligt sein. Er wird etwa jemanden, der seinerseits ihm schuldig ist, anweisen (delegieren), dem Gläubiger durch Stipulation zu versprechen. Umgekehrt kann die Person des Gläubigers wechseln, also die Stipulation zu Gunsten eines neu

eintretenden Dritten lauten. Dann ist immer Anweisung (Delegation) seitens des bisherigen Gläubigers nötig, damit durch die neue Stipulation die alte Schuld aufgehoben werde. Die Delegation ist die Anweisung zu einer Leistung (sei es durch dare oder durch promittere oder durch liberare) mit Personenwechsel[4]; in den beiden eben besprochenen Fällen geht die Delegation auf promittere und ist sie die Anweisung zu einer Stipulation mit Personenwechsel[5].

2. Aber auch ohne Personenwechsel kann die Novationsstipulation einem bestimmten Interesse der Parteien zu dienen bestimmt sein. Es liegt vor eine Schuld aus dem Kaufcontract. Der Kauf ist vollgültig und klagbar. Aber wenn der Gläubiger aus dem Kauf klagt, mufs er unter Umständen auf das ganze Thatsächliche des Kaufvertragsabschlusses, auf die schon erbrachte fehlerfreie Leistung u. s. w. zurückkommen. Da ist es viel einfacher, zur Stipulation zu greifen. Nachdem das ganze Kaufverhältnis abgewickelt und beide Teile darüber einig sind, dafs nun genau der Kaufpreis von 100 geschuldet wird, fragt der Verkäufer den Käufer: centum mihi dare spondes? — spondeo. Dann ist der Käufer durch Verbalcontract 100 schuldig geworden. Der Gläubiger braucht nur die Stipulation zu behaupten und zu beweisen. Anstatt eines concreten, verwickelten, allerlei Einwendungen ausgesetzten hat er jetzt einen einfachen, unzweideutigen Thatbestand: das abstracte Zahlungsversprechen des Stipulationscontracts. Die Stipulation dient hier nicht dazu, den Consens überhaupt klagbar, aber wohl, ihn in anderer Weise und zwar in leichterer Weise

[4] Die Leistung an den Dritten soll so gelten und wirken, als wäre sie dem Deleganten gemacht worden, z. B.: die 100, welche du mir schuldig bist, zahle dem X (Anweisung auf dare); oder die 100, welche du mir schuldig bist, versprich (durch Stipulation) dem X (Anweisung auf promittere); oder: zahle mir 100 dadurch, dafs du dem X die Schuld von 100 erlässest (Anweisung auf liberare).

[5] Die Delegation führt zu einer Novation also nur, wenn sie 1. auf promittere geht und wenn sie 2. auf Schuld gezogen ist. Auch das letztere ist nicht notwendig der Fall. Vielmehr kann die Delegation auch andere Zwecke haben, z. B. dafs dem Deleganten ein Darlehn gegeben werde (es wird auf Credit gezogen) oder dafs ihm geschenkt werde.

klagbar zu machen. Die Novationsstipulation hat die Kraft, die concrete (durch bestimmte wirtschaftliche Thatbestände gegebene) Schuldverbindlichkeit in eine abstracte (aus dem Zusammenhang mit diesen Thatbeständen herausgehobene) zu verwandeln. Dies kann geschehen, wie unter 1. gezeigt ist, indem zugleich ein Personenwechsel in Bezug auf das Schuldverhältnis herbeigeführt wird. Aber es bedarf für die Novation des Personenwechsels nicht. Das bloſse Interesse an der Veränderung des Klaggrundes ist genug, um die Novationsstipulation zu veranlassen und zu ermöglichen.

III. Die Stipulation ist ein stricti juris negotium, ein streng einseitig obligatorischer Contract. Es wird genau das Versprochene geschuldet, nicht mehr, nicht weniger. Es wird (wenn es nicht ausdrücklich zugesagt war) keine diligentia, keine Verzugszinsen, überhaupt kein Schadensersatz für irgend ein Interesse, sondern lediglich und genau das Versprochene geschuldet.

Die Klage aus der stipulatio certi ist eine condictio (eine unsubstantiierte actio stricti juris, in deren formula die Stipulation als Klaggrund überall nicht genannt wird): die condictio certi, wenn das dare einer certa pecunia, die condictio triticaria, wenn das dare einer anderen certa res durch Stipulation versprochen war. Nur wenn die Stipulation auf ein incertum, d. h. auf ein facere (vgl. oben § 75) ging, entsprang der Stipulation eine besondere Stipulationsklage, die actio ex stipulatu (eine substantiierte actio stricti juris), in deren formula die Stipulation als Grund der Klage auftrat[6].

---

[6] Die condictio nennt in ihrer formula nur das Klagebegehren (certa pecunia, certa res), nicht den Klaggrund (ob aus Darlehn, Stipulation oder sonst einem Rechtsgrunde geklagt wird), ist also in diesem Sinne unsubstantiiert (eine abstracte Schuldklage auf ein certum, die aus den verschiedensten Gründen möglich ist, vgl. oben S. 228. 259). In den Fällen, daſs ein certum (certa pecunia oder certa res) durch Stipulation versprochen war, konnte also nur mit solcher unsubstantiierten Klage (condictio) geklagt werden, d. h. mit einer Allerweltsklage, die (in der formula) als Stipulationsklage gar nicht erkennbar war. In den Fällen dagegen, wo ein incertum versprochen worden war, stand dem Kläger die actio ex stipulatu zu, eine substantiierte Klage, welche in der formula (demonstratio) die

IV. Adstipulator ist, wer sich im Interesse des Gläubigers durch Stipulation mit versprechen läfst. Er wird Gläubiger (Correalgläubiger) neben dem eigentlichen Gläubiger und hat formell alle Rechte eines Gläubigers, ist aber verpflichtet, diese Rechte nicht zu mifsbrauchen (vgl. unten § 85 Anm. 4), vielmehr das etwa Empfangene dem eigentlichen Gläubiger (oder dessen Erben) herauszugeben. Sachlich ist der adstipulator also blofser Beauftragter des Gläubigers. Das Recht des adstipulator geht darum durch seinen Tod unter und wird dem Gewalthaber desselben nicht erworben: die adstipulatio des servus ist ungültig, und die adstipulatio des filiusfamilias ist nur für den Fall wirksam, dafs derselbe ohne capitis deminutio (oben § 35) von der väterlichen Gewalt frei wird. Die adstipulatio wird z. B. gebraucht, um (der Sache nach) einen Stellvertreter zu haben, welcher selbständig gegen den Schuldner vorgehen kann, weil er formell nicht blofser Stellvertreter, sondern selber Gläubiger ist[7]. Oder sie wird gebraucht, um das im vorjustinianischen Recht bestehende Verbot der stipulatio post mortem (erst nach dem Tode des Stipulanten, also erst an seine Erben soll geleistet werden) zu umgehen: der adstipulator liefs sich versprechen, dafs ihm nach dem Tode des andern geleistet werden solle. Solche Stipulation war vollgültig. Lebte dann der adstipulator noch im Augenblick, wo der eigentliche Empfänger der Leistung starb, so klagte der adstipulator die Summe ein und

---

Stipulation als Klaggrund nannte (quod A.[us] de N.[o] incertum stipulatus est, quidquid ob eam rem N.[um] A.[o] dare facere oportet, condemna). — L. 24 D. de reb. cred. (12, 1): Si quis certum stipulatus fuerit, ex stipulatu actionem non habet, sed illa condicticia id persequi debet, per quam certum petitur. — Im Corpus juris erscheint eine condictio incerti (die also als abstracte Schuldklage auf ein incertum zu denken wäre). Jedenfalls ist die condictio incerti erheblich jüngeren Ursprungs als die condictio certi; vielleicht ist sie erst, um des Systems willen (als Seitenstück zu der condictio certi), von den Compilatoren des Corpus juris geschaffen worden, vgl. Pernice, Labeo, Bd. 3, S. 203 ff.; Trampedach in der Zeitschr. d. Sav.-Stift., Bd. 17, S. 97 ff.; Pflüger, ebendas. Bd. 18, S. 75 ff.

[7] Namentlich im Handelsverkehr scheint diese Art von Stellvertretung bei den Römern häufig gewesen zu sein. Es gab solche, welche gewerbsmäfsig als Adstipulatoren dienten; M. Rümelin, Zur Geschichte der Stellvertretung (1886), S. 73.

überantwortete sie den Erben des Verstorbenen. In allen Fällen war der adstipulator formell (dem Schuldner gegenüber) Gläubiger, sachlich aber (dem eigentlichen Gläubiger gegenüber) blofser Mandatar.

Adpromissor ist, wer im Interesse des Schuldners durch Stipulation mit verspricht. Der Hauptfall der adpromissio ist die vorhin besprochene fidejussio. Wie durch adstipulatio eine active, so kommt durch adpromissio eine passive Correalobligation zu stande.

p. I de verb. obl. (3, 15): Verbis obligatio contrahitur ex interrogatione et responsu, cum quid dari fierive nobis stipulamur. Ex qua duae proficiscuntur actiones, tam condictio, si certa sit stipulatio, quam ex stipulatu, si incerta. Quae hoc nomine inde utitur, quia stipulum apud veteres firmum appellabatur, forte a stipite descendens.

§ 1 eod.: In hac re olim talia verba tradita fuerunt: SPONDES? SPONDEO. — PROMITTIS? PROMITTO. — FIDEPROMITTIS? FIDEPROMITTO. — FIDEJUBES? FIDEJUBEO. — DABIS? DABO. — FACIES? FACIAM. Utrum autem latina, an graeca, vel qua alia lingua stipulatio concipiatur, nihil interest, scilicet si uterque stipulantium intellectum hujus linguae habeat. Nec necesse est, eadem lingua utrumque uti, sed sufficit, congruenter ad interrogatum respondere; quin etiam duo Graeci latina lingua obligationem contrahere possunt. Sed haec sollemnia verba olim quidem in usu fuerunt; postea autem Leoniana constitutio lata est, quae, sollemnitate verborum sublata, sensum et consonantem intellectum ab utraque parte solum desiderat, licet quibuscumque verbis expressus est.

§ 13 I. de inut. stip. (3, 19): Post mortem suam dari sibi nemo stipulari poterat, non magis, quam post mortem ejus, a quo stipulabatur . . . . Sed, cum (ut jam dictum est) ex consensu contrahentium stipulationes valent, placuit nobis, etiam in hunc juris articulum necessariam inducere emendationem, ut, sive post mortem, sive pridie quam morietur stipulator sive promissor, stipulatio concepta est, valeat stipulatio.

GAJ. Inst. III § 110: Possumus tamen ad id, quod stipulamur, alium adhibere qui idem stipuletur, quem vulgo adstipulatorem vocamus. § 117: Adstipulatorem vero fere tunc solum adhibemus, cum ita stipulamur, ut aliquid post mortem nostram detur: [quod]

stipulando nihil agimus. Adhibetur adstipulator, ut is post mortem nostram agat; qui, si quid fuerit consecutus, de restituendo eo mandati judicio heredi meo tenetur.

§ 81.
Der Litteralcontract.

Wie heute der Kaufmann seine Handelsbücher, so führte in Rom jeder besser gestellte Bürger seine Hausbücher, und zwar insbesondere ein Cassabuch (codex accepti et expensi), d. h. ein Buch, in welches er seine Geldeinnahmen und Geldausgaben eintrug. Die regelmäfsigen Eintragungen waren nomina arcaria (Cassaposten), d. h. Eintragungen über wirklich gemachte Einnahmen und Ausgaben. Solche Eintragungen hatten selbstverständlich höchstens Beweiskraft, keinerlei Verpflichtungskraft: rechtlich erheblich war nicht die Eintragung, sondern lediglich der anderweitige, aufserhalb des Buches liegende Thatbestand. Neben den nomina arcaria (die ursprünglich als die einzigen zu denken sind) ist eine andere Art von Eintragungen aufgekommen: die nomina transscripticia. Diese nomina transscripticia bedeuten den römischen Litteralcontract.

Das nomen transscripticium besteht in der Eintragung eines Schuldpostens, d. h. in der Eintragung (sachlich angesehen) nicht eines thatsächlichen Vorgangs (Ausgabe, Einnahme), sondern eines Rechtsverhältnisses: in der Eintragung, dafs der andere (mit welchem das Rechtsverhältnis zu stande kommen soll) Schuldner auf eine bestimmte Geldsumme ist. Die Eintragung hat die Form der expensilatio, d. h. die Form der Eintragung einer Ausgabe. Der Gläubiger trägt in sein Hausbuch ein, dafs von ihm dem anderen gezahlt sei (expensum ferre). Der Schuldner pflegt in sein Hausbuch die entsprechende Eintragung zu machen, dafs er von dem Gläubiger empfangen habe (acceptum ferre, oder referre). Notwendig ist diese schuldnerische Gegeneintragung nicht. Es genügt und ist notwendig, dafs die gläubigerische Eintragung auf Grund schuldnerischen Willens (jussus) erfolgt ist. Aber die gläubigerische Eintragung (expensilatio) hat nur die Form der Eintragung einer Ausgabe (einer Thatsache). In Wirklichkeit ist nichts ausgegeben und von dem Schuldner nichts empfangen worden. Der Gläubiger hat gar nicht gezahlt. Seine expensilatio ist die Eintragung einer fictiven Ausgabe, aber mit Zustimmung des andern Teils, eine vertragsmäfsige Eintragung von rechtsbegründender Wirkung, die Eintragung einer Verbindlichkeit, eines Rechtsverhältnisses, und zwar einer abstracten (farblosen) Verbindlichkeit, deren sachlicher Entstehungsgrund aus der Eintragung gar nicht ersichtlich ist, denn es steht unter den Parteien fest, dafs sachlich kein expensum vorliegt. Solche gläubigerische expensilatio auf Grund schuldnerischen Einverständnisses verpflichtet den Schuldner, obgleich er keine Zahlung empfangen hat. Die Summe ist ihm mit seinem Willen zur Last geschrieben worden, und diese Lastschrift ist es, welche ihn verhaftet. Seine Schuld ist eine Buchschuld. Er ist litteris, durch die Buchschrift als solche obligiert. Er haftet nicht aus einem Realcontract (kraft empfangener Zahlung), sondern aus einem Litteralcontract.

Die Verpflichtung aus der Buchschuld war eine streng einseitige obligatio stricti juris. Die Klage war auch hier eine condictio (certi).

So gab es also in dem römischen Cassabuch (codex accepti et expensi) zweierlei Art der Eintragung einer Ausgabe (expensum), einerseits die Eintragung einer wirklichen Ausgabe (nomen arcarium), andererseits die Eintragung einer blofs fictiven Ausgabe (nomen transscripticium). Jene bedeutete einen einseitigen, rechtlich gleichgültigen; diese einen zweiseitigen (vertragsmäfsigen), schulderzeugenden Vorgang. Beides hiefs expensilatio. Beides trat in der Form der Eintragung einer Ausgabe auf. Wie unterschied sich dennoch im Hausbuch die eine expensilatio von der anderen? Das ist es, was wir nicht wissen. Hier beginnt das Reich der Vermutungen. Den vornehmsten Anhaltspunkt bildet der Name nomen transscripticium für die fictive, dem Litteralcontract dienende expensilatio. Das nomen arcarium beruht auf einer einfachen Einschreibung, das nomen transscripticium, wie der Name sagt, auf einer Überschreibung. Das expensum (auf der pagina expensi) mufs hier eine Überschreibung von der andern Seite des Cassabuchs (der pagina accepti) bedeuten (wir wissen, dafs das Cassabuch in bestimmter äufserer Ordnung nach acceptum und expensum geführt wurde), während die arcarische expensilatio lediglich expensilatio, d. h. lediglich selbständige Eintragung einer Ausgabe auf der pagina expensi war. Mit anderen Worten: die transscripticische expensilatio (Litteralcontract) hatte ein bereits bestehendes, nicht buchgemäfses Schuldverhältnis (aus Kauf, Darlehen u. s. w.) zur Voraussetzung, welches nunmehr in ein Buchschuldverhältnis umgewandelt werden sollte. Das geschah so, dafs der Gläubiger jenes Schuldverhältnis als durch Zahlung getilgt eintrug, also jene Schuldsumme als eingenommen buchte (auf der pagina accepti) und zugleich die betreffende Geldsumme durch expensilatio (auf der pagina expensi) dem andern zur Last schrieb, also die Summe zugleich als an den anderen ausgegeben eintrug. Die acceptilatio war dann in eine expensilatio umgeschrieben worden, und die auf Umschreibung beruhende expensilatio (nomen transscripticium) ist der römische Litteralcontract. Die Buchschuld beruht auf der Verbindung zweier Eintragungen (acceptilatio und expensilatio), und zwar auf der Verbindung durch Umschreibung (der acceptilatio in expensilatio), während die einfache Einschreibung (eines acceptum oder eines expensum) ein blofses nomen arcarium darstellt. Der Litteralcontract bedeutet praktisch die Aufhebung eines bestehenden concreten (nicht buchmäfsigen) Schuldverhältnisses durch fictive Zahlung (acceptilatio) unter gleichzeitiger Begründung einer fictiven „Darlehnsschuld“ (expensilatio): das Kaufgeld ward nun als „Darlehen“ geschuldet. Der römische Litteralcontract ist ein fictives Darlehen, welches ohne Rücksicht auf das unterliegende Verhältnis kraft der Buchschrift (litteris) eine abstracte Geldschuld hervorbringt [1].

Der Litteralcontract diente also ausschliefslich der Verwandlung einer Schuld in eine Buchschuld, nicht der Neu-

[1] Der Text folgt den Ausführungen von Keller in Sells Jahrb. f. hist. u. dogm. Bearb. d. röm. Rechts, Bd. 1 (1841), S. 93 ff. und in seinen Institutionen (1861), S. 102 ff. Dazu Mitteis in der Zeitschr. d. Sav.-Stift., Rom. Abt., Bd. 19 (1898), S. 242. 243. — Dafs aufser dem codex accepti et expensi noch andere Bücher geführt zu werden pflegten, ist zweifellos. So z. B. ein Kalendarium (liber kalendarii) über die auf Zins ausstehenden Forderungen (die Zinsen wurden regelmäfsig allmonatlich am Ersten gezahlt, daher die Bezeichnung Kalendarium), überhaupt Bücher, welche über den Stand des Vermögens Aufschlufs gaben; der codex accepti gab als solcher nur den Stand der Casse an. Der Eintragung in den codex accepti ging üblicher-

begründung von Schuldverhältnissen. Die Verwandlung aber konnte dienen 1. dem Personenwechsel (transscriptio a persona in personam) oder 2. nur dem Wechsel des Schuldgrundes (transscriptio a re in personam), wie bei der Stipulation (S. 373. 374).

Wie die Buchschuld nur durch Eintragung (expensilatio) entstehen, so konnte sie nach altem Recht nur durch Löschung (acceptilatio) getilgt werden (vgl. § 89 I). Die acceptilatio im Schuldbuche (litterale Acceptilation) war das Gegenstück der expensilatio: hier trug der Gläubiger die Summe als von dem Schuldner gezahlt, also als empfangen ein (acceptum ferre). Damit tilgte er litteris die zuvor durch Litteralcontract (expensilatio) begründete Schuld. Dafs wirklich die Summe vom Schuldner gezahlt war, ward damit nicht notwendig gesagt. Auch die litterale acceptilatio ist die Bekundung eines Rechtsverhältnisses. Sie besagt die Befreiung des Schuldners von der Schuld, und sie bewirkt diese Befreiung durch den Löschungsact (acceptilatio im Schuldbuche) als solchen, d. h. litteris. So kann durch litterale Acceptilation auch ein Erlafsvertrag zu stande kommen. Aber die befreiende Wirkung solcher Buch-Acceptilation blieb auf die Buchschuld beschränkt. Nur die zuvor durch expensilatio erzeugte Schuld konnte durch solche acceptilatio aufgehoben werden. Andere Acceptilationen im Cassabuch (codex accepti et expensi) haben nur bekundende, nicht rechtsgeschäftliche Bedeutung[2].

Im Lauf der Kaiserzeit ist der Litteralcontract aufser Gebrauch gekommen und ward so die Stipulation die einzige Form für die Novation wie für die Klagbarmachung eines sonst klaglosen Consenses[3].

---

weise eine vorläufige Eintragung in die adversaria oder ephemeris (Kladde, Tagebuch) vorher. Aus dem Tagebuch wurden allmonatlich die betreffenden Einträge in den codex übertragen.

[2] So war denn auch in dem Fall des nomen transscripticium nicht die acceptilatio (die Eintragung, dafs aus dem Kauf u. s. w. gezahlt sei), sondern die expensilatio (das umgeschriebene nomen) der rechtsgeschäftliche Vorgang. Die Eintragung, dafs aus einem anderweitigen Rechtsgeschäft (Kauf u. dgl.) Zahlung empfangen sei, bedeutet als solche immer nur nomen arcarium, einen Cassaposten. Nur die acceptilatio, welche die Umschreibung einer expensilatio darstellt (auch hier könnte man von nomen transscripticium sprechen) bedeutet ein Rechtsgeschäft.

[3] Das griechische Recht hatte einen Litteralcontract durch das

GAJ. Inst. III § 128: Litteris obligatio fit veluti nominibus transscripticiis. Fit autem nomen transscripticium duplici modo: vel a re in personam, vel a persona in personam. § 129: A re in personam transscriptio fit, veluti si id, quod tu exemptionis causa, aut conductionis, aut societatis mihi debeas, id expensum tibi tulero. § 130: A persona in personam transscriptio fit, veluti si id, quod mihi Titius debet, tibi id expensum tulero, id est, si Titius te delegaverit mihi.

§ 131 eod.: Alia causa est eorum nominum, quae arcaria vocantur: in his enim rei, non litterarum obligatio consistit; quippe non aliter valent, quam si numerata sit pecunia; numeratio autem pecuniae re facit obligationem. Qua de causa recte dicemus, ar-

---

Mittel des Schuldscheins (syngraphe, chirographum) ausgebildet. Die regelmäfsige Form war die der Bescheinigung eines fictiven Darlehnsempfanges. Der Schuldner haftete aus dem von ihm ausgestellten Verpflichtungsschein als solchem (wie heute aus dem Wechsel). Darauf bezieht sich die Aufserung von Gajus III § 134: Praeterea litterarum obligatio fieri videtur chirographis et syngraphis, id est si quis debere se aut daturum se scribat; ita scilicet si eo nomine stipulatio non fiat, quod genus obligationis proprium peregrinorum est. In Folge der Erstreckung des römischen Bürgerrechts und damit des römischen Civilrechts auf das ganze Reich (durch Caracalla, oben S. 170) ging das griechische Recht von der syngraphe vor dem römischen Recht von der Stipulation zu Grunde: ein abstractes, durch sich selbst verpflichtendes Versprechen konnte jetzt auch im hellenischen Osten nur in Form der mündlichen Stipulation rechtsgültig abgegeben werden. Aber griechische Rechtssitte behauptete sich in dem immer stärkeren Nachdruck, welcher auf die schriftliche Urkunde über die Stipulation (cautio) gelegt wurde. Brachte der Kläger eine Stipulationsurkunde vor (in welcher bescheinigt war: stipulatus est Maevius, spopondi ego Lucius), so ward der mündliche Abschlufs der Stipulation von Rechts wegen vermutet und nach Justinianischem Recht nur der Gegenbeweis zugelassen, dafs ein Teil während des ganzen Tages ortsabwesend gewesen, d. h. dafs die Beobachtung der mündlichen Stipulationsform unmöglich gewesen sei. Es blieb also immer noch der Grundsatz aufrecht, dafs von Rechts wegen nicht die Urkunde (die litterae), sondern die Stipulation (die verba) den entscheidenden Verpflichtungsgrund bildete. Aber dieser Grundsatz ward in weitaus den meisten Fällen nur durch das Mittel der Fiction gerettet. In Wahrheit hatte schon unter Justinian das römische Recht vom Verbalcontract vor der altherkömmlichen griechischen Rechtssitte des Vertragsschlusses durch die Schuldschrift den Rückzug angetreten. Vgl. die lehrreiche Darstellung bei Mitteis, Reichsrecht und Volksrecht in den östl. Provinzen des römischen Kaiserreichs (1891), S. 459 ff.

caria nomina nullam facere obligationem, sed obligationis factae testimonium praebere.

§ 82.
Die Consensualcontracte.

In einzelnen Fällen ist nach römischem Civilrecht ausnahmsweise der blofse obligatorische Consens klagbar. Hier gilt also der Satz: consensu contrahitur. Vier solche Consensualcontracte hat das römische Civilrecht anerkannt: Kauf, Miete, Societät, Mandat.

1. Der Kauf (emtio venditio) ist der Contract, durch welchen der eine zur Leistung einer Ware, der andere zur Zahlung einer Geldsumme (des Preises) sich verpflichtet. Der Contract ist gültig in dem Augenblick, in welchem beide Teile über Ware und Preis sich geeinigt haben; es bedarf weder einer Form noch der Leistung von einer Seite: dadurch unterscheidet der Kauf sich nach römischem Recht vom Tausch (oben S. 366)[1]. Der Kauf

[1] Der sachliche Unterschied zwischen Kauf und Tausch (der letztere ist heute gleichfalls Consensualcontract) besteht darin, dafs der Kauf für den einen Vertragsteil (den Käufer) eine Geldschuld, für den andern Teil (den Verkäufer) eine Sachschuld hervorbringt, während der Tausch für beide Teile eine Sachschuld setzt. Die Geldschuld ist die Pflicht zur Leistung eine Geldsumme (einer Quantität Wert); sie unterscheidet sich von der Pflicht zur Leistung von Geldstücken; vgl. oben den Anhang zu § 75. Also der Käufer schuldet nur eine Geldsumme, niemals Geldstücke. Wäre ausgemacht, dafs er bestimmte Arten von Geldstücken (Zwanzigmarkstücke oder bestimmte ausländische Geldstücke) zu leisten habe, so würde kein Kaufvertrag, sondern ein Tauschvertrag vorliegen. Umgekehrt: der Verkäufer schuldet niemals eine Geldsumme; wohl aber ist es möglich, dafs er Geldstücke schuldet. Es giebt einen Kauf von Geld, nämlich von Geldstücken (sei es von inländischen, sei es von ausländischen), aber niemals den Kauf einer Geldsumme. Aus dem Tausch können beide Teile Geldstücke schulden, aber kein Teil eine Geldsumme. Sind Geldstücke Gegenstand des Geschäfts, so kommt es also auf die Art der Gegenleistung an. Will ich ein Zwanzigmarkstück erwerben und verpflichte mich dagegen zur Leistung von zwanzig Mark Wert (d. i. zur Leistung der Summe von zwanzig Mark, die dann in Fünf-, Drei-, Zwei-, Einmarkstücken gezahlt werden kann), so kaufe ich das Zwanzigmarkstück. Soll ich dagegen verpflichtet sein, für das Zwanzigmarkstück zwanzig Einmarkstücke oder zehn Zweimarkstücke u. s. w. zu liefern, ist also die Art der zu leistenden Geldstücke ausgemacht,

ist ein bonae fidei negotium: beide Teile haften nicht blofs für das ausdrücklich Versprochene, sondern für alles (und nur für alles), was die bona fides mit sich bringt. Der Käufer also nicht blofs für Zahlung des Preises, sondern auch für Verzugszinsen, überhaupt für allen Schaden, welcher dem Verkäufer durch vertragswidrige Versäumung der Zahlung erwächst. Der Verkäufer haftet nicht blofs für Leistung der Ware (rem tradere), sondern auch für Eviction (rem habere licere), d. h. Schadensersatz, falls Verkäufer nicht Eigentümer oder überhaupt nicht voll an der Sache berechtigt war und nun dem Käufer durch den dritten Berechtigten die Sache abgestritten wird[2]. Ferner haftet der Verkäufer für omnis diligentia in Bezug auf die Ware und für heimliche Mängel (mochten sie ihm selbst bekannt sein oder nicht). Wegen heimlicher Mängel hatten die curulischen Aedilen, denen die Marktpolizei oblag, Klagen eingeführt, die sogenannten ädilicischen Klagen, welche gleich den prätorischen zu den actiones honorariae gehören: die actio redhibitoria auf

---

so ist ein Tauschvertrag abgeschlossen. Der gleiche Unterschied gilt natürlich, wenn ich beim Bankier Geld „wechsle". Das Geldwechselgeschäft ist im Zweifel ein Kaufgeschäft, d. h. der eine schuldet eine Geldsumme, der andere aber Geldstücke, z. B. Zwanzigfrankenstücke. Man sieht, wie wenig zutreffend es ist, beim Kauf von Umsatz der Ware „gegen Geld" zu sprechen, oder den Unterschied von Kauf und Tausch dahin zu bestimmen, dafs dort von der einen Seite „Geld" geleistet werde. Das entscheidende ist, dafs der Kaufvertrag den Umsatz der Ware gegen eine Geldsumme (darin liegt das Wesen des Preises) bedeutet, dafs die Verpflichtung des Käufers eine Geldschuld ist.

[2] Der Verkäufer schuldet nur rem tradere, nicht rem dare, d. h. er schuldet nur die Eigentumsübertragungshandlung (Besitzübergabe mit dem Willen der Eigentumsübergabe), aber nicht den Eigentumsübertragungserfolg. Stellt sich nachträglich heraus, dafs Verkäufer nicht Eigentümer war, dafs also seiner Eigentumsübertragungshandlung der Erfolg mangelte, so hat Verkäufer doch erfüllt und kann Käufer nicht klagen (während aus dem Tausch im Zweifel rem dare geschuldet wird, so dafs bei mangelndem Eigentumsübertragungserfolg ohne weiteres die Klage auf Erfüllung bezw. auf Schadensersatz zusteht). Erst wenn infolge des mangelnden Eigentumsübertragungserfolges dem Käufer der Besitz entzogen wird (Eviction), ist die Klage aus dem Kaufe zuständig. Weil also der Verkäufer nur rem tradere schuldet, steht neben seiner Traditionsverbindlichkeit ergänzend seine Haftung für Eviction: er soll zwar nicht den Eigentumserwerb, aber doch den Besitz (rem habere licere) gewährleisten. — Wesentlich anders das deutsche B.G.B. § 433 ff.

Auflösung des Kaufcontracts und beiderseitige Rückleistung (Redhibition) des Empfangenen (verjährt in sex menses utiles nach Abschlufs des Kaufvertrags) und die actio quanti minoris auf verhältnismäfsige Preisminderung (verjährt in einem annus utilis). Vgl. oben S. **262**. **265**. Im übrigen ist für den Käufer die actio emti, für den Verkäufer die actio venditi die Klage, um die Rechte aus dem Kaufcontract geltend zu machen.

Geht die geschuldete Ware (das gekaufte Stück) casu vor der Leistung unter, so wird der Verkäufer von seiner Verbindlichkeit befreit; der Käufer mufs nichtsdestoweniger den Kaufpreis zahlen. Das Gleiche gilt, wenn die Ware (das gekaufte Stück) casu verschlechtert worden ist: der Verkäufer wird frei durch Leistung der verschlechterten Sache; der Käufer zahlt den vollen Kaufpreis. In diesem Sinne trägt nach römischem Recht der Käufer beim sogenannten Specieskauf, d. h. bei dem Kauf einer dem Stück nach bestimmten Ware (anders wenn die Ware nur der Gattung nach bestimmt ist) vom Abschlufs des Kaufvertrags an das periculum rei. In gleicher Weise aber kommt ihm auch zu gute, was casu zur Ware hinzukommt (z. B. die gekaufte Stute wirft ein Füllen), oder sonst die Verbesserung, Preissteigerung der Ware: cujus periculum, ejus et commodum esse debet. (Das deutsche B.GB. § **446**. **447** hat die Gefahrtragung beim Kauf abweichend vom römischen Recht geordnet).

Laesio enormis liegt vor, wenn unter dem halben Wert verkauft ist. Der Verkäufer hat (nach einem Rescript von Diocletian) dann das Recht, den Kauf rückgängig zu machen, falls der Käufer nicht den vollen Wert nachzahlt.

Der Kauf ist als solcher ein Contract, d. h. ein obligatorischer Vertrag, also ein Vertrag, der zur Veräufserung verpflichtet (Verpflichtungsvertrag), aber nicht ein Vertrag, der die Veräufserung bewirkt (Verfügungsvertrag). Der Kauf als solcher (der Consens der Parteien über Leistung von Ware gegen Preis) überträgt das Eigentum nicht; er verpflichtet nur den Verkäufer zur Vornahme der Eigentumsübertragungshandlung (rem tradere, vgl. Anm. **2**). Eigentumserwerbsgrund ist nicht der Kauf, sondern die auf Grund des Kaufes erfolgende Tradition der gekauften Ware (oben S. **304**). Nicht mit dem Abschlufs, sondern erst mit der Erfüllung des Kaufvertrags geht das Eigentum über.

§ 3 I. de empt. et vend. (3, 23): Cum autem emptio et venditio contracta sit (quod effici diximus, simulatque de pretio convenerit, cum sine scriptura res agitur), periculum rei venditae statim ad emptorem pertinet, tametsi adhuc ea res emptori tradita non sit. Itaque, si homo mortuus sit, vel aliqua parte corporis laesus fuerit, aut aedes totae aut aliqua ex parte incendio consumptae fuerint, aut fundus vi fluminis totus, vel aliqua ex parte ablatus sit, sive etiam inundatione aquae, aut arboribus turbine dejectis longe minor, aut deterior esse coeperit: emptoris damnum est, cui necesse est, licet rem non fuerit nactus, pretium solvere. Quidquid enim sine dolo et culpa venditoris accidit, in eo venditor securus est. Sed et si post emptionem fundo aliquid per alluvionem accessit, ad emptoris commodum pertinet. Nam et commodum ejus esse debet, cujus periculum est.

L. 1 D. de evict. (21, 2) (Ulpian.): Sive tota res evincatur, sive pars, habet regressum emptor in venditorem.

2. Die Miete ist entweder Sachmiete oder Dienstmiete oder Werkmiete.

Die Sachmiete (locatio conductio rei) ist der Vertrag über entgeltliche Sachgebrauchsüberlassung. Der Mieter hat die actio conducti; der Vermieter die actio locati.

Die Dienstmiete (locatio conductio operarum) ist der Vertrag über entgeltliche Leistung eines Arbeitsquantums, z. B. der Vertrag mit dem Dienstboten, mit dem Tagelöhner, mit dem Gesellen. Der Arbeitsherr hat die actio conducti; der Arbeitsleistende die actio locati. Gegenstand der Dienstmiete können nur operae illiberales sein; d. h. niedere Dienstleistungen, welche einen Preis haben, durch den Mietpreis bezahlt werden: ihre Leistung stellt eine Leistung von Vermögenswert, nicht (wie die Dienste des Mandatars, des Freundes, des Arztes, des Lehrers) eine unschätzbare Leistung dar.

Die Werkmiete (locatio conductio operis) ist der Vertrag über entgeltliche Leistung eines Arbeitserfolges, z. B. der Vertrag über Transport von Sachen (Frachtvertrag) oder Personen, der Vertrag über Ausbesserung, Bearbeitung, Verarbeitung von Sachen. Es genügt nicht, dafs eine gewisse Arbeitsmenge geleistet sei (z. B. daſs der Schneider stundenlang an der Ausbesserung gesessen habe); es muſs der zugesagte Erfolg hergestellt werden. In diesen Fällen ist der die Arbeit Versprechende selbst zugleich der Arbeitsherr (der Unternehmer): er hat dem anderen sich nicht unterzuordnen noch seinen Weisungen in Bezug auf die Einzelheiten der Arbeit Folge zu leisten, sondern schuldet ihm lediglich die Herstellung des gewünschten Erfolges. Deshalb heiſst der, welcher die Arbeit verspricht, hier conductor operis: er hat die Unternehmung (das opus) gemietet (er ist der Unternehmer anstatt des anderen, welchen das opus eigentlich angeht). Der, welcher den Arbeitserfolg empfängt, heiſst locator operis: er hat die Unternehmung abgegeben an den anderen. Die Klage des Arbeitsempfängers heiſst hier daher actio locati, die Klage des Arbeitsleistenden actio conducti[3].

In allen Fällen ist die Miete ein bonae fidei negotium. Beide Teile schulden omnis diligentia und überhaupt alles, was die bona fides nach Maſsgabe der Umstände mit sich bringt. Dazu gehört auch, daſs der Verpächter dem Pächter in schlechten Jahren einen verhältnismäſsigen Nachlaſs am Pachtzinse zu gewähren hat (sogenannte remissio), sowie umgekehrt, daſs der Pächter, welcher nachher durch reichliche Ernte entschädigt wird, nachträglich den remittierten Pachtzins nachzuzahlen verpflichtet ist.

Der Kaufpreis ist grundsätzlich (sofern nicht das Gegenteil ausdrücklich oder stillschweigend vereinbart ist) Zug um Zug zu leisten, dagegen der Mietpreis grundsätzlich erst nach empfangener Leistung des anderen Teils („postnumerando“). Die bona fides verlangt beim Kauf im Zweifel gleichzeitige Leistung beider Teile, bei der Miete aber die Vorausleistung dessen, welcher den

[3] Wörtlich heiſst locare: placieren, unterbringen (die zu vermietende Sache, die Arbeitskraft, das Unternehmen); conducere: zusammenbringen (der Ausdruck scheint bei der Dienstmiete aufgekommen zu sein: Zusammenbringen der nötigen Arbeitskräfte). Vgl. Degenkolb, Platzrecht und Miete (1867), S. 133 ff.; Mommsen in der Zeitschr. d. Savigny-Stift. Bd. 6, S. 263 ff. Auf die Bedeutung der publicistischen (vom Magistrat im Namen der Gemeinde geschlossenen) Mietverträge für die Ausbildung des privaten Mietrechtes hat zuerst Degenkolb a. a. O. S. 127 ff. hingewiesen; Mommsen, der a. a. O. dieser Anschauung beigetreten ist, behauptet gleiche publicistische Ausgangspunkte auch für das Recht der emtio venditio.

Gebrauch der Sache, die Arbeit, das Werk zu gewähren schuldig ist. Es hängt damit zusammen, dafs beim Mietvertrag der Vermieter die Gefahr der Sache trägt. Geht die vermietete Sache vor gemachtem Gebrauche unter (oder wird der zugesagte Gebrauch durch Verschlechterung der Sache unmöglich), so ist der Mieter, soweit ihm der Gebrauch entgeht, von der Zahlung des Mietzinses frei.

pr. I. de locat. et conduct. (3, 24): Locatio et conductio proxima est emptioni et venditioni, iisdemque juris regulis consistunt. Nam, ut emptio et venditio ita contrahitur, si de pretio convenerit, sic etiam locatio et conductio ita contrahi intellegitur, si merces constituta sit; et competit locatori quidem locati actio, conductori vero conducti.

3. Der Gesellschaftsvertrag (societas) ist der Vertrag über gegenseitige Leistungen zu einem gemeinsamen Zweck, z. B. um ein Handelsgewerbe gemeinsam zu treiben oder um eine Reise gemeinsam zu machen[4]. Die Societät ist ein bonae fidei negotium. Beide Teile schulden sich gegenseitig nicht blofs das Versprochene, sondern alles, was die bona fides mit sich bringt. Dazu gehört auch diligentia, aber nur die diligentia quam suis rebus adhibere solet (socius). Man kann nicht fordern, dafs der socius in Gesellschaftsangelegenheiten sorgfältiger sei als in seinen eigenen Angelegenheiten. Man mufs sich seinen socius danach aussuchen. Die bona fides fordert ebenso, dafs man die Societät in jedem Augenblick kündigen könne, es sei denn eine bestimmte Zeit verabredet, für welche man auf das Kündigungsrecht verzichtet hat. Wird unzeitig gekündigt (sei es gegen ausdrückliche Beredung, sei es gegen die bona fides), so wird zwar durch die Kündigung die Societät aufgehoben, aber der Kündigende ist dem andern ersatzpflichtig. Jeder socius hat gegen den anderen die actio pro socio. Vgl. oben S. 198.

pr. I. de soc. (3, 25): Societatem coire solemus aut totorum bonorum, quam Graeci specialiter κοινοπραξίαν appellant, aut unius alicujus negotiationis, veluti mancipiorum emendorum vendendorumque, aut olei, vini, frumenti emendi vendendique.

[4] Ist die Verabredung, eine Reise gemeinsam zu machen, an sich schon eine Societät? Nein, sondern nur, wenn gegenseitige Leistungen zur Erreichung dieses Zweckes zugesagt werden, die gemeinsame Reise also auf gemeinsame Kosten gemacht wird.

§ 1 eod.: Et quidem si nihil de partibus lucri et damni nominatim convenerit, aequales scilicet partes et in lucro et in damno spectantur. Quod si expressae fuerint partes, hae servari debent.

4. Das Mandat ist der Vertrag über unentgeltliche Ausführung eines Auftrags. Als bonae fidei negotium verpflichtet es beide Teile zu allem, was die bona fides fordert. So den Mandatar zur Ausführung des Auftrags und zu omnis diligentia (obgleich der Mandatar vom Contract keinen Vorteil hat), eventuell zu Schadensersatz; den Mandanten zum Ersatz der Auslagen und überhaupt zu omnis diligentia. Der Mandant (der den Auftrag erteilte) ist derjenige, welcher an erster Stelle und auf jeden Fall berechtigt ist; die Klage des Mandanten gegen den Mandatar heifst daher actio mandati directa. Der Mandatar (der Empfänger des Auftrags) ist nur unter Umständen und nicht auf jeden Fall berechtigt; die Klage des Mandatars gegen den Mandanten heifst actio mandati contraria.

Der Auftrag kann sich (wenn es sich um ein Rechtsgeschäft oder einen Procefs handelt) mit Erteilung einer Vollmacht verbinden, d. h. mit der Erteilung der Befugnis, im Namen des Auftraggebers das Geschäft zu schliefsen, den Procefs zu führen. Dann ist der Mandatar zugleich befugt, als Stellvertreter zu handeln (oben S. 215 ff.).

Von dem Mandat, welches die Verpflichtung des Mandatars zur Ausführung des Auftrags beabsichtigt, unterscheidet sich der gute Rat (das sogenannte mandatum tua gratia), welcher solche Verpflichtung nicht beabsichtigt und daher nicht blofs kein Mandat, sondern überhaupt kein Rechtsgeschäft bedeutet. Eine Handlung, welche contra bonos mores ist, kann nicht gültig durch Mandat aufgetragen werden, weil eine Verpflichtung zu unsittlichem Handeln überhaupt von Rechts wegen nicht begründet werden kann, weder durch bonae fidei noch durch stricti juris negotium.

§ 7 I. de mand. (3, 26): Illud mandatum non est obligatorium, quod contra bonos mores est, veluti si Titius de furto, aut de damno faciendo, aut de injuria facienda tibi mandet. Licet enim poenam istius facti nomine praestiteris, non tamen ullam habes adversus Titium actionem.

§ 13 eod.: In summa sciendum est, mandatum, nisi gratuitum sit, in aliam formam negotii cadere. Nam, mercede constituta, incipit locatio et conductio esse.

§ 83.

Die Quasicontracte.

Die Quasicontracte bedeuten Fälle der Contractswirkung bei blofs contractsähnlichem Thatbestand. Hierher gehören:

I. Die Bereicherung sine causa und ex injusta causa, d. h. die Bereicherung des einen auf Kosten des andern, wo doch jene Bereicherung um der unterliegenden Verhältnisse willen als dem Willen des Rechts nicht entsprechend (sine causa) oder als dem Willen des Rechts sogar widersprechend (ex injusta causa) erscheint. Der so Bereicherte ist zur Herausgabe seiner Bereicherung verpflichtet. Derjenige, auf dessen Kosten die Bereicherung erfolgt ist, hat gegen den Bereicherten eine condictio.

a. Fälle der Bereicherung sine causa sind: 1. Die solutio indebiti, d. h. die irrtümliche Zahlung einer Nichtschuld: der irrtümlich Zahlende hat als Rückforderungsklage die condictio indebiti. 2. Das dare ob causam, d. h. die Vermögenszuwendung in der vertragsmäfsigen Erwartung eines künftigen Erfolges (z. B. dafs der X die Y heiraten werde). Solange der Erfolg nicht eingetreten ist, bezw. sobald sich entschieden hat, dafs der Erfolg nicht eintreten kann, erscheint die Bereicherung des Empfängers als nicht hinreichend begründet; der Gebende hat als Klage auf Rückgabe der Bereicherung die condictio ob causam datorum oder, wie sie auch genannt wird, die condictio causa data causa non secuta. Unter diesem Gesichtspunkt und mit dieser Klage kann nach römischem Recht beim Innominatrealcontract (Tauschcontract, oben S. 366) der Vorleistende jederzeit seine Vorleistung zurückfordern. Er hat also die Wahl, ob er aus dem Innominatrealcontract die Gegenleistung mit actio praescriptis verbis oder aus dem Quasicontract die Rückleistung der Bereicherung (solange die Gegenleistung nicht gemacht ist) mit condictio causa data causa non secuta fordern will (sogenanntes jus poenitendi)[1]. 3. Das mifsglückte

---

[1] Diese condictio („propter poenitentiam") ist vielleicht erst von den Compilatoren in das römische Recht eingeführt, um die actio fiduciae zu ersetzen, mit welcher im Fall einer mancipatio (oder in jure cessio) fiduciae

dare, d. h. das dare, welches mit Geschäftswillen (z. B. mit dem Willen, ein Darlehen zu geben) vollzogen ist, aber das Geschäft nicht hervorbrachte, z. B. weil auf der andern Seite der entsprechende Wille fehlte (der Empfänger glaubte z. B., ihm solle geschenkt werden). Dann ist keine Darlehnsklage möglich, aber condictio sine causa auf Rückgabe der Bereicherung. Ebenso wenn jemand, der ein Darlehn geben wollte, fremde Münzen gegeben hat, so dafs der Empfänger nicht durch die Tradition, sondern erst durch Consumtion Eigentümer ward, d. h. dadurch, dafs das fremde Geld mit dem Geld des Empfängers vermischt ward (oben S. 297). Dieselbe condictio sine causa wird überhaupt gegeben, wo dem einen etwas zugekommen ist, was besser einem andern zugekommen wäre. Ein Beispiel: die Sache, welche mir vermacht war, hat ein anderer verkauft; die vermachte Sache geht unter, so dafs ich sie nicht mehr vindicieren kann; ich fordere mit condictio sine causa von jenem Verkäufer den von ihm erlösten Preis. Die condictio sine causa hat also überhaupt die Aufgabe, die irregegangene Bereicherung rückgängig zu machen, vorausgesetzt dafs dem Billigkeitsgrund, welcher für den Kläger spricht, kein Billigkeitsgrund auf seiten des Beklagten widerspreche.

b. Fälle der Bereicherung ex injusta causa sind: 1. Der Diebstahl: der Dieb ist durch den Besitz der gestohlenen Sache rechtswidrig auf Kosten des Bestohlenen bereichert[2]; der Eigentümer hat gegen ihn eine condictio, die condictio furtiva (dieser Name erst seit Justinian) auf Rückgabe der Sache bezw. Schadensersatz. 2. Das dare ob turpem causam, d. h. die Vermögenszuwendung, deren Annahme unsittlich ist

causa (wenn nämlich fiducia cum amico contracta vorlag, vgl. S. 362), wie Erfüllung der Auflage, so auch Rückgabe der Sache verlangt werden konnte. Vgl. Gradenwitz, Interpolationen, S. 146 ff.; Lenel in der Zeitschrift d. Sav.-Stift., Bd. 9, S. 182. Dagegen Karlowa, Röm. Rechtsgesch., Bd. 2, S. 771. 772.

[2] Ja, er gilt, als wäre er durch das Eigentum an der gestohlenen Sache bereichert, und geht daher die condictio gegen ihn auf rem dare, also darauf, dafs er den Kläger wieder zum Eigentümer mache, obgleich ja der Bestohlene trotz des Diebstahls Eigentümer geblieben ist. — Eine historische Erklärung dieses Rechtssatzes bei Jhering in seinen Jahrbb. f. Dogmat., Bd. 23, S. 205 Anm.

(z. B. das von Räubern erprefste Lösegeld). Dann hat der Gebende, auch wenn das vorausgesetzte Ereignis eingetreten ist (der Gefangene ist losgegeben), als Rückforderungsklage die condictio ob turpem causam, vorausgesetzt jedoch, dafs das Geben nicht gleichfalls unsittlich war (wie z. B. beim Dingen eines Mörders). 3. Das dare ex injusta causa, z. B. die Zahlung einer gesetzlich mifsbilligten Schuld (so die Erfüllung eines wucherischen Zinsversprechens), überhaupt die Bereicherung, welche als eine von Rechts wegen zu mifsbilligende Bereicherung des einen auf Kosten des andern erscheint (z. B. die Bereicherung des malae fidei possessor auf Kosten des Eigentümers durch Früchte, die er consumiert hat). Es entsteht die condictio ex injusta causa auf Herausgabe der Bereicherung.

L. 1 § 1 D. de condictione indebiti (12, 6) (Ulpian.): Et quidem si quis indebitum ignorans solvit, per hanc actionem condicere potest: sed si sciens, se non debere, solvit, cessat repetitio.

L. 7 § 1 D. de condictione causa data causa non secuta (12, 4) (Julian.): Fundus dotis nomine traditus, si nuptiae insecutae non fuerint, condictione repeti potest: fructus quoque condici poterunt.

L. 1 § 2 D. de condictione ob turpem vel injustam causam (12, 5) (Paulus): Quod si turpis causa accipientis fuerit, etiam si res secuta sit, repeti potest. L. 2 eod. (Ulpian): Utputa dedi tibi, ne sacrilegium facias, ne furtum, ne hominem occidas.

II. Das receptum nautarum, cauponum, stabulariorum, d. h. die Aufnahme der Sachen, welche der Reisende mitbringt, seitens des Schiffers, des Gastwirts oder des Stallwirts, verpflichtet den Aufnehmenden, gleich als ob über die von dem Reisenden eingebrachten Sachen ein Contract geschlossen wäre, zur Haftung für die Sachen. Der Prätor hat diese Verpflichtung eingeführt. Kommen die eingebrachten Sachen abhanden oder werden sie beschädigt, so fordert der Reisende mit der (prätorischen) actio de recepto vollen Schadensersatz, falls der Wirt (oder Schiffer) nicht nachweist, dafs der Schaden durch die eigene Nachlässigkeit des Reisenden oder durch unabwendbaren Zufall (vis major) herbeigeführt worden ist.

L. 1 pr. D. nautae caup. (4, 9): Ait praetor: Nautae, caupones, stabularii, quod cujusque salvum fore receperint, nisi restituent, in eos judicium dabo.

III. Die negotiorum gestio, d. h. die unbeauftragte Geschäftsführung (z. B. Procefsführung oder Fürsorge für Sachen des andern oder Schuldenzahlung für den abwesenden Freund), erzeugt ein mandatsähnliches Verhältnis. An erster Stelle und auf jeden Fall ist berechtigt derjenige, dessen Geschäfte geführt sind (der Geschäftsherr, dominus negotii), nämlich auf Vollführung des übernommenen Geschäfts mit omnis diligentia. Er hat die actio negotiorum gestorum directa. Nur unter Umständen ist der negotiorum gestor berechtigt, z. B. auf Ersatz von Auslagen. Er hat die actio negotiorum gestorum contraria.

§ 1 I. de obl. quasi ex contr. (3, 27): Igitur cum quis absentis negotia gesserit, ultro citroque inter eos nascuntur actiones, quae appellantur negotiorum gestorum; sed domino quidem rei gestae adversus eum, qui gessit, directa competit actio, negotiorum autem gestori contraria. Quas ex nullo contractu proprie nasci, manifestum est; quippe ita nascuntur istae actiones, si sine mandato quisque alienis negotiis gerendis se optulerit: ex qua causa ii, quorum negotia gesta fuerint, etiam ignorantes obligantur. Idque utilitatis causa receptum est, ne absentium, qui subita festinatione coacti, nulli demandata negotiorum suorum administratione, peregre profecti essent, desererentur negotia, quae sane nemo curaturus esset, si de eo, quod quis impendisset, nullam habiturus esset actionem.

IV. Auch die tutela, d. h. die Übernahme der Vormundschaft, erzeugt zwischen Mündel und Vormund ein mandatsähnliches Verhältnis. Auf alle Fälle berechtigt ist der Mündel, nämlich auf sorgfältige Vollführung der Vormundschaft. Doch haftet der Vormund, weil er zur Übernahme der Vormundschaft verpflichtet ist, nur für diligentia quam suis rebus adhibere solet. Der Mündel hat gegen den Vormund die actio tutelae directa. Nur unter Umständen berechtigt ist der Vormund, z. B. falls er Auslagen gehabt hat. Er klagt mit actio tutelae contraria.

§ 2 I. eod.: Tutores quoque, qui tutelae judicio tenentur, non proprie ex contractu obligati intelleguntur (nullum enim negotium inter tutorem et pupillum contrahitur); sed quia sane non ex maleficio tenentur, quasi ex contractu teneri videntur.

V. Die communio, d. h. die Vermögensgemeinschaft, erzeugt unter den Genossen ein societätsähnliches Verhältnis. Sie verpflichtet beide Teile auf Verlangen des andern zur Auseinandersetzung (teilbare Sachen werden reell geteilt: die unteilbare Sache wird dem einen ganz zugesprochen unter Verpflichtung, den andern zu entschädigen), ferner zum Ersatz von Auslagen, welche infolge der Gemeinschaft der eine für den andern machen mufste, endlich zur Leistung von diligentia quam suis rebus: der Genosse ist verpflichtet, die gemeinsame Sache nicht schlechter zu behandeln als seine eigene; widrigenfalls ist er schadensersatzverpflichtet. Es giebt drei Arten der Vermögensgemeinschaft: Sachgemeinschaft, Erbschaftsgemeinschaft, Grenzgemeinschaft (das letztere, falls die richtigen Grenzen nicht mehr klargestellt werden können). Dementsprechend giebt es drei Teilungsklagen (judicia divisoria): die actio communi dividundo für den Fall der Sachgemeinschaft, die actio familiae erciscundae für den Fall der Erbschaftsgemeinschaft, die actio finium regundorum für den Fall der Grenzgemeinschaft. Mit der Teilungsklage kann nicht blofs der Anspruch auf Auseinandersetzung, sondern ebenso auch der Anspruch auf praestationes personales (Auslagen, Schadensersatz) geltend gemacht werden. Soweit die Teilungsklage aber auf Auseinandersetzung geht, ist sie ein sogenanntes judicium duplex (vgl. oben S. 327); beide Teile haben die gleiche Rolle, und beide Teile werden durch adjudicatio (oben S. 308) bezw. condemnatio zur Leistung dessen angehalten, was zur Vollziehung der Auseinandersetzung nötig ist.

§ 3 I. eod.: Item, si inter aliquos communis sit res sine societate, veluti quod pariter eis legata donatave esset, et alter eorum alteri ideo teneatur communi dividundo judicio, quod solus fructus ex ea re perceperit, aut quod socius ejus in eam rem necessarias impensas fecerit: non intellegitur proprie ex contractu obligatus esse, quippe nihil inter se contraxerunt; sed, quia non ex maleficio tenetur, quasi ex contractu teneri videtur.

VI. Der Erbe wird durch Erbschaftsantritt quasi ex contractu verpflichtet, die ihm gültig vom Erblasser auferlegten Vermächtnisse den Vermächtnisnehmern auszuzahlen, vgl. § 115.

§ 84.
Die pacta.

Pactum ist die formlose Consenserklärung (z. B. der formlose Erlafsvertrag, der formlose Vergleichsvertrag). Ein obligatorisches pactum ist diejenige formlose obligatorische Consenserklärung, welche vom römischen Civilrecht nicht als Contract anerkannt worden ist. Hier gilt der Grundsatz, dafs das pactum (sogenanntes nudum pactum) keine klagbare Obligation, sondern nur eine sogenannte naturalis obligatio, d. h. eine klaglose (wenngleich zahlbare) Obligation hervorbringt: erfüllt der Schuldner das formlose Versprechen aus freien Stücken, so ist es gut, und eine condictio indebiti (oben S. 390) kann von dem Zahlenden nicht angestellt werden; aber ein Zwang zur Erfüllung durch actio ist ausgeschlossen. Nur im Wege der exceptio kann das pactum geltend gemacht werden, falls der Betreffende in die Lage kommt, als Beklagter sich auf das pactum berufen zu können[1].

Dennoch giebt es einige pacta, welche schon nach klassischem Civilrecht, andere, welche nach prätorischem Recht, und eine dritte Art, welche nach späterem Civilrecht, Kaiserrecht, klagbar sind (sogenannte pacta vestita).

I. Nach klassischem Civilrecht, und zwar in Einklang mit den allgemeinen ihm innewohnenden Gedanken, sind klagbar die pacta adjecta, d. h. die Nebenverträge, welche dem Abschlufs eines bonae fidei negotium sofort (ex continenti) hinzugefügt sind. Ist also z. B. bei Abschlufs des Kaufvertrags eine Conventionalstrafe für den Fall nicht rechtzeitiger Leistung verabredet worden, so kann die Conventionalstrafe mit der Klage aus dem Kaufcontract eingeklagt werden. Es bedarf der Stipulation nicht. Aus dem bonae fidei negotium wird alles geschuldet, was die bona fides mit sich bringt. Der Inhalt eines solchen

[1] Zu beachten ist, dafs der mifsglückte Formalvertrag darum nicht ein gültiges pactum darstellt. War die Absicht auf den Formalvertrag gerichtet, so kommt im Zweifel bei Mifslingen der Form nicht ein formloser Vertrag (der nicht beabsichtigt war), sondern gar kein Vertrag zu stande, vgl. l. 1 § 2 D. de verb. obl. (45, 1). Diese Stelle wird mit Unrecht als Beweisgrund gegen die naturale Verbindlichkeit des nudum pactum geltend gemacht.

Nebenvertrags wird ex bona fide gleichfalls kraft des gleichzeitig geschlossenen Hauptvertrags geschuldet. Ist der Nebenvertrag aber erst später geschlossen worden, so kann er mit der Klage aus dem Hauptvertrag nicht geltend gemacht werden (weil er hier keinen Bestandteil des Hauptvertrags bildet) und erzeugt daher, da er um seiner selbst willen nicht klagbar ist, keine actio, sondern nur eine exceptio.

II. Nach prätorischem Recht (pactum praetorium) ist klagbar das constitutum debiti, sei es debiti proprii, sei es debiti alieni, d. h. das Versprechen, eine bestehende Verpflichtung, sei es eine eigene, sei es eine fremde, erfüllen zu wollen. War ein solches Versprechen in Stipulationsform gegeben, so war es nach Civilrecht klagbar. Der Prätor machte es klagbar, auch wenn es durch formlose Zusage gegeben war (actio de pecunia constituta, welche ursprünglich nur aus dem Constitut für eine Geldschuld, und zwar nur für eine pecunia credita, gegeben wurde: das alte constitutum war eine formlose „Feststellung" eines bestimmten Rückzahlungstages für die geschuldete pecunia). So konnte jemand durch constitutum die Erfüllung einer fremden Verbindlichkeit versprechen, und dann haftete er noch strenger als der Bürge, insofern er nicht durch jede Aufhebung der Hauptschuld, sondern nur durch die dem Gläubiger zu teil gewordene Zahlung oder sonstige materielle Befriedigung befreit wurde. Die Schuld des Constituenten stand zu der Hauptschuld nicht (wie die fidejussio) in Correalverhältnis, sondern in blofs solidarischem Verhältnis (oben S. 354).

III. Nach späterem Kaiserrecht (pacta legitima) sind klagbar auch als blofse pacta (ohne Form) das Schenkungsversprechen und das Versprechen, eine dos (unten § 95) geben zu wollen. Doch ist das Schenkungsversprechen ohne gerichtliche Insinuation nur bis zum Betrage der Insinuationssumme von 500 solidi (oben S. 208) gültig.

L. 7 § 7 D. de pact. (2, 14): Ait praetor: PACTA CONVENTA, QUAE NEQUE DOLO MALO, NEQUE ADVERSUS LEGES, PLEBISCITA, SENATUSCONSULTA, EDICTA, DECRETA PRINCIPUM, NEQUE QUO FRAUS CUI EORUM FIAT, FACTA ERUNT, SERVABO.

L. 13 C. de pact. (2, 3) (MAXIMINUS): In bonae fidei contractibus ita demum ex pacto actio competit, si ex continenti fiat. Nam, quod postea placuit, id non petitionem, sed exceptionem parit.

§ 9 I. de act. (4, 6): De pecunia autem constituta cum omnibus agetur, quicumque vel pro se vel pro alio soluturos se constituerint, nulla scilicet stipulatione interposita; nam alioquin, si stipulanti promiserint, jure civili tenentur.

B. Delictsobligationen.

§ 85.

Die Privatdelicte des römischen Rechts.

Das römische Recht kennt eine Reihe von Delicten, gegen welche das Recht mit den Mitteln des Privatrechts wirkt: die Privatdelicte. Aus dem Privatdelict entspringen zur Strafe für den Delinquenten Forderungsrechte des Verletzten, teils auf Schadensersatz (reipersecutorische Klage, vgl. oben S. 259), teils auf Strafe (Pönalklage), teils auf Schadensersatz und Strafe (actio mixta). Die Privatdelicte des römischen Rechts sind:

1. Das furtum, d. h. die heimliche, bewufst widerrechtliche Aneignung einer fremden beweglichen Sache, sei es mit Entziehung der Sache aus fremdem Gewahrsam (der Diebstahl des heutigen Rechts), sei es ohne solche Entziehung (die heutige Unterschlagung)[1]. Aus dem Diebstahl entspringen zwei Klagen. Einmal die actio furti auf Strafe, und zwar gegen den fur manifestus (der auf der That ertappt, wenn auch nur gesehen, ist) auf quadruplum, gegen den fur nec manifestus auf das duplum. Zum andern die condictio furtiva auf Schadensersatz (oben S. 391). Die actio furti wird jedem gegeben, der durch den Diebstahl beschädigt ist (cujus interest, rem non subripi, rem salvam esse). Dagegen hat die condictio furtiva wegen Sachdiebstahls nur der Eigentümer der gestohlenen Sache.

Im älteren römischen Recht gab es auch eine actio furti concepti gegen den, bei welchem die gestohlene Sache durch Haus-

[1] Nach römischem Civilrecht fällt das Erfordernis der Heimlichkeit aus dem Begriff des furtum aus, so dafs das furtum des Civilrechts jede bewufst widerrechtliche Aneignung begreift, also die rapina mit unter das furtum fällt. Nur das prätorische Recht unterschied die rapina von dem furtum (s. unten). Vgl. A. Pernice in d. Zeitschr. d. Sav.-Stift. Bd. 17, S. 217.

suchung gefunden worden war, eine actio furti oblati gegen den, welcher die gestohlene Sache bei diesem anderen versteckt hatte, eine actio furti prohibiti gegen den, welcher sich der Haussuchung widersetzte, eine actio furti non exhibiti gegen den, welcher die bei der Haussuchung gefundene Sache nicht herausgeben wollte. Alle diese Klagen hingen mit dem alten Recht des Bestohlenen zusammen, zum Zweck förmlicher Haussuchung unter gewissen Feierlichkeiten, in jedes andere Haus einzudringen. Mit der Sitte dieser privaten Haussuchung sind auch diese Klagen abgekommen.

Was im Obigen definiert wurde, ist der Sachdiebstahl (furtum rei ipsius). Daneben kennt das römische Recht auch ein furtum possessionis (das furtum des Eigentümers, welcher seine eigene Sache dem dritten Besitzberechtigten, z. B. dem Faustpfandgläubiger, entwendet) und ein furtum usus (die Aneignung zu blofs vorübergehendem Gebrauch). Auch in diesen Fällen wird condictio furtiva (die possessio, der usus wird condiciert) und actio furti (das Interesse der possessio, des usus mufs zur Strafe mehrfach ersetzt werden) gegeben.

L. 1 § 3 D. de furtis (47, 2) (Paulus): Furtum est contrectatio rei fraudulosa lucri faciendi gratia vel ipsius rei vel etiam usus ejus possessionisve.

§ 3 I. de obligat. ex del. (4, 1): Furtorum autem genera duo sunt, manifestum et nec manifestum. — Manifestus fur est, quem Graeci ἐπ' αὐτοφώρῳ appellant, nec solum is, qui in ipso furto deprehenditur, sed etiam is, qui eo loco deprehenditur, quo fit ... Immo ulterius furtum manifestum extendendum est, quamdiu eam rem fur tenens visus vel deprehensus fuerit, sive in publico, sive in privato, vel a domino, vel ab alio, antequam eo perveniret, quo perferre ac deponere rem destinasset. Sed si pertulit, quo destinavit, tametsi deprehendatur cum re furtiva, non est manifestus fur. Nec manifestum furtum quid sit, ex his, quae diximus, intellegitur. Nam quod manifestum non est, id scilicet nec manifestum est.

§ 13 eod.: Furti autem actio ei competit, cujus interest, rem salvam esse, licet dominus non sit: itaque nec domino aliter competit, quam si ejus intersit, rem non perire.

§ 19 eod.: Furti actio, sive dupli, sive quadrupli, tantum ad poenae persecutionem pertinet. Nam ipsius rei persecutionem extrinsecus habet dominus, quam aut vindicando aut condicendo potest auferre. Sed vindicatio quidem adversus possessorem est, sive fur ipse possidet, sive alius quilibet; condictio autem adversus ipsum furem heredemve ejus, licet non possideat, competit.

2. Die rapina ist die gewaltthätige Sachentziehung und erzeugt die prätorische actio vi bonorum raptorum auf das quadruplum, wovon ein simplum als Schadensersatz gilt. Die actio vi bonorum raptorum ist also eine actio mixta. Nach Ablauf eines annus utilis (vgl. oben S. 277) geht sie nur noch auf einfachen Schadensersatz. Sie ist jedem zuständig, welcher durch den Raub geschädigt ist.

[L. 2 pr. D. vi bon. rapt. (47, 8):] Praetor ait: SI CUI VI, DOLO MALO, HOMINIBUS ARMATIS COACTISVE, DAMNI QUID FACTUM ESSE DICETUR, SIVE CUJUS BONA RAPTA ESSE DICENTUR, IN EUM, QUI ID FECISSE DICETUR, IN ANNO, QUO PRIMUM DE EA RE EXPERIUNDI POTESTAS FUERIT, IN QUADRUPLUM, POST ANNUM IN SIMPLUM JUDICIUM RECUPERATORIUM DABO[2].

pr. I. de vi bon. rapt. (4, 2): Qui res alienas rapit, tenetur quidem etiam furti. Quis enim magis alienam rem invito domino contrectat, quam qui vi rapit? Ideoque recte dictum est, eum improbum furem esse. Sed tamen propriam actionem ejus delicti nomine praetor introduxit, quae appellatur vi bonorum raptorum, et est intra annum quadrupli, post annum simpli. Quae actio utilis est, etiamsi quis unam rem licet minimam rapuerit. Quadruplum autem non totum poena est et extra poenam rei persecutio, sicut in actione furti manifesti diximus, sed in quadruplo inest et rei persecutio, ut poena tripli sit, sive comprehendatur raptor in ipso delicto, sive non.

3. Das damnum injuria datum ist die verschuldete Sachbeschädigung. Daraus entspringt für den beschädigten Eigentümer die actio legis Aquiliae auf vollen Schadensersatz, und zwar jedenfalls (ohne Rücksicht auf die Höhe des wirklich erlittenen Schadens) auf Ersatz des höchsten Wertes, welchen die Sache im letzten Jahr hatte, wenn es sich um die Tötung von Sklaven oder von vierfüfsigem Vieh (quadrupedes,

[2] Die obige Edictsstelle ist mit den Ergänzungen Lenels, Edictum, S. 316, gegeben.

quae pecudum numero sunt et gregatim habentur, veluti oves, caprae, boves, equi, asini, muli; — canis inter pecudes non est, l. 2 § 2 D. 9, 2) handelt[3], oder des höchsten Wertes, welchen die Sache im letzten Monat hatte (wenn es sich um anderen Sachschaden handelte)[4]. Die actio legis Aquiliae ist also eine reipersecutorische Klage, schliefst aber durch die besondere Art der Schätzung auch ein pönales Element in sich. Das Gleiche gilt von dem Rechtssatz, dafs die actio legis Aquiliae im Fall des Leugnens des Beklagten (des Thäters) auf das Doppelte geht (lis infitiando crescit in duplum, sog. Litiscrescenz). Der Beklagte war durch den Wortlaut der lex Aquilia (damnas esto) bereits verurteilt, als wenn ein rechtskräftiges Urteil über ihn ergangen wäre. Wer daher durch frivoles Leugnen den Kläger zum Beweis des Delicts nötigte, ward geradeso behandelt, als ob er der Erfüllung eines rechtskräftigen Urteils wissentlich sich hätte entziehen wollen, d. h. ins Doppelte verurteilt. Vgl. oben S. 230. 280.

Voraussetzung der actio legis Aquiliae ist Verschulden des Beklagten, sei es dolus, sei es blofs culpa levis. Aber nur die culpa levis in faciendo begründet das Delict der lex Aquilia; das non facere als solches ist kein Delict, wenngleich es unter Umständen ein facere und dann ein Delict sein kann. Und zwar mufs ein Verschulden vorliegen, durch welches eine bestimmte Sache des Klägers Schaden genommen hat. Wegen blofser Vermögensbeschädigung wird keine actio legis Aquiliae gegeben (vgl. unten Nr. 5). Der Wortlaut der lex Aquilia ver-

---

[3] Darauf bezog sich das erste Capitel der lex Aquilia.

[4] Auf die ceterae res und auf die blofse Beschädigung von Sklaven und Vieh bezog sich das dritte Capitel der lex Aquilia. Das zweite Capitel handelte von dem adstipulator (vgl. oben S. 376), welcher sein formelles Recht mifsbrauchte, um den Schuldner durch acceptilatio (unten § 89) zu befreien. Dies zweite caput der lex Aquilia kam aufser Übung, weil der adstipulator, nachdem die Verbindlichkeit des Mandats (oben S. 389) vom Civilrecht anerkannt war, mit der actio mandati directa auf vollen Schadensersatz verklagt werden konnte, es also der Delictsklage aus der lex Aquilia nicht mehr bedurfte. — Die zwölf Tafeln hatten nur eine Bestimmung über Sachschaden durch rumpere (rupitiae) und legten dem Thäter die Pflicht der Wiederherstellung der Sache (sarcire), eventuell Ersatz durch eine gleichwertige Sache auf.

langte, dafs der Sachschaden durch die Handlung des Beklagten unmittelbar herbeigeführt sei (damnum corpore corpori datum)[5]. Doch hat der Prätor später die actio legis Aquiliae (als utilis actio, vgl. oben S. 254) auch dann gegeben, wenn der Sachschade durch die Handlung des Beklagten nur mittelbar entstanden war. Beispiel: A durchschneidet den Strick, an welchem das Schiff liegt; der Sturm treibt jetzt das Schiff davon, so dafs es untergeht: mit actio l. A. directa kann von ihm nur Ersatz des Strickes, mit actio utilis aber auch Ersatz des Schiffes verlangt werden. Ja, unter Umständen gab der Prätor auch eine actio in factum nach Vorbild der lex Aquilia (accommodata legi Aquiliae), wenn nämlich kein eigentlicher Sachschade vorlag, aber doch eine Sachentziehung, welche thatsächlich der Sachvernichtung gleichkommt (z. B. ich löse die Fesseln des fremden Sklaven, so dafs der Sklave entflieht; oder: ich werfe einen fremden Ring in das Meer), und vollends ward das Gebiet der Vermögensbeschädigung beschritten, indem die actio legis Aquiliae auch für den Fall der an einem Freien verübten Körperverletzung auf Ersatz der Heilungskosten und des versäumten Arbeitslohnes gegeben wurde. Dennoch ist als Grundsatz die Beschränkung der actio legis Aquiliae auf die Fälle der Sachbeschädigung aufrecht erhalten worden.

pr. I. de leg. Aq. (4, 3): Damni injuriae actio constituitur per legem Aquiliam. Cujus primo capite cautum est, ut, si quis hominem alienum, alienamve quadrupedem, quae pecudum numero sit, injuria occiderit, quanti ea res in eo anno plurimi fuit, tantum domino dare damnetur.

§ 2 eod.: Injuria autem occidere intellegitur, qui nullo jure occidit. Itaque qui latronem occidit, non tenetur, utique si aliter periculum effugere non potest. § 3: Ac ne is quidem hac lege tenetur, qui casu occidit, si modo culpa ejus nulla invenitur. Nam alioquin non minus ex dolo quam ex culpa quisque hac lege tenetur.

§ 12—14 eod.: Caput secundum legis Aquiliae in usu non

[5] Das Cap. 1 der lex Aquilia (servus, pecudes) setzte ein injuria occidere, das Cap. 3 (ceterae res praeter hominem et pecudum occisos) ein injuria urere, frangere, rumpere voraus, also immer Sachbeschädigung durch unmittelbare körperliche Einwirkung.

est. Capite tertio de omni cetero damno cavetur. — Hoc tamen capite non quanti in eo anno, sed quanti in diebus triginta proximis res fuerit, obligatur is, qui damnum dederit.

§ 16 eod.: Ceterum placuit, ita demum ex hac lege actionem esse, si quis praecipue corpore suo damnum dederit. Ideoque in eum, qui alio modo damnum dederit, utiles actiones dari solent, veluti si quis hominem alienum aut pecus ita incluserit, ut fame necaretur . . . Sed si non corpore damnum fuerit datum, neque corpus laesum fuerit, sed alio modo damnum alicui contigit, cum non sufficit neque directa, neque utilis Aquilia, placuit, eum, qui obnoxius fuerit, in factum actione teneri; veluti si quis, misericordia ductus, alienum servum compeditum solverit, ut fugeret.

4. Die injuria (Beleidigung) ist jede absichtliche Nichtachtung fremder Persönlichkeit. Das Injurienrecht der zwölf Tafeln, welche öffentliche Schmähung mit Todesstrafe, körperliche Verstümmelung (membrum ruptum) mit Talion, andere Injurien mit einer festen Geldstrafe (meistens 25 As) bedrohten, ward durch den Prätor beseitigt, welcher intra annum (utilem) eine actio injuriarum aestimatoria, d. h. eine Klage auf verhältnismäfsige Geldbufse (der Richter hat das Recht, die verlangte Bufse abzumindern) einführte. Der weite Begriff der injuria (welcher von der römischen Jurisprudenz ausgebildet worden ist) bewirkte, dafs die actio injuriarum, die übrigen Rechtsmittel ergänzend, in allen Fällen möglich war, in denen dem Gegner bewufste (absichtlich auf die Kränkung der anderen Persönlichkeit gerichtete) Rechtswidrigkeit vorgeworfen werden konnte, dafs also aus einem Rechtsmittel wegen Ehrverletzung zugleich ein allgemeines Rechtsmittel wegen chicanöser Rechtsverletzung wurde[6]. Eine lex Cornelia (81 v. Chr.) gab eine Civilklage auf Geldstrafe (indem daneben öffentliche Strafe angedroht wurde) für gewisse Fälle von Realinjurien, nämlich für die Fälle des verberare, pulsare, domum vi introire.

Die actio injuriarum ist eine sogenannte actio vindictam spirans, d. h. sie geht auf persönliche Genugthuung, und ist

[6] Vgl. darüber v. Jhering in seinen Jahrbb. für Dogm., Bd. 23, S. 155 ff.: Rechtsschutz gegen injuriöse Rechtsverletzungen. — Landsberg, Injuria und Beleidigung (1886).

deshalb activ (auf seiten des Klagberechtigten) unvererblich: nur der Injuriierte selbst kann klagen, auf seine Erben geht das Klagerecht erst nach vollzogener litis contestatio über. Da sie aufserdem auf Strafe geht, ist sie als actio poenalis auch passiv unvererblich.

§ 1 I. de injur. (4, 4): Injuria autem committitur non solum, cum quis pugno puta aut fustibus caesus, vel etiam verberatus erit, sed etiam, si cui convicium factum fuerit, sive cujus bona, quasi debitoris, possessa fuerint ab eo, qui intellegebat, nihil eum sibi debere, vel si quis ad infamiam alicujus libellum, aut carmen scripserit, composuerit, ediderit, dolove malo fecerit, quo quid eorum fieret, sive quis matremfamilias, aut praetextatum praetextatamve adsectatus fuerit, sive cujus pudicitia attentata esse dicetur; et denique aliis pluribus modis admitti injuriam, manifestum est.

5. Dolus (die absichtliche vermögensbeschädigende That) und metus (die vermögensbeschädigende Drohung) verpflichten den Thäter zum vollen Schadensersatz vermöge der actio de dolo bezw. der actio quod metus causa (vgl. oben S. 205. 206). Die actio de dolo wird jedoch (weil sie den Verurteilten infamiert) nur subsidiär gegeben, wenn keine anderen Rechtsmittel zuständig sind (si qua alia actio non erit), und kann sie nach Ablauf von zwei Jahren (so nach Justinianischem Recht; nach prätorischem Recht: post annum utilem) nur noch als actio in factum angestellt werden, soweit der Beklagte von seinem dolus noch einen Gewinn hat. Da die vermögensbeschädigende Drohung nur einen Sonderfall des dolus darstellt, so ergiebt sich, dafs überhaupt im Fall des dolus auch die blofse Vermögensbeschädigung eine Klage auf Schadensersatz begründet, während im Fall blofser culpa (d. h. im Fall unbeabsichtigter, aber doch schuldhafter Schadenszufügung) nach römischem Recht grundsätzlich nur die Sachbeschädigung eine delictische Klage auf Schadensersatz hervorbringt (oben Nr. 3). Das deutsche B. G. B. ist über diesen engen Standpunkt des römischen Rechts weit hinausgegangen: die fahrlässige Schädigung erzeugt nach dem B. G. B. § 823 ff. grundsätzlich die gleiche Schadensersatzverpflichtung wie die vorsätzliche.

§ 86.

Quasidelicte.

Quasidelicte heifsen die Fälle der Delictswirkung (Verpflichtung zum Schadensersatz bezw. Strafe) bei blofs delictsähnlichem Thatbestand.

1. Der judex qui litem suam facit, d. h. der Richter (im Formularprocefs der Geschworene), welchem in Bezug auf die Entscheidung oder die Führung des Rechtsstreits ein Verschulden zur Last fällt, kann auf arbiträren Schadensersatz (quantum aequum judici videbitur) verklagt werden. Die Klage wird als actio quasi ex delicto aufgefafst, weil sie nicht blofs den Fall des (wissentlich) ungerechten Urteils, sondern auch alle leichteren Versehen umfafst, welche z. B. durch Versäumung eines Termins, Nichtachtung der gesetzlichen Vorschriften über die Vertagungen u. dgl. (imprudentia judicis) begangen werden. Als Klage wegen sachlich ungerechten Urteils ist die Klage nicht zu denken[1].

2. Gegen den (oder die) Bewohner eines Zimmers, aus welchem mit schädigendem Erfolg etwas hinausgeworfen oder gegossen ist, wird vom Prätor eine Klage auf doppelten Schadensersatz (also eine actio mixta) gegeben: die actio de effusis vel dejectis.

3. Gegen denjenigen, welcher über einer öffentlichen Strafse auf gemeingefährliche Weise etwas hingestellt oder hingehängt hat, giebt der Prätor eine Popularklage (cuivis ex populo, vgl. S. 259 a. E.) auf eine Privatstrafe von 10 000 Sesterzen, an deren Stelle im Justinianischen Recht 10 Goldsolidi getreten sind: die actio de posito vel suspenso.

4. Gegen den Schiffsherrn (nauta), den Gastwirt (caupo), den Stallwirt (stabularius) giebt der Prätor auf Grund der Delicte ihrer Angestellten (sofern dieselben im Bereich ihrer Anstellung thätig waren) dem Geschädigten eine actio in factum auf das Doppelte, also eine actio mixta.

5. Aus dem Delict des servus (nicht aus dem Contract, vgl. § 88 I) kann der Herr mit der Noxalklage (actio noxalis, d. h. mit der zuständigen Delictsklage, welche als Noxalklage

[1] Vgl. Lenel, Edictum, S. 136. 137.

gegen den Herrn angestellt wird) dahin in Anspruch genommen werden, dafs er entweder die Folgen des Delictes auf sich nehme oder den Sklaven dem Verletzten ausantworte (noxae dare). Vgl. oben S. 262. 265. Das Gleiche gilt, wenn ein Tier unerwarteterweise (contra naturam) Schaden angerichtet hat: gegen den Eigentümer geht die sogenannte actio de pauperie als Noxalklage. Nach vorjustinianischem Recht haftete auch der paterfamilias mit der Noxalklage aus den Delicten des filiusfamilias.

III. Übertragung und Aufhebung der Forderungsrechte.

§ 87.

Übertragung der Forderungsrechte.

Nach römischem Civilrecht kann die Forderung vom Gläubiger nicht an einen andern abgetreten (cediert) werden. Wohl kann der Gläubiger den anderen zu seinem Procefsprocurator machen (mandatum actionis), d. h. er kann ihm auftragen, seine Forderung einzuklagen, und es kann ferner ausgemacht sein, dafs der Mandatar den Ertrag der Klage behalten soll (mandatum in rem suam). Aber auch ein solcher Procefsprocurator, welchem das mandatum actionis zu seinen Gunsten (in rem suam) gegeben worden ist, kann nicht aus eigenem, sondern nur aus fremdem Recht (aus dem Recht des Auftraggebers) klagend auftreten. Er ist formell nicht berechtigt, sondern, gleich einem anderen Mandatar, nur verpflichtet zur Einklagung der Forderung: widerruft der Gläubiger das Mandat, oder stirbt der Gläubiger, so erlischt auch dies mandatum in rem suam gerade wie jedes andere Mandat. Der Mandatar in rem suam hat kein Recht an der Forderung. Er ist von Rechts wegen nicht Gläubiger, sondern nur ein Beauftragter des Gläubigers. In ein festes Verhältnis zur Forderung tritt er erst in dem Augenblick, in welchem er mit dem Schuldner litem contestiert hat. Die formula (mittels der formula vollzieht sich die litis contestatio des klassischen Processes, oben S. 220 Anm.) lautet, wenn ein Procefsprocurator auftritt, zu Gunsten (und ebenso, falls der Beklagte vertreten wird, zu Lasten) des Procurators, d. h. der Condemnationsbefehl der formula ist zu Gunsten (bezw. zu Lasten) des Procurators gefafst, während die intentio der formula auf den Namen des vertretenen Berechtigten (bezw. Schuldners) gestellt ist: wenn dem Mandanten (dem Gläubiger) 100 vom Verklagten geschuldet werden, so soll der Verklagte zur Zahlung der 100 an den Procurator verurteilt werden. Dadurch wird der Procurator dominus litis, d. h. selbst Procefspartei, zu deren Gunsten (bezw. Lasten) die Wirkung des Processes eintritt. Laut Inhalt der formula mufs der judex den Schuldner verurteilen, ihm (dem Procurator) zu zahlen. Von diesem Augenblick an also ist das erteilte Procefsmandat unwiderruflich, aber nicht blofs das in rem suam gegebene, sondern jedes Procefsmandat (jeder Procefsprocurator wird durch die formula dominus litis). Das mandatum in rem suam ist in seiner Wirkung nach aufsen von dem gewöhnlichen Mandat ununterscheidbar: auch der Mandatar in rem suam hat dem Schuldner gegenüber lediglich procuratorische Stellung, keine Gläubigerstellung, obgleich er dem Mandanten gegenüber nicht verpflichtet ist, das vom Schuldner Eingetriebene herauszuzahlen[1].

Von diesem Standpunkt hat das Civilrecht aber doch einen Schritt weiter gemacht. Es stellte sich fest, dafs das mandatum in rem suam nicht erst im Augenblick der Litiscontestation, sondern bereits im Augenblick der Denunciation unwiderruflich werde, d. h. in dem Augenblick, wo der Mandatar in rem suam den Schuldner von der zu seinen Gunsten geschehenen Erteilung des Mandats benachrichtigt hat. Jetzt unterschied sich das mandatum in rem suam von dem gewöhnlichen Procefsmandat. Das gewöhnliche Procefsmandat war widerruflich bis zur litis contestatio; das mandatum in rem suam war widerruflich nur bis zur denunciatio. Von dem Augenblick der Denunciation an hatte der Mandatar in rem suam jetzt ein Recht, dafs der Schuldner ihm, nur ihm allein zahle. Darin lag die erste Ankündigung des Cessionsgedankens. Nicht die Gläubigerschaft, aber doch ein Recht auf Stellvertretung des Gläubigers; nicht

---

[1] Näheres über die Geschichte der Procefsvollmacht im römischen Recht bei F. Eisele, Cognitur und Procuratur (1881); M. Rümelin, Zur Gesch. der Stellvertretung im röm. Civilprocefs (1886).

die Zuständigkeit der Forderung, aber doch ein Recht, die fremde Forderung auszuüben, ging auf den Mandatar in rem suam über.

Vollendet ist diese Entwickelung durch den Prätor. Er machte das mandatum in rem suam mit seinen blofs procuratorischen Wirkungen entbehrlich. Es war nach prätorischem Recht gleichgültig, ob der Gläubiger den Dritten zum Procefsprocurator gemacht hatte oder nicht, ob ferner das etwa erteilte Procefsmandat vielleicht (vor der Denunciation) gültig zurückgenommen war oder nicht. Es kam nach prätorischem Recht nur auf das Rechtsgeschäft an, durch welches die Veräufserung, d. h. die Abtretung, der Forderung erklärt wurde, also auf das über die Forderung abgeschlossene Kaufgeschäft, auf das Schenkungsgeschäft, auf das Dosbestellungsgeschäft u. s. f., welches den Willen, eine Forderung auf den andern zu übertragen, enthielt. Es war nach prätorischem Recht nicht erheblich das mandatum ad agendum, welches auf Grund des Veräufserungsgeschäfts erteilt wurde, sondern allein dies Veräufserungsgeschäft, d. h. das Cessionsgeschäft, selber. Erst nach prätorischem Recht ward der Veräufserungswille in Bezug auf das Forderungsrecht rechtlich wirksam. Nach Civilrecht gab es nur ein Auftragsgeschäft zur Geltendmachung der fremden Forderung (des Auftraggebers), welches unter bestimmten Voraussetzungen unwiderruflich wurde. Nach prätorischem Recht gab es ein Cessionsgeschäft (Verkaufen, Verschenken der Forderung u. s. f.), welches kraft des erklärten Veräufserungswillens den Cessionar zu einer Geltendmachung der Forderung im eigenen Namen, d. h. als eines eigenen Forderungsrechts, berechtigte. Nach prätorischem Recht gab es eine Singularsuccession in das Forderungsrecht, nach Civilrecht nicht.

Die Klage, welche der Prätor dem Cessionar auf Grund des Cessionsgeschäfts gab, war eine actio utilis (wo also bereits die intentio auf den Namen des Cessionars lautete)[2].

[2] Wie hat die actio utilis des Cessionars ausgesehen? Sicher war sie eine actio ficticia. Aber was wurde fingiert? Gegen die von Eisele, Die actio utilis des Cessionars (1887), S. 26. 40 ff., vermutete Fiction einer Delegation (si Titius N.um A.o delegavisset) mit Recht Unger in Jherings Jahrbb. f. Dogmat., Bd. 26, S. 412.

Diese actio utilis war vom Widerruf, Tod des Gläubigers schlechtweg unabhängig. Sie machte den Cessionar sofort zum Gläubiger des Schuldners. Aber es verstand sich von selbst, dafs dem Schuldner, solange er nichts von der Cession erfahren hatte, die an den ursprünglichen Gläubiger geleistete Zahlung aus Billigkeitsgründen angerechnet werden mufste. Erst vom Augenblick ausreichend sicherer Benachrichtigung an konnte der Schuldner verpflichtet sein, die Cession zu beachten. Also blieb die Denunciation immer noch von praktischer Bedeutung. Aber sie war nicht mehr das Mittel, um ein Recht des neuen Gläubigers erst zu erwerben, sondern nur ein Mittel, um ein Recht des Schuldners (noch an den ursprünglichen Gläubiger zu zahlen) auszuschliefsen.

Keine Cession liegt vor in der Novation (vgl. oben S. 373), wo kraft neuen Contractes mit dem Schuldner ein neues Forderungsrecht zu Gunsten eines neuen Gläubigers an Stelle des früheren Forderungsrechts erzeugt wird. Solche Novation kann praktisch Cessionswirkung haben, ist aber niemals formell ein Cessionsgeschäft; sie bedeutet immer Neubegründung einer Forderung, nicht Übertragung einer bestehenden Forderung.

§ 88.

Haftung für fremde Schulden.

I. Der Eigentümer des servus haftet aus den Delicten des servus mit der Noxalklage (oben S. 404). Aus den Contracten des servus haftet der dominus nicht schlechtweg, sondern nur unter Umständen, nämlich unter folgenden Umständen:

1. Wenn der dominus dem servus ein peculium eingeräumt hat, d. h. ihm Vermögensstücke übergeben hat mit dem Auftrag, dieselben selbständig zu verwalten (der servus unternimmt z. B. mit dem peculium irgend einen eigenen Gewerbebetrieb), so kann der dominus aus allen Contracten dieses servus (nur nicht aus Schenkungsgeschäften) mit einer (prätorischen) actio de peculio belangt werden, welcher gegenüber der Herr bis zum Betrage des peculium (peculio tenus) haftet. Da das peculium Vermögen des Herrn geblieben ist (der servus kann nichts erwerben), so haftet also der Herr in solchem Fall mit seinem eigenen Vermögen (aber nur bis zum Belauf des

peculium) für die Contractsschulden des servus, d. h. für fremde Schulden. Der servus selber haftet aus seinen Contracten naturaliter (vgl. S. 161). Was der Sklave dem Herrn schuldet (der Sklave hat etwa für sein peculium von dem Herrn ein Darlehn aufgenommen unter Verpflichtung der Rückzahlung), vermindert das peculium; umgekehrt, was der Herr dem Sklaven schuldet, vermehrt das peculium. Eine civilrechtliche Obligation ist zwischen dominus und servus unmöglich: aber die Contracte und Quasicontracte zwischen dominus und servus wirken als Verminderung bezw. Vermehrung des peculium. Hat daher der Sklave mit einem Dritten zu Gunsten des Herrn contrahiert (z. B. ein Darlehn aufgenommen, welches er für den Herrn verwendet, indem er etwa dessen Schulden bezahlt), so wird der Sklave wegen des aufgenommenen Darlehns einen Ersatzanspruch gegen den Herrn haben (entsprechend der actio negotiorum gestorum contraria), soweit der Herr bereichert, also das Geschäft wirklich dem Herrn zu gute gekommen ist. Dieser Ersatzanspruch des servus wird sein peculium vermehren und also auch um den Betrag dieses Ersatzanspruches der Herr dem dritten Gläubiger vermöge der actio de peculio haften. Der Gläubiger aber, mit welchem der servus das dem Herrn vorteilhafte Geschäft schlofs, soll nicht auf diese actio de peculio beschränkt sein. Er kann die actio de in rem verso gegen den Herrn anstellen, welcher gegenüber der Herr um den Betrag seiner Bereicherung (soweit das Geschäft ihm wirklich zu gute gekommen ist), also um den Betrag jenes Ersatzanspruchs des servus gegen den dominus, haftet. Dieser actio de in rem verso gegenüber hat der Herr kein Recht, die ihm etwa aus anderen Verhältnissen gegen den servus zuständigen Forderungen abzuziehen.

War das peculium dem Sklaven gegeben, um damit ein Handelsgewerbe zu treiben, so haben die Handelsgläubiger des servus gegen den Herrn die actio tributoria auf verhältnismäfsige Verteilung der merx peculiaris (des Handelsvermögens) unter die Handelsgläubiger (Concursverfahren). Der Herr hat dann nicht das Recht, seine Forderungen gegen den servus vorweg abzuziehen, sondern nur das Recht, wegen seiner Ansprüche neben den Gläubigern verhältnismäfsige Befriedigung zu empfangen.

2. Wenn der Herr den Auftrag (jussus) zum Abschlufs des Geschäfts durch den servus erteilt hat, so haftet der Herr dem Gläubiger mit der actio quod jussu, und zwar auf das Ganze (in solidum). Der Auftrag braucht nicht speciell erteilt zu sein. Es genügt auch der allgemeine Auftrag. Hat der Herr den Sklaven als Schiffscapitän (magister navis) eingesetzt und damit also ein Generalmandat (auf alle dem Schiffscapitän als solchem zufallenden Geschäfte bezüglich) erteilt, so kann aus allen Geschäften, welche der Dritte mit diesem servus als Schiffscapitän geschlossen hat (man denke z. B. an Frachtverträge), gegen den Herrn (als den Rheder, exercitor navis) mit der actio exercitoria geklagt werden, und zwar auf das Ganze. Oder: hat der Herr den Sklaven sonst in einem Gewerbebetrieb als seinen Bevollmächtigten (institor, z. B. als Kellner, als Commis) angestellt, so haftet der Herr aus den Contracten, welche mit dem institor (dem Gewerbsbevollmächtigten des Gewerbsmanns) als solchem abgeschlossen sind, gleichfalls auf das Ganze mit der actio institoria.

II. Der Hausvater haftet aus dem Contracte des Hauskindes ebenso wie der dominus aus dem Contracte des servus. Also bald beschränkt, falls dem filiusfamilias ein peculium (profecticium, s. unten § 101) übergeben war (oder der filiusfamilias zu Gunsten des Vaters contrahiert hatte), bald unbeschränkt, falls der Vater den Auftrag zum Geschäft gegeben hat, sei es speciell, sei es generell. Die Klagen des Gläubigers aus dem Contract des filiusfamilias gegen den paterfamilias sind genau die gleichen wie die aus dem Contract des servus gegen den dominus.

III. Der Auftraggeber haftet für die Contracte des Bevollmächtigten (eines gewillkürten, freien Stellvertreters), sobald dieser als offener Stellvertreter auftrat, also den Contract unter Bezugnahme auf den erteilten Auftrag abschlofs (oben S. 217). Die Klagen, welche im Fall des Generalauftrags gegen den paterfamilias bezw. den dominus gegeben werden, sind ebenso zuständig, wenn ein nicht der Gewalt Unterworfener den Auftrag erhalten hat. Die actio exercitoria und institoria findet also auch im Fall der Anstellung eines freien Mannes als Schiffscapitän oder als institor (Gewerbsbevollmächtigter) statt. Ist sonstwie, sei es speciell, sei es generell, ein Auftrag gegeben worden — wo also im Fall unfreier Stellvertretung die actio quod jussu zuständig sein würde — so wird im Fall freier Stellvertretung eine actio quasi institoria gegeben. War der Contrahent nicht beauftragt, schlofs aber dennoch im Interesse des andern (als negotiorum gestor desselben) den Contract, so kann der Gläubiger, mit welchem der Contract geschlossen war, gegen diesen andern mit actio utilis de in rem verso klagen. Der Verklagte haftet auf den Betrag seiner Bereicherung, d. h. soweit er dem negotiorum gestor ersatzpflichtig sein würde.

IV. Alle aufgeführten Klagen sind prätorische Klagen. Nach Civilrecht haftet immer und ausnahmslos nur der Contrahent, haftet niemals der dominus, der paterfamilias, der Auftraggeber des Contrahenten. Es giebt nach Civilrecht kein Contrahieren in fremdem Namen mit Wirkung für den andern (oben S. 216. 217). Aber der Prätor hat aus der Schuld des Contrahenten (welche von Civilrechts wegen die einzige bestehende Schuld ist) eine Klage auch gegen den dominus bezw. den paterfamilias bezw. den Auftraggeber (dominus negotii) gegeben: die vorhin aufgeführten Klagen. Die prätorische Klage ward der civilrechtlichen Klage hinzugefügt (non transfertur actio, sed adjicitur). Ein Zusatz der Klagformel drückt aus, weshalb aus der Schuld des Contrahenten ein anderer, der nach Civilrecht gar nicht verpflichtet ist, verklagt wird. Daher die heute übliche Bezeichnung dieser prätorischen Klagen als actiones adjecticiae qualitatis. Eine actio adjecticiae qualitatis ist also die Klage aus dem Contract des (unfreien oder freien) Stellvertreters gegen den Vertretenen. Sie ist in jedem einzelnen Fall die Klage, welche gegen den Contrahenten selber zuständig sein würde, aber mit dem betreffenden Zusatz (adjecticia qualitas), welcher zugleich die etwa eintretende Beschränkung der Haftung ausdrückt. War also ein Kaufgeschäft abgeschlossen worden, so würde der dritte Verkäufer gegen den Vertretenen (dominus, paterfamilias u. s. w.) mit der actio venditi de peculio oder der actio venditi de in rem verso oder der actio venditi institoria u. s. w. auftreten.

Das römische Recht ist auf diesem Standpunkt stehen geblieben, dafs aus dem Contract des Stellvertreters grundsätzlich der Contrahent (der Stellvertreter) und nicht der Vertretene haftet, dafs also die Haftung des Vertretenen in allen Fällen eine Haftung aus *fremder* Schuld (aus der Schuld des Stellvertreters) sei. Das heutige Recht ist zu dem anderen Satz übergegangen, dafs der von dem bevollmächtigten Stellvertreter im Namen des Vertretenen abgeschlossene Contract *unmittelbar* den Vertretenen verpflichtet, der Vertretene also aus eigener Schuld haftet, nicht mehr aus fremder Schuld. Klagen nach Art der römischen actiones adjecticiae qualitatis sind daher unserem heutigen Rechte (dem Rechte des deutschen B. G. B.) *unbekannt*. Sie sind durch die Fortentwickelung des Rechts von der Stellvertretung unmöglich und zugleich unnötig geworden.

§ **36** I. de action. (4, **6**): Sunt praeterea quaedam actiones, quibus non solidum, quod debetur nobis, persequimur, sed modo solidum consequimur, modo minus: ut ecce, si in peculium filii servive agamus. Nam si non minus in peculio sit, quam persequimur, in solidum pater dominusve condemnatur: si vero minus inveniatur, eatenus condemnat judex, quatenus in peculio sit.

§ **1** I. quod cum eo (4, **7**): Si igitur jussu domini cum servo negotium gestum erit, in solidum praetor adversus dominum actionem pollicetur, scilicet quia, qui ita contrahit, fidem domini sequi videtur. § **2**: Eadem ratione praetor duas alias in solidum actiones pollicetur, quarum altera exercitoria, altera institoria appellatur. *Exercitoria* tunc locum habet, cum quis servum suum magistrum navis praeposuerit, et quid cum eo ejus rei gratia, cui praepositus erit, contractum fuerit. Ideo autem *exercitoria* vocatur, quia *exercitor* appellatur is, ad quem cottidianus navis quaestus pertinet. *Institoria* tunc locum habet, cum quis tabernae forte, aut cuilibet negotiationi servum praeposuerit, et quid cum eo ejus rei causa, cui praepositus erit, contractum fuerit. Ideo autem *institoria* appellatur, quia, qui negotiationibus praeponuntur, *institores* vocantur. Istas tamen duas actiones praetor reddit et si liberum quis hominem, aut alienum servum navi, aut tabernae aut cuilibet negotiationi praeposuerit, scilicet quia eadem aequitatis ratio etiam eo casu interveniebat.

§ **4** eod.: Praeterea introducta est actio *de peculio* deque eo, quod in rem domini versum erit, ut, quamvis sine voluntate domini negotium gestum erit, tamen, sive quid in rem ejus versum fuerit, id totum praestare debeat, sive quid non sit in rem ejus versum, id eatenus praestare debeat, quatenus peculium patitur. In rem autem domini versum intellegitur, quidquid necessario in rem ejus impenderit servus, veluti si mutuatus pecuniam creditoribus ejus solverit, aut aedificia ruentia fulserit, aut familiae frumentum emerit, vel etiam fundum, aut quamlibet aliam rem necessariam mercatus fuerit.

§ 89.
Aufhebung der Forderungsrechte.

Die Aufhebung eines Forderungsrechtes erfolgt entweder ipso jure, d. h. von Civilrechts wegen, oder ope exceptionis, d. h. nur von prätorischen Rechts wegen. Im ersteren Fall erfolgt das Erlöschen des Forderungsrechts (denn das Civilrecht verfügt über das Dasein der Rechte). Im zweiten Fall erfolgt nur eine Hemmung des Rechts (denn der Prätor verfügt nur über die gerichtliche Geltendmachung der Rechte). Im ersteren Fall kann der Aufhebungsgrund seinerseits nicht wieder aufgehoben werden; es bedarf einer Neubegründung des Forderungsrechts. Im zweiten Fall ist es denkbar, dafs der Hemmungsgrund seinerseits in der Wirksamkeit gehemmt werde, so dafs das alte Forderungsrecht aufs neue geltend gemacht werden kann.

I. Ipso jure wirkende Aufhebungsgründe.

1. Der contrarius actus. Das alte Civilrecht fordert für die Aufhebung der Schuld rechtsförmliche Zahlung. Die blofse Thatsache, dafs dem Gläubiger das Seine zugekommen ist (die solutio des jus gentium), ist nicht genügend, um die obligatio aufzuheben. Die rechtsförmliche Zahlung aber mufs ein Doppeltes: sie mufs 1. den Gläubiger befriedigen und sodann 2. die Befriedigung des Gläubigers feierlich zum Ausdruck bringen. Sie mufs also eine Zahlung mit rechtsförmlicher Befreiung des Schuldners sein.

Aus diesem Satz des alten Rechts sind die formalen Aufhebungsgründe des klassischen Civilrechts hervorgegangen, welche durch die blofse Form der Zahlung (imaginaria solutio) die Befreiung des Schuldners herbeiführen, und zwar, infolge der formalistischen Neigung der alten pontificalen Jurisprudenz, durch eine Form, welche die Befreiung des Schuldners mittels der Umkehr des Eingehungsactes der obligatio (des contrarius actus) rechtsförmlich darstellt.

Hierher gehört zunächst die nexi liberatio, welche als die Aufhebung der nexi obligatio (der Schuld aus dem feierlichen Damnationsdarlehn per aes et libram, oben S. 49) gedacht und gestaltet ist, obgleich sie nicht blofs der feierlichen Darlehnszahlung, sondern überhaupt der Zahlung aus der formalen Damnationsschuld alten Stils (Judicatsschuld, Damnationslegat, vgl. unten § 115) dient. Einst war die nexi liberatio echte Zahlung. Sie befreite den Schuldner durch das mit libripens und fünf Zeugen dem Gläubiger zugewogene aes und durch die Form, die certa verba nämlich, mit denen der Schuldner selber seine nun eingetretene Befreiung von der Schuld feststellte. Durch Einführung des gemünzten Geldes ward die nexi liberatio zur blofsen Scheinzahlung. Zunächst so, dafs sie die Form war, welche zu der (jetzt aufserhalb des Actes liegenden) Zahlung hinzukommen mufste, um den Schuldner zu befreien[1]. Dann so, dafs die blofse Form der nexi liberatio im stande war, die nexi obligatio und die ihr gleichwirkende Judicatsschuld und Damnationslegatsschuld aufzuheben. Die nexi liberatio ward zu einer Form nicht blofs der Zahlung, sondern ebenso des Erlasses, durch die solenne Form der Selbstquittung des Schuldners (unter Mitwirkung und also Zustimmung des Gläubigers) den Schuldner befreiend.

Wenn Schulden anderer Art zu zahlen waren, so ward die Rechtsförmlichkeit der Zahlung durch formelle Quittung des Gläubigers hergestellt. Auch für diese Quittung des Gläubigers ward von der Jurisprudenz der pontifices das Gesetz des contrarius actus durchgeführt. Ward eine litteris contrahierte

[1] Es war also 1. die Form der nexi liberatio (per aes et libram) und 2. die wirkliche Zahlung nötig. Die blofse Form befreite ursprünglich den Schuldner nicht. Vgl. oben S. 230 Anm. 11. Dies ist deutlich auch daran erkennbar, dafs die nexi liberatio bis zuletzt nur eine Damnationsschuld auf darlehnsfähige Sachen (oben S. 298) aufzuheben im stande war, dafs also bis zuletzt die nexi liberatio ein materiell bestimmtes Geschäft blieb, eine Darlehnszahlung und Zahlung darlehnsmäfsiger Schulden. Vgl. Gaj. III § 175.

Schuld (oben § 81) gezahlt, so mufste die Quittung litteris, d. h. durch litterale acceptilatio (S. 381), ward eine verbis contrahierte Schuld (§ 80) gezahlt, so mufste die Quittung des Gläubigers verbis (acceptilatio verbis) formell erteilt werden. Auch hier so, dafs zunächst nur die Summe beider Acte: Zahlung und Quittung (welche zusammen den einen Act der rechtsförmlichen Zahlung darstellten) den Schuldner befreite, dann später so, dafs die blofse Quittung als imaginaria solutio tilgende Kraft empfing.

So entstand die acceptilatio (litteris bezw. verbis), der formale Erlafsvertrag, welcher in der Form der verbalen acceptilatio im klassischen Recht und ebenso im Corpus juris eine grofse Rolle spielt. Die acceptilatio verbis ist die stipulierte Quittung. Auf Frage des Schuldners bekennt der Gläubiger, das Geschuldete als vom Schuldner geleistet zu haben (quod ego tibi promisi, habesne acceptum? habeo). Diese Worte des Empfangsbekenntnisses heben nach klassischem Recht die Forderung des Gläubigers aus der Stipulation ipso jure auf, weil sie die alte Form der Zahlung darstellen, den contrarius actus für die verbis contrahierte obligatio. Aber nach dem Gesetz des contrarius actus kann nur die Verbalobligation, also die Stipulationsschuld, durch solche acceptilatio getilgt werden (wie durch litterale acceptilatio nur die Litteralschuld, S. 381). Sollen andere Schulden durch acceptilatio verbis getilgt werden, so müssen sie vorher durch Novation (unten unter 2) in eine Stipulationsschuld verwandelt worden sein. Ist eine Generalquittung und völlige Entlastung des Schuldners durch acceptilatio beabsichtigt, so wird das Formular der sogenannten stipulatio Aquiliana gebraucht, um alle Verpflichtungen des einen gegen den andern zunächst verbis zu novieren (in Stipulationsschuld zu verwandeln) und sodann verbis zu acceptoferieren. Die stipulatio Aquiliana war also eine Generalstipulation zum Zweck der Generalacceptilation.

Die acceptilatio litteris ist mit dem Litteralcontract abgekommen, und ist im Justinianischen Recht die acceptilatio verbis daher die einzige Art der Acceptilation.

Unter den Gesichtspunkt des contrarius actus ist von den römischen Juristen auch die Aufhebung des Consensualcontractes (Kauf, Miete u. s. w.) mutuo dissensu gebracht worden. So lange noch von keiner Seite geleistet ist (re nondum secuta), also lediglich der consensus als obligatorische Thatsache wirkt, kann die consensu contrahierte obligatio durch mutuus dissensus (contraria voluntate) aufgehoben werden[2].

L. 80 D. de solut. (46, 3) (POMPONIUS): Prout quidque contractum est, ita et solvi debet.

GAJ. Inst. III § 173: Est etiam alia species imaginariae solutionis, per aes et libram; quod et ipsum genus certis in causis receptum est, veluti si quid eo nomine debeatur, quod per aes et libram gestum sit, sive quid ex judicati causa debeatur. § 174: Eaque res ita agitur: adhibentur non minus quam quinque testes et libripens, deinde is, qui liberatur, ita oportet loquatur: QUOD EGO TIBI TOT MILIBUS CONDEMNATUS SUM, ME EO NOMINE A TE SOLVO LIBEROQUE HOC AERE AENEAQUE LIBRA: HANC TIBI LIBRAM PRIMAM POSTREMAMQUE EXPENDO SECUNDUM LEGEM PUBLICAM; deinde asse percutit libram eumque dat ei, a quo liberatur, veluti solvendi causa.

§ 1 I. quib. mod. obl. toll. (3, 29): Item per acceptilationem tollitur obligatio. Est autem acceptilatio imaginaria solutio. Quod enim ex verborum obligatione Titio debetur, id si velit Titius remittere, poterit sic fieri, ut patiatur haec verba debitorem dicere: QUOD EGO TIBI PROMISI, HABESNE ACCEPTUM? et Titius respondeat: HABEO. Sed et graece potest acceptum fieri, dummodo sic fiat, ut latinis verbis solet: ἔχεις λαβὼν δηνάρια τόσα; ἔχω λαβών. Quo genere, ut diximus, tantum eae obligationes solvuntur, quae ex verbis consistunt, non etiam ceterae. Consentaneum enim visum est, verbis factam obligationem posse aliis verbis dissolvi. Sed id, quod ex alia causa debetur, potest in stipulationem deduci, et per acceptilationem dissolvi.

§ 2 eod.: Est prodita stipulatio, quae vulgo Aquiliana appellatur, per quam stipulationem contingit, ut omnium rerum obligatio in stipulatum deducatur et ea per acceptilationem tollatur. Stipulatio enim Aquiliana novat omnes obligationes et a Gallo Aquilio ita composita est: QUIDQUID TE MIHI EX QUACUMQUE CAUSA DARE, FACERE OPORTET, OPORTEBIT, PRAESENS IN DIEMVE, QUARUMQUE RERUM MIHI TECUM ACTIO, QUAEQUE ABS TE PETITIO, VEL ADVERSUS

---

[2] Vgl. zu dem obigen Erman, Zur Geschichte d. römischen Quittungen und Solutionsacte (1883).

TE PERSECUTIO EST, ERIT, QUODQUE TU MEUM HABES, TENES, POSSIDES, POSSIDERESVE, DOLOVE MALO FECISTI, QUOMINUS POSSIDEAS: QUANTI QUAEQUE EARUM RERUM RES ERIT, TANTAM PECUNIAM DARI STIPULATUS EST AULUS AGERIUS, SPOPONDIT NUMERIUS NEGIDIUS. ITEM EX DIVERSO NUMERIUS NEGIDIUS INTERROGAVIT AULUM AGERIUM: QUIDQUID TIBI HODIERNO DIE PER AQUILIANAM STIPULATIONEM SPOSPONDI, ID OMNE HABESNE ACCEPTUM? RESPONDIT AULUS AGERIUS: HABEO ACCEPTUMQUE TULI.

2. Befriedigung des Gläubigers. Mit dem Eindringen des jus gentium in das jus civile machte sich die Rechtskraft der sachlichen Befriedigung des Gläubigers als solcher geltend. Es bedarf nicht mehr der rechtsförmlichen Zahlung; es genügt die formlose Zahlung und was ihr gleich steht. Die Rechtsform der Zahlung einerseits, die Zahlung selber andererseits gehen ihren besonderen Weg. Der Rechtsform der Zahlung entspringen, wie sich soeben gezeigt hat, die formalen Erlafsverträge; aus der von ihrer Form befreiten Zahlung aber wird die solutio des klassischen Rechts.

Solutio ist die Leistung des Geschuldeten, mag es sich um eine Geldschuld oder um eine Sachschuld, um eine Darlehnsschuld oder eine Mietschuld oder sonst um eine Schuldverbindlichkeit handeln. Die solutio ist die Erfüllung im materiellen Sinn und hat gemein befreiende Kraft, nicht blofs in bestimmten Fällen, wie die rechtsförmlichen Zahlungshandlungen des alten Civilrechts. Und zwar befreit sie um ihres Erfolges willen, unabhängig von ihrer äufseren Form. Es ist nicht notwendig, dafs gerade der Schuldner leiste; es kann vielmehr (falls nicht die Natur der Leistung es verbietet) auch von jedem Dritten anstatt des Schuldners geleistet werden. Es ist ferner nicht notwendig, dafs gerade dem Gläubiger geleistet sei. Es kann mit gleicher befreiender Wirkung auch an einen andern geleistet werden, z. B. an den Gläubiger des Gläubigers oder an den solutionis causa adjectus (an welchen zu leisten, der Gläubiger dem Schuldner verstattet hat)[3]. Es ist ferner nicht notwendig,

[3] Der solutionis causa adjectus ist derjenige, an welchen der Schuldner zu zahlen laut Vertrages berechtigt ist; der Correalgläubiger dagegen, z. B. der adstipulator (oben S. 376), ist ein Dritter, an welchen zu zahlen

dafs dem Gläubiger genau das Geschuldete geleistet werde. Ist der Gläubiger damit einverstanden, so tritt der gleiche befreiende Erfolg ein, wenn ihm etwas anderes anstatt des Geschuldeten geleistet wird (sogenannte datio in solutum). Ja, es kann sein, dafs der Gläubiger befriedigt ist, ohne dafs ihm auf Grund dieser Schuld irgend etwas geleistet wurde. So in dem Fall des sogenannten concursus causarum lucrativarum. Hat der Gläubiger die ihm aus lucrativem Grunde (d. h. aus unentgeltlicher Zuwendung, z. B. Schenkungsversprechen oder Vermächtnis) geschuldete individuelle Sache („species") anderweitig lucrativ (durch Schenkung oder Vermächtnis) erhalten, so ist der Zweck auch der ersten Obligation (die Bereicherung des Gläubigers durch diese Sache) erreicht, und geht dieselbe durch Befriedigung, obgleich ohne sonderliche Zahlung, unter.

Der solutio verwandt ist die Novation, die Befriedigung des Gläubigers nicht durch Leistung, aber durch ein neues, streng einseitiges Zahlungsversprechen (stricti juris obligatio). Seitdem der Litteralcontract untergegangen, ist die Stipulation das einzige Mittel der Novation (vgl. oben S. 373 ff.). Sie verwandelt, sei es mit sei es ohne Personenwechsel, die bestehende Schuld in eine Stipulationsschuld. Der Gläubiger ist besser gestellt als zuvor. Er braucht nicht mehr auf die ursprünglichen Verhältnisse zurückzugehen; es genügt, wenn er die Stipulation beweist. Diese processualische Verbesserung seiner Lage ist das Befriedigende in der Novation. Die frühere Schuld geht unter, vorausgesetzt nur, dafs nicht eine accessorische Stipulation (ein zweiter Schuldgrund neben dem früheren), sondern wirkliche Novationsstipulation, d. h. Aufhebung der alten Schuld (ein neuer Schuldgrund anstatt des früheren) in erkennbarer Weise beabsichtigt war (sogenannter animus novandi).

pr. I. quib. mod. toll. obl. (3, 29): Tollitur autem omnis obligatio solutione ejus, quod debetur, vel si quis, consentiente creditore, aliud pro alio solverit. Nec interest, quis solvat, utrum ipse, qui debet, an alius pro eo. Liberatur enim et alio solvente,

---

der Schuldner gleichfalls verpflichtet ist. Der solutionis causa adjectus kann gegen den Schuldner nicht klagen, wohl aber der adstipulator.

sive sciente debitore sive ignorante vel invito solutio fiat. Item si reus solverit, etiam ii, qui pro eo intervenerunt, liberantur. Idem ex contrario contingit, si fidejussor solverit. Non enim solus ipse liberatur, sed etiam reus.

§ 3 eod.: Praeterea novatione tollitur obligatio, veluti si id, quod tu Sejo debeas, a Titio dari stipulatus sit . . . Sed, cum hoc quidem inter veteres constabat, tunc fieri novationem, cum novandi animo in secundam obligationem itum fuerat, per hoc autem dubium erat, quando novandi animo videretur hoc fieri, et quasdam de hoc praesumtiones alii in aliis casibus introducebant, ideo nostra processit constitutio, quae apertissime definivit, tunc solum fieri novationem, quotiens hoc ipsum inter contrahentes expressum fuerit, quod propter novationem prioris obligationis convenerunt; alioquin manere et pristinam obligationem, et secundam ei accedere.

L. 17 D. de O. et A. (44, 7) (Julian.): Omnes debitores, qui speciem ex causa lucrativa debent, liberantur, cum ea species ex causa lucrativa ad creditores pervenisset.

3. Unmöglichwerden der Erfüllung. Die Erfüllung der Obligation kann unmöglich werden durch casus, z. B. durch vom Schuldner nicht verschuldeten Untergang der Sache, und durch confusio, d. h. durch Zusammentreffen der Gläubiger- und Schuldnereigenschaft in derselben Person, z. B. infolge Erbgangs. In beiden Fällen ist der Zweck der Obligation nicht mehr erreichbar, und geht die Forderung, soweit die Wirkung von casus und confusio reicht, ipso jure zu Grunde.

L. 33 D. de V. O. (45, 1) (Pomponius): Si Stichus certo die dare promissus ante diem moriatur, non tenetur promissor.

L. 95 § 2 D. de solut. (46, 3) (Papinian.): Aditio hereditatis nonnunquam jure confundit obligationem, veluti si creditor debitoris, vel contra debitor creditoris adierit hereditatem.

II. Ope exceptionis wirkende Aufhebungsgründe.

1. Das pactum de non petendo, d. h. der formlose Erlafsvertrag, wird vom prätorischen Recht als allgemeiner Aufhebungsgrund der Obligation behandelt, aus welchem Grunde dieselbe auch entstanden sei, während die formalen Erlafsverträge des Civilrechts nur nach dem Gesetz des contrarius actus wirksam sind (oben I 1), die acceptilatio (verbis) also nur die Stipulationsschuld aufzuheben im stande ist. Wird aus einem

bonae fidei negotium geschuldet, so bewirkt ein Nachlafsvertrag allerdings auch nach Civilrecht (ipso jure), dafs aus dem bonae fidei negotium nichts mehr gefordert werden kann, weil die Forderung einer erlassenen Schuld der bona fides widersprechen würde; aber der Erlafsvertrag wirkt hier nicht als solcher um des Erlasses willen, sondern er wirkt, gleich einer Reihe von andern unzählbaren Umständen, lediglich um der bona fides willen. Handelt es sich um ein negotium stricti juris, so ist der Erlafsvertrag (sofern er nicht die Erfordernisse des contrarius actus erfüllt) nach Civilrecht unwirksam; der Schuldner mufs dennoch zahlen, denn der Erlafsvertrag ist als solcher dem Civilrecht unbekannt. Der Prätor aber giebt dem Verklagten exceptio pacti de non petendo: nach prätorischem Recht ist der Erlafsvertrag als solcher wirksam. Sollte aber etwa später ein neues Übereinkommen unter den Parteien dahin geschlossen worden sein, dafs doch gezahlt werden solle (pactum de petendo), so wird die exceptio pacti de non petendo durch replicatio pacti de petendo entkräftet werden können, und wird also dennoch aus der ursprünglichen Forderung wirksam geklagt werden. Das pactum de non petendo, weil blofs nach prätorischem Recht wirksam, erzeugt eine blofse Hemmung der Obligation, und daher einen Aufhebungsgrund, welcher seinerseits aufhebbar ist.

§ 3 I. de except. (4, 13): Praeterea debitor, si pactus fuerit cum creditore, ne a se peteretur, nihilominus obligatus manet, quia pacto convento obligationes non omnimodo dissolvuntur. Qua de causa efficax est adversus eum actio, qua actor intendit: SI PARET, EUM DARE OPORTERE. Sed, quia iniquum est, contra pactionem eum damnari, defenditur per exceptionem pacti conventi.

2. Die Compensation, d. h. die Aufrechnung mit einer gleichartigen Gegenforderung[4], mufste bei bonae fidei judicia in gewissen Grenzen schon nach Civilrecht (ipso jure) als zulässig erscheinen. Es widersprach der bona fides, den Beklagten zu

[4] In der Geschichte der Compensation ist vieles unsicher. Die Streitfragen behandelt, sorgfältig über die verschiedenen Ansichten Bericht erstattend, E. Stampe, Das Compensationsverfahren im vorjustinianischen stricti juris judicium (1886). Dazu Eisele in der Krit. Vierteljahrsschrift, Bd. 29, S. 37 ff. Neuerdings F. Leonhard, Die Aufrechnung (1897).

verurteilen, soweit der Kläger ihm aus demselben Contract (ex eadem causa) Gleichartiges seinerseits zu leisten hatte. Aber es war auch hier nicht ein Compensationsrecht des Beklagten, welches vom Civilrecht als solches anerkannt worden wäre. Vielmehr stand es durchaus im Ermessen des judex, ob ihn eine solche Compensation im Einzelfall statthaft dünkte[5], und war es also nur die eigentümliche Beschränkung des klägerischen Rechts bei bonae fidei judicia (nur das fordern zu dürfen, was der bona fides entsprechend ist), womit jene Beschränkung der beklagtischen Condemnation nach Civilrecht (kraft und nach Mafsgabe des officium judicis) in solchen Fällen gegeben war. Der aus einem bonae fidei negotium Verklagte ward mit Rücksicht auf seine aus demselben Contract entspringende Gegenforderung gemäfs dem Civilrecht freigesprochen (oder zu weniger verurteilt) nicht um eines dem Beklagten zuständigen Compensationsrechts willen, sondern lediglich um der (das officium judicis regierenden) bona fides willen.

Der Mangel eines beklagtischen Compensationrechts zeigte sich sofort bei den stricti juris actiones. Der Verklagte ward nach Civilrecht aus dem Darlehn condemniert, wenn er auch seinerseits eine ebenso grofse Capitalgegenforderung gegen den Kläger geltend zu machen imstande war[6]. Aber der Prätor machte das Dasein einer compensablen Gegenforderung auch für die actiones stricti juris erheblich.

Berief sich der Beklagte in jure, also in dem ersten Stadium des Processes, vor dem Magistrat, bevor noch die formula erteilt war (oben S. 220), auf eine compensable Gegenforderung, so setzte der Prätor eine exceptio doli in die formula (oben S. 274). Er behandelte es als eine Unbilligkeit seitens des Klägers, wenn dieser seine Forderung aus dem negotium stricti juris ohne Rücksicht auf eine compensable Gegenforderung des

[5] Gaj. IV § 63 (Studemund ed. 2): Liberum est tamen judici (bei bonae fidei judicia) nullam omnino invicem compensationis rationem habere; nec enim aperte formulae verbis praecipitur, sed quia id bonae fidei judicio conveniens videtur; ideo officio ejus contineri creditur.

[6] Bei stricti juris negotia ist wegen ihrer Natur als lediglich einseitig verbindlicher Geschäfte keine Gegenforderung ex eadem causa, sondern immer nur eine Gegenforderung ex dispari causa möglich.

Beklagten geltend machte: nach Civilrecht war das zulässig, aber der Prätor wollte es nicht dulden. Der Erfolg einer solchen exceptio doli (auf Grund compensabler Gegenforderung) war jedoch nicht die Compensation, sondern (falls der Beklagte in judicio das Dasein seiner Gegenforderung darthat) die Absolution des Beklagten ohne Rücksicht auf die Höhe seiner Gegenforderung. Auch der Prätor hatte der actio stricti juris gegenüber noch keine Compensation eingeführt, sondern nur einen indirecten Zwang für den Kläger, daſs dieser bei Anstellung seiner Klage (genauer: vor Erteilung der formula, also vor der litis contestatio) seinerseits compensiere, um nicht der ganzen Forderung verlustig zu gehen.

Den Fortschritt bewirkte hier ein Rescript von Marc Aurel: der exceptio doli, welche im stricti juris judicium auf Grund einer compensablen Gegenforderung der formula eingefügt wurde, ward Compensationswirkung beigelegt. Der Beklagte ward also auf Grund seiner exceptio doli jetzt in solchem Fall nicht mehr schlechtweg von der ganzen Schuld, sondern nur soweit freigesprochen, als seine Gegenforderung reichte. Noch immer aber blieb das prätorische Rechtsmittel der exceptio doli notwendig, damit der Beklagte sein Compensationsrecht der actio stricti juris gegenüber geltend machen könne: er muſste also nach wie vor bei stricti juris judicia schon in jure auf die Gegenforderung sich berufen, damit die exceptio doli in die Formel aufgenommen werde. Sein Compensationsrecht war ihm noch immer nicht ipso jure, nach Civilrecht, sondern nur ope exceptionis, nach prätorischem Recht, zuständig.

Aber es war eine eigentümliche Art von exceptio, diese exceptio doli mit Compensationswirkung. Das Wesen der exceptio ist, „ausnahmsweise“ die Freisprechung des Beklagten herbeizuführen (oben S. 268. 275). Hier war eine exceptio eingeführt, welche nicht über das Ob der Condemnation, sondern über den Inhalt der Condemnation entscheiden sollte[7]. Es war eine

[7] Wenn Paulus in l. 22 pr. D. de except. (44, 1) sagt: exceptio est condicio, quae modo eximit reum damnatione, modo minuit damnationem, so ist hier die exceptio doli, welche die Compensation vermittelt, bereits berücksichtigt, aber zugleich tritt der innere Widerspruch, welcher in einer condicio, quae minuit damnationem, liegt, klar hervor.

exceptio, welche sachlich keine exceptio („Ausnahme" von dem Condemnationsbefehl), sondern vielmehr eine Interpretation des Condemnationsbefehls bedeutete. Das Recht des Klägers auf Condemnation ward jetzt durch diese exceptio doli nicht mehr beeinflufst (das Bedingungsverhältnis von intentio und condemnatio ward nicht verändert): es war nur die Frage, zu wieviel der Beklagte würde condemniert werden. So hatte früher schon der Prätor dem bonorum emtor (oben S. 281) eine Klage nur „cum deductione" gegeben. Wenn der bonorum emtor aus einer Forderung des Concursschuldners klagte, so ward der Richter angewiesen, den Beklagten nur „unter Abzug" dessen zu verurteilen, was dieser etwa seinerseits als Gläubiger des Concursschuldners dagegen zu fordern hatte. Die condemnatio ward dadurch zu einer incerti condemnatio, auch wenn das Forderungsrecht des bonorum emtor auf ein certum gerichtet war[8]. So war denn jetzt die exceptio doli auf Grund einer Gegenforderung das Mittel, um die actio stricti juris schlechtweg in eine Klage mit condemnatio incerti zu verwandeln.

War die exceptio doli gebraucht und sodann die Gegenforderung im Procefs dargethan worden, so fragte es sich: welche Wirkung der Richter der Gegenforderung beizulegen habe. Sollte es so angesehen werden, als werde die klägerische Forderung jetzt erst um den betreffenden Betrag getilgt, infolge des vom Richter anerkannten Compensationsbegehrens des Beklagten? Oder sollte es so angesehen werden, als ob die klägerische Forderung um den entsprechenden Betrag schon damals getilgt worden wäre, als die Gegenforderung ihr gegenübertrat? Die Forderung des Klägers war z. B. verzinslich, die Gegenforderung des Beklagten war unverzinslich. Bei der ersten Art der Behandlung konnte der Kläger

[8] Anders ward der argentarius, der Bankier behandelt, welchen der Prätor nötigte, aus dem Contocorrentverhältnis „cum compensatione" zu klagen, weil das auf eine Reihe von Zahlungen und Gegenzahlungen gerichtete Contocorrentverhältnis nicht zur Zahlung der einzelnen Posten, sondern zur Zahlung nur des Saldo obligiert. Die intentio ward hier auf den Saldo gestellt, auf das, was der Kläger „mehr" von dem anderen zu fordern hatte, so dafs hier bei certa intentio der Kläger genau das in der intentio angegebene Plus haben mufste, um den Procefs zu gewinnen, während bei dem agere cum deductione das Mafs, um welches die Forderung durch Gegenforderung gemindert werden würde, in der formula dahingestellt blieb.

die Zinsen der Zwischenzeit fordern, in dem andern Fall nicht. Die Frage war: handelt es sich bei der Compensation um rechtsgeschäftliche Verfügung, um ein Begehren des Verklagten, jetzt den Compensationsvertrag mit dem Kläger abzuschliefsen (dann mufs die Compensation nur für die Zukunft wirken, nicht auch für die Vergangenheit); oder handelt es sich um einfache Anführung einer Thatsache (der Gegenforderung), welche auch ohne Zuthun des Beklagten und ohne Willen des Klägers von selber die verpflichtende Kraft des klägerischen Rechts auf das Plus beschränkte? Im letzteren Fall mufs die Compensation rückwärts wirken bis zum Augenblick der entstandenen Gegenforderung. Die römische Jurisprudenz hat sich für die zweite Möglichkeit entschieden und drückt dies in dem Satz aus: ipso jure compensari. Immer aber bewirkt die Entstehung der Gegenforderung als solche nur eine vorläufige Bindung der anderen Forderung, nicht unmittelbar die Aufhebung derselben. Damit die Bindung zur Aufhebung werde, ist entweder freier Compensationsvertrag der Parteien oder die siegreich durchgeführte Compensationseinrede im Procefs notwendig. In beiden Fällen wird dann endgültig die eine Forderung an und durch die andere gebunden und damit aufgehoben. Bevor die endgültige Bindung erfolgt ist, kann die vorläufige Bindung durch Zahlung der einen Schuld, auch durch Compensation mit einer anderen Gegenforderung rückgängig gemacht werden. So bedeutet die Gegenforderung immer nur einen ipso jure wirkenden Compensationsgrund, welcher sofort die Kraft des gegnerischen Forderungsrechts zu Gunsten des Schuldners lähmt — eine Wirkung, welche durch andere Vorgänge wieder rückgängig gemacht werden kann —, niemals aber einen ipso jure wirkenden Aufhebungsgrund. Die Aufhebung infolge der Gegenforderung erfolgt nicht ipso jure, sondern immer erst durch den Vertrag oder das richterliche Urteil — und dies richterliche Urteil hat im stricti juris judicium nach wie vor die vom Prätor gewährte exceptio doli zur Voraussetzung. Die aufhebende Wirkung der Gegenforderung tritt also im Procefs jetzt wie einst kraft prätorischen Rechtes (ope exceptionis), nicht kraft Civilrechts (ipso jure) ein — trotz des: ipso jure compensari. Justinian hat dann die Compensationseinrede zu einem im processualischen Sinn ipso jure wirkenden Verteidigungsgrund gemacht. Nach Justinianischem Recht kann die Compensationseinrede zu jeder Zeit im Procefs vorgebracht werden, ohne dafs der Richter irgend welcher besonderen Ermächtigung zur Berücksichtigung derselben bedürfte. Die einzige Voraussetzung ist (relative) Liquidität der Gegenforderung, d. h. ihr Beweis darf keine Verzögerung des Processes verursachen. In diesem Sinn ist die Compensationseinrede, und zwar ex dispari causa ebenso wie ex eadem causa, jedem Anspruch, auch dem mit dinglicher Klage geltend gemachten gegenüber (es wird z. B. mit der dinglichen Klage Schadensersatz gefordert) von Justinian zugelassen worden, nur bestimmte Fälle, z. B. die actio depositi directa, ausgenommen. Aber auch nach Justinianischem Recht wirkt die Gegenforderung privatrechtlich keine Aufhebung der anderen Forderung ipso jure, sondern nur einen Hemmungsgrund, welcher erst durch den Vertrag oder Urteil in einen Aufhebungsgrund sich verwandelt.

L. 1 D. de compensat. (16, 2) (MODESTINUS): Compensatio est debiti et crediti inter se contributio.

L. 21 eod. (PAULUS): Posteaquam placuit inter omnes, id, quod invicem debetur, ipso jure compensari, si procurator absentis conveniatur, non debebit de rato cavere, quia nihil compensat, sed ab initio minus ab eo petitur.

L. 11 eod. (ULPIAN.): Cum alter alteri pecuniam sine usuris, alter usurariam debet, constitutum est a divo Severo, concurrentis apud utrumque quantitatis usuras non esse praestandas.

§ 30 I. de act. (4, 6): In bonae fidei autem judiciis libera potestas permitti videtur judici ex bono et aequo aestimandi, quantum actori restitui debeat. In quo et illud continetur, ut, si quid invicem actorem praestare oporteat, eo compensato, in reliquum is, cum quo actum est, condemnari debeat[9]. Sed et in strictis judiciis

[9] In der Vorlage (GAJ. IV, § 61), welche bei Abfassung dieser Stelle benutzt wurde, hiefs es: [In quo et illud] continetur, ut, habita ratione ejus, quod invicem actorem ex eadem causa praestare oporteret, in reliquum eum, cum quo actum est, condemnare. Nach klassischem Recht war, wie oben bemerkt, die kraft der bona fides (im bonae fidei judicium) stattfindende Compensation auf Gegenforderungen aus dem nämlichen Contract beschränkt. Nach Justinianischem Recht ist es gleichgültig, aus welchem Rechtsgrunde die Gegenforderung entspringt.

ex rescripto divi Marci, opposita doli mali exceptione, compensatio inducebatur. Sed nostra constitutio eas compensationes, quae jure aperto nituntur, latius introduxit, ut actiones ipso jure minuant, sive in rem, sive personales, sive alias quascumque; excepta sola depositi actione, cui aliquid compensationis nomine opponi, satis impium esse credidimus, ne sub praetextu compensationis depositarum rerum quis exactione defraudetur.

3. Über die Aufhebung der Forderung durch litis contestatio vgl. oben S. 279.

Die capitis deminutio, auch die minima (vgl. oben S. 178), hob nach Civilrecht die Contracts- und Quasicontractsschulden des capite minutus auf. Der Prätor machte diesen Untergang der Forderungsrechte unschädlich, indem er den Gläubigern gegen die capitis deminutio minima in integrum restitutio erteilte; im Fall der capitis deminutio media und maxima gab er eine utilis actio in eos, ad quos bona eorum pervenerunt (l. 2 pr. D. 4, 5).

L. 2 § 1 D. de cap. min. (4, 5): Ait Praetor: QUI QUAEVE POSTEAQUAM QUID CUM HIS ACTUM CONTRACTUMVE SIT, CAPITE DEMINUTI DEMINUTAE ESSE DICENTUR, IN EOS EASVE PERINDE, QUASI ID FACTUM NON SIT, JUDICIUM DABO.

Drittes Buch.

Familien- und Erbrecht.

Erstes Capitel.

Das Familienrecht.

§ 90.

Einleitung.

Die Familienverhältnisse sind, soweit sie durch rechtliche Regelung den Charakter von Rechtsverhältnissen empfangen, Gewaltverhältnisse: die eine Person in gewissen Grenzen der Willkürherrschaft einer anderen Person, d. h. einer privatrechtlichen Herrschaft unterordnend. Die Familiengewalt bedeutet Subordination, nicht bloſse Obligation. Sie ist eine Gewalt über freie Personen, aber sie mindert die Freiheit des Gewaltunterworfenen: dem Gewalthaber ist ein gewisses Maſs eigennütziger Gewalt (frei zu handhabender Macht) zuständig. Die Familie ist noch heute ein Gebiet privater persönlicher Herrschaft (oben S. 24). Die Familienverhältnisse wirken wie auf die Person so auf das Vermögen (des Gewaltunterworfenen). Mit dem sogenannten reinen Familienrecht (dem Recht der Familiengewaltverhältnisse) verbindet sich das Familiengüterrecht (das Recht der Familienvermögensverhältnisse).

Die Familie erzeugt dreierlei Gewaltverhältnisse und dementsprechend dreierlei Arten von Vermögensverhältnissen: das eheliche Verhältnis (mit dem ehelichen Güterrecht), das väterliche Verhältnis (mit dem väterlichen Güterrecht), das vormundschaftliche Verhältnis (mit dem vormundschaftlichen Güterrecht). Das Familienrecht zerfällt daher in drei Teile: Eherecht, Recht der patria potestas, Recht der Vormundschaft.

Vorauszuschicken ist im folgenden die Lehre von dem Begriff und der Gliederung der Familie, um damit die Grundlage des gesamten Familienrechts zu gewinnen.

§ 91.

Die Familie.

I. Der Begriff der Familie. Die Familie im Sinn des römischen Civilrechts ist die Agnatenfamilie, d. h. die Gesamtheit aller, welche durch die Gemeinschaft der patria potestas miteinander verbunden sind. Agnaten sind alle diejenigen, welche unter derselben patria potestas stehen oder stehen würden, falls der gemeinschaftliche Stammvater noch lebte. Die Blutsverwandtschaft ist nicht genügend, um die Agnation hervorzubringen. Die Mutter ist als solche nicht Agnatin ihrer leiblichen Kinder, sondern nur dann, wenn sie (die Mutter) infolge der Ehe in die manus, d. h. in die patria potestas ihres Ehemannes eingetreten, also durch die Gemeinschaft der patria potestas mit ihren Kindern verwandt ist: sie ist dann die agnatische Schwester ihrer Kinder. Ferner: die Enkel von der Tochter sind nicht agnatisch mit dem Grofsvater verwandt, weil sie in die patria potestas ihres Vaters (bezw. des väterlichen Grofsvaters, vgl. oben S. 174) fallen, also mit dem Grofsvater mütterlicher Seite nicht durch das Mittel der patria potestas zusammenhängen. Umgekehrt ist die Blutsverwandtschaft für das Dasein der Agnation nicht notwendig. Überall da, wo durch Adoption, in manum conventio die patria potestas kraft Rechtsgeschäftes künstlich entsteht, wird zugleich die Agnation nicht blofs mit dem Adoptierenden, dem Ehemann, sondern auch mit der ganzen übrigen agnatischen Verwandtschaft des neuen Anverwandten begründet, weil die Gemeinschaft der patria potestas der nach Civilrecht für die Verwandtschaft allein entscheidende Umstand ist.

Die civilrechtliche Familie der Agnaten stellt die Hausgenossenschaft dar. Die Gemeinschaft der patria potestas, welche entweder wirklich noch besteht oder doch idealerweise in ihren Wirkungen fortlebt, bedeutet die Gemeinschaft des Hauses im rechtlichen Sinn des Wortes. Der bestimmende Entstehungsgrund dieser Gemeinschaft ist die Verwandtschaft von der Vaterseite (per virilem sexum), ihre formelle Grundlage ein rechtliches Verhältnis, die patria potestas, welches sowohl künstlich erzeugt (die vorhin schon genannten Fälle der Adoption, in manum conventio) sowie auch künstlich aufgehoben werden kann (die Fälle der capitis deminutio minima, oben S. 177).

Das jus gentium hat einen andern Begriff von der Familie. Die Familie des jus gentium ist die Cognatenfamilie (die Sippe, nicht das Haus). Cognation ist die auf Blutsgemeinschaft ruhende Verwandtschaft. Die Mutter ist die geborene Repräsentantin des cognatischen, wie der Vater des agnatischen Princips. Ja, vielleicht gab es eine Zeit, wo die Cognation nur durch Verwandtschaft von der Mutterseite erzeugt ward. In geschichtlicher Zeit wird die Cognation durch Verwandtschaft von der Vater- wie von der Mutterseite begründet. Die Agnation erscheint nicht mehr als der Gegensatz, sondern nur als der engere Kreis innerhalb der Cognation.

Das Wesen der Cognation ist Blutsgenossenschaft, nicht Hausgenossenschaft, ihre Grundlage ein natürliches, nicht ein rechtliches Verhältnis. Daher kann die Cognation, anders als die Agnation, weder künstlich aufgehoben noch auch (als solche) künstlich begründet werden. Doch hat das Eintreten der agnatischen Verwandtschaft in den Kreis der Cognaten bewirkt, dafs die künstliche Erzeugung der Agnation zugleich auch Cognatenrechte giebt, in diesem Sinn also auch die Cognation hervorbringt.

Der Gang des römischen Familien- und Erbrechts war dieser, dafs das altrömische (patricische) Civilrecht nur die Agnation berücksichtigte, dann, insbesondere durch den Prätor, die Berücksichtigung auch der Cognation aufkam, bis endlich durch die Kaisergesetzgebung die Cognation den Sieg davontrug. Die letzte Arbeit vollbrachte auch in dieser Hinsicht Justinian, zum Teil erst durch seine Novellengesetzgebung. Wie einst nur die Agnation, so ward jetzt nur die Cognation von entscheidender Bedeutung. Die altrömische strenge Hausverfassung ward zerstört. Die Familie des jus gentium siegte über die Familie des jus civile.

§ 1 I. de leg. agn. tutela (1, 15): Sunt autem adgnati per virilis sexus cognationem conjuncti, quasi a patre cognati, veluti frater eodem patre natus, fratris filius neposve ex eo, item patruus et patrui filius, neposve ex eo. At, qui per feminini sexus personas cognatione junguntur, non sunt adgnati, sed alias naturali jure cognati.

L. 10 § 4 D. de gradibus (38, 10) (PAULUS): Inter adgnatos igitur et cognatos hoc interest, quod inter genus et speciem. Nam, qui est adgnatus, et cognatus est, non utique autem, qui cognatus est, et adgnatus est. Alterum enim civile, alterum naturale nomen est.

L. 195 § 5 D. de V. S. (50, 16) (ULPIAN.): Mulier autem familiae suae et caput et finis est.

II. Die Gliederung der Familie. Die Familie gliedert sich in Ascendenten und Descendenten einerseits, in Seitenverwandte anderseits. Ascendenten und Descendenten sind miteinander in gerader Linie (linea recta) verwandt: der eine stammt von dem andern ab. Seitenverwandte sind miteinander in der Seitenlinie (linea transversa oder obliqua) verwandt: sie stammen von einem gemeinschaftlichen Dritten ab.

Die Nähe oder der Grad der Verwandtschaft, sowohl in gerader Linie wie in der Seitenlinie, bestimmt sich nach der Zahl der Zeugungen, welche zwischen den beiden Personen liegen, nach deren Verwandtschaft gefragt wird. Quot generationes, tot gradus. Der Vater ist also mit seinem Kinde im ersten Grade, mit seinem Enkel im zweiten Grade, Geschwister sind mit einander im zweiten Grade verwandt u. s. w. Vollbürtig heifst die Seitenverwandtschaft, wenn Vater und Mutter gemeinsam sind, halbbürtig heifst sie, wenn nur entweder der Vater oder die Mutter gemeinsam ist. Vollbürtige Geschwister (heute als germani bezeichnet) und Geschwister, welche nur den Vater gemeinsam haben, heifsen bei den Römern consanguinei; Geschwister, welche nur die Mutter gemeinsam haben, uterini. Mehrfache Verwandtschaft kommt dann vor, wenn bereits die Eltern miteinander verwandt sind. Affinität (Schwägerschaft) ist das verwandtschaftsähnliche Verhältnis des einen Ehegatten zu den Cognaten des andern. Aufsereheliche Geburt erzeugt eine Verwandtschaft nur mit der Mutter und deren Anverwandten, nicht mit dem aufserehelichen Vater.

Die Gentilen des altrömischen Rechts waren Geschlechtsvettern, Sippegenossen, einen weiteren Verband über der Familie bildend von öffentlich-rechtlicher und privatrechtlicher Bedeutung (oben S. 36 ff.) Später ist daraus, indem das Bewufstsein der Zusammengehörigkeit verloren ging, eine blofse Namensvetterschaft geworden, welche rechtlich ohne Wirkung ist. Nur das Erbrecht der Gentilen erhielt sich bis in den Anfang der Kaiserzeit (unten § 111).

L. 1 pr. D. de grad. (38, 10) (Gajus): Gradus cognationis alii superioris ordinis sunt, alii inferioris, alii ex transverso sive a latere. Superioris ordinis sunt parentes, inferioris liberi; ex transverso sive a latere fratres et sorores liberique eorum. § 1: Sed superior quidem et inferior cognatio a primo gradu incipit: ex transverso sive a latere nullus est primus gradus, et ideo incipit a secundo.

L. 10 § 14 eod. (Paulus): Avia paterna mea nupsit patri tuo, peperit te, aut avia paterna tua nupsit patri meo, peperit me: ego tibi patruus sum et tu mihi.

Cicero Top. c. 6: Gentiles sunt, qui inter se eodem nomine sunt. Non est satis. Qui ab ingenuis oriundi sunt. Ne id quidem satis est. Quorum majorum nemo servitutem servivit. Abest etiam nunc. Qui capite non sunt deminuti. Hoc fortasse satis est. Nihil enim video, Scaevolam pontificem ad hanc definitionem addidisse.

I. Das Eherecht.

§ 92.

Ehe und Eheschliefsung.

Die Ehe ist die gesetzmäfsige volle Verbindung von Mann und Frau zu gegenseitiger Lebensgemeinschaft. Zu dieser vollen Verbindung gehört nach altrömischem Recht die volle Gewalt des Mannes über die Person der Frau (manus mariti), welche zugleich die Hausunterthänigkeit und die Hausangehörigkeit der Frau (an das Haus des Mannes) hervorbringt. Die Ehe wird deshalb durch das altherkömmliche Geschäft des Brautkaufs (coëmtio), d. h. in der Form der Mancipation, geschlossen: die Tochter wird ihrem Gewalthaber abgekauft[1], um durch Erwerb

[1] Später verkauft die Frau sich selbst, gerade wie in Deutschland an die Stelle der Verlobung und Trauung durch den väterlichen bezw. vormund-

der eheherrlichen Gewalt das Rechtsverhältnis der Ehe hervorzubringen. Daneben stand eine, gleichfalls uralte, sacrale Form der Eheschliefsung, die confarreatio: ein unter gewissen Ceremonien mit vorgeschriebenen feierlichen Worten (certa verba) dem Jupiter dargebrachtes Opfer erzeugt in solenner Weise Opfergemeinschaft und damit Lebensgemeinschaft der Ehegatten und zugleich, weil beides als unzertrennbar erscheint, den Eintritt der Ehefrau in die manus mariti. Die coëmtio läfst das Recht der ehelichen Lebensgemeinschaft aus dem Erwerb der Gewalt über die Frau, die confarreatio umgekehrt die Gewalt über die Frau aus dem Recht der ehelichen Lebensgemeinschaft hervorgehen. Die coëmtio war die gemeine Eheschliefsungsform für alle römischen Bürger, für die plebejische wie für die patricische Ehe; die confarreatio war eine besondere Eheschliefsungsform für den Stand der Patricier[2].

Diese Manusehe mit ihren besonderen strengen Wirkungen für Person und Vermögen der Frau (unten § 93) gehört dem eigentümlich römischen jus civile an. Der Peregrine ist daher von solcher Ehe sowie von den Formen, welche dieselbe hervorbringen, ausgeschlossen. Das jus connubii des römischen Bürgers, welches seit der lex Canuleja (443 v. Chr.) auch für die Eheschliefsung zwischen Patriciern und Plebejern gegeben ist, besteht in dem Recht, eine solche römische Ehe mit manus (ein justum matrimonium mit Hausangehörigkeit der Frau und folgeweise auch der Kinder an das Haus des Mannes) abzuschliefsen.

Das Wesen der Ehe fordert so sehr die eheherrliche manus, dafs die manus nach altem Civilrecht auch da, wo die Ehe ohne die nötige Form eingegangen wurde, von selber eintritt, wenn der ernstliche Wille ehelichen Verhältnisses durch die thatsächlich ununterbrochen fortgesetzte eheliche Gemeinschaft verwirklicht worden ist. Wie die Braut gekauft wird, so kann sie auch

---

schaftlichen Gewalthaber später die Selbstverlobung und Selbsttrauung der Tochter tritt, welche dann auch Handgeld und Wittum vom Käufer-Bräutigam selbst empfängt. — Vgl. Karlowa, Röm. Rechtsgesch., Bd. 2, S. 158 ff. Leist, Altarisches jus civile, Bd. 1, S. 178, 179.

[2] Über die entsprechenden altarischen Urformen der Eheschliefsung vgl. Leist, Altarisches jus gentium, S. 125 ff.

ersessen werden. Der eine Satz war nicht minder wie der andere eine Folge der alten Anschauung, welche die Tochter als ein dem Vater gehöriges Vermögensstück behandelte. Grundstücke ersafs man in zwei Jahren; für alles andere (ceterae res) galt einjährige Ersitzungsfrist (oben S. 312). So ward also die fremde Tochter, welche man ohne rechtmäfsigen Kauf oder ohne confarreatio als Ehefrau heimgeführt hatte, in einem Jahr ersessen. Damit entstand die manus, wie man sagte, usu, und mit der manus dann die volle rechte Ehe des römischen Civilrechts[3].

Diese ganze Entwickelung hat sehr früh stattgefunden, wie sie ja auch die Züge hohen Alters an sich trägt. Zur Zeit der zwölf Tafeln war die Ususehe bereits in voller Anerkennung und sehr häufiger Anwendung. Ja, noch mehr, die zwölf Tafeln bezeugen, dafs die Grundlage der Ususehe, die alte Idee von der Unentbehrlichkeit der manus für das Dasein einer Ehe, schon aufgegeben worden ist. Ein neues Eherecht kündigt sich an.

Das ununterbrochene Zusammenleben ist das Kennzeichen ehelicher Gemeinschaft. Entzieht die Frau sich dem Mann während des Usucapionsjahres, um die eheliche Gemeinschaft zu unterbrechen, so ist der usus des Mannes unterbrochen (usurpatio) und kommt keine Ususehe zu stande.

Auf die usurpatio, welche den usus des Ehejahres unterbricht und seine Wirkung aufhebt, bezog sich ein Zwölftafelgesetz. Es stellte fest, dafs die usurpatio eingetreten sei, wenn die Frau auch nur während dreier aufeinanderfolgenden Nächte (trinoctium) nicht im Hause des Mannes war. Es erklärte ferner, dafs ein solches trinoctium, alljährlich wiederholt, genüge, um das Zustandekommen der manus für die Ehe dauernd auszuschliefsen.

Hier sind bereits ganz andere Gesichtspunkte lebendig als

[3] Wahrscheinlich ist die Ususehe aus der uralten Raubehe hervorgegangen. Es kommt bei vielen Völkern vor, dafs die durch Entführung zu stande gekommene Ehe erst nach Ablauf einer bestimmten Zeit sich legalisiert; vgl. J. Kohler in der Zeitschr. für vergleichende Rechtswissensch., Bd. 5 (1884), S. 342. 346. 364. 366. Auch das römische Recht hat die beiden Urformen der Eheschliefsung durch Brautkauf und durch Brautraub (Raub der Sabinerinnen!) zur Voraussetzung; vgl. L. Dargun, Mutterrecht und Raubehe (in Gierkes Untersuch. zur deutsch. Rechtsgeschichte XVI, 1883), S. 100—102. — Über die Entstehung der freien Ehe bei den Römern Bernhöft in der Zeitschr. f. vergleich. Rechtswiss., Bd. 8 (1888), S. 197. 198.

die, welche einst die Ususehe erzeugt hatten. Es ist klar, dafs dies trinoctium der zwölf Tafeln eine blofs symbolische Unterbrechung der Gemeinschaft ist. Die eheliche Gemeinschaft soll nur zum Schein unterbrochen werden, lediglich um den Eintritt der manus mariti auszuschliefsen. Es giebt eine Ehe ohne manus. Das ist der neue Gedanke, welcher hier deutlich vor uns liegt. Das alte Recht hat vorausgesetzt, dafs die usurpatio (die ernsthafte Aufhebung der Gemeinschaft) den Mangel des Ehewillens bedeutet. Jetzt gab es eine usurpatio (durch blofses trinoctium) trotz des Vorhandenseins des Ehewillens. Es war ein Wille da, welcher auf Ehe, aber ohne manus, gerichtet war, und dieser Wille hatte in den zwölf Tafeln seine Anerkennung gefunden. Die zwölf Tafeln haben die Ususehe sowenig eingeführt, dafs sie vielmehr die Auflösung derselben bezeugen.

Die formlose Eheschliefsung (ohne coëmtio, confarreatio) hatte in demselben Augenblick einen Stempel der Rechtmäfsigkeit empfangen, in welchem die Entstehung der manus durch usus anerkannt war. War der Mann in Usucapionsbesitz befindlich, war es also gewifs, dafs er übers Jahr der rechte Herr und Gemahl seiner Frau sein würde, so war schon vor Ablauf des Jahres kein blofs thatsächliches aufsereheliches Verhältnis, sondern ein rechtliches, vom Gesetz anerkanntes und mit Wirkung bekleidetes Verhältnis, ein Eheverhältnis da. Wie der Usucapionsbesitz an der Sache die Idee des Eigentums (oben S. 321), so schlofs der Usucapionsbesitz an der Frau schon vor Ablauf der Usucapionszeit die Idee der Ehe in sich. Weil jedoch die manus fehlte, so kam mit der formlos eingegangenen Ehe die Ehe ohne manus auf, und diese Ehe ohne manus galt bereits zur Zeit der zwölf Tafeln so sehr als Ehe, dafs der Gebrauch des trinoctium häufig war, um den Eintritt der manus von der Ehe fernzuhalten.

So gab es also schon zur Zeit der zwölf Tafeln eine doppelte Ehe: eine Ehe mit manus und eine Ehe ohne manus. Jene (die sogenannte strenge Ehe) war ein Institut des jus civile im technischen Sinn, durch negotia juris civilis (coëmtio, confarreatio) bezw. durch usus (der gleichfalls juris civilis ist, oben S. 303) begründet. Von der Ehe mit manus ist deshalb der Peregrine ausgeschlossen. Diese, die Ehe ohne manus (sogenannte freie Ehe), ist die Ehe nach jus gentium. Sie ist auch dem Peregrinen zugänglich. Sie kommt durch formlosen Eheschliefsungsvorgang zu stande. Dort führt die Frau den Ehrennamen materfamilias, hier ist die Frau nur uxor.

Allerdings, die Ehe nach jus gentium (ohne manus) entbehrte zunächst der rechtlichen Wirkungen, welche das römische Civilrecht an die rechte Ehe (das justum matrimonium) knüpfte. Die Frau blieb in ihrer familia (unter der väterlichen Gewalt ihres Vaters, bezw. unter der Vormundschaft ihrer Anverwandten); die Kinder folgten der Mutter, waren also der Gewalt und dem Hause ihres leiblichen Vaters von Rechts wegen nicht angehörig und deshalb nach römischem Civilrecht (vgl. § 91) mit ihrem Vater überall nicht verwandt. Aber die Anerkennung der Ehe ohne manus als Ehe hat naturgemäfs die Anerkennung der Kinder als Kinder ihres Vaters zur Folge gehabt. In diesem Sinne ist kraft gewohnheitsrechtlicher Entwickelung (es ist kein Gesetz nachweisbar) die Ehe ohne manus ein justum matrimonium, d. h. eine Ehe nach jus civile geworden: obgleich die Frau nicht in die manus und damit nicht in die familia ihres Mannes eintritt, sind jetzt doch die Kinder des Mannes Kinder, seiner väterlichen Gewalt unterworfen und seines Hauses Angehörige (sui); die nicht hausangehörige Frau gebiert ihm, weil sie seine Ehefrau ist, hausangehörige Kinder. Das zu stande Kommen einer rechten Ehe (justum matrimonium) ist auch für das Civilrecht von dem Erfordernis der agnatischen Hausangehörigkeit der Frau (manus) befreit worden. Das jus civile ist auch hier durch das jus gentium besiegt. Die manus, einst die Grundlage des römischen Eherechts, ist zu einem entbehrlichen Zubehör der Ehe geworden[4].

Die geschilderte Entwickelung hat sich schon zur Zeit der Republik vollzogen. In der Kaiserzeit trägt vollends die formlose „freie“ Ehe den Sieg davon. Coëmtio und confarreatio verschwinden. Der usus hat keine Wirkung mehr (es bedarf des trinoctium nicht). Nach Justinianischem Recht wird die Ehe für

[4] Vgl. zu dem obigen die, allerdings in mancher Hinsicht abweichende, Darstellung bei Karlowa, Röm. Rechtsgesch., Bd. 2, S. 167. 168.

die Regel durch jegliche Consenserklärung in irgend welcher Form geschlossen (consensus facit nuptias), vorausgesetzt dafs der Consens auf gegenwärtige eheliche Gemeinschaft gerichtet ist und dafs daher mit dem Consens die Ausführung desselben durch thatsächlichen Beginn der ehelichen Gemeinschaft (gewöhnlich durch die feierliche deductio in domum solennisiert) sich verbindet. Die Ehe wird nach römischem Recht durch consensus nuptialis, nicht aber durch consensus sponsalicius, den auf künftiges eheliches Verhältnis gerichteten Verlobungsconsens hervorgebracht.

Die Verlobung ward in Form der Stipulation abgeschlossen (sponsio, sponsalia). Doch blieb diese Stipulation in Rom unklagbar (vgl. S. 369 Anm. 1), während im übrigen Latium ihre Klagbarkeit sich durchsetzte[5].

Eine Ehe minderen Rechtes war der Concubinat, welchen die kaiserliche Gesetzgebung (seit Augustus) gleichfalls als eine Form gesetzmäfsiger Verbindung von Mann und Frau zu gegenseitiger Lebensgemeinschaft anerkannte. Die Concubine heifst aber nicht uxor, noch teilt sie Rang und Stand des Mannes, noch fallen die Concubinenkinder (technisch als liberi naturales bezeichnet) in die patria potestas ihres Erzeugers. Durch bestehende Ehe wird der Concubinat ausgeschlossen. Der Concubinat hat gleich der vollen Ehe monogamische und darum jedes andere gleichartige Verhältnis ausschliefsende Natur.

Contubernium ist die Sklavenehe, welche blofs thatsächlich, nicht rechtlich eine Ehe ist.

§ 1 I. de patr. pot. (1, 9): Nuptiae autem sive matrimonium est viri et mulieris conjunctio, individuam consuetudinem vitae continens.

L. 1 D. de ritu nupt. (23, 2) (Modestin.): Nuptiae sunt conjunctio maris et feminae et consortium omnis vitae, divini et humani juris communicatio.

Cicero Top. c. 3: Genus enim est uxor; ejus duae formae, una matrumfamilias, earum quae in manum convenerunt, altera earum, quae tantummodo uxores habentur.

---

[5] Vgl. A. Pernice in den Sitzungsber. d. Berl. Akad., Bd. 51, S. 1194. Anders Karlowa a. a. O. Bd. 2, S. 178.

Gaj. Inst. I § 110: Olim itaque tribus modis in manum conveniebant, usu, farreo, coëmptione. § 111: Usu in manum conveniebat, quae anno continuo nupta perseverabat. Quae enim veluti annua possessione usucapiebatur, in familiam viri transibat, filiaeque locum optinebat. Itaque lege XII tabularum cautum est, ut si qua nollet eo modo in manum mariti convenire, ea quotannis trinoctio abesset, atque eo modo usum cujusque anni interrumperet. Sed hoc totum jus partim legibus sublatum est, partim ipsa desuetudine oblitteratum est. § 112: Farreo in manum conveniunt per quoddam genus sacrificii, quod Jovi farreo fit, in quo farreus panis adhibetur: unde etiam confarreatio dicitur. Conplura praeterea, hujus juris ordinandi gratia, cum certis et sollemnibus verbis, praesentibus decem testibus, aguntur et fiunt. Quod jus etiam nostris temporibus in usu est. § 113: Coëmtione vero in manum conveniunt per mancipationem, id est per quandam imaginariam venditionem; nam adhibitis non minus quam quinque testibus civibus Romanis puberibus, item libripende, emit is mulierem, cujus in manum convenit.

Pauli Sent. II tit. 20: Eo tempore, quo quis uxorem habet, concubinam habere non potest. Concubina igitur ab uxore solo dilectu separatur.

Eod. tit. 19 § 6: Inter servos et liberos matrimonium contrahi non potest, contubernium potest.

L. 30 D. de R. I. (50, 17) (Ulpian.): Nuptias non concubitus, sed consensus facit.

§ 93.

Die eheherrliche Gewalt.

Die manus mariti ist die eheherrliche Gewalt alten Stils. Sie ist eine Erscheinungsform der hausherrlichen Gewalt über die Hausangehörigen, ein Seitenstück der patria potestas. Die uxor in manu (materfamilias) ist infolge der manus als Hausangehörige (sua) rechtlich filiaefamilias loco. Für sie gilt Kindesrecht in Bezug auf das Verhältnis zu ihrem Mann, sowohl in Bezug auf das Gewaltverhältnis wie in Bezug auf das Vermögensverhältnis. Sie ist (darin äufsert sich das Gewaltverhältnis), gleich dem Kinde, der vollen Zucht-, ja unter Umständen Tötungsgewalt, ja dem Recht des Mannes unterworfen, sie in die

Knechtschaft zu verkaufen. Nur das Herkommen verpflichtet den Mann, in schweren Fällen ein Familiengericht (judicium propinquorum) zu berufen. Aber auch dann ist es die private Gewalt des Mannes und seiner Familie, welcher die Frau in Bezug auf Tod und Leben unterworfen ist. Erst die spätere Entwickelung, welche überhaupt die Stellung des Hauskindes verbesserte, hat hier auch die Wirkung der manus abgeschwächt. Andererseits (darin äufsert sich das Vermögensverhältnis) erwirbt die Frau, gleich dem Hauskinde, alles, was sie erwirbt, ihrem Manne, und ihr Vermögen, welches sie einbringt, fällt mit Rechtsnotwendigkeit als Ganzes (per universitatem) an ihren Mann (vgl. unten S. 440 a. E.). Weil die Eingehung der Ehe mit manus die Frau zu der Angehörigen eines anderen Hauses (der familia des Mannes) macht, wechselt sie die Agnatenfamilie und erleidet durch die conventio in manum eine capitis deminutio minima (S. 177).

In Bezug auf das Verhältnis zu ihren Kindern gilt für die Frau in manu Geschwisterrecht. In der durch die patria potestas geschaffenen und getragenen Agnatenfamilie (oben S. 428) kann die Frau rechtlich niemals Herrin oder auch nur Mitherrin des Hauses sein. Auch in dem Hause ihres Mannes ist sie jetzt rechtlich (für das Agnationsverhältnis) nur die Schwester ihrer Kinder, weil sie mit denselben der gleichen hausherrlichen Gewalt (patria potestas) unterliegt. Die Agnatenfamilie kennt kein mütterliches, sondern nur das väterliche Oberhaupt. Die Frau gehört, gleich den Kindern, rechtlich lediglich zu den Unterthanen des agnatischen Hauses. Das Familienrecht mit Manusehe ist ein noch unentwickeltes Familienrecht. Es vermag die einzelnen Fälle der Familiengewalt voneinander nicht zu unterscheiden. Dem ehelichen Verhältnis entspricht kein sonderliches Eherecht; es wird einbegriffen unter das Kindesrecht.

Die freie Ehe dagegen, die Ehe ohne manus, giebt dem ganzen Eherecht ein anderes Angesicht. An die Stelle des Unterordnungsprincips ist das Gleichordnungsprincip, das Genossenschaftsverhältnis der Ehegatten getreten. Das Eherecht ist nicht mehr ein blofser Anwendungsfall des Kindesrechts. Vielmehr: die Unterscheidung ist eingetreten. Die Stellung, welche die Ehefrau als Genossin und Mitherrin des Hauses auch unter der Herrschaft des alten Eherechts kraft freier Sitte einnahm[1], gelangt nunmehr auch rechtlich zur Erscheinung. Dem Recht ist der Unterschied zwischen dem ehelichen Verhältnis und dem Kindesverhältnis sichtbar geworden. Es giebt ein sonderliches Eherecht. Die Frau ist hier nicht mehr der hausherrlich-väterlichen Gewalt ihres Mannes unterworfen. Sie wechselt die Agnatenfamilie nicht (also keine capitis deminutio). War sie vor der Eingehung der Ehe sui juris (ihr Vater war z. B. bereits gestorben), so bleibt sie auch nach Eingehung der Ehe sui juris; war sie vor Eingehung der Ehe in väterlicher Gewalt, so bleibt sie nach Eingehung der Ehe in derselben väterlichen Gewalt (diese väterliche Gewalt wird aber insoweit unwirksam, als die eheherrliche Gewalt ihr widerstreitet): während die uxor in manu immer alieni juris, nämlich immer in der patria potestas ihres Mannes bezw. des Gewalthabers ihres Mannes (S. 174) ist.

Die „freie" Ehe ist keineswegs eine Ehe ohne eheherrliche Gewalt. Sie ist vielmehr gerade die Ehe mit eheherrlicher Gewalt, nämlich mit einer Gewalt, welche nicht ein Abbild der väterlichen Gewalt, sondern eine eigentümlich eheherrliche Gewalt bedeutet. Es ist die eheherrliche Gewalt des jus gentium (des fortentwickelten römischen Rechts), während die eheherrliche Gewalt des jus civile (des zurückgebliebenen römischen Rechts), die manus, nichts anderes als die patria potestas war.

Die eheherrliche Gewalt der „freien" Ehe besteht in dem Recht des Mannes auf Lebensgemeinschaft: wird die Frau dem Manne von einem Dritten, und sei es auch der Vater der Frau (kraft seiner väterlichen Gewalt), vorenthalten, so hat der Mann das interdictum de uxore exhibenda ac ducenda[2]. Mit

[1] Vgl. v. Jhering, Geist des röm. R., Bd. 2, Abt. 1 (4. Aufl.), S. 203 ff., wo mit Recht hervorgehoben worden ist, dafs aus der rechtlichen Stellung, welche die Frau formal nach dem Eherecht alten Stils einnimmt, nicht ohne weiteres auf die thatsächliche (sociale) Stellung der Frauen im alten Rom geschlossen werden darf.

[2] Dies Interdict gehört allerdings erst dem nachklassischen Recht an: es wird in der l. 2 cit. (S. 440) von Hermogenian (Mitte des 4. Jahrhunderts) bezeugt. Das prätorische Edict hatte nur das auf der patria potestas ruhende interdictum de liberis exhibendis, item ducendis (§ 101). Aber schon von Antoninus Pius wird berichtet, dafs er bene concordans matrimonium separari a patre prohibuit (Paul. sent. V, 6 § 15). Vgl. Lenel, Edictum, S. 391 Anm. 4.

dem Recht auf Lebensgemeinschaft verbindet sich das Recht des Mannes, in allen Fragen des ehelichen Lebens den Ausschlag zu geben: er bestimmt z. B. den Wohnsitz (die Frau teilt von Rechts wegen das Domicil des Mannes), er bestimmt die Erziehung (also auch die religiöse Erziehung) der Kinder, er bestimmt Mafs und Art des ehelichen Aufwandes. So hat auch die „freie" Ehe das Princip der Unterordnung der Frau unter den Willen des Mannes, aber es ist eine Unterordnung, welche sich von der des Kindes unterscheidet, eine Unterordnung, welche durch die Verbindung des Unterordnungsprincips mit dem Genossenschaftsprincip verändert ist. In der Manusehe lebt die Idee der Agnatenfamilie: nur der Vater steht rechtlich an der Spitze der Familie. In der freien Ehe lebt dagegen die Idee der Cognatenfamilie des jus gentium: an der Spitze des Hauses stehen, auch rechtlich, Vater und Mutter. Obgleich der uxor, welche ohne in manum conventio sich verheiratete, der Ehrentitel materfamilias versagt ward (zum deutlichen Zeichen, dafs man hier ursprünglich nur eine unvollkommene Ehe anerkannte), so ist doch sie es gerade, durch deren Stellung die hausmütterlichen Rechte auch im Familienrecht zu Ehren gekommen sind. Sie allein ist auch nach ihrer rechtlichen Stellung im Hause (wenngleich nur vermöge des jus gentium) nicht die Schwester, sondern die Mutter ihrer Kinder.

L. 2 D. de lib. exhib. (43, 30) (HERMOGENIAN.): De uxore exhibenda ac ducenda pater etiam, qui filiam in potestate habet, a marito recte convenitur.

§ 94.

Das eheliche Güterrecht.

Für die Ehe mit manus galt, wie schon bemerkt ist (§ 93), väterliches Güterrecht. Die gesamten Vermögensrechte, welche die Frau bei Eingehung der Ehe hatte, fielen mit Rechtsnotwendigkeit dem Manne zu, ebenso alles, was die Frau während der Ehe, sei es durch Erbgang oder Schenkung oder Arbeit oder sonstwie erwarb. Die Frau war völlig filiaefamilias loco. Für die während der Ehe von der Frau contrahierten Schulden haftete der Mann daher grundsätzlich ebensowenig wie sonst für die Contractsschulden seines Kindes. Nur in den besonderen Fällen, wo ausnahmsweise (nach prätorischem Recht) der Vater aus dem Contract des Kindes, konnte ebenso aus dem Contract der Frau der Mann mit einer actio adjecticiae qualitatis belangt werden (oben § 88). Die vorehelichen Contractsschulden der Frau gingen durch die capitis deminutio unter (vgl. S. 178). Es schien jedoch unbillig, dafs der Mann das Activvermögen, welches die Frau einbrachte, erwerbe, ohne für ihre Schulden einstehen zu müssen. Wenn der Mann sich daher weigerte, die vor Eingehung der Ehe von der Frau gültig contrahierten Schulden zu zahlen, so eröffnete der Prätor Concurs über das eingebrachte Frauengut und behandelte also in Bezug auf das Eingebrachte die Ehe als nicht vorhanden.

Delictsschulden der Frau wirkten gleichfalls wie Delictsschulden der Kinder: gegen den Mann geht die Noxalklage (oben § 86). Will der Mann die Folgen des Delicts (Schadensersatz, Strafzahlung) nicht auf sich nehmen, so giebt er die Frau dem Kläger ins mancipium (servae loco vgl. unten § 101): es war dies einer der Fälle, wo das Recht des Mannes, seine Frau in die Knechtschaft zu verkaufen, praktisch wurde.

Gewissermafsen als Ersatz für die strenge vermögensrechtliche Abhängigkeit der Frau in manu hat sie beim Tode ihres Mannes ein volles Kindeserbrecht: sie zählt neben ihren Kindern zu den sui heredes ihres Mannes (unten §§ 109. 111).

Gaj. Inst. II § 98: quam in manum ut uxorem receperimus, ejus res ad nos transeunt.

Eod. IV § 80: Quod vero ad eas personas, quae in manu mancipiove sunt, ita jus dicitur, ut, cum ex contractu earum agatur, nisi ab eo, cujus juri subjectae sint, in solidum defendantur, bona, quae earum futura forent, si ejus juri subjectae non essent, veneant.

Die „freie“ Ehe des römischen jus gentium hat dagegen grundsätzlich keine Wirkung auf das Vermögen. Das Eingebrachte der Frau verbleibt der Frau, die Rechte wie die Schulden. Was sie während der Ehe durch Arbeit, Erbschaft u. s. w. erwirbt, wird ihr selbst erworben. Sie ist gleich erwerbsfähig und verpflichtungsfähig wie der Mann. Sie ist auch gleich verwaltungsfähig wie der Mann: sie hat freie Verfügung über ihr Vermögen. Der Mann hat von Rechts wegen keinerlei Gewalt über das Frauengut. Will die Frau dem Manne ihr Eigentum (bona paraphernalia) zur Verwaltung anvertrauen, so hat der Mann die Stellung eines Beauftragten, welcher im Dienst und nach Mafsgabe des Willens der Frau zur Verwaltung ihres Vermögens verpflichtet ist — also nur solange, als die Frau es will —; niemals aber ist dem Mann über das Vermögen der Frau ein Recht der Verwaltung zuständig. Das Güterrecht der römischen freien Ehe ist volles Gütertrennungsrecht. Auch von Todes wegen ist die Ehe ohne vermögensrechtliche Folgen. Die freie Ehe erzeugt nach Civilrecht keinerlei Erbrecht der Ehegatten als solcher gegeneinander. Nur der armen Witwe ward später ein beschränktes Recht am Nachlafs ihres Mannes gegeben, unter dem Gesichtspunkt einer ihr noch nach dem Tode des Mannes zu gewährenden Alimentation (§ 111 a. E.). Auch der Prätor ist in der Hauptsache auf diesem Standpunkt stehen geblieben. Nach prätorischem Recht giebt es zwar ein Ehegattenerbrecht (bonorum possessio unde vir et uxor, unten § 111 II 4), aber nur, wenn niemand von der Verwandtschaft Erbe wird. Auch der fernste Verwandte, sofern er überhaupt erbberechtigt ist, schliefst den Ehegatten von der Erbfolge aus.

Nur drei Rechtssätze gelten für die freie Ehe, welche vermögensrechtliche Bedeutung haben: 1. der Mann ist verpflichtet, die Frau zu alimentieren, überhaupt die Kosten des ehelichen Haushalts zu bestreiten; 2. Schenkungen unter Ehegatten (doch nur wenn sie nicht blofs eine andere Form der Alimentation, sondern eine erhebliche Vermögenszuwendung darstellen) sind ungültig und können in jedem Augenblick zurückgefordert werden: ist der Rückforderungsberechtigte aber vor dem Empfänger oder gleichzeitig mit ihm verstorben, ohne sein Rückforderungsrecht auszuüben, so soll die Schenkung nachträglich convalescieren[1]; 3. die Diebstahlsklagen sind unter Ehegatten ausgeschlossen. Hat bei bevorstehender Scheidung ein Ehegatte den andern bestohlen, so wird anstatt der Diebstahls-

[1] Die donatio inter virum et uxorem wird daher von Rechts wegen so behandelt, als wäre sie eine mortis causa donatio, vgl. oben S. 208. Die donatio mortis causa unter Ehegatten ist gültig; auch in dieser Hinsicht gilt für die donatio mortis causa nicht Schenkungsrecht, sondern Vermächtnisrecht.

klagen eine besondere (prätorische) actio rerum amotarum gegeben, welche lediglich auf Ersatz gerichtet ist (reipersecutorisch) und daher nur die condictio furtiva ersetzt: die Strafklage (actio furti) fällt weg.

Im übrigen hat die freie Ehe nur insofern vermögensrechtliche Wirkung, als sie der Anlafs zu gewissen Rechtsgeschäften wird, nämlich insbesondere zur Bestellung einer dos und einer donatio propter nuptias.

L. 8 C. de pact. (5, 14) (THEODOS. et VALENTIN.): Hac lege decernimus, ut vir in his rebus, quas extra dotem mulier habet, quas Graeci parapherna dicunt, nullam, uxore prohibente, habeat communionem, nec aliquam ei necessitatem imponat.

L. 1 D. de donat. inter vir. et ux. (24, 1) (ULPIAN.): Moribus apud nos receptum est, ne inter virum et uxorem donationes valerent. Hoc autem receptum est, ne mutuo amore invicem spoliarentur, donationibus non temperantes, sed profusa erga se facilitate.

L. 28 § 2 eod.: . . . et sane non amare nec tamquam inter infestos jus prohibitae donationis tractandum est, sed ut inter conjunctos maximo affectu, et solam inopiam timentes.

L. 9 § 2 eod. (ULPIAN.): Inter virum et uxorem mortis causa donationes receptae sunt. L. 32 § 3 eod.: Ait oratio (Antonini): fas esse, eum quidem, qui donavit, poenitere, heredem vero eripere, forsitan adversus voluntatem supremam ejus, qui donaverit, durum et avarum esse.

§ 95.

Die dos.

Der Mann hat die Kosten des Hausstandes zu tragen. Die dos ist die Vermögenszuwendung an den Mann, in der Absicht gegeben, dafs auch von seiten der Frau und zugleich zu gunsten der Frau (welche die dos später zurückempfangen soll) ein Beitrag zu diesen Kosten gewährt werde (ad matrimonii onera ferenda). Die Substanz der dos hat der Mann grundsätzlich nach Auflösung der Ehe an die Frau zurückzugeben. Nur die Früchte während der Ehe sollen dem Manne als Beitrag für die Ehelasten endgültig verbleiben. So erscheint die dos sachlich als Frauengut (res uxoria), welches nur auf die Dauer der Ehe in das Eigentum des Mannes übertragen worden ist, und erfährt durch das Mittel der dos das römische Gütertrennungsprincip vertragsmäfsig eine Abschwächung, insofern im praktischen Erfolge ein Teil des Frauenguts (bezw. des für die Frau bestimmten Vermögens) durch das Rechtsgeschäft der Dosbestellung auf Dauer der Ehe der Gewalt des Mannes unterworfen wird[1].

Die dos nimmt ihren Ursprung (wie heute die Aussteuer) regelmäfsig aus dem elterlichen Hause der Frau. Die Frau (niemals der Mann) hat ein Recht auf Dosbestellung, aber das Recht der Frau geht darauf (nicht dafs ihr, sondern), dafs dem Mann die dos gegeben werde. Die Tochter kann die Bestellung einer dos (als letzten Act der Alimentation) fordern von ihrem Vater und eventuell von ihrem väterlichen Grofsvater, ohne Rücksicht auf Agnation, lediglich auf Grund der Cognation. Die dos, welche von dem Dotationsverpflichteten als solchem dem Mann bestellt wird, heifst dos profecticia. Die dos, welche ein anderer bestellt (z. B. die Frau selber oder ihre Mutter), heifst dos adventicia. Hat der dritte Besteller sich durch Stipulation die Rückgabe der dos (nach Auflösung der Ehe) versprechen lassen, so heifst die dos recepticia. Ihrer Form nach geschieht die Dosbestellung entweder durch gegenwärtige Zuwendung des dem Manne zugedachten Vermögensvorteils, z. B. des Eigentums oder eines Niefsbrauchsrechts (sogenannte dotis datio), oder durch das in Stipulationsform dem Manne gegebene Versprechen, diesen Vermögensvorteil als dos gewähren zu wollen (dotis promissio), oder endlich seitens der Frau oder ihres Schuldners oder ihres väterlichen Gewalthabers (nach alter Sitte bei Abschlufs des Verlöbnisses) durch einfache Zusage (dotis dictio). Nach Justinianischem Recht kann (auf Grund eines Gesetzes von Theodos II.) auch jeder Dritte (zu jeder Zeit) durch formloses Dosbestellungsversprechen sich gültig verpflichten: es bedarf der Stipulationsform nicht mehr. Die dos wird also entweder dem Mann sofort gegeben (dotis datio) oder sie wird dem Manne versprochen (promissio und dictio). Das dem Manne gegebene gültige Dosbestellungsversprechen ist bereits die

[1] Vgl. Wendt, Pandekten, § 301; Kuntze, Cursus des römischen Rechts, S. 625.

Dosbestellung selbst. Es ist das Vermögen des Mannes schon dotis causa vermehrt worden (durch das Forderungsrecht), und die Erfüllung dieses Versprechens ist nicht mehr Dosbestellung, sondern Zahlung, Erfüllung einer bestehenden Schuldverbindlichkeit.

Ist dem Manne die dos gegeben bezw. das Dotalversprechen erfüllt worden, so hat er über die ihm zu Eigentum übertragenen Dotalsachen das Recht vollfreier Verfügung. Er hat gleich jedem anderen Eigentümer alle Klagen, alle Befugnisse, welche das Eigentum hervorbringt, auch z. B. die Veräufserungsbefugnis und Verpfändungsbefugnis. Die Dotalsachen sind von Rechts wegen sein Eigentum und niemandes sonst[2]. Die Thatsache, dafs er regelmäfsig verpflichtet ist, diese Sachen später wieder herauszugeben, vermag seine Befugnis nicht zu vermindern. Aber die dos ist, wenngleich formal Eigentum des Mannes, doch sachlich Frauengut (res uxoria). Darum hat die lex Julia de adulteriis vom Jahr 18 v. Chr., welche in Bezug auf dies Capitel als lex Julia de fundo dotali bezeichnet zu werden pflegt, dem Mann das Veräufserungs- und Verpfändungsrecht für den zur dos gegebenen fundus Italicus entzogen. Justinian hat das Verbot auf den fundus dotalis überhaupt ausgedehnt. Auch die Zustimmung der Frau macht solche Verpfändung und (nach Justinians Bestimmung) ebenso die Veräufserung nicht gültig. Das Grundstück soll der Frau, als der vermutlichen Rückempfängerin der dos, in Natur erhalten bleiben. Der blofs obligatorische Ersatzanspruch für den Fall geschehener Veräufserung ist für Mobilien ausreichend, für Immobilien nicht.

Nach Auflösung der Ehe ist der Mann in der Regel verpflichtet, die Substanz der dos herauszugeben. Die Früchte welche er inzwischen gezogen hat, behält er. Fungible Sachen (oben S. 297) restituiert er in genere: eine gleiche Quantität gleicher Qualität. Nicht fungible Sachen restituiert er in specie:

[2] Dieselbe freie Verfügung wie über die Dotalsachen, falls die Dosgewährung durch Eigentumszuwendung geschah, steht dem Mann über die den Gegenstand der dos bildenden Rechte zu, falls nicht Eigentum, sondern etwa ein ususfructus oder ein Forderungsrecht zur dos gegeben wurde, — soweit nicht die Natur dieses Rechtes selbst, wie z. B. beim Niefsbrauch (welcher der Zuständigkeit nach nicht veräufsert werden kann), eine Beschränkung mit sich bringt.

dasselbe Sachindividuum, welches er damals erhielt. Ist dies Sachindividuum durch Verschulden des Mannes (z. B. Veräufserung) nicht mehr da, oder ist es durch Nachlässigkeit des Mannes (doch haftet der Mann nur für diligentia, quam suis rebus adhibere solet, vgl. oben S. 388. 394) beschädigt worden, so hat der Mann Schadensersatz zu leisten.

Das Recht des Rückempfangs und dementsprechend die Pflicht des Mannes zur Rückleistung hat im römischen Recht eine Entwickelung durchgemacht[8].

1. Nach dem Civilrecht der republikanischen Zeit behielt der Mann die dos von Rechts wegen auch nach Auflösung der Ehe. Zwar verpflichtete ihn die Sitte, der Frau nach Auflösung der Ehe die dos wieder zukommenzulassen (entweder von Todes wegen im Testament oder im Fall der Scheidung durch Zuwendung unter Lebenden). Aber das alte Recht erhob die sittliche Pflicht nicht zur Rechtspflicht. Das Eigentum des Mannes an der dos hatte nach altem Recht auch für die Zeit nach Auflösung der Ehe alleinige Geltung.

2. Infolgedessen fing man an, sich von dem Mann vertragsmäfsig, nämlich durch das Mittel der Stipulation (cautio rei uxoriae), die Rückgabe der dos versprechen zu lassen. Ziemlich bald aber ward (um 200 v. Chr.) auch ohne Vertrag eine Klage gegeben, die actio rei uxoriae, doch nur auf „quod melius aequius erit“. Die actio rei uxoriae (eine actio bonae fidei) gab dem bestellten Geschworenen Gewalt, nach freiem Ermessen über den Dotalanspruch zu befinden. Darauf beruhen 1. die Fristen für die Rückerstattung der dos: dem Mann soll eine billige Frist gewährt werden: er zahlt Capitalien und andere fungible Sachen in drei Jahresraten (annua, bima, trima die), und nur die nicht fungiblen, im Zweifel in Natur bei ihm vorhandenen Sachen, z. B. Grundstücke, mufs er sogleich herausgeben; 2. die „Retentionsrechte“, d. h. Abzugsrechte des Mannes: er zieht schlechtweg ab propter res donatas, propter res amotas und propter impensas (Auslagen, die er auf die dos gemacht hat); er zieht ferner ab, wenn die Frau die Auflösung

---

[8] Bechmann, Das römische Dotalrecht, 2 Bde. 1863. 67; Czyhlarz, Das römische Dotalrecht, 1870; Dernburg, Pandekten, 5. Aufl., Bd. 3, § 13. 14.

der Ehe verschuldet hat, propter mores (wegen Ehebruchs, mores graviores, ein Sechstel, wegen anderer Verschuldung, mores leviores, ein Achtel der dos) und aufserdem propter liberos (für jedes Kind ein Sechstel), doch im ganzen nicht mehr als drei Sechstel der dos. War der Mann an der Scheidung schuld, so ward er gleichfalls bestraft: er verlor die Fristen (auch die Fungibilien mufs er propter mores graviores sofort, propter mores leviores in drei halbjährigen Raten und aufserdem mit den nicht fungiblen Dotalsachen auch einen Teil ihrer Früchte herausgeben, Ulpian. tit. 6 § 13). Durch die Gesetzgebung des Kaisers Augustus sind diese Rechtssätze, durch welche dem Ermessen des Geschworenen wiederum gewisse Grenzen gesetzt wurden, in feste Form gebracht worden. Der Grundgedanke dieser Rechtssätze ist, dafs die Rückforderung der dos auch jetzt noch, trotz der actio rei uxoriae, kein festes, bestimmte Ansprüche gewährendes Vermögensrecht, sondern einen nach Billigkeit und Umständen, ja (wie bei blofs „moralischen“ Ansprüchen) nach Mafsgabe des gesamten persönlichen Verhaltens sich bestimmenden familienrechtlichen Anspruch bedeutet und dafs daher die Geltendmachung des gesetzlichen Dotalanspruchs zugleich ein Sittengericht über die beteiligten Ehegatten herbeiführt.

So gab es zweierlei Klagrecht auf Rückerstattung der dos: einerseits das vertragsmäfsige (actio ex stipulatu), andererseits das gesetzliche (actio rei uxoriae). Das vertragsmäfsige war stricti juris und stand unter Contractsrecht: es ging genau auf Rückerstattung der Substanz der dos und kannte weder gesetzliche Fristen noch ein gesetzliches Recht auf Schadensersatz (vgl. S. 359) noch Retentionsrechte. Das gesetzliche stand unter Dotalrecht (Familienrecht): es war bonae fidei, hier galten die Fristen, hier konnte nicht schlechtweg auf Rückgabe der dos, sondern nach Umständen auf etwas anderes (z. B. Schadensersatz) oder auf mehr (wegen Schuld des Mannes an der Scheidung) oder auf weniger (infolge der Retentionsrechte) geklagt werden.

Die actio ex stipulatu war, wie jede Contractsklage, vererblich; die actio rei uxoriae war, wie jede familienrechtliche Klage, unvererblich, sie stand nur der Frau (nicht auch den Erben der Frau) zu. War die Ehe also durch Tod der Frau aufgelöst, so behielt von Rechts wegen auch jetzt der Mann die dos (falls keine Stipulation geschlossen war). Eine Ausnahme wurde nur zu Gunsten des Bestellers der dos profecticia gemacht: der Vater (bezw. Grofsvater) konnte also gleichfalls mit actio rei uxoriae klagen (falls die Ehe durch Tod der Frau gelöst war) auf Rückgabe der von ihm (kraft seiner gesetzlichen Dotationspflicht) bestellten dos. Sonst (also in allen Fällen der dos adventicia) blieb es auch jetzt dabei, dafs der Mann unter diesen Umständen zur Herausgabe der dos gesetzlich nicht verpflichtet war (der dritte Besteller einer dos adventicia hatte also nur die Klage ex stipulatu, d. h. es mufste eine dos recepticia vorliegen).

So ist nach vorjustinianischem Recht die Rückgabepflicht des Mannes noch immer eine sehr beschränkte. Noch behauptet auch nach Auflösung der Ehe das Eigentum des Mannes an der dos einen erheblichen Raum, und nur in gewissen Grenzen ist neben diesem Eigentum ein obligatorischer Rückforderungsanspruch (der Frau, des Bestellers) zur Geltung gebracht worden.

3. Den Abschlufs der Entwickelung hat Justinian herbeigeführt. Nach Justinianischem Recht ist der Mann immer zur Rückgabe der dos verpflichtet (nur wenn die Frau Schuld an der Scheidung trägt, behält er die dos). Die actio rei uxoriae ist vererblich: sie steht der Frau oder deren Erben zu (doch wird der Erbe der Frau durch den überlebenden Besteller der dos profecticia ausgeschlossen). Ein „Retentionsrecht" giebt es nur noch propter impensas necessarias (Auslagen, die zur Erhaltung der Dotalsachen notwendig waren). Im übrigen werden Grundstücke sofort zurückgegeben, Mobilien nach einem Jahr. Für veräufserte Mobilien, für durch Diligenzversäumnis beschädigte Sachen wird Schadensersatz geleistet.

Der Rückgabeanspruch ist zu einem festen Vermögensrecht geworden und der gesetzliche Dotalanspruch nach Art des vertragsmäfsigen behandelt. Nur geringe Spuren erinnern noch an das alte Recht der actio rei uxoriae. Justinian sagt selber, dafs er anstatt der actio rei uxoriae eine gesetzliche actio ex stipulatu gebe, jedoch eine actio ex stipulatu, welche bonae fidei sei (sofern nämlich einige Anklänge an die actio rei uxoriae, die Scheidung, den Schadensersatz, die Impensen betreffend, bewahrt sind).

Ja noch mehr. Macht die Frau selber (nicht ihre Erben

oder der Dosbesteller) den Dotalanspruch geltend, so kann sie an den Dotalsachen, sofern dieselben im Vermögen des Mannes noch vorhanden sind, ohne weiteres Eigentum in Anspruch nehmen und steht ihr zur Sicherung ihres obligatorischen Rückforderungsanspruchs ein privilegiertes Pfandrecht am gesamten Vermögen des Mannes zu. Verarmt der Mann, so ist die Frau befugt, diese ihre Rechte sogleich, noch während der Ehe, geltend zu machen.

Nach Auflösung der Ehe ist jetzt das Eigentum des Mannes an den Dotalsachen aus dem Felde geschlagen. Das Vermögen des Mannes ist immer mit der Rückgabepflicht belastet und der Frau gegenüber verschwindet sein Eigentum von selbst.

Wie durch die Rechtssätze über die Unveräufserlichkeit und Unverpfändbarkeit der Dotalgrundstücke, über die Diligenzpflicht des Mannes betreffs der Dotalsachen, ebenso ist jetzt durch die Rechtssätze über die Rückgabe der dos auch auf dem Rechtsgebiet der Gedanke zum Siege geführt, dafs die dos nur formell dem Mann, sachlich der Frau gehört, dafs die dos Frauengut (res uxoria) in den Händen des Mannes bedeutet. Das Eigentum des Mannes an den Dotalsachen ist auch rechtlich zu einer blofsen Form geworden, in welcher ihm praktisch dennoch nur Nutzungsrecht gewährt wird[4].

Ulp. tit. 6 § 1: Dos aut datur, aut dicitur, aut promittitur. § 2: Dotem dicere potest mulier, quae nuptura est, et debitor mulieris, si jussu ejus dicat, item parens mulieris virilis sexus, per virilem sexum cognatione junctus, velut pater, avus paternus. Dare, promittere dotem omnes possunt.

§ 3 eod.: Dos aut profecticia dicitur, id est, quam pater mulieris dedit, aut adventicia, id est ea, quae a quovis alia data est.

L. 5 § 11 D. de jure dot. (23, 3) (Ulpian.): Si pater pro filia emancipata dotem dederit, profecticiam nihilominus dotem esse, nemini dubium est, quia non jus potestatis, sed parentis nomen dotem profecticiam facit; sed ita demum, si ut parens dederit.

---

[4] Bestimmend hat auf diese Entwickelung der Einflufs des griechischen Rechts gewirkt, welches die Mitgift als Eigentum der Frau (sowohl dem Manne wie dem Vater der Frau gegenüber) behandelte, vgl. Mitteis, Reichsrecht und Volksrecht, S. 230 ff.

Ceterum si, cum deberet filiae, voluntate ejus dedit, adventicia dos est.

L. 14 C. de jure dot. (5, 12) (Dioclet. et Maximian.): Mater pro filia dotem dare non cogitur, nisi ex magna et probabili, vel lege specialiter expressa causa, pater autem de bonis uxoris suae invitae nullam dandi habet facultatem.

Ulp. tit. 6 § 13: Mariti mores puniuntur in ea quidem dote, quae a die reddi debet, ita ut propter majores mores praesentem dotem reddat, propter minores senum mensum die; in ea autem, quae praesens reddi solet, tantum ex fructibus jubetur reddere, quantum in illa dote, quae triennio redditur, repraesentatio facit.

§ 29 I. de action. (4, 6): Fuerat antea et rei uxoriae actio ex bonae fidei judiciis. Sed, cum pleniorem esse ex stipulatu actionem invenientes omne jus, quod res uxoria ante habebat, cum multis divisionibus in ex stipulatu actionem, quae de dotibus exigendis proponitur, transtulimus, merito rei uxoriae actione sublata, ex stipulatu, quae pro ea introducta est, naturam bonae fidei judicii tantum in exactione dotis meruit, ut bonae fidei sit. Sed et tacitam ei dedimus hypothecam; praeferri autem aliis creditoribus in hypothecis tunc censuimus, cum ipsa mulier de dote sua experiatur, cujus solius providentia hoc induximus.

L. 75 D. de jure dot. (23, 3) (Tryfonin.): Quamvis in bonis mariti dos sit, mulieris tamen est.

§ 96.

Die donatio propter nuptias.

Geschenke des Bräutigams an die Braut sind nach römischem Recht ebenso zweifellos grundsätzlich gültig, wie die Geschenke des Ehemanns an die Ehefrau ebenso zweifellos nach römischem Recht grundsätzlich ungültig sind (S. 442 a. E.). Die donatio ante nuptias ist also wesentlich von der Schenkung nach geschlossener Ehe verschieden. In der späteren Kaiserzeit ward in einem besonderen technischen Sinne donatio ante nuptias diejenige Schenkung genannt, welche der Bräutigam (oder ein anderer namens des Bräutigams) der Braut zum Zweck des Zustandekommens der Ehe im Hinblick auf die vermögensrechtlichen Anforderungen der Ehe macht, wo es sich also nicht um einen Ausdruck der Liebe, sondern um den ganz bestimmten wirtschaftlichen Erfolg der Ausstattung der künftigen Ehe handelt[1]. Die gewöhnliche Schenkung unter Brautleuten ist ein Geschäft unwirtschaftlicher, die donatio ante nuptias aber ein Geschäft wirtschaftlicher Natur. Es handelt sich dabei um die Sicherstellung der Frau nach Auflösung der Ehe. Wird die Frau (ohne ihre Schuld) vom Mann geschieden, so ist ihr vom Mann die donatio ante nuptias (die zunächst nur „verschrieben" zu werden pflegte) herauszuzahlen. Sehr häufig ward das, was der Mann als donatio propter nuptias gab, ihm als dos der Frau zurückgegeben (donatio ante nuptias in dotem redacta), so dafs die Eheschenkung des Bräutigams thatsächlich das Mittel zur Dotierung der Ehefrau (also wiederum zur Ausstattung der Frau mit Frauengut, das ihr bei Auflösung der Ehe zukam) abgab[2]. Die Ehe bedarf des Frauenguts, welches die Frau für den Fall der Auflösung der Ehe sicherstellt. Wie die dos ein von Seiten der Frau, so bedeutete die donatio ante nuptias ein von Seiten des Bräutigams hergegebenes Frauengut.

Kaiser Justin, der Vater Justinians, verordnete, dafs solche donatio ante nuptias auch noch nach Eingehung der Ehe gültig erhöht werden könne. Justinian ging noch weiter und gestattete, dafs auch die Bestellung der donatio ante nuptias noch nach Eingehung der Ehe möglich sei. So erschien der überlieferte Name jetzt nicht mehr zutreffend, und Justinian begabte deshalb das Institut mit dem Namen donatio propter nuptias.

---

[1] Die Ausbildung des Instituts ist im Orient vor sich gegangen, wo die donatio ante nuptias, aus dem vom Bräutigam zu entrichtenden Brautpreis entsprungen (die Gabe an den Brautvater ward auch hier zu einer Gabe an die Braut), von jeher ein wesentliches Erfordernis der gültigen Ehe bildete, vgl. Mitteis, Reichsrecht und Volksrecht, S. 256 ff.

[2] Vgl. H. Brunner, Die fränkisch-romanische dos, Sitzungsberichte der Akademie der Wiss. zu Berlin, Bd. 29 (1894), S. 545 ff. Diese donatio ante nuptias in dotem redacta ist, wie Brunner gezeigt hat, die dos der fränkisch-romanischen Quellen.

§ 97.

Die Auflösung der Ehe.

Die Ehe wird aufgehoben durch Tod eines Ehegatten. Daneben kennt das römische Recht eine Auflösung (Scheidung) der Ehe durch Rechtsgeschäft der Ehegatten.

Das Scheidungsgeschäft für die Confarreationsehe des Civilrechts ist formell. Die Form ist von den pontifices nach dem Gesetz des contrarius actus gebildet worden (vgl. S. 414). Die Confarreationsehe kann rechtsgeschäftlich nur aufgehoben werden durch diffarreatio, also wiederum unter Darbringung eines Opfers an Jupiter, den Gott der Ehe, mit certa (contraria) verba. Das Diffarreationsopfer fordert wie das Confarreationsopfer priesterliche Mitwirkung. Damit scheint zusammenzuhängen, daſs die Confarreationsehe nicht beliebig lösbar war: der Priester konnte seine Mitwirkung versagen, wo kein von sacralen Rechts wegen anerkannter Scheidungsgrund vorlag.

Dagegen wird die Coëmtions- und die Ususehe durch remancipatio, Scheinverkauf in das mancipium, d. h. in die Knechtschaft, mit nachfolgender manumissio seitens des Scheinkäufers, aufgehoben. Die remancipatio der materfamilias ist genau identisch mit der emancipatio der filiafamilias (unten S. 463). Für die „gekaufte" Frau in manu gilt auch in dieser Hinsicht Kindesrecht. Wie sein Kind, so kann der paterfamilias seine Frau aus der Gewalt entlassen (emancipieren). Formell ist die remancipatio nicht so sehr Scheidung als vielmehr Entlassung (Verstoſsung). Die uxor in manu ist auch hier von dem Kinde ununterscheidbar. Die Frau in manu ist nur Object dieses Scheidungsgeschäfts, gerade wie das Kind nur Object des Emancipationsgeschäftes. Der Wille der Frau in manu ist deshalb nach altem Recht unerheblich. Er vermag die Scheidung weder herbeizuführen noch zu verhindern. Auch in Bezug auf die Scheidung galt für die Manusehe ehemännliches Alleinherrschaftsrecht. Nur die confarreierte Frau ist durch die Notwendigkeit der diffarreatio vor willkürlicher Entlassung seitens des Ehemannes geschützt.

Die Scheidung der Ehe (divortium) kann hier auf Grund einer Vereinbarung der Ehegatten oder auf Grund einseitigen

Willens eines Teiles vor sich gehen. Nur um für die Ernsthaftigkeit des Scheidungswillens ein sicheres Kennzeichen zu haben, bedarf es der Vollziehung des Scheidungswillens durch ausdrückliche Scheidungserklärung (repudium) seitens eines Ehegatten an den anderen, sei es mündlich sei es durch einen Boten (die lex Julia de adulteriis schreibt zum Zweck der Beweisbarkeit die Zuziehung von sieben Zeugen vor). Der blofse Scheidungsvertrag hob also die Ehe nicht auf; es mufste das repudium mittere (dare) seitens eines Ehegatten hinzukommen[1]. Die Frau stand dabei dem Manne als Subject der Ehescheidungshandlung gleichberechtigt gegenüber.

Das Scheidungsrecht der freien Ehe ist auf die Manusehe übertragen worden. Zwar: die Aufhebung der manus konnte die Frau in manu durch repudium direct nicht bewirken. Aber ihr repudium hob nach Anschauung der späteren Zeit die Ehe auch im Falle der Manusehe auf. Der Mann ward dadurch verpflichtet, nun seinerseits auch den Aufhebungsact für die manus vorzunehmen. Mit dem Verschwinden der Manusehe galt dann zuletzt ausschliefslich wie das Eheschliefsungsrecht, so das Ehescheidungsrecht des jus gentium.

Das freie Scheidungsrecht durch einseitige Aufkündigung ist auch durch die Gesetzgebung der christlichen Kaiserzeit formell nicht aufgehoben worden. Die Ehe ging auch durch das grundloseste repudium zu Ende. Es wurden aber für den Fall der Scheidung ohne gesetzlichen Scheidungsgrund Strafen angedroht. So sollte die Frau bei grundloser Aufkündigung der Ehe ihren Anspruch auf die dos, der Mann im gleichen Fall die donatio propter nuptias verlieren (d. h. er mufste die verschriebene donatio jetzt wirklich herauszahlen), und diente die donatio ante

[1] Der Text beruht auf den Ausführungen von K. Zeumer, Gesch. d. westgoth. Gesetzgebung, im Neuen Archiv d. Gesellsch. f. ältere deutsche Geschichtskunde, Bd. 24 (1899), S. 620—622. Dort ist die bisher herrschende (noch in der 7. Aufl. dieses Buchs vertretene) Ansicht, dafs divortium die vertragsmäfsige, repudium die einseitige Scheidung der Ehe bedeute, widerlegt worden. Divortium ist der Ausdruck für die Ehescheidung überhaupt (die einseitige wie die vertragsmäfsige). Repudium bedeutet die in allen Fällen der Scheidung notwendige einseitige Erklärung des Scheidungswillens: die Handlung, durch welche die Scheidung sich vollzieht.

(propter) nuptias der christlichen Kaiserzeit an erster Stelle dazu, der schuldlos geschiedenen Frau einen positiven Vermögensvorteil auf Kosten des anderen Eheteils zu gewähren (S. 451). Aus diesem Grunde gehörte es mit zur Eheschliefsung, dafs wie von Seiten der Frau eine dos, so von Seiten des Mannes eine donatio ante nuptias bestellt wurde: von beiden Seiten ward gewissermafsen ein Pfand für die Aufrechterhaltung des Ehebundes gegeben, ein Pfand, welches nötig schien, um dem gesetzlichen freien Scheidungsrecht ein Gegengewicht zu geben.

L. 2 C. de inutil. stip. (8, 38) (Alexander): Libera matrimonia esse, antiquitus placuit: ideoque pacta, ne liceret divertere, non valere: et stipulationes, quibus poenae inrogarentur ei, qui divortium fecisset, ratas non haberi constat.

L. 9 D. de divortiis (24, 2) (Paulus): Nullum divortium ratum est, nisi septem civibus Romanis puberibus adhibitis praeter libertum ejus, qui divortium faciet.

Festus: Diffarreatio genus erat sacrificii, quo inter virum et mulierem fiebat dissolutio; dicta diffarreatio, quia fiebat farreo libo adhibito.

Gaj. Inst. I § 137: Mancipatione desinunt in manu esse, et si ex ea mancipatione manumissae fuerint, sui juris efficiuntur . . . (ea, quae cum viro suo coëmptionem fecit, virum suum) nihilo magis potest cogere, quam et filia patrem. Sed filia quidem nullo modo patrem potest cogere, etiam si adoptiva sit; haec autem virum repudio misso proinde conpellere potest, atque si ei numquam nupta fuisset.

§ 98.

Die zweite Ehe.

Für den Fall der Eingehung einer zweiten Ehe hat das spätere römische Kaiserrecht die Interessen der Kinder erster Ehe durch eine Reihe von Rechtssätzen zu Gunsten der erstehelichen Kinder, zu Lasten des parens binubus (daher sogenannte poenae secundarum nuptiarum) wahrgenommen, insbesondere durch den Rechtssatz, dafs alles, was der parens binubus von seiten des verstorbenen Ehegatten unentgeltlich erworben hat, sogenannte lucra nuptialia (sei es als Schenkung oder als dos oder als donatio propter nuptias oder als letztwillige

Zuwendung), im Augenblick der Eingehung der zweiten Ehe ipso jure zu Eigentum an die ersteheliche Kinder fällt: dem parens binubus verbleibt nur der Niefsbrauch.

Die Witwe darf erst nach Ablauf des Trauerjahres zur zweiten Ehe schreiten. Widrigenfalls trifft sie die Strafe der Infamie, Zurücksetzung im Erbrecht (insbesondere Ausschlufs von allem testamentarischen Erwerb, vgl. unten § 114, II 1) und Beschränkung in den Zuwendungen zu Gunsten ihres zweiten Mannes.

§ 99.
Ehelosigkeit und Kinderlosigkeit.

Charakteristisch für den Niedergang des Römertums schon im ersten Beginn der Kaiserzeit ist die umfassende Ehegesetzgebung (lex Julia de maritandis ordinibus 4 n. Chr. und lex Papia Poppaea 9 n. Chr.), zu welcher Kaiser Augustus sich veranlafst sah. Hier ward verboten, dafs Senatoren und deren Kinder sich mit Freigelassenen oder Infamen, dafs Freigeborene mit Infamen sich verheirateten. Hier wurden ferner auf die Eheschliefsung und Kindererzeugung Prämien gesetzt, so z. B. für die Frau, welche (als ingenua) drei oder (als liberta) vier Kinder geboren hatte, die Befreiung von der Geschlechtsvormundschaft. Dem entspricht auf der andern Seite die Androhung von Strafen für Ehelosigkeit und Kinderlosigkeit. Ehelose (caelibes), d. h. solche, welche ohne Grund unverheiratet sind, und Kinderlose (orbi) sind erwerbsunfähig (incapaces) aus einem Testament (vgl. unten § 114 II 2): entweder ganz unfähig (so die caelibes) oder doch teilweise unfähig (so die orbi). Damit die Frau aus einem Testament das Ganze erwerben könne, mufs sie das jus trium vel quatuor liberorum haben, welches ihr jedoch auch durch kaiserliches Privileg beigelegt werden kann. Was im Testament einem incapax zugewandt ist, wird „caducum“ und als solches von den Familienvätern, welche neben ihm im Testament bedacht sind, eventuell vom Ärar vindiciert (sogenannte caducorum vindicatio).

Durch Kaiser Constantin und die nachfolgende Gesetzgebung sind die Strafen der Ehe- und Kinderlosigkeit, durch Justinian die genannten Eheverbote aufgehoben worden.

GAJ. Inst. II § 286: Caelibes per . . . legem Juliam hereditates legataque capere prohibentur; . . . item orbi . . . per legem

Papiam ob id, quod liberos non habebant, dimidias partes hereditatum legatorumque perdunt ..... eaque translata sunt ad eos, qui in eo testamento liberos habent, aut si nullus liberos habebit, ad populum.

Ulp. tit. 17 § 1: Quod quis sibi testamento relictum, ita ut jure civili capere possit, aliqua ex causa non ceperit, caducum appellatur, veluti ceciderit ab eo, verbi gratia si caelibi ... legatum fuerit, nec intra dies centum caelebs legi paruerit.

II. Die patria potestas.

§ 100.

Die Begründung der patria potestas.

Die väterliche Gewalt wird kraft Rechtssatzes erworben über die in rechter Ehe erzeugten Kinder (nicht über die Concubinenkinder) und durch die Legitimation der aufser der Ehe erzeugten Kinder, sei es per subsequens matrimonium sei es per rescriptum principis. Daneben kennt das römische Recht eine künstliche Erzeugung der väterlichen Gewalt durch Rechtsgeschäft: die Adoption.

Die Adoption ist entweder Adoption eines paterfamilias (sogenannte arrogatio) oder Adoption eines filiusfamilias (adoptio im engeren Sinn)[1]. In beiden Fällen erleidet der Adoptierte eine capitis deminutio minima, weil er die Agnatenfamilie wechselt (oben S. 177).

Die Arrogation verlangte nach altem Recht eine Voruntersuchung der pontifices und Beschlufs der Curiatcomitien. Dann kam die Arrogation durch kaiserliches Rescript auf, welches zuletzt die allein übliche Form darstellte. Aber immer blieb die Arrogation durch einfaches Privatrechtsgeschäft ausgeschlossen. Die Änderung der Familienverhältnisse durch Arrogation interessiert das Gemeinwesen. Daher die öffentlichrechtliche Form. In den Curiatcomitien konnte jedoch nur arrogiert werden, wer seine Zustimmung zur Arrogation in der Volks-

[1] Über den Begriff von paterfamilias (homo sui juris) und filiusfamilias (homo alieni juris: Sohn, Tochter, Enkel in der väterlichen Gewalt) vgl. oben S. 173.

versammlung zu erklären im stande war. Der arrogatus ist Mit-Subject der Arrogationshandlung in den Comitien und mufs daher fähig sein, an der Arrogationshandlung in den Curiatcomitien Anteil zu nehmen. Darum gab es keine Arrogation eines impubes noch eine Arrogation einer Frau. Jene sind überhaupt der rechtlich wirksamen Zustimmung, diese sind des Auftretens in der Volksversammlung unfähig. Antoninus Pius hat jedoch die Arrogation eines impubes gestattet, vorausgesetzt, dafs sie als vorteilhaft für den impubes sich erweist, dafs ferner sämtliche Vormünder des impubes consentieren, dafs endlich der pater arrogans Caution stellt, im Fall des Versterbens des arrogatus vor erreichter pubertas das Vermögen desselben an diejenigen herauszugeben, welche es ohne Arrogation kraft Erbgangs bekommen haben würden. Durch die Arrogation erlangt der impubes (für die Dauer seiner Impubertät) ein festes Recht auf den vierten Teil vom Nachlafs des pater arrogans, sogenannte quarta divi Pii. Mit der Gewalt über den Arrogatus erwirbt der Arrogierende auch das Vermögen des arrogatus[2] und die Gewalt über diejenigen, welche in der Gewalt des arrogatus sind.

Für die Adoption (im engeren Sinne) ward — erst nach den zwölf Tafeln[3] — ein privates Rechtsgeschäft ausgebildet. In den zwölf Tafeln hiefs es, dafs dreimaliger Verkauf des Sohnes in die Knechtschaft den Untergang der väterlichen Gewalt herbeiführe. Wie die Emancipation des Haussohnes (vgl. oben S. 56), so konnte mit Hülfe dieses Rechtssatzes auch die datio in adoptionem ermöglicht werden. Der Vater verkaufte seinen Sohn dreimal durch mancipatio in die Knechtschaft (mancipium, unten S. 459). Der Scheinkäufer läfst den Sohn das erste und das zweite Mal frei (durch manumissio vindicta, also durch das

[2] Die Contractsschulden des arrogatus gingen nach Civilrecht unter S. 178). Der Prätor aber gab in integrum restitutio, indem er eine actio ficticia gegen den arrogatus gewährte, als ob die Arrogation gar nicht geschehen wäre. Trat der Arrogierende dann nicht für den Arrogierten ein (der Arrogierte selbst hatte ja keine activa mehr), so ward vom Prätor über das Vermögen, welches dem Arrogierten ohne die capitis deminutio gehören würde, Concurs eröffnet, vgl. S. 441.

[3] Dies geht daraus hervor, dafs das Privatrechtsgeschäft der datio in adoptionem deutlich als Erzeugnis der an die zwölf Tafeln anschliefsenden interpretatio (oben S. 56) erscheint.

Mittel der in jure cessio, oben S. 163): beide Male fällt der Sohn nach geschehener Freilassung in die väterliche Gewalt zurück. Das dritte Mal folgte dem Verkauf nicht nochmals Freilassungshandlung (dann wäre der Sohn damit emancipiert worden, unten S. 463), sondern die Adoptionshandlung in der Form der in jure cessio: der Adoptivvater trat vor dem Prätor mit der Scheinvindicatio in patriam potestatem auf; nach Geständnis oder Schweigen des Scheinbeklagten vollzog der Prätor den Zuspruch (addictio) des als Sohn Vindicierten an den Vindicanten. Zum Zweck dieser letzten in jure cessio pflegte der Scheinkäufer nach der dritten mancipatio zuerst noch das Kind an den Vater zurückzumancipieren, so dafs dann der Vater selber bei der Adoptionshandlung Scheinverklagter war, also selber durch confessio in jure den Adoptionserfolg herbeiführte. Sollte eine Tochter oder ein Enkelkind einem anderen in Adoption gegeben werden, so genügte ein einmaliger Verkauf, um die patria potestas zu zerstören, und folgte deshalb gleich nach der ersten Mancipation nicht Freilassungshandlung (dann wäre das Kind damit emancipiert worden), sondern Adoptionshandlung. An Stelle dieser umständlichen Formen hat das spätere Kaiserrecht die Erklärung des Adoptionsvertrags zwischen beiden Vätern in Anwesenheit des Kindes vor Gericht gesetzt. Das Kind ist bei diesem Hingeben zu Adoption blofses Object der Handlung. Der Adoption eines impubes oder der Tochter steht hier kein Hindernis im Wege. Zustimmung des Kindes ist nicht nötig: der Widerspruch des willensfähigen Kindes aber macht die Adoption ungültig.

Die Adoption i. e. S. hat jedoch durch Justinian die Kraft, die patria potestas hervorzubringen, verloren. Im Justinianischen Recht erzeugt die datio in adoptionem nur noch ein Kindeserbrecht des in Adoption Gegebenen gegen den Adoptivvater, kein Kindesverhältnis mehr (sogenannte adoptio minus plena). Nur in dem Fall, wenn das Kind seinem leiblichen Ascendenten (Grofsvater) in Adoption gegeben wird, tritt noch die alte volle Wirkung der datio in adoptionem ein (sogenannte adoptio plena). Die Wirkung der Arrogation ist jedoch im Justinianischen Recht nicht verändert worden.

Frauen können nicht adoptieren. Die sogenannte Adoption, welche seit Diocletian einer Frau, der ihre Kinder gestorben sind, durch rescriptum principis gewährt werden kann, erzeugt nur ein gegenseitiges Intestaterbrecht zwischen der Adoptivmutter einerseits, dem Adoptivkind und dessen Nachkommenschaft andererseits.

pr. I. de adopt. (1, 11): Non solum tamen naturales liberi secundum ea, quae diximus, in potestate nostra sunt, verum etiam ii, quos adoptamus. § 1: Adoptio autem duobus modis fit: aut principali rescripto, aut imperio magistratus. Imperatoris auctoritate adoptamus eos easve, qui quaeve sui juris sunt. Quae species adoptionis dicitur adrogatio. Imperio magistratus adoptamus eos easve, qui quaeve in potestate parentum sunt, sive primum gradum liberorum optineant, qualis est filius, filia, sive inferiorem, qualis est nepos, neptis, pronepos, proneptis.

§ 3 eod.: Cum autem impubes per principale rescriptum adrogatur, causa cognita adrogatio permittitur et exquiritur causa adrogationis, an honesta sit expediatque pupillo, et cum quibusdam conditionibus adrogatio fit.

§ 101.
Die Wirkung der patria potestas.

Die patria potestas des alten Civilrechts bedeutet volle Gewalt des Vaters über den Gewaltunterworfenen (das Kind, das Enkelkind vom Sohne, die Frau in manu): das Recht über Tod und Leben (jus vitae ac necis) und das Recht, in die Knechtschaft zu verkaufen. Nur der Einflufs der Verwandten in dem bei schweren Fällen herkömmlicherweise zu berufenden Familiengericht und die Rüge des Censors (nota censoria) sowie die geistliche Strafe, welche in Fällen des Mifsbrauchs drohte, stellte einen thatsächlichen Schutz für den Gewaltunterworfenen dar. Der Verkauf in die Knechtschaft, welcher das Familienglied als Object von Vermögenswert behandelte, mufs nicht allzuselten vorgekommen sein. Die zwölf Tafeln mifsbilligten ihn bereits durch den Strafrechtssatz: wer seinen Sohn dreimal in die Knechtschaft verkauft hat, soll zur Strafe seine väterliche Gewalt verlieren (oben S. 56). In späterer Zeit diente die Mancipation des Hauskindes in der Regel nur noch dem Scheinverkauf zum Zweck von Adoption (oben S. 457) oder Emancipation (unten S. 463). Der Ernstverkauf des Kindes behauptete sich nur in den Fällen der noxae datio, welche erst durch Justinian in ihrer Anwendung auf Hauskinder aufgehoben wurde. Bis auf Justinian war der paterfamilias wie berechtigt, so verpflichtet, im Falle eines Delicts seines Hauskindes entweder die Folgen des Delicts auf sich zu nehmen oder das Kind durch mancipatio in die Knechtschaft des Verletzten zu geben (noxae datio, oben S. 405). Das solcherweise mancipierte Hauskind war, wie es hiefs, in mancipio und stand unter Sklavenrecht (servi loco), erwarb alles seinem Herrn und konnte, wie ein Sklave, nur durch manumissio der vollen Freiheit wiedergegeben werden. Das Recht der noxae datio und damit der letzte Rest des Verkaufsrechts ist durch Justinian beseitigt worden. Das jus vitae ac necis war schon lange vorher abgekommen.

Die väterliche Gewalt der Kaiserzeit ist nicht mehr die volle Gewalt des alten jus civile, sondern nur noch die natürliche Züchtigungs- und Erziehungsgewalt des jus gentium.

Dem Kinde gegenüber bedarf der Vater keiner Klage, weil ihm kraft des persönlichen Unterordnungsverhältnisses das private Zwangsrecht (Eigenmacht) zuständig ist. Reicht der Vater damit nicht aus, so kann er Hülfe der Obrigkeit im Verwaltungswege (extraordinaria cognitio) anrufen. Dem Dritten gegenüber aber dient dem Vater, falls dieser Dritte sich in Besitz des Kindes gesetzt hat und Gewalt über dasselbe ausübt, nach altem Civilrecht das Rechtsmittel der vindicatio in patriam potestatem (filii vindicatio), später das prätorische Rechtsmittel des interdictum de liberis exhibendis (auf Vorführung des Kindes); falls der Dritte aber keine eigene Gewalt über das Kind in Anspruch nimmt, sondern als Defensor des Kindes Einsprache gegen die Heimführung durch den Vater (die ductio) erhebt, das prohibitorische (gegen diese Einsprache gerichtete) interdictum de liberis ducendis[1]. Ist das Dasein der patria potestas streitig und handelt es sich zunächst darum, von dem Kinde oder dem Dritten die Anerkennung des Vaterverhältnisses oder der väterlichen Gewalt zu erstreiten, so dient dem Vater ein praejudicium, gerade wie umgekehrt das Kind, welches das

[1] Vgl. über die genannten Rechtsmittel Demelius, Die Exhibitionspflicht (1872), S. 244—250.

Dasein der väterlichen Gewalt leugnet, ein solches praejudicium veranlassen kann (vgl. oben S. 258).

Wie über die Person, so gewährt das altcivile Recht dem Vater auch volle Gewalt über das Vermögen des Hauskindes. Ja, durch die väterliche Gewalt wird die Vermögensfähigkeit des Hauskindes teilweise zerstört. Das Hauskind ist des eignen activen Vermögens unfähig. Was es erwirbt, wird vielmehr kraft Rechtsnotwendigkeit (sogenannte unfreie Stellvertretung) dem Hausvater erworben (S. 174. 218). Erst die Entwickelung des römischen Rechts in der Kaiserzeit hat Schritt für Schritt, die Strenge des alten Rechtes brechend, die active Vermögensfähigkeit des Hauskindes ein- und durchgeführt.

Zuerst ist dem filiusfamilias miles die Erwerbsfähigkeit für sein sogenanntes peculium castrense beigelegt worden. Was der Haussohn in seiner Eigenschaft als Soldat erwirbt (auch z. B. Geschenke, die ihm von Verwandten oder Kameraden gemacht werden), erwirbt er sich selbst (zu Eigentum und zu freier Verwaltung), nicht seinem Vater. Er verwaltet das peculium castrense frei wie ein paterfamilias und testiert darüber wie ein paterfamilias. Nur wenn er ohne Testament verstirbt, wird (nach dem Recht des Corpus juris, nicht mehr aber nach dem Recht der Novelle 118, vgl. unten § 111 a. E.) das peculium castrense von dem Vater jure peculii (nicht als hereditas) eingezogen, als ob es immer Eigentum des Vaters gewesen wäre.

Dem filiusfamilias miles (dessen Sonderstellung bereits durch Augustus begründet wurde) ist in der späteren Kaiserzeit, in dem nachdiocletianischen monarchischen Beamtenstaat, der filiusfamilias, welcher öffentlicher Beamter ist, gleichgestellt worden. Was der Sohn in öffentlicher Stellung, als Beamter oder als Advocat oder als Geistlicher, erwirbt, ist sein peculium quasi castrense, für welches die gleichen Rechtssätze gelten wie für das peculium castrense des filiusfamilias miles.

Nun ging Kaiser Constantin und die nachconstantinische Gesetzgebung auch dazu vor, grundsätzlich dem Hauskind jeglichen Erwerb zu gestatten. Zuerst für die bona materna (Erbschaft der Mutter), dann für die bona materni generis, dann überhaupt für jeden Erwerb, der von einem Dritten gemacht wird. Damit war der Begriff der bona adventicia gegeben.

Adventicium ist alles, was nicht ex re patris noch als castrense oder quasi castrense erworben worden ist. Das Eigentum an den adventicia hat das Hauskind, nicht mehr der Vater. Aber dem Vater ist als Rest seines früheren Rechts der Nieſsbrauch und die Verwaltung der adventicia gelassen worden. So hat das Hauskind an den bona adventicia nicht das volle Recht wie an castrensia und quasi castrensia. Mit der Verfügung unter Lebenden ist ihm auch die testamenti factio für die adventicia entzogen. Selbst unter Zustimmung des Vaters kann das Kind über seine Adventicien nicht testieren. Bona adventicia irregularia sind solche adventicia, in Bezug auf welche dem Hauskind auch Verwaltung (nicht aber Verfügung von Todes wegen) und Nutzung zusteht, z. B. wenn der Dritte, welcher die Zuwendung machte, Nieſsbrauch und Verwaltung des Vaters ausschloſs oder wenn das Kind einen Erwerb gegen den Willen des Vaters gemacht hat.

So bleibt das Kind im Justinianischen Recht nur noch unfähig, ex re patris, vom Vater zu erwerben. Was der Vater dem Kinde giebt, sei es auch zu freier Verfügung (peculium profecticium), bleibt Eigentum des Vaters, wenngleich der Sohn darüber Verwaltungsrechte hat und durch seinen Contract den Vater bis auf den Betrag dieses Peculiums obligiert (oben S. 410). Das peculium profecticium ist ein peculium alten Stils, die einstige Erwerbsunfähigkeit des Hauskindes und seine sklavenähnliche Stellung zum Ausdruck bringend. Das peculium castrense und quasi castrense sowie die bona adventicia sind dagegen Peculien neuen Stils, nicht mehr die Vermögensunfähigkeit von einst, sondern umgekehrt die durch das neue Recht eingeführte active Vermögensfähigkeit auch des Hauskindes bedeutend.

L. 11 D. de castr. pec. (49, 17) (Macer): Castrense peculium est, quod a parentibus vel cognatis in militia agenti donatum est, vel quod ipse filiusfamilias in militia adquisivit, quod, nisi militaret, adquisiturus non fuisset. Nam quod erat et sine militia adquisiturus, id peculium ejus castrense non est.

L. 2 D. de sc. Maced. (14, 6) (Ulpian.): . . . cum filiifamilias in castrensi peculio vice patrumfamiliarum fungantur.

§ 102.

Die Aufhebung der patria potestas.

Die patria potestas erlischt zu Gunsten des Hauskindes, wenn das Hauskind flamen Dialis oder virgo Vestalis (so nach altem Recht), nach Justinianischem Recht, wenn der Haussohn die Würde eines Bischofs oder eines patricius erlangt; zur Strafe für den Vater, wenn er das Kind aussetzt oder die Tochter verkuppelt. Der Tod des Vaters befreit nur die ihm unmittelbar Gewaltuntergebenen; die Enkelkinder vom Sohn fallen jetzt in die patria potestas ihres Erzeugers. Gleich dem Tode wirkt die capitis deminutio media und maxima (S. 175).

Das Rechtsgeschäft, durch welches die väterliche Gewalt aufgehoben wird, ist die Emancipation. Der Vater verkauft den Sohn dreimal in das mancipium; der Scheinkäufer läfst den Sohn jedesmal frei (manumissio vindicta, also unter Anwendung der in jure cessio, oben S. 163). Die Manumission nach der ersten und ebenso nach der zweiten Mancipation läfst den Sohn kraft Gesetzes in die väterliche Gewalt zurückfallen. Die dritte Manumission, nach welcher der Sohn frei wird (vgl. oben S. 56), ist die Emancipationshandlung. Darum pflegt der Scheinkäufer nach der dritten Mancipation den Sohn an den Vater zurückzumancipieren, damit dieser die Emancipations-Manumission vornehme (parens manumissor). Für die Emancipation der Tochter und des Enkels genügte einmalige Mancipation, auf welche dann sofort (nach geschehener remancipatio) die emancipierende Manumissionshandlung folgte. Das spätere Kaiserrecht hat andere, leichtere Formen eingeführt: die Emancipation per rescriptum principis (emancipatio Anastasiana) und die Emancipation durch Erklärung zu gerichtlichem Protocoll (emancipatio Justiniana).

Das Kind ist lediglich Object der Emancipationshandlung. Es bedarf seiner Zustimmung nicht. Aber sein Widerspruch macht nach Justinianischem Recht die Emancipation ungültig, ausgenommen wenn ein blofses Adoptivvaterverhältnis durch Emancipation gelöst wird. Ein Recht, emancipiert zu werden, hat das Kind nicht (ausgenommen unter Umständen der arrogierte impubes). Auch wenn das Kind erwachsen und zu Amt und Würden gelangt ist[1], bleibt es von Rechts wegen in der väterlichen Gewalt, solange nicht die Willkür des Vaters das Gewaltverhältnis löst. Die väterliche Gewalt des römischen Rechts ist eine egoistische Gewalt um des Vaters willen, welche darum in ihrem Bestande nicht an das Schutz- und Erziehungsbedürfnis des Hauskindes, sondern an die Lebenszeit des Vaters geknüpft ist. Anders im heutigen Recht. Das gemeine deutsche Pandektenrecht liefs die väterliche Gewalt durch das wirtschaftliche Selbständigwerden des Hauskindes (sogenannte separata oeconomia) von Rechts wegen aufgehoben werden (sogenannte emancipatio Saxonica). Das deutsche bürgerliche Gesetzbuch geht noch weiter: mit der Grofsjährigkeit des Kindes als solcher erlischt die elterliche Gewalt (B. G. B. § 1626).

Die Emancipation bewirkt für das Kind eine capitis deminutio minima, weil es aus der bisherigen Agnationsverwandtschaft ausscheidet (S. 177). Das emancipierte Kind ist das Haupt einer neuen Familie. Es ist nach Civilrecht verwandtenlos, solange es nicht nach der Emancipation sich durch Kinderzeugung eine neue agnatische Verwandtschaft geschaffen hat.

Gaj. Inst. I § 132: Praeterea emancipatione desinunt liberi in potestate parentum esse; sed filius quidem tribus mancipationibus, ceteri vero liberi, sive masculini sexus, sive feminini, una mancipatione exeunt de parentum potestate. Lex enim XII tabularum tantum in persona filii de tribus mancipationibus loquitur his verbis: SI PATER FILIUM TER VENUMDUIT, A PATRE FILIUS LIBER ESTO. Eaque res ita agitur: mancipat pater filium alicui, is eum vindicta manumittit. Eo facto revertitur in potestatem patris. Is eum iterum mancipat, vel eidem, vel alii: sed in usu est, eidem mancipari. Isque eum postea similiter vindicta manumittit. Quo facto cum rursus in potestatem patris fuerit reversus, tertio pater eum mancipat, vel eidem, vel alii: sed hoc in usu est, ut eidem mancipetur: eaque mancipatione desinit in potestate patris esse.

[1] Nur gewisse hohe Würden befreien von der väterlichen Gewalt, wie im Eingange des Paragraphen bemerkt ist.

§ 6. 7 I. h. t. (1, 12): Nostra autem providentia et hoc in melius per constitutionem reformavit, ut, fictione pristina explosa, recta via apud competentes judices, vel magistratus parentes intrent et filios suos, vel filias, vel nepotes, vel neptes ac deinceps sua manu dimitterent. — Admonendi autem sumus, liberum esse arbitrium ei, qui filium et ex eo nepotem, vel neptem in potestate habebit, filium quidem de potestate dimittere, nepotem vero vel neptem retinere, et ex diverso filium quidem in potestate retinere, nepotem vero vel neptem manumittere, vel omnes sui juris efficere.

L. 3 § 1 D. de capite minutis (4, 5) (PAULUS): Emancipato filio . . . capitis minutio manifesto accidit, cum emancipari nemo possit, nisi in imaginariam servilem causam deductus.

III. Die Vormundschaft.

§ 103.

Die Arten der Vormundschaft.

Die vormundschaftliche Gewalt ist die Familiengewalt, welche Ersatz bietet für die fehlende väterliche Gewalt.

Das römische Recht unterscheidet zwei Arten der Vormundschaft: tutela und cura. Tutor und Curator haben beide die Sorge sowohl für die Person wie für das Vermögen des Mündels. Aber die Stellung, welche sie zu dem Vermögen des Mündels einnehmen, ist eine grundsätzlich verschiedene.

Das Wesen der tutela ist die auctoritatis interpositio, d. h. die präsente Beihülfe zum Abschlufs von Rechtsgeschäften. Durch seinen unmittelbar bei Abschlufs des Geschäfts erteilten Consens macht der tutor den Mündel fähig, das Geschäft selber abzuschliefsen. Die Tutel ist grundsätzlich das Mittel, um den unvollkommen Geschäftsfähigen von seiner Unfähigkeit zu heilen. Mit der auctoritatis interpositio kann sich das Recht der Vermögensverwaltung (gestio) d. h. das Recht, anstatt des Mündels die Vermögensverwaltungsgeschäfte abzuschliefsen (ein Vertretungsrecht), verbinden, aber notwendig ist dem tutor die Vermögensbefugnis nicht.

Die tutela hat zwei Anwendungsfälle: die tutela impuberum (mit dem Recht der gestio), und die tutela mulierum (ohne das Recht der gestio).

Das Wesen der cura ist dagegen die Befugnis zur Vermögensverwaltung (gestio), d. h. das Recht des Curators, anstatt des Mündels über das Vermögen desselben zu verfügen. Der Curator ist bestimmt, den Verwaltungsunfähigen von der Verwaltung seines Vermögens auszuschliefsen. Er ist ein vormundschaftlicher Vertreter seines Mündels. Es kann keinen curator ohne gestio geben. Dagegen fehlt dem curator die auctoritatis interpositio. Er kann dem Geschäftsunfähigen nicht helfen, dennoch selbst rechtsgeschäftlich zu handeln.

Die römische cura hat drei Anwendungsfälle: die cura minorum (über einen vollkommen Geschäftsfähigen), die cura prodigi (über einen unvollkommen Geschäftsfähigen), die cura furiosi (über einen vollkommen Geschäftsunfähigen).

Aus den entwickelten Grundsätzen ergiebt sich von selbst die Form, welche die römische Vormundschaft in den einzelnen Anwendungsfällen annimmt.

I. Die Altersvormundschaft hat nach römischem Recht die beiden Stufen der tutela impuberum und der cura minorum.

1. Tutela impuberum. Der tutor handelt anstatt des Mündels (in Ausübung seines Rechtes der gestio), oder der Mündel handelt, sobald er die infantia überschritten hat, unter Beihülfe des tutors (auctoritatis interpositio), sofern es sich um Veräufserungs- oder Verpflichtungsgeschäfte handelt. Erwerbsgeschäfte schliefst der impubes infantia major ohne Mitwirkung des tutor gültig allein ab (oben S. 212).

2. Cura minorum. Die lex Plaetoria (um 186 v. Chr.) gestattete, dafs der vaterlose pubes minor XXV annis aus besonderen Gründen von der Obrigkeit (dem Prätor) einen curator sich erbitte. Diese Erbittung ward dann die Regel, auch wenn keine besonderen Gründe vorlagen. Der minor pubes ist und bleibt nach römischem Recht vollkommen geschäftsfähig, auch wenn er einen curator hat, wird aber durch die Bestellung des curator verfügungsunfähig: das Recht der Vermögensverwaltung geht von ihm auf den curator über. Seine Erwerbsgeschäfte sind nach wie vor schlechtweg gültig, aber für seine Veräufserungs- und Verpflichtungsgeschäfte bedarf es der Genehmi-

gung des curator (welche vor, bei oder nach dem Rechtsgeschäft erteilt werden kann), um dasselbe für sein Vermögen wirksam zu machen. Vgl. S. 213.

pr. I. de auct. tut. (1, 21) s. oben S. 212.

pr. I. de curat. (1, 23): Masculi quidem puberes et feminae viri potentes usque ad vicesimum quintum annum completum curatores accipiunt: quia licet puberes sint, adhuc tamen hujus aetatis sunt, ut negotia sua tueri non possint.

§ 2 cod.: Item inviti adulescentes curatores non accipiunt, praeterquam in litem: curator enim et ad certam causam dari potest.

II. Die tutela mulierum. Um ihres Geschlechtes willen steht auch die erwachsene Frau, falls sie weder in patria potestate noch in manu mariti sich befindet, noch nach klassischem Recht unter Vormundschaft (Geschlechtsvormundschaft) eines tutor, dessen auctoritatis interpositio der Frau für den gültigen Abschlufs aller Verpflichtungsgeschäfte und aller negotia juris civilis (z. B. Mancipation, in jure cessio, Testament) unentbehrlich ist. Die Frau selber verwaltet ihr Vermögen — der tutor mulieris hat keine gestio —, aber zu ihrer Vermögensverwaltung bedarf die Frau in den genannten Fällen[1] der in praesenti erteilten Genehmigung ihres tutor. Die hierin liegende Beschränkung war jedoch schon in der klassischen Zeit eine blofse Form. Der tutor, welcher seine auctoritas verweigerte, konnte von der Frau zur Erteilung derselben gezwungen werden. Nur der legitimus tutor konnte nicht gezwungen werden und besafs also eine wirkliche Gewalt. Aber gerade diese legitima tutela, von welcher die ganze Einrichtung ihren Ausgang genommen hatte, war bereits durch eine lex Claudia (in der Kaiserzeit), welche die Agnatentutel aufhob, ihrer praktischen Bedeutung entkleidet worden[2].

---

[1] Nach altem Civilrecht, welches nur negotia juris civilis kennt, war also die Frau für alle Rechtsgeschäfte von dem alleinigen Abschlufs derselben ausgeschlossen.

[2] Tutela legitima mulierum war die auf den zwölf Tafeln bezw. deren interpretatio ruhende Vormundschaft: 1. der Agnaten (über die unverheiratete Verwandte), 2. des patronus (über die unverheiratete liberta), 3. des parens manumissor (des Vaters über die emancipierte unverheiratete Tochter bezw. Enkelin, vgl. S. 463). Der wichtigste Fall war die tutela legitima agnatorum,

In der nachklassischen Zeit ist das ganze Institut der tutela mulierum verschwunden.

Ulp. tit. 11 § 1: Tutores constituuntur tam masculis, quam feminis: sed masculis quidem impuberibus dumtaxat propter aetatis infirmitatem, feminis autem tam impuberibus, quam puberibus, et propter sexus infirmitatem, et propter forensium rerum ignorantiam.

Eod. § 25: Pupillorum pupillarumque tutores et negotia gerunt et auctoritatem interponunt, mulierum autem tutores auctoritatem dumtaxat interponunt.

Eod. § 27: Tutoris auctoritas necessaria est mulieribus quidem in his rebus: si lege, aut legitimo judicio agant, si se obligent, si civile negotium gerant, si libertae suae permittant, in contubernio alieni servi morari, si rem mancipii alienent; pupillis autem hoc amplius etiam in rerum nec mancipii alienatione tutoris auctoritate opus est.

Gaj. Inst. I. § 190: Mulieris, quae perfectae aetatis sunt, ipsae sibi negotia tractant, et in quibusdam causis dicis gratia tutor

und dieser Fall ward durch die lex Claudia beseitigt. Der tutor legitimus mulieris war durch zwei Rechtssätze ausgezeichnet: 1. er konnte seine auctoritas zur Testamentserrichtung, zur Veräufserung durch mancipatio, zur Verpflichtung durch negotium civile verweigern (praeterquam si magna causa interveniat); da ihm jedoch gegen die Verheiratung seiner Mündelin ein Veto nicht zustand, so konnte diese durch Eingehung einer Ehe mit manus seiner Vormundschaft sich entziehen und kam eine coëmtio fiduciae causa auf, welche nur tutelae evitandae causa vorgenommen wurde: die Frau schlofs scheineshalber eine Coëmtionsehe mit einem Dritten, welcher sie (kraft der fiduciarischen Clausel) durch remancipatio (S. 452) aus der Ehe entlassen mufste, so dafs der manumissor zum tutor (sogenannten tutor fiduciarius) der Frau wurde, welcher dann (als non legitimus) ein tutor ohne Veto war; 2. die tutela legitima mulierum konnte durch in jure cessio auf einen Dritten übertragen werden (tutor cessicius), doch ging die tutela cessicia nicht blofs durch Tod und capitis deminutio des tutor cessicius, sondern ebenso durch Tod und capitis deminutio des cedens zu Ende, und zeigt auch diese beschränkte Wirkung der in jure cessio (welche nur die Verwaltung der Vormundschaft als übergegangen erscheinen läfst), dafs die in jure cessio tutelae bereits der vorgerückteren Zeit angehört, welche selbst für die tutela legitima mulieris eine volle Veräufserung der Vormundschaft (der Zuständigkeit nach) ausschlofs. Vgl. oben S. 55 Anm. 5. Karlowa, Röm. Rechtsgeschichte, Bd. 2, S. 299.

interponit auctoritatem suam; saepe etiam invitus auctor fieri a praetore cogitur.

III. Die cura furiosi ermächtigt und verpflichtet den curator, das Vermögen des Wahnsinnigen anstatt desselben zu verwalten.

IV. Die cura prodigi unterscheidet sich dadurch von der cura furiosi, dafs hier der prodigus selber zu eignen Erwerbsgeschäften fähig ist. Von Veräufserungs- und Verpflichtungsgeschäften ist er durch Bestellung der cura ausgeschlossen; sie müssen vom curator im Namen des prodigus oder vom prodigus unter Gutheifsung des curator abgeschlossen werden.

V. Unter besonderen Umständen kann auch ein curator mit beschränkter Vollmacht bestellt werden, so z. B. für den Altersschwachen oder Gebrechlichen (sogenannte cura debilium personarum), oder zur Aushülfe neben einem tutor.

§ 104.

Berufung zur Vormundschaft.

I. Die Berufungsgründe. a. Für die tutela giebt es drei Berufungsgründe (sogenannte Delationsgründe): das Gesetz (tutela legitima), das Testament (tutela testamentaria) und die obrigkeitliche Ernennung (tutela dativa).

Die tutela legitima gebührt dem nächsten zur Vormundschaft fähigen Erben des Mündels, also nach Civilrecht dem nächsten Agnaten (eventuell, wenn kein Agnat da ist, dem nächsten Gentilen). Mit der Reform des Erbrechts hat dann das spätere Kaiserrecht auch die gesetzliche Berufung zur Vormundschaft reformieren müssen. Nach Justinianischem Recht wird kraft Gesetzes der nächste, zur Vormundschaft fähige Cognat des Mündels berufen.

Aber in der patria potestas (und ebenso in der manus mariti) ist das Recht enthalten, die tutela legitima durch testamentarische Ernennung eines Vormundes auszuschliefsen (tutela testamentaria). Dem Testament des Vaters wird das im Testament bestätigte Codicill (vgl. unten § 115 a. E.) gleichgeachtet. Hat der Vater aber in einem nicht bestätigten Codicill oder hat er einem emancipatus oder hat ein Dritter (z. B. die Mutter) dem Mündel einen Vormund im Testament ernannt, so bedarf es immer der obrigkeitlichen Bestätigung (confirmatio), welche indes der väterlichen Ernennung (in den genannten zwei Fällen) gegenüber sine inquisitione, also ohne weiteres (die confirmatio ist hier eine blofse Form), in den übrigen Fällen jedoch erst ex inquisitione, nach freiem Ermessen, erteilt wird.

Ist weder ein tutor legitimus noch ein tutor testamentarius vorhanden, so hat die Obrigkeit das Recht, einen tutor zu ernennen (tutela dativa). Dies Recht empfing der praetor urbanus (unter der Verpflichtung, die Volkstribunen, wenigstens die Mehrheit derselben, als consilium zuzuziehen) für die Stadt Rom durch die lex Atilia (tutor Atilianus). Für die Provinzen ward es sodann durch die lex Julia et Titia dem praeses provinciae gegeben. Später gab es in Rom besondere praetores tutelares, und wurden auch noch andere Magistrate (Consuln, Municipalmagistrate) mit dem Recht der tutoris datio gesetzlich ausgerüstet. Zur postulatio tutoris, d. h. zur Erbittung eines tutor dativus, sind in solchem Fall die nächsten Intestaterben des Mündels, insbesondere Mutter und Grofsmutter, verpflichtet; bei Nichterfüllung dieser Pflicht gehen sie, falls der Mündel noch in der Unmündigkeit verstirbt, ihres Intestaterbrechts verlustig.

ULP. tit. 11 § 14: Testamento nominatim tutores dati confirmantur lege duodecim tabularum his verbis: UTI LEGASSIT SUPER PECUNIA TUTELAVE SUAE REI, ITA JUS ESTO: qui tutores dativi appellantur.

§ 3 I. de tut. (1. 13): Permissum est itaque parentibus, liberis impuberibus, quos in potestate habent, testamento tutores dare. Et hoc in filio filiaque omnimodo procedit, nepotibus tamen neptibusque ita demum parentes possunt testamento tutores dare, si post mortem eorum in patris sui potestatem non sunt recasuri.

b. Die Berufung zur cura erfolgt grundsätzlich durch obrigkeitliche Ernennung. Auch die cura legitima der nächsten Agnaten (eventuell Gentilen) über den furiosus und über den prodigus, welcher das ab intestato ererbte Vermögen verschleuderte, mufste durch prätorisches Decret gegeben werden.

ULP. tit. 12 § 1: Curatores aut legitimi sunt, id est qui ex lege duodecim tabularum dantur, aut honorarii, id est qui a praetore constituuntur. § 2: Lex duodecim tabularum furiosum, itemque prodigum, cui bonis interdictum est, in curatione jubet esse agnatorum. § 3: A praetore constituitur curator, quem ipse praetor voluerit, libertinis prodigis, itemque ingenuis, qui ex testamento parentis heredes facti male dissipant bona: his enim ex lege curator dari non poterat, cum ingenuus quidem non ab intestato, sed ex testamento heres factus sit patri, libertinus autem nullo modo patri heres fieri possit, qui nec patrem habuisse videtur, cum servilis cognatio nulla sit. § 4: Praeterea dat curatorem ei etiam, qui nuper pubes factus idonee negotia sua tueri non potest.

II. Die Fähigkeit zur Vormundschaft ist Voraussetzung für die Berufung zur Vormundschaft. Der Unfähige wird zur Vormundschaft nicht berufen, auch wenn er z. B. im Testament des Vaters zum tutor ernannt wäre. Unfähig zur Vormundschaft sind nach römischem Recht Nichtbürger, Frauen (ausgenommen Mutter und Grofsmutter, welche für die Dauer ihres Witwenstandes die Tutel über ihre unmündigen Kinder erbitten dürfen), und wer selbst der Vormundschaft bedarf.

L. 18 D. de tut. (26, 1) (Neratius): Feminae tutores dari non possunt, quia id munus masculorum est, nisi a principe filiorum tutelam specialiter postulent.

§ 13 I. de exc. tut. (1, 25): Minores autem XXV annis olim quidem excusabantur; a nostra autem constitutione prohibentur ad tutelam vel curam aspirare . . . cum erat incivile, eos, qui alieno auxilio in rebus suis administrandis egere noscuntur et sub aliis reguntur, aliorum tutelam vel curam subire.

III. Die Wirkung der Berufung tritt grundsätzlich ipso jure ein: der rechtsgültig berufene Vormund ist ohne weiteres Vormund. Er ist nicht berechtigt, die Vormundschaft abzulehnen. Die Übernahme der Vormundschaft ist ein munus publicum. Nur aus bestimmten, vom Gesetz festgestellten „Excusationsgründen“ kann die deferierte und grundsätzlich damit auch acquirierte Vormundschaft abgelehnt werden, wenn der Excusationsgrund rechtzeitig bei der Obrigkeit geltend gemacht wird.

Allein dem tutor testamentarius steht es frei, der Vormundschaft willkürlich sich zu entschlagen, und der vom Prätor zum tutor oder curator Ernannte kann durch Benennung eines näher

Verpflichteten (potioris nominatio) der Vormundschaft sich entziehen.

L. 5 § 10 D. de adm. tut. (26, 7) (ULPIAN.): Ex quo innotuit tutori, se tutorem esse, scire debet, periculum tutelae ad eum pertinere.

L. 1 § 1 eod. (ULPIAN.): Id enim a divo Marco constitutum est, ut qui scit, se tutorem datum, nec excusationem, si quam habet, allegat intra tempora praestituta, suo periculo cesset.

pr. I. de exc. tut. (1, 25): Excusantur autem tutores vel curatores variis ex causis. Plerumque autem propter liberos, sive in potestate sint sive emancipati. Si enim tres liberos quis superstites Romae habeat, vel in Italia quattuor, vel in provinciis quinque, a tutela vel cura potest excusari.

§ 16 eod.: Qui excusare se volunt, non appellant, sed intra dies quinquaginta continuos, ex quo cognoverunt, excusare se debent, . . . si intra centesimum lapidem sunt ab eo loco, ubi tutores dati sunt. Si vero ultra centesimum habitant, dinumeratione facta viginti millium diurnorum et amplius triginta dierum. Quod tamen, ut Scaevola dicebat, sic debet computari, ne minus sint quam quinquaginta dies.

Fragm. Vat. § 157: Tunc demum excusandus est, qui prius datus fuerat, si is, quem nominaverit, et potior necessitudine et idoneus re fideque nec absens deprehendatur.

§ 105.

Die Wirkung der Vormundschaft.

Die Vormundschaft bevollmächtigt den Vormund einerseits, und sie verpflichtet den Vormund andererseits.

I. Sie bevollmächtigt den Vormund nach Mafsgabe seiner gestio (seines Rechts zur Vermögensverwaltung). Also: der tutor kann ohne Vollmacht (Stellvertretungsbefugnis) sein, der curator nicht. Die Vollmacht des mit dem Recht der gestio ausgerüsteten Vormundes ist im Zweifel die Befugnis, alle Rechtsgeschäfte im Namen des Mündels und mit Wirkung für den Mündel abzuschliefsen. Nur Schenkungsgeschäfte sind ausgenommen, und nach einer oratio divi Severi (195 n. Chr.) auch die Veräufserung von praedia rustica und suburbana des

Mündels. Dies Veräufserungsverbot ist dann auf alle erheblicheren Veräufserungen, welche nicht zur laufenden Verwaltung gehören, erstreckt worden. Zur gültigen Veräufserung gehört in solchem Fall ein obervormundschaftliches Veräufserungsdecret.

Es können mehrere Vormünder für denselben Mündel bestellt sein, z. B. durch Testament, oder infolge gleich naher Verwandtschaft. Dann hat jeder einzelne Vormund im Zweifel volle Vollmacht. Es kann aber eine Teilung der Vollmacht bestimmt sein: nach Geschäftszweigen oder nach örtlichen Rücksichten u. s. f. Es kann auch einem allein die Vollmacht (natürlich dann die ganze Vollmacht) gegeben sein. Dieser eine heifst dann tutor gerens. Die Vormünder ohne Vollmacht heifsen tutores honorarii. Der Mangel der Vollmacht (gestio) nimmt aber nicht das Recht der auctoritatis interpositio. Der tutor honorarius kann zwar nicht anstatt des Mündels handeln, aber er kann dem Mündel durch seine auctoritas helfen, selbst zu handeln. Die auctoritatis interpositio hat als solche die Vollmacht weder zur Voraussetzung noch zum Inhalt[1].

L. 1 pr. D. de reb. eor. (**27**, 9) (ULPIAN.): Imperatoris Severi oratione prohibiti sunt tutores et curatores, praedia rustica vel suburbana distrahere.

L. 22 § 6 C. de adm. tut. (5, 37) (CONSTANTIN.): Jam ergo venditio tutoris nulla sit sine interpositione decreti; exceptis his dumtaxat vestibus, quae detritae usu, aut corruptae servando servari non poterint. § 7: Animalia quoque supervacua minorum, quin veneant, non vetamus.

II. Die Übernahme der Vormundschaft verpflichtet den Vormund zur sorgfältigen Geschäftsführung. Alles,

---

[1] Daher ist denn auch der tutor gerens mit blofser Teilvollmacht dennoch immer tutor honorarius (mit dem Recht der auctoritatis interpositio) für jede Handlung des Mündels. Aber die auctoritatis interpositio vermag als solche nur die Formrichtigkeit der Rechtshandlung herbeizuführen. Die Entscheidung, ob das Veräufserungs- oder Verpflichtungsgeschäft vorzunehmen ist, gehört zur gestio. Daher genügt die auctoritatis interpositio eines tutor honorarius nicht, um die rechtliche Wirksamkeit einer solchen Verfügung herbeizuführen; vgl. Puchta, Vorlesungen, § 352. — Über den Unterschied von auctoritas und gestio s. A. Pernice, Labeo, Bd. 1, S. 184 ff.

was im Interesse des Mündels ordentlicherweise zu geschehen hat, um sein Vermögen nicht blofs zu erhalten, sondern auch zu vermehren, z. B. durch geeigneten Ankauf von Grundstücken oder verzinsliche Anlegung von Mündelgeldern oder Fortsetzung des dem Mündel gehörigen Gewerbebetriebes, alle Handlungen dieser Art liegen dem Vormund ob, damit für den Mündel ebensogut gesorgt sei, wie wenn der Mündel selbst imstande wäre, seinem Vermögen vorzustehen. Doch haftet der Vormund nur für diligentia quam suis rebus (vgl. oben S. 388). Weil er nicht aus freien Stücken, sondern infolge Rechtspflicht zur Vormundschaft kommt, genügt es, wenn er auf die Angelegenheiten des Mündels die gleiche Sorgfalt wendet wie auf seine eigenen. Hat der Vormund aber diese Diligenz versäumt, so schuldet er dem Mündel Schadensersatz. Ebenso natürlich, wenn er ohne obrigkeitliches Decret, also unter Überschreitung seiner Vollmacht, wichtigere Veräufserungshandlungen vornahm oder die Mündelgelder unterschlug oder im eigenen Nutzen verwandte u. s. f. Um diese Schadensersatzpflicht sicherzustellen, ist der Vormund (von Ausnahmefällen abgesehen)[2] verpflichtet, bei Antritt der Vormundschaft die Vormundschaftscaution (rem pupilli salvam fore) durch Bürgen oder Pfandbestellung zu leisten. Ja, dem Mündel steht kraft späteren Kaiserrechts ein gesetzliches Pfandrecht an dem ganzen Vermögen seines Vormundes zu.

Ferner haftet der Vormund nach Beendigung der Vormundschaft für Rechenschaftslegung und für Herausgabe des Mündelvermögens an den Mündel.

Diese Pflichten des Vormundes geltend zu machen, dient dem Mündel die actio tutelae directa gegen den Vormund, — nach römischem Recht eine infamierende Klage (vgl. oben S. 180). Sind mehrere Vormünder bestellt, so haftet jeder Vormund auf das Ganze (ein Fall der solidarischen Obligation, oben S. 353), aber bei geteilter Vollmacht, oder wo nur einer überhaupt bevollmächtigt war, zunächst der bevollmächtigte und an erster Stelle verantwortliche. Die übrigen nur subsidiär.

[2] Von der Pflicht zur Bestellung der Vormundschaftscaution befreit ist der vom Vater und der von einem höheren Magistrat ernannte Vormund.

Aufserdem können, gleichfalls subsidiär, diejenigen in Anspruch genommen werden, welche den Vormund vorschlugen (postulatores, nominatores) oder seine Tauglichkeit vor der Obrigkeit bezeugten (affirmatores), sowie endlich die Obrigkeit selbst (aber nach römischem Recht nur magistratus minores, z. B. Municipalmagistrate), welche bei Bestellung oder Beaufsichtigung des Vormundes nachlässig gewesen ist.

Wegen Unterschlagung von Mündelgut wird gegen den Vormund die actio rationibus distrahendis auf das Doppelte gegeben (Schadensersatz und Strafe).

Der Vormund hat seinerseits gegen den Mündel ein Recht, seine Auslagen ersetzt zu verlangen, welches er mit actio tutelae contraria geltend macht.

Im Fall der cura sind die Klagen aus der negotiorum gestio zuständig (oben S. 393).

Protutor ist, wer in der Rolle eines Vormundes gehandelt hat (mochte er sich für den Vormund halten oder nicht), ohne es zu sein oder, falls er wirklich Vormund war, ohne es zu wissen. Hier wird actio protutelae directa und contraria gegeben.

L. 1 pr. D. de tut. (27, 3) (ULPIAN.): In omnibus, quae fecit tutor, cum facere non deberet, item in his, quae non fecit, rationem reddet hoc (tutelae) judicio, praestando dolum, culpam et quantam in suis rebus diligentiam.

§ 106.

Die Aufhebung der Vormundschaft.

Die Vormundschaft endigt (von Tod und magna capitis deminutio abgesehen) regelmäfsig ipso jure mit der Aufhebung des Grundes, welcher sie erzeugte, z. B. durch Grofsjährigkeit des Mündels, durch Genesung des Geisteskranken: die cura prodigi jedoch nimmt erst mit dem Decret der Obrigkeit ein Ende, welches auf Grund eingetretener Besserung die Vormundschaft aufhebt.

Aufserdem giebt es eine Absetzung des Vormundes durch die Obervormundschaft, und zwar eine einfache Absetzung des zur Verwaltung der Vormundschaft Ungeeigneten (sogenannte excusatio necessaria) und eine schimpfliche (nach römischem Recht im Fall des dolus infamierende) Absetzung des treulosen Vormundes (sogenannte remotio suspecti tutoris). Berechtigt zur accusatio suspecti ist jedermann, verpflichtet ist der Mitvormund.

Niederlegung der Vormundschaft (abdicatio tutelae), welche nach klassischem Recht dem tutor testamentarius freistand, ist nach Justinianischem Recht für alle Vormünder nur aus Gründen (z. B. Verarmung, Taubheit, Blindheit) nach Ermessen der Obrigkeit zulässig.

§ 107.

Die Obervormundschaft.

Die Obervormundschaft ist die Staatsgewalt als Aufsichtsgewalt über die Vormundschaft. Sie sorgt schon nach römischem Recht beim Amtsantritt des Vormundes für die Bestellung der Vormundschaftscaution, für die Aufnahme eines Inventars. Unter Umständen liegt ihr auch die Berufung des Vormundes ob (oben S. 469. 470). Sie hat zu wichtigeren Veräufserungshandlungen ihre Zustimmung zu erteilen (S. 473) und unter Umständen die Absetzung des Vormundes zu vollziehen oder die Niederlegung der Vormundschaft zu genehmigen. Das gemeine deutsche Recht hat die Befugnisse der Obervormundschaftsbehörde noch bedeutend erweitert und die Obervormundschaftsbehörde zum Range einer oberleitenden Stelle für die gesamte Vormundschaftsführung erhoben. Auf dem gleichen Standpunkt steht das deutsche bürgerliche Gesetzbuch.

Zweites Capitel.

Das Erbrecht.

§ 108.

Grund und Begriff der Erbfolge.

Das Wesen des Vermögensrechts und ebenso der vermögensrechtlichen Verbindlichkeit (Obligation) ist die Unsterblichkeit. Der Eigentümer mag sterben, das Eigentum wird ihn überleben.

Der Schuldner kann durch Tod hinweggenommen werden, nicht aber seine Schuld. Dadurch unterscheiden sich die Privatrechtsverhältnisse von den Rechten und Pflichten des öffentlichen und des Familienrechts, welche grundsätzlich mit der Person des Berechtigten, bezw. Verpflichteten untergehen. Auch einige Privatrechtsverhältnisse giebt es, welche kraft ihres Inhalts an eine bestimmte Person geknüpft sind und deshalb mit derselben verschwinden, z. B. der Niefsbrauch, die Strafzahlungsschuld aus dem Delict. Aber das grundsätzliche Wesen des Privatrechts und der Privatschuld ist, sein Subject überleben und auf ein neues Subject übergehen zu können. Das Vermögen wird nicht zerstört durch den Tod seines Inhabers.

Weshalb? Weil die Familie noch da ist nach dem Tod des einzelnen. In der Urzeit ist die Familie die einzige Eigentümerin, — es giebt nur Gesamteigentum, nicht Einzeleigentum. Aus dem Familiengesamteigentum ist dann auf der einen Seite das Gesamteigentum der Gemeinde, auf der anderen Seite das Privateigentum des einzelnen entsprungen. Das Familienerbrecht ist die Nachwirkung jenes ursprünglichen Familieneigentums auf das Privateigentum. Mit dem Inhaber des Vermögens ist das eigentliche Subject des Vermögens nicht gestorben: die Familie ist noch da. Sie überlebt den Verstorbenen und durch sie überlebt ihn sein Vermögen.

Die Verwandten, vor allem die eignen Kinder, beerben den Verstorbenen kraft Rechtssatzes, kraft gesetzlicher Notwendigkeit, kraft ihres (einstigen) Miteigentums an dem Vermögen. Aber die Idee des Privateigentums wird stärker werden als die überlieferte Idee des Familieneigentums, und durch das Mittel des Testaments wird der Eigentümer sein vollfreies Verfügungsrecht, d. h. sein Alleineigentum, auch von Todes wegen der Familie gegenüber verwirklichen. Der Intestaterbfolge, welche die einzige Erbfolge alten Stils ist, tritt die testamentarische Erbfolge gegenüber. Aber die Erinnerungen einstigen Familieneigentums werden nicht vollständig verschwinden. Das Anrecht gewisser nächster Angehörigen ist so stark, dafs es das Aufkommen des Alleineigentums überdauert. Es kommt hinzu, dafs die Anforderungen dieses nächsten Familienkreises zugleich in gewissem Sinn öffentliche

Anforderungen sind: der Staat ist daran interessiert, dafs den nächsten Angehörigen, welche auf den Erblasser in Bezug auf ihre Existenz angewiesen sind, das Vermögen nicht ohne Grund entzogen werde. Deshalb wird mit der Entwickelung der testamentarischen Erbfolge gleichzeitig eine Erbfolge gegen das Testament (sogenannte Noterbfolge) aufkommen, welche zunächst das Gebiet bezeichnet, wo das Familieneigentum noch mächtiger ist als das Alleineigentum (Noterbrecht alten Stils), welche sodann aber unter den Händen der Gesetzgebung das ganze Gebiet ergreift, wo die Interessen der Familie zugleich Interessen des Staates sind. Der Testator wird genötigt werden, in gewissem Mafs den Ansprüchen seiner nächsten Angehörigen gerecht zu werden, und das Noterbrecht wird dem Zusammentreffen der Familieninteressen und der öffentlichen Interessen in gleicher Weise Ausdruck geben, wie das Intestaterbrecht den uralten Rechten der Familie, das testamentarische Erbrecht aber den Rechten des Individuums.

Die Familie — in welche der testamentarische Erbe nach der ursprünglichen Anschauung, die noch jedes andere Erbrecht aufser dem Familienerbrecht verwirft, gewissermafsen durch Rechtsgeschäft aufgenommen wird — bedeutet die Kraft, welche das Vermögen im Fall des Todes vor dem Untergange rettet und damit Erbrecht und Erbfolge hervorbringt.

Die Form aber, welche die römische Jurisprudenz der Erbfolge gegeben hat, ist die der Universalsuccession. Das heifst: das Vermögen wird als Ganzes erhalten, mit seinen Rechten, mit seinen Schulden, und als Ganzes geht es auf den (oder die) Erben über. Durch diese Idee der Universalsuccession hat das römische Erbrecht die ihm innewohnende geistige Überlegenheit über das deutsche Erbrecht gewonnen, welche dann nach der Reception zum Sieg der römischen Erbrechtsbegriffe über die deutschen geführt hat. Das deutsche Erbrecht ist über den naiven Standpunkt der Urzeit, welcher die einzelnen Stücke des Nachlasses auf die Erben verteilt (Standpunkt der Singularsuccession) nicht hinausgekommen. Das römische Recht, kühner vorangehend, hat von der Singularsuccession, welche auch hier den Ausgangspunkt gebildet hat, den Fortschritt zur Universalsuccession gefunden. Hier wird das Vermögen nicht nach reellen

Teilen auf die Erben verzettelt. Das Vermögen bleibt vielmehr eine Einheit. Jedem Erben fällt grundsätzlich das ganze Vermögen zu. Wenn mehrere Erben eintreten und daher concursu partes fiunt, so teilt sich die Erbschaft unter sie nach ideellen (aliquoten) Teilen. Kein Erbe kann eine Sache (ein einzelnes Nachlafsstück) erben. Eine Erbfolge giebt es nur in das Vermögen, in die Gesamtheit von Rechten und Schulden, welche der Erblasser hinterläfst.

Die praktische Bedeutung der Universalsuccession liegt auf dem Gebiet der Schuldennachfolge, und sicher war hier der Punkt, von welchem aus das römische Recht zu der Idee der Universalsuccession gelangte, um mittels derselben die Welt des Erbrechts zu erobern. Teilt man den Nachlafs nach einzelnen Stücken, so entsteht die schwerwiegende Frage: wo werden die Schulden bleiben? Die Erbfolge mit Singularsuccession gefährdet die Erbschaftsgläubiger. Ganz anders, wenn die Gesamtheit von Rechten und Pflichten als Einheit auf die Erben übergeht: der Erbe wird als Alleinerbe mit dem ganzen Vermögen die ganze Schuld, er wird als Teilerbe mit einem aliquoten Teil des Vermögens auch einen aliquoten Teil der Schuld überkommen (wenn die Schuld nämlich teilbar ist; sonst werden alle Erben solidarisch, also jeder auf das Ganze haften).

Aber es bleibt noch eine Frage übrig. Haftet der Erbe nur mit der Erbschaft für die Schulden des Erblassers oder haftet er auch mit seinem eigenen Vermögen? Für den Standpunkt eines Erbrechts mit Singularsuccession ist notwendig die erste Schlufsfolgerung gegeben. Die Idee der Universalsuccession schliefst nicht notwendig den zweiten Satz in sich, aber sie läfst ihn als möglich erscheinen, und für das römische Erbrecht ist es charakteristisch, dafs es seine Idee von der Universalsuccession gerade im Sinne dieses zweiten Gedankens ausgebildet hat: der Erbe haftet nach römischem Recht für die Schulden des Erblassers auch mit seinem eigenen Vermögen. Also: er haftet, wie wenn diese Schulden von ihm selber contrahiert wären. Oder, noch deutlicher ausgedrückt: er haftet geradeso, als ob er der Erblasser selbst wäre.

Hiermit ist das Wesen der römischen Universalsuccession ausgesprochen. Die römische Erbfolge ist weder Nachfolge in einzelne Rechte oder Schulden (Singularsuccession) noch auch blofse Nachfolge in das Vermögen als Einheit (Universalsuccession im weiteren Sinne des Worts), sie ist vielmehr zunächst und an erster Stelle Nachfolge in die vermögensrechtliche Persönlichkeit des Erblassers (Universalsuccession im Sinne des römischen Erbrechts). Das heifst: der Erbe gilt für das Privatrecht (für Eigentumsverhältnisse, Schuldverhältnisse u. s. f.) so, als ob er der Erblasser wäre. Als Erbe ist er vielmehr der Erblasser und darum berechtigt gleich dem Erblasser und verpflichtet gleich dem Erblasser. Er ist (als Erbe) ununterscheidbar von dem Erblasser. Folglich: der Erblasser ist für das Privatrecht nicht tot, er lebt vielmehr in der Person des Erben. Das römische Privatrecht hat die privatrechtliche Persönlichkeit, den Eigentümer, den Schuldner, unsterblich gemacht. Die Unsterblichkeit der Vermögensrechte sowie der Schulden, deren sachlicher Grund, wie wir gesehen haben, in der Tragkraft der Familie liegt, erscheint in der durchsichtig klaren Ideengestaltung des römischen Rechts formell als die blofs logische Folge der Unsterblichkeit des Inhabers.

Damit ist zugleich der volle Gegensatz zwischen Universalsuccession (in dem vollen Sinn des Worts, wie er vom römischen Erbrecht entwickelt worden ist) und Singularsuccession klargestellt. Die Singularsuccession, die Nachfolge in ein einzelnes Vermögensstück, bedeutet Wechsel des Subjects für das gleiche Rechtsverhältnis, die Universalsuccession aber Erhaltung des Subjects: das Wesen der Universalsuccession ist, keine Succession (Reihenfolge der Subjecte für das nämliche Rechtsverhältnis), sondern Continuation zu sein: es bleibt für das nämliche Rechtsverhältnis das nämliche Subject. In diesem Sinn ist die Universalsuccession Persönlichkeitsnachfolge, die Singularsuccession blofse Rechtsnachfolge. Den praktischen Unterschied aber spricht der Satz aus: die Singularsuccession läfst grundsätzlich nur Rechte, nicht Schulden, die Universalsuccession des Erbrechts aber auch die Schulden übergehen, und zwar mit der Wirkung, dafs sie eigene Schulden des Erben werden: der Contrahent (der Erblasser) steht jetzt in der Person des Erben vor den Gläubigern.

Das Interesse, durch welches das römische Erbrecht fortentwickelt worden ist, war das Interesse der Erbschaftsgläubiger. Aber das Interesse der Gläubiger war mit dem Interesse des Schuldners selbst gleichbedeutend. In demselben Augenblick, in welchem der Schuldner (kraft des Erbgangs) unsterblich wird, ist er creditfähig geworden. Jetzt giebt es einen Credit, welcher der Person gegeben werden kann (Personalcredit), denn die Person des Schuldners wird, auch wenn sie sterben sollte, nicht verschwinden: die Existenz seiner Persönlichkeit ist für das Privatrecht über die Zufälle dieses Lebens hinausgehoben worden.

All dieses schliefst der Satz in sich, dafs das Wesen der Erbfolge die Universalsuccession, d. h. die Nachfolge in die vermögensrechtliche Persönlichkeit des Verstorbenen bedeutet.

L. 62 D. de R. I. (50, 17) (Julian.): Hereditas nihil aliud est quam successio in universum jus, quod defunctus habuerit. Ebenso Gajus in l. 24 D. de V. S. (50, 16).

L. 37 D. de adq. her. (29, 2) (Pomponius): Heres in omne jus mortui, non tantum singularum rerum dominium succedit, cum et ea, quae in nominibus sint, ad heredem transeant.

§ 109.

Delation und Acquisition des Erbrechts.

Der Delationsgrund benennt den Erben für den Einzelfall (er „deferiert“, er bietet dem Erben die Erbschaft an); der Acquisitionsgrund macht zum Erben.

I. Das römische Recht kennt drei Delationsgründe: den Rechtssatz, welcher zur Intestaterbfolge, das Testament, welches zur testamentarischen Erbfolge, den Rechtssatz in Widerspruch mit dem Testament, welcher zur Noterbfolge beruft (vgl. oben S. 478). Die testamentarische Erbfolge geht der Intestaterbfolge vor, die Noterbfolge der testamentarischen. Die Noterbfolge macht nicht immer das ganze Testament ungültig: die Noterbfolge kann also unter Umständen mit der testamentarischen Erbfolge zusammentreffen und der Erblasser dann zum Teil aus dem Testament, zum Teil kraft Rechtssatzes (gegen das

Testament) beerbt werden. Dagegen schliefsen die testamentarische und die Intestaterbfolge nach römischem Recht sich gegenseitig aus. Wer ein Testament macht, kann nicht für einen Teil seines Vermögens testieren, so dafs er für einen andern Teil von seinen Intestaterben beerbt würde. Mag von vornherein im Testament den eingesetzten Erben nicht die ganze Erbschaft zugewandt sein oder mag nachträglich durch Ausschlagen der Erbschaft oder Tod (vor dem Erbschaftserwerb) ein Teil der Testamentserben hinwegfallen, immer wird auf die Testamentserben die ganze Erbschaft verteilt; die freien (oder freigewordenen) Teile der Erbschaft accrescieren den Testamentserben nach Verhältnis ihrer Erbportion. Erbeseinsetzung ist Einsetzung auf das ganze Vermögen. Nicht der Wille des Erblassers (dafs der Eingesetzte z. B. nur ein Viertel der Erbschaft haben solle), sondern nur die Concurrenz von Miterben vermag ihn zu beschränken. Der Erblasser mag unter mehreren Miterben die Art ihrer gegenseitigen Beschränkung (ihre Quoten) frei bestimmen, er kann aber nicht bewirken, dafs der Erbe durch den blofsen Willen des Erblassers auf einen Teil der Erbschaft beschränkt sei, — die Erbeseinsetzung ist auch in diesem Sinn eine Einsetzung in universum jus defuncti, gewifs nicht ohne geschichtlichen Zusammenhang mit der Thatsache, dafs auch bei den Römern, wie bei den Griechen und Deutschen, das Testament aus der Adoption hervorging (unten § 112 I): die Adoption wirkt ihrer Natur nach für das ganze Vermögen des Adoptierenden. Daher der Rechtssatz: Nemo pro parte testatus, pro parte intestatus decedere potest.

L. 151 D. de V. S. (50, 19) (Terentius Clemens): Delata hereditas intellegitur, quam quis possit adeundo consequi.

L. 39 D. de adq. her. (29, 2) (Ulpian.): Quamdiu potest ex testamento adiri hereditas, ab intestato non defertur.

L. 7 D. de R. I. (50, 17) (Pomponius): Jus nostrum non patitur, eundem in paganis et testato et intestato decessisse: earumque rerum naturaliter inter se pugna est, testatus et intestatus.

II. Die Acquisition des Erbrechts erfolgt nach römischem Recht in zweifach verschiedener Weise, je nachdem der Erbe ein hausangehöriger Erbe (heres domesticus) oder ein nicht hausangehöriger Erbe (heres extraneus) ist. Der heres domesticus erwirbt, da er bereits rechtlich im Hause des Erblassers sich befindet (es für ihn der Besitzergreifung nicht bedarf), die Erbschaft von selber, ipso jure, d. h. ohne Erbesantretung: er ist heres necessarius. Der heres extraneus dagegen, welcher, rechtlich aufserhalb des Hauses befindlich, erst seinen Einzug in das Haus des Verstorbenen halten mufs, erwirbt die Erbschaft erst durch Antretungshandlung, also durch seine Willensäufserung: er ist heres voluntarius[1].

1. Heredes domestici sind

a. vor allem die sui heredes, d. h. die unmittelbar gewaltunterworfenen agnatischen Descendenten des Erblassers. Sie sind dem verstorbenen Hausvater kraft patria potestas „angehörig" (nur der paterfamilias kann also sui heredes haben), und zwar unmittelbar (Kinder und Enkel von vorverstorbenen Söhnen), so dafs sie nach dem Tode des Vaters von Rechts wegen (ab intestato) Erben des Vaters (sui heredes) sind. Sie erwerben die väterliche (bezw. grofsväterliche) Erbschaft ipso jure, mögen sie im Einzelfall ex testamento oder ab intestato berufen sein. Sie werden Erben ohne ihren Willen, ja gegen ihren Willen. Sie sind heredes sui et necessarii. In ihrem Erbrecht lebt das alte Familieneigentum fort. Ihr Anrecht, welches sie schon (nach älterer Rechtsanschauung) bei Lebzeiten des Erblassers besafsen, wird jetzt nur frei durch den Wegfall des Erblassers. Darum bedarf es für sie einer Antretungshandlung nicht: der Delationsgrund ist für sie zugleich Acquisitionsgrund. Ja, auch die Ablehnung ist ihnen nach Civilrecht versagt: sie vermögen die Thatsache nicht zu ändern, dafs sie als Hausangehörige bereits Träger des hinterlassenen Vermögens sind. Erst der Prätor gab den sui heredes das beneficium abstinendi, d. h. das Recht, sich durch Willenserklärung der Erbschaft zu entschlagen. Obgleich der suus dann nach Civilrecht Erbe blieb, war er doch von prätorischen Rechts wegen nicht Erbe, und versagte der Prätor den Erbschaftsgläubigern die Klage gegen ihn. Durch

[1] Den gleichen Gegensatz der heredes domestici und der heredes extranei hat das griechische Recht: Leist, Gräco-italische Rechtsgeschichte, S. 72 ff. 80 ff. Ebenso das deutsche Recht: die „Kinder in der Were", d. h. die noch hausangehörigen Kinder, sind hier die heredes domestici (sui heredes), vgl. § 110 Anm. 6.

Ausübung des Erbrechts aber (immiscere se hereditati) ging das beneficium abstinendi verloren. So waren auch die sui nach prätorischem Recht vor die Wahl gestellt, ob sie die Erbschaft annehmen (durch immiscere) oder ausschlagen wollten (durch abstinere). Die alte Idee des Familieneigentums war damit an diesem Punkte beseitigt.

Sui heredes sind, wie schon bemerkt, die unmittelbar gewaltunterworfenen agnatischen Descendenten des Erblassers, also diejenigen Descendenten, welche durch den Tod des Erblassers von der patria potestas frei werden oder welche, falls sie noch bei Lebzeiten des Erblassers geboren wären, durch seinen Tod von der patria potestas befreit sein würden. Sui schlechtweg heifsen diejenigen sui, welche zur Zeit der Errichtung des Testaments bereits sui waren; postumi sui werden diejenigen sui genannt, welche nach Errichtung des Testaments „agnascieren“, sei es durch Geburt, sei es dadurch, dafs sie durch den Wegfall (Tod oder Emancipation) ihres parens nachträglich in die unmittelbare potestas des Erblassers (ihres väterlichen Grofsvaters) eintreten und dadurch sui heredes des Testators werden. Die uxor in manu gehört zu den sui heredes ihres Mannes (oben S. 441), gerade wie (plene) adoptierte und arrogierte Hauskinder (oben S. 456. 458), nicht aber das emancipierte Kind. Die Mutter hat keine sui heredes.

L. 11 D. de lib. et post. (28, 2) (PAULUS): In suis heredibus evidentius apparet, continuitatem dominii eo rem perducere, ut nulla videatur hereditas fuisse, quasi olim hi domini essent, qui etiam vivo patre quodammodo domini existimantur: unde etiam filiusfamilias appellatur sicut paterfamilias, sola nota hac adjecta, per quam distinguitur genitor ab eo, qui genitus sit. Itaque post mortem patris non hereditatem percipere videntur, sed magis liberam bonorum administrationem consequuntur. Hac ex causa, licet non sint heredes instituti, domini sunt, nec obstat, quod licet eos exheredare, quos et occidere licebat.

b. Enkelkinder des verstorbenen Hausvaters von einem noch lebenden (und noch in der Gewalt des Hausvaters befindlichen) Sohne sind keine sui heredes, wohl aber heredes domestici, weil sie, wenngleich nur mittelbar, gleichfalls kraft patria potestas dem Verstorbenen und seinem Hause angehören. Sie sind daher, ebenso wie die sui, heredes necessarii ihres Grofsvaters. Ab intestato gelangen sie nicht zur grofsväterlichen Erbschaft; sie sind durch ihren Vater (den Haussohn des Verstorbenen) ausgeschlossen. Wird aber ein solcher Enkel von seinem Grofsvater testamento zum Erben eingesetzt, so ist er heres necessarius, und sein Vater erwirbt (kraft der patria potestas, S. 174) durch ihn ipso jure als heres necessarius die Erbschaft des Grofsvaters[2].

c. Der Testator kann nach römischem Recht auch seinen eignen Sklaven zum Erben einsetzen, indem er ihn zugleich durch das Testament freiläfst. Dann erwirbt der Sklav testamento die Freiheit (S. 164) und zugleich kraft rechtsnotwendigen Erwerbes (ipso jure) die Erbschaft seines Herrn. Auch ein solcher Sklav zählt zu den heredes domestici, weil er seinem Herrn und dessen Hause kraft dominica potestas angehört. Darum ist er heres necessarius und zwar, im Unterschied von den heredes sui et necessarii, ohne beneficium abstinendi. Er mufs, wenn die Erbschaft überschuldet ist, den Concurs mit seinen Folgen für seine Person durchmachen, haftet aber nur mit der Erbschaft, nicht mit anderweitigem, später erworbenem Vermögen.

Die Einsetzung eines fremden Sklaven dagegen deferiert die Erbschaft dem Herrn desselben, welcher dann nach freiem Ermessen den Sklaven antreten lassen kann oder nicht.

2. Heredes extranei sind alle übrigen, welche nicht zu den heredes domestici gehören. Sie erwerben, falls sie zur Erbfolge berufen sind, das Erbrecht nicht ipso jure, sondern erst durch Antretungshandlung (aditio hereditatis), d. h. durch

[2] L. 6 § 5 D. de adq. her. (29, 2): si nepos ex filio exheredato heres sit institutus, patrem suum sine aditione faciet heredem et quidem necessarium. Man sieht also, dafs alle agnatischen Descendenten heredes necessarii sind, weil sie alle kraft patria potestas heredes domestici, „hausangehörige“ Erben des Erblassers (in diesem Sinne sui) darstellen. Der engere Begriff der sui, welcher nur die unmittelbar kraft p. p. Angehörigen umfafst, ist auf das Intestaterbrecht zugeschnitten und bezeichnet diejenigen, welche, weil zwischen ihnen und dem Erblasser kein näherer Descendent steht, nicht blofs sui, sondern (ab intestato) sui heredes sind. — Die Enkelkinder von einer Tochter kommen nicht in Frage, weil sie in die väterliche Gewalt ihres Vaters bezw. ihres väterlichen Grofsvaters fallen. Sie sind im Verhältnis zu ihrem mütterlichen Grofsvater nur cognatische, nicht agnatische Descendenten.

die Erklärung, die Erbschaft haben zu wollen. Sie sind und heifsen daher heredes voluntarii[3]. Ihre Antrittserklärung kann ausdrücklich oder stillschweigend gegeben werden; es genügt zum gültigen Antritt der Erbschaft nach klassischem Recht jede Handlung, durch welche der Erbschaftserwerbswille sich thatsächlich offenbart (pro herede gestio). Einer formalen Antrittshandlung (cretio) bedarf es nach klassischem Recht nur dann, wenn der Erblasser sie in seinem Testament als Bedingung der Erbeseinsetzung ausdrücklich vorgeschrieben hatte. Mit der cretio schrieb der Testator zugleich die bestimmte Zeit (gewöhnlich centum dies utiles) vor, binnen deren sie vorzunehmen war. Der eingesetzte Erbe hatte dann mit den solennen Worten anzutreten: Quod me Maevius heredem instituit, eam hereditatem adeo cernoque. Von klassischen Civilrechts wegen gab es keine gesetzliche Frist für die Antrittshandlung. Aber die Erbschaftsgläubiger konnten von dem Delaten durch interrogatio in jure (an heres sit) eine Erklärung verlangen und dann der Prätor ihm auf seine Bitte eine Antwortsfrist (sogenannte Deliberationsfrist) ansetzen[4].

[3] In der Möglichkeit der Antretung ist nach altem Recht (nicht die Möglichkeit der Ausschlagung, vgl. S. 498, wohl aber) die Möglichkeit der Abtretung mit enthalten: der heres legitimus, d. h. der durch das Zwölftafelrecht berufene Intestaterbe kann, sofern er heres voluntarius ist (also der agnatus proximus bezw. der Gentil, § 111), anstatt der Antretungshandlung (also ante aditam hereditatem) die Abtretungshandlung vollziehen, indem er durch in jure cessio einen andern (der also die Scheinvindicatio hereditatis anstellt) zum Erben macht, Gaj. II § 35: proinde fit heres is, cui in jure cesserit, ac si ipse per legem ad hereditatem vocatus esset. Dadurch ward das Erbrecht selber zugewandt, und war solche in jure cessio ein Ersatz für die dem civilen Intestaterbrecht mangelnde successio graduum (S. 504). Die in jure cessio hereditatis post aditam hereditatem (welche allen heredes voluntarii, also auch dem Testamentserben, zustand), war dagegen blofse Veräufserung des Nachlasses (der Erbschaft), keine Änderung der Erbfolge (des Erbrechts). Auf den Erwerber ging das Eigentum an den Nachlafssachen über, der Cedent aber blieb Erbe und behielt damit die Schulden; die Forderungsrechte gingen unter: der Erwerber konnte sie nicht geltend machen, weil nomina nicht in jure cediert werden konnten; der Cedent aber ebensowenig, weil er ja (wenn auch nur scheinbar) den Procefs um das Erbrecht verloren und selber bekannt hatte, dafs er nicht Erbe (also auch nicht Gläubiger aus den nomina des Erblassers) sei.

[4] Die interrogatio in jure ist die Frage vor dem Magistrat (dem Prätor),

Die Ablehnung der deferierten Erbschaft heifst **repudiatio**. Sie war dem älteren Recht unbekannt (S. 498). Nach klassischem Recht erfolgt sie wirksam durch die irgendwie geäufserte Kundgebung, die Erbschaft nicht haben zu wollen. Die repudiatio ist unwiderruflich, ebenso wie umgekehrt die aditio hereditatis. Hatte der Testator jedoch in seinem Testament die cretio vorgeschrieben, so war noch nach klassischem Recht die repudiatio ungültig (es konnte also trotzdem immer noch die cretio vorgenommen werden), und ging die Erbschaft nur durch Versäumung der Cretionsfrist verloren. Die Rechtssätze von der cretio haben für das Justinianische Recht keine praktische Bedeutung mehr. Durch ein Gesetz von Arcadius und Theodosius ward die cretio aufgehoben[5].

Ulp. tit. 22 § 25: Extraneus heres, siquidem cum cretione sit heres institutus, cernendo fit heres; si vero sine cretione, pro herede gerendo. § 26: Pro herede gerit, qui rebus hereditariis tamquam dominus utitur; velut qui auctionem rerum hereditariarum facit, aut servis hereditariis cibaria dat. § 27: Cretio est certorum dierum spatium, quod datur instituto heredi ad deliberandum, utrum expediat ei adire hereditatem, nec ne, velut: TITIUS HERES ESTO CERNITOQUE IN DIEBUS CENTUM PROXIMIS, QUIBUS SCIERIS POTERISQUE. NISI ITA CREVERIS, EXHERES ESTO. § 28: Cernere est verba cretionis dicere ad hunc modum: QUOD ME MAEVIUS HEREDEM INSTITUIT, EAM HEREDITATEM ADEO CERNOQUE.

Eod. § 31: Cretio aut vulgaris dicitur, aut continua. Vulgaris, in qua adjiciuntur haec verba: QUIBUS SCIERIS POTERISQUE; continua, in qua non adjiciuntur. § 32: Ei, qui vulgarem cretionem habet, dies illi tantum computantur, quibus scivit, se heredem institutum esse, et potuit cernere. Ei vero, qui continuam habet cretionem, etiam illi dies computantur, quibus ignoravit, se heredem institutum, aut scivit quidem, sed non potuit cernere.

welche nach Ermessen der Gerichtsobrigkeit statthat, um über das Vorhandensein von Procefsvoraussetzungen in der Person des zu Verklagenden (sogenannte Passivlegitimation) zu einer bindenden Erklärung zu gelangen, z. B. an heres sit, oder quota ex parte heres sit, oder an in potestate habeat eum cujus nomine noxali judicio agitur. Tempus ad deliberandum ist die Antwortfrist, welche einer solchen interrogatio in jure gegenüber erbeten wird.

[5] Über das ursprüngliche Wesen der cretio vgl. unten S. 495.

GAJ. Inst. II § 168: Sicut autem qui cum cretione heres institutus est, nisi creverit hereditatem, non fit heres, ita non aliter excluditur, quam si non creverit intra id tempus, quo cretio finita est; itaque licet ante diem cretionis constituerit, hereditatem non adire, tamen poenitentia actus, superante die cretionis, cernendo heres esse potest. § 169: At is, qui sine cretione heres institutus est, quive ab intestato per legem vocatur, sicut voluntate nuda heres fit, ita et contraria destinatione statim ab hereditate repellitur.

L. 17 C. de jure delib. (6, 30) (ARCAD., HONOR. ET THEOD.): Cretionum scrupulosam sollemnitatem hac lege penitus amputari decernimus.

III. Hereditas jacens ist die Erbschaft vor dem Erbschaftserwerb, also die Erbschaft, welche einem heres extraneus (d. h. voluntarius) deferiert, aber noch nicht von ihm acquiriert ist. Die hereditas jacens besteht aus Rechten und Schulden. Ja, sie kann noch neue Rechte und Schulden erwerben. Das erstere z. B. durch Separation von Früchten, durch Rechtsgeschäfte von Sklaven, durch Vollendung der Usucapion; das zweite z. B. dadurch, dafs ein anderer für sie negotia geriert (oben S. 393), dafs der Erbschaftssklave delinquiert (oben S. 404) u. s. w.

Nach Antritt der Erbschaft wird der dann vollzogene Erbschaftserwerb des Erben zurückbezogen auf den Augenblick des Todes des Erblassers. Durch diesen Rechtssatz ist zugleich die auf den ersten Blick so schwierige Frage entschieden: wer denn Subject der zur hereditas jacens gehörenden Rechte und Schulden sei. Nach der herrschenden Ansicht ist die hereditas jacens selbst ihr eigenes Subject. Sie wird für eine juristische Person, etwa der Stiftung (oben S. 192) vergleichbar, erklärt. Nach einer anderen Ansicht hat die hereditas jacens gar kein Subject. Die Rechte und Schulden, welche zur hereditas jacens gehören, sollen subjectlose Rechte und Schulden sein. Die eine Ansicht scheint so wenig befriedigend wie die andere: nach der ersteren würde der Erblasser von seiner eigenen Erbschaft beerbt werden (diese wäre die Person, welche in locum defuncti succedierte); die zweite verstöfst gegen die Thatsache, dafs es das Wesen von Recht und Schuld ist, ein Rechtsverhältnis und damit eine Prädicatvorstellung (berechtigt sein, verpflichtet sein) zu bedeuten, und dafs es daher das Wesen von Recht und Schuld ist, ein Subject zu diesem Verhältnis (ein Subject zu dem Prädicat) zu fordern. Der an die Spitze gestellte Rechtssatz giebt die Antwort des positiven römischen Rechts: der Erbe ist das Subject der hereditas jacens. Der Rechtssatz, dafs die Wirkung des Erbschaftserwerbes zurückbezogen wird, bedeutet, dafs nach geschehenem Erbschaftsantritt der Erbe von vornherein, unmittelbar nach dem Tode des Erblassers, Subject aller Rechte und Schulden des Erblassers gewesen ist. Der Erblasser wird direct und ohne Unterbrechung von dem Erben beerbt, auch wenn dieser erst lange nachher erwirbt, nie aber von seiner Erbschaft. Solange die Erbschaft noch nicht erworben ist, ist nicht ungewifs, dafs sie ein Subject hat. Sie hat nämlich den Erben zum Subject, schon jetzt, — und sollte niemand die Erbschaft haben wollen, so wird loco heredis der Fiscus in die bona vacantia eintreten. Es ist nur ungewifs, wer dies Subject ist. Mit andern Worten: es liegt ein Fall des sogenannten Schwebens (Pendenz) der Rechtsverhältnisse vor; die Rechtsverhältnisse sind da, sie haben ein Subject, es ist nur objectiv unmöglich, dies Subject gegenwärtig bereits zu benennen. Die hereditas jacens bildet gerade für solche Pendenz einen Musterfall. Nun scheint im Corpus juris aber das Gegenteil von dem zu stehen, was soeben behauptet wurde, da Ulpian erklärt: hereditas non heredis personam, sed defuncti sustinet, und diese Stelle wird es wahrscheinlich sein, welche bisher von jeder Auskunft in dem eben angedeuteten Sinne abgeschreckt hat. Dennoch sagt sie vielmehr das Gleiche, was vorher behauptet wurde. Insofern der Erbe Erbe ist, ist er nicht er selbst, sondern der Erblasser. So stellt der Erbe als Subject der Erbschaft nicht sich selber, sondern die persona defuncti dar. Was von dem Erben gilt, wird vor Antritt der Erbschaft von der Erbschaft (der hereditas jacens) ausgesagt, weil in der hereditas schon jetzt der (gegenwärtig nur noch nicht benennbare) Erbe steckt: die Erbschaft hat die Eigenschaft des Erben, den Erblasser darzustellen. Die Erbschaft ist der Erbe, welcher künftig antreten wird, und gerade deshalb stellt sie die Persönlichkeit des Erblassers dar (nicht die Eigenpersönlichkeit des Erben, non heredis personam), weil der Erbe als Erbe vielmehr der Erblasser ist. So spricht die angeführte Stelle gerade den Grundgedanken des römischen Erbrechts unmifsverständlich aus: der Erbe, und darum auch schon die Erbschaft vor dem Erwerb, repräsentiert die vermögensrechtliche Persönlichkeit des Erblassers. In der Erbschaft ist schon jetzt der Erbe, bevor er noch die Erbschaft angetreten hat. So heifst es denn auch geradezu bei Pomponius, dafs die hereditas die persona heredis interim sustinet. Die beiden Sätze, dafs die Erbschaft die persona heredis und dafs sie die persona defuncti darstellt, sind nicht miteinander in Widerspruch, sondern sind vielmehr miteinander gleichbedeutend.

L. 24 D. de novat. (46, 2) (Pomponius): Morte promissoris non extinguitur stipulatio, sed transit ad heredem, cujus personam interim hereditas sustinet.

L. 34 D. de adq. rer. dom. (41, 1) (Ulpian.): Hereditas enim non heredis personam, sed defuncti sustinet.

L. 22 D. de usurp. (41, 3) (Javolen.): Heres et hereditas, tametsi duas appellationes recipiunt, unius personae tamen vice funguntur.

L. 54 D. de adq. her. (29, 2) (Florentin.): Heres quandoque adeundo hereditatem jam tunc a morte successisse defuncto intellegitur.

L. 22 D. de fidej. (46, 1) (Florentin.): Mortuo reo promittendi et ante aditam hereditatem fidejussor accipi potest, quia hereditas personae vice fungitur, sicut municipium et decuria et societas.

§ 110.

Hereditas und bonorum possessio.

Der Gegensatz von Civilrecht und prätorischem Recht kehrt auf dem Gebiet des Erbrechtes wieder. Hereditas ist das Erbrecht nach jus civile, bonorum possessio das Erbrecht nach jus honorarium. Die Entwickelung des prätorischen Erbrechts im Gegensatz zum Civilrecht hat auch an dieser Stelle dem jus gentium gedient, das engbegrenzte Erbfolgesystem des jus civile zu erweitern, zu berichtigen und den endlichen Sieg des jus gentium über das jus civile auch auf dem Gebiet des Erbrechts vorzubereiten.

Der Ursprung, aus welchem die prätorische bonorum possessio hervorgegangen ist, liegt im Dunkeln.

Nach einer Ansicht entwickelte sich die bonorum possessio im Anschlufs an die alte vindicatio durch legis actio sacramento. Die Erhebung des beiderseitigen Eigentumsanspruchs führte hier zu einer Aufhebung des bisherigen Besitzstandes durch den Magistrat und zu einer Neuregulierung desselben (vindicias dare) nach Ermessen des Prätors (oben S. 234). Wem die vindiciae zugesprochen wurden, der empfing damit die rei possessio, den Besitz der Sache auf die Dauer des Processes. Ward nun eine hereditatis vindicatio in Form der legis actio sacramento durchgeführt (und diese Form behielt der Erbschaftsstreit noch späterhin, da für Erbschaftsklagen das Centumviralgericht zuständig war, oben S. 244), so mufste also das vindicias dare dahin führen, dafs dem einen die bonorum possessio, der Besitz der Erbschaft auf die Dauer des Processes, vom Prätor zugesprochen wurde — wohl auf Grund einer vorläufigen Untersuchung über die sachliche Berechtigung der streitenden Teile. In der Zuerteilung der bonorum possessio lag ein vorläufiges Urteil des Prätors über das Erbrecht selbst, und die Parteien mochten daher oft genug den weiteren Erbschaftsstreit fallen lassen, sobald dem einen bonorum possessio durch den Prätor zuerkannt worden war. So etwa wäre nach dieser Ansicht die älteste Art der bonorum possessio, nämlich die Erteilung von Erbschaftsbesitz im Dienst des Civilrechts (juris civilis adjuvandi gratia), aufgekommen, der sich dann bei weiterer Entwickelung der prätorischen Selbständigkeit gegenüber dem Civilrecht die bonorum possessio juris civilis supplendi gratia (zur Ergänzung der Lücken des civilen Erbfolgesystems), zuletzt die bonorum possessio juris civilis corrigendi gratia (im Widerspruch mit dem Civilrecht) angeschlossen hätte.

Nach einer anderen Ansicht wäre die bonorum possessio aus der sogenannten usucapio pro herede hervorgegangen. Die usucapio pro herede war nach altem Recht eine Usucapion der hereditas (der Erbschaft als eines Ganzen) und damit des Erbrechts: der Usucapient trat für den Nachlafs in die Erbenstellung ein. Von Rechts wegen mufste der zur Erbschaft berufene heres extraneus durch die feierliche Handlung der cretio die Erbschaft antreten (vgl. unten). Versäumte er die cretio, nahm er die Erbschaft formlos in seinen Besitz (usus), so ward er nach altem Recht dadurch noch nicht Erbe; erst der usus eines Jahres (usucapio: die hereditas ward zu den ceterae res gerechnet, vgl. oben S. 311) machte ihn zum Erben. Wie also bei Ermangelung der rechtsförmlichen Eigentumsübertragung erst der usus eines Jahres (bezw. eines biennium) das quiritische Eigentum an der res mancipi, wie ferner bei Ermangelung rechtsförmlicher Eheschliefsung (coëmtio, confarreatio) erst der usus eines Jahres die manus, so gab hier bei Ermangelung der rechtsförmlichen Antretung erst der usus eines Jahres das Erbrecht: wie durch cretio so konnte die Erbschaft also auch usu erworben werden[1]. Der usus (usucapio) trat hier wie in den beiden anderen genannten Fällen in seiner ursprünglichsten Bedeutung auf: er ersetzte den rechtsförmlichen Erwerbsgrund. Voraussetzung war nur, dafs lediglich die Form fehlte, dafs der usus sachlich das Rechtsverhältnis in Wahrheit wiederspiegelte. Die res mancipi konnte nur von dem, der wie ein Eigentümer (justo titulo), nicht wie ein Dieb zur Sache gelangt war, die manus nur von dem, der wie ein rechter Ehemann mit der Frau lebte, die hereditas nur von dem, der wie ein rechter Erbe der Erbschaft waltete, usucapiert werden. Justus titulus und bona fides waren nur Voraussetzungen der Sachusucapion (des thatsächlichen Eigentümerverhältnisses zur Sache, des usus pro domino). Das thatsächliche Ehe- und ebenso das thatsächliche Erbenverhältnis aber war von justus titulus und bona fides unabhängig. Den usus als Mann hatte, wer Rechte und Pflichten des Mannes gegen die Frau, den usus als Erbe (pro herede) hatte, wer Rechte und Pflichten eines Erben erfüllte, insbesondere die auf der Erbschaft lastenden Familienopfer (sacra) darbrachte und die Schulden des Erblassers zahlte. Der usus war hier durch sich selbst sachlich gerechtfertigt und ein Abbild des Rechtsverhältnisses, da er nicht blofs in Rechtsausübung, sondern zugleich in Pflichterfüllung sich äufserte. Der jährige usus als solcher gab deshalb die manus, der jährige usus als solcher machte zum Erben. Es war also möglich, dafs auch ein gänzlich Unberechtigter usu die Erbschaft

[1] Vgl. Karlowa, Röm. Rechtsgesch., Bd. 2, S. 897. 898. — Die pro herede gestio war also damals noch nicht anerkannt. Es bedurfte, in Ermangelung der cretio, der jährigen Ausübung des Erbrechts, um Erbe zu werden.

erwarb, gerade wie auch der Brauträuber usu die Entführte sich zur rechten Ehefrau gewann[2]. Nach altem Civilrecht konnte leicht die Erbschaft ohne Erben bleiben (unten S. 504). So trat die usucapio pro herede als eine, wenngleich einigermafsen unberechenbare, Ergänzung des civilen Erbrechts ein. Um diese an sich ungeregelte Art des Erbschaftserwerbes zu regeln, habe nun der Prätor — dahin geht diese zweite Ansicht — die bonorum possessio eingeführt: die usucapio pro herede sollte demnach nur demjenigen zugänglich gemacht werden, der vom Prätor die Einweisung in den Erbschaftsbesitz (bonorum possessio) erlangt hatte. Diese zweite Ansicht ist nicht völlig abzulehnen (vgl. unten S. 500), läfst aber doch die Hauptsache unerklärt.

Vielleicht ist eine dritte Ansicht die richtige[3].

[2] Nachdem die pro herede gestio neben der cretio Anerkennung gefunden hatte, d. h. seitdem bereits der formlose Antritt der Erbschaft zum Erben machte, bedurfte es des jährigen usus pro herede zum Erwerb des Erbrechts nicht mehr. Die usucapio pro herede verwandelte sich nun (gegen Ende der Republik) aus einer Usucapion des Erbrechts in die Usucapion einzelner Erbschaftssachen (gleichfalls ohne das Erfordernis des justus titulus und der bona fides und in einem Jahr sich auch für Erbschaftsgrundstücke vollendend). Die pontifices hatten ein Interesse an der Aufrechterhaltung der Familiensacra. Trat kein Erbe ein, so sollte, wer die meisten Erbschaftssachen pro herede usucapiert hatte, für die sacra haften. Mit dem Eintritt der pro herede usucapio in das Gebiet der Sachusucapion war aber die Axt an die Wurzel ihres Daseins gelegt worden. Widersprach sie doch in ihren Voraussetzungen allen Rechtssätzen der Eigentumsersitzung! Jetzt erschien sie als ein regelwidriges Institut (improba usucapio), und ist sie deshalb von Hadrian beseitigt worden (unten § 114). — Vgl. Klein, Sachbesitz und Ersitzung (1891), S. 268 ff. 357 ff.

[3] Das folgende ruht vornehmlich auf der vorzüglichen Untersuchung von Leist in Glücks Commentar zu den Pandekten, Serie der Bücher 37. 38, Bd. 1 (auch unter dem Titel: Leist, der römische Erbrechtsbesitz in seiner ursprünglichen Gestalt, 1870). Dazu Leist, Gräco-italische Rechtsgeschichte (1884), S. 81 ff. 87 ff., wo auch auf die Analogieen des griechischen Rechts hingewiesen worden ist. Nach Leist war die bonorum possessio ursprünglich eine „magistratische Erbbesitzregulierung für die civilrechtlichen Erbenclassen“, welche zugleich den Zweck hatte, eine Nacheinanderfolge der Erbenclassen (wenngleich nur in beschränktem Mafse) zu ermöglichen: ne bona hereditaria vacua sine domino diutius jacerent (l. 1 pr. D. de successorio edicto 38, 9). Ich habe im Folgenden versucht, die Entstehung der bonorum possessio durch das Erfordernis des Besitzerwerbes für den

Im altattischen Erbrecht finden wir den Rechtssatz, dafs nur der eheliche Sohn des Verstorbenen (der suus heres des attischen Rechts) ipso jure die Erbschaft erwirbt und daher ohne weiteres berechtigt ist, sich in der Erbschaft seines Vaters zu behaupten bezw. den dritten Eindringling durch blofsen Privatact (die exagoge, deductio) aus dem Besitz der Erbschaft auszuweisen: der suus heres hat ein unbestreitbares Erbrecht, und er ist ipso jure nicht blofs Erbe, sondern auch im Besitz der Erbschaft. Anders die übrigen Erben. Jeder andere Erbe mufs beim Archonten die gerichtliche Einweisung in den Erbschaftsbesitz nachsuchen[4].

Es deutet vieles darauf hin, dafs das römische Erbrecht von ähnlichen Grundsätzen ausgegangen ist. Der berühmte Rechtssatz der zwölf Tafeln lautet:

> Si intestato moritur, cui suus heres nec escit, adgnatus proximus familiam habeto. Si adgnatus nec escit, gentiles familiam habento.

Hier heifst heres nur der die Persönlichkeit des Verstorbenen auch physisch fortsetzende suus heres, der agnatische Descendent, der Vertreter der Familie des Verstorbenen im engsten Sinne des Wortes[5]. Er war schon — wenn auch nur in der Idee — Eigentümer dessen, was dem Verstorbenen gehörte, und fährt fort, Eigentümer zu sein (oben S. 483): die zwölf Tafeln machen ihn darum auch nicht zum heres. Die hereditas des suus heres

---

heres extraneus („si de hereditate ambigitur") anschaulich zu machen. — Das Edict über die bonorum possessio hatte (nach Leist, Bd. 1, S. 76) zu Ciceros Zeit etwa folgenden Wortlaut: SI DE HEREDITATE AMBIGITUR ET TABULAE TESTAMENTI OBSIGNATAE NON MINUS MULTIS SIGNIS QUAM E LEGE OPORTET AD ME PROFERENTUR, SECUNDUM TABULAS TESTAMENTI POTISSIMUM POSSESSIONEM DABO. — SI TABULAE TESTAMENTI NON PROFERENTUR, TUM UTI QUEMQUE POTISSIMUM HEREDEM ESSE OPORTERET, SI IS INTESTATUS MORTUUS ESSET, ITA SECUNDUM EUM POSSESSIONEM DABO. — CUM HEREDITATIS SINE TESTAMENTO AUT SINE LEGE PETETUR POSSESSIO, SI QUA MIHI JUSTA (oder: AEQUITATIS) CAUSA VIDEBITUR ESSE, POSSESSIONEM DABO.

[4] Vgl. die äufserst lehrreiche Schrift von F. Schulin, Das griechische Testament verglichen mit dem römischen (Rectoratsprogramm, Basel 1882), S. 13. 21; Leist, Gräco-ital. Rechtsgesch. a. a. O.

[5] Vgl. E. Hölder, Beiträge zur Gesch. des röm. Erbrechts (1881), S. 21. 120.

wird vielmehr von den zwölf Tafeln lediglich anerkannt und vorausgesetzt. Den Gegensatz zu diesem echten heres bildet in den zwölf Tafeln der proximus agnatus und die Gentilen. Von diesen heifst es nur: familiam habento. Sie sollen den Nachlafs haben. Ja: sie sollen den Nachlafs nur bekommen, nachdem sie ihn durch eigene Handlung erst erworben haben. Das Gesetz vermeidet es, den proximus agnatus bezw. die gens direct zum heres zu ernennen: sie sollen nicht ipso jure (unmittelbar von Gesetzes wegen) Erben sein, sondern erst auf Grund einer Antretungshandlung. Der suus heres ist nach altrömischem wie nach altattischem Recht ipso jure wie Erbe, so auch Besitzer der Erbschaft[6]: gerade dadurch stellt er sich als der echte Erbe dar. Der proximus agnatus und die gens sind ipso jure weder Erben noch auch im Besitz der Erbschaft. Der suus heres ist Erbe ohne Besitzergreifungshandlung, der proximus agnatus aber (und ebenso die gens) wird Erbe erst durch Besitzergreifungshandlung. Dieser Satz ist mit dem andern gleichbedeutend, dafs überhaupt der heres extraneus (voluntarius), also der Agnat und die gens, ebenso wie der dritte Testamentserbe, ursprünglich nur durch cretio (S. 486) Erbrecht und Erbschaft zu erwerben im stande ist. Es leidet keinen Zweifel, dafs die formlose Erbantretungshandlung nach altem Recht unwirksam war[7], dafs es also auch für den Intestaterben und den sine cretione eingesetzten Testamentserben einst der cretio bedurfte[8] und dafs die Einsetzung des Testamentserben „cum cre-

[6] Daher bedarf er der Antretungshandlung (cretio) nicht. Daher gilt ferner der Rechtssatz, dafs im Falle des Vorhandenseins eines suus heres die usucapio pro herede (welche nur an besitzfreien Nachlafssachen vor sich gehen konnte) ipso jure ausgeschlossen war, Gaj. II § 58, III § 201. Die Erbschaft eines suus heres war also nach altem Recht ipso jure nicht ohne einen Besitzer.

[7] Vgl. Voigt, Jus naturale, Bd. 3 Anm. 223; Voigt, Die zwölf Tafeln, Bd. 2, S. 372. — Noch bei den klassischen römischen Juristen erscheint die cretio als die einzige aditio hereditatis; alles andere (also auch die ausdrückliche, aber formlose Erklärung, die Erbschaft haben zu wollen) ist blofse pro herede gestio, vgl. z. B. Gaj. II § 167; Ulpian tit. 22 § 25 (oben S. 487).

[8] Vgl. noch Gaj. II § 189: der testamento eingesetzte servus alienus kann, wenn er im Eigentum desselben Herrn bleibt, durch formlose aditio,

tione" ursprünglich nicht die Bedingung der cretio (denn diese verstand sich von selbst), sondern vielmehr die Bedingung bedeutete, die cretio binnen bestimmter Frist vorzunehmen[9]. Die cretio war ursprünglich die einzige Antretungsform für den heres voluntarius. Sie war mit solennen Worten (adeo cernoque, vgl. S. 486) vor Zeugen im Domicil des Erblassers[10] zu vollziehen und stellte die solenne aditio hereditatis, d. h., wie das Wort selbst sagt, das solenne „Antreten" (Betreten) des Nachlafsgrundstückes (des Bauerngutes) dar. Sie war die feierliche Besitzergreifungshandlung des heres voluntarius an der hereditas (adeo), welche mit der feierlichen Inanspruchnahme des Erbrechts (cerno) sich verband[11].

So wird nach altrömischem wie nach altattischem Recht für den heres extraneus (für jeden heres, welcher nicht heres domesticus ist) der Erbschaftserwerb erst durch Besitzerwerb vermittelt, aber nach attischem Recht durch gerichtlichen, nach römischem durch aufsergerichtlichen, wenngleich solennen und vor Zeugen vorgenommenen Besitzerwerb: dort durch gerichtliche Einweisung in die bonorum possessio, hier durch die cretio. Aber es waren

---

wenn er aber an einen andern Herrn veräufsert wurde, nur durch cretio (jussu novi domini) die Erbschaft seinem Herrn erwerben.

[9] Daher definiert noch Ulpian tit. 22 § 27 (oben S. 487) die Cretionsclausel im Testament als certorum dierum spatium. Wenn blofs die cretio (ohne Frist) vorgeschrieben wäre, so wäre nach altem Recht überhaupt gar keine Bedingung im technischen Sinne gesetzt, sondern nur eine bereits gegebene Rechtsvoraussetzung (sogenannte condicio juris, oben S. 210) wiederholt worden.

[10] Voigt, Die zwölf Tafeln, Bd. 2, S. 372 Anm. 12.

[11] Cerno (mit dem griechischen κρίνειν zusammenhängend) bedeutet wörtlich etwa „ich urteile" (decerno, constituo): nämlich dafs die Erbschaft mir gehört, oder besser: ich „erurteile" mir die Erbschaft, spreche sie mir durch mein Urteil zu. Es ist dieselbe feierliche und kategorische Art der Rechtsbehauptung, welche auch in dem sonst gebräuchlichen „ajo" (z. B. hanc rem meam esse ex jure Quiritium) zum Ausdruck kommt. Das „adeo" steht voran, weil auf Grund desselben dann das „cerno" folgt, und das „cerno" ist keine nutzlose Wiederholung des „adeo", sondern die Consequenz desselben. — Die Besitzerwerbswirkung der cretio schlofs ursprünglich wahrscheinlich den Satz in sich, dafs mit vollzogener cretio die usucapio pro herede (eines Dritten) unterbrochen wurde, vgl. Gaj. II § 55; Voigt, Die zwölf Tafeln, Bd. 2, S. 378.

Motive gegeben, welche den gerichtlichen Erwerb der bonorum possessio auch in das römische Recht einführen mufsten.

Der nach altrömischer Rechtsanschauung ipso jure eintretende Besitzerwerb des suus heres an der väterlichen (bezw. grofsväterlichen) Erbschaft hat zur Voraussetzung, dafs nach altrömischem wie nach altattischem Recht das Erbrecht des suus heres unbestreitbar ist, d. h. dafs nach altrömischem wie nach altattischem Recht durch das Vorhandensein von sui heredes die testamentarische Erbfolge schlechtweg ausgeschlossen wurde (vgl. § 113 i. A.). Ist ein suus heres da, so ist es zweifellos, dafs er der Erbe ist. Darum ist er von Rechts wegen ohne weiteres der Erbschaft gewaltig (im Besitz der Erbschaft). Der Fall dagegen, wo kein suus heres da ist, stellt den Fall des bestreitbaren und daher zweifelhaften Erbrechts dar (wo de hereditate ambigitur): es kann gegen den Intestaterben (Agnaten, Gentilen) ein Testamentserbe, gegen den Testamentserben ein Intestaterbe (unter Behauptung der Ungültigkeit des Testaments) auftreten u. s. f. Aus diesem Grunde gestattet das griechische Recht diesen Erben nur gerichtlichen Erwerb des Erbschaftsbesitzes, unter Formen, welche zugleich eine Verhandlung über den Anspruch des Erbprätendenten ermöglichen. Und aus demselben Grunde ist auch die prätorische Einweisung in die bonorum possessio zunächst für diese Fälle ausgebildet worden. Der Prätor erklärte in seinem Edict: si de hereditate ambigitur, also in den Fällen des zweifelhaften, bestreitbaren Erbrechts (wo kein suus heres da ist), werde ich demjenigen, welcher mir ein mit der gesetzlichen Zahl von Siegeln versiegeltes Testament vorlegt, den Besitz der Erbschaft geben (possessionem dabo); sonst dem nächsten Intestaterben. Dem heres extraneus (Testamentserben, agnatischen bezw. gentilicischen Intestaterben) stellt der Prätor seine Hülfe zum Zweck des Besitzerwerbes in Aussicht[12]. Die extranei werden Erben nach

[12] Damit stimmt es überein, dafs die Classe unde legitimi (vgl. unten S. 516) ursprünglich den suus heres nicht mit umfafste, sondern nur den proximus agnatus bezw. die gens; vgl. Schirmer, Handbuch des röm. Erbrechts (1863), § 5 Anm. 1, § 10 Anm. 74, § 15 Anm. 14. Es wird dadurch zweifellos, dafs die bonorum possessio ursprünglich nur für den heres extraneus bestimmt war (der suus heres bedurfte derselben nicht). Als später

Civilrecht nur durch die cretio (den solennen Privatact), nicht (wie in Athen) durch Erbittung der gerichtlichen Besitzergreifung. Aber die prätorische Besitzeinweisung wird für sie notwendig, sobald sie Widerstand gegen die von ihnen beabsichtigte Besitzergreifung finden. Der Prätor mufs ihnen helfen, wirklich die bonorum possessio, den Besitz der Erbschaftssachen zu erlangen. Der suus heres bedarf der prätorischen bonorum possessio nicht; er ist als Besitzer berechtigt, sich eventuell durch Gewalt selbst zu helfen. Der heres extraneus aber, welcher erst Besitzer werden soll, ist in solchem Fall verpflichtet, die gerichtliche (prätorische) Besitzeinweisung nachzusuchen. Hier liegt, wie wir annehmen dürfen, der Ursprung des ganzen Instituts, in dem Satz also, dafs der heres extraneus einem Drittbesitzer gegenüber von Gewalt ausgeschlossen und auf Erbittung der gerichtlichen Einweisung angewiesen ist. Die älteste bonorum possessio ist eine dem civilrechtlichen heres extraneus vom Magistrat gewährte Beihülfe zur Besitzergreifung an den Nachlafssachen (vgl. unten Anm. 17), eine bonorum possessio juris civilis adjuvandi gratia.

Aber das prätorische Edict nahm bald noch einen anderen Grundgedanken in sich auf.

Nach altem Civilrecht gab es für den heres extraneus (= voluntarius) wohl die Möglichkeit der Antretung bezw. Abtretung (S. 485), aber nicht die Möglichkeit der Ausschlagung der Erbschaft. Für den civilen Intestaterben steht diese Thatsache aufser Zweifel. Es gab keine successio graduum noch ordinum (§ 111). Auch wenn der proximus agnatus die Erbschaft ablehnte, ward die Erbschaft nach Civilrecht weder den ferneren Agnaten noch der gens eröffnet: die Erklärung des proximus agnatus, die Erbschaft nicht haben zu wollen, war rechtlich wirkungslos. Ihm blieb trotzdem deferiert. Was für den Intestaterben zweifellos, ist für den Testamentserben höchst wahrscheinlich. Der sub cretione eingesetzte Erbe konnte noch nach klassischem Recht nur durch Versäumung der (von dem Testator gesetzten)

auch dem suus heres (dessen Besitzerstellung infolge der ausgebildeten Testierfreiheit, vgl. § 112, so wie des prätorischen beneficium abstinendi unterging), bonorum possessio gegeben wurde, fielen die Worte des Edicts „si de hereditate ambigitur“ fort.

Cretionsfrist, nicht durch repudiatio die ihm eröffnete Delation aufheben[13]; die cretio war aber, wie bemerkt, für das alte Recht die allgemein vorgeschriebene Erbantretungsform. Wie die Rechtswirkung der formlosen Erbantretungshandlung, so ist auch die Rechtswirkung der (nur formlos auftretenden und schon dadurch auf das spätere Recht weisenden) repudiatio erst jüngeren Ursprungs[14]. Als Grund für diese Erscheinung mögen wir uns die Thatsache denken, daſs das alte Recht sich für den Erben, welcher erst durch Besitzergreifung Erbe werden sollte, keine Form zu denken vermochte, durch welche er sich eines noch gar nicht erworbenen Erbschaftsbesitzes hätte entäuſsern können, daſs also ein Gegenstück zur cretio undenkbar schien. Wird das Erbrecht durch bloſse Willenserklärung nicht erworben, so kann es auch durch bloſse Willenserklärung nicht verloren gehen. Auch das alte Erbrecht ist eng, förmlich, durch das Gesetz des contrarius actus (S. 414) beherrscht.

Wir müssen hinzunehmen, daſs auch eine Cretions*frist* dem alten Recht unbekannt war. Lag also ein Testament vor (ohne Einsetzung „cum cretione“, S. 495), der Testamentserbe aber vollzog die cretio nicht, so kam nicht etwa der Intestaterbe zum Zuge, sondern die Erbschaft blieb in der Schwebe. Ebenso, wenn der proximus agnatus die cretio nicht vollzog.

Eine Ergänzung dieses praktisch sehr unvollkommenen civilen Erbrechts schloſs, wie schon bemerkt, die usucapio pro herede in sich. Sie war nur an der noch nicht in Besitz genommenen Erbschaft möglich und bedeutete einerseits einen Antrieb für den berufenen Erben, die cretio nicht zu lange hinauszuschieben, wie sie andererseits für den Fall versäumter cretio den nachstehenden Verwandten die Möglichkeit des Erbschaftserwerbes gewährte. Aber es lag auf der Hand, daſs diese Ergänzung dem Zufall anheimgegeben war.

Der Prätor war es, welcher hier durch das Mittel der bonorum possessio die Rolle des Gesetzgebers spielte. Er stellte den Grundsatz auf: wenn der (etwa berufene) Testamentserbe mir

---

[13] Gaj. II § 168, oben S. 488.

[14] Das alte Recht kennt nur ein praetermittere, kein (rechtswirksames) repudiare hereditatem, d. h. nur ein Nichtantreten, nicht ein Ausschlagen der Erbschaft; vgl. Voigt, Die zwölf Tafeln, Bd. 2, S. 373.

das Testament nicht vorlegt (um den Erbschaftsbesitz zu erbitten), so werde ich die bonorum possessio dem erteilen, welcher ohne das Testament von Rechts wegen der nächste Intestaterbe wäre [15]. Damit ward dann die Ansetzung von bestimmten Fristen für die Erbittung der bonorum possessio verbunden (regelmäfsig 100 Tage). Ein weittragendes Princip war damit aufgestellt worden: das Princip der Nacheinanderfolge der Erbenclassen. Eine Ausschlagung gab es auch hier nicht. Aber nach Ablauf der vom Prätor für die Erbittung der bonorum possessio gesetzten Frist ging das Recht, die bonorum possessio zu verlangen, auf einen andern über, welcher nach Civilrecht nicht zur Erbschaft berufen war. Das Erbrecht vermochte der Prätor nicht zu geben, aber er gab ihm den Besitz der Erbschaftsgüter (bonorum possessio). Die magistratliche Gewährung des Erbschaftsbesitzes im Fall „bestreitbarer" Erbschaft (si de hereditate ambigitur) ward zu einem Mittel, das civile Erbrecht fortzubilden. Die Meinung war nicht zunächst, dafs der vom Prätor in den Besitz eingesetzte Erbe darum auf alle Fälle die Erbschaft behalten sollte. Vollzog der Testamentserbe nachträglich die cretio, so ward er heres und konnte auch gegen den in die bonorum possessio eingesetzten Intestaterben mit Erfolg die hereditatis petitio anstellen. Aber die Meinung war, für den Fall, dafs nach Civilrecht die Erbschaft frei blieb, die Zufälligkeiten der usucapio pro herede auszuschliefsen und nach festen Grundsätzen einen Erben zunächst thatsächlich zu schaffen, welcher dann, sobald er den Besitz der Erbschaftssachen auch wirklich erlangt hatte, durch das Mittel der usucapio pro herede nach Ablauf eines Jahres auch civilrechtlich Erbe ward. Es handelte sich um eine Ergänzung der Lücken des Civilrechts, um eine bonorum possessio juris civilis supplendi gratia, und zwar zunächst nur zu Gunsten des civilen Intestaterben gegenüber einem säumigen Testamentserben. Aber schon zu Ciceros Zeit hatte das Edict über die bonorum possessio eine allgemeine Clausel, kraft welcher der Prätor sich vorbehielt, eventuell auch sine testamento und sine lege nach seinem freien Ermessen bonorum possessio zu erteilen (oben S. 493 Anm. 3 a. E.). Daraus ist dann alles andere hervorgegangen.

[15] Vgl. das Edict oben Anm. 3 im zweiten Satz.

Das Civilrecht entwickelte sich. Es ward auch die formlose Erbantretung gültig. Es gab ferner wenigstens für den sine cretione eingesetzten Testamentserben eine gültige Ausschlagung der Erbschaft. Der Satz, daſs der suus heres ipso jure auch Besitzer der Erbschaft sei, ging dem Rechtsbewuſstsein verloren, da die Enterbung des suus heres als gültig anerkannt wurde (§ 113). Auch die Auffassung, daſs durch aditio (cretio) hereditatis der Besitz des Nachlasses erworben werde, daſs also der Erbschaftserwerb für den heres extraneus durch Besitzerwerb vermittelt werde, verschwand. Aber die aus den Motiven des alten Civilrechts entsprungene bonorum possessio behauptete sich nicht bloſs, sondern war im stande, das Civilrecht weit zu überflügeln. Das prätorische Edict entwickelte dem Civilrecht gegenüber ein ganzes selbständiges Erbfolgesystem und unternahm es, dasselbe unter Umständen auch durch bonorum possessio juris civilis corrigendi gratia in Widerspruch mit dem Civilrecht aufrechtzuerhalten. Die Kraft des prätorischen Edicts lag darin, daſs es auch an dieser Stelle den Ideen der neuen Zeit (des jus gentium, insbesondere der cognatischen Erbfolge) dem Civilrecht gegenüber Bahn schaffte. Aus der Zuteilung des Erbbesitzes, welche ursprünglich dem civilen Erben die Besitzergreifung der Erbschaft, und zwar nur der Erbschaftssachen (vgl. Anm. 17), erleichtern sollte, ging ein Erbfolgesystem hervor, welches die volle Reform des Civilrechts in sich schloſs.

So gab es also im klassischen Recht, wie schon eingangs bemerkt, zweierlei Erbrecht, eines nach Civilrecht (hereditas), ein anderes nach prätorischem Recht (bonorum possessio).

Das prätorische Erbrecht kann immer nur durch gerichtliche Handlung (Erbittung, sogenannte „Agnition", beim Prätor) erworben werden. Es giebt hier keine pro herede gestio noch eine Ausschlagung. Der Verlust der kraft prätorischen Edicts deferierten bonorum possessio ist immer nur infolge Versäumung der Agnitionsfrist möglich. Ascendenten und Descendenten haben eine Agnitionsfrist von einem annus utilis; alle übrigen eine Agnitionsfrist von centum dies utiles (quibus scierit poteritque)[16]. Da der Prätor für die normalen Fälle

[16] Mit der prätorischen Frist von hundert Tagen für den Erbschaftserwerb scheinen auch die dies centum zusammenzuhängen, welche der

die Grundsätze, nach welchen er bonorum possessio erteilt, in seinem Edict publiciert hat (sogenannte bonorum possessio edictalis), so gestattet er später, dafs in solchen Fällen er nicht blofs in feierlicher Gerichtssitzung (pro tribunali), sondern überall (de plano) um Erteilung der bonorum possessio gebeten werden kann: thatsächlich ward dadurch also für die Erbittung der bonorum possessio edictalis die Aufsergerichtlichkeit eingeführt, und nur die Notwendigkeit, an den Prätor sich zu wenden, blieb zurück. Die Form der Gerichtssitzung blieb jedoch gewahrt, wenn der Prätor in aufseredictsmäfsigen Fällen auf Grund seines Ermessens (causa cognita) durch besonderes decretum (bonorum possessio decretalis) jemandem bonorum possessio gab.

Die Wirkung erteilter bonorum possessio war das Interdictum quorum bonorum, ein interdictum adipiscendae possessionis, durch welches der bonorum possessor sich den Besitz der Nachlafssachen verschaffte[17]. Später ward ihm eine hereditatis petitio possessoria gegeben mit gleicher Wirkung wie die hereditatis petitio des Civilerben (unten § 114). Aus den einzelnen Rechten, welche zur Erbschaft gehören, klagt der bonorum possessor mit actio ficticia (ficto se herede) und wird ebenso gegen ihn den Erbschaftsgläubigern actio ficticia gegeben.

Die Unterscheidung der Arten der bonorum possessio, je nachdem sie juris civilis adjuvandi oder corrigendi oder supplendi gratia gegeben wurde, war von erheblicher praktischer Bedeutung. Die bonorum possessio juris civilis supplendi gratia

caelebs hat, um sich zu verheiraten und dadurch zum Erwerb der Erbschaft fähig zu machen: Ulp. tit. 17 § 1, oben S. 456. — Ebenso ward im Testament häufig eine der prätorischen Frist entsprechende Cretionsfrist gesetzt: Ulp. tit. 22 § 27, oben S. 487.

[17] Das interdictum quorum bonorum ging nur auf Erlangung des Besitzes an den Erbschaftssachen (den corpora hereditaria). Da dies interdictum lange Zeit das einzige Rechtsmittel des bonorum possessor als solchen war, so bestätigt sich, dafs die prätorische bonorum possessio zunächst juris civilis adjuvandi gratia (oben S. 498) aufgekommen ist: sie sollte zunächst nicht ein prätorisches Erbrecht (welches den ganzen Nachlafs hätte ergreifen müssen), sondern nur dem civilen Erben den Besitz der Erbschaftssachen geben. Vgl. A. Schmidt in der Zeitschr. der Sav.-Stift., Bd. 17, S. 324 ff.

ist nur eine vorläufige Zuerkennung der Erbschaft, für den Fall nämlich, dafs kein Civilerbe da ist oder der Civilerbe sein Erbrecht nicht geltend macht. Tritt der Civilerbe nachträglich auf mit seiner Erbschaftsklage, so mufs ihm der bonorum possessor, welcher nur in Ermangelung von Civilerben (juris civilis supplendi gratia) vom Prätor eingesetzt ist, weichen: seine bonorum possessio wird eine b. p. sine re. Dagegen ist die b. p. juris civilis adjuvandi gratia und ebenso die juris civilis corrigendi causa gegebene bonorum possessio immer cum re: die erstere, weil sie mit dem Civilrecht übereinstimmt, die andere, weil sie vom Prätor in Widerspruch mit dem Civilrecht aufrechterhalten wird. So ist also die suppletorische bonorum possessio nur vorläufige, die adjutorische und correctorische bonorum possessio aber endgültige Zuerteilung des prätorischen Erbrechts. Unter welchen Gesichtspunkt die einzelnen Fälle der bonorum possessio gehören, wird unten im einzelnen angegeben werden.

Die Delationsgründe der bonorum possessio sind die gleichen wie die der hereditas. Es giebt eine b. p. ab intestato (kraft der Bestimmung im prätorischen Edict als solcher), eine b. p. secundum tabulas (kraft Testaments) und eine b. p. contra tabulas (in Widerspruch mit dem Testament). Auf dem gesamten Gebiet der Erbfolge ist der Prätor mit seinem Edict als Concurrent des Civilrechts aufgetreten, um gemäfs dem sich ändernden Rechtsbewufstsein das altüberlieferte Civilrecht in seiner praktischen Anwendung mit den Anforderungen der Gegenwart von damals in Übereinstimmung zu bringen.

pr. I. de bon. poss. (3, 9): Jus bonorum possessionis introductum est a praetore emendandi veteris juris gratia. Nec solum in intestatorum hereditatibus vetus jus eo modo praetor emendavit, . . . sed in eorum quoque, qui testamento facto decesserint.

§ 1 eod.: Aliquando tamen neque emendandi, neque impugnandi veteris juris, sed magis confirmandi gratia pollicetur bonorum possessionem. Nam illis quoque, qui recte facto testamento heredes instituti sunt, dat secundum tabulas bonorum possessionem. Item ab intestato suos heredes et adgnatos ad bonorum possessionem vocat; sed et, remota quoque bonorum possessione, ad eos hereditas pertinet jure civili.

§ 2 eod.: Quos autem praetor solus vocat ad hereditatem, heredes quidem ipso jure non fiunt. Nam praetor heredem facere non potest; per legem enim tantum vel similem juris constitutionem heredes fiunt, veluti per senatusconsultum et constitutiones principales. Sed, cum eis praetor dat bonorum possessionem, loco heredum constituuntur, et vocantur bonorum possessores.

L. 2 D. de bon. poss. (37, 1) (ULPIAN.): In omnibus enim vice heredum bonorum possessores habentur.

GAJ. Inst. IV § 34: Habemus adhuc alterius generis fictiones in quibusdam formulis, veluti cum is, qui ex edicto bonorum possessionem petit, ficto se herede agit; cum enim praetorio jure, non legitimo succedat in locum defuncti, non habet directas actiones, et neque id, quod defuncti fuit, potest intendere SUUM ESSE, neque id, quod ei debebatur, potest intendere DARI SIBI OPORTERE: itaque ficto se herede intendit, velut hoc modo: JUDEX ESTO. SI AULUS AGERIUS (id est ipse actor) LUCIO TITIO HERES ESSET, TUM SI EUM FUNDUM, DE QUO AGITUR, EX JURE QUIRITIUM EJUS ESSE OPORTERET; et si debeatur pecunia, praeposita simili fictione heredis ita subjicitur: TUM SI PARERET NUMERIUM NEGIDIUM AULO AGERIO SESTERTIUM X MILIA DARE OPORTERE.

§ 111.

Die Intestaterbfolge.

I. Das altcivile Recht, wie es in den zwölf Tafeln dargestellt wurde, beruft ab intestato zu Erbschaft:

1. die sui heredes (oben S. 483);

2. den proximus agnatus: d. h. in Ermangelung von sui heredes wird der nächste agnatische Seitenverwandte zur Erbfolge berufen[1].

3. die gentiles: d. h. in Ermangelung agnatischer Seitenverwandtschaft kommen die Gentilen (die Geschlechtsvettern.

---

[1] Über das Wesen der Agnation oben S. 428. — Nach der Auslegung, welche man der (das Frauenerbrecht beschränkenden) Lex Voconia (169 v. Chr.) gab, wurden später von den weiblichen Agnaten nur die consanguineae, die agnatischen Schwestern, in der zweiten Classe zur Intestaterbfolge berufen.

oben S. 430 a. E.) zum Zuge. In dem Erbrecht der Gentilen übte das einstige Gesamteigentum der gens seine Nachwirkung[2].

In der zweiten Classe wird nur der proximus agnatus berufen (mehrere gleich nahe Agnaten nebeneinander). Es giebt nach altem Civilrecht keine Ausschlagung der Erbschaft (S. 498) und darum keine successio graduum, keine Reihenfolge der Delationen innerhalb derselben Classe. Der gleiche Satz gilt von dem Verhältnis der verschiedenen Classen zueinander. Es giebt wie keine successio graduum, so auch keine successio ordinum, keine Reihenfolge der Delationen an die verschiedenen Classen nacheinander. Sind Agnaten da, so kann den Gentilen nicht deferiert werden, auch wenn die Agnaten von ihrer Delation keinen Gebrauch machen. Weil es keine Ausschlagung giebt, beruft der Wortlaut der zwölf Tafeln den Agnaten nur, wenn keine sui, die Gentilen nur, wenn keine Agnaten da sind. Es giebt nach Civilrecht nur eine einzige Delation der Intestaterbschaft. Bleibt diese erfolglos, so empfängt die Erbschaft vielleicht einen Erben durch usucapio pro herede (oben S. 491 ff.), oder es tritt kraft prätorischer bonorum possessio ein prätorischer Erbe ein; sonst (wenn auch bonorum possessio nicht erbeten wird) weist der Prätor die Gläubiger in die herrenlose Erbschaft, um die Güter zum Zweck ihrer Befriedigung an einen bonorum emtor (oben S. 281) zu verkaufen.

Der emancipatus kann sui haben; Agnaten kann er nicht haben. An Stelle der Agnaten steht bei ihm, wie bei dem freigelassenen Sklaven, sein manumissor (oben S. 463) und dessen agnatische Descendenz (die sui des manumissor).

XII tab. V 4. 5: Si intestato moritur, cui suus heres nec escit, adgnatus proximus familiam habeto. Si adgnatus nec escit, gentiles familiam habento.

Gaj. Inst. III § 11: Non tamen omnibus simul agnatis dat lex XII tabularum hereditatem, sed his, qui tum, cum certum est, aliquem intestatum decessisse, proximo gradu sunt. § 12: Nec in eo jure successio est: ideoque si agnatus proximus hereditatem omiserit, vel antequam adierit, decesserit, sequentibus nihil juris ex lege conpetit.

[2] Vgl. Mommsen, Röm. Staatsrecht, Bd. 3, S. 26; oben S. 36 ff.

II. Das prätorische Edict teilt die Verwandtschaft für die Intestaterbfolge in vier Classen, welche nacheinander berufen werden. Es giebt:

1. die bonorum possessio unde liberi. Zu den liberi des prätorischen Edicts gehören die sui heredes des Civilrechts und die emancipati, aber nur diejenigen emancipati, welche leibliche Descendenten des Verstorbenen sind (also weder emancipierte Adoptivkinder noch die remancipierte uxor in manu). Insoweit hat der Prätor das Agnationsprincip des Civilrechts für die erste Classe der Intestaterben aufgegeben und ist zum Cognationsprincip übergegangen. Aber nicht vollständig. Nur die emancipierten leiblichen Descendenten werden vom Prätor neben den sui in der Classe unde liberi berufen, nicht die einem andern in Adoption gegebenen (solange das Adoptionsverhältnis nicht durch emancipatio aufgehoben ist; im letzteren Fall tritt das Kind in die Classe der liberi seines leiblichen Vaters ein, als wenn es von diesem emancipiert wäre). Die Mutter hat, wie keine sui, so keine liberi. Die bonorum possessio unde liberi ist, soweit sie den sui zu gute kommt, eine b. p. juris civilis adjuvandi; soweit sie den emancipati zu teil wird, eine b. p. juris civilis corrigendi gratia. Die Folge der Correctur, welche der Prätor zu Gunsten der emancipati hat eintreten lassen, ist aber, dafs der emancipatus unter Umständen neben seinen eigenen Kindern zur Erbschaft seines Vaters berufen wird — dann nämlich, wenn seine (vor der Emancipation erzeugten) Kinder in der Gewalt ihres Grofsvaters zurückgeblieben waren. Die Kinder des emancipatus zählten dann zu den sui ihres Grofsvaters, der emancipatus neben ihnen zu den liberi des prätorischen Rechts. Daher die Bestimmung des prätorischen Edicts (des sogenannten edictum de conjungendis cum emancipato liberis ejus)[3], dafs die Erbportion, welche dem emancipatus zugefallen sein würde, falls er nicht emancipiert worden wäre, in solchem Fall zur Hälfte auf ihn, zur andern Hälfte auf seine Kinder fallen solle. So wird

[3] Dies Edict ward durch Salvius Julianus bei der endgültigen Feststellung des Edicts unter Hadrian (oben S. 83) hinzugefügt. Daher heifst es auch: nova clausula Juliani de conjungendis etc.

die Ungleichheit ausgeglichen, welche sonst den Geschwistern gegenüber entstanden wäre, wenn der emancipatus und seine Kinder je zu einer vollen Erbportion berufen worden wären. Die andere Ungleichheit, dafs die sui (wegen ihrer Erwerbsunfähigkeit, oben S. 174) lediglich auf ihren Erbteil beschränkt waren, der emancipatus aber aufser dem Erbteil auch das inzwischen von ihm erworbene Vermögen hatte, beseitigte der Prätor dadurch, dafs er den emancipatus zur collatio bonorum nötigte, d. h. ihn verpflichtete, sein inzwischen erworbenes Vermögen, soweit es ohne die Emancipation dem Vater zugefallen wäre (also mit Ausschlufs des castrensischen und quasicastrensischen Erwerbes), in die Erbschaft einzuwerfen. Vgl. unten § 114.

2. Die bonorum possessio unde legitimi. Sind keine liberi da oder haben diese ihre Agnitionsfrist von einem annus utilis versäumt, so gelangen die legitimi, d. h. die Intestaterben des Civilrechts, zur bonorum possessio. Also zunächst (nach klassischem Recht) wiederum die sui (aber ohne die emancipati), welche also als solche noch einen zweiten annus utilis für Erbittung der b. p. haben. In Ermangelung von sui der proximus agnatus. In Ermangelung auch von Agnaten in der älteren Zeit die Gentilen, solange der Gentilenverband wirksam war. Es braucht nicht gesagt zu werden, dafs diese b. p. unde legitimi eine b. p. juris civilis adjuvandi gratia ist.

3. Die bonorum possessio unde cognati. Hat auch die zweite Classe die Agnition der b. p. versäumt oder ist niemand da, welcher zur zweiten Classe gehörte, so werden in dritter Reihe vom Prätor die Cognaten bis zum sechsten Grade einschliefslich und vom siebenten Grade der sobrino sobrinave natus berufen. Sobrini sind sich gegenseitig die Kinder von consobrini (von Geschwisterkindern). Der sobrinus des Erblassers ist mit ihm im sechsten Grade verwandt. Das Kind des sobrinus (sobrino natus), im siebenten Grade stehend, soll den Erblasser nach prätorischem Recht beerben, obgleich umgekehrt der sobrino natus von dem Erblasser nicht würde beerbt worden sein. Unter den Cognaten unterscheidet die Gradesnähe. Hier kommen also an erster Stelle wiederum die Descendenten des Erblassers, diese also zum drittenmal, aber alle leiblichen Kinder, mögen sie emancipiert oder in Adoption gegeben und mögen sie noch der

Adoptivfamilie angehörig sein oder nicht. Hier giebt es keinen emancipatus und keinen suus, keinen capite minutus und kein Hauskind; es entscheidet lediglich das natürliche Verhältnis. Weder erbt die uxor in manu (welche sowohl zu den liberi der ersten Classe wie zu den sui des Civilrechts gehört) hier neben ihren Kindern, noch erben neben dem emancipatus seine in der Gewalt zurückgebliebenen Kinder (die Enkel des Erblassers). Vielmehr werden an erster Stelle wie alle Descendenten, so nur die Descendenten und zwar so berufen, dafs schlechtweg die Descendenten von Descendenten durch ihren noch lebenden parens ausgeschlossen werden[4]. In dieser Classe wird wie der Vater so die Mutter von ihren Kindern beerbt, und hat dann endlich auch (aber erst nach den Kindern) die Mutter neben dem Vater als solche ein Erbrecht, ohne Rücksicht darauf, ob sie in der manus ihres Mannes war oder nicht. Dann folgt die cognatische Seitenverwandtschaft bis zum sechsten bezw. siebenten Grad, ohne Rücksicht auf das Geschlecht[5] und ohne Rücksicht auf capitis deminutio.

4. Die bonorum possessio unde vir et uxor. An letzter Stelle endlich, wenn überall keine erbberechtigten Verwandten da sind oder dieselben von der b. p. keinen Gebrauch machen, wird die b. p. dem überlebenden Ehegatten als solchem gegeben (also ohne Rücksicht auf die manus).

Sowohl die b. p. unde cognati wie die b. p. unde vir et uxor wird nur juris civilis supplendi gratia gegeben, ist also, sobald civile Erben da sind, welche nur versäumt haben, die b. p. zu erbitten, von lediglich vorläufiger Bedeutung.

Nach prätorischem Recht gilt, wie schon bemerkt ist, die successio ordinum. Macht von der nächstberufenen Classe binnen der gesetzten Zeit niemand von der b. p. Gebrauch, so kann die b. p. von der nächstfolgenden Classe erbeten werden. Ebenso gilt innerhalb der dritten Classe successio graduum: versäumen die nächstberufenen Cognaten die b. p., so kann sie von den ferneren Cognaten erbeten werden. Diese successio or-

---

[4] Hier findet also die clausula Juliani de conjungendis cum emancipato liberis ejus keine Anwendung: die in der Gewalt zurückgebliebenen Kinder sind durch ihren Vater, den emancipatus, vielmehr ausgeschlossen.

[5] Vgl. oben Anm. 1.

dinum et graduum (sogenanntes edictum successorium) bedeutet, dafs die Erbschaft nach prätorischem Recht grundsätzlich nicht ohne Erben bleiben soll.

III. Das Justinianische Recht. Bereits das prätorische Edict hatte der Cognation neben der Agnation eine Bedeutung für das Intestaterbrecht gegeben. Durch die kaiserliche Gesetzgebung ist, langsam voranschreitend, das Cognationsprincip immer mafsgebender entfaltet worden. Das senatusconsultum Tertullianum (unter Hadrian) gab der Mutter als solcher, falls sie (als ingenua) das jus trium liberorum oder (als libertina) das jus quatuor liberorum hatte[6], ein civiles Intestaterbrecht (legitima hereditas) neben der agnatischen Schwester (nicht aber neben dem agnatischen Bruder) des Verstorbenen, hinter den liberi und dem Vater (bezw. dem parens manumissor), aber vor den ferneren Agnaten. Umgekehrt gab das sc. Orphitianum (unter Marc Aurel 178 n. Chr.) den Kindern als solchen das nächste Intestaterbrecht gegen ihre Mutter. Später ward, durch Valentinian II. und Theodosius, ihnen auch ein (den ferneren Agnaten vorgehendes) Intestaterbrecht gegen ihre mütterlichen Ascendenten gegeben. Das Verwandtschaftsverhältnis zwischen der Mutter und ihren Kindern (als solchen), welches für das alte Civilrecht gar nicht vorhanden war (oben S. 428), ward durch diese beiden Senatusconsulte für das Intestaterbrecht civilrechtlich anerkannt: die Erbfolge unter Ascendenten und Descendenten erfuhr eine Reform im Sinne des Cognationsprincips. Eine gleiche Reform bahnte für das Geschwistererbrecht Kaiser Anastasius an, welcher (498 n. Chr.) den emancipierten (also blofs cognatischen) Geschwistern ein Erbrecht neben den agnatischen Geschwistern, jedoch nur auf die Hälfte des einem agnatischen Geschwisterteil zufallenden Erbteils, gab. Justinian setzte cognatische Geschwister nebst ihren Kindern den agnatischen gleich und gewährte vollbürtigen Geschwistern als solchen den Vorzug vor halbbürtigen agnatischen Geschwistern (das letztere durch Nov. 84).

Die endgültige Reform des Intestaterbrechts ward noch nicht durch das Corpus juris — welches vielmehr das durch Kaiser-

[6] Vgl. oben S. 455.

gesetzgebung modificierte agnatische Intestaterbrecht des Civilrechts einerseits, das System der prätorischen bonorum possessio ab intestato andererseits ganz in alter Weise nebeneinander aufweist —, sondern erst durch die Novelle 118 (an welche sich die Nov. 127 ergänzend anschliefst) vollzogen.

Die Novelle 118 kennt nur noch ein einziges System der Verwandtenerbfolge: das durch sie selber gesetzte Erbfolgesystem. Der Gegensatz von jus civile und jus honorarium ist aufgehoben. Der Sieg aber ist dem zuerst von dem jus honorarium vertretenen Cognationsprincip zugefallen. Nach der Novelle 118 entscheidet für die Verwandtenerbfolge grundsätzlich die Nähe der natürlichen Blutsverwandtschaft, d. h. die Nähe der Cognation. Die Verwandten werden durch die Novelle 118 für die Intestaterbfolge in vier Classen eingeteilt:

1. Die erste Classe bilden die Descendenten des Erblassers als solche, mag es sich um die Erbschaft des Vaters oder der Mutter handeln: es gilt cognatische Descendentenfolge[7]. Dem leiblichen Kinde steht jedoch das Adoptivkind gleich (oben S. 456 ff.), so dafs also das Adoptivkind sowohl Erbrecht gegenüber seinem leiblichen Vater (als wirklicher, cognatischer Descendent) wie seinem Adoptivvater gegenüber hat[8]. Es gilt unter Descendenten ersten Grades gleiche Erbteilung (sogenannte successio in capita). Descendenten von Descendenten werden durch ihren noch lebenden parens ausgeschlossen, treten aber, falls ihr parens bereits vorverstorben ist, in die Stelle desselben ein (sogenanntes Repräsentationsrecht) und erben zusammen den Teil, welcher ihrem parens zugekommen sein würde (sogenannte successio in stirpes).

2. Die zweite Classe bilden die Ascendenten, die vollbürtigen Geschwister und die Kinder von vorverstorbenen vollbürtigen Geschwistern, lediglich nach Mafsgabe der Cognation ohne Rücksicht auf Agnation. Von den Ascendenten erben immer nur die nächsten: es gilt kein

[7] Wie dieselbe oben S. 507 bereits für die prätorische Classe unde cognati entwickelt ist. Vgl. S. 429.

[8] In dieser Berücksichtigung des Adoptivkindes in der Adoptivfamilie liegt der letzte Rest des alten Agnationsprincips. Es liegt die Idee zu Grunde, dafs Agnation die Rechte der Cognation in sich schliefst, vgl. S. 429.

Eintrittsrecht der überlebenden Ascendenten eines vorverstorbenen parens: die beiderseitigen Grofseltern kommen also nur dann zur Erbschaft, wenn beide Elternteile bereits vorverstorben sind. In solchem Fall wird unter die Grofseltern[9], falls weder Geschwister noch Geschwisterkinder mit ihnen erben, in lineas geteilt: die eine Hälfte der Erbschaft fällt auf die Ascendenten väterlicher, die andere Hälfte auf die Ascendenten mütterlicher Seite, so dafs also z. B. der Grofsvater väterlicherseits, welcher allein überlebt, die ganze eine Hälfte der Erbschaft, die beiden Grofseltern mütterlicherseits (falls hier noch beide Grofselternteile überleben) zusammen nur die andere Hälfte der Erbschaft empfangen.

Überleben aber neben den Ascendenten auch vollbürtige Geschwister und Kinder von vorverstorbenen vollbürtigen Geschwistern den Erblasser, so werden diese Geschwister, bezw. deren Kinder[10] neben den Ascendenten berufen. Ascendenten und Geschwister erben dann in capita (hier also wird unter den Ascendenten die väterliche und die mütterliche Linie nicht unterschieden: auf jeden fällt ein gleicher Erbteil). Kinder von vorverstorbenen vollbürtigen Geschwistern treten in die Stelle ihres vorverstorbenen parens (Repräsentationsrecht) und empfangen zusammen den Teil, welcher diesem zugekommen wäre (successio in stirpes).

3. Die dritte Classe bilden halbbürtige Geschwister und Kinder von vorverstorbenen halbbürtigen Geschwistern, ohne Unterscheidung von consanguinei und uterini (oben S. 430), also auf Grund cognatischer halbbürtiger Geschwisterschaft. Es gilt unter den halbbürtigen Geschwistern gleiche Erbteilung (successio in capita). Die Kinder vorverstorbener halbbürtiger Geschwister treten in die Stelle ihres parens ein (Repräsentationsrecht) und erben zusammen den Teil, welcher ihrem parens zugekommen wäre (successio in stirpes).

4. Die vierte Classe bilden alle übrigen Seitenverwandten,

---

[9] Bezw., wenn auch alle Grofseltern vorverstorben sind, aber noch höhere Ascendenten überleben, unter diese.

[10] Die letzteren nach Nov. 118 nur neben Geschwistern, nicht auch neben Ascendenten, nach Nov. 127 auch neben Ascendenten.

welche nach der Nähe des Grades berufen werden. Die prätorische Beschränkung der Erbfähigkeit auf den sechsten bezw. siebenten Grad der Seitenverwandtschaft (oben S. 507) ist jedoch aufgehoben worden. Soweit die Seitenverwandtschaft überhaupt nachweisbar ist, kann sie, falls nur keine näheren Verwandten auftreten, geltend gemacht werden. Dabei gilt jedoch weder Repräsentationsrecht — der nähere Grad schliefst vielmehr schlechtweg den ferneren aus — noch successio in stirpes: unter mehrere gleich nahe Seitenverwandte wird immer zu gleichen Teilen (in capita) geteilt.

Es gilt im Verhältnis der einzelnen Classen successio ordinum: wird von der erstberufenen Classe niemand Erbe, sei es infolge Todes (vor dem Erbschaftsantritt) oder Ausschlagung, so wird der nächstberufenen Classe deferiert. Es gilt ferner in den einzelnen Classen successio graduum: wird von dem nächstberufenen Grade niemand Erbe, so wird dem nächstfolgenden Grade deferiert.

Durch die Nov. 118 (und Nov. 127) ist nur die Verwandtenerbfolge reformiert worden. Für die Erbfolge der Ehegatten blieb es bei der prätorischen bonorum possessio unde vir et uxor, so dafs also auch nach Justinianischem Recht der Ehegatte erst dann zur Erbschaft berufen wird, wenn niemand von der Verwandtschaft Erbe wird. Auch durch den entferntesten Seitenverwandten wird der Ehegatte ausgeschlossen. Nur die dürftige (und undotierte) Witwe hat nach Justinianischem Recht neben den Verwandten ihres Mannes einen Anspruch auf den vierten Teil von dem Nachlafs des (wohlhabenden) Ehemanns, neben mehr als drei Kindern aber nur auf eine Virilportion (also mit den Kindern zu gleichem Teil), und zwar so, dafs sie, soweit sie ihre eigenen Kinder beschränkt, nur Niefsbrauch, nicht Eigentum, an ihrer Portion erwirbt — ein Recht, welches der dürftigen Witwe auch durch Testament ihres Mannes nicht entzogen werden kann.

Die bonorum possessio unde vir et uxor ist zugleich der letzte Rest des einstigen prätorischen Intestaterbrechts, welcher in das Recht der Novelle 118 hineinragt; im übrigen ist der Dualismus von hereditas und bonorum possessio für die Intestaterbfolge nicht mehr da. Er ist durch eine Entwickelung, welche das vom Prätor vertretene natürliche Erbfolgesystem des jus gentium zum Siege führte, innerlich überwunden worden.

Starb ein Hauskind, welches noch in der väterlichen Gewalt war, so wurde nach dem Recht vor der Novelle 118 das ganze Vermögen des Hauskindes (auch sein peculium castrense und quasi castrense) von seinem Vater jure peculii eingezogen, als ob es immer Eigentum des Vaters gewesen wäre (oben S. 461). Nach der Novelle 118 wird das Hauskind aber ebenso beerbt wie ein paterfamilias, also zunächst von seinen eigenen Kindern. Nur dafs der Erbteil dieser Kinder des Hauskindes unter den Gesichtspunkt der bona adventicia fällt, so dafs also dem Grofsvater, als dem Inhaber der patria potestas auch über die Enkel, daran Niefsbrauchs- und Verwaltungsrecht zukommt (oben S. 461). Auch in dieser Hinsicht stellt die Novelle 118 den Abschlufs einer jahrhundertelangen Entwickelung dar. Gleichzeitig ward das Cognationsprincip für das Intestaterbrecht und mit der Beerbungsfähigkeit die volle Vermögensfähigkeit des Hauskindes durchgesetzt: dort wie hier war es die patria potestas, deren civilrechtliche Wirkungen vor den Anschauungen einer anderen Zeit verschwanden.

Nov. 118 pr.: Quia igitur omnis generis ab intestato successio tribus cognoscitur gradibus, hoc est ascendentium et descendentium et ex latere, quae in agnatos cognatosque dividitur, primam esse disponimus descendentium.

c. 1: Si quis igitur descendentium fuerit ei, qui intestatus moritur, cujuslibet naturae aut gradus, sive ex masculorum genere, sive ex feminarum descendens, et sive suae potestatis, sive sub potestate sit, omnibus ascendentibus et ex latere cognatis praeponatur. —

c. 2: Si igitur defunctus descendentes quidem non relinquat heredes, pater autem, aut mater, aut alii parentes ei supersint, omnibus ex latere cognatis hos praeponi sancimus . . . Si vero cum ascendentibus inveniantur fratres aut sorores ex utrisque parentibus conjuncti defuncto, cum proximis gradu ascendentibus vocabuntur.

c. 3 pr.: Si igitur defunctus neque descendentes, neque ascendentes reliquerit, primos ad hereditatem vocamus fratres et sorores ex eodem patre et ex eadem matre natos, quos etiam cum patribus ad hereditatem vocavimus. His autem non existentibus, in secundo ordine illos fratres ad hereditatem vocamus, qui ex uno parente conjuncti sunt defuncto, sive per patrem solum, sive per matrem. Si autem defuncto fratres fuerint et alterius fratris aut sororis praemortuorum filii, vocabuntur ad hereditatem isti cum de patre et matre thiis masculis et feminis, et quanticunque fuerint, tantam ex hereditate percipient portionem, quantam eorum parens futurus esset accipere, si superstes esset. —

c. 3 § 1: Si vero neque fratres, neque filios fratrum, sicut diximus, defunctus reliquerit, omnes deinceps a latere cognatos ad hereditatem vocamus, secundum uniuscujusque gradus praerogativam, ut viciniores gradu ipsi reliquis praeponantur.

c. 4: Nullam vero volumus esse differentiam in quacunque successione aut hereditate inter eos, qui ad hereditatem vocantur, masculos ac feminas, quos ad hereditatem communiter definivimus vocari, sive per masculi, sive per feminae personam defuncto jungebantur; sed in omnibus successionibus agnatorum cognatorumque differentiam vacare praecipimus.

L. un. C. unde vir et uxor (6, 18) (Theodos.): Maritus et uxor ab intestato invicem sibi in solidum pro antiquo jure succedant, quotiens deficit omnis parentum, liberorum seu propinquorum legitima vel naturalis successio, fisco excluso.

§ 112.

Die testamentarische Erbfolge.

Das Testament ist in seiner schliefslich vom römischen Recht ausgebildeten Gestalt das einseitige letztwillige Rechtsgeschäft der Erbeseinsetzung. Es ist einseitig (vgl. oben S. 201), denn es kommt allein durch den Willen des Testators zu stande; eine etwaige Annahmeerklärung seitens des eingesetzten Erben ist weder notwendig noch erheblich. Es ist letztwillig, denn es ist widerruflich, solange der Testator lebt. Jedes zweite Testament ist notwendig die Aufhebung des früheren; niemand kann aus zwei Testamenten beerbt werden: rechtsgültig ist immer allein das letzte Testament. Aus diesem letzten Testament wird den eingesetzten Erben notwendig die ganze Erbschaft deferiert, denn: nemo pro parte testatus, pro parte intestatus decedere potest (oben S. 482). Nur der Soldat hat nach römischem Recht das Vorrecht, über einen Teil seiner Erbschaft testieren zu können[1]. Der wesentliche Inhalt des Testaments ist die Erbeseinsetzung. Fehlt die Erbeseinsetzung oder wird die Erbeseinsetzung durch Tod oder Ausschlagung der Erben oder sonst entkräftet, so ist das ganze Testament ungültig. Ohne gültige Erbeseinsetzung kein gültiges Testament. Aber das Testament kann aufser der Erbeseinsetzung noch andere letztwillige Verfügungen enthalten: Freilassungen (oben S. 164), Vermächtnisse, Vormundschaftsernennungen, deren Gültigkeit dann von der Gültigkeit der Erbeseinsetzung abhängig ist.

Testamenti factio activa, d. h. die Fähigkeit, ein römisches Testament zu errichten, hat nur der vollkommen geschäftsfähige civis Romanus paterfamilias. Der filiusfamilias kann nur über seine bona castrensia und quasi castrensia testieren; in Bezug auf diese Güter ist er paterfamilias. Der impubes, der furiosus, der prodigus ist wegen Geschäftsunfähigkeit vom Testieren ausgeschlossen. Der pubes minor kann testieren, weil er vollkommen geschäftsfähig ist (oben S. 213). Die Beschränkung der Frau (welche sui juris war), dafs sie nur unter auctoritas ihres Geschlechtsvormundes testieren könne, fiel mit der tutela mulierum hinweg.

Dagegen ist die testamenti factio passiva, d. h. die Fähigkeit, in einem Testament mit Erbeseinsetzung oder Vermächtnis bedacht zu werden, in der Vermögensfähigkeit nach jus civile (jus commercii), also für das Justinianische Recht, welches den Gegensatz von jus civile und jus gentium nicht mehr kennt, schlechtweg in der gemeinen Vermögensfähigkeit, d. h. in der Persönlichkeit als solcher (oben S. 158) enthalten. Nur mufs der eingesetzte Erbe im Augenblick des Todes des Erblassers mindestens als nasciturus existiert haben (vgl. oben S. 160 a. E.). Auch die juristischen Personen des öffentlichen Rechts (Staat, Kirche, Gemeinden) haben nach Justinianischem Recht t. f. passiva; anderen juristischen Personen mufs sie durch kaiserliches Privileg verliehen sein (vgl. oben S. 184 Anm. 1). Gewissen Personen ist durch positives Gesetz zur Strafe die Erbfähigkeit und damit auch die t. f. passiva entzogen worden (unten S. 537).

[1] Daher heifst es vollständig: Nemo ex paganis pro parte testatus u. s. w. Paganus ist der Civilist im Gegensatz zum miles.

Die Entwickelungsgeschichte, welche das römische Testament durchgemacht hat, ergiebt sich aus der folgenden Darstellung.

I. Das altcivile Recht kannte ursprünglich nur das Testament vor der Volksversammlung (calatis comitiis[1a]). Wahrscheinlich deshalb, weil die Erbeseinsetzung ursprünglich eine abgeschwächte Art der Adoption war[2], eine Adoption nämlich, welche den eingesetzten Erben nicht sofort, aber nach dem Tode des Testators (sofern das Testament nicht widerrufen wurde) zum Sohn des Testators machte, falls der Eingesetzte dann auf den Willen des Testators einging. Wie die Adoption[3], so fordert deshalb auch das Testament die Mitwirkung der Volksversammlung. Nur dem Soldaten war es gestattet, wenn er schon in der Schlachtreihe stand, formlos vor den Ohren seines nächsten Kameraden gültig zu testieren (sogenanntes testamentum in procinctu).

Später kam eine Form des Privattestamentes auf: das Mancipationstestament, testamentum per aes et libram. Der Testator mancipiert (verkauft) seinen Nachlafs (familia pecuniaque) vor fünf Zeugen und dem libripens an einen Dritten, den sogenannten familiae emtor, um sodann mit feierlichen Worten (nuncupatio) ihm die Ausführung der in den tabulae testamenti enthaltenen letztwilligen Verfügungen aufzuerlegen. Der familiae emtor soll nur formell, nicht materiell Eigentümer des Nachlasses sein. Er ist materiell zur Ausführung des testatorischen Willens, zur Ausantwortung des Nachlasses an die in den tabulae testamenti benannten Personen verpflichtet. Er ist nicht mehr und nicht weniger als ein Testamentsvollstrecker des Testators. Als solcher bezeichnet er sich selbst in den feierlichen Mancipations-

---

[1a] Über das Wesen der comitia calata Mommsen, Röm. Staatsrecht, Bd. 3, S. 39.

[2] Für diese Ansicht vgl. die überzeugende Ausführung von Schulin in der oben S. 494 Anm. 4 citierten Abhandlung, insbesondere S. 50 ff. Anders Pernice, Formelle Gesetze im röm. Recht, S. 29.

[3] Die ursprünglich nur in der Form der Arrogation möglich war. Die datio in adoptionem ist erkennbar jüngeren Ursprungs. Sie hat den Rechtssatz der 12 Tafeln: si pater filium ter venumduit etc. zur Voraussetzung. Vgl. oben S. 457.

worten, durch welche er sich die familia pecuniaque des Testators zueignet: familia pecuniaque tua endo mandatelam custodelamque meam, quo tu jure testamentum facere possis secundum legem publicam, hoc aere aeneaque libra esto mihi empta[4]. Es liegt ein Fall der clausulierten mancipatio vor uns, und zwar mit Beredung zu Gunsten eines Dritten (der im Testament bedachten Personen) — der älteste Fall eines Vertrages zu Gunsten eines Dritten, welcher dem römischen Recht bekannt ist. Wie durch die mancipatio (fiduciae causa, oben S. 58) ein Depositum, so kann durch das Mittel derselben auch ein Mandat contrahiert werden. So in unserem Fall. Wir haben hier die älteste Form des römischen Mandatscontracts vor uns, als eines nicht consensu, aber re (durch formale Eigentumszuwendung) gültig contrahierten und zwar streng verpflichtenden Rechtsgeschäfts. Mandat und Eigentumszuwendung stehen nicht in Widerspruch miteinander. Der familiae emtor ist Mandatar des Erblassers, weil er (formell) Eigentümer der familia ist. Das Mancipationstestament ist mit der fiducia verwandt, indem hier wie dort nur formales Eigentum erzeugt wird, welches materiell den durch die beigefügte Clausel bezeichneten Zwecken dienstbar ist. Dennoch ist unser Geschäft keine fiducia im technischen Sinn, und zwar darum, weil die Pflichten des familiae emtor nicht auf seine „Treue" gestellt und daher nicht von Umständen und Ermessen (eines Ehrenmannes) abhängig, sondern durch das Mittel der nuncupatio genau und in streng verpflichtender Weise präcisiert sind. Dem familiae emtor wird nicht „fidei fiduciae causa" (unter Verweisung auf anderweitige Abreden), sondern mit vollständiger, in den Mancipationsact aufgenommener, keinen Zweifel über seine Pflichten lassender nuncupatio mancipiert. Die fiducia ist eine Mancipation mit unpräciser, das Mancipationstestament aber eine Mancipation mit präciser Clausel. Die fiducia erzeugt daher eine actio bonae fidei (S. 60), die präcise nuncupatio aber

[4] Gaj. III § 204. Der familiae emtor erklärt, daſs er die familia nur im Auftrage, als Mandatar des Testators (endo mandatelam) und daher (materiell) nur als Pfleger fremden Gutes (endo custodelam meam) durch die Mancipation zu Eigentum erwerbe.

actiones stricti juris. Die Pflicht des familiae emtor zur Ausführung des Auftrags, welchen er durch die mit der mancipatio familiae verbundene nuncupatio empfängt, steht unter dem vollen Schutz des Zwölftafelsatzes:

Cum nexum faciet mancipiumque, uti lingua nuncupassit, ita jus esto[5].

Durch solche Anwendung der Mancipation auf die familia ward es zunächst allerdings nur möglich, Vermächtnisse zu errichten[6]. Der familiae emtor war es ja selber, welcher formell zum alleinigen Eigentümer (heres) gemacht wurde. Ein Dritter kann daher nicht gleichfalls heres sein. So lauten denn auch die Nuncupationsworte des Testators lediglich: haec ita ut in his tabulis cerisque („in dieser Testamentsurkunde") scripta sunt, ita do, ita lego, ita testor[7], itaque vos Quirites testimonium mihi perhibetote. Das Mancipationstestament war zunächst inhaltlich ein bloſses Legatentestament. Erst später, als die Idee des „Eigentums" auf seiten des familiae emtor verblaſst war, noch mehr, als demselben auch die Eigenschaft eines Mandatars und Testamentsvollstreckers abhanden kam und derselbe sich in eine bloſs der Form wegen zugezogene Person verwandelte, ward die Erbschaft gewissermaſsen von dem Eigentum des familiae emtor frei, und ward es nun als die erste Aufgabe des Testaments gedacht, der Erbschaft einen Eigentümer (heres) und zugleich den Gläubigern der Erbschaft einen Schuldner (denselben heres) zu setzen. Dem familiae emtor hatte einst wie die Aus-

---

[5] Vgl. oben S. 57 ff.

[6] Über diese ursprünglich beschränkte Rolle des Mancipationstestaments vgl. Schulin a. a. O. S. 54 ff. Dort ist auch auf die Eigenschaft des familiae emtor als eines bloſsen „Curator" der Erbschaft mit Bestimmtheit hingewiesen worden. Doch ist, wie die obige Ausführung darzuthun sucht, darin nicht, wie Schulin annimmt, ein Widerspruch mit der Mancipationsnatur des Geschäftes enthalten. Vielmehr ist die Eigentumszuwendung (mancipatio) gerade das Mittel, um ein gültiges Mandat zu erteilen. Gerade so bei dem deutschen Treuhänder. Durch bloſsen Consens kann nach altem Recht kein gültiges Mandat erteilt werden.

[7] Testari bedeutet nur „vor Zeugen erklären": Schulin S. 58, unter Umständen sogar nur die Willenserklärung als solche: Kipp, Die Litisdenuntiation, S. 62 ff.

zahlung der Vermächtnisse, so die Bezahlung der Erbschaftsschulden obgelegen. Seitdem der familiae emtor von der einen wie von der anderen Function entsetzt war, ward es Rechtspflicht des Testators, durch Erbeseinsetzung diese frei gewordene Stelle auszufüllen. Damit erst kam das römische Testament in dem Sinne auf, in welchem wir es recipiert haben. Das Mancipationstestament ursprünglichen Stils war noch von dem altüberlieferten Standpunkt blofser Singularsuccession von Todes wegen ausgegangen. Indem im Interesse der Erbschaftsgläubiger (und Legatare) eine Erbeseinsetzung im Testament notwendig ward, entwickelte sich das Testament, dessen Wesen darin besteht, zunächst und an erster Stelle einen Nachfolger in die Persönlichkeit des Erblassers zu ernennen, dessen Wesen, mit einem Wort, an erster Stelle die Berufung zu einer Universalsuccession ist. Dadurch war jetzt für das Mancipationstestament der späteren Zeit der Satz gegeben: velut caput et fundamentum intellegitur totius testamenti heredis institutio (Gaj. II § 229) — so sehr, dafs nach klassischem Recht sogar alle letztwilligen Verfügungen, welche der Erbeseinsetzung voraufgingen, ungültig waren.

Das testamentum calatis comitiis war in der klassischen Zeit verschwunden. Das Testament des klassischen Civilrechts ist das Mancipationstestament (per aes et libram).

Gaj. Inst. II § 101: Testamentorum autem genera initio duo fuerunt. Nam aut calatis comitiis testamentum faciebant, quae comitia bis in anno testamentis faciendis destinata erant, aut in procinctu, id est, cum belli causa arma sumebant. Procinctus est enim expeditus et armatus exercitus. Alterum itaque in pace et in otio faciebant, alterum in proelium exituri.

§ 102 eod.: Accessit deinde tertium genus testamenti, quod per aes et libram agitur. Qui neque calatis comitiis, neque in procinctu testamentum fecerat, is si subita morte urgebatur, amico familiam suam, id est patrimonium suum, mancipio dabat, eumque rogabat, quid cuique post mortem suam dari vellet. Quod testamentum dicitur per aes et libram, scilicet quia per mancipationem peragitur.

§ 103 eod.: Sed illa quidem duo genera testamentorum in

desuetudinem abierunt; hoc vero solum, quod per aes et libram fit, in usu retentum est. Sane nunc aliter ordinatur, quam olim solebat. Namque olim familiae emptor, id est, qui a testatore familiam accipiebat mancipio, heredis locum optinebat, et ob id ei mandabat testator, quid cuique post mortem suam dari vellet. Nunc vero alius heres testamento instituitur, a quo etiam legata relinquuntur. alius, dicis gratia, propter veteris juris imitationem familiae emptor adhibetur. § 104: Eaque res ita agitur. Qui facit testamentum, adhibitis, sicut in ceteris mancipationibus, V testibus civibus Romanis puberibus et libripende, postquam tabulas testamenti scripserit. mancipat alicui dicis gratia familiam suam. In qua re his verbis familiae emptor utitur: FAMILIA PECUNIAQUE TUA ENDO MANDATELAM CUSTODELAMQUE MEAM, QUO TU JURE TESTAMENTUM FACERE POSSIS SECUNDUM LEGEM PUBLICAM, HOC AERE, et ut quidam adjiciunt, AENEAQUE LIBRA, ESTO MIHI EMPTA. Deinde aere percutit libram, idque aes dat testatori, velut pretii loco. Deinde testator, tabulas testamenti tenens, ita dicit: HAEC ITA, UT IN HIS TABULIS CERISQUE SCRIPTA SUNT, ITA DO, ITA LEGO, ITA TESTOR, ITAQUE VOS QUIRITES TESTIMONIUM MIHI PERHIBETOTE. Et hoc dicitur nuncupatio: nuncupare est enim palam nominare.

II. Das prätorische Recht über Testamente schlofs sich an das civile Mancipationstestament an, aber um es zu einer neuen Form fortzubilden. Die nuncupatio des Mancipationstestaments pflegte bald nur in der solennen Erklärung zu bestehen, dafs der Inhalt einer von dem Testator vorgezeigten Urkunde sein letzter Wille sei. Diese Urkunde (tabulae) pflegte, um die Identität feststellen zu können, von den anwesenden sieben Urkundspersonen, den fünf Zeugen, dem libripens und dem familiae emtor (auch die beiden zuletzt Genannten waren zu blofsen Zeugen geworden), mit ihren Siegeln verschlossen zu werden. Die unverletzten Siegel der sieben Zeugen ergaben, dafs wirklich unverändert die Urkunde vorlag, deren Inhalt der Testator durch die mancipatio familiae zu seinem Testament gemacht hatte.

Es war klar, dafs das Wesentliche an dem ganzen Testieract diese tabulae und die sieben zum Verschlufs dienenden Zeugensiegel waren. Die Mancipationsform mit aes und libra war eine blofse, inhaltlose Förmlichkeit geworden. Der Prätor zog die Folge dieser Thatsache. Er gab demjenigen, welcher ihm eine solche mit sieben Siegeln versiegelte Urkunde, also eine offenbare Testamentsurkunde, vorlegte, die bonorum possessio secundum tabulas, und zwar auch dann, wenn die Form der Mancipationshandlung nicht beobachtet worden war.

Damit war von prätorischen Rechts wegen eine neue Testamentsform geschaffen worden. Das Mancipationstestament des Civilrechts hatte die Form eines Vertrages, eines zweiseitigen Rechtsgeschäfts, welches nur durch die Mitwirkung und Annahmeerklärung des familiae emtor zu stande kam. Der Prätor erklärte mit der mancipatio auch den familiae emtor als solchen und dessen Willenserklärung für unnötig. Der familiae emtor war von prätorischen Rechts wegen auch formell in einen bloſsen Zeugen verwandelt. Es genügte und war notwendig, daſs der Testator vor sieben gebetenen Zeugen den Inhalt der Urkunde für sein Testament erklärte. Jetzt erst, durch das prätorische Recht, war die Testamentserrichtung zu einem einseitigen Rechtsgeschäft geworden.

Die b. p. secundum tabulas auf Grund eines mit sieben Zeugensiegeln versiegelten Testaments[8] war dann, wenn die Mancipationsform beobachtet war, eine b. p. juris civilis adjuvandi gratia. Wenn die Mancipationsform aber nicht beobachtet war, ward sie vom Prätor ursprünglich nur juris civilis supplendi gratia gegeben, also nur vorläufig, solange kein civiler Intestaterbe sich meldete. Erst Antoninus Pius rescribierte, daſs dem bonorum possessor in solchem Fall gegen die hereditatis petitio des legitimus heres eine exceptio doli zu geben sei. Damit war die b. p. secundum tabulas für den Fall, daſs die Mancipationsform fehlte (was seitdem als Regel zu denken ist), in eine b. p. juris civilis corrigendi gratia verwandelt. Die civile Testamentsform war von prätorischen Rechts wegen reformiert worden. Aus dem zweiseitigen Mancipationsgeschäft ging endgültig das einseitige Testamentsgeschäft im späteren Sinn des Wortes hervor.

---

[8] Neben jedem Zeugensiegel muſste die Namensschrift des Zeugen stehen: adscribere, adnotare (l. 22 § 4, l. 30 D. qui test. 28, 1), später superscriptio genannt. — Vgl. die älteste Form des Edicts oben S. 493 Anm. 3 und dazu Karlowa, Röm. Rechtsgesch., Bd. 2, S. 856.

Gaj. Inst. II § 119: Praetor tamen, si septem signis testium signatum sit testamentum, scriptis heredibus secundum tabulas testamenti bonorum possessionem pollicetur; et si nemo sit, ad quem ab intestato jure legitimo pertineat hereditas, ... ita poterunt scripti heredes retinere hereditatem: nam idem juris est, et si alia ex causa testamentum non valeat, velut quod familia non venierit aut nuncupationis verba testator locutus non sit. § 120: Sed videamus, an, etiamsi frater aut patruus extent, potiores scriptis heredibus habeantur: rescripto enim imperatoris Antonini significatur, eos, qui secundum tabulas testamenti non jure factas bonorum possessionem petierint, posse adversus eos, qui ab intestato vindicant hereditatem, defendere se per exceptionem doli mali.

III. Das Justinianische Recht hat im Anschlufs an die voraufgehende Kaisergesetzgebung den vom Prätor aufgestellten Testamentsbegriff festgehalten und folgende Testamentsformen entwickelt:

1. Das ordentliche Privattestament ist das vor sieben gebetenen, fähigen Zeugen errichtete Testament[9]. Es kann entweder mündlich oder schriftlich errichtet werden. Mündlich wird es errichtet durch Mitteilung seines letzten Willens seitens des Testators an die Zeugen. Schriftlich wird es errichtet durch die Erklärung des Testators, dafs eine von ihm den Zeugen vorgezeigte Urkunde sein Testament sei, durch die sodann erfolgende Unterschrift (subscriptio) der Testamentsurkunde durch den Testator und die Zeugen mit nachfolgender Versiegelung durch die Zeugen unter Beischrift ihres Namens (vgl. Anm. 8). In beiden Fällen darf die Handlung der Testamentserrichtung durch keinen zwischeneinfallenden Vorgang gestört sein (Erfordernis der unitas actus).

[9] Die Zeugnisfähigkeit für das Testament (gleichfalls testamenti factio genannt) hat die testamenti factio activa, also die Vermögensfähigkeit des römischen Civilrechts und vollkommene Geschäftsfähigkeit, zur Voraussetzung (oben S. 515). Daher sind Unfreie, Nichtbürger, Frauen, impuberes, furiosi, prodigi vom Testamentszeugnis ausgeschlossen. Aufserdem wird Wahrnehmungsfähigkeit (daher der Ausschlufs von Blinden, Tauben und Stummen) und Selbständigkeit dem Testator gegenüber gefordert: alle, welche unter väterlicher Gewalt des Testators stehen, der eingesetzte Erbe und die mit demselben durch väterliche Gewalt verbundenen Personen, sind zum Testamentszeugnis unfähig.

2. Daneben giebt es aufserordentliche Testamentsformen. Ohne jede Form testiert nach römischem Recht gültig der auf dem Feldzuge befindliche Soldat (testamentum militis). Mit erleichterter Form kann testiert werden zur Zeit einer ansteckenden Krankheit: die Zeugen brauchen nicht gleichzeitig, sondern können nacheinander zum Testieract hinzugezogen werden (testamentum pestis tempore); auf dem Lande genügt im Notfall die Zuziehung von fünf Zeugen, welche dann aber den Inhalt auch des schriftlichen Testaments erfahren müssen (testamentum ruri conditum). Mit erschwerter Form testiert der Blinde: es mufs ein achter Zeuge hinzugezogen werden, welcher den Inhalt der Testamentsurkunde den übrigen Zeugen vorliest und mit unterschreibt und siegelt (sogenanntes Blindentestament). Eine privilegierte Form ist die des öffentlichen Testaments: das Testament ist ohne jede weitere Förmlichkeit gültig errichtet, wenn die Testamentsurkunde dem Kaiser übergeben ist (testamentum principi oblatum) oder wenn der erblasserische Wille zu gerichtlichem Protokoll erklärt ist (testamentum apud acta conditum). Um seines Inhalts willen ist privilegiert das sogenannte testamentum parentis inter liberos, d. h. ein Testament, in welchem nur für die Descendenten des Testators letztwillige Verfügungen getroffen werden: hier genügt für mündliche Errichtung die Zuziehung von zwei Zeugen, für die schriftliche Errichtung ein eigenhändiger, datierter, schriftlicher Aufsatz des Testators.

§ 1 I. de test. ord. (2, 10): Quod per aes et libram fiebat (testamentum), licet diutius permansit, attamen partim et hoc in usu esse desiit. § 2: Sed praedicta quidem nomina testamentorum ad jus civile referebantur. Postea vero ex edicto praetoris alia forma faciendorum testamentorum introducta est; jure enim honorario nulla emancipatio desiderabatur, sed septem testium signa sufficiebant, cum jure civili signa testium non erant necessaria. § 3: Sed cum paulatim tam ex usu hominum quam ex constitutionum emendationibus coepit in unam consonantiam jus civile et praetorium jungi, constitutum est, ut uno eodemque tempore, quod jus civile quodammodo exigebat, septem testibus adhibitis et subscriptione testium, quod ex constitutionibus inventum est, et ex edicto praetoris signacula testamentis imponerentur: ut hoc jus tripertitum esse videatur, ut testes quidem et eorum praesentia uno contextu testamenti celebrandi gratia a jure civili descendant, subscriptiones autem testatoris et testium ex sacrarum constitutionum observatione adhibeantur, signacula autem et numerus testium ex edicto praetoris.

§ 10 eod.: Sed neque heres scriptus, neque is, qui in potestate ejus est, neque pater ejus, qui eum habet in potestate, neque fratres, qui in ejusdem patris potestate sunt, testes adhiberi possunt, quia totum hoc negotium, quod agitur testamenti ordinandi gratia, creditur hodie inter heredem et testatorem agi. Licet enim .... veteres, qui familiae emptorem et eos, qui per potestatem ei coadunati fuerant, testamentariis testimoniis repellebant, heredi et his, qui conjuncti ei per potestatem fuerant, concedebant testimonia in testamentis praestare ...; tamen nos ... ad imitationem pristini familiae emptoris merito nec heredi, qui imaginem vetustissimi familiae emptoris obtinet, nec aliis personis, quae ei (ut dictum est) conjunctae sunt, licentiam concedimus, sibi quodammodo testimonia praestare.

§ 14 eod.: Si quis autem voluerit sine scriptis ordinare jure civili testamentum, septem testibus adhibitis et sua voluntate coram iis nuncupata, sciat hoc perfectissimum testamentum jure civili firmumque constitutum.

3. Der dem Testament wesentliche Inhalt ist, wie schon früher bemerkt, die Erbeseinsetzung. Der auf Erbeseinsetzung gerichtete Wille des Testators mufs ein kategorischer, präciser Wille sein. Darum ist nach römischem Recht die Einsetzung von incertae personae (z. B. der Armen) ungültig. Eine persona incerta ist auch die erst später sich bestimmende Person (z. B.: quisquis primus ad funus meum venerit, heres esto), sowie die erst später geborene Person. Nur bezüglich der postumi sui (oben S. 484) ist eine Ausnahme gemacht und, wenngleich erst allmählich, sowohl Einsetzung wie Enterbung derselben im Testament gestattet worden (S. 529). Die Einsetzung einer juristischen Person ward ursprünglich gleichfalls als ungültige Einsetzung einer persona incerta aufgefafst (oben S. 184 Anm. 1). Dann ist aber den öffentlichen juristischen Personen allgemein testamenti factio passiva beigelegt worden (oben S. 515), und wird nach Justinianischem Recht die fromme Zwecke verfolgende Einsetzung von personae

incertae (z. B. der Armen, der Kranken) als Schöpfung einer kirchlichen Anstalt (Stiftung) aufrechterhalten (oben S. 194).

Termin (dies) und Resolutivbedingung sind bei der Erbeseinsetzung ausgeschlossen, sofern durch dieselben die Wirkung des Erwerbes der Erbschaft beschränkt werden soll[10]; wären sie dennoch in solcher Weise hinzugefügt, so werden sie gestrichen (semel heres semper heres). Dagegen ist die Suspensivbedingung schlechtweg zulässig. Ein besonderer Fall der suspensiv bedingten Erbeseinsetzung ist die Substitution: die Einsetzung eines zweiten Erben für den Fall, dafs der ersteingesetzte („instituierte") Erbe nicht Erbe wird (plures gradus heredum facere). Unmögliche und unsittliche Bedingungen, welche der Erbeseinsetzung beigefügt sind, werden gestrichen (vgl. oben S. 210).

Ulp. tit. 24 § 15: Ante heredis institutionem legari non potest, quoniam vis et potestas testamenti ab heredis institutione incipit.

Eod. tit. 21: Heres institui recte potest his verbis: TITIUS HERES ESTO, TITIUS HERES SIT, TITIUM HEREDEM ESSE JUBEO. Illa autem institutio: HEREDEM INSTITUO, HEREDEM FACIO, plerisque improbata est.

Eod. tit. 22 § 4: Incerta persona heres institui non potest, velut hoc modo: QUISQUIS PRIMUS AD FUNUS MEUM VENERIT, HERES ESTO: quoniam certum consilium debet esse testantis.

Eod. § 19: Eos qui in utero sunt, si nati sui heredes nobis futuri sint, possumus instituere heredes: si quidem post mortem nostram nascantur, ex jure civili; si vero viventibus nobis, ex lege Junia.

§ 9 I. de hered. inst. (2, 14): Heres et pure et sub condicione institui potest: ex certo tempore, aut ad certum tempus non potest. § 10: Impossibilis condicio in institutionibus et legatis nec non in fideicommissis et libertatibus pro non scripto habetur.

§ 113.

Die Noterbfolge.

Der ursprüngliche Gedanke des Testaments ist, demjenigen, welcher des Sohnes entbehrt, einen Sohn zu schaffen (vgl. oben

[10] Vgl. Eisele in Jherings Jahrbüchern, Bd. 23, S. 132 ff.

S. 516), welcher „das Göttliche und Menschliche für den Erblasser erfülle“[1], d. h. die Schulden zahle und die Todtenopfer darbringe. So ergiebt sich von selber, dafs beim Vorhandensein von Söhnen die Errichtung eines Testaments ausgeschlossen ist. Diesen Rechtszustand zeigt uns das altattische Recht: wer eheliche Söhne hatte, konnte kein Testament machen. Späterhin ward ihm dann gestattet, ein Testament zu machen, in welchem er seine Söhne zu Erben einsetzte, bezw. ein Testament zu machen für den Fall, dafs seine Söhne ihn nicht überlebten oder doch nach seinem Tode vor Erreichung der Mündigkeit verstürben[2]. Es ist höchst wahrscheinlich, dafs das altrömische Recht eine ganz ähnliche Entwickelung durchgemacht hat: wer einen filius suus hatte, konnte ursprünglich überall nicht testieren; wer eine Tochter oder einen Enkel in unmittelbarer väterlicher Gewalt hatte, konnte nur neben denselben einen anderen Testamentserben berufen, woraus dann das diesen sui zuständige jus accrescendi (unten S. 528) hervorgegangen ist[3]. Den sui gegenüber war die Testierfreiheit schon durch den Satz ausgeschlossen, dafs der suus heres nach dem Tode des Vaters (Grofsvaters) ipso jure im Besitz der Erbschaft sich befindet (S. 497), so dafs also für die Besitzergreifung (cretio) des eingesetzten Testamentserben überhaupt kein Raum gegeben ist. Doch in Rom wie in Athen hat trotzdem die Möglichkeit der Testamentserrichtung auch beim Vorhandensein von sui sich durchgesetzt, und zwar in Rom unter vollkommener Durchführung des Grundsatzes der Testierfreiheit, so dafs das ursprüngliche materielle Recht der sui nur noch in gewissen Formerfordernissen des Testaments sichtbar blieb, — wahrscheinlich auch hier nicht infolge plötzlicher Änderung, sondern unter Einhaltung von Zwischenstufen[4], aber doch so, dafs zum

---

[1] Vgl. das Recht von Gortyn auf Kreta (um 400 v. Chr.) X. 42. 43. F. Bücheler u. E. Zitelmann, Das Recht von Gortyn (1885), S. 134.

[2] Schulin a. a. O. S. 15.

[3] Für diese Annahme vgl. jetzt Schirmer in der Zeitschr. der Sav.-Stift., Bd. 2, S. 170 ff.; Salkowski ebenda Bd. 3, S. 201. 202.

[4] Das Vorhandensein solcher Zwischenstufen wird namentlich durch die in Rom wie in Athen ausgebildete sogenannte Pupillarsubstitution angedeutet. Pupillarsubstitution (im Gegensatz zu der einfachen Substitution,

Schlufs, indem die Idee des unmittelbaren Besitzerwerbes der sui an der Erbschaft verblafste, die väterliche Gewalt mit ihrem Vollverfügungsrecht über Vermögen und Hausangehörige zum Siege über die praktischen Wirkungen des uralten Familieneigentums geführt wurde. Damit waren die Voraussetzungen für die Gestaltung des Noterbrechts gegeben, welche uns in den überlieferten Zeugnissen des römischen Rechts entgegentritt.

Das Noterbrecht des uns geschichtlich bezeugten römischen Rechts ist entweder formelles Noterbrecht, d. h. es gehört zur Form des Testaments, dafs der Testator den Noterben entweder einsetze oder enterbe: der Testator mufs des Noterben in seinem Testament gedenken. Oder das Noterbrecht ist materielles Noterbrecht, d. h. es gehört zum Inhalt des Testaments, dafs der Testator dem Noterben einen bestimmten Teil des Nachlasses (den sogenannten Pflichtteil) zuwende, ihn also bedenke.

Die römische Rechtsentwickelung ist, nach Überwindung der ältesten Stufe, vom lediglich formellen Noterbrecht ausgegangen, um dann ein auch materiell wirkendes Noterbrecht zu erzeugen und endlich (durch Justinian) zu der Verschmelzung von formellem und materiellem Noterbrecht überzugehen.

I. Nach civilem Recht haben nur die sui heredes ein Noterbrecht, und zwar ein lediglich formelles Noterbrecht: zur formalen Gültigkeit des Testaments gehört es, dafs sie entweder eingesetzt oder enterbt seien. Will der Testator über seinen Nachlafs zu Gunsten anderer Personen verfügen, so mufs er erst die Mitherren seines Vermögens entsetzen (exheredes facere), um sich freies Eigentum zu freier

der sogenannten Vulgarsubstitution, oben S. 525) ist nach klassischem Recht das Testament, welches der Testator zugleich für den in seiner Gewalt befindlichen impubes macht für den Fall, dafs dieser intra pubertatem decesserit. In ihrer ursprünglichen Gestalt aber bedeutete (wie noch aus einer Reihe von Rechtssätzen geschlossen werden kann) die Pupillarsubstitution ein Testament, welches der Vater für sich selber macht, für den Fall, dafs sein suus zwar nach ihm, aber vor erreichter Mündigkeit verstirbt. Der Vater kann also auch bei Vorhandensein eines filius suus ein Testament machen, aber nur für den Fall, dafs der suus entweder vor ihm, oder doch ante pubertatem sterbe, ganz wie nach attischem Recht.

Verfügung für andere zu verschaffen. Die Notwendigkeit der exheredatio ist die Nachwirkung, ja in gewissem Sinn eine Anerkennung des Eigentums der familia (der Descendentenfamilie) an dem Vermögen[5]. Erst durch vollzogene exheredatio wird das Familieneigentum in vollfreies Privateigentum seines Inhabers verwandelt. Und zwar mufs der filius suus mit sonderlicher Erwähnung (nominatim) exherediert sein; für die Töchter und Enkelkinder genügt es, wenn in dem Testament sich die Clausel findet, welche der vorsichtige Römer jeder Erbeseinsetzung beizufügen pflegte: ceteri exheredes sunto (sogenannte exheredatio inter ceteros).

Ist diesem formellen Noterbrecht nicht genug geschehen, also ein suus „präteriert" (weder instituiert noch exherediert) worden, so war die Wirkung verschieden. War ein filius suus präteriert, so war das Testament wegen Formfehlers ungültig und trat Intestaterbfolge ein. Waren andere sui präteriert (Töchter oder Enkelkinder), so blieb das Testament gültig; die präterierten sui traten aber zu den Testamentserben hinzu (scriptis heredibus adcrescunt): neben eingesetzten extranei erben sie zusammen die Hälfte, neben eingesetzten sui jeder eine Virilportion.

Es genügt auch nicht, dafs der suus unter einer Bedingung exherediert oder instituiert ist (es sei denn, dafs die Erfüllung der Bedingung von der freien Willkür des bedingt Instituierten abhängt, sogenannte Potestativbedingung); er mufs für den Fall der Deficienz der Bedingung gleichfalls instituiert oder exherediert sein. Hat der Testator durch Institution oder Substitution mehrere „Grade" der Erbeseinsetzung gemacht (oben S. 524), so mufs der nicht instituierte suus ab omnibus gradibus exherediert werden, d. h. es mufs sowohl dem institutus wie dem substitutus gegenüber die Exheredation ausgesprochen sein, wozu z. B. die Exheredation im Beginn des Testaments (ante heredis institutionem) genügend ist.

---

[5] „Die im Testament enthaltene Exheredation schliefst gleich jeder Expropriation als rechtsförmliche Aufhebung eines Privatrechts zugleich eine Anerkennung seiner Existenz in sich." Hölder in der Zeitschr. der Sav.-Stift, Bd. 3, S. 219.

Schwierigkeiten machten ursprünglich die postumi sui (oben S. 484), weil sie als personae incertae (S. 524) weder instituiert noch exherediert werden konnten. Die testamenti factio passiva der postumi ward jedoch für die nach dem Tode Geborenen durch Herkommen festgestellt (sogenannte postumi legitimi), für die noch bei Lebzeiten des Testators, aber nach Errichtung des Testaments Geborenen durch die lex Junia Velleja (sogenannte postumi Vellejani), nachdem schon vorher der Prätor Gallus Aquilius eine Formel erfunden hatte, durch welche es möglich war, den nach der Testamentserrichtung geborenen Enkel von einem Sohne, welcher dann durch den Tod seines Vaters noch bei Lebzeiten des Testators suus heres (des Grofsvaters) wird, rite zu instituieren (sogenannte postumi Aquiliani). So konnten auch postumi rite instituiert und exherediert werden. Für den postumus filius ist, falls der Testator Enterbung beabsichtigt, „namentliche“, also ausdrückliche Enterbung notwendig; für die übrigen postumi (Töchter und Enkel) genügt, falls sie enterbt werden sollen, die Exheredation inter ceteros, also die stillschweigende Enterbung ohne ausdrückliche Hervorhebung dieser postumi: es genügt die allgemeine Clausel im Testament ceteri exheredes sunto, jedoch nur unter der Voraussetzung, dafs sich im Testament ein Legat für solche postumi findet, so dafs klar ist, dafs der Testator bei der Clausel: ceteri exheredes sunto, auch dieser postumi gedacht hatte. Für vorsichtiger galt es daher, auch diese übrigen postumi unter ausdrücklicher Hervorhebung derselben (nominatim) zu exheredieren.

Die Präterition eines postumus suus hatte immer die Ungültigkeit des ganzen Testaments (sogenannte ruptio testamenti) und Eröffnung der Intestatsuccession zur Folge, ohne Unterschied ob der postumus suus ein Sohn, eine Tochter oder ein Enkel war.

II. Nach prätorischem Recht haben ein formelles Noterbrecht nicht blofs die sui, sondern alle liberi (oben S. 506), und zwar so, dafs alle männlichen liberi (Söhne und Enkelsöhne) nominatim zu exheredieren sind und nur für die weiblichen liberi die exheredatio inter ceteros genügt. Die Wirkung der Präterition ist nach prätorischem Recht die bonorum possessio contra tabulas (juris civilis corrigendi gratia), also niemals Nichtigkeit des Testaments, sondern immer nur ein Rechtsmittel, durch welches derjenige Präterierte, welcher die b. p. contra tabulas beim Prätor erlangt hat, das ihm contra tabulas zuerteilte prätorische Erbrecht auf den Betrag seiner Intestatportion mit den Rechtsmitteln eines bonorum possessor (interdictum quorum bonorum, hereditatis petitio possessoria) gegen die Testamentserben geltend macht. Es werden also die testamentarischen Erbeseinsetzungen sowie die auf denselben ruhenden Vermächtnisse und Freilassungen aufgehoben. Dagegen bleiben die Vormundschaftsernennungen, die Pupillarsubstitutionen (vgl. S. 526 Anm. 4) und insbesondere die Exheredationen des Testaments in Kraft. Der exheredierte Noterbberechtigte ist und bleibt daher von der b. p. contra tabulas ausgeschlossen. Wohl aber kann der instituierte Noterbberechtigte, wenn ein präterierter Noterbe b. p. contra tabulas empfangen hat (commisso per alium edicto), auch seinerseits, wenn das für ihn vorteilhafter ist, b. p. contra tabulas auf seine Intestatportion erbitten. Wird die Erbittung der b. p. contra tabulas binnen der gesetzten Frist (annus utilis) versäumt, so bleibt das Testament vollgültig. Andererseits hatten die weiblichen liberi sowie die Enkelkinder den Vorzug, dafs sie nach prätorischem Recht nicht blofs den Testamentserben „accrescierten" (oben S. 528), sondern mit b. p. contra tabulas ihre volle Intestatportion bekamen. In dieser Hinsicht ist das prätorische Recht corrigiert worden, indem Marc Aurel verordnete, dafs weibliche liberi durch b. p. contra tabulas nur den ihnen kraft civilen Accrescenzrechts zufallenden Teil erlangen sollten.

III. Das materielle Noterbrecht (Pflichtteilsrecht) ist gleichfalls civilrechtlichen Ursprungs. Ein Testament, in welchem jemand seine nächsten Angehörigen übergeht, um sein Vermögen Fremden zuzuwenden, ist ein liebloses, „pflichtwidriges" Testament (testamentum inofficiosum). Die übergangenen Angehörigen haben das Recht, ein solches Testament als von einem Wahnsinnigen errichtet anzufechten und umzuwerfen (querela inofficiosi testamenti)[6].

[6] Die Fiction des Wahnsinns (color insaniae), geht wahrscheinlich auf Reception griechischen Rechts zurück. Im altattischen Recht finden wir

Als Pflichtteilsberechtigte galten Descendenten, Ascendenten und die vollbürtigen Geschwister, sowie die consanguinei (welche von demselben Vater abstammen), nicht die uterini; Geschwister jedoch nur unter der Bedingung, dafs ihnen eine persona turpis (oben S. 181) im Testament vorgezogen war. Voraussetzung ist, dafs der Pflichtteilsberechtigte in concreto intestaterbberechtigt ist. Das Pflichtteilsrecht galt als verletzt, wenn dem Pflichtteilsberechtigten nicht wenigstens ein Viertel dessen zugewandt war, was ihm ab intestato zugekommen wäre. Doch kann nicht verlangt werden, dafs dies Viertel gerade durch Erbeseinsetzung zugewandt werde. Das Pflichtteilsrecht ist befriedigt, wenn der Testator dem Berechtigten in irgend welcher Form, sei es durch Erbeseinsetzung sei es durch Vermächtnis oder sonst, sein Viertel im Testament gegeben hat. Doch mufs das Viertel ohne Belastung (ohne auferlegtes Vermächtnis, ohne Bedingung, ohne dies, ohne Auflage) gegeben sein. Eine beschwerende Bestimmung machte die Zuwendung unwirksam; nach Justinianischem Recht wird die Beschwerung gestrichen.

Ist dem Pflichtteilsberechtigten nichts oder nicht genug zugewandt worden, so hat er die querela inofficiosi testamenti gegen die eingesetzten Testamentserben, um seine volle Intestatportion zu erlangen. Soweit wird das Testament rescindiert; im übrigen bleibt es gültig. Erschöpfen jedoch die Intestaterbteile der Querulanten die ganze Erbschaft, so wird das ganze Testament ungültig mit allen seinen Bestimmungen (Vermächtnissen u. s. w.).

Hatte der Testator einen Grund, den Pflichtteilsberechtigten auszuschliefsen, so wird die querela inofficiosi testamenti abgewiesen. Es hat sich herausgestellt, dafs der Testator vernünftig gehandelt hatte. Über die Erheblichkeit der Gründe entschied freies richterliches Ermessen. Gesetzlich bestimmte Enterbungsgründe gab es nicht.

genau dieselbe Form für die Anfechtung eines lieblosen Testaments wie in Rom: der Testator ward von seinen Verwandten der μανία angeklagt; vgl. Schulin a. a. O. S. 16, wo zugleich wahrscheinlich gemacht ist, dafs die griechische Praxis in Anerkennung des Pflichtteilsrechts weiter ging als die des römischen Centumviralgerichts.

Weil die querela inofficiosi testamenti ein Angriff auf die Person des Testators ist, so verjährt sie, wie jede Klage de statu defuncti in fünf Jahren nach dem Tode des Erblassers. Überdies ist sie als eine auf persönliche Genugthuung gerichtete actio vindictam spirans auf seiten des Klägers unvererblich, vgl. S. 402 a. E.

IV. Justinian hat auf dem Gebiet des Noterbrechts eine Reihe von Reformen eintreten lassen. Zunächst bestimmte er, dafs in dem Fall, wo einem Pflichtteilsberechtigten etwas, aber nicht genug im Testament zugedacht war, die querela inofficiosi testamenti auf die volle Intestatportion ausgeschlossen und nur eine actio ad supplendam legitimam, d. h. nur eine Klage auf Vollauszahlung des Pflichtteils gegen die Testamentserben gerichtet werden könne. Dann ward von ihm (durch Nov. 18) der Pflichtteil erhöht, nämlich auf ein Drittel der Intestatportion, wenn der Intestaterbteil mindestens ein Viertel der Erbschaft ausmacht; auf die Hälfte der Intestatportion, wenn derselbe weniger als ein Viertel der Erbschaft beträgt.

Die wichtigste Reform aber vollzog er durch die Novelle 115.

Durch Novelle 115 ward für Descendenten und Ascendenten eine Verschmelzung des materiellen und formellen Noterbrechts herbeigeführt. Ascendenten sollen ihre intestaterbberechtigten Descendenten, und Descendenten ihre intestaterbberechtigten Ascendenten zu Erben einsetzen[7]. Eine Enterbung ist nur aus bestimmten Gründen, welche Justinian in der Novelle gesetzlich festgestellt hat, zulässig, z. B. wegen Lebensnachstellung u. dgl. Der Enterbungsgrund mufs im Testament angegeben werden.

Ist diesen Vorschriften nicht genug geschehen, so wird, falls der Berechtigte im Testament zum Erben eingesetzt, aber ihm nicht genug zugewandt war, ihm nur die actio ad supplendam legitimam gegeben, welche also ausgeschlossen ist, falls der Testator ihm neben der Erbeseinsetzung den Rest des

[7] Auch jetzt ist für die Gültigkeit des Testaments nicht nötig, dafs gerade der Pflichtteil durch Erbeseinsetzung zugewandt werde. Geht die Erbeseinsetzung auf weniger als den Pflichtteil, so tritt die actio ad supplendam legitimam ein (s. im Text).

Pflichtteils durch Vermächtnis oder anderweitig letztwillig zugewandt hatte; Beschwerungen des Pflichtteils werden gestrichen. Ist aber der Berechtigte überall nicht zum Erben eingesetzt worden (ohne dafs ein gesetzlicher Enterbungsgrund angegeben ist), so wird ihm eine modificierte querela inofficiosi testamenti gegeben, welche die Erbeseinsetzungen bis auf den Betrag seiner vollen Intestatportion rescindiert, die übrigen Bestimmungen des Testaments aber, z. B. Vormundschaftsernennungen, Pupillarsubstitutionen, auch die Vermächtnisse (soweit sie nicht den Pflichtteil verringern) bei Bestand läfst.

Für die Geschwister ist das bisherige blofse Pflichtteilsrecht (also ohne Recht auf Zuwendung in der Form der Erbeseinsetzung) unverändert gelassen: gegen die im Testament eingesetzten personae turpes klagen sie mit querela inofficiosi testamenti auf ihre Intestatportion, falls ihnen nichts zugewandt war; mit actio ad supplendam legitimam auf Vollzahlung nur des Pflichtteils, falls durch das ihnen Zugewandte der Pflichtteil nicht erreicht ist.

Nov. 115 c. 3: Sancimus igitur, non licere penitus patri vel matri, avo vel aviae, proavo vel proaviae, suum filium, vel filiam vel ceteros liberos praeterire, aut exheredes in suo facere testamento, nec si per quamlibet donationem, vel legatum, vel fideicommissum, vel alium quemcunque modum, eis dederit legibus debitam portionem; nisi forsan probabuntur ingrati, et ipsas nominatim ingratitudinis causas parentes suo inseruerint testamento. Sed quia causas, ex quibus ingrati liberi debeant judicari, in diversis legibus dispersas et non aperte declaratas invenimus, . . . ideo necessarium esse perspeximus, eas nominatim praesenti lege comprehendere, ut praeter ipsas nulli liceat ex alia lege ingratitudinis causas opponere, nisi quae in hujus constitutionis serie continentur. —

c. 4 pr.: Sancimus itaque, non licere liberis, parentes suos praeterire, aut quolibet modo a rebus propriis, in quibus habent testandi licentiam, eos omnino alienare, nisi causas, quas enumeravimus, in suis testamentis specialiter nominaverint. —

§ 8 eod.: Si autem haec omnia non fuerint observata, nullam vim hujusmodi testamentum, quantum ad institutionem heredum, habere sancimus: sed, rescisso testamento, eis, qui ab intestato ad hereditatem defuncti vocantur, res ejus dari disponimus: legatis videlicet, vel fideicommissis et libertatibus et tutorum dationibus, seu aliis capitulis . . . suam obtinentibus firmitatem.

§ 114.

Die Wirkung des Erbschaftserwerbes.

I. Der Erbe wird durch Erwerb der Erbschaft Universalsuccessor des Verstorbenen (oben S. 478). Er tritt in alle Rechte und Schulden des Verstorbenen ein, soweit nicht Rechte und Schulden durch den Tod des Verstorbenen aufgehoben wurden (oben S. 403. 419. 477). Das Vermögen des Erblassers ist jetzt Vermögen des Erben (sogenannte confusio bonorum), die Rechte und Schulden des Erblassers sind jetzt Rechte und Schulden des Erben. Darum haftet für die Erbschaftsschulden jetzt auch das eigene Vermögen des Erben, und haftet umgekehrt für die eigenen Schulden des Erben auch die Erbschaft. In beiderlei Hinsicht ist jedoch eine Änderung möglich.

Die Haftung des Erben für die Erbschaftsschulden mit seinem eigenen Vermögen wird (aber erst nach Justinianischem Recht) aufgehoben vermöge des beneficium inventarii, wenn der Erbe rechtzeitig (spätestens binnen einem Vierteljahr nach Kenntnisnahme von der Delation) ein Inventar über den Nachlafs errichtet. Er haftet dann für die Erbschaftsschulden nur mit der Erbschaft, d. h. nur in Höhe der Erbschaftsactiva, und ist berechtigt, die Gläubiger, sowie sie sich melden, zu bezahlen. Ist die Erbschaft erschöpft, so haftet er nicht mehr.

Die Haftung der Erbschaft auch für die Schulden des Erben wird aufgehoben vermöge des (vom Prätor eingeführten) beneficium separationis, wenn die Erbschaftsgläubiger spätestens binnen fünf Jahren, und bevor sie noch mit dem Erben als mit ihrem Schuldner rechtsgeschäftlich sich eingelassen haben, die separatio bonorum beim Richter beantragen.

Die Klage, durch welche der Erbe sein Erbrecht geltend macht, ist die hereditatis petitio. Er klagt mit derselben gegen jeden, welcher seinerseits sich das Erbrecht anmafst, sei es dafs er Erbe sein will (pro herede possidet) oder Erbe werden will (pro possessore possidet)[1], wenn derselbe infolge seiner Erbrechtsbeanspruchung entweder Sachen vorenthält, welche zum Nachlafs gehören (corporis possessor), oder seine Schuld, die er dem Erblasser schuldete, nicht zahlen will (juris possessor). Beansprucht der Besitzer einer Erbschaftssache dieselbe nicht als Erbe, sondern aus irgend einem anderen Rechtsgrunde (z. B. weil er Eigentümer sei), so ist gegen ihn nicht die hereditatis petitio (dieselbe wird durch die exceptio praejudicii ausgeschlossen, vgl. Anm. 1), sondern die Klage aus dem einzelnen zur Erbschaft gehörigen Recht, also z. B. die rei vindicatio auf Grund des erblasserischen Eigentums zuständig.

Der hereditatis petitio gegenüber war nach einem Senatusconsult unter Hadrian die usucapio pro herede unwirksam: trotz vollendeter Usucapion mufste die Sache vom Usucapienten herausgegeben werden. Damit war dieses Institut, welches den Verhältnissen des ältesten Erbrechts seinen Ursprung verdankte (oben S. 491 ff.), nunmehr seiner praktischen Bedeutung entkleidet worden. Ein senatusconsultum Juventianum aus derselben Zeit (129 n. Chr.) verpflichtete sowohl den gutgläubigen wie den bösgläubigen Erbschaftsbesitzer, der hereditatis petitio gegenüber allen von der Erbschaft gemachten Gewinn (z. B. durch Verkauf von Erbschaftssachen) herauszugeben.

In gleicher Weise klagt derjenige, welcher vom Prätor bonorum possessio empfangen hat, mit dem interdictum quorum bonorum gegen den, welcher pro herede oder pro possessore possidet,

[1] Als pro possessore Besitzender, welcher auf die Frage, weshalb er besitze, antwortet: quia possideo, ist im Sinne des klassischen Rechts namentlich derjenige zu denken, welcher mala fide (wissend, dafs er nicht Erbe ist) eine Nachlafssache pro herede usucapieren will (oben S. 493 Anm. 2), also der improbus pro herede possessor. Gegen ihn kann gerade wie gegen den gutgläubigen Erbschaftsbesitzer (pro herede possessor) der Erbe nur mit der hereditatis petitio klagen: würde Erbe eine Singularklage, z. B. die rei vindicatio auf Grund erblasserischen Eigentums, gegen ihn anstellen, so hat Beklagter dort wie hier die exceptio ne praejudicium hereditati fiat, durch welche er den Kläger (den Erben) zur Anstellung der Universalklage, der hereditatis petitio, nötigt, damit der Streit um das Erbrecht (nicht blofs um das Eigentum an dieser einzelnen Sache) entschieden werde. An sich trifft sonst der Begriff des pro possessore possidens für jeden untitulierten bösgläubigen Besitzer zu, auch für den also, welcher gar nicht pro herede usucapieren will noch kann, wie z. B. der Dieb, Räuber, Dejicient. Aber in diesen Fällen ist, obgleich der Erbe berechtigt wäre, die hereditatis petitio zu gebrauchen, die normale Klage doch die Singularklage (die rei vindicatio): solche Besitzer haben die Präjudicialeinrede nicht; vgl. Leist, Der römische Erbrechtsbesitz, S. 241 ff.

jedoch nur gegen den corporis possessor (vgl. oben S. 502 Anm. 17). Deshalb war es von Bedeutung, dafs der Prätor später dem bonorum possessor eine utilis hereditatis petitio (sogenannte hereditatis petitio possessoria) gab, mit welcher nun auch der juris possessor verklagt werden kann. Auch mit dem interdictum quorum bonorum konnte dem pro herede Usucapierenden trotz vollendeter Usucapion die Sache wieder abgenommen werden.

Erben mehrere Erben nebeneinander, so tritt für jeden die Wirkung des Erbschaftserwerbes pro parte hereditaria ein. Untereinander haben die Miterben, um sich über die Erbschaft auseinanderzusetzen, die actio familiae erciscundae (oben S. 394).

Erben mehrere Descendenten kraft ihres Intestaterbrechts (oder doch, wenn sie testamentarisch eingesetzt sind, gemäfs ihrem Intestaterbrecht) mit einander, so kann unter ihnen die Collationspflicht, d. h. die Pflicht, bei Lebzeiten des Erblassers Erworbenes in die Erbschaft einzuwerfen, begründet sein. Die Collationspflicht ist zuerst durch den Prätor für den emancipatus begründet worden: der emancipatus mufste, wenn er mit den sui die bonorum possessio unde liberi (oben S. 506) haben wollte, alle seine bona conferieren, da ja sein ganzes Vermögen, wenn er suus geblieben wäre, dem Vater erworben, also Teil der Erbschaft geworden wäre (collatio bonorum), vgl. oben S. 507. Von ähnlichen Erwägungen aus nötigte der Prätor dann auch die als sua erbende Tochter und Enkelin zur Einwerfung der dos, auf deren spätere Herausgabe sie einen Anspruch hatte (vgl. S. 447): collatio dotis (wäre der Dotalanspruch schon jetzt fällig, so würde er zur Erbschaft des Gewalthabers, des Vaters, bezw. Grofsvaters, gehören). Ungleichheit im Rechtserwerb soll durch diese prätorische Collationspflicht bei gemeinsamer Beerbung des Hausvaters durch seine Abkömmlinge ausgeglichen werden. Es versteht sich von selber, dafs die Voraussetzungen dieser älteren Collationspflicht wegfällig wurden, als im Lauf der Kaiserzeit die Erwerbsfähigkeit der Hauskinder sich durchsetzte (S. 461): es bestand grundsätzlich zwischen emancipati und sui die alte Ungleichheit für den Rechtserwerb nicht mehr. Die spätere kaiserliche Gesetzgebung (seit Kaiser Leo 472) hat daher die Collationspflicht dahin umgestaltet, dafs gewisse Zuwendungen vom

Erblasser (Bestellung einer dos für die Tochter, einer donatio propter nuptias für den Sohn, unter Umständen auch Schenkungen) von dem Abkömmling, der sie empfing, bei Beerbung des Vaters zu Gunsten der anderen Abkömmlinge zu conferieren sind, soferne nicht der Vater ein anderes anordnet. Die Ungleichheit der Zuwendungen unter Lebenden soll vor der Verteilung der Erbschaft ausgeglichen werden.

L. 9 D. de her. pet. (5, 3) (Ulpian.): Regulariter definiendum est, eum demum teneri petitione hereditatis, qui vel jus pro herede vel pro possessore possidet, vel rem hereditariam.

L. 11. 12 eod. (Ulpian.): Pro herede possidet, qui putat, se heredem esse. — Pro possessore vero possidet praedo, qui interrogatus, cur possideat, responsurus sit: quia possideo, nec contendet se heredem, vel per mendacium.

§ 3 I. de interd. (4, 15): Adipiscendae possessionis causa interdictum accommodatur bonorum possessori, quod appellatur quorum bonorum. Ejusque vis et potestas haec est, ut quod ex his bonis quisque, quorum possessio alicui data est, pro herede, aut pro possessore possideat, id ei, cui bonorum possessio data est, restituere debeat. Pro herede autem possidere videtur, qui putat, se heredem esse. Pro possessore is possidet, qui nullo jure rem hereditariam, vel etiam totam hereditatem, sciens, ad se non pertinere, possidet.

L. 2 D. de poss. her. pet. (5, 5) (Gajus): Per quam hereditatis petitionem tantundem consequitur bonorum possessor, quantum superioribus civilibus actionibus heres consequi potest.

II. Hindernisse des Erbschaftserwerbes sind:

1. Die Erbunfähigkeit. Kraft posiiiven Rechtssatzes sind nach Kaiserrecht erbunfähig die Kinder von Hochverrätern, Apostaten und Häretiker, die Witwe, welche das Trauerjahr verletzt hat (die letztere für testamentarische Erbschaft und Intestaterbschaft ultra tertium gradum). Im übrigen ist nach Justinianischem Recht die Erbfähigkeit in der gemeinen Vermögensfähigkeit enthalten, sofern nur der Erbe zur Zeit des Todes des Erblassers bereits als nasciturus existierte (vgl. oben S. 160. 515). Die Erbunfähigkeit schliefst die Delation aus. Es ist für die Beerbung ebenso, wie wenn der Erbunfähige überall nicht da wäre.

2. Die Incapacität ist blofse Erwerbsunfähigkeit. Sie schliefst nicht die Delation aus, sondern nur die Acquisition. Im Justinianischen Recht giebt es keine Incapacitätsfälle mehr. Der wichtigste Fall war früher die durch die lex Julia et Papia Poppaea begründete Incapacität, welche die caelibes und die orbi ganz bezw. zur Hälfte von dem Erwerb der aus einem Testament deferierten Erbschaften und Vermächtnisse ausschlofs (oben S. 455).

3. Die Indignität schliefst weder Delation noch Acquisition aus. Aber dem indignus soll das Erworbene wieder genommen („eripiert") werden, sei es durch den Fiscus, sei es durch einen dritten Berechtigten (sogenannte bona ereptoria). So soll z. B. zu Gunsten des Fiscus die Erbschaft verlieren, wer den Erblasser umgebracht hat. Er ist unwürdig, die Erbschaft zu behalten.

§ 115.

Das Vermächtnis.

I. Das Legat ist das solenne, in feststehender Wortform verbis imperativis durch das Mittel des Testaments angeordnete, einem Testamentserben auferlegte Vermächtnis des Civilrechts. Es ist lediglich dazu bestimmt, einzelne Vorteile auf Kosten der Erbschaft dritten Personen zu gewähren. Das Wesen des Vermächtniserwerbes ist Singularsuccession, im Gegensatz zu dem Erbschaftserwerb des Erben, der Universalsuccession. Das Legat gewährt nur Rechte; Schulden können nicht vermacht werden. Die Form der Rechtszuwendung war nach Civilrecht eine zweifache, entweder eine directe oder eine indirecte.

1. Der directen Rechtszuwendung diente das legatum per vindicationem. Es sprach dem Legatar unmittelbar das Eigentum oder eine Servitut an einer dem Erblasser zu quiritischem Eigentum zuständigen Sache zu (z. B. Titio hominem Stichum do lego, oder: Titio usumfructum fundi Corneliani do lego). Auf Grund solcher Verfügung konnte der Legatar sofort zur rei vindicatio bezw. zur Servitutenklage (juris vindicatio) schreiten; einer vorgängigen Mancipation oder Tradition bezw. einer Servitutenbestellung von seiten des Erben bedurfte es nicht.

2. Die indirecte Rechtszuwendung vollzog sich vornehmlich durch das Damnationslegat, welches den Erben feierlich ver-

pflichtete, dem Legatar das quiritische Eigentum an einer Sache (oder sonst einen Vermögensvorteil) zu verschaffen (z. B. heres meus Stichum servum meum dare damnas esto). Hier hatte der Legatar nur ein Forderungsrecht auf dare bezw. facere (vgl. oben S. 357) gegen den Erben, nicht sofort Eigentum. Aber durch Damnationslegat konnten nicht blofs eigene Sachen des Testators, sondern auch fremde Sachen vermacht werden: der Erbe war dann zur Verschaffung der fremden Sache, bezw. zur Leistung ihres Wertes verpflichtet. Das Damnationslegat war in Bezug auf seine Gültigkeit die sicherste und insofern beste Form des Legats. Dem Damnationslegat verwandt war das legatum sinendi modo (heres meus damnas esto, sinere L. Titium hominem Stichum sumere sibique habere). Auf diese Weise konnten nicht blofs Sachen des Erblassers, sondern auch Sachen des Erben (nicht aber Sachen Dritter) vermacht werden. Es liegt auch hier eine blofse Obligation des Erben vor, aber nicht zum dare, sondern nur zum sinere: zu gestatten, dafs der Legatar die Sache sich aneigne. Ebenso war dem Damnationslegat das legatum per praeceptionem verwandt (L. Titius hominem Stichum praecipito): in dieser Form kann nur eine Erbschaftssache (aber auch die nicht im quiritischen Eigentum stehende) und nur einem Miterben vermacht werden; das Legat begründet eine Pflicht der Miterben, im judicium familiae erciscundae (mit dieser Klage mufs das Legat geltend gemacht werden) dem bevorzugten Miterben jene Sache noch aufser seinem Anteil zu belassen[1].

Das sc. Neronianum bestimmte, dafs jedes Legat, welches in der vom Testator gewählten Form (z. B. als Vindica-

[1] Das Präceptionslegat bedeutet rechtlich einen blofsen Wunsch des Erblassers (praecipito), welcher der strengen Damnationsform entbehrt und daher nicht durch selbständige Klage, sondern nur bei Gelegenheit des judicium familiae erciscundae kraft des officium judicis (ex bona fide) geltend gemacht werden kann. Der Legatar (Miterbe) erwirbt die Sache erst durch die adjudicatio seitens des Richters im Erbteilungsverfahren, nicht unmittelbar kraft des Legates. Vgl. Hölder, Beitr. zur Gesch. des röm. Erbr., S. 80 ff. — Über das Alter der verschiedenen Vermächtnisformen Hölder a. a. O. S. 76 ff.; Karlowa, Röm. Rechtsgesch., Bd. 2, S. 916 ff.; Voigt, Röm. Rechtsgesch., Bd. 1, S. 519. 524.

tionslegat) wegen Mangels der mit dieser Form verbundenen Voraussetzungen ungültig war, als Damnationslegat aufrechterhalten werden solle. Durch jedes Legat wurde nun der Erbe verpflichtet, es zu erfüllen.

Ulp. tit. 24 § 1: Legatum est, quod legis modo, id est imperative, testamento relinquitur: nam ea, quae precativo modo relinquuntur, fideicommissa vocantur.

Gaj. Inst. II § 193: Per vindicationem hoc modo legamus: Titio verbi gratia hominem Stichum do lego; sed et si alterutrum verbum positum sit, veluti do aut lego, aeque per vindicationem legatum est; item, ut magis visum est, si ita legatum fuerit: sumito, vel ita: sibi habeto, vel ita: capito, aeque per vindicationem legatum est. § 194: Ideo autem per vindicationem legatum appellatur, quia post aditam hereditatem statim ex jure Quiritium res legatarii fit; et si eam rem legatarius vel ab herede vel ab alio quocumque, qui eam possidet, petat, vindicare debet, id est intendere, suam rem ex jure Quiritium esse. § 196: Eae autem solae res per vindicationem legantur recte, quae ex jure Quiritium ipsius testatoris sunt; sed eas quidem res, quae pondere, numero, mensura constant, placuit sufficere, si mortis tempore sint ex jure Quiritium testatoris, veluti vinum, oleum, frumentum, pecuniam numeratam. Ceteras res vero placuit, utroque tempore testatoris ex jure Quiritium esse debere, id est, et quo faceret testamentum, et quo moreretur, alioquin inutile est legatum.

Eod. § 201: Per damnationem hoc modo legamus: Heres meus Stichum servum meum dare damnas esto. Sed et si dato scriptum fuerit, per damnationem legatum est. § 202: Eoque genere legati etiam aliena res legari potest, ita ut heres redimere et praestare, aut aestimationem ejus dare debeat. § 203: Ea quoque res, quae in rerum natura non est, si modo futura est, per damnationem legari potest, velut fructus, qui in illo fundo nati erunt, aut quod ex illa ancilla natum erit. § 204: Quod autem ita legatum est, post aditam hereditatem, etiamsi pure legatum est, non, ut per vindicationem legatum, continuo legatario adquiritur, sed nihilominus heredis est, et ideo legatarius in personam agere debet, id est intendere heredem sibi dare oportere: et tum heres, si res mancipii sit, mancipio dare, aut in jure cedere, possessionemque tradere debet; si nec mancipii sit, sufficit si tradiderit.

Eod. § 209: Sinendi modo ita legamus: HERES MEUS DAMNAS ESTO SINERE LUCIUM TITIUM HOMINEM STICHUM SUMERE SIBIQUE HABERE. § 210: Quod genus legati plus quidem habet, quam per vindicationem legatum; minus autem, quam per damnationem. Nam eo modo non solum suam rem testator utiliter legare potest, sed etiam heredis sui: cum alioquin per vindicationem nisi suam rem legare non potest; per damnationem autem cujuslibet extranei rem legare potest.

Eod. § 216: Per praeceptionem hoc modo legamus: L. TITIUS HOMINEM STICHUM PRAECIPITO. § 217: Sed nostri quidem praeceptores nulli alii eo modo legari posse putant, nisi ei, qui aliqua ex parte heres scriptus esset: praecipere enim esse praecipuum sumere; quod tantum in ejus persona procedit, qui aliqua ex parte heres institutus est, quod is extra portionem hereditatis praecipuum legatum habiturus sit. § 219: Item nostri praeceptores, quod ita legatum est, nulla alia ratione putant posse consequi eum, cui ita fuerit legatum, quam judicio familiae erciscundae, quod inter heredes de hereditate erciscunda, id est dividunda, accipi solet: officio enim judicis id contineri, ut ei, quod per praeceptionem legatum est, adjudicetur.

ULP. tit. 24 § 11: Senatusconsulto Neroniano . . . cautum est, ut, quod minus aptis verbis legatum est, perinde sit, ac si optimo jure legatum esset: optimum autem jus legati per damnationem est.

II. Neben dem Legat kam das Fideicommifs d. h. das formlose Vermächtnis auf: der Erblasser stellte es (verbis precativis) in das Gewissen (daher der Name fidei commissum) des Onerierten(fiduciarius), ob er dem Bedachten (fideicommissarius) das vom Erblasser formlos Zugewandte leisten werde. Solche Fideicommisse konnten auch aufserhalb des Testaments und ohne Testament (also zu Lasten des Intestaterben), sie konnten auch einem Nichterben, z. B. einem Vermächtnisnehmer, auferlegt sein. Ein Fideicommifs kann jedem auferlegt werden, welcher von dem Testator von Todes wegen etwas erhält, auch dem Fideicommissar selber. Es kann mündlich oder schriftlich, vor Zeugen und ohne Zeugen errichtet werden. Die regelmäfsige Form war ein Brief an den Beschwerten (codicilli). Solche Fideicommisse wurden trotz ihrer Formlosigkeit rechtlich verbindlich, seitdem Kaiser Augustus eine extraordinaria cognitio zu Gunsten des Fideicommissarius anordnete. Nach seinem Ermessen konnte causa cognita der Magistrat (es ward dann ein eigner praetor fideicommissarius dafür bestellt) den Onerierten zur Leistung des Fideicommisses an den Honorierten zwingen (vgl. oben S. 107). Immer war es ein blofses Forderungsrecht, niemals direct Eigentum, was durch das Fideicommifs erworben wurde. Dennoch war klar, dafs das Fideicommifs (das Vermächtnis des jus gentium) im Begriff war, das ganze Vermächtnisrecht des Civilrechts aus den Angeln zu heben. Das formlose Vermächtnis hatte praktisch den gleichen Erfolg errungen wie das formale: die Verpflichtung des Erben zur Auszahlung.

§ 1 I. de fideic. hered. (2, 23): Sciendum itaque est, omnia fideicommissa primis temporibus infirma esse, quia nemo invitus cogebatur praestare id, de quo rogatus erat. Quibus enim non poterant hereditates vel legata relinquere, si relinquebant, fidei committebant eorum, qui capere ex testamento poterant. Et ideo fideicommissa appellata sunt, quia nullo vinculo juris, sed tantum pudore eorum, qui rogabantur, continebantur. Postea primus divus Augustus, semel iterumque gratia personarum motus, vel quia per ipsius salutem rogatus quis diceretur, aut ob insignem quorundam perfidiam, jussit consulibus, auctoritatem suam interponere. Quod quia justum videbatur et populare erat, paulatim conversum est in adsiduam jurisdictionem, tantusque favor eorum factus est, ut paulatim etiam praetor proprius crearetur, qui de fideicommissis jus diceret, quem fideicommissarium appellabant.

Ulp. tit. 25 § 1: Fideicommissum est, quod non civilibus verbis, sed precative relinquitur, nec ex rigore juris civilis proficiscitur, sed ex voluntate datur relinquentis. § 2: Verba fideicommissorum in usu fere haec sunt: FIDEICOMMITTO, PETO, VOLO DARI, et similia. § 3: Etiam nutu relinquere fideicommissum, usu receptum est.

Eod. § 4: Fideicommissum relinquere possunt, qui testamentum facere possunt, licet non fecerint. Nam intestato quis moriturus fideicommissum relinquere potest.

Eod. § 12: Fideicommissa non per formulam petuntur, ut legata, sed cognitio est Romae quidem consulum, aut praetoris, qui fideicommissarius vocatur, in provinciis vero praesidum provinciarum.

III. Die Verschmelzung der Legate und Fideicommisse geschah dadurch, dafs einerseits das Legat von der überlieferten Form (z. B. der solennia verba) befreit, andrerseits das Fideicommifs an eine gewisse Form gebunden wurde. Schon durch Constantin war das Legat auch ohne verba solennia, also auch wenn in beliebige Worte gekleidet, für gültig erklärt worden. Justinian hat dann den Unterschied völlig aufgehoben.

Es giebt nach Justinianischem Recht nur noch ein Vermächtnis, welches beide Namen führt: legatum und fideicommissum.

Die Wirkung des Justinianischen Vermächtnisses, in welcher Form es auch angeordnet sei, ist immer eine Verpflichtung des Beschwerten zur Erfüllung des Vermächtnisses, aus welcher die persönliche Legatsklage (actio legati) entspringt. Vermachte der Erblasser direct Eigentum oder ein sonstiges dingliches Recht an einer Sache, welche in der Erbschaft sich befindet, so erwirbt der Legatar aufserdem auch sofort, ohne Traditionshandlung des Erben, dieses dingliche Recht[2].

Seiner Form nach verlangt das Justinianische Vermächtnis entweder die Errichtung in einem Testament oder in einem Codicill. Das Codicill hat die Form des Testaments (kann also gleichfalls mündlich oder schriftlich gemacht werden), jedoch mit dem Unterschied, dafs die Zuziehung von fünf Zeugen genügt und die Siegelung der Zeugen nicht notwendig ist. Ein solches Codicill kann ohne Testamentserrichtung gemacht werden (codicilli ab intestato) oder neben einem Testament (codicilli testamentarii); es kann im letzteren Fall im Testament bestätigt (codicilli confirmati) oder nicht bestätigt sein (codicilli non confirmati). Es soll aber auch nach einer Vorschrift Justinians auf Grund einer ganz formlosen Erklärung des Erblassers an den Onerierten der mit dem Vermächtnis Bedachte klagberechtigt sein, jedoch mit der Beschränkung, dafs er die Wahrheit des Vermächtniserrichtungsactes von dem Eide des Onerierten

[2] Nach dem deutschen B.G.B. erzeugt das Vermächtnis immer nur eine Verpflichtung des Beschwerten, wirkt also nur nach Art des Damnationslegats. Das Vindicationslegat (die unmittelbare Zuwendung von Eigentum oder sonstigem dinglichem Recht durch Vermächtnis) ist durch das B.G.B. beseitigt worden. Vgl. oben § 63 Anm. 4.

abhängig machen mufs (sogenanntes fideicommissum orale). In diesem Oralfideicommifs Justinians hat sich das alte Recht des Fideicommisses bis in das Corpus juris hinein behauptet.

§ 3 I. de leg. (2, 20): Cum enim antiquitatem invenimus legata quidem stricte concludentem, fideicommissis autem, quae ex voluntate magis descendebant defunctorum, pinguiorem naturam indulgentem, necessarium esse duximus, omnia legata fideicommissis exaequare, ut nulla sit inter ea differentia, sed, quod deest legatis, hoc repleatur ex natura fideicommissorum, et si quid amplius est in legatis, per hoc crescat fideicommissorum natura.

§ 116.
Beschränkung der Vermächtnisse.

Es versteht sich von selber, dafs der Erbe für die Vermächtnisse nur mit der Erbschaft, nicht mit dem eigenen Vermögen einsteht, denn das Vermächtnis ist eine Zuwendung auf Kosten der Erbschaft. Es liegt jedoch im Interesse der Vermächtnisnehmer selber, die Haftung des Erben für die Legate noch weiter einzuschränken. Mufs der Erbe den empfangenen Erbteil ganz den Vermächtnisnehmern herauszahlen, so wird er schwerlich Neigung haben, eine derartig belastete Erbschaft ohne jeden eigenen Vorteil, nur im Interesse anderer, zu übernehmen. Er wird es vorziehen, die Erbschaft auszuschlagen, und die Folge wird sein, dafs den Vermächtnisnehmern nichts zu gute kommt. Daher kommt es darauf an, gewissermafsen einen Vergleich zwischen dem Erben und dem Vermächtnisnehmer herbeizuführen, damit jener daran interessiert sei, die Erbschaft anzutreten, dieser wenigstens einen Teil des ihm Vermachten empfange.

Die römische Gesetzgebung hat mehrere Versuche dieser Art gemacht. Eine lex Furia bestimmte, dafs der Vermächtnisnehmer (nahe Angehörige ausgenommen) nicht mehr als 1000 As aus dem Vermächtnis fordern solle. Die lex Voconia (169 v. Chr.) gab die Vorschrift: das Legat solle nicht mehr betragen dürfen, als der Erbe empfange[1]. Den Sieg trug die lex Falcidia (40 v. Chr.) davon. Sie bestimmte, dafs dem Erben ein Viertel

[1] Über diese Volksgesetze vgl. jetzt Karlowa, Röm. Rechtsgesch., Bd. 2, S. 939 ff.

seiner Erbportion (die sogenannte Quarta Falcidia) von Vermächtnissen frei bleiben müsse. Übersteigt der Gesamtwert der auferlegten Vermächtnisse das Mafs (mehr als drei Viertel der Erbportion des beschwerten Erben), so erleiden sie sämtlich einen verhältnismäfsigen Abzug. Die lex Falcidia galt zunächst nur den Legaten gegenüber; sie ist dann auf die Fideicommisse (sc. Pegasianum 75 n. Chr.) erstreckt worden: sie gilt aber immer nur zu Gunsten des Erben, nicht auch zu Gunsten des Vermächtnisnehmers, welcher seinerseits mit Vermächtnissen beschwert ist.

Nach Justinianischem Recht kann der Erblasser die Quarta Falcidia ausschliefsen, und verliert der Erbe das Recht der Quarta zur Strafe, wenn er die Inventarerrichtung (oben S. 534) versäumt. Das deutsche bürgerliche Gesetzbuch hat, der neueren Landesgesetzgebung folgend, das Recht der Quarta Falcidia überhaupt aufgehoben: der Erbe haftet für die Vermächtnisse jedenfalls, soweit der Nachlafs reicht.

Gaj. Inst. II. § 224: Sed olim quidem licebat, totum patrimonium legatis atque libertatibus erogare, nec quicquam heredi relinquere, praeterquam inane nomen heredis. Idque lex XII tabularum permittere videbatur, qua cavetur, ut quod quisque de re sua testatus esset, id ratum haberetur, his verbis: UTI LEGASSIT SUAE REI ITA JUS ESTO. Quare, qui scripti heredes erant, ab hereditate se abstinebant; et idcirco plerique intestati moriebantur. § 225: Itaque lata est lex Furia, qua, exceptis personis quibusdam, ceteris plus mille assibus legatorum nomine mortisve causa capere, permissum non est. Sed et haec lex non perfecit, quod voluit. Qui enim verbi gratia quinque milium aeris patrimonium habebat, poterat, quinque hominibus singulis millenos asses legando, totum patrimonium erogare. § 226: Ideo postea lata est lex Voconia, qua cautum est, ne cui plus legatorum nomine mortisve causa capere liceret, quam heredes caperent. Ex qua lege plane quidem aliquid utique heredes habere videbantur, sed tamen fere vitium simile nascebatur. Nam, in multas legatariorum personas distributo patrimonio, poterat testator adeo heredi minimum relinquere, ut non expediret heredi, hujus lucri gratia totius hereditatis onera sustinere. § 227: Lata est itaque lex Falcidia, qua cautum est, ne plus ei legare liceat, quam dodrantem. Itaque necesse est, ut heres quartam partem hereditatis habeat: et hoc nunc jure utimur.

§ 117.

Das Universalfideicommiſs.

Im Wesen des Fideicommisses lag es, daſs jegliche Bitte von dem Erblasser dem Onerierten ausgesprochen werden konnte, also auch die Bitte, der Onerierte möge den Erbteil, welchen er entweder ab intestato oder ex testamento vom Erblasser erbt, an einen Dritten herausgeben („restituieren"), sei es den ganzen Erbteil oder einen aliquoten Teil desselben. Hier überschritt das Fideicommiſs die Grenze, welche dem Vermächtnis an sich gesteckt ist. Ein solches Universalfideicommiſs (Erbschaftsvermächtnis) schloſs eine versteckte indirecte Erbeseinsetzung des Dritten in sich. Es war eine Art des Vermächtnisses, welche das Streben hatte, die Wirkung der Universalsuccession herbeizuführen.

Zunächst war von Rechts wegen ein solches Fideicommiſs allerdings auſser stande, die in ihm liegende Absicht zu verwirklichen. In welcher Form Rechtens konnte die Übergabe des Erbteils, insbesondere der Erbschaftsschulden, überhaupt ausgeführt werden? Man schloſs an ein Geschäft an, welches bereits bekannt und ausgebildet war: den Verkauf einer Erbschaft (oder eines Erbteils), um dem neuen noch unbekannten Geschäft zugleich die Form und sein Recht zu geben. Der heres fiduciarius, welchem das Universalfideicommiſs auferlegt war, verkaufte, um das Fideicommiſs zu erfüllen, zum Schein (nummo uno) die Erbschaft an den Fideicommissar. Dann hatte der heres fiduciarius als Schein-Erbschaftsverkäufer dem Fideicommissar alle Activen der Erbschaft herauszugeben, der Fideicommissar dagegen als Scheinkäufer den Fiduciar (Verkäufer) wegen aller Erbschaftsschulden schadlos zu halten. Wie beim Erbschaftskauf, so wurden auch hier die beiderseitigen Verpflichtungen durch beiderseitige Stipulationen auſser Zweifel und klagbar gestellt. Damit war jedoch eine bloſse Singularsuccession herbeigeführt. Der Fideicommissar erwarb die Rechte des Erblassers; die Schulden aber blieben bei dem Fiduciar, der eben völlig Erbe blieb.

Nur dafs der Fideicommissar dem Erben wegen dieser Schuldhaftung Schadloshaltung zu leisten schuldig war[1].

Den entscheidenden Schritt that hier das sc. Trebellianum (62 n. Chr.), indem es der Restitutionserklärung des heres fiduciarius als solcher unmittelbar die Wirkung beilegte, den Übergang der Activa und der Passiva zu dem entsprechenden Teil auf den Universalfideicommissar herbeizuführen. Lediglich die Erklärung des Fiduciars, dafs er restituiere, bewirkt, dafs der Fideicommissar (vorausgesetzt, dafs dieser das Vermächtnis angenommen hat) aus den Rechten des Testators mit prätorischer actio utilis klagberechtigt ist und seinerseits aus den Schulden des Testators von den Erbschaftsgläubigern gleichfalls mit prätorischer actio utilis verklagt werden kann. Der heres fiduciarius wird ebenso, wie er die Activa einbüfst, von den Schulden frei. Er bleibt, so weit er restituiert hat, nur dem Namen nach Erbe. Der Universalfideicommissar ist zu dem entsprechenden Teil loco heredis (in prätorisch wirksamer Erbenstellung) und hat daher auch die Rechtsmittel des Erben (fideicommissaria hereditatis petitio). Der Übergang auch der Schulden auf den Fideicommissar unterscheidet ihn als Universalsuccessor von dem, welcher wirklich ein blofses Vermächtnis empfangen hat. In dem Universalfideicommifs liegt jetzt praktisch eine neue Art der Erbeseinsetzung vor, und zwar eine Art, welche von den Schranken formaler Erbeseinsetzung befreit ist, für welche vielmehr in Bezug auf die Voraussetzungen die weit freieren Rechtssätze des Fideicommisses gelten. Mit einem Universalfideicommifs (wie überhaupt mit einem Fideicommifs) kann auch derjenige bedacht werden, welcher zur Zeit des Todes des Testators noch gar nicht, auch nicht als nasciturus, existierte. Das Universalfideicommifs kann (wie jedes Fideicommifs) einen dies a quo haben: falls bestimmt ist, dafs der Erbe etwa erst

[1] Eine gleiche Wirkung hatte die partitio legata, welche nach Civilrecht möglich war: der Legatar empfing den entsprechenden Teil der Activa unter der Verpflichtung, den Erben für den entsprechenden Teil der Passiva schadlos zu halten. Auch hier versprachen beide Teile die Erfüllung ihrer Verbindlichkeiten durch Stipulation (stipulationes partis et pro parte). Vergleichen kann man auch die Wirkungen einer post aditam hereditatem vollzogenen in jure cessio hereditatis, oben S. 486 Anm. 3.

nach 10 Jahren seinen Erbteil herausgeben soll. Auch kann dem Universalfideicommissar (wie jedem Fideicommissar) wiederum ein Fideicommifs, also in diesem Fall wieder ein Univeralfideicommifs, auferlegt werden, wieder etwa unter einem dies oder unter einer Bedingung. So wird durch das Mittel des Universalfideicommisses thatsächlich eine Erbeseinsetzung mit dies a quo, mit dies ad quem und mit Resolutivbedingung möglich, was alles bei formaler Erbeseinsetzung ausgeschlossen ist (oben S. 525).

Eine Abschwächung dieses Ergebnisses trat durch das sc. Pegasianum (75 n. Chr.) ein, welches die Quarta Falcidia auch den Fideicommissen, also auch den Universalfideicommissen gegenüber einführte (oben S. 544). Kam es zum Abzug der Quart, so trat wiederum nur Singularsuccession ein und wurden die stipulationes partis et pro parte notwendig. Zugleich aber ward dem Universalfideicommissar das Recht gegeben, den eingesetzten heres fiduciarius zum Antritt der Erbschaft und damit auch zur Restitution zu zwingen, in welchem Fall dann die Quart nicht abgezogen ward, sondern der Fideicommissar, und zwar dann als Universalsuccessor, ganz in die Stelle des zum Antritt gezwungenen Erben eintrat.

Justinian hat den Abschlufs herbeigeführt, indem er das sc. Pegasianum mit dem Trebellianum verschmolz: der heres fiduciarius hat das Recht der Quart (heute Quarta Trebellianica genannt), aber auch bei Abzug der Quart wird der Universalfideicommissar (für die ihm restituierten drei Viertel) Universalsuccessor, tritt also kraft der Restitution ipso jure für seinen Anteil auch in die Schulden ein. Ferner hat der Universalfideicommissar das Zwangsrecht gegen den Erben (wie nach dem Pegasianum), um dann den ganzen Erbteil desselben zu übernehmen. So war endgültig in dem Universalfideicommifs eine in allen Fällen Universalsuccession herbeiführende freiere Form mittelbarer Erbeseinsetzung geschaffen worden. Das römische Universalfideicommifs ward praktisch zur „Einsetzung eines Nacherben“ (deutsch. bürgerl. Gesetzb. § 2100 ff.).

§ 2 I. de fideic. her. (2, 23): Cum igitur aliquis scripserit: LUCIUS TITIUS HERES ESTO, poterit adjicere: ROGO TE, LUCI TITI, UT, CUM PRIMUS POSSIS HEREDITATEM MEAM ADIRE EAM GAJO SEJO

REDDAS, RESTITUAS. Potest autem quisque et de parte restituenda heredem rogare, et liberum est, vel pure, vel sub condicione relinquere fideicommissum, vel ex die certo.

Eod. § 3: Restituta autem hereditate, is quidem, qui restituit, nihilominus heres permanet; is vero, qui recipit hereditatem, aliquando heredis, aliquando legatarii loco habebatur. § 4: Et Neronis quidem temporibus, Trebellio Maximo et Annaeo Seneca consulibus, senatusconsultum factum est, quo cautum est, ut, si hereditas ex fideicommissi causa restituta sit, omnes actiones, quae jure civili heredi et in heredem competerent, ei et in eum darentur, cui ex fideicommisso restituta esset hereditas. Post quod senatusconsultum praetor utiles actiones ei et in eum, qui recipit hereditatem, quasi heredi et in heredem dare coepit.

Eod. § 5: Sed quia heredes scripti, cum aut totam hereditatem aut paene totam plerumque restituere rogabantur, adire hereditatem ob nullum vel minimum lucrum recusabant, atque ob id extinguebantur fideicommissa: postea, Vespasiani Augusti temporibus, Pegaso et Pusione consulibus, senatus censuit, ut ei, qui rogatus esset hereditatem restituere, perinde liceret, quartam partem retinere, atque lege Falcidia ex legatis retinere conceditur. Ex singulis quoque rebus, quae per fideicommissum relinquuntur, eadem retentio permissa est. Post quod senatusconsultum ipse heres onera hereditaria sustinebat, ille autem, qui ex fideicommisso recipit partem hereditatis, legatarii partiarii loco erat, id est ejus legatarii, cui pars bonorum legabatur; quae species legati partitio vocabatur, quia cum herede legatarius partiebatur hereditatem. Unde, quae solebant stipulationes inter heredem et partiarium legatarium interponi, eadem interponebantur inter eum, qui ex fideicommisso recipit hereditatem, et heredem, id est, ut et lucrum et damnum hereditarium pro rata parte inter eos commune sit. — § 6: Sed, si recuset scriptus heres adire hereditatem ob id, quod dicat, eam sibi suspectam esse, quasi damnosam, cavetur Pegasiano senatusconsulto, ut, desiderante eo cui restituere rogatus est, jussu praetoris adeat et restituat hereditatem, perindeque ei et in eum, qui recipit hereditatem, actiones dentur, ac si juris est ex Trebelliano senatusconsulto. Quo casu nullis stipulationibus opus est, quia simul et huic, qui restituit, securitas datur et actiones hereditariae ei et in eum transferuntur, qui recipit hereditatem, utroque senatusconsulto in hac specie concurrente.

Eod. § 7: Sed .... placuit, exploso senatusconsulto Pegasiano, quod postea supervenit, omnem auctoritatem Trebelliano senatusconsulto praestare, ut ex eo fideicommissariae hereditates restituantur, sive habeat heres ex voluntate testatoris quartam, sive plus, sive minus sive penitus nihil, ut tunc, quando vel nihil vel minus quarta apud eum remaneat, liceat ei vel quartam, vel quod deest, ex nostra auctoritate retinere, vel repetere solutum, quasi ex Trebelliano senatusconsulto pro rata portione actionibus tam in heredem quam in fideicommissarium competentibus.

§ 118.

Mortis causa capio.

Mortis causa capio heifst jeder Erwerb, welcher kraft letzten Willens eines Verstorbenen gemacht wird, insbesondere der Erwerb, welcher nicht die Form des Erbschaftserwerbes oder des Vermächtniserwerbes hat. Zum Beispiel: was condicionis implendae causa empfangen wird (Titius empfängt 10 von Maevius, weil Maevius zum Erben eingesetzt ist unter der Bedingung: si Titio decem dederit).

Auch die mortis causa donatio (oben S. 208) fällt unter den Gesichtspunkt der mortis causa capio. Sie wird zwar nicht aus der Erbschaft, sondern im letzten Augenblick des Lebens des Verstorbenen erworben, ist daher auch von der Antretung der Erbschaft unabhängig, steht aber doch grundsätzlich unter Vermächtnisrecht, weil sie den Nachlafs mindert und insofern eine Verfügung über den Nachlafs darstellt. Eine mortis causa donatio wird gültig, auch wenn sie das Schenkungsmafs (oben S. 208) übersteigt, in Codicillarform errichtet (also ohne gerichtliche Insinuation). Sie unterliegt dem Abzug der Quarta Falcidia seitens des eingesetzten Erben, und steht auch darin dem Vermächtnis gleich, dafs sie Zahlungsfähigkeit der Erbschaft voraussetzt, also nur dann gültig ist, wenn n a c h A b z u g der Schulden entsprechendes Vermögen übrig bleibt.

Register.

Die Zahlen bezeichnen die Seiten.

Abdicatio tutelae 476.
Abgeleiteter Rechtserwerb 304.
Abmeierungsrecht 342.
Absentes 312.
Absetzung des Vormundes 475.
Absolutes Recht 26.
Absolutoria judicia 95.
Abstractes Zahlungsversprechen 374.
Abtretung der Forderung 407.
Accepti pagina 379.
Acceptilatio 380. 415.
Accessio 315. 317 Anm.
Accessio possessionis 312. 326 Anm.
Accrescenz der Erbteile 482.
— der sui heredes 526. 528.
Acquisition der Vormundschaft 471.
— des Erbrechts 482 ff.
Acquisitiones civiles 302.
— naturales 302.
Accursius 133 ff.
Accusatio suspecti 476.
Actio 219. 225.
— adjecticiae qualitatis 411.
— ad supplendam legitimam 532.
— aedilicia 384.
— arbitraria 266. 267.
— auctoritatis 57 Anm. 8. 298.
— bonae fidei 60. 259.
— civilis 255.
Actio commodati directa, contraria 365.
— communi dividundo 394.
— conducti 386 ff.
— confessoria 339. 341.
— de dolo 206. 403.
— depositi directa, contraria 365.
— de effusis vel dejectis 404.
— de eo quod certo loco 266.
— de in rem verso 409. 411.
— de pauperie 352 Anm. 2. 405.
— de peculio 408. 411.
— de pecunia constituta 396.
— de posito vel suspenso 404.
— de recepto 392.
— directa 253. 255.
— emti 385.
— exercitoria 410.
— ex stipulatu 375. 447. 448.
— familiae erciscundae 394. 536.
— famosa 180.
— ficticia 235. 502.
— fiduciae 60. 345.
— finium regundorum 394.
— furti 397.
— — concepti 397.
— — non exhibiti 398.
— — oblati 398.
— — prohibiti 398.

Actio honoraria 255.
— hypothecaria 347.
— in factum concepta 60 Anm. 12. 252. 255.
— — — civilis 252 Anm. 1. 367.
— injuriarum aestimatoria 402.
— in jus concepta 252.
— in personam, in rem 257. 258.
— in rem hypothecaria 347.
— in rem scripta 258.
— institoria 410.
— judicati 280.
— legati 543.
— legis Aquiliae 399. 400.
— locati 387 ff.
— mandati directa, contraria 389.
— metus 205. 258. 403.
— mixta 259. 397.
— negatoria 320. 341.
— negotiorum gestorum directa, contraria 393.
— noxalis 352 Anm. 2. 404.
— perpetua 276. 277.
— pignoraticia directa, contraria 366.
— poenalis 259. 403.
— popularis 259.
— praescriptis verbis 367.
— privata 259.
— pro socio 388.
— protutelae 475.
— Publiciana confessoria 339.
— Publiciana in rem 253. 254. 320.
— quanti minoris 385.
— quasi institoria 411.
— quasi Serviana 255. 347.
— quod jussu 410.
— rationibus distrahendis 475.
— redhibitoria 262. 384.
— rei uxoriae 446.
— rem persequens 259.
— rerum amotarum 443.
— rescissoria, restitutoria 288.
— Serviana 255. 347.
— stricti juris 95. 259. 263. 375.
— temporalis 276. 277.
— tributoria 409.
Actio tutelae directa, contraria 393. 474. 475.
— utilis 253. 255. 407.
— venditi 385.
— vi bonorum raptorum 399.
— vindictam spirans 402.
Actus 334. 340.
Addictio 233 Anm. 15. 302.
Aditio hereditatis 485. 496.
Adjudicatio 302. 307 ff. 337.
Adoptio 177. 456 ff.
Adpromissor 377.
Adstipulatio 376. 400 Anm. 4.
Adventicia bona 461.
— dos 444.
Adversaria 380 Anm. 1.
Aedes vectigales 340.
Aedilen 83.
Aedilicium edictum 83. 384.
Aelius 87. 88.
Aerarium 185.
Aes et libra 47. 51. 361. 414. 516.
Aetas legitima 288.
Affinität 430.
Affirmatores 475.
Africanus 96.
Ager publicus 44. 184.
— privatus 45. 38 Anm. 6.
— vectigalis 340.
Agere lege 225 ff.
— cum compensatione 423 Anm. 8.
— cum deductione 423.
— per formulam 235 ff.
— per sponsionem 249. 285.
Agnatio postumi 484. 529.
Agnation 177. 428.
Agnitio der bonorum poss. 501.
Album 74.
Alieni juris 173.
Alimentenstiftung 193.
Alluvio 316.
Alternative Obligation 357.
Alternatives Vermächtnis 352 Anm. 2.
Alterum tantum 371.
Alveus derelictus 316.
Amtsrecht 77.

Analogie 30.
Anatocismus 371.
Anfangstermin 210.
Animus domini (rem sibi habendi) 323 ff. — novandi 418.
Annus utilis 277.
Anstalten 192.
Antichresis 348.
Antretung der Erbschaft 485. 495.
Appellation 222 Anm. 5. 293.
Appendixmasse 120.
Aquae ductus 334. 340.
Arbitratus 264 ff. 267 Anm. 7.
Arbitrium 265 ff.
Argentarius 352 Anm. 2. 423 Anm. 8.
Arrogatio 177. 456.
Ascendenten 430.
Assignatio 302.
Auctor 304.
Auctoritas tutoris 212. 465. 473 Anm. 1.
— principis 90.
— venditoris 57 Anm. 8.
Aufhebung d. Forderungsrechte 413 ff.
Auflage 210. 368. Anm. 4.
Auflassung 306.
Auslegung 28.
Ausnahmsrecht 27.
Aufsereheliche Verwandtschaft 430.
Aufserordentliche Ersitzung 313.
Authenticum, Authenticae 21. 123. 134.
Avulsio 316.
Azo 133.

Badisches Landrecht 7.
Baldus 137 ff.
Bartolus 137 ff.
Basiliken 129.
Bedingung 209. 210. 525.
Bekker 152.
Beneficium abstinendi 483.
— competentiae 282.
— divisionis 355.
— excussionis s. ordinis 372.
— inventarii 534.
— separationis 534.
Besitz 321 ff.
Besses usurae 371.
Beute 302. 310.
Billiges Recht 27.
Binubus 454.
Blindentestament 523.
Bona adventicia, castrensia, quasi castrensia 174. 461.
— ereptoria 538.
— paraphernalia 442.
— vacantia 489.
Bona fides 313.
— fide servire 168 Anm.
Bonae fidei actiones, negotia 101. 180. 359.
— — judicia 420.
— — possessio 317. 320.
Bonis, in, bonitarisches Eigentum 79. 303. 322.
Bonorum emtor 281. 423.
— possessio 80. 490 ff.
— — litis ordinandae gratia 220 A. 2.
— — contra tabulas 503. 530.
— — cum re 503.
— — decretalis, edictalis 502.
— — intestati 503. 506 ff.
— — secundum tabulas 503. 521.
— — sine re 503.
— — unde cognati 507.
— — unde legitimi 507.
— — unde liberi 506.
— — unde vir uxor 508. 512. 513.
— venditio 281. 423.
Bote 215.
Brevi manu traditio 305.
Breviarium Alarici 124 ff.
Bruns 152.
Bulgarus 133.
Bürgerliche Ehre 179.
Bürgerrecht 168.
Bürgschaft 351. 371.
Bynkershoek 147.

Caduca 455.
Caelebs 455. 501 Anm. 16. 538.
Calata comitia 516.
Canon 342.

Capacitas 538.
Capita ex mandatis 104.
Capitis deminutio 175 ff. 426.
Capito, C. Atejus 92.
Caput 175.
Caracalla 46. 112. 118 Anm. 4. 170.
Cassianer 92.
Cassius Longinus 92.
Casus 360. 419.
Cato 88.
Caupones 404.
Causa perpetua 335.
— civilis 361.
— rei 319.
Cautio rem pupilli salvam fore 474.
— usufructuaria 333.
— usuaria 333.
— rei uxoriae 446.
Cavieren 89.
Celsus 96.
Censu manumissio 164.
Censur 179.
Centesimae usurae 371.
Centumviralgericht 221 Anm. 3. 243. 491. 530 Anm. 6.
Centuria 36. 41.
Centuriatcomitien 42.
Certa obligatio 357. 359. 375.
Cessio actionis 405 ff.
— bonorum 282.
— in jure 54 ff. 244. 336.
— — — hereditatis 486 Anm. 3.
— — — servitutum 336.
— — — tutelae 467 Anm. 2.
Cession der Forderungsrechte 405 ff.
Chirographum 382 Anm.
Cinus 137 ff.
Citiergesetz 115. 120 Anm. 6.
Civilrecht 43. 57. 67 ff.
Civis 43. 169.
Classis 41 Anm. 12.
Classicus 44.
Clementinae 136 Anm. 1.
Clienten 38. 168 Anm.
Code civil 6.
Codex 16. 20. 115 Anm. 1. 121.
Codex Gregorianus 117. 121. 125.
— Hermogenianus 117. 121. 125.
— Theodosianus 118. 121. 129.
— repetitie praelectionis 122.
Codices accepti et expensi 379.
Codicilli 541. 543.
Codification 5. 150.
Coëmtio 431.
— fiduciae causa 61 Anm. 13. 467 Anm. 2.
Coëmtionator 61 Anm. 13.
Cognatio 177. 429.
Cognitio 283.
Cognitionsprocefs 106 ff. 291 ff.
Collatio bonorum 507.
Collationen 21. 135.
Collationspflicht 536.
Collegium 183. 186.
Colonen 168 Anm.
Coloniae Latinae 171.
Commentatoren 137 ff.
Commercium 169.
Commodatum 364.
Communio 393.
Compensatio 274. 420 ff.
Concludente Handlung 204.
Concubinat 436.
Concursus causarum lucrativarum 418.
Condemnatio 251. 260 ff.
Condicio 209. 210. 525.
Condictio 259. 375.
— causa data 390.
— certi 362. 375. 379.
— ex injusta causa 392.
— ex mutuo 364.
— furtiva 391. 397.
— incerti 375 Anm. 6.
— indebiti 390.
— ob causam datorum 390.
— ob turpem causam 392.
— propter poenitentiam 390 Anm. 1.
— sine causa 391.
— triticaria 375.
Conductio 386.
— perpetua 340 Anm. 1.

Conductor operis 387.
Confarreatio 432.
Confessus pro judicato est 54.
Confessoria in rem actio 339. 341.
Confirmatio tutoris 470.
Confusio bonorum 534.
— dinglicher Rechte 338.
— von Forderungen 419.
Connubium 42. 169. 432.
Consanguinei 430.
Consensualcontracte 361. 383 ff.
Consensus curatoris 213. 465.
— facit nuptias 436.
Consequenz 30.
Consilien 140.
Consilium 167.
Constitutio generalis 110.
— personalis 110.
— principis 104.
Constitutum debiti 80. 396.
— possessorium 305.
Consumtible Sachen 297. 332.
Consumptio existimationis 179.
Consumtion, processuale 236. 247. 275. 278 ff.
Contocorrent 423 Anm. 8.
Contract 201. 361.
— emphyteuticarius 341.
Contrarius actus 413. 452.
— consensus 416.
Contravindicatio 234.
Contubernium 436.
Conventio in manum 431 ff.
Conventionalstrafe 371.
Corporation 186. 192 ff.
Corpus 186 ff.
— juris canonici 3. 135 ff.
— juris civilis 21 ff. 119 ff.
— possessionis 323. 325.
Correalobligation 351 ff.
Correi 351 ff.
Cretio 486. 495.
Cujacius 146.
Culpa levis, lata 359.
Cura 465 ff.
Cura furiosi, prodigi 469.
Cura minoris 213. 466.
Curator bonorum 281 Anm. 3.
Curie 36.
Curiatcomitien 36. 42.

Damnas 49.
Damnationslegat 414. 538.
Damnum corpore corpori datum 401.
— injuria datum 339.
— infectum 232. 245 Anm. 12.
Dare 357.
Darlehen 62. 361. 364.
Darlehnsfähige Sachen 298.
Datio formulae 220 Anm. 2.
— in adoptionem 56. 177. 456 ff.
— in solutum 418.
Decemviralgericht 221 Anm. 3. 244 Anm. 11.
Decreta principum 105 ff.
Decretum 103. 283. 292.
— Gratiani 136 Anm. 1.
— divi Marci 104 Anm. 2. 219.
Dediticii 65. 167.
Deductio des bonorum emtor 423.
— in domum 436.
— servitutis, pignoris 336 Anm. 1.
Delation der Vormundschaft 469.
— des Erbrechts 481.
Delegatio 374.
Deliberationsfrist 486.
Delicte 360. 397 ff.
Delictsfähigkeit 214.
Delictsobligationen 397 ff.
Demonstratio 259. 367.
Denunciatio 406. 408.
De plano 277 Anm. 2. 502.
Depositum 365.
Derelictio 309.
Derivativer Eigentumserwerb 304.
Dernburg 152.
Descendenten 430.
Detention 323. 325.
Deutsches bürgerliches Gesetzbuch 7.
Dictio dotis 444.
— multae 283.
Dienstbarkeiten 331.

Dies 210. 525.
— fasti, nefasti 86.
— veniens 307.
Diffarreatio 452.
Digesten 15. 119.
Digestum vetus, infortiat., novum 19.
Diligentia diligentis 359.
— quam suis 388. 393 ff. 446.
Dingliche Rechte 300.
Dinglicher Vertrag 201.
Dispositionsunfähigkeit 213.
Dispositives Recht 26.
Divisorium judicium 394.
Divortium 452.
Do ut des 366.
Dolus 80. 205. 288. 359. 403.
Dominica potestas 162.
Dominium ex jure Quiritium 303.
Dominium revocabile 209.
Dominus litis 406.
Donatio 207.
— inter virum et uxorem 208. 442.
— mortis causa 208. 550.
— propter nuptias 450.
Donellus 146.
Dorotheus 119.
Dos 443 ff.
— adventicia, profecticia, recepticia 444. 448.
Dotis datio 444.
— dictio 444.
— promissio 444.
Ductio 460.
Duplex interdictum 326.
— judicium 327. 394.
Duplicatio 274.

Edict des Prätors 71 ff.
—, Hadrianisches 74 Anm. 3. 82 ff.
—, Julianisches 83.
Edicta principum 103. 104. 110.
Edictsmasse 120.
Edictum de conjungendis cum emancipato liberis 506.
— novum 75.
— perpetuum 74. 84.
Edictum provinciale 83.
— successorium 509.
— Theodorici 124.
— tralaticium 75.
Ehe 431.
Eheherrliche Gewalt 437.
Eheliches Güterrecht 440.
Ehelosigkeit 455.
Ehescheidung 452 ff.
Eheschliefsung 431 ff.
Ehre 178.
Ehrenminderung 178 ff.
Eigentum 301. 303.
Einseitige Rechtsgeschäfte 201.
Emancipatio 56. 177. 452. 463.
Emblemata Triboniani 120.
Emphyteusis 340 ff.
Emtio 383.
Endtermin 210.
Enterbung 527 ff.
Ephemeris 380 Anm. 1.
Epistola 103.
— divi Hadriani 104 Anm. 2. 373.
Erbeseinsetzung 512. 524.
Erbfolge 476 ff.
Erbpacht 340.
Erbrecht 156. 476.
Erbunfähigkeit 537.
Ereption 538.
Ergänzendes Recht 26.
Error 289.
— in corpore 206.
— in substantia 206.
Ersitzung 310 ff. 320 ff.
— aufserordentliche 313.
— der manus 433. 492.
— des Erbrechts 492. 534.
— der Servituten 338.
Eviction 384.
Exceptio 72 Anm. 2. 268.
— civilis 271.
— dilatoria 274.
— doli 206. 269. 272.
— — generalis 273.
— — specialis 273.
— dominii 321. 340.

Exceptio divisionis 355. 373.
— excussionis 371.
— jurisjurandi 269.
— legis Cinciae 270.
— legis Plaetoriae 270. 287.
— metus 205. 269.
— ne praejudicium hereditati fiat 535 Anm. 1.
— onerandae libertatis causa 167.
— pacti de non petendo 269. 420.
— peremtoria 274.
— perpetua 274.
— praejudicii 535.
— rei judicatae vel in judicium deductae 247. 278 ff. 355.
— rei venditae et traditae 303.
— senatusconsulti Macedoniani 270. 364.
— — Vellejani 270. 373.
— solutionis 271.
— transactionis 269.
— vitiosae possessionis 328.
Excusationes 471.
Execution 280.
Exercitor 410.
Exheredatio 527 ff.
Exhibere 261.
Existimatio 179.
Expensi pagina 380.
Expensilatio 363. 378.
Expositio 132.
Expromissio 373.
Expulsionsrecht 342.
Extra ordinem 106. 283.

Facere 357.
Falsa causa 205.
Familiae emtor 516 ff.
Familie 177. 428.
Familiengewalt 50. 427.
Familienrecht 155. 427 ff.
Faustpfandvertrag 347. 365.
Fictio legis Corneliae 176.
Fideicommifs 106. 541.
Fideicommissaria libertas 164.
Fidejussio 371.
Fidepromissio 371 Anm.
Fiducia 58 ff. 313 Anm. 1. 345. 362.
Filiusfamilias 173. 405. 410. 459 ff.
Fiscus 186.
Flavius 87.
Florentina 18.
Foenus unciarium, semiunciarium 371.
Forderungsrechte 156. 301. 350.
Formelle, formlose Geschäfte 204.
Formula 76. 238. 250.
Formularprocefs 76. 234 ff.
Fragmenta Vaticana 117 Anm. 2.
Frauen 212. 373. 467 ff.
Freie Ehe 435. 438 ff.
Freigelassene 163 ff.
Freilassung 54 Anm. 4. 163 ff.
Fremde 63 ff.
Fremdenprocefs 239.
Fremdenrecht 65.
Fructus 317.
— percepti, percipiendi 318. 320 Anm.
Fundus dotalis 445.
Fundus Italicus, provincialis 299. 312.
Fungible Sachen 297.
Fur manifestus 397.
— nec manifestus 397.
Furiosus 212. 469. 522 Anm.
Furtum 397.
— possessionis, usus 398.

Gajus 96. 114. 115. 119.
—, westgotischer 125. 128.
Geld 297. 358.
Geldschuld 358. 383 Anm. 1.
Gemeines deutsches Recht 26.
Gentes 36.
— minores 36.
Gentilen 36. 430. 504.
Gerechtigkeit 22.
Germani 430.
Geschäftsfähigkeit 211.
Geschlechterstaat 35.
Gesellschaftsvertrag 198. 388.
Gesetzesrecht 25. 52.
Gewohnheitsrecht 25. 52.
Glossa ordinaria 134.

Glossae 133.
Glossatoren 132 ff.
Grad der Verwandtschaft 430.
Gradus heredum 525.
Graeca non leguntur 20.
Griechenland 130.

Habitatio 333.
Hadrian 82 ff. 104 Anm. 2.
Halbbürtige Verwandtschaft 430. 511.
Handlungsfähigkeit 211.
Harmenopulos 129.
Haus 177. 428.
Hereditas 490 ff.
— jacens 488.
Hereditatis petitio 534.
— — fideicommissaria 546.
— — possessoria 502.
Heredium 36.
Herennius Modestinus 98.
Heres 478 ff. 487.
Heres domesticus, necessarius, suus et necessarius 482 ff.
— legitimus 486.
— voluntarius (extraneus) 485. 497.
Herrenlose Sachen 295.
Hexabiblos 129.
Hofgericht 149.
Homines alieni, sui juris 173.
Honorar 94 Anm. 12. 107.
Horctus 36.
Hostis 169 Anm. 1.
Hugo 133.
Hyperocha 348. 367.
Hypotheca 252. 346.

Jacobus 133.
Jhering 152.
Illata 254. 347.
Imaginaria solutio 413.
— venditio 57.
Immiscere 484.
Impensae 446. 448.
Impetrare actionem 292.
Impetratio dominii 348.
Implantatio 316.
Impubes 212. 465.
Inaedificatio 316.
Incapacitas 538.
Incerta obligatio 357.
Incertae personae 524.
In complexu 148.
Indignitas 538.
In ecclesia manumissio 164.
Infamia 180 ff.
Infans 212.
Infitiari 400.
Infortiatum 19.
In fraudem creditorum 168.
Ingenuus 166.
In integrum restitutio 287 ff.
In judicio 220. 224.
In jure 220.
In jure cessio s. Cessio.
Injuria 402.
In libertate esse 168 Anm.
Innominatrealcontract 363. 366. 390.
In mancipio 460.
In manum conventio 177. 428.
Inofficiosum testamentum 530.
Insinuation, gerichtliche 208. 396. 550.
Insinuationssumme 208.
Institor 410.
Institutionen 19. 119.
Insula in flumine nata 316.
Intentio 251.
Inter amicos manumissio 165.
Inter vivos negotia 202.
Intercessio 75 Anm. 4. 222 Anm. 5. 373.
Interdicta 72. 283.
— adipiscendae possessionis 345. 502.
— duplicia 327.
— exhibitoria, prohibitoria, restitutoria 285 Anm. 4.
— recuperandae possessionis 327.
— retinendae possessionis 325.
Interdictenverfahren 283.
Interdictum de aqua 340.
— de fonte 340.
— de itinere actuque privato 340.
— de liberis ducendis, exhibendis 460.
— de precario 327 ff.
— de superficie 343.

Interdictum de uxore exhibenda ac ducenda 439.
— quorum bonorum 502. 533.
— Salvianum 347.
— unde vi 327 ff.
— uti possidetis, utrubi 326 u. Anm. 3.
Interesse 360.
Interlocutio 103.
Interpellatio 360.
Interpolation 120. 122.
Interpretatio 28. 51 ff. 86. 126.
Interrogatio in jure 486
Intestaterbfolge 504 ff.
Invecta 254. 347 ff.
Ipso jure 247. 267. 413. 425.
Irnerius 132.
Irrtum 206. 289. 390.
Judex 76; datus, delegatus 291.
— pedaneus 291.
Judicis postulatio 226 ff.
Judicium 223. 224 Anm. 1.
— divisorium 394.
— duplex 327. 394.
— imperio continens 239. 241.
— legitimum 241. 247. 338.
— propinquorum 438.
— rescissorium, rescindens 288.
Jütisch Low 6 Anm. 1.
Julianus, Salvius 83. 96.
Juris possessio 340. 535.
Juristenrecht 115.
Juristischer Besitz 325.
Juristische Personen 182 ff.
Juris vindicatio 339.
Jus 113. 115. 117. 125.
— Aelianum 87.
— aequum 27. 69.
— aureorum anulorum 166.
— civile 65. 67 ff. 77 ff. 109. 169.
— commercii 64 ff. 166. 169.
— commune 26. 139 ff.
— connubii 166. 169. 181. 432.
— extraordinarium 107. 108.
— Flavianum 87.
— gentium 46. 62 ff. 67 ff. 169. 239.
— honorarium 77 ff. 109.
Jus honorum 166. 169. 181.
— impetrandi dominii 348.
— in re 301. 330.
— Italicum 171 Anm. 2.
— Latii 171.
— liberorum 455. 509.
— novum 113.
— Papirianum 52 Anm. 3.
— poenitendi 390.
— postliminii 175. 310.
— postulandi 179.
— protimiseos 342.
— publicum 26.
— respondendi 91. 114.
— singulare 27. 287.
— strictum 69.
— suffragii 169. 181.
— vetus 113.
— vitae ac necis 438 a. E. 459. 460.
Jusjurandum in litem 264.
Justinian 112. 119 ff.
Justus titulus 313.

Kaisergesetz 110.
Kalendarium 380 Anm. 1.
Kauf 48. 383.
Kinderlosigkeit 455.
Kirchenrecht 25. 194.
Klagverjährung 276 ff. 355.
Körperschaft 192.
Kündigung 388.

Labeo, M. Antistius 92.
Laesio enormis 385.
Landrecht bricht gemeines Recht 140.
Latini 170.
— coloniarii 171.
— Juniani 165. 171.
Latium majus, minus 171 Anm. 2.
Legat 106. 302. 538 ff.
Leges 113.
— Barbarorum 123.
— Juliae judiciariae 242. 245.
— regiae 52 Anm. 3.
— Romanae 123.
Legis actio 76. 87. 224.
Legis actio per condictionem 227.

Legis actio per judicis postulationem 226.
— — — manus injectionem 229.
— — — pignoris capionem 231.
— — sacramento 225. 233. 244. 245.
Legitima aetas 288.
— hereditas 486 Anm. 3.
— tutela 467 Anm. 2.
Legitimation 456.
Leihvertrag 364.
Letztwillige Rechtsgeschäfte 202.
Lex 52.
— Aebutia 241.
— Aelia Sentia 167.
— Aquilia 399 ff.
— Atilia 470.
— Atinia 313.
— Canuleja 432.
— Cincia 207. 270.
— Claudia 467.
— commissoria 346 Anm. 2. 348.
— Cornelia (de edictis) 75.
— — (de injuriis) 402.
— — (de postliminio) 176.
— duodecim tabularum 47.
— Falcidia 544.
— Fufia Caninia 168.
— Furia testamentaria 544.
— — de sponsu 371 Anm. 3.
— generalis 110.
— Julia de adulteriis 445. 453.
— — de cessione bonorum 282.
— — de fundo dotali 445.
— — de maritandis ordinibus 455.
— — et Papia Poppaea 166. 455.
— — et Plautia 313.
— — et Titia 470.
— — judiciorum privatorum 241. 242.
— Junia Norbana 165.
— — Velleja 529.
— Laetoria 288 Anm. 5.
— Papia Poppaea 166 Anm. 6. 455.
— Plaetoria 287 ff. 466.
— Poetelia 280.
— Romana Burgundionum 124.
Lex Romana Wisigothorum 124 ff.
— Scribonia 338.
— Vallia 362.
— Voconia 504 Anm. 1. 544.
Liber Extra 136 Anm. 1.
— Papiensis 132.
— Sextus 136 Anm. 1.
Liberi 39. 506.
— naturales 436.
Libertus 165 ff.
Libri feudorum 135.
— pithanon 93.
Libripens 47. 49. 414. 516.
Linea obliqua, recta, transversa 430.
Lis infitiando crescit 400.
Litem suam facere 404.
Litis aestimatio 261. 280.
Litis contestatio 220. 234. 278. 293. 318. 355. 403.
Litiscrescenz 400.
Litteralcontract 361 ff. 378.
Locatio conductio 386.
Locator operis 387.
Longi temporis possessio 312. 338.
Longissimi temporis praescriptio 313.
Lucra nuptialia 454.

Magister 280. 410.
Magna capitis deminutio 175.
Mahnung 360.
Mancipatio 47 ff. 56 ff. 78. 302.
— der Servituten 336.
— familiae 517.
— familienrechtliche 457. 459. 463.
— sestertio nummo uno 57.
Mancipii causa 459.
Mancipio dare 178.
Mancipium 37. 47.
Mandata principum 104.
Mandatum 389.
— actionis 405 ff.
— in rem suam 405 ff.
— tua gratia 389.
Manumissio 163.
— vindicta 163.
— censu 164.

Manumissio in ecclesia 164.
— inter amicos 165.
— per epistulam 165.
— testamento 164.
Manumissor (ex mancipio) 463.
Manus 37. 431 ff. 437 ff.
— injectio 49. 229. 280.
— militaris 282. 283.
Marcian 119.
Martinus 133.
Materfamilias 435.
Maxima capitis deminutio 175.
Media capitis deminutio 175.
Mentalreservation 203.
Metus 80. 205. 289. 403.
Miete 386.
Miles 461. 516. 523.
Minima capitis deminutio 175.
Minor aetas 213. 287. 466.
Minutio existimationis 181.
Missio ignominiosa 180.
— in bona, possessionem 281. 348.
Miteigentum 298.
Miterben 536.
Mitvormünder 473. 474.
Modestinus 98. 115.
Modus 210.
Mora 360.
Mores graviores, leviores 445.
Mortis causa capio 550.
— — donatio 208. 550.
— — negotia 202.
Mutuum 363. 364.
Mutuus dissensus 416.
Mysterien 94 Anm. 12.

Nasciturus pro jam nato habetur 160.
Natalium restitutio 166.
Naturalis obligatio 395.
Naturrecht 145.
Nautae 392. 404.
Negatoria in rem actio 320.
Negotia bonae fidei 358.
— mortis causa, inter vivos 202.
— stricti juris 358.
Negotiorum gestio 393.
Negotium claudicans 212.
Nemo pro parte testatus 482. 515. Am. 1.
Nexi liberatio 414.
Nexum 47. 49. 361.
Niefsbrauch 332 ff.
Nomen arcarium, transscripticium 378.
Nominatio potioris 472.
Nominatores 475.
Nominatrealcontracte 363.
Non usus 338.
Noterbfolge 478. 525 ff.
Nova clausula 75. 506 Anm. 3.
Novatio 373. 418.
— necessaria 279.
Novellen 16. 20. 122.
Novellen, posttheodosianische 118.
Noxae datio 262. 404. 460.
Noxalklage 262. 352. Anm. 2. 404. 441.
Nudum ius Quiritium 303.
Nuncupatio 57. 516.

Obervormundschaft 476.
Objectives Recht 27.
Obligare 62 Anm. 14.
Obligatio 350.
— certa, incerta 357.
— ex contractu, ex delicto 360.
— quasi ex contractu 390.
— — — delicto 404.
— naturalis 395.
— stricti juris, bonae fidei 359.
Obligationenrecht 347 ff.
Obreptio 291 Anm. 2.
Occupatio 302. 309.
Odofredus 133.
Öffentliches Recht 23 ff.
— Testament 523.
Österreichisches bürg. Gesetzbuch 7.
Ope exceptionis 268. 413. 419.
Operae 386.
— servorum 333.
Opus 386.
Oratio 105. 110.
Oratio divi Severi 105 Anm. 6. 472.
Orbi 455. 538.
Ordinatio judicii 220 Anm. 2.
Originärer Rechtserwerb 309.

Pacta adjecta, legitima, praetoria 395. 396.
— vestita 395.
Pactum nudum 395.
— conventum 59.
— de non petendo 80. 269. 420 ff.
— de vendendo 345 ff. 346 Anm. 2.
Pagani 515 Anm. 1.
Pagina accepti, expensi 379.
Pandekten 15. 119.
Pandektenrecht 3. 5. 146 ff.
Pandektenwissenschaft 9.
Papian 124. 125 Anm. 5.
Papinianus, Aemilius 97. 115 ff.
Papiniansmasse 120.
Papirius 118 Anm. 3.
Paraphernalia bona 442.
Paraphrasen 129.
Parens manumissor 463. 467 Anm. 2. 505.
Particularrecht 26.
Partitio legata 547 Anm. 1.
Paterfamilias 173.
Patria potestas 177. 456 ff.
Patricii 39.
Patron 39. 166.
Paulus 93. 98. 115.
Pauperies 405.
Peculium 408. 410. 462.
— adventicium 462.
— castrense vel quasi c. 461 f.
— profecticium 174. 462.
Pendenz 489.
Pepo 132 Anm. 1.
Peregrine 64 ff. 169.
Per epistulam manumissio 165.
Periculum rei 385.
Person, juristische 158. 182 ff.
— natürliche, physische 158. 160 ff.
Personalexecution 280.
Personalservituten 332.
Personenrecht 158 ff.
Personenvermögen 190 Anm. 2.
Petitorische, possessorische Klage 329.
Pfandcontract 366.
Pfandprivilegien 349.
Pfandrecht 80. 344.
Pflichtteil 527. 530.
Philosophenschulen 94.
Pia causa 194.
Pignora caedere 231. 232 Anm. 14.
Pignoris capio 231. 283. 293.
Pignus 345 ff. 365.
— in causa judicati captum 282.
— conventionale, praetorium, testamentarium, tacitum oder legale 347. 348.
Pileatus 165.
Pisana 18.
Pium corpus 194.
Plebejertum 38.
Plus petitio 263.
Poenae secundarum nuptiarum 454.
Pönalklage 397.
Pomponius 96.
Pontifices 54. 86. 241.
Popularklagen 259. 404.
Possessio 322 ff.
— longi temporis 312.
Possessorische Interdicte 325.
Postglossatoren 137.
Postliminium 175. 310.
Postulatio judicis 226.
— tutoris 469 a. E. 475.
Postumi 484. 524. 529.
Potestas dominica 162.
Potestativbedingung 528 a. E.
Präceptionslegat 539.
Prädialservituten 332.
Praedium rusticum, urbanum 254. 334.
— serviens, dominans 335.
Praefectus urbi 290.
Praejudicia 258. 460.
Praescriptio 312.
— temporis 276.
— longi, longissimi temporis 312. 313.
— obreptionis, subreptionis 291 A. 2.
Praescriptis verbis agere 367.
Praesentes 312.
Praeses provinciae 83. 290.
Praestationes personales 394.
Präterition 528. 530.

Praetor peregrinus, urbanus 71.
Praetor fideicommissarius 107. 542.
Precarium 284. 327 Anm. 5.
Preufsisches Landrecht 6.
Princeps 103.
Priorität des Pfandrechts 349.
Privatdelicte 397 ff.
Privateigentum 38. 158.
Privatrecht 23 ff. 155 ff.
—, deutsches 4.
—, gemeines deutsches 2.
—, internationales 145.
Privileg 27. 195.
Privilegierte Pfandrechte 349. 449.
— Testamente 523.
Probabilia 93.
Procefssponsionen 72. 249. 285.
Procinctus 516.
Proculejaner 92 ff.
Proculus 92. 95.
Procurator 215.
— in rem suam 405 ff.
Prodigus 212. 469. 522 Anm. 9.
Pro herede gestio 486. 495 Anm. 7.
Pro herede possidere 534.
Pronuntiatio 260. 264.
Pro possessore possidere 534.
Pro tribunali 502.
Protutor 475.
Provinzialgrundstücke 311.
Pubertas 212.
Publiciana in rem actio 254. 255. 321.
— negatoria actio 321.
Puchta 152.
Punische Kriege 45.
Pupillarsubstitution 526 Anm. 4.
Putativtitel 313 Anm. 1.

Quarta Falcidia 545.
— divi Pii 457.
— Trebellianica 548.
Quasi contractus 390.
Quasi delicta 404.
— possessio 340.
— traditio servitutis 79. 337.
Quasi ususfructus 332.
Querela inofficiosi testamenti 530 ff.
Quinquaginta decisiones 121 Anm. 8.
Quiris 36. 43.
Quiritisches Eigentum 79. 303.
Quiritisches Recht 35.

Rapina 397 Anm. 1. 399.
Raubehe 433 Anm. 3. 493.
Rauduscalum 47.
Realcontracte 361 ff.
Realservituten 332 ff.
Receptum cauponum, nautarum, stabulariorum 392.
Recht 21.
Rechte an fremder Sache 301. 330.
Rechtsalphabet 30.
Rechtsgeschäft 200 ff.
Rechtsquellen, vorjustinianische 17.
Rechtsschulen 92. 131.
Rechtssystem 21.
Rechtswissenschaft 27 ff.
Recuperatores 64. 167 Anm. 7. 221 Anm. 3. 238.
Regula Catoniana 88 Anm. 5.
Regulae juris 88.
Reipersecutorische Klagen 397.
Rei promittendi 351.
— stipulandi 351.
Rei vindicatio 320. 341.
Reichskammergerichtsordnung 147 ff.
Remancipatio 452.
Remissio des Pachtzinses 387.
Remotio des Vormunds 476.
Rem tradere 384.
Replicatio 274.
Repräsentationsrecht 510. 511.
Repromissio 249 Anm. 3.
Repudiatio 487.
Repudium 453.
Res consumptibiles 297. 332.
— corporales, incorporales 294.
— divini juris 295.
— extra commercium 185. 190. 295. 313.
— furtivae 313.

Res hostilis 310.
— inhabiles 313.
— mancipii, nec mancipii 51. 66. 78. 298.
— nullius 296.
— omnium communes 296.
— privatae 295.
— publicae 184. 186. 295.
— religiosae, sacrae, sanctae 185. 284. 295.
— uxoria 443. 445. 449.
— vi possessae 313.
Rescripta 103. 105 ff. 291 Anm. 2.
Rescriptsprocefs 291 Anm. 2.
Resolutivbedingung 209. 225.
Resoluto jure dantis 209.
Responsa 90.
— prudentium 91.
Restipulatio 285.
Restitutio in integrum 287 ff.
— majorum 289.
— propter absentiam 289.
— minorum 288.
Retention 274. 446. 448.
Rückwirkung 209. 488.
Rupitiae 400 Anm. 4.
Ruptio testamenti 529.
Rustical-Servituten 299.

Sabinianer 92.
Sabinus 92 ff.
Sabinusmasse 120.
Sachen, teilbare, vertretbare, verbrauchbare 297.
Sachenrechte 156. 300.
Sachverbindung 318 Anm.
Sacramentum 94 Anm. 12. 226 Anm. 2.
Sächsisches bürgerl. Gesetzbuch 4.
Salvius Julianus 83. 96.
Savigny, v. 150. 152.
Scaevola, Q. Cervidius 97.
Scaevola, Q. Mucius 88.
Schadensersatz 359.
Schatz 310.
Schenkung 207.
Schenkung unter Ehegatten 208. 442.
Schenkung von Todes wegen 208. 550.
Schenkungsversprechen 396.
Scholastik 141.
Schuldknechtschaft 50. 280.
Schuldvollstreckung 50. 280 ff.
Schwägerschaft 430.
Schwebende Rechtsverhältnisse 489.
Selbsthülfe 218.
Selbstverpfändung 49. 62.
Selbstverteidigung 218.
Semel heres semper heres 525.
Semisses usurae 371.
Senatusconsultum 105.
— Juventianum 535.
— Macedonianum 82 Anm. 2. 364.
— Neronianum 539.
— Orphitianum 509.
— Pegasianum 545. 548.
— Tertullianum 509.
— Trebellianum 82 Anm. 2. 547.
— Vellejanum 82 Anm. 2. 270. 373.
Sententia 221. 223. 292.
Sententiae 125. 128.
Separatio bonorum 534.
Septimius Severus 97.
Servi 39.
Servianische Verfassung 41.
Servituten 331 ff.
Servitutenbesitz 340.
Servius Tullius 38.
Servus poenae 163.
Simulation 202.
Sinendi modo legatum 539.
Singularsuccession 304. 480.
Sklav 161 ff.
Societas 198. 388.
Sodalitas 183. 186.
Solarium 343.
Solidarische Obligationen 353 ff.
Solutio 390. 413. 417.
Solutionis causa adjectus 417 Anm.
Specificatio 316. 318 Anm.
Sponsalia 436.
Sponsio 249. 363. 369. 371 Anm.
Sponsionsverfahren 249. 285.
Sponsor 371 Anm.

Stabularii 392. 404.
Statu liber 168 Anm.
Status civitatis, familiae, libertatis 161. 175.
— defuncti 276 Anm. 1.
Statutarrecht 138 ff.
Stellvertretung 214. 408 ff.
Stephanus 129 Anm. 1.
Stiefverwandtschaft 430. 511.
Stiftung 192 ff.
Stillschweigende Willenserklärung 204.
Stipulatio 369.
— Aquiliana 415.
— post mortem 376.
Stipulationes emtae et venditae hereditatis 546.
— partis et pro parte 547 Anm.
Strenge Ehe 431 ff.
Strenges Recht 27.
Stricti juris actiones, negotia 359. 375.
Studienordnung Justinians 18.
Subjectives Recht 27.
Subreptio 291 Anm. 2.
Subscriptio 104. 522.
Subsidiäres gemeines Recht 26.
Substitutio 525. 526 Anm. 4.
Successio graduum, ordinum 505. 508. 509.
Successio in capita, stirpes 511.
Successio in lineas 511.
Sui heredes 483 ff.
Sui juris 173.
Superficies 343.
— solo cedit 343.
Suspecti accusatio 476.
Suspensivbedingung 209.
Syngraphe 382 Anm.
Syrisch-römisches Rechtsbuch 118 Anm. 4.

Tausch 367. 383 Anm. 390.
Teilbare Sachen 298.
Teilungsklagen 394.
Tempus continuum, utile 277.
Termin 210. 525.
Terra salica 36 Anm. 3.
Testament 514 ff.
Testamenti factio 515. 516. 522 Anm. 9.
Testamento manumissio 164.
Testamentum apud acta conditum 523.
— calatis comitiis 516.
— inofficiosum 530.
— in procinctu 516.
— militis 523.
— parentis inter liberos 523.
— per aes et libram 516.
— pestis tempore 523.
— principi oblatum 523.
— ruri conditum 523.
Testierfähigkeit 515.
Theophilus 119. 129 Anm. 1.
Thesaurus 310.
Tiberius Coruncanius 87.
Tiere, wilde 296. 309.
Titulus usucapionis 313. 492.
Tradition 66. 79. 302. 304.
Tralaticium edictum 75.
Trans Tiberim 50.
Transscripticium nomen 378 ff.
Trauerjahr 455. 537.
Tres faciunt collegium 198.
Tres libri 20.
Tres partes 19.
Tribonian 119.
Trientes usurae 371.
Trinoctium 433.
Tripertita 88.
Triplicatio 274.
Turiner Institutionenglosse 19.
Turpitudo 181.
Tutela 393. 465 ff.
— mulierum 467. 468.
Tutor 465 ff.
Tutor cessicius 467 Anm. 2.
— dativus 470.
— gerens, honorarius 473.
— legitimus 467 Anm. 2. 469.
— testamentarius 469. 476.
Tutoris auctoritatis interpositio 213. 465.

Ulpianus, Domitius 98. 115. 119.
Unciarium foenus 371.

Undank 208.
Universalfideicommifs 107. 546 ff.
Universalsuccession 478 ff.
Universitas 186.
Urbanalservituten 334.
Urrecht 52.
Usucapio 302. 310 ff.
— libertatis 338.
— pro herede 313 Anm. 1. 491 ff. 535.
— servitutis 338.
Usurae 371.
Usureceptio 313 Anm. 1. 345 Anm. 1.
Usurpatio 433.
Usus als Servitut 333.
— als Entstehungsgrund der manus 431 ff.
Ususehe 433.
Ususfructus 332.
Uterini 430.
Uxor 439.

Vadimonium 371 Anm. 3.
Vas 371 Anm. 3.
Vectigal 340.
Venditio 383.
— bonorum 281.
— hereditatis 546.
— sub hasta 302.
Veräufserungsdecret 473.
Verbalcontract 361 ff. 369.
Verbindung 315 ff. 318 ff.
Verbrauchbare Sachen 297. 332.
Verein 192 ff.
Verfügungsgeschäfte 201.
Verfügungsunfähigkeit 213. 466.
Verjährung der Klagen 277.
Verlöbnis 426.
Verlorene Sachen 309.
Vermächtnis 307. 337. 338. 394. 538 ff.
Vermögensfähigkeit 214.
Vermögensrecht 200 ff.
Verpflichtungsgeschäfte 201. 358 ff.
Vertrag 201.
— obligierender 201. 358 ff.
Vertragsstrafe 371.
Vertretbare Sachen 297.
Verwahrungsvertrag 365.
Verwandtschaft 428 ff.
Verwirkung der patria potestas 463 a. E.
Verzug 360.
Vi, clam, precario 326.
Vindex 230 Anm. 11.
Vindicatio 234. 234 Anm. 16. 319. 337.
— filii 458. 460.
— in libertatem 163.
Vindicationslegat 538.
Vindicias dare 234 und 234 Anm. 16.
Vindicta manumissio 164.
Virgo vestalis 463.
Vis absoluta 205.
— compulsiva 205.
— major 392.
Vitia possessionis 325—327.
Voet 147.
Vollbürtige Verwandtschaft 430.
Vollstreckung s. Execution.
Vormundschaft 465 ff.
Vulgathandschriften 18. 19.

Wegerechte 334. 340.
Widerruf der Schenkung 209.
Wiederverheiratung 454.
Willenserklärung, ausdrückliche 204 Anm.
Windscheid 152.
Witwe, arme 512.

Zahlung 413. 415. 417.
Zasius 147.
Zeitbestimmung 210. 525.
Zeno 341.
Zinsen 379.
Zufall 360. 419.
Zwingendes Recht 26.
Zwang 205. 403.
Zwangsvollstreckung 229 ff. 280.
Zweckvermögen 182. 190 Anm. 2.
Zweiseitige Rechtsgeschäfte 201.
Zwölf Tafeln 47.

Pierer'sche Hofbuchdruckerei Stephan Geibel & Co. in Altenburg.

www.ingramcontent.com/pod-product-compliance
Lightning Source LLC
LaVergne TN
LVHW092116300926
849161LV00002B/146
* 9 7 8 3 8 4 6 0 6 2 6 6 1 *